— 撰稿人 —

（按姓氏笔画排序）

丁广宇	于　蒙	马　岚	王　赫	王丽英	王雨晴
王展飞	王朝辉	王智锋	王毓莹	方　芳	方颉琳
尹晓春	邓江源	石海朝	白雅丽	司艳丽	朱　婧
朱　燕	乔　宇	仲伟珩	刘　建	刘　琼	刘小飞
刘少阳	刘丽芳	刘牧晗	刘慧慧	江建中	孙　超
苏　萌	李　洋	李　越	杨　迪	杨小利	肖　芳
何　利	何　鹏	谷国艳	汪　军	沙永梅	宋建立
张　娜	张　颖	张玲玲	陈泽宇	陈梦群	邵长茂
金殿军	周　波	周伦军	赵文艳	姚宝华	格根其日
徐　猛	高　岸	高燕竹	高曈辉	郭超群	曹　实
曹凤国	龚　隽	戢太雷	程　立	曾　志	谢　勇
詹　晖	潘勇锋	戴怡婷	鞠成伟		

— 执行编辑 —

邵长茂　乔　宇

民法典

重点修改及新条文解读

MINFADIAN ZHONGDIAN XIUGAI JI XINTIAOWEN JIEDU

上 册

物权编·合同编

江必新 ◎ 主编

中国法制出版社
CHINA LEGAL PUBLISHING HOUSE

序　言

民法典是规范平等主体之间人身和财产关系的法典。民法典是民生领域基础性、综合性法律典籍，是一个国家经济社会发展的真实写照，也是一个民族精神文化的集中体现，更是全体人民民事权利的宣言书和保证书。因此，民法典被誉为“社会生活的百科全书”。编纂中国人自己的民法典，是中国人民的共同夙愿。我国曾于1954年、1962年、1979年三次启动民法典的制定工作，但均因各种原因搁浅。2002年12月，全国人大常委会首次审议民法典草案，但经讨论和研究，仍确定继续采取分别制定单行法的办法推进我国民事法律制度建设。

党的十八大以来，以习近平同志为核心的党中央高度重视民法典编纂工作。2014年党的十八届四中全会明确提出“加强市场法律制度建设，编纂民法典”这一重大立法任务。习近平总书记就编纂民法典和制定民法总则作出重要指示，主持召开中央政治局常委会会议专门听取汇报，对民法典编纂工作作出重要指示。根据立法计划，民法典编纂工作按照“两步走”的思路进行：第一步，先编纂民法典总则编即民法总则，争取于2017年3月由十二届全国人大五次会议审议通过；第二步，编纂民法典各分编，拟于2018年上半年整体提请全国人大常委会审议，经全国人大常委会分阶段审议后，争取于2020年3月将民法典各分编一并提请全国人大审议通过，形成统一的民法典。2017年3月15日，十二届全国人大五次会议审议通过了《中华人民共和国民法总则》，标志着民法典编纂工作正式迈出了“第一步”。民法总则通过后，十二届全国人大常委会和十三届全国人大常委会抓紧开展“第二步”工作，全国人大常委会法制工作委员会与最高人民法院、最高人民检察院、司法部、中国社会科学院、中国法学会五家民法典编纂参加单位全力推进各分编编纂工作。2018 年 8 月 27 日，民法典各分编草案提请十三届全国人大常委会第五次会议审议。2018 年 12 月 23 日，民法典合同编草案（二审稿）、侵权责任编草案（二审稿）提请十三届全国人大常委会第七次会议审议。2019 年 4 月 20 日，民法典物权编草案（二审稿）、人格权编草案（二审稿）提请十三届全国人大常委会第十次会议审议。2019 年 6 月 25 日，民法典婚姻家庭编草案（二审稿）、继承编草案（二审稿）提请十三届全国人大常委会第十一次会议审议。2019 年 8 月 22 日，民法典人格权编草案（三审稿）、侵权责任编草案（三审稿）提请十三届全国人大常委会第十二次会议审议。2019 年 10 月 21 日，民法典婚姻家庭编草案（三审稿）提请十三届全国人大常委会第十四次会议审议。2019 年 12 月 23 日，民法典合同编草案（三审稿）提请十三届全国人大常委会第十五次会议审议。2019 年 12 月 24 日，十三届全国人大常委会第十五次会议举行分组会议，审议民法典草案。2019 年 12 月 28 日，十三届全国人大常委会第十五次会议表决通过全国人大常委会关于提请审议民法典草案的议案，决定将民法典草案提请 2020 年召开的十三届全国人大三次会议审议。2020 年 5 月 28 日，十三届全国人大三次会议审议通过了《中华人民共和国民法典》，习近平主席于 2020 年 5 月 28 日签发第四十五号主席令公布，民法典自 2021 年 1 月 1 日起施行。至此，万众瞩目的《中华人民共和国民法典》诞生。

民法典共 7 编，依次是总则编、物权编、合同编、人格权编、婚姻家庭编、继承编、侵权责任编，以及附则，共 1260 条。民法典较之前的民事单行法律体系有较大的变化，主要体现在：

第一，设立人格权编，对各种具体人格权作了较为详细的规定，为人格权保护奠定了坚实的法律基础。针对实践中反映较多的法定救助义务、人体组织器官捐献、禁止性骚扰等问题作了规定；针对隐私权和个人信息保护领域存在的突出问题，进一步强化对隐私权和个人信息的保护。

第二，按照党中央提出的完善产权保护制度，健全归属清晰、权责明确、保护严格、流转顺畅的现代产权制度的要求，物权编加强了对建筑物业主权利的保护，增加规定改变共有部分的用途或者利用共有部分从事经营活动应当由业主共同决定，明确共有部分产生的收益属于业主共有；完善承包地“三权分置”制度，规定土地承包经营权人可以自主决定依法采取出租、入股或者其他方式向他人流转土地经营权，删去物权法中关于耕地使用权不得抵押的规定，以适应“三权分置”后土地经营权入市的需要；增加规定住宅建设用地使用权期限届满的，自动续期；用益物权部分增加规定居住权，居住权人有权按照合同约定或者遗嘱并经登记占有、使用他人的住宅，以满足其稳定生活居住需要，落实十九大报告提出的加快建立多主体供给、多渠道保障、租购并举的住房制度，让全体人民住有所居的要求；完善了动产抵押和权利质押的规则等。

第三，为适应我国经济社会发展和全面深化改革的需要，落实党中央提出的完善市场经济法律制度要求，合同编完善了电子合同的订立、履行规则；强化对债权实现的保护力度，完善了合同保全、借款合同、融资租赁合同的有关规则，并增设专章规定保证合同；加大对弱势合同当事人的保护，规定了电、水、气、热力供应人以及公共运输承运人对社会公众的强制缔约义务，完善了格式条款制度；为落实党中央提出的建立租购同权住房制度的要求，增加了住房承租人的优先承租权制度；为落实民法总则“绿色原则”的要求，规定当事人根据交易习惯负有节约资源、减少污染的义务，在合同终止后负有旧物回收义务，买卖合同的出卖人依法负有回收义务；增加了保理合同、物业服务合同和合伙合同类型等。

第四，为进一步弘扬夫妻互敬、孝老爱亲、家庭和睦的中华民族传统家庭美德，体现社会主义核心价值观，促进家庭关系和谐稳定，婚姻家庭编修改了禁止结婚的条件；完善了夫妻共同债务的规定；增加了离婚冷静期的规定；完善了离婚赔偿制度；不再保留计划生育的有关内容等。

第五，根据我国社会家庭结构、继承观念等方面的发展变化，为满足人民群众处理遗产的现实需要，促进家庭和睦，推进老龄事业和产业发展，继承编增加了遗产管理人制度，确保遗产得到妥善管理、顺利分割，更好地维护继承人、债权人利益，避免和减少纠纷；为满足养老形式多样化需求，促进老龄产业发展，完善了遗赠扶养协议制度，适当扩大了扶养人的范围；为保护债权人利益，保障国家税收应收尽收，完善了债务清偿规则；为适应科学技术的发展需要，增加了打印、录像等新的遗嘱形式；删除了继承法中关于公证遗嘱效力优先的规定，切实尊重遗嘱人的真实意愿。

第六，针对侵权领域出现的新情况，侵权责任编完善了公平责任规则；确立了“自甘风险”规则，规定自愿参加具有一定风险的文体活动，因其他参加者的行为受到损害的，受害人不得请求其他参加者承担侵权责任，但是其他参加者对损害的发生有故意或者重大过失的除外；增加了“自助行为”制度，规定合法权益受到侵害，情况紧迫且不能及时获得国家机关保护，不立即采取措施将使其合法权益受到难以弥补的损害的，受害人可以在必要范围内采取扣留侵权人的财物等合理措施；完善精神损害赔偿制度，扩大了精神损害赔偿的适用范围，规定故意或重大过失侵害自然人具有人身意义的特定物造成严重精神损害的，被侵权人有权请求精神损害赔偿；为切实加强对知识产权的保护，提高侵犯知识产权的违法成本，规定故意侵害知识产权，情节严重的，被侵权人有权请求相应的惩罚性赔偿；完善了网络侵权责任制度；完善了机动车交通事故责任规则，规定非营运机动车无偿搭乘人在交通事故中受到损害的，应当减轻机动车驾驶人赔偿责任；完善了生态环境损害责任制度，增加规定生态环境损害的惩罚性赔偿制度，明确生态环境损害的修复和赔偿制度等。

《中华人民共和国民法典》是一部既具有中国特色，又体现时代特点，既体现民事法律规范调整民事关系的规律，又反映人民意愿的法典。民法典全面体现了习近平新时代中国特色社会主义思想和党的十九大精神，紧紧围绕国家治理体系和治理能力现代化，紧紧围绕建设中国特色社会主义法治体系、建设社会主义法治国家的全面依法治国总目标，进一步完善了以公平为核心原则的产权保护制度，进一步完善了促进财产和要素自由流动的公平交易制度，进一步完善了增进家庭和睦的婚姻家庭和继承制度，进一步完善了自然人和其他民事主体人身权、财产权的保护救济制度，为新时代坚持和发展中国特色社会主义、实现“两个一百年”奋斗目标和中华民族伟大复兴的中国梦提供了完备的民事法治保障。

为了让法学理论界和司法实务界同仁学习、理解和适用民法典，我们组织全国各级法院具有丰富审判经验的民商事审判法官及其他法律实务界人士共同编写了这本《民法典重点修改及新条文解读》。本书严格按照民法典的编排顺序，针对民法典新增的和有实质性修改的条文，从立法者、司法者的角度对重点条文的立法背景、立法意义、如何理解与适用等问题进行解读并特别说明需要注意的问题，以期帮助读者快速、直接把握民法典修改的核心问题，为民法典在实践中的具体适用提供参考。本书主要具有以下特色：一是理论性强，本书在编写过程中强调要站在立法者的高度对重点条文的立法背景、立法意义进行解读，列明法条的来源，有何修改、补充或者创新，说明立法过程中的主要问题、争议点，确保读者领会立法者的立法意图和立法目的；二是实用性强，本书的编写人员主要是全国各级法院具有丰富审判经验的民商事审判法官，也有其他从事理论研究和司法实务的人员参加，作者们将法学理论和办案实践相结合对条文进行详细解读，并指明在审判实践中需要注意的问题，确保解读的司法实用性；三是简明扼要，本书把条文解读的重点放在阐述立法背景、立法意义及如何理解适用上，力求让读者在最短时间内领悟条文精髓，既节省阅读时间又能实现学习目的。

希望本书既能给法学研究工作提供有益参考，又能成为司法实务界的办案手册。囿于时间仓促，本书在编写过程中难免存在疏漏，望读者朋友们不吝指正，我们将不胜感激！

编　者

二〇二〇年六月

目　录

Contents

上　册

第二编　物　权

第三编 合 同

下 册

第四编 人格权

第五编　婚姻家庭

第六编 继 承

第七编 侵权责任

第二编 物 权

概 述

物权是民事主体依法享有的重要财产权。物权法律制度调整因物的归属和利用而产生的民事关系，是最重要的民事基本制度之一。2007年第十届全国人民代表大会第五次会议通过了《物权法》。物权编在现行物权法的基础上，按照党中央提出的完善产权保护制度，健全归属清晰、权责明确、保护严格、流转顺畅的现代产权制度的要求，结合现实需要，进一步完善了物权法律制度。物权编共5个分编、20章、258条，主要内容有：

1. 第一分编为通则，规定了物权制度基础性规范，包括平等保护等物权基本原则、物权变动的具体规则以及物权保护制度。党的十九届四中全会通过的《中共中央关于坚持和完善中国特色社会主义制度推进国家治理体系和治理能力现代化若干重大问题的决定》对社会主义基本经济制度有了新的表述，为贯彻会议精神，第206条第1款将有关基本经济制度的规定修改为："国家坚持和完善公有制为主体、多种所有制经济共同发展，按劳分配为主体、多种分配方式并存，社会主义市场经济体制等社会主义基本经济制度。"

2. 第二分编为所有权，规定了所有权人的权利，征收和征用规则，国家、集体和私人的所有权，相邻关系、共有等所有权基本制度。针对近年来群众普遍反映业主大会成立难、公共维修资金使用难等问题，并结合2020年新冠肺炎疫情防控工作，在现行《物权法》规定的基础上，进一步完善了业主的建筑物区分所有权制度：一是明确地方政府有关部门、居民委员会应当对设立业主大会和选举业主委员会给予指导和协助（第277条第2款）。二是加强了对业主权利的保护，增加规定改变共有部分的用途或者利用共有部分从事经营活动应当由业主共同决定（第278条），明确共有部分产生的收益属于业主共有（第282条）；适当降低业主共同决定事项，特别是使用建筑物及其附属设施维修资金的表决门槛，并增加规定紧急情况下使用维修资金的特别程序（第278条、第281条第2款）。三是结合疫情防控工作，在征用组织、个人的不动产或者动产的事由中增加"疫情防控"；明确物业服务企业和业主的相关责任和义务，增加规定物业服务企业或者其他管理人应当执行政府依法实施的应急处置措施和其他管理措施，积极配合开展相关工作，业主应当依法予以配合（第245条、第285条第2款、第286条第1款）。

3. 第三分编为用益物权，明确了用益物权人的基本权利和义务，以及建设用地使用权、宅基地使用权、地役权等用益物权。在现行《物权法》规定的基础上，作了进一步完善：一是落实党中央关于完善产权保护制度依法保护产权的要求，明确住宅建设用地使用权期限届满的，自动续期；续期费用的缴纳或者减免，依照法律、行政法规的规定办理（第359条第1款）。二是完善农村集体产权相关制度，落实农村承包地"三权分置"改革的要求，对土地承包经营权的相关规定作了完善，增加土地经营权的规定，规定土地承包经营权人可以自主决定依法采取出租、入股或者其他方式向他人流转土地经营权，并删除耕地使用权不得抵押的规定，以适应"三权分置"后土地经营权入市的需要（第十一章、第399条）。考虑到农村集体建设用地和宅基地制度改革正在推进过程中，与《土地管理法》等作了衔接性规定（第361条、第363条）。三是为贯彻党的十九大提出的加快建立多主体供给、多渠道保障住房制度的要求，增加规定“居住权”这一新型用益物权，明确居住权原则上无偿设立，居住权人有权按照合同约定或者遗嘱，经登记占有、使用他人的住宅，以满足其稳定的生活居住需要（第十四章）。

4. 第四分编为担保物权，明确了担保物权的含义、适用范围、担保范围等共同规则，以及抵押权、质权和留置权的具体规则。在现行《物权法》规定的基础上，进一步完善了担保物权制度，为优化营商环境提供法治保障：一是扩大担保合同的范围，明确融资租赁、保理、所有权保留等非典型担保合同的担保功能，增加规定担保合同包括抵押合同、质押合同和其他具有担保功能的合同（第388条第1款）。二是删除有关担保物权具体登记机构的规定，为建立统一的动产抵押和权利质押登记制度留下空间。三是简化抵押合同和质押合同的一般条款（第400条第2款、第427条第2款）。四是明确实现担保物权的统一受偿规则（第414条）。

5. 第五分编为占有，对占有的调整范围、无权占有情形下的损害赔偿责任、原物及孳息的返还以及占有保护等作了规定（第二十章）。

（王智锋　撰写）

凡 例

全 称	简 称
《中华人民共和国民法典》	《民法典》①
《民法典各分编（草案）》（征求意见稿）	《民法典物权编（草案）》（一审稿）
《中华人民共和国民法典物权编（草案二次审议稿）》（征求意见稿）	《民法典物权编（草案）》（二审稿）
《中华人民共和国民法典（草案）》（征求意见稿）	《民法典（草案）》（征求意见稿）
《最高人民法院关于审理买卖合同纠纷案件适用法律问题的解释》	《买卖合同司法解释》
《最高人民法院关于适用〈中华人民共和国物权法〉若干问题的解释（一）》	《物权法解释（一）》
《最高人民法院关于贯彻执行〈中华人民共和国民法通则〉若干问题的意见（试行）》	《贯彻执行民法通则意见》
《最高人民法院关于审理城镇房屋租赁合同纠纷案件具体应用法律若干问题的解释》	《租赁合同解释》
《最高人民法院关于审理涉及国有土地使用权合同纠纷案件适用法律问题的解释》	《国有土地使用权合同解释》
《最高人民法院关于适用〈中华人民共和国婚姻法〉若干问题的解释（一）》	《婚姻法解释（一）》
《最高人民法院关于适用〈中华人民共和国担保法〉若干问题的解释》	《担保法解释》
《最高人民法院关于审理票据纠纷案件若干问题的规定》	《票据纠纷案件规定》

① 本书引用的冠以“中华人民共和国”的法律、法律草案和行政法规，简称时直接省略“中华人民共和国”，各编均循此规律，不再重复标注。

全　称	简　称
《最高人民法院关于审理存单纠纷案件的若干规定》	《存单纠纷案件规定》
《最高人民法院关于人民法院民事执行中查封、扣押、冻结财产的规定》	《查封扣押冻结规定》
《最高人民法院关于人民法院民事执行中拍卖、变卖财产的规定》	《拍卖变卖规定》
《最高人民法院关于审理建筑物区分所有权纠纷案件具体应用法律若干问题的解释》	《建筑物区分所有权纠纷解释》
《最高人民法院关于审理物业服务纠纷案件具体应用法律若干问题的解释》	《物业服务纠纷解释》
《关于完善农村土地所有权承包权经营权分置办法的意见》	《三权分置意见》

第二分编　所有权

第六章　业主的建筑物区分所有权

第二百七十八条　【业主共同决定的事项及表决要求】 下列事项由业主共同决定：

（一）制定和修改业主大会议事规则；

（二）制定和修改管理规约；

（三）选举业主委员会或者更换业主委员会成员；

（四）选聘和解聘物业服务企业或者其他管理人；

（五）使用建筑物及其附属设施的维修资金；

（六）筹集建筑物及其附属设施的维修资金；

（七）改建、重建建筑物及其附属设施；

（八）改变共有部分的用途或者利用共有部分从事经营活动；

（九）有关共有和共同管理权利的其他重大事项。

业主共同决定事项，应当由专有部分面积占比三分之二以上的业主且人数占比三分之二以上的业主参与表决。决定前款第六项至第八项规定的事项，应当经参与表决专有部分面积四分之三以上的业主且参与表决人数四分之三以上的业主同意。决定前款其他事项，应当经参与表决专有部分面积过半数的业主且参与表决人数过半数的业主同意。

【法条链接】

《物权法》第76条；《物业管理条例》第7条、第37条、第49条、第53条、第54条；《建筑物区分所有权纠纷解释》第7条、第8条、第9条

【立法背景】

与《物权法》相比，本条的修改内容主要涉及四个方面。

一、降低了使用公共维修资金表决通过的门槛

本条将《物权法》第 76 条第 1 款第 5 项“筹集和使用建筑物及其附属设施的维修资金”分为两项设置，即本条第 1 款的第 5 项和第 6 项，对“筹集维修资金”“使用维修资金”的表决要求分别作出规定，并在本条第 2 款中仅对“筹集维修资金”的表决要求作出特别规定，对“使用维修资金”采用了与其他事项相同的表决要求，即使用建筑物及其附属设施的维修资金，应当经参与表决专有部分面积过半数的业主且参与表决人数过半数的业主同意，降低了使用维修资金的门槛。《物权法》第 76 条对于筹集和使用建筑物及其附属设施的维修资金采用了相同的表决要求，需要“双过三分之二”同意，即专有部分面积占建筑物总面积三分之二以上的业主且占总人数三分之二以上的业主同意，才能决定使用维修资金。但从实际的情况看，“双过三分之二”同意的难度较大，许多地方的维修资金使用率不到 3%。[①] 针对建筑物及其附属设施的维修资金使用难的问题，《民法典物权编（草案)》（二审稿）完善了公共维修资金使用的表决程序，降低了通过相关事项的表决要求，将一审稿第 73 条规定的应当经参与表决的业主中专有部分面积和人数占比“双过四分之三”同意，修改为“双过半数”同意。[②]

二、强化业主对共有部分共同管理的权利

实践中，一些物业服务企业未征求业主意见擅自改变共有部分的用途或者利用外墙、电梯张贴广告等营利，侵害了业主共有权利。最高人民法院 2009 年发布实施了《建筑物区分所有权纠纷解释》，其中第 7 条规定“改变共有部分的用途、利用共有部分从事经营性活动、处分共有部分，以及业主大会依法决定或者管理规约依法确定应由业主共同决定的事项，应当认定为

---

① 大秋：《房屋维修资金使用难究竟难在哪里?》，载《姑苏晚报》2017 年 2 月 13 日。

② 参考全国人民代表大会宪法和法律委员会关于《民法典物权编（草案)》修改情况的汇报（2019 年 4 月 27 日)。

物权法第七十六条第一款第（七）项规定的有关共有和共同管理权利的‘其他重大事项’”，对物权法规定的兜底性条款做了具体细化。在编纂《民法典》时，对于具体细化型条文所涉问题，应在法典中尽可能给出具体规范。[①]本条第1款第8项实际源自《建筑物区分所有权纠纷解释》第7条，属于审判实践经验的立法转化。

三、对参与表决业主的专有部分面积占比和业主人数占比作出了最低要求

本条第2款增加规定“业主共同决定事项，应当由专有部分面积占比三分之二以上的业主且人数占比三分之二以上的业主参与表决”，完善了业主共同决定的事项的议事规则，明确了业主行使共同管理权时表决参与度的最低要求。

四、降低了共同决定事项的表决要求

对筹集建筑物及其附属设施的维修资金，改建、重建建筑物及其附属设施，改变共有部分的用途或者利用共有部分从事经营活动事项，修改为“双过四分之三”同意；决定其他事项修改为“双过半数”同意，但“双过四分之三”和“双过半数”均以“参与表决”业主的专有部分面积和“参与表决”人数作为占比的基准，与《物权法》第76条第2款的规定相比，改变了以“总面积和总人数”作为占比基准的规则，当参与表决的面积占比和参与表决的人数占比符合最低要求时，表决通过的要求分别为“2/3×3/4＝1/2”和“2/3×1/2＝1/3”，此时“双过四分之三”和“双过半数”就变为原基准的“双过半数”和“双过三分之一”，在实质结果上明显降低了表决要求。

此外，本条第1款第2项将《物权法》第76条第1款第2项“制定和修改建筑物及其附属设施管理规约”修改为“制定和修改管理规约”，修正了将管理规约仅作为对物的管理的认识，包含了管理规约还应对人的管理即对业主行为作出规范的认识，扩大了制定和修改管理规约的范围。这一认识在本法第三编物业服务合同的规定中也有体现，本法第937条第1款规定，物业服务不仅包括物业服务人为业主提供建筑物及其附属设施的维修养护、环境卫生的管理维护，还包括对相关秩序的管理维护。

① 王文胜：《论〈物权法〉司法解释的整理与民法典物权编的完善》，载《河南社会科学》2018年第9期。

【条文解读与法律适用】

本条是关于业主共同决定事项的范围及重大事项表决要求的规定。

本条的内容涉及业主共同管理权行使，关系到业主参与共同事务和对共同财产的管理。根据本法第 271 条的规定，建筑物区分所有权包括业主的“共同管理”权，是业主作为专有部分的所有人和共有权人所享有的基本权利，但也是业主的一项义务。业主共同决定的事项有的属于行使权利范围，有的属于履行义务范围。这些事项涉及业主的共同利益，需要业主共同决定。

本条规定的业主共同决定的重大事项包括一般重大事项和特别重大事项，本条第 2 款对一般重大事项和特别重大事项分别规定了不同的表决通过要求。

一、“双三分之二以上”参与表决

本条第 2 款规定，业主共同决定事项，应当由专有部分面积占比三分之二以上的业主且人数占比三分之二以上的业主参与表决。该规定首次对参与表决的最低出席人数提出了要求，明确了参与表决的业主专有部分面积和人数占比。

本条对计算该比例所依据的专有部分面积以及业主人数占比的参照基数和计算方法未作明确规定。对此，笔者认为，专有部分面积以及业主人数占比应当分别以建筑总面积和业主总人数作为基数进行计算。具体计算方法可以参照《建筑物区分所有权纠纷解释》第 8 条、第 9 条的规定予以计算。《建筑物区分所有权纠纷解释》第 8 条规定，专有部分面积，按照不动产登记簿记载的面积计算；尚未进行物权登记的，暂按测绘机构的实测面积计算；尚未进行实测的，暂按房屋买卖合同记载的面积计算；建筑物总面积，按照前项的统计总和计算。第 9 条规定，业主人数，按照专有部分的数量计算，一个专有部分按一人计算。但建设单位尚未出售和虽已出售但尚未交付的部分，以及同一买受人拥有一个以上专有部分的，按一人计算。总人数，按照前项的统计总和计算。

二、“双过半数”同意的一般重大事项

本条第 2 款规定，决定以下事项应当经参与表决专有部分面积过半数的业主且参与表决人数过半数的业主同意。

一是制定和修改业主大会议事规则。业主大会通过业主大会议事规则建立大会的正常秩序，保证大会内业主集体意志和行为的统一，对业主权利影响较大，因此本条将该项内容作为业主共同决定的事项之首予以规定。

二是制定和修改管理规约。管理规约是业主自我管理、自我约束、自我规范的规则约定，规定建筑区划内有关建筑物及其附属设施的使用、维护、管理等事项，是业主对建筑物及其附属设施的一些重大事务的共同约定，既包括对物的管理，也包括对业主行为作出规范和约定。[①]

三是选举业主委员会或者更换业主委员会成员。业主委员会作为业主会议的执行机构，可以根据业主大会议事规则以及业主会议的授权，召集业主大会会议，报告物业管理的实施情况。业主有权参加业主大会来选举业主委员会或者更换业主委员会的组成人员，授权上述团体组织对外代表业主签订物业服务合同，监督业主公约的实施。如果业主委员会成员不认真履行职责，不能代表业主的利益或者损害业主的共同利益，业主有权共同决定更换业主委员会成员。

四是选聘和解聘物业服务企业或者其他管理人。物业服务企业或者其他管理人都属于物业服务人，物业服务涉及建筑物及其附属设施的使用、维修，公共秩序、环境卫生、小区治安等诸多方面，物业服务人关系到物业服务的质量，选聘和解聘物业服务人应由业主共同决定。

五是使用建筑物及其附属设施的维修资金。本法第 281 条规定，建筑物及其附属设施的维修资金，属于业主共有。经业主共同决定，可以用于电梯、屋顶、外墙、无障碍设施等共有部分的维修、更新和改造。《物业管理条例》第 53 条第 2 款规定，“专项维修资金属于业主所有，专项用于物业保修期满后物业共用部位、共用设施设备的维修和更新、改造，不得挪作他用”。

六是有关共有和共同管理权利的其他一般重大事项。由于列举性规定无法穷尽各种情形，故在采取列举的方式以外，指出具有同类性质的事项属于业主共同决定的事项范围，增加一项兜底性条款，以弥补列举式立法模式之不足，避免挂一漏万，同时也是为了适应日益变化的社会变迁。

---

① 王利明著：《物权法研究》（上卷），中国人民大学出版社 2016 年版，第 625 页。

三、"双四分之三以上"同意的特别重大事项

本条第 2 款规定，决定以下事项应当经参与表决专有部分面积四分之三以上的业主且参与表决人数四分之三以上的业主同意。

一是筹集建筑物及其附属设施的维修资金。建筑物及其附属设施的维修资金，属于业主共有。维修资金可以有不同的来源，包括业主为维修而筹集的资金和业主按照国家规定缴纳的专项维修资金。《物业管理条例》第 7 条第 4 项规定，业主在物业管理活动中，应当履行按照国家有关规定交纳专项维修资金的义务。第 53 条第 1 款规定，"住宅物业、住宅小区内的非住宅物业或者与单幢住宅楼结构相连的非住宅物业的业主，应当按照国家有关规定交纳专项维修资金"。《住宅专项维修资金管理办法》第 2 条第 2 款规定，维修资金性质上属于专项基金，系为特定目的，即为住宅共用部位、共用设施设备保修期满后的维修和更新、改造而专设的资金。它在购房款、税费、物业费之外，单独筹集、专户存储、单独核算。专项维修资金的缴纳并非源于特别的交易或法律关系，而是为了准备应急性地维修、更新或改造区分所有建筑物的共有部分。① 非住宅专项维修资金并非按照国家有关规定而预先交存的资金，而是按照建筑物及其附属设施的维修、更新和改造需要而筹集。本条对此事项需经"双四分之三以上"同意才能表决通过。

二是改建、重建建筑物及其附属设施。现实生活中，业主、业主委员会、物业公司就建筑物及其附属设施的改建、重建往往发生争议。本条规定的改建、重建的建筑物及其附属设施应当是业主的共有部分的维修、更新和改造，包括电梯、屋顶、外墙、无障碍设施等。建筑物及其附属设施的改建、重建，涉及业主建筑物区分所有权的行使，费用的负担，涉及业主重大利益，区别于一般重大事项，对此事项需经"双四分之三以上"同意才能表决通过。

三是改变共有部分的用途或者利用共有部分从事经营活动。共有部分的用途具有法定性，原则上不得改变。但业主基于特定目的和必要，有时确有改变其用途的需要。② 对此，《物业管理条例》第 37 条规定，物业管理用房的

---

① 最高人民法院指导案例 65 号：上海市虹口区久乐大厦小区业主大会诉上海环亚实业总公司业主共有权纠纷案，2016 年 9 月 19 日发布。

② 最高人民法院民事审判第一庭编著：《最高人民法院建筑物区分所有权、物业服务司法解释理解与适用》，人民法院出版社 2017 年版，第 109 页。

所有权依法属于业主。未经业主大会同意，物业服务企业不得改变物业管理用房的用途。该条例第 49 条规定，物业管理区域内按照规划建设的公共建筑和共用设施，不得改变用途。业主依法确需改变公共建筑和共用设施用途的，应当在依法办理有关手续后告知物业服务企业；物业服务企业确需改变公共建筑和共用设施用途的，应当提请业主大会讨论决定同意后，由业主依法办理有关手续。以上所称的“物业管理用房”“物业管理区域内按照规划建设的公共建筑和共用设施”，都属于本法第 274 条规定的属于业主共有的部分。实践中，因利用共有部分从事经营性活动产生的纠纷经常发生，此类事项涉及每一位业主的共有财产权。《物业管理条例》第 54 条规定，利用物业共用部位、共用设施设备进行经营的，应当在征得相关业主、业主大会、物业服务企业的同意后，按照规定办理有关手续。因此，本次《民法典》修改中将该事项纳入特别重大事项，即应当经“双四分之三以上”同意才能表决通过。

四、需要注意的问题

本条明确规定了须经业主共同决定的事项范围，其意义主要在于在制度上排除共有和共同管理权因业主个体恣意行为而受到侵害。但在确定了业主共同决定事项的范围之后，还要解决另一个问题，即避免因共同决议权利过度行使损害业主个体合法权益。近年来，随着住房条件的改善，因无电梯住宅小区通过业主多数决加装电梯导致一楼业主提起诉讼的案件时有发生。正确处理这类案件实质是如何在建筑物区分所有权法律制度框架内协调好业主个体权利与业主共同利益之间的矛盾与冲突。本法第 280 条规定，业主大会或者业主委员会的决定，对业主具有法律约束力。业主大会或者业主委员会作出的决定侵害业主合法权益的，受侵害的业主可以请求人民法院予以撤销。可见，妥善协调两者之间的关系既是建筑物区分所有权法律制度的难点，更是精准把握其制度目的的关键所在。

笔者认为，业主大会决议对业主具有约束力是实现业主团体利益的重要制度保障，如果不对团体利益予以足够的重视和保护，将导致社会秩序和谐有序的基础受到冲击和破坏。如何权衡，关键取决于共同（多数）意志对个体权利的强加是否冲破了私权行使自由的底线，取决于是否提供了正当程序的保障，是否对利益受损者给予了合理的补偿。

（沙永梅　撰写）

第二百八十一条 【建筑物及其附属设施的维修资金的归属、用途以及筹集与使用】建筑物及其附属设施的维修资金，属于业主共有。经业主共同决定，可以用于电梯、屋顶、外墙、无障碍设施等共有部分的维修、更新和改造。建筑物及其附属设施的维修资金的筹集、使用情况应当定期公布。

紧急情况下需要维修建筑物及其附属设施的，业主大会或者业主委员会可以依法申请使用建筑物及其附属设施的维修资金。

【法条链接】

《民法典》第278条；《物权法》第79条；《物业管理条例》第51条、第53条；《建筑物区分所有权纠纷解释》第3条；《住宅专项维修资金管理办法》第2条、第4条、第9条、第10条、第15条、第16条、第24条

【立法背景】

与《物权法》第79条相比，本条第1款对建筑物及其附属设施的维修资金的用途列举作了调整，删除了维修资金用于“水箱”维修的规定，增加列举了可以用于“屋顶、外墙、无障碍设施”等共有部分，对于维修资金的使用方式在“维修”之外，增加规定了“更新和改造”，进一步明确了维修资金的使用范围和使用方式，吸纳了《物业管理条例》《建筑物区分所有权纠纷解释》《住宅专项维修资金管理办法》中有关专项维修资金的规定。《物业管理条例》第53条第2款规定，“专项维修资金属于业主所有，专项用于物业保修期满后物业共用部位、共用设施设备的维修和更新、改造，不得挪作他用”。依据《建筑物区分所有权纠纷解释》第3条的规定，共有部分还包括：建筑物的基本结构部分、公共通行部分、附属设施等结构部分以及其他不属于业主专有部分，也不属于市政公用部分或者其他权利人所有的场所及设施等。《住宅专项维修资金管理办法》第2条第2款规定，“本办法所称住宅专项维修资金，是指专项用于住宅共用部位、共用设施设备保修期满后的维修

和更新、改造的资金”。为更好地保障业主的知情权，将《物权法》第79条中“维修资金的筹集、使用情况应当公布”修改为“维修资金的筹集、使用情况应当定期公布”。本条第2款属于新增内容，对紧急情况下使用建筑物及其附属设施的维修资金的特别程序作出了规定。本条规定的目的是确保应急维修，及时消除房屋使用安全隐患，解决业主表决难题，降低业主大会和业主委员会的决策成本，提高业主使用维修资金的决策效率。为解决现实中建筑物及其附属设施的维修资金使用难的问题，本法第278条第1款第5项规定，决定使用维修资金应当经“参与表决专有部分面积过半数的业主且参与表决人数过半数的业主同意”，与《物权法》第76条规定的应当经“专有部分占建筑物总面积三分之二以上的业主且占总人数三分之二以上的业主同意”相比，大大降低了使用维修资金的门槛。但是，在紧急情况下，建筑物及其附属设施存在安全隐患，危及公共利益及他人合法权益时，责任人应当及时维修养护，如果遵循本法第278条规定的程序，耗费时间仍然较长，可能会影响建筑物及其附属设施故障的排除甚至危险的消除，故本条规定，紧急情况下需要维修建筑物及其附属设施的，业主大会或者业主委员会可以依法申请使用建筑物及其附属设施的维修资金。

【条文解读与法律适用】

一、关于建筑物及其附属设施的维修资金的归属

针对实践中业主疑问较多的有关建筑物及其附属设施的维修资金所有权归属问题，本条规定，建筑物及其附属设施的维修资金属于业主共有。维修资金是房屋的养老钱，建筑物及其附属设施能否正常、及时、顺利地维修，关系到建筑物及其附属设施能否正常使用及业主的安全，关系到全体业主的切身利益，关系到社会的和谐与稳定。为解决建筑物及其附属设施的维修问题，我国相关法律、法规规定建筑物及其附属设施的维修资金由业主筹集和缴纳。本法278条第1款第6项规定，筹集建筑物及其附属设施的维修资金由业主共同决定。《物业管理条例》第7条第4项规定，业主在物业管理活动中应当按照国家有关规定履行交纳专项维修资金的义务；第53条第1款规定，住宅物业、住宅小区内的非住宅物业或者与单幢住宅楼结构相连的非住宅物

业的业主，应当按照国家有关规定交纳专项维修资金。

建筑物及其附属设施的维修资金由业主筹集和缴纳，其所有权依法属于业主共有。这一问题，除本法规定外，《物业管理条例》亦有明确规定。《物业管理条例》第53条第2款、第3款规定，专项维修资金属于业主所有，专项用于物业保修期满后物业共用部位、共用设施设备的维修和更新、改造，不得挪作他用。专项维修资金收取、使用、管理的办法由国务院建设行政主管部门会同国务院财政部门制定。《住宅专项维修资金管理办法》第4条规定："住宅专项维修资金管理实行专户存储、专款专用、所有权人决策、政府监督的原则。"第9条规定："业主交存的住宅专项维修资金属于业主所有。从公有住房售房款中提取的住宅专项维修资金属于公有住房售房单位所有。"第10条规定："业主大会成立前，商品住宅业主、非住宅业主交存的住宅专项维修资金，由物业所在地直辖市、市、县人民政府建设（房地产）主管部门代管。直辖市、市、县人民政府建设（房地产）主管部门应当委托所在地一家商业银行，作为本行政区域内住宅专项维修资金的专户管理银行，并在专户管理银行开立住宅专项维修资金专户。开立住宅专项维修资金专户，应当以物业管理区域为单位设账，按房屋户门号设分户账；未划定物业管理区域的，以幢为单位设账，按房屋户门号设分户账。"第15条规定："业主大会成立后，应当按照下列规定划转业主交存的住宅专项维修资金：（一）业主大会应当委托所在地一家商业银行作为本物业管理区域内住宅专项维修资金的专户管理银行，并在专户管理银行开立住宅专项维修资金专户。开立住宅专项维修资金专户，应当以物业管理区域为单位设账，按房屋户门号设分户账。（二）业主委员会应当通知所在地直辖市、市、县人民政府建设（房地产）主管部门；涉及已售公有住房的，应当通知负责管理公有住房住宅专项维修资金的部门。（三）直辖市、市、县人民政府建设（房地产）主管部门或者负责管理公有住房住宅专项维修资金的部门应当在收到通知之日起30日内，通知专户管理银行将该物业管理区域内业主交存的住宅专项维修资金账面余额划转至业主大会开立的住宅专项维修资金账户，并将有关账目等移交业主委员会。"第16条规定："住宅专项维修资金划转后的账目管理单位，由业主大会决定。业主大会应当建立住宅专项维修资金管理制度。业主大会开立的住宅专项维修资金账户，应当接受所在地直辖市、市、县人民政府建设（房地产）主管部门的监督。”

二、关于建筑物及其附属设施的维修资金的用途

关于维修资金的用途，本条规定主要用于业主专有部分以外的电梯、屋顶、外墙、无障碍设施等共有部分的维修、更新和改造。理解本条规定，必须注意以下四个方面。

一是业主共同决定的程序性。本条规定由业主共同决定维修资金的使用范围和使用方式。业主共同决定维修资金的使用，要依据本法第 278 条规定的程序，即使用维修资金应当经“参与表决专有部分面积过半数的业主且参与表决人数过半数的业主同意”才能作出决定。

二是共有部分的认定。《建筑物区分所有权纠纷解释》第 3 条规定：“除法律、行政法规规定的共有部分外，建筑区划内的以下部分，也应当认定为物权法第六章所称的共有部分：（一）建筑物的基础、承重结构、外墙、屋顶等基本结构部分，通道、楼梯、大堂等公共通行部分，消防、公共照明等附属设施、设备，避难层、设备层或者设备间等结构部分；（二）其他不属于业主专有部分，也不属于市政公用部分或者其他权利人所有的场所及设施等。建筑区划内的土地，依法由业主共同享有建设用地使用权，但属于业主专有的整栋建筑物的规划占地或者城镇公共道路、绿地占地除外。”

三是维修资金用途列举性规定的发展性。本条列举的“电梯、屋顶、外墙、无障碍设施”并未穷尽业主的共有部分，具体如何确定建筑物的共有部分，除依照法律、行政法规的规定外，要根据城市建设的发展和每一栋建筑物、每一个建筑区划的不同情况具体分析。需要注意的问题是，近年来老旧小区改造中加装电梯的所有权是否属于业主共有、是否可以使用专项维修资金引发了纠纷和争议。随着老旧小区改造工程的推进，许多地方出台了老旧小区加装电梯的文件，规定加装电梯的资金由政府财政补贴和三楼以上的高层业主协商共同出资，一楼和二楼业主不出资，这些文件对加装电梯的所有权不作规定，[①] 导致加装的电梯仅供高层的出资业主使用，排除了一楼、二楼

---

① 据不完全统计，以如下地区的文件为代表：《南京市既有住宅增设电梯实施办法》，宁政规字〔2016〕11 号；《〈关于进一步加强城市规划区内既有住宅增设电梯的实施意见〉的通知》，泸市府办发〔2019〕15 号。

业主的使用权，加装电梯后取得的广告收益也归高层业主所有。也有少数地方文件规定，既有住宅增设电梯后增加的公共建筑面积，计入房屋公摊面积，可办理不动产登记。① 笔者认为，随着人民生活水平的提高和老龄化社会的到来，电梯不仅是高层住宅的必备设备，也是多层住宅业主必须使用的设备，本法明确规定电梯属于业主共有。加装电梯属于对业主共有通行结构的改造，占用了业主公共用地，高层业主的出资系基于其使用上的高频率，并不能排除低层业主的电梯使用权和业主共有权，加装电梯仍应当属于全体业主共有。至于是否可以使用维修资金，亦应依法由业主共同决定。

四是依法不属于业主承担的维修、更新和改造项目费用的排除。《物业管理条例》第 51 条规定，供水、供电、供气、供热、通信、有线电视等单位，应当依法承担物业管理区域内相关管线和设施设备维修、养护的责任。前款规定的单位因维修、养护等需要，临时占用、挖掘道路、场地的，应当及时恢复原状。因此，维修资金的使用要排除依法不属于业主承担的维修、更新和改造项目的费用，避免出现相关单位违规支取建筑物及其附属设施维修资金的情形。

三、关于业主对维修资金有关情况的知情权

本条规定，建筑物及其附属设施的维修资金的筹集、使用情况应当定期公布，不仅是对业主知情权的确认，也更加强化了业主知情权的保障。建筑物以及附属设施的维修资金作为具有特定用途的经费应当专项用于建筑物共有部分、共用设施设备保修期满后的维修、更新和改造，其筹集和使用应当遵循方便快捷、公开透明以及受益人和负担人相一致等原则。业主对建筑区划内专有部分以外的共有部分享有共有权，进而享有共同管理权，同时还享有广泛的监督权，业主知情权是实现共同管理权和监督权的基础和保障。为便于业主及时了解建筑物及其附属设施维修资金的筹集情况，依法监督维修资金的使用，维修资金的筹集、使用情况应当定期公布。物业服务人或者业主委员会拒不公布有关信息的，业主寻求法律保护应当得到支持。但需要注意的是，对于业主行使知情权亦应加以合理限制，防止滥用权利，其范围应限于涉及业主合法权益的信息，并遵循简便的原则。

---

① 《郴州市中心城区既有住宅增设电梯实施办法》，郴政办发〔2019〕4 号。

四、关于紧急情况下使用维修资金的特别程序

紧急情况下需要维修建筑物及其附属设施的，业主大会或者业主委员会可以按特别程序依法申请使用建筑物及其附属设施的维修资金。对本条的理解和适用，需要把握以下几个方面：

一是紧急情况的认定。对于什么情况下属于紧急情况，法律并未作出明确、统一的规定，一般认为应当是发生危及建筑物安全和人身财产安全的紧急情况。对此，一些行政规章和规范性文件作了列举，在实务中可以予以参照和参考。《住宅专项维修资金管理办法》第24条规定，发生危及房屋安全等紧急情况，需要立即对住宅共用部位、共用设施设备进行维修和更新、改造的，可以不受业主共同决定的表决程序限制，直接申请使用维修资金。住房城乡建设部办公厅、财政部办公厅《关于进一步发挥住宅专项维修资金在老旧小区和电梯更新改造中支持作用的通知》（建办房〔2015〕52号）第5条第1款规定："发生下列危及房屋使用和人身财产安全的紧急情况，需要使用维修资金对老旧小区和电梯立即进行更新改造的，可以不经过业主'双三分之二'表决同意，直接申请使用维修资金：（一）电梯故障；（二）消防设施故障；（三）屋面、外墙渗漏；（四）二次供水水泵运行中断；（五）排水设施堵塞、爆裂；（六）楼体外立面存在脱落危险；（七）其他危及房屋使用和人身财产安全的紧急情况。"

二是紧急情况下申请使用建筑物及其附属设施的维修资金的主体。本条规定紧急情况下申请使用维修资金的主体是业主大会或者业主委员会。如果由物业服务人申请使用紧急维修资金，必须得到业主大会或者业主委员会的委托或授权。

三是紧急情况下申请使用维修资金的特别程序。发生紧急情况，需要使用维修资金对建筑物进行维修、更新和改造的，可以不经过业主"双过半数"表决同意，直接申请使用维修资金。参照有关部门的文件规定（建办房〔2015〕52号），老旧小区和电梯更新改造需要应急使用维修资金的，业主委员会、业主大会或者其委托授权的物业服务人或者公有住房售房单位向物业所在地的住房城乡建设（房地产）部门、公有住房维修资金管理部门提出申请。没有业主委员会、物业服务人或者公有住房售房单位的，可以由社区居民委员会提出申请，住房城乡建设（房地产）部门或者街道办事处、乡镇人

民政府组织代修，代修费用从维修资金账户中列支。住房城乡建设（房地产）部门、公有住房维修资金管理部门应当在接到应急使用维修资金申请后3个工作日内作出审核决定。应急维修工程竣工验收后，组织维修的单位应当将使用维修资金总额及业主分摊情况在住宅小区内的显著位置公示。

（沙永梅　撰写）

第二百八十二条　【业主共有部分产生收益的归属】建设单位、物业服务企业或者其他管理人等利用业主的共有部分产生的收入，在扣除合理成本之后，属于业主共有。

【法条链接】

《物业管理条例》第27条、第37条、第54条；《建筑物区分所有权纠纷解释》第14条

【立法背景】

本条属于新增内容，对利用业主的共有部分产生收入的归属作出了规定，即在扣除合理成本之后，属于业主共有。

实践中，经常发生建设单位或物业服务企业擅自改变共有部分的用途或者利用外墙、电梯张贴广告，出租物业服务用房等营利而产生争议。本条是对社会关切的业主权利保护热点问题所作的回应，明确规定共有部分产生的收益归属及分配原则。对利用业主的共有部分产生收入的归属，《物权法》没有明确规定，《建筑物区分所有权纠纷解释》第14条规定，建设单位或者其他行为人擅自占用、处分业主共有部分、改变其使用功能或者进行经营性活动，权利人请求排除妨害、恢复原状、确认处分行为无效或者赔偿损失的，人民法院应予支持。属于前款所称擅自进行经营性活动的情形，权利人请求行为人将扣除合理成本之后的收益用于补充专项维修资金或者业主共同决定的其他用途的，人民法院应予支持。行为人对成本的支出及其合理性承担举证责任。本条

规定是对《建筑物区分所有权纠纷解释》相关内容的进一步明确，既强化了业主共有权的保护，也保障了物业服务企业或其他管理人的正常经营和健康发展。

【条文解读与法律适用】

对本条的理解与适用，应当把握如下几个方面。

一、业主共有部分的范围与法律保护

本法第271条和第274条对业主共有部分范围的划分，分别采用了排除加列举的方式。第271条规定，业主对建筑物内的住宅、经营性房屋等专有部分享有所有权，对专有部分以外的共有部分享有共有和共同管理的权利。第274条规定，建筑区划内的道路，属于业主共有，但是属于城镇公共道路的除外。建筑区划内的绿地，属于业主共有，但是属于城镇公共绿地或者明示属于个人的除外。建筑区划内的其他公共场所、公用设施和物业服务用房，属于业主共有。在上述规定中，关于业主对建筑物内的住宅、经营性房屋享有专有权，对专有部分以外的共有部分享有共有权，采用的是排除方式来确定业主共有部分的。而建筑区划内的道路、绿地，公共场所、公用设施和物业服务用房，属于业主共有，则采用的是列举的方式。

对于共有部分的权属性质及应如何管理使用问题，《物业管理条例》作了具体规定。《物业管理条例》第27条规定，业主依法享有的物业共用部位、共用设施设备的所有权或者使用权，建设单位不得擅自处分。第37条规定，物业管理用房的所有权依法属于业主。未经业主大会同意，物业服务企业不得改变物业管理用房的用途。第54条规定，利用物业共用部位、共用设施设备进行经营的，应当在征得相关业主、业主大会、物业服务企业的同意后，按照规定办理有关手续。业主所得收益应当主要用于补充专项维修资金，也可以按照业主大会的决定使用。

二、利用业主共有部分进行经营的主体

本条列举的利用业主共有部分进行经营的主体一般有以下两种情况。

一是建设单位。建设单位是建筑物的开发建设者，同时，也是物业服务企业的设立者或发起者。因而建设单位在设立物业服务企业的过程中，以及在物业服务企业设立的初期，因掌握着物业服务管理权，该企业有时为了追求自己利益的最大化而利用业主共有部分进行经营。建设单位擅自改变物业小区的土地用途，将共有部分占为己有，用于出租营利。例如，将本已计入房价的屋顶、一楼空地加价出售，在业主的共有部分（如本属于业主的停车位、楼顶）上设定专有使用权而收取使用费。

二是物业服务人。本法第 937 条第 2 款规定，物业服务人包括物业服务企业和其他物业管理人。实践中一般是物业服务企业，但也可以是自然人和其他组织，物业服务企业利用业主共有部分进行经营的纠纷数量较多。物业服务人，是接受全体业主委托，为业主提供服务的具有专业管理能力的服务组织，它的权利和职责范围是由全体业主赋予的。但是在现实生活中，由于我国在物业服务管理模式上由行政福利型管理转向市场型专业化管理和业主自营式管理的时间还很短，导致物业服务企业的观念错位，将服务者的角色转变为管理者的角色，特别是当物业服务人一边面对物业服务行业日益扩大的成本缺口，另一边则是规模可观的经营收入时，对共有部分随意处置进行经营的行为时有发生。

三、共有部分产生的收入中合理成本的扣除

本条规定，在计算利用业主的共有部分产生的收入时，应当扣除建设单位、物业服务企业或者其他管理人的合理成本。在对利用业主的共有部分产生的收益进行分配时，必须认识到共有部分产生的收益，一方面得益于物业服务人的管理行为，另一方面也应注意到物业服务人员管理的物业属于全体业主共有。共有人对共有物享有收益权，这是一项法定权利。对利用业主的共有部分产生的收入进行分配时，建设单位或物业服务人可以通过合同约定进行分配，在没有约定的情形下，应当依法分配。如建设单位或物业服务人付出管理成本后不能获得经济回报，这对物业服务人是不公平的。同时，小区共有部分作为小区全体业主的共有物，全体业主才是该物的所有权人，如果在收益分配上排除业主的权利，显而易见，这有悖法律原则。因此，在存有小区共有部分管理收益的情形下，该收益应主要归属于全体业主享有，同时物管企业付出了管理成本，也应享有合理的回报。本条规定对利用业主的共有部分产生的收入，在扣除合理成本之后，属于业主共有，体现了公平合理的基本原则。在无锡市春江花园业主委员会诉上海陆家嘴物业管理有限公司等物业管理纠纷一案中，双方对该部分收益的分配没有合同根据，故应当按照法律规定进行分配。但由于当时我国法律对此没有具体规定，故法院认为应当在不违反法律原则的前提下，公平合理分配共有部分物业的管理收益。该案判决认为，共有部分在物业服务企业物业管理（包括前期物业管理）期间所产生的收益，在没有特别约定的情况下，应属全体业主所有，并主要用于补充小区的专项维修资金。物业服务企业对共有部分进行经营管理的，可以享有一定比例的收益。根据公平原则的要求，并参照《江苏省物业管理条例》第 33 条的规定，法院认为本案对共有部分收益分配的比例，确定为原告业委会得 70%、物业公司得 30% 较为合理。[①]

四、合理成本的举证责任

值得注意的是，在前述判决后，最高法院出台了《建筑物区分所有权纠纷解释》，根据该解释第 14 条的规定，行为人对成本的支出及其合理性承担举证责任。对侵害业主共有权的行为，本法第 287 条规定，业主对建设单位、物业服务企业或者其他管理人以及其他业主侵害自己合法权益的行为，有权请求其承担民事责任。此类案件，建设单位或者物业服务人，主张扣除经营管理成本的，负有举证责任，而且必须是合理性的支出，人民法院方可给予支持。在审判中，常常遇到建设单位或物业服务企业对其擅自经营所得收入，认为已经全部投入物业服务管理费用中，而业主则认为，经营所得收入已被建设单位等所占有。对此，应根据当事人所提供的证据及案件的具体事实予以处理。

（沙永梅　撰写）

第二百八十五条　【物业服务人与业主的关系以及执行政府应急处置措施和配合工作的义务】 **物业服务企业或者其他管理人根据业主的委托，依照本法第三编有关物业服务合同的规定管理建筑区划内的建筑物及其附属设施，接受业主的监督，并及时答复业主对物业服务情况提出的询问。**

物业服务企业或者其他管理人应当执行政府依法实施的应急处置措施和其他管理措施，积极配合开展相关工作。

---

① 《无锡市春江花园业主委员会诉上海陆家嘴物业管理有限公司等物业管理纠纷案》，载《最高人民法院公报》2010 年第 5 期。

【法条链接】

《物权法》第 82 条；《突发事件应对法》第 48 条、第 55 条、第 56 条、第 57 条；《物业管理条例》第 2 条、第 6 条；《建筑物区分所有权纠纷解释》第 13 条

【立法背景】

与《物权法》相比，本条的修改内容主要涉及以下几个方面。

一是准用第三编物业服务合同的规定。本条第 1 款新增了准用第三编有关物业服务合同的规定。《物权法》出台后，为妥善审理物业服务纠纷案件，统一司法裁判尺度，最高人民法院 2009 年发布了《物业服务纠纷解释》对物业服务合同作了相关规定。经过多年实践，物业服务合同纠纷的许多突出问题仍亟待解决，为适应现实需要，将其纳入合同编。《民法典》第三编增加了 4 种新的典型合同，其中，针对物业服务领域的突出问题，第三编第二十四章增加规定了物业服务合同，对物业服务企业或者其他管理人（以下简称物业服务人）和业主的权利义务依照物业服务合同关系予以确定，本条从立法技术上属于准用性规定，即依照物业服务合同的规定，对物业服务人和业主的权利义务作出规定。

二是增加规定物业服务人及时答复业主询问的义务，保障业主的知情权和监督权。《物权法》第 82 条规定，物业服务企业或者其他管理人根据业主的委托管理建筑区划内的建筑物及其附属设施，并接受业主的监督。该条赋予了业主对物业服务企业管理行为的监督权。《物业管理条例》第 6 条第 2 款规定，业主在物业管理活动中，享有下列权利：监督物业服务企业履行物业服务合同；对物业共用部位、共用设施设备和相关场地使用情况享有知情权和监督权；监督物业共用部位、共用设施设备专项维修资金的管理和使用。近年来，因业主行使监督权产生的物业服务纠纷不断上升：其一，业主通过何种方式行使监督权，是业主个人行使还是需要通过业主委员会来行使？其二，物业服务企业侵犯业主的监督权，如不披露有关物业财务信息等情况，

业主通过何种途径予以救济？本条规定对上述问题作了明确的回应，明确业主有权对物业服务情况提出询问，物业服务人应当及时作出答复，加强了对业主知情权的保护。

三是增加规定物业服务人配合政府执行应急处置措施和其他管理措施的义务。2020 年 5 月 22 日在第十三届全国人民代表大会第三次会议上，全国人民代表大会常务委员会副委员长王晨在《关于〈中华人民共和国民法典（草案)〉的说明》中表示，新冠肺炎疫情发生以来，全国人大常委会高度关注，认真学习贯彻习近平总书记重要讲话精神和党中央决策部署，结合《民法典》编纂工作，对与疫情相关的民事法律制度进行梳理研究，结合疫情防控工作，对二审草案作了有针对性的修改完善,[①] 明确物业服务企业和业主的相关责任和义务。本条第 2 款增加规定，物业服务企业或者其他管理人应当执行政府依法实施的应急处置措施和其他管理措施，积极配合开展相关工作。与此相对应，第 286 条相应增加了业主依法予以配合和向有关行政主管部门报告的义务。第 286 条第 1 款规定，业主应当遵守法律、法规以及管理规约。对于物业服务企业或者其他管理人执行政府依法实施的应急处置措施和其他管理措施，业主应当依法予以配合。第 286 条第 3 款规定，业主或者其他行为人拒不履行相关义务的，有关当事人可以向有关行政主管部门报告或者投诉，有关行政主管部门应当依法处理。在应急状态下，需要法律授予公权力机关更多行政权，实现公权力的相对集中，私权利相应地会受到一定程度的限缩、克减，公民要承担更多的容忍义务，甚至承担一些常规状态下无须承担的义务。这就需要通过法治手段平衡公权力和私权利之间的关系。[②] 立法对应急处置措施作出规定是十分必要的，突发事件发生后，往往造成人民生命财产和国家财产的巨大损失，正常的社会功能受到破坏，在这种情况下，人民政府很有必要实行应急处置措施，以使各种抢险救援工作得到有力的组织并有序地开展。

---

① 2020 年 5 月 22 日在第十三届全国人民代表大会第三次会议上，全国人民代表大会常务委员会副委员长王晨《关于〈中华人民共和国民法典（草案)〉的说明》。

② 江必新：《法治在应急状态下的意义和作用》，载《求是》2020 年第 5 期。

【条文解读与法律适用】

本条规定主要明确了物业服务人与业主的关系性质以及对政府应急管理等措施的执行和配合。

一、关于物业服务人与业主之间的合同关系

根据本法第284条的规定，业主可以选择物业服务企业或者其他管理人对建筑区划内的建筑物及其附属设施进行管理。业主共同决定选聘物业服务人后，应当签订物业服务合同，将建筑物及其附属设施的管理权利委托给选聘的物业服务企业或者其他管理人。关于什么是物业服务合同，人们对物业服务企业与业主之间存在何种性质的法律关系，一直存在模糊的认识。[1] 在《物权法》出台之前，一般依据《物业管理条例》的规定。《物业管理条例》第2条规定，物业管理是指业主通过选聘物业服务企业，由业主和物业服务企业按照物业服务合同约定，对房屋及配套的设施设备和相关场地进行维修、养护、管理，维护物业管理区域内的环境卫生和相关秩序的活动。第34条第1款规定，业主委员会应当与业主大会选聘的物业服务企业订立书面的物业服务合同。《物权法》出台后，第82条规定，物业服务企业或者其他管理人根据业主的委托管理建筑区划内的建筑物及其附属设施，并接受业主的监督，但是《物权法》依旧没有对物业服务合同作出明确规定，针对物业服务领域的突出问题，在《民法典》第三编第二十四章增加规定了物业服务合同，对物业服务人和业主的权利义务依照物业服务合同关系予以确定，为明确物业服务人和业主的权利义务提供了法律依据。本法第937条规定，物业服务合同是物业服务人在物业服务区域内，为业主提供建筑物及其附属设施的维修养护、环境卫生和相关秩序的管理维护等物业服务，业主支付物业费的合同。物业服务人包括物业服务企业和其他管理人。第939条规定，建设单位依法与物业服务人订立的前期物业服务合同，以及业主委员会与业主大会依法选聘的物业服务人订立的物业服务合同，对业主具有法律约束力。

---

① 最高人民法院民事审判第一庭编著：《最高人民法院建筑物区分所有权、物业服务司法解释理解与适用》，人民法院出版社2017年版，第250页。

二、关于业主的监督权和知情权

所谓业主知情权，是指业主了解建筑区划内涉及业主共有权以及共同管理权相关事项的权利。[①]《物权法》对业主知情权并未作出明确规定，《物业管理条例》也仅在第6条第2款对此作了简略的规定。《建筑物区分所有权纠纷解释》第13条对业主请求公布、查阅应当向业主公开的情况和资料的范围作了规定，业主的知情权主要表现为业主的查阅权，相对应的物业服务人或业主委员会负有信息披露义务。《建筑物区分所有权纠纷解释》第13条规定了业主知情权和监督权的行使方式，包括对物业服务企业履行合同的情况提出建议，查询物业服务企业在履行合同中形成的有关物业管理的各种档案材料，查询物业服务企业的收费情况等。本条增加了业主通过对物业服务情况提出询问的方式实现业主知情权和监督权，并要求物业服务人及时作出答复，强化监督的便宜和时效，本条规定的“询问—答复”模式与“查阅—公布”模式更为快捷、便利。需要注意的问题是，业主知情权是实现共同管理权和监督权的基础和保障，因此必须切实保障业主在诉讼中以请求公布或请求查阅的方式实现知情权。但业主知情权的行使必须受到合理的限制，防止发生业主用知情权谋取私利的情况，避免业主以行使知情权为手段，故意扰乱业主委员会等义务主体正常的管理活动，对广大业主的合法权益造成损害。[②]

三、关于物业服务人员对政府应急管理措施的执行和配合

本条第2款规定，物业服务企业或者其他管理人应当执行政府依法实施的应急处置措施和其他管理措施，积极配合开展相关工作。新冠肺炎疫情发生后，我国基层组织和物业服务人在疫情管控工作中发挥了积极作用，取得了明显成效。这一内容是结合疫情防控工作，对相关工作经验的总结，为物业服务企业执行政府应急管理措施和其他管理措施和配合开展相关工作提供了明确的法律依据。

在《民法典》发布之前，《物业管理条例》第45条、第46条规定了物业服务企业对违反有关治安、环保等方面法律、法规规定的行为的制止、向有

---

① 最高人民法院民事审判第一庭编著：《最高人民法院建筑物区分所有权、物业服务司法解释理解与适用》，人民法院出版社2017年版，第186页。

② 王茂刚：《陆某与北京市海淀区富润家园业主委员会业主知情权纠纷案》，载《人民司法》2018年第23期。

关行政管理部门报告以及协助做好安全防范工作的义务和救助工作的义务。本法第942条吸纳了物业管理条例的有关内容。该条规定物业服务人应当维护物业服务区域内的基本秩序，采取合理措施保护业主的人身、财产安全。对物业服务区域内违反有关治安、环保等法律法规的行为，物业服务人应当及时采取合理措施制止、向有关行政主管部门报告并协助处理。根据《突发事件应对法》第48条的规定，对突然发生，造成或者可能造成严重社会危害，需要采取应急处置措施予以应对的自然灾害、事故灾难、公共卫生事件和社会安全事件，履行统一领导职责或者组织处置突发事件的人民政府应当针对其性质、特点和危害程度，立即组织有关部门，调动应急救援队伍和社会力量，依照法律、法规、规章的规定采取应急处置措施。《突发事件应对法》第55—57条的规定为物业服务人执行政府应急管理措施协助义务提供了依据。第55条规定，突发事件发生地的居民委员会、村民委员会和其他组织应当按照当地人民政府的决定、命令，进行宣传动员，组织群众开展自救和互救，协助维护社会秩序。第56条第2款规定，突发事件发生地的其他单位应当服从人民政府发布的决定、命令，配合人民政府采取的应急处置措施，做好本单位的应急救援工作，并积极组织人员参加所在地的应急救援和处置工作。第57条规定，突发事件发生地的公民应当服从人民政府、居民委员会、村民委员会或者所属单位的指挥和安排，配合人民政府采取的应急处置措施，积极参加应急救援工作，协助维护社会秩序。

需要注意的是，本条这一内容虽然作为民事立法中的义务条款出现，但在有关义务主体违反这一规定时，法律责任和后果的承担需要结合相关行政法上的法律法规作出处理。依据《突发事件应对法》的相关规定，物业服务人员或业主违反法律规定，导致突发事件发生或者危害扩大，给他人人身、财产造成损害的，除应当依法承担民事责任外，还可能受到行政处罚或刑事处罚。①

（沙永梅　撰写）

---

① 《突发事件应对法》第66条规定，单位或者个人违反法律规定，不服从所在地人民政府及其有关部门发布的决定、命令或者不配合其依法采取的措施，构成违反治安管理行为的，由公安机关依法给予处罚。第68条规定，违反本法规定，构成犯罪的，依法追究刑事责任。

第八章　共　　有

第三百零六条　【按份共有人优先购买权的行使程序、期限及顺位】按份共有人转让其享有的共有的不动产或者动产份额的，应当将转让条件及时通知其他共有人。其他共有人应当在合理期限内行使优先购买权。

两个以上其他共有人主张行使优先购买权的，协商确定各自的购买比例；协商不成的，按照转让时各自的共有份额比例行使优先购买权。

【法条链接】

《物权法解释（一）》第 11 条、第 14 条

【立法背景】

本条是关于按份共有人转让其份额时应履行通知义务，其他共有人应在合理期限内行使优先购买权及优先购买权内部竞合时如何处理的规定，系《民法典》新增条文。《物权法》只在第 101 条对按份共有人在同等条件下可行使优先购买权进行了原则性规定，但其行使的具体条件、程序、期限及法律效力等均付之阙如，导致司法实践无所遵从。为填补法律漏洞，《物权法解释（一）》第 10—14 条对其进行了较为具体详细的规定。本条则是在借鉴其他国家和地区立法例的基础上，吸收了司法解释中的部分内容，在规范权利行使、平衡各方利益、统一裁判尺度等方面都具有重要意义。

【条文解读与法律适用】

一、按份共有人转让其份额时应履行通知义务

法律赋予按份共有人就其他共有人份额享有优先购买权，主要目的是稳定和简化共有关系，提高物的利用效能，“其立法目的重在防止土地之细分，并兼及消除共有关系而使物尽其用”①。但同时，按份共有作为所有权共有的一种形态，共有人应对其份额享有处分权，并使份额在流通中增益财产价值。为平衡两种利益关系，应对优先购买权的行使进行一定限制，尤其防止在共有人知悉份额转让情况后长时间不行使优先购买权，从而形成对份额处分权的过度钳制并造成交易秩序的持续不稳定。为促使优先购买权及时行使并保障其他共有人的知情权，本条一方面肯定按份共有人可自由转让其份额，另一方面规定在转让时应及时通知其他共有人，以使其知悉转让时间及条件等，并在信息充分的基础上尽快决定是否行使优先购买权。可见，通知义务的行使是优先购买权能否有效实现的基础，也是衡平上述两种立法价值的关键所在。《民法典》在合同编中对承租人优先购买权及《公司法》对有限责任公司股东优先购买权的规定，均强调转让人应履行通知义务，本条增加通知义务的规定，也保持了法体系上的一致性。

因通知的目的在于使其他共有人准确知悉份额转让的事实和条件，并据此判断是否以同等条件行使优先购买权，而且从优先购买权的法律效力来看，通说认为优先购买权得依一方的意思表示，形成以转让人与第三人同等条件为内容的合同，无须义务人的承诺。故通知中应包含具体明确的“同等条件”内容，其中转让价格、支付方式、支付期限等价款条件是必备内容，如果其他条件对转让人的利益会产生重大影响，则通知时未包含其他条件也属于未尽到告知义务。② 在转让条件发生实质性变更时，转让人仍应再次通知。最后，因本条未对通知的方式作出限制，口头和书面均无不可。

---

① 王泽鉴著：《民法学说与判例研究》（第三册），中国政法大学出版社2005年版，第298页。

② 杜万华主编：《最高人民法院物权法司法解释（一）理解与适用》，人民法院出版社2016年版，第297页。

二、其他共有人应在合理期限内行使优先购买权

为避免优先购买权长期不行使而造成利益失衡、交易失序的状态，本条第 1 款在规定通知义务的基础上，还规定其他共有人应当在合理期限内行使优先购买权。如果说优先购买权系对按份共有人转让份额的法定限制，合理期限则为对该限制的限制。关于合理期限的判断，应在个案中结合当事人约定、通知内容、共有物的性质、交易复杂程度等综合判断。具体而言，第一，全体按份共有人之间对行使期限有明确约定的，根据意思自治原则，应以约定为准。第二，没有约定或约定不明的，如转让通知中载明了行使期限的，一般可以该期限为准，但若该期限过短，将不利于其他共有人慎重考虑，可能导致优先购买权的立法目的落空，为此应由法官在个案中适当延长，《物权法解释（一）》第 11 条第 2 项规定应延长到通知送达之日起的 15 日，系在充分考虑各方利益的基础上作出的统一性规定，仍可兹参照；若转让通知中未载明行使期限的，一般也可适用 15 日的期间。第三，没有约定且转让人也未进行通知的，参照《物权法解释（一）》第 11 条第 3 项和第 4 项的规定，若转让人能够证明其他共有人知道或应当知道转让事实和最终转让条件的，则应以此为起算点计算合理期限；若无法证明，则优先购买权应有最长行使期限，司法解释将其界定为共有份额权属转移即不动产变更登记或动产交付之日起 6 个月。第四，从优先购买权作为附停止条件形成权的性质出发，该期限应定性为除斥期间而非诉讼时效，不存在中止、中断或延长的情形，其他共有人未在合理期限内行使权利的，将发生丧失优先购买权的法律后果。

三、两个以上按份共有人优先购买权的行使顺位

共有份额转让时，可能有两个或两个以上按份共有人均以同等条件主张优先购买权，此时发生权利关系的内部竞合，如何处理和协调《物权法》未有规定，本条第 2 款则吸收了《物权法解释（一）》第 14 条的规定，明确以下规则：第一，首先由欲行使优先购买权的全体共有人就各自购买比例进行协商，达成全体一致意见后，可根据协商结果确定，这是尊重意思自治的当然结果，也有利于保持共有关系的和谐稳定，减少争议发生。第二，协商不成的，国外立法例及司法实践中有不同的做法，比如由所有共有人共同行使、按各自份额比例分配、由份额较多或最高出价或最先出价者得、抽签方式确定、由转让人选择等，本条则从各共有人应平等享有优先购买权出发，认为

其只有量的差别而无质的差异，规定这种情形下应按照转让时各自的共有份额比例行使优先购买权，这也与《公司法》中对有限责任公司中多个股东行使优先购买权的顺位规则保持了一致。需要注意的时，考虑到强制执行程序中司法拍卖的特殊性，为提高执行效率，保障买受人地位的安定并简化财产处置程序，仍应按照相关司法解释的特别规定确定顺位，即采取传统委托拍卖的，以抽签方式确定买受人；采取网络司法拍卖的，由出价在先的优先购买权人竞得。①

（孙超　撰写）

① 《最高人民法院关于人民法院民事执行中拍卖、变卖财产的规定》第16条第2款，《最高人民法院关于人民法院网络司法拍卖若干问题的规定》第21条第3款。

第九章　所有权取得的特别规定

第三百二十二条　【加工、附合、混合产生的物权归属及赔偿补偿规则】 因加工、附合、混合而产生的物的归属，有约定的，按照约定；没有约定或者约定不明确的，依照法律规定；法律没有规定的，按照充分发挥物的效用以及保护无过错当事人的原则确定。因一方当事人的过错或者确定物的归属造成另一方当事人损害的，应当给予赔偿或者补偿。

【立法背景】

加工、附合、混合统称为添附，大陆法系国家民法典普遍将其作为所有权取得的特定方式予以规定。我国在制定物权法过程中，也曾在多个草案中尝试对添附制度进行系统规定，但正式出台的《物权法》中并无相应条文，成为法律空白。司法实践中也只有《贯彻执行民法通则意见》第 86 条、《租赁合同解释》第 9—13 条涉及添附的部分规则。为促进物尽其用，维护添附物的整体经济价值，防止强行分割造成的财产破坏或资源浪费，同时通过不当得利或侵权责任等债法规则实现当事人的利益平衡，《民法典》新增本条规定，从添附物归属与赔偿、补偿义务两方面明确了添附制度的基本内容，对于完善物权变动体系及指导司法实践都具有积极意义。

【条文解读与法律适用】

一、加工、附合、混合的概念界定

本条规定了加工、附合、混合三种添附的方式，其中加工系指将他人的动产加以制作或改造，使成新物或使之价值发生巨额增加的法律事实。附合则主要分为动产与不动产的附合与动产和动产的附合，前者系指一人的动产附合于他人的不动产，而成为其重要成分的法律事实，后者则指所有人各异的动产互相结合，非毁损不能分离或分离需费过巨的法律事实。[①] 混合则指所有人各异的动产互相混合后不能识别或识别需费过巨的法律事实。[②] 其中加工系劳动与他人动产（材料）的结合，附合与混合系不同所有人的物的结合，动产附合与混合的区别则主要在于数个动产之结合或融合的紧密程度有所不同。三者的共同之处在于不同主体的物或劳动经结合产生具有独立价值的新物，且事实或经济上已无法再行分离，这种情形下产生权利冲突，为实现物的整体效用最大化，需要确认新物的归属；另一方面，一方原始取得新物后将对另一方造成损害，对此应对另一方的财产或劳动的损失给予补偿或赔偿，以调和并维护当事人的利益。

二、加工、附合、混合产生的物的权属确认

根据本条规定，权属确认应遵循以下规则：第一，约定优先。关于物权编的添附规则是否仅适用于因侵权、不可抗力等非法律行为所产生的添附，理论和实践中存在一定争议。本条采取广义观点，将根据承揽、委托、租赁、雇佣等合同所为的添附行为也纳入规制范围，据此添附物的归属首先依据合同约定确定；即使事先未约定，添附行为发生后也允许当事人协商确定权属，但不得损害第三人以及社会公共利益。[③] 第二，无约定或约定不明确的依法确认。较为典型的系某人于他人的土地上以自己的材料建筑房屋时，根据本法第 352 条“建设用地使用权人建造的建筑物、构筑物及其附属设施的所有权属于建设用地使用权人，但是有相反证据证明的除外”的规定，其房屋的所有权即应归建设用地使用权人取得，这也是建筑物所有权与建设用地使用权应一体处理的题中之义。第三，无约定或法定的，按照充分发挥物的效用以及保护无过错当事人的原则确定。首先，添附制度的立法目的主要在于促进

---

① 实践中也可能发生不动产附合于不动产的情形，譬如某人所有的土地因水流变迁而附合于他人的土地时，他人的土地则因之而扩张，但这种情况一般适用土地法而非物权法的添附规则处理。刘保玉著：《物权法学》，中国法制出版社 2007 年版，第 213 页。

② 陈华彬：《我国民法典物权编添附规则立法研究》，载《法学杂志》2019 年第 9 期。

③ 陈本寒：《构建我国添附制度的立法思考》，载《法商研究》2018 年第 4 期。

物尽其用，这决定了添附物应归属于能够使物的经济价值最大化的主体，参考国外立法例，动产与不动产附合形成的添附物属于原不动产所有人，动产与动产的附合物一般属于主物所有人，如果两个动产难以区分主从，即以价值较大或体积较大者为所有人，无法辨别的，则应由双方共有。[①] 关于加工形成的物，考虑到加工价值主要体现为加工人对加工物所施加的劳力、技能、知识等，同时，加工人相比于材料所有人，更了解加工物的性能，所以，在加工的价值明显高于材料价值时，由加工人取得所有权，就可以使加工物发挥其应有的效用。[②] 其次，添附物归属亦不能违反诚实信用原则，尤其是一方明知系他人财产而恶意添附时，除非物的价值相差巨大，否则一般应从保护无过错人的角度出发，由无过错人取得添附物所有权，这也是对物尽其用原则的适度修正。最后，当根据本条规则确定添附物由一方单独取得所有权时，因其原有的他人的动产已不复独立存在，故而另一方的动产所有权与该动产上的其他权利，皆归消灭。

三、加工、附合、混合后的赔偿或补偿

物权编中添附规则的重点在于确认添附物的权属，以维护其经济价值。该规则为强行性规范，不管添附的双方是否有过错，是善意添附还是恶意添附，均无权要求返还原物或者恢复原状。为平衡双方利益，本条规定权利消灭的一方可请求取得添附物所有权的一方给予赔偿或者补偿。因本条将合同等法律行为引起的添附也纳入规制范围，若合同中对补偿或赔偿问题有明确约定，应优先按照约定处理，若一方不履行，应承担违约责任。若因非法律行为引起添附，或合同中对赔偿等问题未有约定，若因一方当事人恶意添附或其他过错行为形成添附，且因按照充分发挥物的效用原则将添附物确认归其所有的，另一方可依据本法第 1165 条第 1 款规定的过错侵权责任的要件，请求其承担侵权损害赔偿责任。也可依据本法第 985 条不当得利的规定请求其返还所获得的利益，两者构成竞合关系。若一方当事人对添附的事实没有过错，其只能根据不当得利的规定请求偿还相应价额。

（孙超　撰写）

---

① 梁慧星：《关于民法典分则草案的若干问题》，载《法治研究》2019 年第 4 期。

② 房绍坤：《论加工的物权法规制》，载《清华法学》2017 年第 2 期。

第三分编　用益物权

第十一章　土地承包经营权

第三百三十九条　【土地经营权的流转】 土地承包经营权人可以自主决定依法采取出租、入股或者其他方式向他人流转土地经营权。

【法条链接】

《农村土地承包法》第 36 条；《农村土地承包经营权流转管理办法》第 35 条

【立法背景】

本条来源于《农村土地承包法》第 36 条，规定了流转土地经营权的方式。我国承包地流转政策经历了从“禁止”“放松”“允许”到“鼓励”的过程。中共中央办公厅、国务院办公厅于 2015 年印发《深化农村改革综合性实施方案》的通知，该通知指出，深化农村土地制度改革的基本方向是：落实集体所有权，稳定农户承包权，放活土地经营权。同时要求在实行“三权分置”的基础上，按照依法自愿有偿原则，引导农民以多种方式流转承包土地的经营权，以及通过土地经营权入股、托管等方式，发展多种形式的适度规模经营。2016 年，国务院颁布《三权分置意见》，明确将农村土地产权中的土地承包经营权进一步划分为承包权和经营权，实行所有权、承包权、经营权分置并行。

“三权分置”是继家庭联产承包责任制后农村改革又一重大制度创新。在“三权分置”之下，土地经营权人对流转土地依法享有在一定期限内占有、耕作并取得相应收益的权利。在依法保护集体所有权和农户承包权的前提下，平等保护经营主体依流转合同取得的土地经营权，保障其有稳定的经营预期。

在“三权分置”之下，“农村土地集体所有权是土地承包权的前提，农户享有承包经营权是集体所有的具体实现形式，在土地流转中，农户承包经营权派生出土地经营权”。这里所要传达的意义有两个：其一，仅在发生承包地流转关系之时，才有生成“土地经营权”这一新型权利的必要。若不发生承包地流转关系，则“承包土地的经营权”属于农户，权利表现形式仍然是土地承包经营权，土地经营权隐而不彰，无土地经营权独立和产生之必要。其二，土地经营权是派生于土地承包经营权的一类新生的权利，土地承包经营权是其“母权”。

【条文解读与法律适用】

我国对承包地流转的限制路径之一，就是对承包地流转方式进行限制，采取了“方式法定”的规制路径，同时以“或者其他方式”作为兜底规定，避免了使用“等方式”所可能带来的“等内等”“等外等”的解释冲突。根据本条的规定，流转土地经营权可以采取出租、入股或者其他方式，这几种情形均属承包地债权性流转。在“三权分置”之下，这些流转方式的法律效果是使经营主体取得土地经营权，即承包地流转后承包农户仍然保有土地承包经营权，受流转人则取得一定期间的占有、使用承包地的权利。

需要注意的是，《农村土地承包法》第 36 条规定的土地经营权流转方式中，将出租表述为“出租（转包)”，其意在于将转包作为出租的一种特殊形式。根据《农村土地承包经营权流转管理办法》第 35 条第 5 款的规定，“出租是指承包方将部分或全部土地承包经营权以一定期限租赁给他人从事农业生产经营。出租后原土地承包关系不变，原承包方继续履行原土地承包合同规定的权利和义务。承租方按出租时约定的条件对承包方负责”。根据第 35 条第 2 款，“转包是指承包方将部分或全部土地承包经营权以一定期限转给同一集体经济组织的其他农户从事农业生产经营。转包后原土地承包关系不变，原承包方继续履行原土地承包合同规定的权利和义务。接包方按转包时约定的条件对转包方负责。承包方将土地交他人代耕不足一年的除外”。两者都传达着同样的法律效果：承包地流转后承包农户仍然保有土地承包经营权、受流转人仅取得一定期间的占有、使用承包地的权利。唯一的区别在于受流转人的不同：转包时是本集体经济组织的其他农户，而出租时没有这一限制。

关于出租和转包这两种流转方式能否并存，一直存在较大争议。第一种观点认为，两者可以并存，无论是法律上还是实践中均将转包和出租确定为两种不同的农地流转方式。[①]第二种观点认为，应保留出租，删除转包。将转包与出租并列规定，“不仅不能丰富流转方式，而且因未作严格区分将会导致重复规定”[②]。第三种观点认为，应保留转包，删除出租。如允许承包地出租流转，容易架空土地所有权，使土地承包经营权“所有权化”或承包方变为事实上的“二地主”，也容易出现以出租名义规避法律的行为。[③]

现有法律和政策文件就“转包”“出租”之间的关系在表述上也并不一致。《物权法》第128条就土地承包经营权的流转方式仅规定了“转包”，而没有规定“出租”。《国务院办公厅关于引导农村产权流转交易市场健康发展的意见》（国办发〔2014〕71号）指出：“以家庭承包方式承包的耕地、草地、养殖水面等经营权，可以采取出租、入股等方式流转交易”，这里仅用了“出租”，没有提及“转包”。《三权分置意见》中又使用了“出租（转包）”的表述，《农村土地承包法》采取了相同的表述。而本条则单独列出了“出租”，一方面与农村产权流转交易市场的构建与运行的市场化背景相关，受流转人原则上不受限制，凡是法律、法规和政策没有限制的法人和自然人均可以进入市场参与流转交易，因此也无须特别强调“转包”为“出租”的一种特殊形式。另一方面也体现了《民法典》编纂的立法技术有所提高。

（鞠成伟　撰写）

---

① 丁关良著：《土地承包经营权基本问题研究》，浙江大学出版社2007年版，第199页。

② 胡吕银著：《土地承包经营权的物权法分析》，复旦大学出版社2004年版，第157页。

③ 孟勤国、黄莹、段晓红等著：《中国农村土地流转问题研究》，法律出版社2009年版，第73页。

第三百四十一条　【土地经营权的设立及登记】流转期限为五年以上的土地经营权，自流转合同生效时设立。当事人可以向登记机构申请土地经营权登记；未经登记，不得对抗善意第三人。

【法条链接】

《农村土地承包法》第23条、第41条

【立法背景】

本条规定的是土地承包经营权的取得以及登记制度。法条内容来源于《农村土地承包法》第23条“承包合同自成立之日起生效。承包方自承包合同生效时取得土地承包经营权”，以及第41条“土地经营权流转期限为五年以上的，当事人可以向登记机构申请土地经营权登记。未经登记，不得对抗善意第三人”之相关规定。

【条文解读与法律适用】

一、土地承包经营权的取得制度

根据本条规定，流转期限为五年以上的土地经营权，承包方自流转合同生效时取得土地承包经营权，即土地承包经营权虽然为不动产用益物权，但是自合同生效时取得，无须登记。从立法本意来看，考虑到我国农村土地承包的实际情况和登记制度的现状，土地承包经营权依合意取得显然是符合我国国情的。首先，承包方案经村民会议或村民代表会议讨论同意，集体经济组织成员相互熟悉，承包的地块人所共知，能够起到相应的公示作用。其次，承包证书的发放和登记造册，往往滞后于承包合同的签订，不能因此而否定农户的承包经营权。我国农村目前仍然属于熟人社会，在承包合同签订之后，即便没有登记，第三人也知悉该土地并非自己的，从而不会对其侵害。在土地没有登记的情况下，第三人也不可能受让该权利或对之享有抵押权，因此根本不可能存在标的物上有多个权利从而哪项权利更为优先的问题，自然也不存在因权利瑕疵而影响交易安全的情况。土地承包经营权自承包合同生效时设立，登记造册是作为对承包经营权予以确认的程序。

二、土地承包经营权的登记制度

根据本条规定，经登记的土地经营权不仅在当事人之间发生法律效力，而且被赋予一定的支配和排他效力，可以对抗第三人。是否就土地经营权办理登记，由当事人自由决定。

关于土地承包经营权性质如何，学术界争论已久，在“三权分置”政策提出之后，形成了“总括权利说”“物权说”“债权说”“两权说”四种主要观点。从以往的试点改革和立法史来看，立法政策上更倾向于将土地经营权定性为债权。例如，《国务院办公厅关于引导农村产权流转交易市场健康发展的意见》指出，农村产权流转（包括土地经营权）交易市场“具有明显的资产使用权租赁市场的特征”，依体系解释，土地经营权也为因租赁而生的债权；在“放活土地经营权”的“三权分置”政策目标之下，《三权分置意见》没有采取不动产物权变动模式的通常做法——“书面合同＋登记”来确认土地经营权；而在2018年修正的《农村土地承包法》中，引入“登记制度”，在这一制度下，土地经营权在性质上虽然属于债权，但经由不动产登记簿的记载，自可明晰市场主体对农村土地的利用关系，使得土地经营权确定化，本条延续了这一立法精神。

法律上对土地经营权的定性，决定了市场主体能否取得稳定的经营预期。将土地经营权定性为债权，将市场主体经营农村土地表达为债法性土地利用关系，仅在当事人之间发生效力，无法形成市场主体的稳定经营预期，市场主体也难以借由土地经营权担保融资。如此既没有完成试点改革所带来的制度变迁，也无法达到“三权分置”的政策目标；市场主体取得稳定的经营预期的最为理想的模式，是将其取得的土地经营权定性为物权，因为物权性的土地利用关系可以巩固当事人之间的法律关系，并可以对抗第三人。但基于土地经营权主要反映的是承包地出租等债权性流转的事实，以及土地经营权因租金年付制所具有的不稳定因素，在法律体系之下，不宜将其界定为物权；我国合同法上将承租人基于租赁合同所取得的权利定性为债权，现行法上就租赁权的物权化保护（买卖不破租赁）虽然可以赋予市场主体就其土地经营权对抗第三人的效力，但租赁权的隐蔽性已经危及当事人合法权益和市场交易安全，且实践中就租赁权的担保融资存在巨大争议，在此背景下，土地经营权难以有适当的路径进入融资担保领域。

登记制度的引入为这一矛盾的解决提供了可实行的办法：经由不动产登记簿记载，明晰市场主体对农村土地的利用关系，使得土地经营权确定化。第三人通过不动产登记簿即可查知特定农村土地之上的权利负担，从而作出理性的商业判断。同时，在土地经营权已经登记的前提之下，金融机构接受市场主体提供的土地经营权进行担保融资之时，自可在土地经营权上登记抵押权，其抵押权设定即满足了法定的公示要件，土地经营权担保融资才能据以展开。否则，土地经营权未登记，土地经营权抵押权也就无从登记，金融机构就土地经营权的抵押权也就无从设定。经由登记，债权性质的土地经营权取得类似于物权的效力，不仅在当事人之间发生效力，还可以对抗第三人，稳定的土地利用关系得以确立。土地经营权人可以其土地经营权为金融机构设定抵押权，以促进农地金融的发展。

实践中，不同经营主体对土地经营权登记颁证的需求存在差异，有的经营者希望能通过登记的方式获得长期稳定的土地经营权，而有的短期经营者则认为没有必要办理登记。宪法和法律委员会经研究认为，“有必要赋予土地经营当事人一定的选择权，通过建立土地经营权的登记颁证制度，合理平衡各方权利义务”①。正是在此背景之下，本条并未对土地经营权流转做出强制性要求，是否进行登记，由权利人自行选择。

（鞠成伟　撰写）

---

① 参考全国人民代表大会宪法和法律委员会关于《中华人民共和国农村土地承包法修正案（草案）》修改情况的汇报（2018 年 10 月 22 日）。

第十二章　建设用地使用权

第三百四十六条　【设立建设用地使用权的法定条件】设立建设用地使用权，应当符合节约资源、保护生态环境的要求，遵守法律、行政法规关于土地用途的规定，不得损害已经设立的用益物权。

【法条链接】

《物权法》第136条、第137条；《土地管理法》第4条、第15条、第21条、第23条；《城市房地产管理法》第10条、第11条、第24条

【立法背景】

本条是关于设立建设用地使用权应注意节约集约利用土地和保护生态环境，应遵守国家土地用途管制且不得损害在先权利等规定，系《民法典》新增条文。土地是“一切财富的原始源泉”“财富之母”，是人类生存之本和最为重要的物质财富，在国家的经济、政治生活中具有至关重要的地位，关系到一个国家的经济基础与国计民生。同时，土地属于不可再生的稀缺资源，随着全球人口的激增和经济的迅猛发展，土地数量的有限性与人类对土地需求的无限增长之间的矛盾日益突出。我国虽然幅员辽阔，但是实际上可供利用的土地资源尤其是耕地资源并不充分，不但人均耕地占有量远低于世界平均水平，还存在土地资源过度开发、粗放利用、闲置浪费、严重破坏生态环境等诸多问题，这种情况下如何通过制定和修改法律来实现合理利用土地，切实保护耕地以及最大限度保护和修复生态环境的目标，落实党中央关于生态文明建设、生态系统保护和绿色永续发展的决策部署，是《土地管理法》

与《民法典》所共同面临的重要课题。本条即是在这种背景下新增的，明确规定设立建设用地使用权应符合节约集约利用和保护生态的总体要求，并应遵守《土地管理法》对土地用途进行严格管制的规定，是在《民法典》中落实绿色原则、强调生态保护的必然要求，也体现了中国《民法典》绿色化、生态化的鲜明时代特色。

【条文解读与法律适用】

一、设立建设用地使用权应当符合节约资源、保护生态环境的要求

首先，注重节约集约用地。如上所述，我国最严峻的土地问题是人多地少，人均耕地占有量严重不足，加上土地资源具有利用的准单向性，即由耕地成为建设用地易，而建设用地复原成为耕地难，这就进一步要求必须十分谨慎地扩展建设用地范围，稳定耕地保有量。出于保护耕地和确保国家粮食安全的考虑，长期以来，我国始终坚持“十分珍惜、合理利用土地和切实保护耕地”的基本国策，并为此实行最严格的耕地保护制度和最严格的节约用地制度。根据《土地管理法》第 15 条、第 21 条、第 23 条以及《城市房地产管理法》第 10 条、第 11 条等规定，各级政府制定土地利用总体规划或国土空间规划，其中城市建设用地规模应当符合国家规定的标准，充分利用现有建设用地，不占或者尽量少占农用地，同时加强土地利用计划管理，实行建设用地总量控制。通过出让方式设立建设用地使用权，必须符合土地利用总体规划、城市规划和年度建设用地计划，根据省级以上人民政府下达的控制指标拟订年度出让土地使用权总面积方案，按照国务院规定，报国务院或者省级人民政府批准。这都是对设立建设用地使用权时应当节约和集约利用土地资源，防止违反占用耕地的规定，本条重申了此项基本要求。

其次，注重保护生态环境。随着城市化进程的加快，因开发无序、过度利用造成土地生态系统功能不断退化，部分地区土壤污染、森林破坏、湿地萎缩、草原退化、水土流失、土地荒漠化等问题突出，给地质环境安全带来隐患。对此，党的十九大报告旗帜鲜明地指出要坚持以节约优先、保护优先、自然恢复为主的方针。2019 年修正的《土地管理法》则规定将通过编制统一、建立全新的国土空间规划体系，形成生态红线、永久基本农田、城市开

发边界三条控制线的整体管控框架体系。[①] 据此，各级政府应当按照保护和改善生态环境，保障土地的可持续利用等原则，编制土地利用总体规划或国土空间规划。本条与《土地管理法》的修改方向保持一致，明确设立建设用地使用权，必须符合上述规划，注意保护生态环境，否则即构成违法出让土地使用权，应承担相应责任。

最后，本法第 9 条已明确将绿色原则规定为《民法典》的基本原则，要求民事主体从事民事活动，应当有利于节约资源、保护生态环境。本条即为绿色原则在《民法典》具体制度中的体现，其重点系基于土地资源的有效利用以及环境保护、生态平衡的需要，将《土地管理法》等中的公法义务纳入民事权利体系，在建设用地使用权的公益性和私益性之间做到兼容和协调，在本质上系对国家作为土地所有权人设立建设用地使用权进行适当限制。

二、设立建设用地使用权应当遵守法律、行政法规关于土地用途的规定

节约资源、保护生态环境系设立建设用地使用权的原则性要求，落实到具体制度层面即为国家实行严格的土地用途管制制度，即政府依靠公权力对其领土范围内的土地资源的用途以及开发和利用强度进行管制，在制度设计上表现为以土地利用总体规划为框架，以年度建设用地标准为抓手，以国家垄断土地一级市场和耕地保护为目标。[②] 具体而言，首先，《土地管理法》第 4 条规定“国家实行土地用途管制制度”，各级政府通过编制土地利用总体规划，确定土地用途，将土地分为农用地、建设用地和未利用地，其中建设用地是指建造建筑物、构筑物的土地，包括城乡住宅和公共设施用地、工矿用地、交通水利设施用地、旅游用地、军事设施用地等。设立建设用地使用权时，应严格限制农用地转为建设用地，控制建设用地总量。其次，各级政府在编制土地利用总体规划时，应该注意落实国土空间开发保护要求，严格土地用途管制，严格保护永久基本农田等，设立建设用地使用权必须符合土地利用总体规划和城乡规划，其中最重要的即为遵守规划中所确定的土地用途，严格禁止违反规划擅自在农用地上设立建设用地使用权。再次，设立建设用

① 陈小君：《新时代治理体系中〈土地管理法〉重要制度贯彻之要义》，载《中国土地科学》2020 年第 2 期。

② 程雪阳：《土地用途管制制度改革的得与失》，载《中国法律评论》2019 年第 5 期。

地使用权主要包括出让和划拨两种方式，后者对土地用途的要求更为严格，即必须用于《城市房地产管理法》第 24 条规定的特定公益用途。[①] 对此《物权法》第 137 条第 3 款曾规定采取划拨方式的，应遵守法律、行政法规关于土地用途的规定，本条则将该条内容纳入，而且将适用范围扩大至出让与划拨。最后，对于设立建设用地使用权时擅自改变土地用途的，应承担行政责任与民事责任。其中前者包括限期拆除在非法出让的土地上新建的建筑物和其他设施，恢复土地原状；对符合土地利用总体规划的，没收新建的建筑物和其他设施，可以并处罚款；后者则可能涉及未经有权部门根据规划用途等审批，即出让土地后出让合同的效力及履行问题，对此应适用《国有土地使用权合同解释》第 4 条“土地使用权出让合同的出让方因未办理土地使用权出让批准手续而不能交付土地，受让方请求解除合同的，应予支持”的规定处理。

三、设立建设用地使用权不得损害已设立的用益物权

《物权法》第 136 条规定，建设用地使用权可以在土地的地表、地上或者地下分别设立。新设立的建设用地使用权，不得损害已设立的用益物权。《民法典》第 345 条关于“空间建设用地使用权”的规定中删除了后半句规定，而在本条中规定设立建设用地使用权不得损害已设立的用益物权。虽然两者在文义上基本相同，但后者在立法体系上更为合理，既为在地表、地上或者地下分别设立的建设用地使用权的冲突明确了基本的解决方向，也为不同类型用益物权之间的权利冲突提供了一般性的解决规则，即原则上均应按照“设立在先、效力在先”确定权利行使和保护的先后顺序。具体而言，第一，建设用地使用权与土地承包权、宅基地使用权之间，因三者均以直接占有和使用土地为主要权能，且土地用途有重大差异，故不可能重复设立，权利冲突主要体现在相邻土地利用过程中所可能产生的冲突，一般可适用相邻关系、地役权及物权请求权等规则保护在先设立的用益物权。第二，空间建设用地使用权之间，因权利客体范围并不相同，故后设立建设用地使用权，一般无须获得在先权利人同意，但因空间紧密相邻，存在互相依赖和影响的特点，

---

① 特定用途包括国家机关用地和军事用地，城市基础设施用地和公益事业用地，国家重点扶持的能源、交通、水利等项目用地，法律、行政法规规定的其他用地。

导致权利行使可能存在冲突，对此应从利益平衡以及促进物尽其用的角度，分别适用相邻关系、地役权及物权请求权保护规则保护在先设立的普通或空间建设用地使用权。第三，建设用地使用权与矿业权之间，在矿区和工作区与建设用地使用权客体未呈上下排列结构，或建设用地使用权不取代矿地使用权的情况下，两者或是相邻关系，或是地役权关系。但若矿业权成立在先，且设立建设用地使用权会损害矿业权或矿业用地的，则不得设立建设用地使用权，与此场合，贯彻不相容物权之间先成立者排斥后设立者的规则。[①]

（孙超　撰写）

① 崔建远著：《物权：规范与学说》（下册），清华大学出版社2011年版，第498页。

第十四章　居 住 权

第三百六十六条　【居住权的一般规定】居住权人有权按照合同约定，对他人的住宅享有占有、使用的用益物权，以满足生活居住的需要。

【法条链接】

《民法典》第 323 条；《婚姻法解释（一）》第 27 条

【立法背景】

居住权一章，为《民法典》的新增内容。

居住权滥觞于罗马法，原系为解决无夫权婚姻中的妻和被解放的奴隶的居住问题而在丈夫或家主的房屋上设置的供其居住的权利，属人役权范畴。[①]近代以来，继受罗马法的法国、德国、意大利、瑞士等国民法典均对居住权作了规定。[②] 与欧陆各国不同，东亚各国和各地区民法典，除了我国澳门特别行政区民法典以外，均没有规定居住权。在《物权法》起草过程中，就我国立法是否应当规定居住权的问题，争议较大。2002 年 1 月 28 日、2004 年 8 月 3 日、2004 年 10 月 15 日公布的《物权法（草案）》中都规定了居住权，但在 2005 年 6 月公布的《物权法（草案）》中相关条文被移除，直至《物权法》

---

① 周枏著：《罗马法原论》（上），商务印书馆 1994 年版，第 361—376 页。

② 如《德国民法典》第 1093 条第 1 款规定："在排除所有人的情况下，将建筑物或建筑物的一部分作为住宅加以使用的权利也可以作为限制的人役权而设定"；《瑞士民法典》第 776 条第 1 款规定："居住权，是指居住于住宅内或住宅某部分的权利。"

最终审议通过。《民法典》编纂中，关于居住权制度的取舍争议再起。最终，民法典物权编以 6 个条文规定了居住权制度。

【条文解读与法律适用】

本条系关于居住权的一般规定，根据本条规定，居住权的内容主要有以下几个方面。

第一，居住权的权利主体是自然人。《民法典》第 2 条规定："民法调整平等主体的自然人、法人和非法人组织之间的人身关系和财产关系。"本条虽未直接规定居住权的权利主体，仅采取了"居住权人"的表述，但就其"满足生活居住的需要"的权利设立目的来看，其权利主体只能是自然人。而且，基于居住权保障社会弱势群体权益的价值取向，居住权人多为老年人、离婚妇女、丧偶配偶、保姆、长期共同居住者等。

第二，居住权的权利客体是他人的住宅。在民法理论上，根据标的物所有人归属，将物权区分为自物权和他物权。居住权作为他物权，其权利客体是他人之物。具体而言，是他人的住宅。

本条未规定何为住宅。住宅本身也不属于可以在个案中通过涵摄准确界定的概念。即使在法学领域，住宅也会因语境不同而具有不同的含义。一是作为人的安宁和隐私的住宅，是从人的角度来审视而非关注其物理形态。如我国《刑法》第 245 条非法侵入住宅罪，即被认为是对受害人"住宅安宁自由"法益的侵害。再如，美国最高法院大法官斯图尔特在卡兹案判决中宣称："第四修正案保护的是人，而不是场所。"① 日本学者认为其宪法第 35 条，即规定免于非法侵入住居的自由中的"住居所"，"不限于住宅，旅馆宿舍等的房间，或学校等的事务所、研究室等亦属之"。② 二是作为通常意义以及财产意义上的住宅，应理解为供人居住的房屋。居住权语境下的住宅，即为这一含义。首先，住宅一般应为人造建筑。特定条件下，自然形成的空间或生产

① Katz v. United States. 389 U. S. 347. 88 S. Ct. 507（1967）.

② ［日］阿部照哉等著：《宪法》（下册），周宗宪译，中国政法大学出版社 2006 年版，第 302 页。

场所也会被用作居住，如供人居住的天然洞穴、渔民渔船等，但不能称为住宅。其次，住宅应当具备独立的空间。最后，住宅应当包含固定、长期、连续、全面居住的意思。如单位值班人员的休息室虽然客观上用于居住，但不能称为住宅。典型的住宅，包括但不限于商品房、经济适用房、限竞房、两限房、共有产权房以及农村宅基地所建房屋，等等。对于非用于居住的商铺、厂房、办公楼等，原则上不能设定居住权。

还须注意的是，基于满足生活居住需要的目的，居住权的客体还应及于住宅的附属设施，方契合社会生活经验。

第三，居住权的权利内容为占有、使用他人的住宅。通说认为，完整的所有权包含占有、使用、处分和收益四项权能。所有权人通过设定用益物权将占有、使用和收益权能转移给用益物权人，仅保留处分权成为“虚有权”。[①]《民法典》第323条规定：“用益物权人对他人所有的不动产或者动产，依法享有占有、使用和收益的权利。”本条则规定，居住权人仅享有占有、使用他人住宅的权能。明确居住权人不享有收益权，体现了立法对居住权保障弱势群体的功能定位。同时，居住权人的占有、使用权能，还受本条“以满足生活居住的需要”规定的限制，即居住权人对住宅的占有、使用不能超出生活居住所需。如改造住宅用于经营，则超出居住权人的权利范围。

第四，居住权的权利性质为用益物权。从源流上讲，居住权属人役权范畴。但我国立法中无规范人役权的传统，《民法典》编纂过程中，将居住权纳入用益物权分编，并在本条明确规定了其用益物权属性。作为法定物权的一种，居住权具备物权的一般特征，其物权性质表现为：居住权具有直接支配性，有权对他人住宅进行占有、使用。居住权具有排他性，非经居住权人同意，任何人不得干涉居住权人行使权利。居住权具有物上请求性，任何人侵害居住权时，居住权人均得对之行使物权请求权，以回复居住权应有的圆满状态；构成侵权的，居住权人有权请求损害赔偿。居住权具有追及性，作为居住权标的的房屋不论辗转于何人之手，居住权人均得追及房屋之所在。[②]

值得注意的是，《民法典》颁布前，司法实践中已存在大量的涉居住权案

① 周枏著：《罗马法原论》（上册），商务印书馆1994年版，第368页。

② 刘阅春：《居住权的源流及立法借鉴意义》，载《现代法学》2004年第6期。

件，主要集中在离婚、继承、赡养以及涉公产住房、投资性住房纠纷等社会生活领域，法律适用上多采取法律解释和漏洞填补的方法。如《婚姻法解释(一)》第27条第3款规定："离婚时，一方以个人财产中的住房对生活困难者进行帮助的形式，可以是房屋的居住权或者房屋的所有权。"《民法典》颁布后，居住权在基本法层面得以确立，在涉及房屋交易、赠与中的居住权保留，遗嘱分割、共有物分割中的居住权设定等问题，司法裁判应充分考虑居住权的用益物权属性，实现其帮扶弱势群体的伦理价值和促进物尽其用的社会功能。

（刘牧晗　撰写）

第三百六十七条　【居住权合同及其内容】设立居住权，当事人应当采用书面形式订立居住权合同。

居住权合同一般包括下列条款：

（一）当事人的姓名或者名称和住所；

（二）住宅的位置；

（三）居住的条件和要求；

（四）居住权期限；

（五）解决争议的方法。

【法条链接】

《民法典》第368条、第369条、第469条、第470条

【立法背景】

《民法典》在《物权法》的基础上，增设了居住权制度。《民法典物权编(草案)》(二审稿）进一步细化了居住权的相关规定，明确居住权是无偿设立的用益物权，并对居住权合同的内容进行了规范。《民法典物权编（草案)》(二审稿）提出，居住权合同的一般条款包括当事人的姓名和住所、住宅的位置、居住的条件和要求、解决争议的方法。有委员、社会公众建议对

居住权合同的内容、居住权的设立和期间等规定予以进一步完善，以使这一制度在实践中发挥更大的作用。宪法和法律委员会经研究，建议采纳这一意见，对该章草案作如下修改：完善居住权合同的内容，增加规定“居住权期间”。[①]

【条文解读与法律适用】

一、作为要式契约的居住权合同

《民法典》第 469 条第 1 款规定：“当事人订立合同，可以采用书面形式、口头形式或者其他形式。”契约之成立须依一定方式者为要式契约。如契约之成立，无须践履一定方式者，则为不要式契约。近代私法因盛行契约自由原则，一般契约多为不要式契约。[②] 但亦有例外，如《德国民法典》的立法理由书指出：“遵循某种形式之必要，可给当事人产生某种交易性的气氛，可唤醒其法律意识，促使其三思，并确保其做出之决定之严肃性。此外，遵守形式可明确行为之法律性质，仿佛硬币上之印纹，将完整的法律意思印在行为上面，并使法律行为之完成确定无疑。最后，遵守形式还可永久性保全法律行为存在及内容之证据；并且亦可减少或缩短、简化诉讼程序。”[③]

本条第 1 款规定：“设立居住权，当事人应当采用书面形式订立居住权合同。”根据上述规定，居住权合同属要式契约，应采用书面形式订立。何谓书面形式，不以合同书为限。根据《民法典》第 469 条第 2 款、第 3 款规定：“书面形式是合同书、信件、电报、电传、传真等可以有形地表现所载内容的形式。以电子数据交换、电子邮件等方式能够有形地表现所载内容，并可以随时调取查用的数据电文，视为书面形式。”

未采用书面形式设立的居住权合同，原则上不发生法律效力。但根据《民法典》第 490 条第 2 款规定：“法律、行政法规规定或者当事人约定合同应当采用书面形式订立，当事人未采用书面形式但是一方已经履行主要义务，对方接受时，该合同成立。”

---

① 关于《民法典各分编（草案）》修改情况和《中华人民共和国民法典（草案）》编纂情况的汇报（2019 年 12 月 28 日）。

② 孙森炎著：《民法债编总论》（上），法律出版社 2006 年版，第 43 页。

③ ［德］迪特尔·梅迪库斯著：《德国民法总论》，法律出版社 2000 年版，第 461 页。

二、居住权合同的一般条款

本条第2款规定了居住权合同的一般条款，包括当事人的姓名或者名称和住所、住宅的位置、居住的条件和要求、居住权期间以及解决争议的方法。与《民法典》第470条关于合同一般条款的规定相比，居住权合同的一般条款未包含“价款或者报酬”而代之以“条件和要求”，亦无关于违约责任的内容。原因在于，传统意义上居住权仍主要适用于婚姻家庭领域，作用于扶老、抚幼、济困等伦理性场合，以无偿设立为原则。

（一）关于“当事人的姓名或名称”

根据本条规定，居住权合同的一般条款包括“当事人的姓名或名称和住所”，较之前的审议稿，增加了关于当事人“名称”的表述。应当如何理解？是否表明居住权人不以自然人为限，还包括法人或者非法人组织？

“役权（servitutes）附着于人身。”[①] 居住权制度起源于罗马法的人役权制度并植根于“用益权—使用权—居住权”的权利架构之中，是在家长制和概括继承制的基础上为解决生活困难、无独立财产的弱势群体的居住问题而创设的权利。[②] 居住权的权利属性和历史演变表明，其权利主体是自然人。《民法典》第366条关于居住权“以满足生活居住的需要”的规定，亦可视为对居住权人仅限于自然人的条文表述。

本条关于“当事人的姓名或者名称”的规定，系针对居住权设立人而作出，即居住权的设立人不以自然人为限，也可以是法人或者非法人组织。此种情况尤以合作建房时为多见，如《无锡市房屋居住权处理办法》第2条第2款规定：“机关、团体、企业、事业单位（以下简称单位）与个人共同投资、建造房屋的居住权处理，也适用本办法。”

（二）关于居住的条件和要求

居住权的现实基础，在于所有与使用分离的权能结构能够适应房屋多元利用的需要及满足不同主体的客观需求。[③]居住权制度发展至今，其保障弱势家庭成员居住利益的目的及由此产生的人役权属性，正在逐渐淡化。《民法

---

① 江平、米健著：《罗马法基础》，中国政法大学出版社2004年版，第223页。

② 王者洁：《论居住权权利框架体系的构建》，载《江西社会科学》2016年第2期。

③ 鲁晓明：《论我国居住权立法之必要性及以物权性为主的立法模式》，载《政治与法律》2019年第3期。

典》第 368 条、第 369 条在居住权无偿设立以及居住权不得转让、继承、出租等限制性规定之外，设置“当事人另有约定的除外”的但书，即为表征。随着附加于物权之上的伦理性、身份性的去除，居住权制度得以更加灵活地利用所有利益和居住利益相分离的手段，实现物尽其用的目的。基于意思自治以合同方式设立的居住权，尤其支付相应对价的情况下，居住的条件和要求，不再以家庭成员具有居住困难为限，可依当事人自由意志设定。

（三）关于居住权期间

以合同方式设立居住权时，因居住权系基于当事人合意设立，其权利期限自亦应依当事人的意思确定。但在当事人没有约定或约定不明时，能否根据《民法典》第 511 条第 4 项关于“履行期限不明确的，债务人可以随时履行，债权人也可以随时请求履行，但是应当给对方必要的准备时间”的规定，确定居住权期间，颇值疑问。作为设立在他人住宅之上的用益物权，有别于房屋的所有权和债权性使用权，居住权是为保障居住权人的生活居住需求而设。而“居住”意味着在某一处所长久地生活。故似应认为，居住权合同未约定居住权期间，又无法通过适当规则填补的，可推定居住权期限为居住权人终生。同时，期间的确定亦应考虑居住权的设立目的，如以房养老、父母为子女购房自己保留居住权以及就赡养关系达成居住权合同情形下，居住权设立的目的是老年人安享晚年，其期限应及于老年人终生；社会保障领域的居住权，在相关法律、行政法规未作出特别规定的情形下，原则上亦应由受保障群体终生享有；而为保护未成年人的利益设定的居住权，将因未成年人成年而期间届满；夫妻双方离婚后一方以设立居住权的方式允许对方暂住的，如居住权人另行结婚，亦应认定居住权期间届满。

值得注意的是，本条系于规范合同内容、保障交易安全便捷等考虑，对居住权合同的一般条款作出规定，并非前述所有条款均具备方可成立居住权合同。

（刘牧晗　撰写）

第三百六十八条 【居住权的设立】居住权无偿设立，但是当事人另有约定的除外。设立居住权的，应当向登记机构申请居住权登记。居住权自登记时设立。

【法条链接】

《民法典》第208条、第215条、第369条；《不动产登记暂行条例》第5条、第8条

【立法背景】

《民法典物权编（草案）》（一审稿）增设了居住权制度。《民法典物权编（草案）》（二审稿）进一步细化，增加规定居住权无偿设立。《民法典》将“居住权无偿设立”修改为“居住权无偿设立，但是当事人另有约定的除外”。在坚持无偿设立原则基础之上，肯认当事人另有约定的例外，是立法在关注居住权解决弱势群体居住困境的传统功能之外，对当事人意思自治的尊重和居住权用益物权属性的突显。

【条文解读与法律适用】

一、居住权的设立

（一）以无偿设立为原则

传统居住权的基本功能是为解决特定群体，尤其弱势家庭成员的居住困境。针对弱势家庭成员或者家庭服务人员设立的居住权，居住权人获得居住权往往是基于所有权人的帮扶或馈赠，体现家庭成员之间的互助，应为无偿。由此拓展而来的针对社会整体低收入群体的住房保障，可以作为经济适用房、两限房、共有产权房、公租房的替代或有效补充，属于社会保障体系的重要组成部分，由政府部门所主导，虽然体现为合同形式，但不属于市场交易行为，不遵循等价有偿原则，亦应以无偿设立为原则。

（二）当事人另有约定的除外

居住权制度发展至今，其功能除经由私法规范助力实现“住有所居”、缓解无力购房者的居住困境之外，亦可促进房屋所有权实现形式的多元化，缓和僵硬的物权法定主义。[①] 在此观念下，基于设立目的的不同，可将居住权区分为社会性居住权和投资性居住权。前者指向自罗马法以降的传统居住权，属于为特殊群体的居住权益而设定的人役权范畴，仅用作居住目的，不得转让、继承；后者虽也属于对他人房屋享有的居住权利，但属于独立的用益物权范畴，可以转让、继承及通过出租获取收益。[②] 本条关于“居住权无偿设立，但是当事人另有约定的除外”的规定，及《民法典》第369条关于“居住权不得转让、继承。设立居住权的住宅不得出租，但是当事人另有约定的除外”的规定，可视为前述区分的表征。

投资性居住权，如实践中兴起的分时度假酒店，即酒店将客房或公寓分若干个周次的居住权出售给购房人，购房人获得每年到酒店住宿的一种休闲度假方式。购房人还可以通过交换服务系统会员把自己的客房使用权与其他会员的异地客房使用权进行交换，以此实现低成本旅游度假目的。作为用益物权的一种，投资性居住权兼具“房屋所有权”的稳定性和“租赁权”的灵活性，[③] 具有鲜明的财产权属性，其设立、行使自应遵循市场交易的等价有偿原则。

二、居住权的登记

（一）居住权的设立登记

《民法典》第208条规定：“不动产物权的设立、变更、转让和消灭，应当依照法律规定登记。动产物权的设立和转让，应当依照法律规定交付。”作为设立于他人住宅之上的用益物权，居住权亦是不动产物权的一种，应当依照上述规定设立登记。故本条规定“设立居住权的，应当向登记机构申请居住权登记”。

居住权的设立登记，是对物权公示原则的遵循。作为具有绝对排他性效力的物权，居住权的设立须依照一定的公示方法向社会公开，以维护物的占

---

① 单平基：《〈民法典〉草案之居住权规范的检讨和完善》，载《当代法学》2019年第1期。

② 崔建远：《民法分则物权编立法研究》，载《中国法学》2017年第2期。

③ 申卫星：《从“居住有其屋”到“住有所居”——我国民法典分则创设居住权制度的立法构想》，载《现代法学》2018年第2期。

有秩序和交易安全。在设立了居住权的住宅之上，至少存在所有权人和居住权人两个相异的主体，加之设立居住权之后，房屋的所有权仍有变动的可能，为使第三人知晓居住权存在的事实，并使居住权人得以对抗新的房屋所有权人，设立居住权应以登记为必要。

（二）居住权设立登记的效力——登记生效主义

从各国民法规定来看，登记对不动产物权的效力主要有登记对抗要件主义、登记生效主义、托伦斯登记制度三种模式。我国《民法典》第209条第1款规定："不动产物权的设立、变更、转让和消灭，经依法登记，发生效力；未经登记，不发生效力，但是法律另有规定的除外。"可见，我国采取的是不动产物权登记生效主义原则。本条关于"居住权自登记时设立"的规定，是对居住权设立采取登记生效主义的明示，即登记具有决定居住权的设立是否生效的效力。居住权的设立，必须进行登记；未登记，则不发生居住权设立的法律效果。

具体而言，作为《民法典》中新增的不动产用益物权，居住权可纳入《不动产登记暂行条例》第5条第10项"法律规定需要登记的其他不动产权利"范畴，其设立登记，应当根据该条例第8条的规定，就住宅的坐落、界址、空间界限、面积、用途等自然状况，居住权的主体、类型、内容、来源、期限、权利变化等权属状况，以及涉及权利限制、提示的事项，其他相关事项，等等，予以明确。

（三）居住权设立登记与居住权合同的效力

因居住权多以合同设立，实践中经常发生混淆居住权设立登记效力与居住权合同效力，以居住权未登记为由主张居住权合同无效的情形。对此，应予澄清。我国现行法律关于物权变动采取的是债权形式主义模式。《民法典》第215条规定："当事人之间订立有关设立、变更、转让和消灭不动产物权的合同，除法律另有规定或者当事人另有约定外，自合同成立时生效；未办理物权登记的，不影响合同效力。"对不动产物权变动的原因与结果进行了区分。就居住权而言，居住权合同是居住权设立的原因，一旦当事人就设立居住权的意思表示达成一致，就产生约束力。但这种约束力具有相对性和对人性，不具有排他的效力，居住权的设立还依赖于登记这一物权公示行为。居住权的设立登记，其登记申请对象是居住权而非居住权合同。居住权合同自成立时生效，不因居住权是否办理设立登记而影响其效力，当事人未依据合法有效的居住权合同办理居住权登记的，应承担违约责任。

此外，本条关于居住权设立及其登记的规定，不仅限于以合同方式设立居住权的情形，以遗嘱方式设立居住权的，亦应适用。

（刘牧晗　撰写）

第三百六十九条　【居住权的流转】居住权不得转让、继承。设立居住权的住宅不得出租，但是当事人另有约定的除外。

【法条链接】

《民法典》第 342 条、第 353 条、第 732 条

【立法背景】

居住权作为一项用益物权，其内容是居住权人对他人的住宅进行占有和使用，以满足其生活居住的需要。《民法典》第 342 条规定："通过招标、拍卖、公开协商等方式承包农村土地，经依法登记取得权属证书的，可以依法采取出租、入股、抵押或者其他方式流转土地经营权。"第 353 条规定："建设用地使用权人有权将建设用地使用权转让、互换、出资、赠与或者抵押，但是法律另有规定的除外。"这些属于对土地承包经营权和建设用地使用权流转的规定。同土地承包经营权、建设用地使用权等其他用益物权一样，居住权也具有使用价值，因此，有必要对居住权是否可以流转以及可以采取哪种形式流转进行规定，进而规范居住权的流转。

【条文解读与法律适用】

一、居住权不得转让、继承

全国人大常委会在关于《民法典各分编（草案）》的说明中就新增加的居住权规定进行说明："党的十九大报告提出，要加快建立多主体供给、多渠

道保障、租购并举的住房制度，让全体人民住有所居。为落实党中央的要求，认可和保护民事主体对住房保障的灵活安排，满足特定人群的居住需求，草案在用益物权部分增加一章，专门规定居住权，居住权人有权按照合同约定并经登记占有、使用他人的住宅，以满足其稳定生活居住需要。这一制度安排有助于为公租房和老年人以房养老提供法律保障。”可见，居住权的立法目的是解决老百姓的居住问题，尤其是弱势群体的居住问题，让他们住有所居。这些特定人群包括：年迈的父母、离婚的配偶（尤其是女性）、丧偶的配偶、未成年子女等具有家庭关系的人，出卖住宅来“以房养老”的老年人以及住房保障制度下公租房的居住人等。居住权在性质上属于罗马法上的人役权，即特定人利用他人所有物的权利，是前述特定人群对他人住宅享有占有、使用的用益物权，而且限定为以满足生活居住的需要。既然设立居住权是为了解决特定弱势群体的居住问题，那么根据居住权的立法目的，则不应允许转让居住权，否则不仅达不到解决弱势群体居住问题的法律效果，反而会适得其反。比如，如果允许居住权转让，投机取巧之人会伪造虚假的个人信息，骗取公租房的居住权，然后再转让该居住权以牟利，导致真正需要住房的弱势群体反而拿不到有限的居住权，同时也会滋生政府相关管理部门人员的腐败等一系列问题。居住权也不得继承，如果允许居住权继承，同样会破坏居住权系为特定弱势群体而设立这一人役权属性，在居住权合同未约定居住权期间的情形下，房屋所有权人将会因居住权不断被居住权人的继承人继承，而几乎永远实现不了其对住宅的权利。①

二、设立居住权的住宅不得出租，但是当事人另有约定的除外

如前所述，居住权基于其人役权的特性，不得转让、继承。同理，一般情形下，设立居住权的住宅也不得出租，而且出租房屋意味着产生收益，具有投资性质，这就超出了居住权仅为占有、使用权利这一内容，也会与设立居住权是为了“满足生活居住的需要”这一立法目的相违背。但是，现实生活中确实会存在居住权人取得居住权之后，发生了其需要更换居住房屋的情况。比如，居住权人取得居住权后，因其未成年子女需要就近上学而需要搬迁至学校附近居住，其想将其享有居住权的房屋出租，然后再用取得的租金

---

① 冯源：《论民法典对居住权的立法干预方法》，载《学术论坛》2019 年第 4 期。

在学校附近租赁房屋居住；又如，居住权人突然失业，又无其他收入来源，而其享有居住权的房屋面积较大，其想将该套房屋出租取得租金，同时花较少的租金租赁一套面积较小的房屋居住，以取得租金差价收入来缓解其生活压力；再如，在“以房养老”的模式下，丧偶老年人将其面积较大的房屋出卖后为自己设立居住权，而其又不需要居住这么大房屋，其想将该套较大房屋出租，同时花较少租金租赁一套面积较小的房屋居住，通过取得租金差价来改善自己的老年生活。可见，现实生活中存在对设立居住权的住宅进行出租的需求。因此，在上述情形下，赋予居住权人出租房屋的权利，一方面可以解决因“居住权不得转让、继承”这一刚性约束而解决不了的现实难题；另一方面因设立居住权的房屋的出租权人仍是居住权人，也不会同居住权的人役权这一性质相抵触。当然，设立居住权的住宅出租的前提是要征得房屋所有权人的同意，即房屋所有权人和居住权人之间要有明确的约定，因为居住权是房屋所有权人赋予特定人占有、使用其房屋的权利，房屋所有权人对居住权人是有选择性的，因此，出租设立居住权的住宅应征得房屋所有权人的同意，否则会损害房屋所有权人的合法权益。

三、需要注意的问题

违反“居住权不得转让”这一规定订立的居住权转让合同因违反法律、行政法规强制性规定而无效。

居住权人的居住权本身具有一定的期限，居住权合同有约定居住权期间的，以约定为准；未约定居住权期间的，则居住权期间至居住权人死亡时截止。因此，经房屋所有权人和居住权人约定，出租设立居住权住宅的，该房屋租赁合同约定的租赁期间不得超过居住权人的居住权期限。

《民法典》第 732 条规定：“承租人在房屋租赁期限内死亡的，与其生前共同居住的人或者共同经营人可以按照原租赁合同租赁该房屋。”这是对房屋租赁合同“买卖不破租赁”这一特殊规则的规定。然而，这一规则并不适用于出租设立居住权住宅的房屋租赁合同，居住权人在该房屋租赁合同期间死亡的，其对该住宅的居住权消灭，房屋租赁合同赖以存在的基础不复存在，房屋租赁合同终止，承租人在该合同项下的权利义务终止，自然不存在“买卖不破租赁”这一规则的适用空间。

（王智锋　撰写）

第三百七十条 【居住权的消灭】居住权期限届满或者居住权人死亡的，居住权消灭。居住权消灭的，应当及时办理注销登记。

【法条链接】

《民法典》第209条、第229条、第231条、第367条、第368条

【立法背景】

居住权是房屋所有权人在其住宅上为特定人设立的一项用益物权，其人役权的属性决定了其有不同于其他类型物权的消灭事由。全国人大常委会在关于《民法典各分编（草案）》的说明和第二次公布的《民法典物权编（草案）》（二审稿）中就本条规定，居住权人死亡，居住权消灭，但当事人另有约定的除外。之后，全国人大常委会根据部分常委委员、社会公众的建议对居住权合同的内容、居住权的设立和期间等规定进行了进一步完善，在第三次公布的《民法典（草案）》（征求意见稿）中将居住权合同的内容增加规定"居住权期间"，同时相应地将本条变更为："居住权期间届满或者居住权人死亡的，居住权消灭。居住权消灭的，应当及时办理注销登记。"

【条文解读与法律适用】

一、居住权期间届满或者居住权人死亡的，居住权消灭

居住权作为一项用益物权，物权消灭的一般原因原则上对居住权均适用，[①] 如《民法典》第229条"因人民法院、仲裁机构的法律文书或者人民政府的征收决定等，导致物权设立、变更、转让或者消灭的，自法律文书或者征收决定等生效时发生效力"和第231条"因合法建造、拆除房屋等事实行为设立或者消灭物权的，自事实行为成就时发生效力"中关于物权消灭的

① 申卫星：《从"居住有其屋"到"住有所居"——我国民法典分则创设居住权制度的立法构想》，载《现代法学》2018年第2期。

事由均能产生居住权消灭的效力。本条则是基于居住权的性质，对居住权消灭事由的特殊规定。根据《民法典》第 367 条规定，居住权合同一般包括居住权期间条款，因此，在居住权合同中约定有居住权期间的情形下，根据合同自治原则，居住权期间届满，居住权合同终止履行，居住权同时消灭；在居住权合同未约定居住权期间的情形下，因居住权系为满足特定人生活居住的需要而设立，而居住权基于其人役权的属性不得继承，因此，在居住权人死亡时，居住权因其权利主体的灭失而消灭。

二、居住权消灭的，应当及时办理注销登记

动产物权的变动以交付进行公示，不动产物权的变动则以登记进行公示。《民法典》第 209 条第 1 款规定："不动产物权的设立、变更、转让和消灭，经依法登记，发生效力；未经登记，不发生效力，但是法律另有规定的除外。"居住权作为一项不动产用益物权，其设立和消灭亦应以登记的方法进行公示。第 368 条规定："居住权无偿设立，但是当事人另有约定的除外。设立居住权的，应当向登记机构申请居住权登记。居住权自登记时设立。"因此，居住权的消灭同居住权的设立一样，也需要办理登记进行注销，否则即便发生了居住权消灭这一自然事实（居住期间届满或者居住权人死亡），该自然事实在法律上并不发生物权变动的法律效果。

三、需要注意的问题

居住权虽然是一项用益物权，但是居住权的设立以居住权合同的成立为前提，基于物权变动的有因性原则，[①] 居住权合同的撤销、无效和解除相应地也会导致居住权的消灭。

（王智锋　撰写）

---

① 崔建远著：《物权：生长与成型》，中国人民大学出版社 2004 年版，第 251 页。

第四分编 担保物权

第十七章 抵押权

第四百零一条 【流押的效力限制】 抵押权人在债务履行期限届满前，与抵押人约定债务人不履行到期债务时抵押财产归债权人所有的，只能依法就抵押财产优先受偿。

【法条链接】

《物权法》第186条；《担保法》第40条；《担保法解释》第57条

【立法背景】

一、本条的来源

本条是关于流押条款效力的限制性规定。流押合同或者流押条款，指债权人在债务履行期限届满前，与抵押人约定债务人不履行债务时抵押财产归债权人所有。长期以来，《担保法》《物权法》等法律及司法解释对流押持明确禁止态度，规定抵押权人在债务履行期限届满前，不得与抵押人约定债务人不履行到期债务时抵押财产归债权人所有，凡有上述约定的，该约定内容无效。《物权法》第186条规定，抵押权人在债务履行期届满前，不得与抵押人约定债务人不履行到期债务时抵押财产归债权人所有。《担保法》第40条规定，订立抵押合同时，抵押权人和抵押人在合同中不得约定在债务履行期届满抵押权人未受清偿时，抵押物的所有权转移为债权人所有。《担保法解释》第57条第1款规定，当事人在抵押合同中约定，债务履行期届满抵押权人未受清偿时，抵押物的所有权转移为债权人所有的内容无效。该内容的无效不影响抵押合同其他部分内容的效力。

近年来，金融实践中大量出现的让与担保及后让与担保、附买卖合同的担保等交易形式也反映出担保物权实现的便捷性的强烈需求，而对于如何解决由此所形成的纠纷，司法实践未形成统一的裁判规则。

本条规定对《物权法》《担保法》关于流押的规定作出了调整，一改过去对流押完全不认可的态度，由原先的禁止流押、流押无效，调整为有限度地认可流押的效力，即流押的约定并非完全无效，而是在效力上表现为抵押权人就抵押财产享有优先受偿权。

二、立法意义

本条的规定对以往“流押无效”立法惯例做出了一定的调整。过去《物权法》《担保法》的规定都是一致的，即规定禁止债权人在债务履行期限届满前，与抵押人约定债务人不履行债务时抵押财产归债权人所有，如有上述约定，一律无效。本条放宽了对此类约定效力的严格限制，对流押条款以物抵债的约定不予认可，但同时认可了该约定能够产生普通抵押权的效果，即债权人只能就抵押财产优先受偿。这条立法的调整，主要是基于优化营商环境，鼓励交易自由，审慎适用无效认定的考虑。新的规定将给予民事主体更大的自由，对抵押权人的担保权益给予基本的保障，同时兼顾债权人和债务人的利益平衡，更加符合经济社会发展对担保方式的需求。

三、立法过程中的主要问题和争议点

对于是否认可流押的效力，立法过程中主要有三种观点：

第一种观点认为，应当坚持一直以来禁止流押的法律规定。这是大陆法系国家较为普遍的立法例，也是我国此前法律确立的态度。主要的理由有：其一，出于对抵押人利益保护的考虑。法律之所以禁止流押条款，主要是因为，抵押人在担保债权设定抵押时，为了争取债权人的同意，抵押物的价值往往会高于债权的数额。在抵押物的价值过分高于被担保的债权额时，若承认流押条款的效力，就会导致抵押人与抵押权人之间利益的严重失衡，[①] 抵押人的利益受到损害。在债务人之外的第三人提供抵押时，倘若允许流押条款有效，抵押权人可能与债务人恶意串通，让债务人故意不履行债务，以使其

① 李秀平：《论流质契约的解禁》，载《河北法学》2005年第4期。

获得抵押物的所有权，从而易于诱发道德风险。[①] 其二，流押条款也可能对抵押人的其他债权人产生不利影响，引发“高利贷”等金融风险，给金融秩序带来损害。除此之外，流押的方式直接约定债务不能清偿时抵押物的所有权移转，有违担保物权促进债务清偿的根本目的，与物权变动的法定要件亦有不相融合之处。

第二种观点认为，应当尊重当事人意思自治，允许流押条款的存在，不对其做任何禁止或限制。主要理由有以下几方面：其一，禁止流押与我国民商合一的立法理念相抵触。在我国民商合一的立法体系之下，民事立法必须兼顾商法的独特性。流押条款往往符合商法的实践需求。如果民事立法对流押不予认可，将挤压商事实践的空间。其二，流押条款并不必然对抵押人的利益造成损害。只有在抵押物的价值远远高于债务金额，且债权人利用优势地位乘人之危或胁迫债务人订立抵押协议，同时债务人到期不能清偿债务的情况下，才可能对抵押人造成实际的损害。随着经济社会发展，抵押的设定已经不是迫不得已而为之的行为，而越来越成为一种提升资源使用效率的融资手段。抵押人的“受害人”假设大部分时候都不再成立。其三，流押条款对其他债权人的侵害也极其有限。其他普通债权人的权益相较于抵押担保的债权并不具有优先性，流押条款能否实质对其他债权人造成影响，与债务人的财产状况和实力关系密切。约定债务不能清偿时，抵押物所有权归债权人所有，并不必然造成债务人偿还能力的下降，进而对其他债权人的利益造成侵害。其四，流押条款也没有违背担保物权的宗旨，允许通过折价方式清偿债务，也说明本质上移转抵押物的所有权与担保物权并没有根本性的矛盾。

第三种观点认为，应当部分认可流押的效力，不应一概归于无效。该观点不认可流押条款以物抵债的效力，但仍然认可其设定了抵押权，债权人可以就抵押财产优先受偿。这种观点的主要理由是：其一，我国长期以来采禁止流押的立法例，实践中确实发挥了平衡债权人、债务人、抵押人利益的作用，已经形成了较为成熟的交易惯例。其二，为了优化营商环境，激发市场活力，应当慎用法律无效手段，仍然认可抵押的成立。

---

① 崔建远著：《物权法》，法律出版社2013年版，第180页。

本次立法采第三种观点。本条吸收了《担保法解释》的规定，认为抵押物的所有权转移为债权人所有的内容无效，但不影响抵押本身的效力。

【条文解读与法律适用】

一、条文理解与适用

第一，如何理解“债务履行期限届满前”。债务履行期限届满前，确立了本条适用的时间节点，只要债务履行期限尚未届满，不论是抵押合同订立时，还是抵押合同订立后，又在债务履行期限届满前就流押问题单独作出补充约定，本条均适用。第二，如何理解“只能依法就抵押财产优先受偿”。本条规定的只能优先受偿，是相对于移转抵押财产所有权的约定而言的，即约定不能产生所有权移转的效果，仅成立抵押法律关系，法律效果就是抵押权人只能依法就抵押财产享有优先受偿权。抵押权的优先受偿的法律效力体现在两个方面：一是抵押权人对抵押物的变价有优先于无抵押权的债权人而获得清偿的权利；二是在同一抵押物上存在数个抵押权时，登记在先的抵押权优先于登记在后的抵押权而获得优先受偿。

二、需要注意的问题

第一，本条强调的是在债务到期能否清偿尚不确定的情况下，约定流押产生的法律效果。如果是债务履行期限届满时或届满后，再做此约定的，则不能适用本条。

第二，抵押权人只能依法就抵押财产优先受偿，不能理解为优先于抵押财产上的其他抵押权人受偿。本条规定约定流押的，只能依法就抵押财产优先受偿，本质上仍然不认可移转抵押物所有权约定的效力，仅成立抵押权。依法就抵押财产优先受偿，其实就是抵押法律关系的应有之义，亦即只承认抵押权的成立。此处的优先，不能理解为优先于抵押财产上的其他抵押权人，因为，同一抵押物上存在多个抵押权的，清偿顺序有明确的法律规定。本条不能理解为确定清偿顺位的特别条款。

（李洋　撰写）

第四百零四条 【动产抵押对抗效力的例外】以动产抵押的，不得对抗正常经营活动中已经支付合理价款并取得抵押财产的买受人。

【法条链接】

《民法典》第403条；《物权法》第181条、第189条

【立法背景】

一、法条来源

关于动产抵押对抗效力，《物权法》仅在浮动抵押相关条款作了规定。《物权法》第181条规定，经当事人书面协议，企业、个体工商户、农业生产经营者可以将现有的以及将有的生产设备、原材料、半成品、产品抵押，债务人不履行到期债务或者发生当事人约定的实现抵押权的情形，债权人有权就实现抵押权时的动产优先受偿。《物权法》第189条关于动产浮动抵押登记的对抗效力作了如下规定，"企业、个体工商户、农业生产经营者以本法第一百八十一条规定的动产抵押的，应当向抵押人住所地的工商行政管理部门办理登记。抵押权自抵押合同生效时设立；未经登记，不得对抗善意第三人。依照本法第一百八十一条规定抵押的，不得对抗正常经营活动中已支付合理价款并取得抵押财产的买受人"。可见，《物权法》关于动产抵押对抗效力的规定是与浮动抵押的规定相配套的，其核心要义是浮动抵押应当办理抵押登记，但抵押登记并非生效要件，而是产生对抗效力，且对抗效力也存在例外，即不得对抗正常经营活动中已支付合理价款并取得抵押财产的买受人。

本法第403条规定，以动产抵押的，抵押权自抵押合同生效时设立；未经登记，不得对抗善意第三人。本条将《物权法》关于对抗效力的适用范围做了进一步扩张，不再仅限于动产浮动抵押登记，而是规定所有的动产抵押都不得对抗正常活动中已支付合理价款并取得抵押财产的买受人。

二、立法意义

本条改变了以往立法中对于动产抵押对抗效力的特别规定，取而代之为一般性规则，即动产抵押，不论是否登记，都遵从正常经营活动中已支付合理价款并取得抵押财产的买受人最为优位的规则，这一规则在学术界被称为“正常经营买受人规则”。本条将《物权法》第 189 条第 2 款中针对浮动抵押设置的“正常经营买受人规则”，扩大到了整个动产抵押领域，打破了过去立法中过于繁复的动产抵押分类分情况确定效力的规则，基于动产抵押自身特点的规定，更为清晰明确，同时弥补了以往浮动抵押之外其他类型动产抵押对抗效力不明确的法律空白，使动产抵押效力规则更加周延、完备。从条款的本质来看，鉴于动产抵押不转移占有的特性，为了保护交易安全，必须平衡抵押权人与抵押物买受人之间的利益。具体而言，尽管抵押人享有自由处分抵押标的的权利，但并非等同于其可以不顾抵押权人的利益任意妄为，而是应将这种自由处分限定在正常经营活动的范围中。

三、立法中的争议

一种观点认为，若不以“浮动抵押”为本，将构成对《民法典》第 414 条所确立的抵押权追及效力制度的体系违反，不能作为创新动产担保物权的制度规范，应删除其规定而恢复《物权法》第 189 条（浮动抵押权的对抗力）第 2 款的表述。① 另一种观点认为，本条将原本仅适用于浮动抵押的“正常经营买受人规则”，上升为动产抵押权效力的一般规则，以此明确动产抵押权和动产抵押物取得人之间的权利顺位，符合交易中信用接受者的基本预期，有利于促进供给侧改革下贸易融资的发展，本条创新值得肯定。② 本条采第二种观点。

【条文解读与法律适用】

一、条文解读

第一，如何理解“正常经营活动”。“正常经营活动”是平衡抵押权人与

---

① 邹海林：《论〈民法典各分编（草案）〉“担保物权”的制度完善——以〈民法典各分编（草案）〉第一编物权为分析对象》，载《比较法研究》2019 年第 2 期。

② 高圣平：《民法典担保物权制度修正研究——以〈民法典各分编（草案）〉为分析对象》，载《江西社会科学》2018 年第 10 期。

买受人之间利益的平衡分界点。因此，正常经营范围的界定就显得十分重要。英格兰法对日常经营外延的界定非常宽泛，举凡使用、买卖、租赁、互易、让与、设定负担、清偿债务、分派盈余以及其他以继续营业为目的之交易，均包括在内，至于诈害的交易，则当然除外。浮动抵押抵押人财产的自由处分行为应限于与其存续不相矛盾，且为其目的之遂行上所必要之行为。本条对正常经营活动的界定，没有作出具体明细的规定。因为市场情况千变万化，经营方式各不相同，经营行为各具特色，一一列举正常经营活动的种类难免挂一漏万，因此，审判实践中应当对正常经营活动作较为宽泛的限制，将判断行为合理性的权限交由人民法院和仲裁机构，应在遵守诚实信用原则和尊重善良风俗的基础上，结合交易习惯和商业惯例作出判断。具体判断时应注意结合两个因素：其一，存在有效的交易合同，且对方当事人已经支付了合理价款；其二，财产的所有权已经发生转移，买受人已经取得抵押财产的所有权。据此来综合判断抵押人自由处分行为是否已逾越日常经营行为从而使抵押权人处于危险状态，这在逻辑上是可行的。正常交易活动中的买受人主要包括两种情况：一是在存货融资中，买受出卖人在正常经营过程中出售的已设定担保的存货的人；二是市场交易中的消费者。

第二，如何理解“已支付合理价款并取得抵押财产”。合理价款通常指抵押财产的较为合理、客观的市场价值。抵押财产的价款并非一个明确固定的数值，而是价款在合理的区间范围内，未过大幅度地偏离市场价值即可。已支付合理价款，应当理解为全部或大部分价款已经支付完毕，否则可能有恶意逃避抵押义务之嫌。取得抵押财产，指的是买受人已经通过出卖人的交付行为实际占有了抵押财产。

第三，如何理解“不得对抗”。“不得对抗”指的是抵押权人向买受人买受的动产主张抵押权时，不能获得支持，即买受人可以取得买受的抵押财产而不受抵押权人的追及。

二、需要注意的问题

本条的“不得对抗正常经营活动中已经支付合理价款并取得抵押财产的买受人”与本法第403条抵押权“未经登记，不得对抗善意第三人”是什么关系？第403条的规定侧重点是动产抵押登记与否的对抗效力，即进行登记的，产生对抗善意第三人的效力，登记并非动产抵押权的生效要件。这是典型的“登记对抗主义”立法例的体现。而本条的规定则是动产抵押的效力的例外规定，结合第403条，不论抵押权登记与否，如果出现正常经营活动中买受人已支付合理价款并取得抵押财产的情形，则抵押权都不能与之对抗。

（李洋　撰写）

第四百零五条　【抵押权与租赁权的关系】抵押权设立前，抵押财产已经出租并转移占有的，原租赁关系不受该抵押权的影响。

【法条链接】

《民法典》第726条；《物权法》第190条；《担保法》第48条；《合同法》第229条；《担保法解释》第65条、第66条

【立法背景】

一、本条来源

关于抵押与租赁的关系，《物权法》第190条规定：“订立抵押合同前抵押财产已出租的，原租赁关系不受该抵押权的影响。抵押权设立后抵押财产出租的，该租赁关系不得对抗已登记的抵押权。”这一规则秉承了租赁权物权化保护的基本法政策。《担保法》第48条规定，抵押人将已出租的财产抵押的，应当书面告知承租人，原租赁合同继续有效。《担保法解释》第65条规定，抵押人将已出租的财产抵押的，抵押权实现后，租赁合同在有效期内对抵押物的受让人继续有效。第66条规定，抵押人将已抵押的财产出租的，抵押权实现后，租赁合同对受让人不具有约束力。抵押人将已抵押的财产出租时，如果抵押人未书面告知承租人该财产已抵押的，抵押人对出租抵押物造成承租人的损失承担赔偿责任；如果抵押人已书面告知承租人该财产已抵押的，抵押权实现造成承租人的损失，由承租人自己承担。《合同法》第229条规定：“租赁物在租赁期间发生所有权变动的，不影响租赁合同的效力。”通

说认为，该条确立了“买卖不破租赁”规则，租赁物所有权的变动不得对抗承租人的租赁权，承租人对租赁物仍可继续占有、使用。抵押权的实现必然涉及抵押物所有权的变动，自会发生与租赁权竞存的情形。但《物权法》第190条的实施效果并不理想，已经滋生了道德风险，即出现了抵押人与承租人恶意串通，以不合理低价租赁，或伪造交付租金证据等虚假租赁的情形。裁判实践的发展已逐渐限缩租赁权的保护程度。①

本条将抵押权与租赁的关系规则进行了简化，规定为先出租后抵押的且已经转移占有的，抵押权的设定不影响原租赁关系，即一种附条件的“抵押不破租赁”。而对于先抵押后出租的情形未作规定。

二、立法意义

抵押权所追求的是标的物的交换价值，且不要求移转抵押财产的占有；租赁权所追求的是标的物的使用价值，要求转移标的物的占有。既然出租人仍对标的物享有所有权，其自然有权处分其标的物，因此，只要租赁期限少于或等于抵押权实现的期限，抵押权和租赁权就可以并存而并不发生冲突。但如租赁期限大于抵押期限，当抵押权实现时，抵押权就会与租赁权发生冲突。因此同一财产上租赁权与抵押权并存时，两者的关系根据设定的先后，具有不同的对抗效力。本条确立了“抵押不破租赁”的原则，给予了租赁权在特定情况下对抗抵押权的效力。之所以如此规定，目的在于保护承租人的利益，防止出租人故意通过设定抵押权终止租赁关系或者剥夺承租人的优先购买权。抵押人在已出租的财产上设定抵押权时，抵押权人知道或者应当知道租赁权对抵押权的影响，以及抵押物上存在租赁权负担的事实，并自愿接受了这一负担，理所当然应当承担由此造成的法律后果。同样，在实现抵押权之时，根据“买卖不破租赁”的规则，只要租赁合同尚未到期，取得抵押物的第三人只能取得附有租赁权负担的所有权，承租人仍然可以向第三人主张租赁权。

---

① 高圣平：《民法典担保物权制度修正研究——以〈民法典各分编（草案）〉为分析对象》，载《江西社会科学》2018年第10期。

【条文解读与法律适用】

一、抵押不破租赁的条件

本条将抵押权设立前，抵押财产已经出租并转移占有作为“抵押不破租赁”的前提条件。《物权法》将“订立抵押合同前抵押财产已出租的”作为前提条件，仅关注抵押合同和租赁合同的订立时间先后。本条对其作出了调整，将“订立抵押合同前”调整为“抵押权设立前”。其中，抵押权设立前抵押财产已经出租，应当理解为抵押权和租赁权产生时间的先后顺序，具体而言，指抵押权设立的时间和租赁权产生时间的对比关系。对于不动产抵押和法定需登记的抵押，抵押权设立以登记为准；对于动产抵押而言，抵押权设立则以合同生效为准。本条将“转移占有”也作为“抵押不破租赁”的另一个条件，更加强调租赁的实际履行。

二、如何理解“原租赁关系不受该抵押权的影响”

租赁权在权利属性上不是物权而是债权，租赁权的标的物虽然在成立上以移转占有为其要件，但这种占有并不能使财产租赁权具有对世的绝对效力。《合同法》第229条规定的“买卖不破租赁”规则，实现了租赁权的物化，采取“买卖不破租赁”的原则对承租人加以保护。但这并不意味着租赁权从债权演变成物权，其权利性质仍然是债权。根据“买卖不破租赁”规则，租赁关系成立后，即使出租人将租赁财产转让给第三人，承租人仍然可以向受让人主张租赁权，受让人所取得的财产是负担租赁权的财产。因此，在租赁权成立在先而抵押权设定在后的场合，由于租赁物买受人的所有权不得对抗租赁权，所以抵押权在这种关系中并无优于所有权的效力，租赁权可以对抗抵押权而继续有效存在。抵押权人不得因抵押的设立而要求终止租赁关系。本条可保护承租人的利益，防止出租人故意通过设定抵押权终止租赁关系或者剥夺承租人的优先购买权。

三、需要注意的问题

第一，在先租赁后抵押的场合，抵押人未告知承租人是否影响原租赁关系？根据“买卖不破租赁”的规则，为保护承租人的优先购买权，要求出租人须将买卖的事实告知承租人，只有在承租人表示在同等条件下也不愿意购买时，出租人在法律上才有可能与其他买受人订立合法有效的买卖合同。同样，在标的物已经先行出租的场合，抵押人再将已出租的财产抵押的，也无须取得承租人同意，此时设定的抵押权不能对抗租赁权。抵押人只要将设定抵押的事实告知承租人即可。抵押人履行告知义务的目的在于保护承租人的优先购买权，并非租赁合同继续有效的条件。在抵押权实现时，承租人对抵押物即出租物，在同等条件下有优先购买权；承租人放弃优先购买权的，租赁关系未到期的，承租人仍可向第三人主张租赁权。

第二，在抵押权和租赁权并存场合，如何协调抵押权与承租人优先购买权的冲突？本法第726条规定了承租人的优先购买权，该权利具有一定的专属性，只属于承租人。只要租赁权存在于抵押物上，承租人都享有优先购买的权利。

（李洋　撰写）

第四百零六条　【抵押物的处分】抵押期间，抵押人可以转让抵押财产。当事人另有约定的，按照其约定。抵押财产转让的，抵押权不受影响。

抵押人转让抵押财产的，应当及时通知抵押权人。抵押权人能够证明抵押财产转让可能损害抵押权的，可以请求抵押人将转让所得的价款向抵押权人提前清偿债务或者提存。转让的价款超过债权数额的部分归抵押人所有，不足部分由债务人清偿。

【法条链接】

《物权法》第191条

【立法背景】

一、本条来源

就抵押物转让而言，我国立法政策变化较大。《担保法》否认抵押权的追及效力，将抵押物转让行为的效力系于抵押人是否通知抵押权人并告知受让人转让物已经抵押的事实，抵押人未通知抵押权人或未告知受让人的，转让行为无效，抵押权人有权追回抵押物。在抵押人已经通知抵押权人并告知受让人的情况下，抵押权人有权就转让价金优先受偿，立法态度上采取所谓转让价金的物上代位主义。《担保法解释》维系了抵押人通知抵押权人且告知受让人的情形下，抵押权人就转让价金的物上代位权，但将抵押人未通知抵押权人或未告知受让人的情形下的法律效果修改为：抵押权已登记的，抵押权有追及效力，但受让人有涤除权，可以代替债务人清偿债务，使抵押权归于消灭；抵押权未登记的，抵押权不得对抗受让人，抵押权人因此所受损失，由抵押人承担赔偿责任。《物权法》第 191 条规定："抵押期间，抵押人经抵押权人同意转让抵押财产的，应当将转让所得的价款向抵押权人提前清偿债务或者提存。转让的价款超过债权数额的部分归抵押人所有，不足部分由债务人清偿。抵押期间，抵押人未经抵押权人同意，不得转让抵押财产，但受让人代为清偿债务消灭抵押权的除外。"《物权法》的规定将抵押物转让的效果系于抵押权人是否同意，抵押权人若同意，实行价金物上代位主义；抵押权人未同意的，抵押人不得转让抵押财产，但受让人代为清偿债务消灭抵押权的除外。① 本条不再将抵押物转让效果与抵押权人的同意相绑定，而是改为抵押人转让抵押财产时具有通知义务；同时，价金物上代位也并非必然，而是必须由抵押权人举证证明，方可发生。

二、立法意义

关于抵押物转让的立法选择，在《民法典》编纂过程中始终是争议的焦点和难题之一。《物权法》创立的抵押物转让规则饱受学界诟病，一是没有认识到抵押权的物权本质。《物权法》第 191 条要求抵押人的行为必须时刻服从抵押权人的意思表示，这一点说明，立法者把作为物权的法律关系的抵押权误认为是债权法律关系，也就是抵押权人对抵押人的合同关系，所以也就得出了抵押人的变更会对抵押权有实质性影响的结论。关于抵押物转让需要抵押权人同意的规定，表面上看似乎强化了抵押权人的权利，但实质上并没有

---

① 高圣平：《民法典担保物权制度修正研究——以〈民法典各分编（草案）〉为分析对象》，载《江西社会科学》2018 年第 10 期。

将抵押权视为真正的物权从而弱化了其效力。二是不当限制了抵押人的处分权。抵押权人对抵押物交换价值的实际支配时点在于“债务人不履行到期债务或者发生当事人约定的实现抵押权的情形”，并非抵押权设定后抵押物的交换价值即让渡给了抵押权人。抵押权设定后，抵押人并不丧失对抵押物的处分权，抵押人处分抵押物与抵押权人的抵押权之间并无冲突。三是赋予抵押权人以不当利益。抵押权人对于担保物所享有的全部正当利益就是抵押权，除此以外，他不能享有更多的权利。这种在担保利益没有受到影响的情况下赋予抵押权人支配抵押物转让权利的做法，使抵押权人在担保利益之外获得了新的利益，明显违反了担保权恒定原则，打破了抵押权制度中原有的利益平衡。除了批评和质疑，由于该条对传统民法中抵押权的追及效力和物上代位效力采取了回避态度和含混不清的表达方式，在理论和实务中产生了巨大争议。①

本条明确了抵押物转让中，法定与约定、抵押权与抵押财产处分权之间的关系，在抵押权人的抵押权与抵押人的财产处分权中作出了平衡。其一，本条承认了抵押权的追及效力，彰显了抵押权作为“对物的权利”的属性。相较于《物权法》第191条的规定，本条又对抵押权的追及效力进行了限缩，由原来的未经抵押权人同意不得转让，变为抵押人仅具有通知抵押权人的义务。其二，有条件赋予抵押权人提前清偿或提存的价金物上代位权，使众说纷纭的观点归于确定。

三、立法中争论的问题

第一，本条是否应关注抵押物取得人的利益诉求。本条主要平衡抵押权人与抵押人的权益，并未提及抵押物取得人。一种观点认为，虽然在抵押权行使之前，抵押物取得人对抵押财产的利用不受影响，但抵押物取得人在特定情形下可能需要取得清洁的、无负担的所有权。应当承认抵押物取得人的涤除权，即抵押物取得人可以代替债务人清偿其全部债务，使抵押权归于消灭，同时明确受让人清偿债务后可以向抵押人追偿。这样可以较好地平衡抵押权人、抵押人和抵押物取得人之间的利益。② 针对此种观点，立法并未采

① 景光强：《论抵押物转让规则之重构——以追及效力和物上代位效力的配置为主线》，载《私法研究》第23卷。

② 高圣平：《民法典担保物权制度修正研究——以〈民法典各分编（草案）〉为分析对象》，载《江西社会科学》2018年第10期。

纳，主要理由有两点：其一，不动产的物权在我国需经登记后才能发生变动效力。不动产抵押根据本法规定，抵押权自登记时设立。因此，针对不动产，基本不可能产生抵押物取得人不知晓物上存在抵押权的情况。其二，动产抵押由于不转移抵押物的占有，可能发生抵押物取得人与抵押权人权利冲突的情况。此种情况下，本条已经明确了一般性原则，即“抵押财产转让的，抵押权不受影响”，抵押权继续附着于抵押物上。但也存在例外情形，即本法第404条规定的“以动产抵押的，不得对抗正常经营活动中已经支付合理价款并取得抵押财产的买受人”。这种情况下，买受人即抵押物取得人获得清洁的所有权，抵押权不再附随。上述规定已经明确了抵押物取得人利益保护方式，未采用涤除权思路。

第二，对价金物上代位所设定的条件是否过于苛刻。以价金物上代位的条件设定，本质上是立法的价值选择问题。不设定条件即规定价金物上代位，是对抵押权人权益的最大限度保护；规定在一定条件下才发生价金物上代位，一方面考虑债权尚未到期，债务人不能清偿的情况尚不能确定，另一方面考虑对抵押物所有权的限制应当适度，使资源的效率最大化。本条设定的条件是抵押权人应能够证明抵押财产转让可能损害抵押权，方可要求价金物上代位清偿或提存，是立法经平衡各方利益后作出的价值选择。

第三，是否有必要规定违反“通知抵押权人”这一程序的法律后果。一种观点认为，本条规定了抵押人转让抵押财产应当通知抵押权人，但未规定相应的法律后果，使这一程序规定虚置，将不能产生保护抵押权的效果。本法已经规定了抵押权作为“对物权”的效力，关于通知抵押权人的规定，是抵押权人知晓后主张提前清偿的逻辑前提。关于抵押人转让抵押财产未通知抵押权人的法律后果，属于较为具体的问题，《民法典》未作规定，未来可通过下位法或司法解释予以明确。

【条文解读与法律适用】

本条是关于抵押物处分的规定。抵押物的转让属于抵押物处分的一种典型情形。在设计抵押权转让制度时，通常应当考虑两个因素：其一，如何实现物权中“物尽其用”的价值目标。抵押权制度属于物权制度的范畴，物权制度的价值“在使其利用，而不在使其所有，亦即法律所以保护所有权者，乃期其充分利用，以发挥物之效能，而裕社会之公共福利”①。因此，抵押财产转让的意义不在于转让本身，而在于抵押财产的转让有助于抵押财产效用的发挥，通过流转实现抵押财产的保值和增值，在促进个人利益增加的同时促进社会利益的提升，使抵押财产当前使用价值和将来交换价值的利用达到完美结合，从而与《物权法》所希冀的“充分发挥物的效用”的价值目标相契合。其二，如何在抵押权人、抵押人与受让人之间实现利益平衡。一方面，应当考虑抵押权人利益的保障。因为设置抵押权的根本目的是保护抵押权人的利益，如果偏离了这一基本目标，抵押权制度就会失去存在的意义，也将会使抵押物转让制度失去存在的妥当性基础。另一方面，在坚持抵押权人利益优先保护的同时，也不能忽视对抵押人和受让人利益的尊重。

第一，本条的第1款明确了抵押权的追及效力。该追及效力体现为：抵押期间，抵押人可以转让抵押财产，抵押权不受财产所有权转让的影响。此为一般性原则。同时规定，当事人另有约定的可以从其约定，说明本条第1款规定并非强制性规范，而是当事人意思自治优先的任意性规范。

第二，本条第2款涉及关于抵押权人和抵押人权益的平衡。抵押人转让抵押财产，法律上设定了抵押人对抵押权人具有通知义务。本条的表述为“应当”，具有强制性含义，但本条未明确如果抵押人未通知抵押权人将产生何种法律效果，承担何种法律责任。对比《物权法》第191条的关于未经抵押权人同意不得转让的规定，结合本条第1款关于“抵押权不受抵押财产转让影响”的规定，可以认为，如果抵押人未通知抵押权人即进行了抵押财产的转让，抵押权将仍然附着在抵押物上，尽管物权发生了变动，但不影响抵押权人对抵押财产主张抵押权。抵押财产的受让人取得的所有权是物上设定抵押权负担的所有权。当然，在本法第404条规定情形下则发生例外，即动产抵押中，受让人若是在正常经营活动中已经支付合理价款且已取得了抵押财产的，抵押权人不能对抗受让人，此时受让人享有的是清洁无负担的所有权。

第三，本条第2款对价金物上代位效力的条件作出了规定，即“抵押权

---

① 郑玉波著：《民法总则》，中国政法大学出版社2003年版，第17页。《物权法》第1条也明确把“充分发挥物的效用”作为立法目的之一。

人能够证明抵押财产转让可能损害抵押权的，可以请求抵押人将转让所得的价款向抵押权人提前清偿债务或者提存”。这里应当理解两层含义：其一，价金物上代位效力由以往《物权法》第191条规定的发生抵押财产转让即无条件产生，改变为有条件发生，立法价值向抵押人的处分权保护作出了倾斜。其二，发生价金物上代位效力的条件是抵押财产转让可能损害抵押权，且立法将举证责任分配给了抵押权人。实践中，抵押财产转让可能损害抵押权的情形为，转让可能使抵押物的价值发生减损或灭失，如抵押物的运输保管不善，或其转让交付可能导致财产损耗、功能毁坏等。

（李洋　撰写）

第四百一十四条　【抵押权受偿顺位】同一财产向两个以上债权人抵押的，拍卖、变卖抵押财产所得的价款依照下列规定清偿：

（一）抵押权已经登记的，按照登记的时间先后确定清偿顺序；

（二）抵押权已经登记的先于未登记的受偿；

（三）抵押权未登记的，按照债权比例清偿。

其他可以登记的担保物权，清偿顺序参照适用前款规定。

【法条链接】

《物权法》第199条；《担保法》第54条；《担保法解释》第76条、第77条、第78条

【立法背景】

一、本条来源

本条是关于抵押权清偿顺序的规定。《物权法》第199条规定：“同一财产向两个以上债权人抵押的，拍卖、变卖抵押财产所得的价款依照下列规定清偿：（一）抵押权已登记的，按照登记的先后顺序清偿；顺序相同的，按照债权比例清偿；（二）抵押权已登记的先于未登记的受偿；（三）抵押权未登

记的，按照债权比例清偿。”《担保法》第 54 条规定：“同一财产向两个以上债权人抵押的，拍卖、变卖抵押物所得的价款按照以下规定清偿：（一）抵押合同以登记生效的，按照抵押物登记的先后顺序清偿；顺序相同的，按照债权比例清偿；（二）抵押合同自签订之日起生效的，该抵押物已登记的，按照本条第（一）项规定清偿；未登记的，按照合同生效时间的先后顺序清偿，顺序相同的，按照债权比例清偿。抵押物已登记的先于未登记的受偿。”《担保法解释》第 76 条规定：“同一动产向两个以上债权人抵押的，当事人未办理抵押物登记，实现抵押权时，各抵押权人按照债权比例受偿。”第 77 条规定：“同一财产向两个以上债权人抵押的，顺序在先的抵押权与该财产的所有权归属一人时，该财产的所有权人可以以其抵押权对抗顺序在后的抵押权。”第 78 条规定：“同一财产向两个以上债权人抵押的，顺序在后的抵押权所担保的债权先到期的，抵押权人只能就抵押物价值超出顺序在先的抵押担保债权的部分受偿。顺序在先的抵押权所担保的债权先到期的，抵押权实现后的剩余价款应予提存，留待清偿顺序在后的抵押担保债权。”总体而言，本条规定相较于《物权法》第 199 条的规定，删除了“顺序相同的，按照债权比例清偿”的规定，增加了第 2 款：“其他可以登记的担保物权，清偿顺序参照适用前款规定。”

二、立法意义

与债权相对性不同，作为担保物权的抵押权具有绝对性和排他性，这给数个性能相同的抵押权在同一标的物上存续施加了限制；而在同一财产上设定数个抵押权，既是促进资金融通的客观需要，也是发挥抵押财产的经济价值和所有权效用的重要途径。在同一财产上设定了数个抵押权，而多个抵押权所担保的债权的总额超过了抵押财产本身的价值时，抵押财产之上所承载的数个抵押权必然形成权利竞争。如何既使物权的效用得以最大化利用，又能维系物权排他性，防止无序的资源争夺，建立合理的分配规则，形成各个抵押权和谐并存、实现有序的局面，就成为担保物权法中一个重要课题，也是本条规定抵押权受偿顺位制度的基本意义。[①]《物权法》针对该问题作出了

---

① 最高人民法院物权法研究小组编著：《〈中华人民共和国物权法〉条文理解与适用》，人民法院出版社 2007 年版，第 593—594 页。

明确规定，并对《担保法》确定的清偿顺序的原则作了部分修改。本条对《物权法》确立的抵押权受偿顺位基本保留，仅稍作了局部的调整和补足。

【条文解读与法律适用】

一、条文理解与适用

总体而言，本条确定了抵押权受偿顺序的“登记决定”原则，即将抵押权登记与否作为确定抵押权清偿顺序的主要考虑因素。

1. 抵押权已登记的，按照登记的时间先后受偿。以抵押权登记时间的先后顺序为标准清偿抵押债权，是世界各国抵押担保制度中的通行规则。时间是一种物理现象和客观事实，不因人们赋予其不同的价值认识而改变其具有的标志“先”和“后”的基本意义。对于已经登记的抵押权，按照登记时间孰先孰后受偿，是合理解决资源分配的基本规则。本条将《物权法》中“按照登记的先后顺序清偿”微调为“按照登记的时间先后确定清偿顺序”，明确了先后的顺序是“时间”的先后顺序，而非其他因素。确定抵押权登记的先后，以登记部门登记材料中记载的登记时间为准。处于第一顺序抵押登记的被担保债权，就拍卖、变卖抵押财产的价款优先受偿；处于第二顺序的，只能就剩余的部分受偿。本条删除了《物权法》第199条第1项关于“顺序相同的，按照债权比例清偿”的规定，其原因在于，如果抵押权登记的时间相同，也就是抵押权登记的顺序相同，那么就按照各担保债权的比例来清偿是不言而喻的，不必再在法条中重复。

2. 抵押权已登记的先于未登记的受偿。抵押合同虽然约定设立抵押权，但在抵押权未进行登记的情形下，根据本法的相关规定，对于不动产，该抵押权尚未生效；而对于动产，该抵押权不能对抗第三人。因此，由于登记的公示价值，尚未登记的抵押权还不被他人知悉，抵押权仅仅在当事人之间产生法律拘束力，不能约束第三人的权利义务状况，不能对其他物权产生对抗效力和排他性。本法赋予已登记的抵押权较未登记的抵押权以更为优先的效力，这对于保障安全的交易环境以及抵押关系当事人的利益是十分必要的。

3. 抵押权未登记的，按照债权比例清偿。在抵押权没有登记的情形下，不能进入抵押登记顺位制度的调整范围。在本法对不动产抵押权实行登记生效主义的情形下，未登记抵押权，意味着该抵押权尚未生效，只能按照抵押合同所产生的债权来主张。在动产抵押采登记对抗主义的情形下，抵押权未办理登记时不能产生对抗善意第三人的效力，因此当然不具有对抗后成立的抵押权的抵押权人的效力，此时数个未登记的动产抵押权效力层次相同，彼此不存在优先性。只能按照平均主义之原则，与数个债权之间的平等关系一样，按照债权比例来受偿。

4. 其他可以登记的担保物权包括哪些。本条较以往的法律规定增加了一款，即其他可以登记的担保物权参照本条的受偿顺位。其他可以登记的担保物权主要指权利质权。本法第 441 条、第 443 条、第 444 条、第 445 条规定了需要登记的权利质权，主要包括没有权利凭证的汇票、本票、支票、债券、存款单、仓单、提单出质，以及基金份额、股权、知识产权中的财产权、应收账款等。

二、需要注意的问题

1. 抵押权登记时间的确定。抵押权登记的时间，应当理解为抵押权记载于登记簿的时间。这符合物权公示原则的基本效力，即以登记所表现的权利为正确性权利，以登记簿记载的顺位为真实顺位。基于这种标准，记载时间在先的登记顺位优于记载时间在后的登记顺位；记载时间相同的，顺位相同，此时，要依据诚实信用原则，来公平衡量权利人之间的利益关系。实践中，可能存在登记簿中记载的时间与真实的登记时间不一致的情形，除非有充分的证据证明登记簿中记载的抵押权登记顺序有重大错误，并通过法定程序对登记簿进行了更正，真实的登记时间一般不能成为界定登记时间的标准。另一种情况下，虽然登记簿中记载的时间存在先后顺序或者相同，但是，登记簿中注明登记申请日期或者登记机关收到登记申请日期先后的，或者提出顺位主张的当事人能够证明登记申请日期先后的，则应以登记申请日期的先后顺序为准。

2. 有抵押权登记却无登记时间的处理。按照物权公示原则的要求和本法之规定，不动产和不动产抵押权采取登记生效主义，动产抵押权采取登记对抗主义，无论何种情形，在实践中都可能存在已经登记，却未在登记簿上记载日期的现象。此时的登记顺位如何确定，也成为问题。对此，有两种解决方法：其一，如果登记的时间能够通过证明确定，则按照时间先后顺序确定顺位；其二，如果登记时间不能被确定，则其顺位在其他栏目有记载日期的登记顺位之后；同一栏目内的没有日期的登记顺位按照登记的空间顺序进行确定；不同栏目没有日期的登记顺位相同。

（李洋　撰写）

第四百一十五条　【抵押权与质权的清偿顺序】同一财产既设立抵押权又设立质权的，拍卖、变卖该财产所得的价款按照登记、交付的时间先后确定清偿顺序。

【法条链接】

《民法典》第 394 条、第 395 条、第 403 条、第 410 条、第 425 条、第 429 条、第 436 条、第 437 条、第 440 条、第 456 条；《物权法》第 239 条；《担保法解释》第 79 条

【立法背景】

本条是关于同一财产上既设立抵押权又设立质权时，抵押权人和质权人就该财产变价款清偿顺序的规定。为充分发挥财产的交换价值，实现物尽其用，法律允许在同一财产上设立多个担保物权，以便市场交易主体更为灵活便利地获得所需要的资金。同时，由于物权具有优先效力，法律也必须确定当同一标的物上存在多个相容的担保物权时，到底哪个担保物权更加优先，以维护交易秩序和善意第三人的合法权益。

对于同一财产上存在数个不同类型的担保物权时，各担保物权的清偿顺位如何，《担保法》并未涉及。《担保法解释》第 79 条根据当时司法实践经验，规定“同一财产法定登记的抵押权与质权并存时，抵押权人优先于质权人受偿。同一财产抵押权与留置权并存时，留置权人优先于抵押权人受偿”。《物权法》第 239 条则只规定了动产上成立的留置权优先于抵押权或者质权受偿，而对同一财产上抵押权与质权的先后顺序付之阙如。实践中，对于《担

保法解释》第 79 条关于抵押权与质权竞合关系的规定在《物权法》施行后还能否继续适用存在不同观点。[①]

民法典物权编一方面通过第 456 条承继了《物权法》第 239 条之规定；另一方面，首次从法律层面明确对同一财产既设立抵押权又设立质权的，拍卖、变卖该财产所得的价款按照登记、交付的时间先后确定清偿顺序。

【条文解读与法律适用】

一、关于"同一财产"

根据本法第 395 条，抵押权可以在不动产、动产以及财产权利上设立，只要法律、行政法规没有禁止性规定；根据本法第 425 条、第 440 条，质权可以在动产和财产权利上设立。因此，动产和权利既可以成为抵押权的标的也可以成为质权的标的，而不动产只能成为抵押权的标的。换言之，本条规定的"同一财产"在逻辑上应包括动产权利和财产权利。但是，由于实践中以财产权利设定抵押的情形少之又少，且本法只规定了不动产抵押和动产抵押何时生效，而未明确财产权利抵押的生效与对抗问题，因此绝大部分情况下能适用本条的只有动产。

二、关于"既设立抵押权又设立质权"

关于动产抵押权，本法第 403 条规定，以动产抵押的，抵押权自抵押合同生效时设立；未经登记，不得对抗善意第三人。关于动产质权，本法第 429 条规定，质权自出质人交付质押财产时设立。由于动产抵押权不需要转移标的物的占有，且在抵押合同生效时设立，与动产质权的设立要件不同，因此同一动产上可能既设有抵押权又设有质权。具体而言，包括"先质押后抵押"和"先抵押后质押"两种情形。

三、关于"拍卖、变卖该财产所得的价款"

根据本法第 394 条、第 425 条，抵押权和质权是对抵押物和质物优先受偿的效力。根据本法第 410 条、第 436 条，抵押权和质权的实现方式包括协议折价和拍卖、变卖。本条虽然看似只适用于采用拍卖、变卖方式，但由于

① 王利明著：《物权法研究》（下卷），中国人民大学出版社 2007 年版，第 586 页。

协议折价情况下依然存在顺位问题，且顺位问题不应因担保物权的实现方式不同而有区别，因此在协议折价时，也应按照本条规定确定清偿顺位。

此外，根据本法第410条、第436条、第437条，作为实现抵押权、质权的拍卖、变卖，既包括当事人自行拍卖、变卖，也包括人民法院根据当事人请求进行的拍卖、变卖，因此本条所称"拍卖、变卖该财产所得的价款"同时包括自行变价所得价款和通过强制执行程序所得价款。

四、关于"按照登记、交付的时间先后确定清偿顺序"

关于如何处理抵押权与质权的竞合问题，理论界大体有三种观点：一是占有优先说，即质权优先抵押权，因为基于占有而设立的担保物权优先于非基于占有而取得的担保物权。二是设立优先说，即抵押权和质押权按照设立的先后顺序来确定其优先顺位，这符合"时间在先，权利在先"的规则。[①]三是登记优先说，即抵押权优先于质权，因为我国登记由公权力机关负责，其公信力要强于占有的公信力，且登记设定的时间是确定的，质权的设定时间则难以确定。《担保法解释》第79条即采用了登记优先说。本条规则与上述学说不完全一致，可以概括为"登记占有，均为公示；公示在先，权利在先"。下面对"先质押后抵押"和"先抵押后质押"分别阐明。

（一）先质押后抵押

根据本法第429条，质权自出质人交付质押财产时设立。因此，在先质押后抵押的情况下，必然是出质人先将质押动产交付给了质权人。由于本条规定为"按照登记、交付的时间先后确定清偿顺序"，不区分登记和交付的效力强弱，因此无论质权设立后设立的抵押是否进行了登记，其登记都必然晚于交付，因此后设立抵押权的清偿顺位必然列后于质权。

（二）先抵押后质押

根据本法第403条，以动产抵押的，抵押权自抵押合同生效时设立；未经登记，不得对抗善意第三人。这意味着动产质押权成立后，并不当然具有对抗效力，因此相比"先质押后抵押"的情况更为复杂。

1. 先抵押且登记早于交付。如果抵押权设立在先并进行了登记，根据本条之规定，则抵押权人的清偿顺序排在质权人之前。这与经过登记的动产抵

---

① 王泽鉴著：《民法学说与判例研究》（第一册），中国政法大学出版社2003年版，第295页。

押权具有对抗第三人效力之规则也相一致。

2. 先抵押且登记晚于交付。如果抵押权设立在先且登记晚于交付，根据本条之规定，则抵押权人的清偿顺序应排在质权人之后，因为根据本条规定，确定清偿顺序的并不是抵押权和质押设立的先后，而是登记与交付的先后顺序。需要注意的是，如果质权人为恶意第三人，即知道或者应当知道该动产上存在未登记的抵押权而仍接收出质的，抵押权和质权的清偿顺序则应结合本法第403条“未经登记，不得对抗善意第三人”的规定来判断，即先设立的动产抵押权人可以优先于先取得占有的恶意质权人受偿。

3. 先抵押但未登记。如果抵押权设立在先但未进行登记，虽然严格依照文义，无法根据本条确定顺序，但鉴于晚于交付登记的抵押权原则上都应列后于质权，没有登记的质权则更应如此。故此种情形，可以适用“先抵押且登记晚于交付”的有关规则。

此外，需要注意本条在适用中与本法第403条的协调，以及本条规定的“交付”是否包括占有改定等交付方式，应当与设立动产质权所允许的交付方式保持一致。

（王赫　撰写）

第四百一十六条　【动产价款抵押权】动产抵押担保的主债权是抵押物的价款，标的物交付后十日内办理抵押登记的，该抵押权人优先于抵押物买受人的其他担保物权人受偿，但是留置权人除外。

【法条链接】

《民法典》第396条、第456条

【立法背景】

本条是关于动产价款抵押权的规定。该制度源自美国《统一商法典》的“买价担保权”，其创设该制度的主要目的是，在先设定的浮动担保具有极强的优先效力，会给债务人再次进行融资造成困难，因此有必要通过买价担保权制度进行缓和。本法第 396 条也规定了浮动抵押制度。根据该条规定，企业、个体工商户、农业生产经营者可以将现有的以及将有的生产设备、原材料、半成品、产品抵押。据此，一旦弱势的债务人为债权人设定了浮动抵押，且抵押财产范围包括将有的财产，则该债权人就可以对未来债务人购买的生产设备等优先受偿，这将导致设备、原材料的出卖人为避免价金债权无法获得清偿而要求债务人支付现金，或者为债务人购买设备、原材料提供融资的债权人要求债务人提供上述财产之外的担保，最终给债务人的生产经营造成障碍。

【条文解读与法律适用】

一、关于“动产抵押”

本条明确适用于动产抵押的情形。这至少包含了两层含义。第一，本条应当适用于动产，至于不动产和财产性权利能否适用则需要进行解释。根据本法第 116 条确立的物权法定原则，物权的种类和内容应当由法律规定。而本条有关此类抵押权优先于除留置权以外的其他担保物权的规定，应当属于物权的内容，在法律没有明确规定的情况下，不能适用于不动产和财产性权利。同时，由于本条的立法目的在于缓解因买受人设立在先的浮动抵押给出卖人收回价金带来的不确定性，而根据本法第 396 条，我国的浮动抵押仅适用于生产设备、原材料、半成品和产品——全部为动产，因此不动产和财产性权利通常也没有创设“超级优先权”的必要。尤其对于不动产而言，出卖人可以通过预告登记抵押权的方式为自己的价金债权提供担保，银行等金融机构也可以通过按揭安排保障其债权的实现。综上，本条原则上不适用于不动产和财产性权利。第二，本条规定的是抵押权，因此，除本条有特别规定的之外，抵押权的设立等其他内容均应适用本法有关抵押权的规定。

二、关于“担保的主债权是抵押物的价款”

本条规定的抵押所担保的主债权是抵押物的价款。根据本法第 394 条，抵押所担保的债权可以由当事人自行约定。但如果要适用本条，则当事人约定担保的债权必须是抵押物的价款。

至于此处的“价款”如何理解，应当回到创设该制度的本源，即便利债务人获得机器设备、原材料等动产。因此，这里的价款既可以是债务人取得上述动产所产生的价款，此时的主债权人是出卖人；也可以是债务人为支付上述动产价款进行融资所获价金，此时的主债权人是贷款人。对于后一类交易，贷款人主张其享有本条规定的优先权的，需要证明两点：第一，其提供贷款的目的是债务人获得约定的动产，这通常要求贷款人和债务人在借贷合同中对此有明确约定；第二，债务人也为购买约定的动产支付了该笔价款。如果债务人没有将贷款用于支付购买价款，没有取得动产，贷款人自然也就没有抵押权；如果债务人取得贷款后，没有用该笔贷款支付购买价款，但用自有资金支付了价款，由于金钱具有同质性，也不宜否定贷款人享有本条规定的优先权。实践中，为避免争议，贷款人可以与债务人约定直接向出卖人支付价款。

关于融资租赁合同和所有权保留交易产生的“价款”能否适用本条，存在不同观点。有观点主张，按照功能论，融资租赁等交易产生的债权也可设定本条规定的抵押权，因为他们都增加了债务人的积极财产，而这又可以归结于价款债权人的贡献。反对观点则认为，由于我国规定融资租赁合同的出租人、所有权保留交易的出卖人对标的物享有的权利为所有权，因此没有适用本条的必要。笔者认为，该问题可能难以一概而论，一方面，由于出卖人和出租人享有所有权，因此本条确实没有适用余地；另一方面，在某些情况下出卖人或者出租人的所有权可能受到限制。比如，根据《买卖合同司法解释》第36条第1款之规定，“买受人已经支付标的物总价款的百分之七十五以上，出卖人主张取回标的物的，人民法院不予支持”。此时，对于剩余价款，似乎也不宜完全否定出卖人适用本条设立抵押权。

三、关于“标的物交付后十日内办理抵押登记”

此处的“标的物”即动产抵押中的抵押物。由于本条规定的抵押权是一种优先于其他担保权受偿的超级优先权，为交易安全需要对外进行公示，因此本条要求在“交付后十日内办理抵押登记”。“交付”是指标的物基于买卖合同等交易已交由买受人（抵押人）占有，买受人据此取得标的物的所有权。以“交付”为宽限期的起算点，是比较法的通例。“十日”则为本法确定的宽限期。宽限期的长短，通常需要权衡对动产价款抵押权人和其他潜在债权人的保护力度。宽限期越长，对动产价款抵押权人保护越周延，但也会导致其他潜在债权人担心为债务人提供资金并在机器设备等动产上设定担保后，价款债权人又通过登记获得优先于自己受偿的权利，而不敢向债务人提供资金。为此本条规定了相对较短的宽限期，即“标的物交付后十日内”。“办理抵押登记”究竟是登记完成，还是申请办理，可能存在一定争议。为保障债权人的期限利益，避免其因登记机关迟延登记而遭受损失，本条中的“办理抵押登记”应解释为提交登记申请，而非完成登记。

此外，需要注意的是，没有在十日内进行抵押登记，只是债权人无法取得本条规定的超级优先效力，其依然可以根据本法第 403 条取得抵押权，其优先受偿顺序将按照本法第 414 条、第 415 条确定。

四、关于“该抵押权人优先于抵押物买受人的其他担保物权人”

动产价款抵押权可以优先于留置权外的其他担保物权人是该抵押权的最大特点。该超级优先效力，是动产价款抵押权制度可以缓和浮动抵押制度给债务人再融资、继续生产经营造成影响的必要条件。

此处的“其他担保物权人”，首先，只能是“抵押物买受人”的债权人，抵押物出卖人的债权人则不在其中。例如，甲在机动车上为乙设定抵押并登记，此后将该车辆出售给丙，并设定动产价款债权。此时，乙就应当优先于甲受偿，因为，一方面乙不是抵押物买受人（丙）的债权人，另一方面乙的抵押权登记在先。其次，不应包括其他动产价款抵押权人。例如，两个不同的债权人均为债务人提供融资，以购买一项价值较大的机器设备。此时，两个债权人均为动产价款优先权人，应当根据本法第 414 条确定的顺序分别受偿。

五、关于“留置权人除外”

同一担保物上多个担保物权共存时，留置权作为表彰立法者特殊价值权衡的法定物权，恒优先于其他物权，是一般规则。本法第 456 条也规定，“同一动产上已经设立抵押权或者质权，该动产又被留置的，留置权人优先受偿。”其主要理由是留置权人通过承揽等活动维持或增加了担保物的价值，或为保障提供劳务者的生计，或依双务合同特殊性质赋予一方较强的履行对抗效力，且其债权往往金额不大，故其应优于意定物权。留置权人在留置动产时即使为恶意，其优先权也不受影响。因此，本条也明确规定留置权优于动产价款抵押权。

（王赫　撰写）

第四百二十三条 【最高额抵押担保债权的确定】 有下列情形之一的，抵押权人的债权确定：

（一）约定的债权确定期间届满；

（二）没有约定债权确定期间或者约定不明确，抵押权人或者抵押人自最高额抵押权设立之日起满二年后请求确定债权；

（三）新的债权不可能发生；

（四）抵押权人知道或者应当知道抵押财产被查封、扣押；

（五）债务人、抵押人被宣告破产或者解散；

（六）法律规定债权确定的其他情形。

【法条链接】

《民法典》第419条、第420条；《物权法》第206条；《担保法解释》第81条；《查封扣押冻结规定》第27条

【立法背景】

本条是关于最高额抵押所担保债权确定事由的规定。最高额抵押所担保债权的确定，是指最高额抵押所担保的债权因一定事由而归于确定。最高额抵押的实现除了需要债务人不履行到期债务或者发生当事人约定的实现抵押权的情形外，还须其担保债权额确定。最高额抵押担保的债权额之所以需要确定，是因为根据本法第420条的规定，最高额抵押是对一定期间内将要连续发生的债权提供的抵押担保。换言之，最高额抵押所担保的债权额在抵押期间具有不确定性和变动性。但债权终需要清偿，在清偿的条件出现时，债务人具体应清偿多少债权，应有一个确定的数额；另一方面，最高额抵押权仍属于抵押权的一种，抵押权人在实现优先受偿权时，具体优先受偿的范围为多大，应当有一个定额。《物权法》第206条在吸收法院审判实践经验及借鉴国外立法例的基础上对最高额抵押所担保债权的确定事由作了规定。本条与《物权法》第206条相比，唯一修改之处在于，明确了最高额抵押担保债

权于“抵押权人知道或者应当知道抵押财产被查封、扣押”时确定，而非“抵押财产被查封、扣押”时确定。

关于最高额抵押财产被查封、扣押的，最高额抵押担保的债权何时确定问题，《担保法》并未规定。《担保法解释》第81条首次明确，最高额抵押权所担保的债权范围，不包括抵押物因财产保全或者执行程序被查封后或债务人、抵押人破产后发生的债权。《查封扣押冻结规定》第27条则对担保法解释进行了细化和补充，设定了最高额抵押权人知情这一具体时点，即“抵押权人受抵押担保的债权数额自收到人民法院通知时起不再增加。人民法院虽然没有通知抵押权人，但有证据证明抵押权人知道查封、扣押事实的，受抵押担保的债权数额从其知道该事实时起不再增加”。《物权法》第206条的表述为“抵押财产被查封、扣押”时，最高额抵押担保的债权确定。实践中，对于该条的理解存在客观说与主观说的分歧。客观说认为，人民法院一旦完成查封手续——如对不动产完成查封登记，最高额抵押担保的债权即行确定；主观说则认为，只有在抵押权人收到查封通知或者知道查封事实时，债权才能确定。在充分考虑如何有利于实现最高额抵押制度的立法目的、实现社会成本最小化、平衡当事人利益，并借鉴比较法立法例的基础上，本条明确采用主观说，以杜绝争议。

【条文解读与法律适用】

一、最高额抵押担保债权的确定事由

根据本条规定，具有下列情形之一的，最高额抵押所担保的债权确定。

（一）约定的债权确定期间届满

债权确定期间是指确定最高额抵押权所担保的债权实际数额的时间。实践中，最高额抵押权人为了防止抵押人任意行使确定债权额的请求权，而使自己处于不利地位；抵押人为了防止自己的抵押物所担保的债权长期处于不稳定的状态，一般都愿意在最高额抵押合同中对债权确定的期间进行约定。所以，对确定债权的期间进行约定是最高额抵押合同的重要内容。当事人约定的确定债权期间届满，最高额抵押权所担保的债权额即自行确定。这里需要区分两组概念：一是当事人约定的债权确定期间与最高额抵押权的存续期

间。前者是指最高额抵押权人与抵押人之间约定的，用以确定最高额抵押权所担保债权额的时间；后者是指最高额抵押权担保债权的期间，根据本法第419条的规定，抵押权人应当在主债权诉讼时效期间行使抵押权；未行使的，人民法院不予保护。也就是说，最高额抵押权的存续期间与主债权的诉讼时效一致。所以，最高额抵押权的存续期间一般长于当事人约定的确定债权的期间。二是当事人约定的债权确定期间与最高额抵押中的债务清偿期。最高额抵押中的债务清偿期指债务人履行债务的期间。当事人约定的确定债权期间届至，债务的清偿期未必届至。当事人可以在最高额抵押合同中约定以债务的清偿期为确定债权的期间，也可以在债务清偿期外另约定确定债权的期间。

（二）没有约定债权确定期间或者约定不明确，抵押权人或者抵押人自最高额抵押权设立之日起满二年后请求确定债权

实践中，当事人可能没有约定债权确定期间，或者即使有约定，但约定的期间不明确。在这种情况下，如何决定最高额抵押所担保债权确定时间？对这个问题，国外的做法主要有两种：一是规定抵押权人或者抵押人可以随时要求确定最高额抵押权所担保的债权额；二是规定一个债权确定的法定期间，如日本民法典规定，最高额抵押人自最高额抵押权设定时起经过三年，可以请求确定债权原本。本法采纳了第二种做法，明确规定，没有约定确定债权期间或者约定不明确，抵押权人或者抵押人自最高额抵押权设立之日起满二年后请求确定债权。这样规定主要基于两点考虑：一是设立最高额抵押权的目的主要是对连续性的交易提供担保，连续性交易一般会持续一段时间，如果允许当事人随时要求确定最高额抵押权所担保的债权额，就意味着一方当事人，特别是抵押人有可能在很短时间内就要求确定债权额，这无疑与设立最高额抵押权的目的不相符合。二是在当事人对确定债权额的期间没有约定或者约定不清楚的情况下，规定一个法定的确定债权额的期间，可以使最高额抵押权的地位因法定期间的存在而较为安稳，抵押权人不必时时顾虑抵押人行使确定请求权。这对于稳定最高额抵押关系是有好处的。本项规定的“二年”是一个固定期间，不存在中止、中断的问题，其起算点是最高额抵押权设立之日。根据本法第402条、第403条的规定，如果以建筑物、建设用地使用权等不动产权益作最高额抵押的，最高额抵押权设立之日为最高额抵

押权登记之日；如果以交通运输工具等动产作最高额抵押的，最高额抵押权设立之日为最高额抵押合同生效之日。

（三）新的债权不可能发生

在新的债权不可能发生的情况下，最高额抵押权所担保的债权额也确定。这里的“新的债权不可能发生”主要包括两种情形：一是连续交易的终止。如果最高额抵押是对连续交易提供担保，则连续交易的结束日期就是债权额的确定时间，即使当事人约定的债权确定期间或者本条第2项规定的法定确定期间还没有届至，最高额抵押权所担保的债权额也确定。二是最高额抵押关系的基础法律关系消灭而导致新的债权不可能发生。比如在连续的借款交易中，借款人严重违约致使借款合同依照合同约定或者法律规定被解除，新的借款行为自然不再发生。这种关系终止时，最高额抵押权所担保的债权额自然也确定。在这种情况下，债权额的确定时间也不受当事人约定的或者法定确定期间的影响。

（四）抵押权人知道或者应当知道抵押财产被查封、扣押

在最高额抵押权存续期间，抵押财产被法院查封、扣押的，其有可能被拍卖或者变卖。最高额抵押所担保的金额，将直接影响抵押物的变卖款有多少可为执行债权人受偿。在强制执行法存在禁止明显超标的查封[①]和禁止无益拍卖规则[②]的情形下，只有最高额抵押担保的债权尽快确定，后续执行才有可能顺利进行。

根据本项规定，最高额抵押担保债权确定的时点为抵押权人知道或者应当知道抵押财产被查封时。这是因为最高额抵押本身就是为了便利债权人与债务人的连续交易，简化手续的产物。详言之，最高额抵押权人只需签订一次合同并办理公示手续，就可以在授信额度范围内连续放贷，而不必像普通抵押权人那样重复订立合同和公示。如果要求一旦查封，最高额抵押担保债权马上确定，相当于要求抵押权人每次放款之前都必须查询抵押财产是否已经被查封或扣押，否则就要承担新生成的债权脱离抵押担保的风险，就将大大降低最高额抵押本身的效率功能。

---

① 《查封扣押冻结规定》第21条。

② 《拍卖变卖规定》第9条。

（五）债务人、抵押人被宣告破产或者解散

在最高额抵押权存续期间，债务人、抵押人有可能被宣告破产或者解散。债务人被宣告破产或者解散的，其主体资格消灭，新的债权已经不可能再次发生，最高额抵押担保的债权理应予以确定；抵押人被宣告破产或者解散的，由于抵押人需要进入清算，作为其财产的抵押物究竟有多少需要承担抵押责任也应予以确定。因此本项规定债务人、抵押人被宣告破产或者解散的，最高额抵押担保债权确定。

（六）法律规定债权确定的其他情形

这是兜底性条款。除了本条第1—5项所规定的可以确定债权额的法定事由外，在本法其他条款或者其他法律中也有可能规定确定债权的其他情形，如根据本法第420条的规定，发生当事人约定的实现最高额抵押权的事由时，最高额抵押权人有权在最高债权额限度内就该担保财产优先受偿，而最高额抵押权人行使最高额抵押权的基础就是担保债权额的确定，所以出现当事人约定的实现最高额抵押权的事由就意味着担保债权额的确定。

二、最高额抵押担保债权确定的法律效力

最高额抵押权所担保债权额的确定将产生以下法律效力：一是最高额抵押权转变为普通抵押权。在债务人到期不履行债务或者出现当事人约定的实现抵押权的情形时，抵押权人可以依照普通抵押权的规定行使其抵押权。二是确定被担保债权的范围。被担保债权额确定时存在的主债权，不论其是否已到清偿期或者是否附有条件，均属于最高额抵押权担保的范围。被担保债权确定时存在的被担保主债权的利息、违约金、赔偿金，不论在确定时是否已经发生，都属于被担保债权的范围。但是在最高额抵押权担保的债权确定后才发生的主债权不属于被担保债权的范围。三是最高额抵押权所担保的债权确定后，一旦债权到期或者出现当事人约定的可以实现抵押权的情形，抵押权可以就抵押财产优先受偿，但优先受偿的额度不得超过双方当事人约定的最高担保额。抵押权人实现最高额抵押权时，如果实际发生的债权额高于最高限额，以最高额为限，超过部分不具有优先受偿的效力；如果实际发生的债权额低于最高限额的，以实际发生的债权额为限对抵押财产优先受偿。

（王赫　撰写）

第十八章　质　　权

第四百二十八条　【流质约定的效力】 **质权人在债务履行期限届满前，与出质人约定债务人不履行到期债务时质押财产归债权人所有的，只能依法就质押财产优先受偿。**

【法条链接】

《物权法》第 211 条；《担保法》第 66 条

【立法背景】

本条是关于流质条款效力的规定。所谓流质条款，是指当事人双方在设立质押时，在质押合同有关债务履行期限届满而担保权人尚未受清偿时，担保物的所有权转移给债权人所有的约定。考虑到债务人借债时往往处于急窘的境地，债权人可以利用债务人的这种不利境地和自己的强势地位，迫使债务人与其签订流质契约，以价值过高的质押物担保小的债权，在债务人不能清偿债务时，取得质押物的所有权，从而谋取不当利益。为保障出质人的合法权益，《担保法》第 66 条规定“禁止流质契约”，《物权法》第 211 条对该规则再次予以重述，即“质权人在债务履行期届满前，不得与出质人约定债务人不履行到期债务时质押财产归债权人所有”。《民法典》编纂过程中，有的专家学者、单位提出，为进一步优化营商环境，建议完善上述规定，明确当事人事先作出此类约定的，仍享有担保权益，但只能依法就抵押财产或者质押财产优先受偿。立法最终采纳了这一观点。

【条文解读与法律适用】

根据本条规定，质权人在债务履行期限届满前，与出质人关于债务人不履行到期债务人时质押财产归债权人所有的，该约定并不导致质押合同无效，只是不发生质押财产所有权转移的效力。

适用本条应符合以下要件：第一，存在合法有效的质押合同。本条“质权人”“出质人”“质押财产”等表述已经足以表明适用本条必须满足这一条件。反之，如果是抵押权人与抵押人约定流抵的，则应当适用本法第 401 条的规定；如果债权人与债务人约定转移某财产的所有权至债权人名下，债务人清偿到期债务，债权人将该财产返还给债务人，债务人到期没有清偿到期债务，债权人不再返还该财产的，则属于让与担保，也不适用本条规定。第二，质权人与出质人的约定如果发生在债务履行期限届满后，则构成“以物抵债”的约定，在意思表示真实的情况下，法律应当予以尊重。第三，当质权人与出质人约定的是不履行到期债务时质押财产归质权人所有。如果当事人在签订质权合同时，约定的是债权人不履行债务时，质权人有权直接委托拍卖机构拍卖质押财产，则不属于流质条款。第四，设立质权需要的公示手续应当已经完成。本法第 429 条、第 441 条至第 445 条规定，质权的设立需要完成交付或者登记。否则，质权无从设立，质权人也不可能对质押财产享有优先受偿权。

（王赫　撰写）

第四百四十一条　【汇票等质权】以汇票、本票、支票、债券、存款单、仓单、提单出质的，质权自权利凭证交付质权人时设立；没有权利凭证的，质权自办理出质登记时设立。法律另有规定的，依照其规定。

【法条链接】

《物权法》第 224 条；《票据法》第 35 条

【立法背景】

本条是在《物权法》第224条的基础上修改而成的，主要做了三点修改：其一，以汇票等出质的，删去了“当事人应当订立书面合同”的规定；其二，对于没有凭证的权利设立质权办理出质登记的，删去了“有关部门”的内容；其三，增加了“法律另有规定的，依照其规定”。第一点和第三点是实质性修改，下文将重点讨论；第二点修改删去“有关部门”的内容并没有改变没有凭证的权利设立质权时需要办理出质登记的实质。参照全国人大常委会委员长会议关于提请审议《民法典各分编（草案)》的议案，之所以删除具体登记机构的规定，主要是因为：“目前动产抵押和权利质押的登记机构较为分散，不能完全适应现代市场经济发展的需要。建立统一的动产抵押和权利质押登记制度有助于进一步发挥其融资担保功能。考虑到统一登记的具体规则宜由国务院规定，草案删除了有关动产抵押和权利质押具体登记机构的内容，为建立统一的动产抵押和权利质押登记制度留下空间。”①

【条文解读与法律适用】

一、关于以汇票等出质是否需要订立书面合同

关于以汇票等出质是否需要订立书面合同，主要有三种观点：第一种观点认为，既然在条文修改时删去了“当事人应当订立书面合同”的规定，即意味着以汇票等出质的，只要出质人向质权人交付出质的权利凭证或者办理出质登记即可，不再需要质押合同。第二种观点认为，以汇票等出质的，虽然不需要订立书面质押合同，但根据《民法典》第388条关于“设立担保物权，应当依照本法和其他法律的规定订立担保合同”的规定，仍然需要出质人和质权人达成质押的书面或者口头的合意（合同)。第三种观点认为，根据《民法典》第446条，权利质权除适用“权利质权”一节的规定外，还需适用

① 全国人民代表大会常务委员会副委员长王晨于2020年5月22日在第十三届全国人民代表大会第三次会议上所作的《关于〈中华人民共和国民法典（草案)〉的说明》对此予以了重申。

“动产质权”一节的有关规定，而《民法典》第427条第1款要求“设立质权，当事人应当采用书面形式订立质押合同”，因此，订立书面质押合同仍是以汇票等出质必备的形式要件。笔者认为，第二种观点较为可取，主要是因为：其一，以汇票等设立的权利质权在性质上属于担保物权，按照债权物权两分原则，出质人和质权人达成设立质权的合意是质权的成立要件，将权利凭证交付质权人或者办理出质登记等进行公示则是质权的生效要件。其二，设立质权的目的是当债务人不履行到期债务或者发生当事人约定的实现质权的情形时债权人有权就质物优先受偿，而如果仅是进行质权公示但未就被担保债权的种类和数额等达成合意，则难以确定优先受偿的范围。其三，在本条未就以汇票等出质明确规定应当订立书面合同的情况下，出质人和质权人就设立质权达成的合意既可以是书面的，也可以是口头的。对于办理出质登记的质权，登记的内容包含质押合同要素的，即使没有另行达成质押的合意，也可以理解为质押合意与质押登记合一，质权应当成立。对于交付权利凭证设立的质权，由于没有质押登记，一般应当以书面形式订立质押合同，以口头形式达成质押合意的需要有相关证据加以证明，否则不能仅因交付权利凭证而认定质权成立。当然，相关规定要求订立书面质押合同的，出质人和质权人应当按照相关规定执行，如《单位定期存单质押贷款管理规定》第15条规定办理单位定期存单质押贷款，贷款人和出质人应当订立书面质押合同。

二、关于以汇票等出质的公示

本条关于以汇票等权利质权的设立确定了两种公示方式：其一，有权利凭证的，通过将权利凭证交付质权人占有的方式进行公示；其二，没有权利凭证的，通过办理出质登记的方式进行公示。关于“法律另有规定的，依照其规定”的理解，可以从以下两个方面来进行：第一，“法律另有规定”是指其他法律对权利质权的公示作出与本条不相一致的规定，但其他法律不应改变权利质权的设立须经公示的规则，当事人之间仅达成设立权利质权的合意但未经公示的不能成立权利质权。第二，其他法律对权利质权的公示另有规定的，既可能是针对特定的权利质权在占有公示和登记公示两种方式之外规定了其他公示方式，也可能是针对特定的权利质权规定了多重公示方式。前者如《票据法》第35条第2款规定，“汇票可以设定质押；质押时应当以背书记载‘质押’字样……”。《票据纠纷案件规定》第55条则进一步明确，以汇票设定质押时出质人未在汇票、粘单上记载“质押”字样而另行签订质押合同、质押条款的，不构成票据质押。[①] 后者如，随着公示方式的改革和完善，统一登记相关法律可以对有权利凭证的权利质权规定既可以通过交付占有的方式进行公示，也可以通过办理出质登记的方式进行公示，交付占有和出质登记相冲突的，以办理出质登记为准。

三、需要注意的问题

（一）关于不得转让的权利凭证能否出质

《票据法》第27条第2款规定，出票人在汇票上记载“不得转让”字样的，汇票不得转让，《海商法》第79条也规定记名提单不得转让。从《民法典》第440条第1—3项的规定来看，相较于以基金份额、股权和知识产权中的财产权出质明确要求是可以转让的，对于汇票、本票、支票、债券、存款单、仓单、提单出质的，并没有明确要求是可以转让的。根据《担保法解释》第101条和《票据纠纷案件规定》第53条，以票据、债券、存款单、仓单、提单出质的，质权人再转让或者质押的无效，出票人在票据上记载“不得转让”字样，其后手以此票据进行贴现、质押的，通过贴现、质押取得票据的持票人主张票据权利的，人民法院不予支持，这实际上肯定了不得转让的权利凭证是可以质押的，有利于发挥这些权利凭证的融资功能，但同时也否定了无论是可以转让的权利凭证还是不可以转让的权利凭证经质押后再质押的效力，有利于避免法律关系的复杂化。

（二）关于电子化权利凭证的出质

随着权利凭证电子化、数字化技术的发展和普及，已经出现了电子商业汇票等电子化权利凭证，对于这些权利凭证出质的，无法按照传统意义上实物凭证交付质权人占有的方式进行公示。从这个意义上说，本条所说的权利凭证应当仅指实物权利凭证，对于无法交付占有的电子权利凭证等，应当在有关部门办理出质登记才能设立质权。而作为电子化权利凭证的电子商业汇票无法按照《票据法》第35条第2款以背书记载“质押”字样设定质押，有

---

① 对此，也有不同的观点：一种观点认为，该规定符合票据行为文义性的要求。高圣平：《设质背书的效力研究》，载《中外法学》2009年第4期。另一种观点认为，对于未经设质背书的票据质权可以由质押合同和票据的交付来证明。崔建远：《票据质权之我见》，载《河南省政法管理干部学院学报》2009年第3期。

必要对《票据法》的相关规定作出一定的修改。

（三）关于存款单质押的核押

所谓核押，是指质权人将存款单质押的情况告知签发存款单的金融机构并由金融机构对存款单的真实性加以确认并签章的行为。[①] 需要注意的是，存款单的核押并不是办理质权登记，存款单作为一种权利凭证，出质人将其交付给质权人的，自交付时起设立质权。但根据《存单纠纷案件规定》第 8 条第 3 款和《担保法解释》第 100 条，经核押的存单质押，即便出质的存单系伪造、变造或者虚开的，金融机构仍然应当依法向质权人兑付存款单所记载的款项，签发银行核押后又受理挂失并造成存款流失的，应当承担民事责任。

（金殿军　撰写）

第四百四十三条　【基金份额、股权质权】以基金份额、股权出质的，质权自办理出质登记时设立。

基金份额、股权出质后，不得转让，但是出质人与质权人协商同意的除外。出质人转让基金份额、股权所得的价款，应当向质权人提前清偿债务或者提存。

【法条链接】

《民法典》第 406 条、第 440 条；《物权法》第 226 条

【立法背景】

本条是在《物权法》第 226 条的基础上修改而成的，主要对第 1 款做了两点修改：其一，以基金份额、股权出质的，删去了“当事人应当订立书面合同”的规定；其二，办理基金份额、股权出质登记的，删去了具体的办理部门，即以基金份额、证券登记结算机构登记的股权出质的，不再具体规定

---

① 陈本寒：《我国〈物权法〉上权利质权公示方法之检讨》，载《法学》2014 年第 8 期。

证券登记结算机构为出质登记部门，以其他股权出质的，不再具体规定工商行政管理部门为出质登记部门。

【条文解读与法律适用】

一、关于以基金份额、股权出质是否需要订立书面合同

从法律规定来看，在本条删去“当事人应当订立书面合同”的情况下，关于以基金份额、股权出质是否需要订立书面合同未有明确的规定。对此，与第441条的解读与适用一样，订立书面合同并不是以基金份额、股权出质所必需的形式要件，当事人之间达成口头质押协议并办理出质登记或者出质登记的内容包含质押合同要素的，应当认定质权成立。但从实践操作层面来看，鉴于基金份额、股票权利质权自办理出质登记时设立，而相关规定要求必须出具书面的质押协议才能进行办理，这实际上就使得以基金份额、股权出质的，需要签订书面的质押合同。如《工商行政管理机关股权出质登记办法》第7条规定：“申请股权出质设立登记，应当提交下列材料：……（三）质权合同；……”《中国证券登记结算有限责任公司证券质押登记业务实施细则》第4条也规定：“质押双方向本公司申请办理证券质押登记，应提交以下材料：……（二）经公证的质押合同原件（应对质押合同的真实性和合法性进行公证）；……”

二、关于基金份额、股权出质登记的部门

本条删去了以基金份额、股权出质的登记部门，其主要原因在于为建立统一登记制度留下法律空间。从这个意义上来说，在统一登记制度尚未建立的情况下，仍然应当适用原有的规定。第一，就基金份额而言，质权自证券登记结算机构办理出质登记时设立。根据《证券质押登记业务实施细则(2020年修订版)》第2条的规定，在中国证券登记结算有限责任公司开立的证券账户中的在证券交易所场内登记的基金份额可以办理质押登记。换言之，不符合上述条件的基金份额则不能办理质押登记。因此，在目前的基金份额质押业务和实践中，对于根据《证券投资基金法》设立的非公开募集的基金等未在证券交易所场内登记的基金份额无法办理质押登记，也就无法设立权利质权。但从长远来看，无论是在证券交易所场内登记的基金份额，还是未在证券交易所场内登记的基金份额，都具有相应的财产价值，赋予其质押功

能有利于财产价值的发挥和资金的融通，在建立统一登记制度的情况下，应当为其办理质押登记，设立权利质权。第二，就股权而言，以证券登记结算机构登记的股权出质的，应当由证券登记结算机构办理出质登记，以其他股权出质的，应当由工商行政管理部门办理出质登记，发行股权的公司不应当成为出质登记部门。有鉴于此，《担保法解释》第103条第3款，关于以非上市公司的股份出质的，质押合同自股份出质记载于股东名册之日起生效的规定，因与《物权法》第226条第2款的规定相冲突，不应再适用。

三、关于以基金份额、股权出质后的转让

相较于《民法典》第406条关于抵押期间抵押财产转让的规定，本条第2款关于基金份额、股权出质后的转让在以下两个方面有所不同：第一，基金份额、股权出质期间以不得转让为原则，以经出质人与质权人协商同意转让为例外，而抵押期间抵押财产则以可以转让为原则，以当事人另有约定为例外。之所以两者之间存在差异，主要原因在于基金份额和股权相对而言价值变动较大，在出质期间进行转让有可能损害质权人的利益，因此需要取得质权人的同意，而抵押物价值相对比较稳定，转让抵押物的，一般不会损害抵押权人的利益。第二，出质期间出质人转让基金份额、股权所得的价款，应当向质权人提前清偿债务或者提存，而抵押期间转让抵押财产的，抵押权继续存在于抵押物之上，抵押物的受让人需要承受抵押权负担，抵押人转让抵押物的价款则无须向抵押权人提前清偿或者提存，只有当抵押权人能够证明抵押财产转让可能损害抵押权的，抵押权人才可以请求抵押人将转让所得的价款向其提前清偿债务或者提存。就实践而言，受制于登记规则的影响，在一些情形下即使出质人和质权人协商同意转让质物也可能无法实现，而只能在违约处置时变现质物。如《股票质押式回购交易及登记结算业务办法》第49条规定："股票质押回购的质押物管理，采用由中国结算上海分公司对融入方证券账户相应标的证券进行质押登记或解除质押登记的方式。质押登记办理后，标的证券的状态为质押不可卖出。除违约处置外，融入方不得将已质押登记的标的证券申报卖出或另作他用。"

四、需要注意的问题

（一）关于上市公司限售流通股能否出质

限售流通股是指在一定时间内不能出售流通的上市公司股票，如在股权分置改革后限售期尚未届满的股票、首次发行上市（IPO）在一定期限内不能出售的股票等。《民法典》第440条第4项规定，“可以转让的基金份额、股权可以出质”，据此有观点认为，限售流通股在未解禁时不可流通转让，因此不能出质。限售流通股从特征上来看具有两重性：一是在本质上是可以转让的，二是在一定期限内禁止转让。如果不允许以限售流通股出质，则意味着在限售期内无法利用其进行融资，不利于发挥其财产价值。鉴于限售流通股在本质上的可转让性和在一定期限内禁止转让的双重特征，对于以限售流通股出质的，应当认可其质押的效力，但质权人应当在其解禁之后才能行使质押权，避免在解禁期之前行使质押权变相使得限售流通股成为流通股，破坏证券市场秩序。对此，《中国证券登记结算有限责任公司上海分公司投资人PROP证券质押登记业务指南》“六、注意事项”的第5条规定具有一定的示范意义，即“如质押的质物为有限售条件流通股份的，质押双方应承诺在限售期内不转让本次质押登记的有限售条件流通股份”。

（二）关于有限责任公司股权的出质

《担保法》第78条第3款规定，以有限公司股权出质的，适用公司法股权转让的有关规定。对此，一种观点认为，《公司法》第71条第2款规定，股东向股东以外的人转让股权，应当经其他股东过半数同意。因此，以有限责任公司股权设质的，应当事先征得其他股东过半数同意。[①] 另一种观点认为，鉴于设质股权仍归出质股东所有、股东出质股权的主要目的并不是转让股权以及在股权质权实现阶段严格执行股权转让的规定仍能维持有限责任公司的人合性等，不应苛求在股权出质时遵守《公司法》第72条的程序性规定。[②] 两种观点中，第二种观点更具有说服力。首先，有限责任公司股权出质并不必然导致股权的转让，出质时即需要征得其他股东过半数同意，不仅会增加股权出质的成本，而且有可能因无法取得其他股东过半数同意而使得股权丧失出质的资格，降低其融资的功能。其次，在《民法典》第428条规定禁止流质的情况下，质权人只能依法就质押财产优先受偿，并不会导致出质股权直接归质权人所有而使得出质变相成为转让，在对出质股权进行变

① 崔建远著：《物权法》，中国人民大学出版社2009年版，第607页。

② 徐海燕：《有限责任公司股权质押效力规则的反思与重构》，载《中国法学》2011年第3期。

价转让以实现质权人的优先受偿权时严格遵守股权转让的相关规定仍然能够保障有限责任公司的人合性。

（三）关于基金份额、股权能否重复出质

以基金份额、股权出质的，质权自办理出质登记时设立，这就有了重复出质的可能，即在办理出质登记后再次办理出质登记，从而形成质押权的顺位，质押权人按照顺位享有优先受偿权。① 从本条规定来看，并没有禁止基金份额、股权的重复出质，从发挥财产价值、提高质押效率和有利于社会经济发展来看，也应当允许重复出质。但从现行实践来看，如《湖南省股权出质登记实施办法》第 5 条、《山东省公司股权出质登记暂行办法》第 3 条等均规定已经办理出质登记的股权不得再次申请办理出质登记，重复出质的实现还需要登记制度加以配套和完善。

（金殿军　撰写）

第四百四十四条　【知识产权中的财产权质权】以注册商标专用权、专利权、著作权等知识产权中的财产权出质的，质权自办理出质登记时设立。

知识产权中的财产权出质后，出质人不得转让或者许可他人使用，但是出质人与质权人协商同意的除外。出质人转让或者许可他人使用出质的知识产权中的财产权所得的价款，应当向质权人提前清偿债务或者提存。

【法条链接】

《民法典》第 440 条、第 441 条；《物权法》第 227 条

【立法背景】

本条是在《物权法》第 227 条的基础上修改而成的，主要对第 1 款做了

---

① “权利质权，尤其以债权、股份或无体财产权为标的之权利质权，其担保作用反近于抵押权。”史尚宽著：《物权法论》，中国政法大学出版社 2000 年版，第 359—360 页。

两点修改：其一，以注册商标专用权、专利权、著作权等知识产权中的财产权出质的，删去了“当事人应当订立书面合同”的规定；其二，办理知识产权中的财产权出质登记的，删去了“有关主管部门”的规定。

【条文解读与法律适用】

一、关于以知识产权中的财产权出质是否需要订立书面合同

从法律规定来看，在本条删去“当事人应当订立书面合同”的情况下，关于以知识产权中的财产权出质是否需要订立书面合同未有明确的规定。对此，与本法第 441 条的解读与适用一样，订立书面合同并不是以知识产权中的财产权出质所必需的形式要件。但从实践操作层面来看，鉴于知识产权中的财产权质权自办理出质登记时设立，而相关规定一般都要求必须出具书面的质押协议才能进行办理。如《注册商标专用权质押登记程序规定》第 4 条规定：“申请注册商标专用权质权登记的，应提交下列文件：……（三）主合同和注册商标专用权质权合同……”《专利权质押登记办法》第 3 条第 1 款规定：“以专利权出质的，出质人与质权人应当订立书面质押合同。”第 7 条规定：“申请专利权质押登记的，当事人应当向国家知识产权局提交下列文件：……（二）专利权质押合同；……”《著作权质权登记办法》第 4 条第 1 款规定：“以著作权出质的，出质人和质权人应当订立书面质权合同……”第 6 条规定：“申请著作权质权登记的，应提交下列文件：……（三）主合同和著作权质权合同；……”

二、关于知识产权中的财产权出质登记的部门

本条删去了以知识产权中的财产权出质的登记部门为“有关主管部门”的规定，其主要原因在于为建立统一登记制度留下法律空间。从这个意义上来说，在统一登记制度尚未建立的情况下，仍然应当适用现有的相关规定。第一，就商标专用权而言，根据《注册商标专用权质押登记程序规定》第 1 条第 2 款的规定，国家知识产权局负责办理注册商标专用权质权登记。第二，就专利权而言，根据《专利权质押登记办法》第 2 条，国家知识产权局负责专利权质押登记工作。第三，就著作权而言，《著作权法》第 26 条规定，以著作权出质的，由出质人和质权人向国务院著作权行政管理部门办理出质登

记。《著作权质权登记办法》第 2 条则规定，国家版权局负责著作权质权登记工作。

三、关于能够出质的知识产权的种类

有观点认为，《物权法》只规定了专利权、著作权、商标权可以设定质押，遗漏了植物新品种权、集成电路布图设计权、商号权和商业秘密权等知识产权的设质问题，①《民法典》在能够出质的知识产权种类的表述与《物权法》相一致，按照此种观点也即除专利权、著作权、商标权之外的其他知识产权无法出质。但从文义解释来看，本条“注册商标专用权、专利权、著作权等知识产权”中的“知识产权”是一个开放的概念，不仅包括注册商标专用权、专利权、著作权，还包括其他种类的知识产权。《集成电路布图设计保护条例实施细则》第 37 条规定，国家知识产权局设置布图设计登记簿，登记事项即包括布图设计专有权的质押、保全及其解除等。《中国银保监会、国家知识产权局、国家版权局关于进一步加强知识产权质押融资工作的通知》也提出，要研究扩大知识产权质押物范围，积极探索地理标志、集成电路布图设计作为知识产权质押物的可行性。由此可见，除注册商标专用权、专利权、著作权中的财产权可以出质外，其他种类知识产权中的财产权从法律层面上来看也是可以出质的，肯定所有种类知识产权中的财产权可以出质有利于知识产权的发展和保护，而法律的落实则有赖于配套登记制度的建立和完善。

四、关于以知识产权中的财产权出质后的转让

知识产权中的财产权出质后，以出质人不得转让或者许可他人使用为原则，以经出质人与质权人协商同意转让或者许可他人使用为例外。该规则与以基金份额、股权出质后的转让规则相一致，在法理上也是相同的，即知识产权中的财产权在出质后转让给他人或者许可他人使用的，将会减损知识产权的财产权价值，进而可能损害质权人以财产权变价所得优先受偿的权益。因此，知识产权中的财产权出质后，出质人转让或者许可他人使用的，必须经过质权人的同意，且转让或者许可他人使用所得的价款应当向质权人提前清偿债务或者提存。

---

① 张卫、罗彩云：《我国知识产权质押若干问题研究》，载《河南省政法管理干部学院学报》2007 年第 5 期。

五、需要注意的问题

（一）关于交付知识产权权利凭证能否设立质权

注册商标专用权、专利权、著作权等知识产权，分别有商标注册证、专利证书和著作权登记证书等权利凭证，知识产权权利人能否适用《民法典》第441条将权利凭证交付质权人，自交付时起设立质权呢？答案是否定的，知识产权权利凭证并不是知识产权权利本身，不能够像汇票、本票、支票、债券、存款单、仓单、提单等直接持相关权利凭证即可获得承兑、提货等相关的权利，仅交付知识产权权利凭证还不足以防止权利人转让或者许可他人使用，无法保障质权人享有的优先受偿权。因此，本条规定以知识产权中的财产权出质的，质权自办理出质登记时设立，否定了以交付权利凭证设立质权。

（二）关于知识产权申请权能否出质

《专利法》第10条和《植物新品种保护条例》第9条规定，专利申请权和植物新品种申请权可以依法转让，这就是说专利申请权和植物新品种申请权是有财产价值的。根据《民法典》第440条第5项，可以转让的注册商标专用权、专利权、著作权等知识产权中的财产权可以出质，因此，申请权作为知识产权中可以转让的财产权是可以设立质权的，并不因其未在知识产权主管部门登记而丧失其作为权利质权标的的资格。在这一点上，与著作权不论是否发表、是否登记均不影响其依法享有的财产权并可以依法出质是一致的。

（三）关于知识产权中的财产权能否重复出质

根据《专利权质押登记办法》第12条第2款第11项，经审查发现专利权已被申请质押登记且处于质押期间的，国家知识产权局作出不予登记的决定，并向当事人发送《专利权质押不予登记通知书》，这实际上就否定了专利权可以重复出质。但从本条规定来看，并没有禁止知识产权的重复出质，从发挥财产价值、提高质押效率和有利于社会经济发展来看，应当允许重复出质并根据办理出质登记的顺序确定质权人优先受偿的顺位，这就需要相应的登记制度加以配套和完善。

（金殿军　撰写）

第四百四十五条　【应收账款质权】以应收账款出质的，质权自办理出质登记时设立。

应收账款出质后，不得转让，但是出质人与质权人协商同意的除外。出质人转让应收账款所得的价款，应当向质权人提前清偿债务或者提存。

【法条链接】

《民法典》第546条、第568条；《物权法》第228条

【立法背景】

本条是在《物权法》第228条的基础上修改而成的，主要对第1款做了两点修改：其一，以应收账款出质的，删去了“当事人应当订立书面合同”的规定；其二，办理应收账款出质登记的，删去了“信贷征信机构”的规定。

【条文解读与法律适用】

一、关于以应收账款出质是否需要订立书面合同

从法律规定来看，在本条删去“当事人应当订立书面合同”的情况下，关于以应收账款出质是否需要订立书面合同未有明确的规定。对此，与第441条的解读与适用一样，订立书面合同并不是以应收账款出质所必需的形式要件。从实践操作层面来看，《应收账款质押登记办法》关于办理质押登记时是否以订立书面质押合同为必要则有所变化：2007年《应收账款质押登记办法》第8条规定：“质权人办理质押登记前应与出质人签订协议。协议应载明如下内容：（一）质权人与出质人已签订质押合同；……”第10条规定：“……质权人应将本办法第八条规定的协议作为登记附件提交登记公示系统。”这两条规定表明，办理应收账款质押登记时，协议须以书面方式作成并作为附件进行提交，而质押合同记载于协议之中，则意味着办理质押登记须以书

面质押合同为必要。2007 年《中国人民银行征信中心应收账款质押登记操作规则》第 13 条第 2 款则进一步规定："《登记协议》至少应载明以下内容：(一) 质权人与出质人已签订质押合同；……（四）协议双方的签字或签章。"该规定进一步明确了《登记协议》的书面形式。但 2019 年《应收账款质押登记办法》第 8 条第 1 款则规定："应收账款质押登记由质权人办理。质权人办理质押登记的，应当与出质人就登记内容达成一致。"该规定显然未再强调办理应收账款质押登记时须提交包括质押合同内容在内的书面登记协议。

二、关于应收账款出质登记的部门

本条删去了以应收账款出质的登记部门为"信贷征信机构"的规定，其主要原因在于为建立统一登记制度留下法律空间。从这个意义上来说，在统一登记制度尚未建立的情况下，仍然应当适用现有的规定，根据《应收账款质押登记办法》第 4 条第 1 款，中国人民银行征信中心是应收账款质押的登记机构。值得一提的是，根据《应收账款质押登记办法》第 8 条第 1 款，应收账款质押登记只要质权人一方办理即可，这与《工商行政管理机关股权出质登记办法》第 6 条第 1 款、《证券质押登记业务实施细则》第 4 条、《注册商标专用权质押登记程序规定》第 2 条、《专利权质押登记办法》第 7 条以及《著作权质权登记办法》第 4 条等一般均要求出质人和质权人共同申请办理有所不同。究其原因，主要是因为根据《应收账款质押登记办法》第 11 条，办理应收账款质押登记的，只需质权人将填写完毕的登记内容提交登记公示系统即可。从统一登记制度的构建来看，此种质押登记的办理方式值得提倡，一是有利于提高办理质押登记的效力，二是质押登记从性质上来说仅起到公示的效力，至于质权是否成立则应当由司法机关等有权部门依法作出认定，无须登记机构在办理登记时进行审核和确认。

三、关于应收账款出质后的转让

应收账款出质后，以出质人不得转让为原则，以经出质人与质权人协商同意转让为例外。该规则与以基金份额、股权、知识产权中的财产权出质后的转让规则相一致，在法理上也是相同的，即应收账款作为一种债权，在出质后转让给他人的，即意味着应收账款债权属于受让人所有，将会使得质权人以应收账款所得优先受偿的权益受到损害。因此，应收账款出质后，出质人转让的，必须经过质权人的同意，且转让所得的价款应当向质权人提前清偿债务或者提存。

四、关于应收账款出质对债务人的效力

（一）应收账款出质后未通知债务人，债务人向出质人清偿的，能否对抗质权人

《民法典》第546条第1款规定："债权人转让债权，未通知债务人的，该转让对债务人不发生效力。"应收账款在本质上是出质人对债务人所享有的债权，其出质后未通知债务人，债务人仍向出质人清偿的，能否对抗质权人主要有两种观点：一种观点认为，应收账款质权自办理出质登记时设立，出质登记具有公示效力，即使未通知债务人的，债务人也不得向出质人清偿，债务人清偿的不得对抗质权人。此外，对于未来的应收账款，债务人尚未确定，[①] 也无从通知债务人。另一种观点认为，应收账款出质后，债务人无查询应收账款是否出质的义务，其仍可向出质人清偿债务而使应收账款消灭，即使应收账款质权可及于该清偿款项，但因其与出质人的其他款项相混合而失去特定性，质权人将无从行使优先受偿权。[②] 两种观点中，第二种观点更具合理性，主要理由有二：其一，就应收账款债务人和质权人而言，质权人作为权利人在享有权利的同时应该承担更多的义务，而且就知悉相关信息的可能性和便利性而言，质权人也更容易通知债务人。相反，如果要求应收账款债务人在清偿债务之前需要查询应收账款是否出质，不仅会增加社会交易的成本，而且会使得对并没有出质的应收账款进行查询而造成无效付出。其二，就将来的应收账款而言，虽然在设质时无法通知其债务人，但这正是该类应收账款质押本身所具有的风险，理应由质权人承担。当应收账款确定时，质权人就负有通知债务人的义务。否则，未经通知，虽然不影响质权的成立，但债务人向应收账款债权人（出质人）的清偿能够对抗质权人。

（二）应收账款出质后债务人能否向出质人主张抵销权

《民法典》第568条第1款规定："当事人互负债务，该债务的标的物种类、品质相同的，任何一方可以将自己的债务与对方的到期债务抵销；但是，

---

① 《应收账款质押登记办法》第2条第1款规定，应收账款包括现有的和未来的金钱债权。

② 高圣平：《应收账款质权登记的法理——以〈应收账款质押登记办法〉的修改为中心》，载《当代法学》2015年第6期。

根据债务性质、按照当事人约定或者依照法律规定不得抵销的除外。”应收账款出质后债务人向出质人主张抵销权可以分为两种情形：其一，债务人主张抵销的其对出质人的债权在出质前即已产生。其二，债务人主张抵销的其对出质人的债权在出质后产生。对于第一种情形，一种观点认为，鉴于抵销权具有溯及力，自可以抵销之日起相关债权后续被让与、出质或者扣押等均不妨碍抵销权人主张抵销。[①] 另一种观点则认为，虽然抵销权的行使具有溯及抵销适状之时的效力，但因为债务人已经受到质权的约束，其已经丧失了作出抵销意思表示的权利，因此不能对抗质权人。[②] 两种观点中，第一种观点更具说服力，这主要是因为《民法典》第568条第1款所规定的抵销权是法定抵销权，比照《民法典》第549条第1项关于债务人接到债权转让通知时，债务人对让与人享有债权，且债务人的债权先于转让的债权到期或者同时到期的，债务人可以向受让人主张抵销的规定，债务人在收到应收账款质押通知时也可以主张在抵销的范围内对抗质权人。如果不允许债务人向出质人主张抵销，即意味着质权人在抵销的范围内将优先于债务人受偿，有失公平。对于第二种情形，有观点认为，基于债的相对性和物权法定原则，质押合同的效力并不直接及于债务人，质押通知中限制债务人权利的内容非经债务人承诺不对其产生法律拘束力，因此不论债务人是否收到质押通知，也不论其对出质人享有的债权产生于应收账款出质之前或者之后，均不影响债务人有效地行使法定抵销权。[③] 这种观点值得商榷，主要原因是在应收账款已经办理出质登记且通知债务人的情况下，质权人对应收账款的优先受偿产生了合理的信赖，而债务人以质权设立后产生的对出质人的债权主张抵销则没有应予保护的理由，质权人的优先受偿权优先于债务人的抵销权具有正当性。

五、需要注意的问题

（一）关于非合同类金钱债权能否设立应收账款质押

《应收账款质押登记办法》第2条第2款将应收账款的权利界定为以合同

---

① 韩世远：《合同法总论》（第三版），法律出版社2011年版，第555页。

② 王乐兵：《“物权编”与“合同编”体系化视角下的应收账款质押制度重构》，载《法学家》2019年第3期。

③ 万冬朝：《论应收账款质权的权利边界——以应收账款质权与法定抵销权的冲突为视角》，载《华南理工大学学报》（社会科学版）2015年第5期。

为基础的具有金钱给付内容的债权，这就否定了非合同类金钱债权出质的可能性。非合同类债权主要包括侵权之债、基于身份关系的债权、不当得利之债以及无因管理之债等。这些债权中有些是不可转让的，如基于身份关系的给付赡养费、抚养费、抚育费等，有些则是可以转让的，如已经确定的财产侵权之债。对于可以转让的非合同类金钱债权，具有一定的财产价值，应当认可其具有出质的资格，从而提高其融资能力和加强经济交往。因此，金钱债权能否设立应收账款质押，关键要看该金钱债权能否依法转让，非法律规定不得转让或者根据合同性质不得转让的金钱债权均可设立应收账款质押，即使当事人约定不得转让的也在所不问。

（二）关于应收账款能否重复出质

从本条规定来看，并没有禁止应收账款的重复出质，《应收账款质押登记办法》也未作出禁止性规定。从发挥财产价值、提高质押效率和有利于社会经济发展来看，应当允许应收账款重复出质并根据办理出质登记的顺序确定质权人优先受偿的顺位，这就需要相应的登记制度加以配套和完善。

（金殿军　撰写）

第三编 合 同

概 述

一、立法背景

合同法是古老的法律，自罗马法以来，它一直都是民法中重要的组成部分。合同法作为调整各类交易关系的法律，对市场起着极大支撑作用，同时也随着市场经济的发展而不断演化和发展。[①] 20 世纪 80 年代，我国相继颁布了《经济合同法》《涉外经济合同法》《技术合同法》，对建立之初的社会主义市场经济体制起到了重要作用。随着改革开放的深入，上述三部合同法已经不能够满足社会主义市场经济体制的需要。1993 年 10 月至 1999 年 3 月，经过六年的打磨，我国颁布了《合同法》。合同是法律行为最重要的类型，实践中大多数法律行为都是合同。[②]《合同法》的实施对规范实践中的法律行为发挥了重要作用，有益于保护当事人合法权益、促进商品和要素自由流动、实现公平交易和维护经济秩序。贯彻全面深化改革的精神，使市场在资源配置中起决定性作用，必须坚持维护契约、平等交换、公平竞争，完善市场经济法律制度。为适应我国经济社会发展和全面深化改革的需要，落

---

① 王利明：《典型合同立法的发展趋势》，载《法制与社会发展》2014 年第 2 期。

② 朱庆育主编：《合同法评注选》，北京大学出版社 2019 年版，第 2 页。

实党中央提出的完善市场经济法律制度的要求，解决合同法实施以来出现的新情况、新问题，借鉴国际立法经验，《民法典》合同编在《合同法》的基础上作出了修改完善。

二、主要修改

（一）第一分编“通则”

《民法典》合同编第一分编“通则”部分为第463条到第594条，替代了1999年《合同法》总则部分。共132条，包括8章，依然是按照交易的顺序，规定了交易关系从发生到消灭的全过程，分别为：一般规定、合同的订立、合同的效力、合同的履行、合同的保全、合同的变更和转让、合同的权利义务终止及违约责任。

总体而言，通则部分修改的主要特点有：

第一，与《民法典》整体融合度高。将部分条款并入总则部分，如第474条“要约生效的时间适用本法第一百三十七条的规定”，类似的还有第475条要约的撤回、第485条承诺的撤回。部分条款根据总则部分调整相关概念，如第504条将“法人或者其他组织”表述为“法人或者非法人组织”。

第二，表述更精准、严谨、规范。如第486条规定新要约，在《合同法》第28条基础上增加“或者在承诺期限内发出承诺，按照通常情形不能及时到达要约人的”；第504条在《合同法》第50条基础上增加“订立的合同对法人或者非法人组织发生效力”；第535条在《合同法》第73条的基础上，将原第1款的“到期债权”改为“债权”，将原第2款“债权”改为“到期债权”。

第三，更加现代化，符合21世纪民法典的定位。如第491条增加对互联网交易的规定；第509条增加保护生态环境、节约资源条款；第512条针对目前较为常见的网购规定电子合同的履行规则；第558条增加“旧物回收”规定，落实总则部分“绿色原则”的定位。

第四，吸纳部分司法解释的规定。如第533条情势变更，吸收自

《合同法解释（二）》第26条；第537条代位权的效力，吸收自《合同法解释（一）》第20条；第560条、第561条清偿抵充规则，吸收自《合同法解释（二）》第20条、第21条。

第五，根据合同理论和实践的发展新增规定。如第471条新增“其他方式”作为订立合同的方式；新增第495条，肯定了预约作为一种合同形式；第496条对格式条款作出定义，新增格式条款制定方不履行提示、说明义务的不利后果；第515条和第516条规定了选择之债；第552条规定了并存的债务承担，此前只在《合同法》第84条规定了免责的债务承担，填补了债务承担体系上的空白；第580条第2款明确了被请求履行非金钱债务的当事人一方有除外情形，致使合同目的不能实现时的违约责任。

（二）第二分编“典型合同”

《民法典》第二分编“典型合同”部分为第595条到第978条，共384条，包括19章，按照买卖合同、供用电、水、气、热力合同、赠与合同、借款合同、保证合同、租赁合同、融资租赁合同、保理合同、承揽合同、建设工程合同、运输合同、技术合同、保管合同、仓储合同、委托合同、物业服务合同、行纪合同、中介合同、合伙合同的顺序排列。

总体而言，典型合同部分修改的主要特点有：

第一，新增了保证合同、保理合同、物业服务合同和合伙合同。第十三章保证合同对保证合同的定义、从属效力、保证人身份的限制、保证合同的内容、保证方式和保证责任等内容作出了规定。第十六章保理合同对保理合同的定义和内容、虚构应收账款的情形、有无追索权的保理等内容作出了规定。第二十四章物业服务合同对物业服务合同的定义和内容、物业服务合同对业主的约束力、效力的终止、物业服务人的义务、业主的义务、物业服务合同的解除与终止等内容作出了规定。第二十七章合伙合同对合伙合同的定义、出资义务、合伙财产、合伙事务的执行、利润的分配与亏损分担、合伙债务清偿、合伙期限、合伙合同的终止等内容作出了规定。

第二，完善了买卖合同、借款合同、租赁合同等典型合同的具体规定。买卖合同主要修改的内容有：第596条增加了买卖合同内容的列举；第597条明确了出卖人无权处分时，买受人的救济途径；第604条规定了在无另外约定的情况下，货交承运人后，标的物毁损、灭失的风险由买受人承担；第612条修改规定了在无另外约定的情况下，出卖人负有保证受让人取得标的物完整物权的义务；第618条增加规定了因出卖人故意或重大过失不告知买受人标的物瑕疵的，出卖人无权主张减轻或者免除责任；第622条至第624条增加了对检验期间、推定检验、检验标准的规定；第625条为促进生态文明建设，增加规定了买卖合同的出卖人依法负有回收义务；第630条增加规定了当事人可以约定标的物孳息的归属；第638条至第640条对试用买卖中视为购买的情形、使用费的支付和风险承担作出了规定；第641条至第643条对出卖人保留标的物的所有权，出卖人在保留标的物所有权基础上的取回，及出卖人取回后买受人的赎回权新增了规定。借款合同主要修改的内容有：第680条新增规定禁止高利放贷，借款的利率不得违反国家有关规定，同时明确了借款利息的相关规定。租赁合同主要修改的内容有：第706条新增规定了租赁合同效力的独立性；第713条对出租人维修义务范围的划定作出了新增规定；第717条至第719条对转租的效力、出租人的异议期间、租金的拖欠与折抵作出了新增规定；第724条对租赁合同的解除作出了新增规定；第726条至第728条对承租人的优先购买权、出卖人的通知义务作出了新增规定；第734条为落实党中央提出的建立租购同权住房制度的要求，保护承租人利益，促进住房租赁市场健康发展，增加了住房承租人的优先承租权。融资租赁合同主要修改的内容有：第737条新增规定以虚构租赁物等方式订立融资租赁合同掩盖非法目的的融资租赁合同无效；第738条至第743条新增规定了融资租赁合同的独立性、承租人拒绝领受租赁物的法定情形、租金的减免、出租人的法定责任；第745条修改规定明确了租赁的登记对抗效力；第753条至第756条新增规定了融资租赁合同的解除；第760条新增规定了融资租赁合同无效时，租赁物的归属。建设工程合同主要修改的内容有：第793条新增规定了建设工程合同无效且工程验收不合格时工程款的结算；第806条新增规定了建设工程合同的解除。保管合同明确规定了在无约定或交易习惯的情况下，寄存人到保管人处从事购物、就餐、住宿等活动，将物品存放在指定场所的视为保管。委托合同主要修改的内容有：第933条区分了有偿委托、无偿委托解除方的赔偿责任；第935条增加了"遗产管理人"，与《继承法》中新增的遗产管理人制度相呼应。

第三，供用电、水、气、热力合同加大了对弱势合同一方当事人的保护，明确增加了"节约和计划用电"，与绿色原则相呼应。

（三）第三分编"准合同"

《民法典》第三分编"准合同"部分为第979条到第988条，共10条，包括2章。准合同部分在《合同法》的基础上，为更好规范各类债权债务关系，补充完善了债法的一般规则，细化规定了无因管理、不当得利之债的具体规则，例如无因管理人的权利义务、受益人的责任、不当得利人的返还义务及除外情形和受损人的赔偿请求权等。

（高岸　王雨晴　撰写）

凡　例

全　称	简　称
《民法典各分编（草案）》（征求意见稿）	《民法典各分编（草案）》（一审稿）
《中华人民共和国民法典合同编（草案二次审议稿）》（征求意见稿）	《民法典合同编（草案）》二审稿
《中华人民共和国民法典（草案）》（征求意见稿）	《民法典（草案）》（征求意见稿）
《最高人民法院关于适用〈中华人民共和国民事诉讼法〉的解释》	《民诉法解释》
《最高人民法院关于适用〈中华人民共和国合同法〉若干问题的解释（一）》	《合同法解释（一）》
《最高人民法院关于适用〈中华人民共和国合同法〉若干问题的解释（二）》	《合同法解释（二）》
《最高人民法院关于审理买卖合同纠纷案件适用法律问题的解释》	《买卖合同司法解释》
《最高人民法院关于审理外商投资企业纠纷案件若干问题的规定（一）》	《关于审理外商投资企业纠纷案件的规定（一）》
《最高人民法院关于审理民事案件适用诉讼时效制度若干问题的规定》	《审理民事案件适用诉讼时效制度若干问题的规定》
《最高人民法院关于当前商事审判工作中的若干具体问题》	《当前商事审判工作中的若干具体问题》
《最高人民法院关于审理涉及金融资产管理公司收购、管理、处置国有银行不良贷款形成的资产的案件适用法律若干问题的规定》	《审理涉及金融资产管理公司收购、管理、处置国有银行不良贷款形成的资产的案件适用法律若干问题的规定》
《最高人民法院关于在执行工作中如何计算迟延履行期间的债务利息等问题的批复》	《在执行工作中如何计算迟延履行期间的债务利息等问题的批复》

全　称	简　称
《最高人民法院关于执行程序中计算迟延履行期间的债务利息适用法律若干问题的解释》	《执行程序中计算迟延履行期间的债务利息适用法律若干问题的解释》
《最高人民法院关于审理建筑物区分所有权纠纷案件具体应用法律若干问题的解释》	《审理建筑物区分所有权纠纷案件具体应用法律若干问题的解释》
《最高人民法院关于审理商品房买卖合同纠纷案件适用法律若干问题的解释》	《审理商品房买卖合同纠纷案件的解释》
《最高人民法院关于适用〈中华人民共和国担保法〉若干问题的解释》	《担保法解释》
《最高人民法院关于贯彻执行〈中华人民共和国民法通则〉若干问题的意见（试行）》	《民法通则意见（试行）》
《最高人民法院关于正确确认企业借款合同纠纷案件中有关保证合同效力问题的通知》	《正确确认企业借款合同纠纷案件中有关保证合同效力问题的通知》
《最高人民法院关于审理民间借贷案件适用法律若干问题的规定》	《民间借贷司法解释》
《最高人民法院关于审理经济合同纠纷案件有关保证的若干问题的规定》	《审理经济合同纠纷案件有关保证的若干问题的规定》
《最高人民法院关于审理物业服务纠纷案件具体应用法律若干问题的解释》	《审理物业服务纠纷案件的解释》
《最高人民法院关于涉及担保纠纷案件的司法解释的适用和保证责任方式认定问题的批复》	《涉及担保纠纷案件的司法解释的适用和保证责任方式认定问题的批复》
《最高人民法院关于审理城镇房屋租赁合同纠纷案件具体应用法律若干问题的解释》	《城镇房屋租赁合同司法解释》
《最高人民法院关于审理建设工程合同纠纷案件适用法律问题的解释》	《建设工程司法解释（一）》
《最高人民法院关于审理建设工程合同纠纷案件适用法律问题的解释（二）》	《建设工程司法解释（二）》
《最高人民法院关于审理技术合同纠纷案件适用法律若干问题的解释》	《审理技术合同纠纷案件适用法律若干问题的解释》

全　称	简　称
《最高人民法院关于审理物业纠纷案件具体应用法律若干问题的解释》	《审理物业纠纷案件具体应用法律若干问题的解释》
《国务院关于加强借用国际商业贷款管理的通知》	《加强借用国际商业贷款管理的通知》
《国家发展和改革委员会、建设部关于印发〈物业服务收费明码标价规定〉的通知》	《物业服务收费明码标价规定》
《国家发展和改革委员会、建设部关于印发〈物业服务收费管理办法〉的通知》	《物业服务收费管理办法》
《国际统一私法协会国际商事合同通则》	《国际商事合同通则》
《最高人民法院关于审理融资租赁合同纠纷案件适用法律问题的解释》	《融资租赁合同司法解释》
《最高人民法院关于审理矿业权纠纷案件适用法律若干问题的解释》	《审理矿业权纠纷案件司法解释》

第一分编 通 则

第二章 合同的订立

第四百九十一条 【电子合同的成立】当事人采用信件、数据电文等形式订立合同要求签订确认书的，签订确认书时合同成立。

当事人一方通过互联网等信息网络发布的商品或者服务信息符合要约条件的，对方选择该商品或者服务并提交订单成功时合同成立，但是当事人另有约定的除外。

【法条链接】

《民法典》第137条；《合同法》第33条；《电子商务法》第49条；《电子签名法》第11条

【立法背景】

随着信息化的发展，电子合同应运而生。电子合同可以理解为双方或多方当事人之间通过电子信息网络以数据电文形式达成的设立、变更、终止财产性民事权利义务关系的协议。根据《合同法》第10条、第11条规定，当事人订立合同可以采取书面形式、口头形式和其他形式。书面形式指合同书、信件和数据电文（包括电报、电传、传真、电子数据交换和电子邮件）等可以有形地表现所载内容的形式。“数据电文”这一用语的出现标志着对电子合同法律地位的承认。

在实践中，电子合同的运用非常广泛。特别是在网络购物极为普及的今天，电子合同极大地提高了交易效率，深刻地改变着人们的生活方式。与传统合同相比，电子合同的交易对象具有广泛性和不确定性；交易地点具有非面对面和虚拟性；交易身份和信用依靠密码辨认或认证机构电子认证；交易生效方式由传统的盖章、签字或捺印改为电子签章或根据交易习惯作出特定行为。基于电子合同的特殊性，其成立和效力问题难以完全适用传统合同规则，应当作出专门规定。

2012 年最高人民法院发布的《买卖合同司法解释》第 4 条规定，人民法院在按照合同法的规定认定电子交易合同的成立及效力的同时，还应当适用《电子签名法》的相关规定。《电子签名法》侧重于规范电子签名行为、明确电子签名的法律效力，对电子合同成立及效力问题略有涉及。为了进一步规范电子商务行为、维护市场秩序，2018 年《电子商务法》正式颁布。该法对电子经营行为的范畴、主体、电子合同订立与履行、争议解决等问题提供了较为完整的法律依据。

本条吸收了《电子商务法》第 49 条第 1 款的规定，在《合同法》第 33 条的基础上增设了电子合同订立规则，使合同法律体系更加完善，更好地适应快速发展的电子商务和数字经济，为电子商务各方主体的合法权益提供更充分的保障。

【条文解读与法律适用】

一、电子合同的要约

（一）电子要约的成立要件

电子要约成立需要具备传统合同要约成立的条件。根据《民法典》第 472 条的规定："要约是希望与他人订立合同的意思表示，该意思表示应当符合下列条件：（一）内容具体确定；（二）表明经受要约人承诺，要约人即受该意思表示约束。"据此，电子合同中当事人通过互联网等信息网络发布的商品或服务信息必须具体和确定，同时表明订单一经提交成功即受其约束。

（二）电子要约的作出与生效

本条没有明确规定电子要约的发送时间，但根据《电子签名法》第 11 条的规定，数据电文进入发件人控制之外的某个信息系统的时间，视为该数据电文的发送时间。也即商品和服务信息离开发布者控制下的信息系统的时间就是电子要约的作出时间。

关于数据电文生效时间，本法第 137 条第 2 款作出了统一规定，即以非对话方式作出的采用数据电文形式的意思表示，相对人指定特定系统接收数据电文的，该数据电文进入该特定系统时生效；未指定特定系统的，相对人知道或者应当知道该数据电文进入其系统时生效。当事人另有约定的，按照其约定。在电子商务中，网络平台即为平台用户指定的特定系统，因此，经营者将符合要约的商品或服务发布于网络平台时，该要约生效。

（三）电子要约的撤回和撤销

根据合同法上的一般规则，要约可以撤回，但撤回要约的通知要在要约到达相对人前或与要约同时到达相对人。由于网络具有极速传输的特点，当要约作出时往往即刻到达相对人系统，要约作出与到达不存在时间差或时间差可忽略不计，此时很难存在撤回要约的可能性。但是不排除存在线路故障、网络病毒等特殊情形造成网络传输的时间延宕，因此理论上仍要承认撤回要约的权利。同样地，要约亦可以撤销，但要在受要约人作出承诺之前到达受要约人。例如，某商品的下架信息要在对方下单成功前发布于网络平台。

二、电子合同的承诺

（一）电子承诺的作出与生效

传统合同形式下承诺成立的基本条件包括：承诺必须由受要约人向要约人作出；承诺须与要约的实质内容保持一致；承诺必须在要约的有效期内作出。本条明确规定了电子承诺的方式，即承诺人选择商品或服务、按照提示进行操作并最终提交订单这一行为。因此提交订单的时间是承诺的作出时间，而显示订单提交成功时，即承诺的信息进入网络平台时视为承诺生效，合同成立。通常情况下承诺的作出时间也与生效时间重合，但当事人另有约定需要签订确认书的，以确认书签订时间为承诺生效时间。

（二）关于电子承诺的其他观点

关于如何认定电子合同的要约与承诺，还有另外一种观点认为：经营者通过信息网络发布商品和服务的功能、型号、价格等信息仅为要约邀请，买方的订单成为订购商品的要约，经营者收到订单后的发货行为或向买方发送确认订单的行为方能构成承诺。本条没有支持这样的观点，原因在于如果将经营者发货或发送确认单视为承诺，那么相对方在提交订单成功后合同没有成立。此时即便经营者取消订单或修改订单对相对方造成不利，均无法要求经营者承担违约责任。而缔约过失责任有严格的适用条件和赔偿范围，对买方不利。因此，本条的规定更有利于规范网络经营行为，保护消费者权益。

三、需要注意的问题

本条具有一定的任意性，关于电子合同的成立规则可以交由当事人自由约定，当事人可以作出与本条相反的约定，本条则作为当事人未作约定时的合同漏洞填补，并体现着保护消费者的立法精神。但是需要注意的是，根据《电子商务法》第 49 条规定，电子商务经营者不得以格式条款等方式约定消费者支付价款后合同不成立；格式条款等含有该内容的，其内容无效。

（曹实　撰写）

第四百九十四条　【依国家订货任务、指令性任务订立合同及强制要约、强制承诺】 **国家根据抢险救灾、疫情防控或者其他需要下达国家订货任务、指令性任务的，有关民事主体之间应当依照有关法律、行政法规规定的权利和义务订立合同。**

依照法律、行政法规的规定负有发出要约义务的当事人，应当及时发出合理的要约。

依照法律、行政法规的规定负有作出承诺义务的当事人，不得拒绝对方合理的订立合同要求。

【法条链接】

《民法典》第 5 条、第 510 条、第 511 条、第 648 条、第 810 条；《证券法》第 65 条；《电力法》第 26 条

【立法背景】

习近平总书记在统筹推进新冠肺炎疫情防控和经济社会发展工作部署会议上指出，这次新冠肺炎疫情，是新中国成立以来在我国发生的传播速度最

快、感染范围最广、防控难度最大的一次重大突发公共卫生事件，是对我国治理体系和能力的一次大考。[①] 法律制度是中国特色社会主义制度的重要内容和法律体现，它以法律规范的形式凝聚民意共识、确认国家制度、维护社会秩序，并以强制力保障中国特色社会主义制度有效运转实施。法治作为国家治理体系和治理能力的重要依托，在特殊时期防控疫情具有举足轻重的作用。[②] 在2020年5月28日的第十三届全国人大第三次会议审议中，针对疫情的防控需要并结合新冠疫情发生以来的防控经验，提出要完善国家订货合同制度，规定国家根据抢险救灾、疫情防控或者其他需要下达国家订货任务、指令性计划的，有关民事主体之间应当依照有关法律、行政法规规定的权利和义务订立合同。

【条文解读与法律适用】

一、合同自由原则与国家配置资源

合同是平等主体双方基于其意思自治所订立。合同自由，作为合同法的基本原则，主要包括了缔约、选择相对人、内容以及方式等方面的自由，当事人可以自由选择是否与他人、与何人以何种方式订立何种合同，法律尊重当事人之间的意思自治而不对其进行介入与干预。《民法典》第5条规定："民事主体从事民事活动，应当遵循自愿原则，按照自己的意思设立、变更、终止民事法律关系。"《民法典》在一般原则的重要地位将"自愿原则"列入，凸显了立法者对合同排除第三人干预的立法目的。因此，应当认为本条第1款之目的首先在于通过合同法保障民事主体双方基于自由真实之意思表示订立合同而不受任何第三方之干预。《民法典》合同编对于当事人之间合同未约定或约定不明确时相应条款内容的确定进行了规定，但即便在该等情形下，合同内容的确定仍然遵循了依约定、依合同相关条款或交易惯例，最后

---

① 新华社：《习近平：在统筹推进新冠肺炎疫情防控和经济社会发展工作部署会议上的讲话》，http：//www.xinhuanet.com/politics/leaders/2020－02/23/c_1125616016.htm，最后访问时间：2020年6月4日。

② 冯玉军：《法治是国家治理体系和治理能力的重要依托》，http：//theory.people.com.cn/n1/2019/1206/c40531－31493159.html，最后访问时间：2020年6月4日。

才按照合同法所确立的标准进行。如《民法典》第510条规定："合同生效后，当事人就质量、价款或者报酬、履行地点等内容没有约定或者约定不明确的，可以协议补充；不能达成补充协议的，按照合同相关条款或者交易习惯确定。"与《合同法》规定不同，本条第1款本质上强调了特定情形下法律、行政法规优先性，通过强制性国家力量对重点涉及公共利益紧缺、市场配置作用较弱的领域进行配置，以期尽可能保障公共利益。

二、合同订立中的强制

（一）强制要约

本条第2款规定，依照法律、行政法规的规定负有发出要约义务的当事人，应当及时发出合理的要约。现行法律、行政法规对于强制要约规定较少但也存在，比如我国《证券法》第65条第1款规定："通过证券交易所的证券交易，投资者持有或者通过协议、其他安排与他人共同持有一个上市公司已发行的有表决权股份达到百分之三十时，继续进行收购的，应当依法向该上市公司所有股东发出收购上市公司全部或者部分股份的要约。"此外，该法第66条至第70条又相应规定了要约内容、要约不可撤销等制度。

（二）强制承诺

本条第3款规定，依照法律、行政法规的规定负有作出承诺义务的当事人，不得拒绝对方合理的订立合同要求。合同订立过程中，承诺的作出应当是自由的，各国法律均将此作为当然自明之理而适用。随着现代社会的发展，这种常识也逐渐延伸出一些例外，使得一方当事人负有强制缔约义务，称为强制缔约。例如，《民法典》第648条第2款规定："向社会公众供电的供电人，不得拒绝用电人合理的订立合同要求。"第810条规定："从事公共运输的承运人不得拒绝旅客、托运人通常、合理的运输要求。"《电力法》第26条第1款规定："供电营业区内的供电营业机构，对本营业区内的用户有按照国家规定供电的义务；不得违反国家规定对其营业区内申请用电的单位和个人拒绝供电。"在这种情形下，要约人一般有权利要求对方（通常作为服务提供方）向其提供维持现代生活所需之服务。本条第3款基于特殊情形下防控紧急情况，强制产品或服务提供方在特定情形下进行缔约并进而履行合同，提供相应产品及服务供国家进行相应配置，保障公共利益。

（王雨晴　撰写）

第四百九十五条 【预约合同的成立及效力】当事人约定在将来一定期限内订立合同的认购书、订购书、预订书等，构成预约合同。

当事人一方不履行预约合同约定的订立合同义务的，对方可以请求其承担预约合同的违约责任。

【法条链接】

《民法典》第580条；《买卖合同司法解释》第2条

【立法背景】

与《合同法》相比，本条属于新增内容，规定了预约合同的相关法律制度。预约和本约是以两个合同间的相互关系为标准作出的一种合同类型划分，预约是约定将来订立一定合同的合同，基于该预约而订立的合同则为本约。在交易实践中，预约非常广泛地运用于许多交易领域，例如货物订购、房屋买卖、股权转让、民间借贷等。其目的在于订立本约条件尚未成熟之前，锁定交易机会、保障交易安全。但是我国《民法总则》及《合同法》缺乏预约合同的相关规定，司法裁判也一度面临无法可依的困境。没有得到法律承认的预约合同，难以规范不诚信的交易行为，对交易主体的利益保护不够充分。

我国立法首次使用预约合同的概念是在2012年最高人民法院发布的《买卖合同司法解释》。该解释第2条规定："当事人签订认购书、订购书、预订书、意向书、备忘录等预约合同，约定在将来一定期限内订立买卖合同，一方不履行订立买卖合同的义务，对方请求其承担预约合同违约责任或者要求解除预约合同并主张损害赔偿的，人民法院应予支持。"其中明确了预约合同的概念、效力及违反预约合同的法律责任，具有非常重要的意义。本条正是吸收了上述规定，并在适用上突破买卖合同的限制，扩大至其他交易行为，实现了司法实践经验的立法转化。

【条文解读与法律适用】

一、预约合同的概念及特征

本条吸收了《买卖合同司法解释》有关预约合同的概念，根据该解释起草小组的观点，预约合同应当具备合意性、约束性、确定性和期限性四个基本特征。[①] 一是合意性，指合同双方达成一致的意思表示，而非某一单方的意思表示。二是约束性，指双方在主观上愿意受到合意的约束，愿意共同促成合意目标的达成，体现当事人意志与法律意志合一。三是确定性，指合同中有关“在未来订立本约”这一内容是十分清楚明确的，不需要继续考虑或磋商。对于本约的具体内容因条件尚未成熟会出现缺失条款和不确定条款，但对本约的核心内容应当约定，这将避免当事人陷入本约谈判的僵局，丧失预约的功能。四是期限性，指双方约定在未来一定期限内订立本约。这意味着一方面预约和本约是两个相互独立的阶段，另一方面本约的订立应当是指日可待，而不是遥遥无期的。

二、预约合同与相关行为的区分

（一）预约合同与本约合同

预约与本约的相互关系实质上涉及预约的法律性质问题。对此理论界和实务界曾存在四种观点：一是前契约说，该说认为预约处于本约成立前的前契约阶段，是本约成立的一个过程，不具有法律拘束力，不构成合同；二是从合同说，该说认为，预约是本约成立的铺垫和保证，而本约的成立并不以预约存在为条件，因此预约对本约而言具有从属性，是本约的从合同；三是附停止条件本约说，该说认为预约实质上是附停止条件的本约，条件成就时，本约生效；四是独立契约说，该说认为预约与本约是相互有牵连关系，但彼此独立的合同。预约以签订本约为合同标的，具备法律规定的合同成立的基本条件。[②]

---

① 最高人民法院民事审判第二庭编著：《最高人民法院关于买卖合同司法解释理解与适用》，人民法院出版社2016年版，第51—52页。

② 宋晓明、张勇健、王闯：《〈关于审理买卖合同纠纷案件适用法律问题的解释〉的理解与适用》，载《人民司法》2012年第15期。

独立契约说是目前学界通说，也是本条立法所持观点。但实践中由于预约合同会涉及本约合同的当事人、标的等内容，容易导致混淆。这里要注意把握二者的主要区别在于标的不同。预约合同的标的是订立本约合同，主要条款是约定关于订立本约合同的事项，而并不涉及本约合同中具体的债权债务关系；而本约合同要包含设定具体法律关系的意图，例如买卖合同中，本约合同的主要条款应当包括标的、数量、价款、履行方式、违约责任等内容。如果预约合同已经直接指向了具体的权利变动内容，那么实质上已经是一个本约合同了。

（二）预约合同与意向声明

为了便于实践理解和操作，本条在阐释预约合同概念时列举了几种常见的预约合同类型，包括认购书、订购书、预订书、意向书等。应当认为预约合同通常以上述形式表现出来，但并不等于凡冠以上述名称的文件均应定性为预约合同。这里涉及预约合同与意向声明的区别问题。凡合作交易的达成都是一个不断磋商的动态过程，在这一过程中，当事人可能通过签订“意向书”“备忘录”等文件表达交易意愿，如“甲方与乙方建立长期合作机制，甲方愿意租赁乙方的施工设备”。这种意向声明与预约合同的区别在于：第一，意向声明不包含双方未来订立本约的主要条款，并不具有当事人受合同拘束的意思表示；第二，意向声明产生继续磋商的义务，而不是预约合同的请求缔约义务。当恶意违反意向声明造成对方损害的，可能承担缔约过失责任而非违约责任。

（三）预约合同与附停止条件合同

附条件停止合同是从合同效力角度对合同进行的分类，当合同中所约定的停止条件成就时，合同生效。其与预约合同的主要区别在于：第一，预约合同一经成立，除有法定事由外即可生效；而附条件停止合同因停止条件是否成就具有不确定性，所以合同能否生效亦不确定。第二，预约合同生效时，当事人履行合同的结果是一定期限内订立本约。此时本约尚未成立，对于本约所包含的债权债务当事人不具有履行请求权；而附条件停止合同明确规定了债权债务关系，合同生效时，当事人具有履行相应债权债务的义务。

三、预约合同的效力

对于预约合同的效力，理论界也颇有争议，本条所采纳的观点是预约合同成立后，双方本着诚信原则具有缔结本约的义务，否则将承担违约责任。

这一规定能够最大限度促成本约订立，保护善意预约人的合理信赖和合理期待，有利于实现预约制度的设立目的，提高诚信交易的效率、降低不必要的风险。

但也有反对意见认为，预约合同成立后，双方仅负有进一步磋商的义务，而不要求必须缔约。如果磋商不成且双方均无过错，或某些条件发生重大变化时，必须缔约无法实现，甚至可能造成不公平。这一观点存在较大的缺陷，其一，预约制度的目的是订立本约，而不是仅为双方提供磋商机会。磋商具有很大的不确定性，仅保证磋商不能有效实现预约制度的设立目的。其二，实践中，磋商是很容易实现的，不利于对当事人产生约束力，容易引发恶意预约，不利于对诚信履约人的利益保护。其三，预约合同具有应当缔约的效力是指双方应履行缔约义务，但并不意味着每一个预约都能促成缔结本约。如果本约未缔结，按照具体原因承担相应的法律后果即可。

四、预约合同的违约责任

既然预约合同是一种独立的合同类型，那么违反合同义务将导致违约责任。预约合同应当适用本法合同编关于违约责任的一般规定，但有如下几个特殊问题需要注意。

（一）关于继续履行的问题

能否继续履行实际上涉及的就是能否强制缔约的问题，对此理论界和实务界争议非常大。反对观点认为，司法强制缔约违反了合同的意思自治原则，不仅有悖于当事人的意思表示，更与司法对人格尊重的价值取向背离；同时，依据《民法典》第580条①的规定，有些合同因性质、涉及人身自由等问题不适合强制履行；强制缔约在内容上属于意志给付，无法适用强制执行理论，法院现有的强制执行方法亦不适用于预约合同。因此，反对强制缔约，对不履行预约合同造成的损害，可以采取损害赔偿等其他方式救济。支持观点则认为，订立本约这一行为不属于《民法典》第580条所规定的情形，可以向人民法院申请强制履行。如果对方不积极作出意思表示，可依预约内容通过

---

① 该条第1款规定，“当事人一方不履行非金钱债务或者履行非金钱债务不符合约定的，对方可以请求履行，但是有下列情形之一的除外：（一）法律上或者事实上不能履行；（二）债务的标的不适于强制履行或者履行费用过高；（三）债权人在合理期限内未请求履行”。

合同解释、合同漏洞填补等方法使本约成立。这也是德国、日本等大陆法系国家普遍采取的做法。①

对能否强制缔约的问题，因理论研究及实务经验尚待发展，《买卖合同司法解释》没有给出明确的答案，本条也未明言，仅以“违约责任”概而述之。可以认为，预约合同具有同其他合同一样的效力，在违约的情况下，违约责任形态既然包含了实际履行，就可以适用。督促当事人实际履行有利于最大限度实现预约制度价值，引导当事人谨慎从事缔约行为，保护对方合理信赖。同时要注意的是，允许实际履行并不等同于法院一律要求预约合同当事人必须订立本约，要根据具体情况考察是否能够订立本约以及是否适于强制缔约。

（二）关于损害赔偿范围的问题

损害赔偿的范围非常复杂，难以确定统一的标准，也是司法面临的难题之一。现有的观点一般从两个角度来探讨这一问题：第一，从预约合同的违约责任与本约的缔约过失责任的关系来看。对于本约而言，预约处于订立本约的先契约阶段。以本约为参照，预约总体上处于本约的缔约阶段。由此预约违约行为大致相当于本约的缔约过失责任。缔约过失责任的赔偿范围主要是信赖利益损失，信赖利益又可分为所受损失与所失利益，前者是当事人出于信赖合同订立而支付的必要费用，如缔约费用、准备履行所需费用、已经给付金钱的利息等，此类属于赔偿范围应无疑问；后者主要是另失订约机会造成的损害，对该损害应否赔偿，理论界与实务界尚无定论。第二，从预约的违约责任与本约的违约责任的关系来看。一般认为预约违约责任与本约违约责任的区别在于不具有可得利益，因为违反预约，对于守约人是丧失了一次订约机会，不能将完成本约可得的经济利益视为完成预约的利益，因此预约合同的赔偿范围不计算可得利益，否则将与本约的违约责任相混淆，对违约方有失公允。综上，总体上预约的损害赔偿相当于对本约的信赖利益，且

---

① 在德国，预约债务人负有订立本约的义务，权利人得诉请履行，法院应命债务人未订立本约的意思表示，债务人不为意思表示者，基于诉讼经济原则，债权人得合并请求订立本约及履行本约。王泽鉴著：《债法原理》（一），中国政法大学出版社2001年版，第150页。在日本，承认预约当事人的预约完结权，在一方当事人基于预约发出订立本约之要约时，不以对方的承诺为必要，即可成立本约。［日］我妻荣著：《债权各论》（上卷），日本有斐阁1954年版，第51—52页。

以履行利益为限。[①] 实践中法院可以根据诚实信用和公平原则综合履约情况、违约方的过错程度、合理支出等酌情考量。

（三）关于定金和违约金问题

预约合同可以约定由一方向另一方支付定金以担保本约的订立，关于定金责任适用《民法典》第586条至第588条的相关规定。但是由于预约合同的标的是订立本约而通常不具有明确的标的数额，或者本约的标的数额也未明确，因而难以适用定金限额的规定，实践中应当依具体情况酌情认定。此外，预约合同也可以就违约金事宜进行约定，适用《民法典》关于违约金的相关规定。

（曹实　撰写）

第四百九十六条　【格式条款的概念及成立】格式条款是当事人为了重复使用而预先拟定，并在订立合同时未与对方协商的条款。

采用格式条款订立合同的，提供格式条款的一方应当遵循公平原则确定当事人之间的权利和义务，并采取合理的方式提示对方注意免除或者减轻其责任等与对方有重大利害关系的条款，按照对方的要求，对该条款予以说明。提供格式条款的一方未履行提示或者说明义务，致使对方没有注意或者理解与其有重大利害关系的条款的，对方可以主张该条款不成为合同的内容。

【法条链接】

《合同法》第39条、第40条；《合同法解释（二）》第6条、第9条、第10条

【立法背景】

格式条款的产生和发展是我国合同法发展的重要标志之一，它的出现提

① 宋晓明、张勇健、王闯：《〈关于审理买卖合同纠纷案件适用法律问题的解释〉的理解与适用》，载《人民司法》2012年第15期。

高了现代民商事活动的效率、节约了交易成本，但也使传统的契约自由原则受到限制。相对于制定方，格式条款的相对人因无法参与协商以充分表达意志而处于弱势。实践中，许多涉及民生的垄断性经营与服务事业，如通信、银行、保险、供水供电等，在交易活动中广泛运用格式条款，极易损害消费者权益。因此从维护公平、保护弱者的角度需要对格式条款进行法律规制。

我国《合同法》第39条规定："采用格式条款订立合同的，提供格式条款的一方应当遵循公平原则确定当事人之间的权利和义务，并采取合理的方式提请对方注意免除或者限制其责任的条款，按照对方的要求，对该条款予以说明。格式条款是当事人为了重复使用而预先拟定，并在订立合同时未与对方协商的条款。"该条规定有两层含义：一是格式条款的概念；二是提供方的提示与说明义务。《合同法》为格式条款的订立提供了基本的法律依据，但在精细度上仍有欠缺。该条对提示与说明的范围、方式、程度，特别是未尽提示与说明义务的法律后果没有明确规定，实践中争议很大。

2009年最高院发布《合同法解释（二）》对格式条款以下两个方面的问题进行了进一步阐释。一是如何认定以"合理的方式"进行了提示与说明。根据该解释第6条规定，在方式上，提供方应当运用文字、符号或字体等特别标识，使格式条款明显区别于其他合同条款；在程度上，该提示要足以引起一般相对人的注意。这为司法裁判提供了重要依据。二是如何认定提示与说明的效力。根据该解释第9条规定，格式条款提供方违反提示和说明义务，导致对方没有注意免除或限制其责任的条款，对方享有请求撤销权；根据该解释第10条规定，格式条款提供方违反提示和说明义务，同时具有《合同法》第40条规定的情形之一的，格式条款无效。对此，许多批评意见认为，《合同法》第40条对格式条款无效情形已作出明确规定，该解释第10条又增设了"违反提示与说明义务"这一要件与《合同法》存在冲突；同时，"提示与说明义务"应当作为格式条款订入合同的条件而非格式条款有效的条件，该解释混淆了格式条款订入合同与格式条款生效这两个不同层面的问题。

对此，本条在上述规定的基础上作出了重要修改：一是调整了条款顺序，开宗明义地对格式条款进行了界定。二是明确了提示和说明义务属于格式条款订入合同的条件，明晰了未尽合理提示和说明义务的法律后果，与格式条款无效的规定相互协调。三是强化了提示和说明所要达到的程度，即要使相对方不仅注意条款的存在还要理解条款内容，更有利于保护相对方的知情权。

【条文解读与法律适用】

一、格式条款的概念

（一）格式条款的法律特征

实践中，格式条款具体形式丰富多样：有的由企业自行拟定纳入合同文本；有的由行政主管部门或行业协会制定，被企业在合同中采用；有的印制在票面、保险单等文件上；有的以“注意事项”“使用须知”“公告”等方式张贴在公共场所或经营场所。无论形式如何，格式条款应当具备以下几个法律特征。

第一，预先拟定。格式条款是在合同订立之前就预先制定出来的，而不是双方反复磋商订立的结果。许多格式条款的制定是为了重复使用，以提高交易效率、节约缔约成本。但是重复使用只是部分格式条款预先拟定的目的，并非格式条款的法律特征。第二，不能协商。对于格式条款相对人只能选择概括地接受或拒绝，而无法通过协商对该条款进行变更或修改。本条中的“未予”实际上是指相对方不具有参与协商的可能性，而非指具有协商的可能而条款提供方不与对方协商，或者与对方协商而对方放弃协商的情形。第三，内容定型。格式条款的内容作为一个固定了的整体存在，双方权利义务处于定型状态，格式条款往往使用时间较长，具有一定的稳定性。第四，对象广泛。格式条款通常适用于所有同类交易对象，而非针对特定交易对象而专门拟定。

（二）格式条款与示范合同文本的区别

这里要注意区分格式条款与示范合同文本，示范合同文本是基于专业法律规范、商业习惯等确立，为当事人订立合同提供参考文本。示范合同广泛运用于购房、租赁、建筑、供用电、保险等行业，为当事人提供明确、完备的范本有利于简化谈判过程，减少当事人因缺乏专业知识而盲目签约或利益受损的风险。因为示范合同文本也是预先制定，所以容易与格式条款相混淆，二者的核心区别在于示范合同文本的内容不是固定的，其条款仅供参考，具体内容可以经由双方协商修改或变更后订入合同。

二、格式条款订入合同的条件

与《合同法》相比，本条厘清了格式条款订入合同与格式条款有效这两个不同层次的问题，在合同必须体现双方合意的逻辑前提下，合理的提示和说明义务是格式条款订入合同的必要条件。换言之，格式条款虽然限制了契约自由，但相对方依然具有接受与拒绝的选择权，这就意味着格式条款并非自然纳入合同，而是经过一定的程序，即条款提供方合理地履行提示与说明的义务。这里有四个问题需要注意。

第一，提示与说明的对象不限于免除或减轻责任等与对方有重大利害关系的条款，而是对全部的格式条款都应当提示与说明，使得对方注意和理解从而选择是否接受。法律没有规定要对全部格式条款进行提示，是因为全面知晓是形成合意的基本前提，无须赘言。而对于涉及对方有重大利害关系的条款则需要格外关注，尤其在对方提出要求时，要予以特别说明。

第二，提示与说明的方法并不固定，可根据具体的交易环境和习惯进行。实践中可以向相对人明示，也可以通过广播、张贴公告等方式，但为保证效果应尽可能以个别提醒为原则、公告提醒为例外。

第三，提示与说明的程度要清楚明白，不仅要足以引起一般人的注意，还要能让一般人准确理解条款内容的含义以及相应的法律后果。

第四，未尽合理的提示与说明义务将导致格式条款不订入合同的法律后果，也即该格式条款不成立。只有在格式条款成立的基础上，才考虑格式条款内容是否有效的问题。

（曹实　撰写）

第四百九十七条　【无效格式条款】有下列情形之一的，该格式条款无效：

（一）具有本法第一编第六章第三节和本法第五百零六条规定的无效情形；

（二）提供格式条款一方不合理地免除或者减轻其责任、加重对方责任、限制对方主要权利；

（三）提供格式条款一方排除对方主要权利。

【法条链接】

《合同法》第 40 条；《保险法》第 17 条、第 19 条；《消费者权益保护法》第 26 条；《合同法解释（二）》第 9 条、第 10 条

【立法背景】

对于格式条款的立法控制应当区分订入控制和内容控制两个层面。前者是通过科以条款提供方合理的提示和说明义务实现；后者则是通过设立无效格式条款的法律规则实现。在《民法典》颁布之前，有关格式条款效力认定的一般规则体现在《合同法》与《合同法解释（二）》中，特别法如《保险法》《消费者权益保护法》等也有相应规定。①

根据《合同法》第 40 条规定，格式条款无效情形有两种：一是《合同法》第 52 条和第 53 条规定的情形。这是关于合同无效以及免责条款无效的一般规定，同样适用于格式条款。二是提供格式条款一方免除其责任、加重对方责任、排除对方主要权利的情形。这是基于格式条款的特殊性，在合同权责分配违反公平原则时认定其无效，体现了立法对格式条款从严规制的导向。对此，有反对观点认为，根据上述规定，格式条款中只要约定了免责或限责条款即被认定无效过于苛刻，且与《合同法》第 40 条特定情形下免责条款才归于无效的规定存在冲突，免责或限责条款效力界定不明确。

《合同法解释（二）》第 9 条、第 10 条进一步将格式条款的效力区分为可

---

① 《保险法》第 17 条第 2 款规定，对保险合同中免除保险人责任的条款……未作提示或者明确说明的，该条款不产生效力。第 19 条规定，采用保险人提供的格式条 款订立的保险合同中的下列条款无效：（一）免除保险人依法应承担的义务或者加重投保人、被保险人责任的；（二）排除投保人、被保险人或者受益人依法享有的权利的。《消费者权益保护法》第 26 条规定，经营者在经营活动中使用格式条款的，应当以显著方式提请消费者注意商品或者服务的数量和质量、价款或者费用、履行期限和方式、安全注意事项和风险警示、售后服务、民事责任等与消费者有重大利害关系的内容，并按照消费者的要求予以说明。经营者不得以格式条款、通知、声明、店堂告示等方式，作出排除或者限制消费者权利、减轻或者免除经营者责任、加重消费者责任等对消费者不公平、不合理的规定，不得利用格式条款并借助技术手段强制交易。格式条款、通知、声明、店堂告示等含有前款所列内容的，其内容无效。

撤销和无效两种。其中，提供方未对免责或限责条款进行提示和说明的属于可撤销情形；而未尽提示和说明义务，同时又构成《合同法》第 40 条规定的无效情形时方能认定无效。这一规定同样造成了法律适用的混乱：一方面，在对格式条款无效的认定上，在《合同法》第 40 条外增设了“提示和说明”要件，与第 40 条产生文义冲突；另一方面，混淆了格式条款未订入合同和格式条款无效两个不同层面的问题，整体规则逻辑不甚清晰。

对此，民法典合同编将格式条款的订立与无效分作两条，逻辑上更加严谨合理，适用上更加明确清晰。实践中，对格式条款的审查应当按照如下逻辑顺序：确定争议条款是否为格式条款—判断格式条款是否订入合同—运用解释方法确定格式条款的内容—运用诚实信用和公平原则对格式条款的效力进行评价。

【条文解读与法律适用】

一、格式条款无效的法定情形

本条列举了格式条款无效的三种情形。

第一种情形是民法典第一编规定的无效民事法律行为及合同编规定的无效免责条款，这是适用于所有合同条款的一般规定。关于此种情形的理解与适用可参照相关条文释义，这里不再赘述。

第二种情形是不合理地免除或减轻其责任、加重对方责任、限制对方主要权利的格式条款，这里较之《合同法》的规定有所调整。从社会需求来看，免责和限责条款运用有利于经营者控制预算、免减负担，从而降低商品和服务成本，使消费者受益。因此免责和限责条款对鼓励交易、促进经济发展具有一定积极作用，在格式条款中不能完全否认其效力。当然，从维护交易公平着眼，要将免责或限责条款的使用控制在合理范围。

第三种情形是排除对方的主要权利的格式条款，该类条款导致对方订约的目的和主要利益无法实现，根本上违背公平原则，应当认定无效。

二、格式条款无效的法律意义

格式条款无效具有四个方面特征：第一，当然无效，即格式条款无须主张，也不必经由一定程序使其失效。虽然司法上设有无效判决，但格式条款非因判决无效，判决只具有宣示性的作用。第二，自始无效，即格式条款自成立起不发生效力。第三，确定无效，即无效格式条款不因时间经过而补正，而是保持不发生效力的状态。① 第四，部分无效，格式条款无效不影响合同其他条款的效力。

三、格式条款效力认定的考量因素

即便法律规定了关于无效合同的具体情形，但由于涉及“合理”“主要”等不确定法律概念，司法认定存在一定难度。实践中，当格式条款效力发生争议时，法官需要运用解释规则明确格式条款的含义，并秉承公平原则对免责或限责条款的合理性进行综合判断。

（一）格式条款的解释规则

格式条款的解释是对格式条款的含义进行说明，对此本法第498条作了特别规定。首先是要按照通常理解进行解释。因格式条款具有预先拟定的特点，故其针对的是不特定人，而非订约的个别人。因此要平均地、客观地理解，脱离于具体环境和个别的意思表示进行解释，探寻格式条款普遍适用的含义，确切地理解权利义务的具体分配。其次，基于格式条款未予协商的特殊性，当存在两种以上解释时，应作对条款制作人不利的解释，以避免条款制作人故意制造语义模糊损害相对方利益；同时，对格式条款的解释也不能脱离非格式条款，特别在二者冲突时，鉴于非格式条款系经协商能够更好地体现双方真实的意思表示，因而应以非格式条款为准。

（二）免责或限责条款的合理性判断

对免责或限责条款的合理性需要综合判断：从目的上看，结合具体的合同性质探究免责或限责条款的真实目的，是防止对方失信、规避不必要的商业风险还是恶意地逃避责任、隐蔽地逃脱合同主要义务；从交涉能力上看，判断免责或限责条款制定者是否具有垄断地位或市场支配等地位，相对方是具有一定的自主选择权还是迫于对方优势地位无奈接受，其缔约真意是强是弱；从风险负担上看，判断免责或限责条款是否妨碍相对方在未来获得正当利益，相对方在合同中的收益和所承担的风险之间是否存在重大失衡；从相对方权利损害上看，判断格式条款对相对人具体权益是否构成损

① 韩世远著：《合同法总论》，法律出版社2018年版，第213页。

害以及损害程度，是否具有替代性补偿方案足以弥补不利后果；从商业规则上看，判断在特定交易领域是否存在商业惯例或其他对交易风险约定俗成的规则，在不违背法律和行政法规强制性规定的情况下，要对商业习惯给予一定的尊重。

（曹实　撰写）

第四百九十九条　【悬赏行为的效力】悬赏人以公开方式声明对完成特定行为的人支付报酬的，完成该行为的人可以请求其支付。

【法条链接】

《合同法解释（二）》第3条

【立法背景】

悬赏广告是大陆法系国家和地区民法上普遍承认的一种民事行为，在当事人之间产生相应的民事权利义务关系。在日常生活中，悬赏广告的形式多样、范围广泛，通常可划分为两类：一是对人性悬赏广告，即悬赏人对某个特定主体所作出的悬赏广告，尽管在悬赏广告作出时并不知道该特定主体，但该特定主体是确定的，且通常具有完成悬赏指定行为的法定义务。如遗失物悬赏广告、犯罪线索悬赏广告、证据悬赏广告等。二是对世性悬赏广告，是指悬赏人对不特定人作出的悬赏广告，如征集文章、作品等。

实践中，悬赏广告在一定范围公开发布，且完成行为的主体可能为不特定一人或多人，对于谁具有报酬请求权的问题容易产生争议。近年来，法院受理涉及悬赏广告的案件较多。有的悬赏广告成为社会热点事件，受到新闻媒体和公众舆论高度关注，社会影响较大，这也给此类案件的裁判带来了挑战。

我国《合同法》并未承认悬赏广告的法律地位，造成了司法实践中法律制度供给的缺位。《合同法解释（二）》第3条规定“悬赏人以公开方式声明对完成一定行为的人支付报酬，完成特定行为的人请求悬赏人支付报酬的，人民法院依法予以支持”，这是我国首次确立悬赏广告的法律效力。本条正是吸收了《合同法解释（二）》的这一规定，实现了审判实践的立法转化。

【条文解读与法律适用】

一、悬赏广告的性质

对于悬赏广告的性质学理上历来存在两种不同观点：契约说和单独行为说。契约说是将悬赏广告的发布视为对不特定人的要约，将相对方完成广告指定行为视为承诺，故指定行为完成之时契约成立。据此，悬赏广告应当基于双方合意，适用合同法的一般规则分配权利义务并承担责任。但契约说所面临的困境主要在于：合同要求双方当事人具有相应的民事行为能力，那么无民事行为能力人和限制民事行为能力人在完成特定行为之时能否享有报酬请求权？另外，合同以合意为基础，不知道有悬赏广告的人完成了悬赏广告的行为能否享有报酬请求权呢？

单独行为说主张，悬赏广告以广告人单方意思表示即可成立，行为人无须承诺，在完成广告所定行为之时债务发生。单独行为说认为广告人发出悬赏广告即受其约束，故不管完成行为的人是否知道悬赏广告或是否具备完全民事行为能力，都不影响其报酬请求权。但单独行为说的局限性在于其主张悬赏广告一经发布不可撤销，因而无法说明悬赏广告撤回、撤销以及因撤销所产生的损害赔偿的问题。①

实际上，学理上两种观点之间的鸿沟早已被实践弥合。例如，在德国，判例与学说一致认为悬赏广告系为单独行为，但在《德国民法典》中亦规定了悬赏广告得以有条件地撤回。再如，《魁北克民法典》在“合同的订立”一章“要约与承诺”部分中规定了悬赏广告，可见持契约说立场。但该法亦规定“向履行特定行为的任何人作出悬赏要约，如该行为已履行，视为要约已被承诺且拘束要约人，即使履行该行为的人不知此等要约亦同”。从我国情况来看，悬赏广告规定于民法典合同编中，体现了对契约说的倾向。并且按

---

① 何志著：《最高人民法院合同法司法解释精释精解》，中国法制出版社2019年版，第36页。

照一般人的认识，契约说更好理解。但无论采用何种学说，并不对问题的实际解决构成本质上的影响。

二、悬赏广告的构成要件

悬赏广告可以分为三个阶段：一是悬赏人作出悬赏广告；二是相对人完成悬赏广告确定的特定行为；三是完成特定行为人请求支付悬赏广告声明的报酬。前两阶段是指悬赏广告成立的要件，即要约与承诺；第三阶段是悬赏广告的法律效果。

（一）悬赏广告的要约

悬赏人以公开声明的方式对完成特定行为人支付报酬的意思表示即为悬赏广告的要约。其中完成特定行为是要约的实体内容，这里要注意的是该行为不得违反法律、行政法规强制性规定，不得侵犯国家利益、社会公共利益或者他人利益。同时，悬赏广告如果构成民法典总则编所规定的民事法律行为的无效情形时，应当认定无效。

（二）悬赏广告的承诺

悬赏广告较为特殊，其承诺是以完成一定行为为意思表示，完成之时承诺生效。因此，对于是否知道悬赏广告的存在不构成承诺完成的必要条件，只要完成行为即可。另外，对于无民事行为能力人无法作为合同适格主体的问题，可以通过民法上法定代理人追认制度而确定承诺效力，进而保障其报酬请求权。此外，按照合同编的相关规定，承诺成立前，要约可以撤回。因此对于悬赏广告也允许撤回，且原则上遵循要约撤回的一般规则。

三、悬赏广告的效力

（一）效力内容

悬赏广告最主要的法律效果是报酬请求权，这里有几个问题需要注意：一是报酬数额。悬赏广告对报酬的数额有明确约定的遵从约定；约定不明的，按照公平原则确定合理报酬，一般不低于完成行为所支出的成本费用，不高于悬赏广告人因此而获得的最高利益。二是数人完成悬赏广告。具体可分三种情况：数人分别先后完成指定行为时，应以完成行为在先者享有报酬请求权；数人同时分别完成指定行为时，各行为人享有平等的报酬请求权；数人协力完成指定行为时，应当根据协力程度决定报酬分配，但悬赏广告规定禁止协同完成的，协同行为人无报酬请求权。三是行为成果归属。对于完成悬赏广告后产生的成果如果构成法律上承认的具有独立价值的财产，如商标、文稿、专利等，其行为成果归属原则上按照悬赏广告的约定处理，无约定的按照《著作权法》《专利法》等相关法律规定处理。

（二）效力限制

悬赏广告的效力在以下三种情况下受到限制：一是对悬赏广告约定的行为负有特定合同义务的人。如果悬赏广告人与相对人之间存在合同约定，该相对人履行合同义务的同时也完成了悬赏广告的行为，那么根据特别约定优先的原则，该合同相对人只能按照与悬赏广告人之间单独的合同承担权利义务，而不取得悬赏广告报酬请求权。二是国家公职人员履行法定职责的行为。国家机关工作人员履行职责是法定义务，如果适用悬赏广告而获得报酬将与公权力性质相背离，使公权机关形象受损。例如，公安机关工作人员调查犯罪线索是依法履行职责的行为，不能因其完成了悬赏广告中的发现线索的行为而获取报酬。但国家机关工作人员执行公务之外完成的一般民事行为，则另当别论。三是依据法律规定负有完成某行为义务的人。如窃贼对于失主丢失的物品本就具有归还的法定义务，其对寻物悬赏广告不能享有报酬请求权；再如带一未成年人去游泳，未成年人出现溺水，该人就负有救助义务，不能因此向未成年人的家属请求悬赏广告约定的报酬。

（曹实　撰写）

第三章 合同的效力

第五百零二条 【合同生效时间与报批义务相关条款的独立效力】 依法成立的合同，自成立时生效，但是法律另有规定或者当事人另有约定的除外。

依照法律、行政法规的规定，合同应当办理批准等手续的，依照其规定。未办理批准等手续影响合同生效的，不影响合同中履行报批等义务条款以及相关条款的效力。应当办理申请批准等手续的当事人未履行义务的，对方可以请求其承担违反该义务的责任。

依照法律、行政法规的规定，合同的变更、转让、解除等情形应当办理批准等手续的，适用前款规定。

【法条链接】

《民法典》第136条；《合同法》第44条、第45条、第46条；《合同法解释（一）》第9条；《关于审理外商投资企业纠纷案件的规定（一）》第1条

【立法背景】

与《合同法》第44条相比，本条第1款中的但书条款、第2款的后半段、第3款属于新增内容。

本条第1款是在《合同法》第44条第1款的基础上，根据《民法典》总则编第136条第1款关于“民事法律行为自成立时生效，但是法律另有规定或者当事人另有约定的除外”的规定，在本条第1款中增加了但书条款。《合同法》第45条规定附条件的合同、第46条规定附期限的合同。考虑到《民

法典》总则编第六章第四节已经规定了民事法律行为可以附条件和附期限，而合同属于民事法律行为，故本条第1款通过规定“当事人另有约定的除外”，与总则编相衔接，在合同编中就未再单独规定附条件合同和附期限合同。

本条第2款是在《合同法》第44条第2款的基础上，吸收了《合同法解释（一）》第9条第1款关于“依照合同法第四十四条第二款的规定，法律、行政法规规定合同应当办理批准手续，或者办理批准、登记等手续才生效，在一审法庭辩论终结前当事人仍未办理批准手续的，或者仍未办理批准、登记等手续的，人民法院应当认定该合同未生效”的规定，以及《关于审理外商投资企业纠纷案件的规定（一）》第1条关于“当事人在外商投资企业设立、变更等过程中订立的合同，依法律、行政法规的规定应当经外商投资企业审批机关批准后才生效的，自批准之日起生效；未经批准的，人民法院应当认定该合同未生效。当事人请求确认该合同无效的，人民法院不予支持。前款所述合同因未经批准而被认定未生效的，不影响合同中当事人履行报批义务条款及因该报批义务而设定的相关条款的效力”的规定。

本条第3款是新增条款。该款吸收了《合同法解释（一）》第9条第2款关于“合同法第七十七条第二款、第八十七条、第九十六条第二款所列合同变更、转让、解除等情形，依照前款规定处理”的规定。

【条文解读与法律适用】

一、合同生效时间的基本原则

合同生效是指合同产生法律约束力。本条对合同何时生效作了两层规定。第一，依法成立的合同，自成立时生效。亦即合同的生效，原则上与合同的成立相一致：承诺生效时合同成立，即产生法律约束力。第二，法律、行政法规规定应当办理批准等手续生效的，自批准时生效；当事人附生效条件的合同，自条件成就时生效；当事人附生效期限的合同，自期限届至时生效。显然，在合同生效的后一种情形中，实际上又可细分为因法定原因和因约定原因而使得已经依法成立的合同暂不生效两种情形。在法定或者约定的特别生效条件成就前，不能产生请求对方履行合同主要权利义务的法律效力。

二、未办理批准等手续的合同效力

关于未经批准的合同效力，主要存在三种不同观点。一是无效说。该观点认为履行批准等手续，属于法律的强制性规定，如果没有履行批准等手续，则合同无效。二是有效说。该观点认为履行审批等手续，属于管理性规定，不影响合同效力，合同应该有效。三是未生效说。该观点认为批准是合同的生效要件，未经批准，合同不生效，但是亦不能认为合同无效。《合同法解释（一）》明确了此类合同的效力为未生效合同。《关于审理外商投资企业纠纷案件的规定（一）》延续这一思路，将未生效合同的原则具体运用到“当事人在外商投资企业设立、变更等过程中订立的合同”，明确了“未经批准的，人民法院应当认定该合同未生效。当事人请求确认该合同无效的，人民法院不予支持”。将未经批准的合同认定为未生效，符合合同效力的法理，也符合司法实践的需要。因此，《民法典》吸收采纳了这一思路。这虽然延续了司法解释的思路，但也有专家认为存在逻辑上难以自圆其说的问题，因为既然合同没有生效，要求合同当事人履行报批及相关义务就缺少依据。

三、报批义务以及相关条款的效力

《合同法解释（一）》虽然规定了未经批准的合同为未生效合同，但并未明确一方当事人不履行报批义务时可否强制合同一方履行报批义务，亦未明确规定拒不履行报批义务的合同一方应该承担何种法律责任。《关于审理外商投资企业纠纷案件的规定（一）》首次明确了报批义务条款以及相关条款的独立性。《合同法解释（二）》第 8 条进一步规定“有义务办理申请批准或者申请登记等手续的一方当事人未按照法律规定或者合同约定办理申请批准或者未申请登记的，属于合同法第四十二条第（三）项规定的‘其他违背诚实信用原则的行为’，人民法院可以根据案件的具体情况和相对人的请求，判决相对人自己办理有关手续；对方当事人对由此产生的费用和给相对人造成的实际损失，应当承担损害赔偿责任”。2019 年《全国法院民商事审判工作会议纪要》第 38 条明确了报批义务及相关违约条款独立生效，即“须经行政机关批准生效的合同，对报批义务及未履行报批义务的违约责任等相关内容作出专门约定的，该约定独立生效。一方因另一方不履行报批义务，请求解除合同并请求其承担合同约定的相应违约责任的，人民法院依法予以支持”。

本条所谓“相关条款”，应包括除最终转移合同标的物之外的义务条款，也包括合同中专门约定的报批义务人怠于履行报批义务时将承担违约责任的条款。“相关条款”并不限于与报批义务相关的违约责任条款，还包括其他有关的条款。比如，在股权转让情形中，双方约定受让人先支付一定比例的价款时转让人才履行报批义务；再如，在履行报批义务时，双方约定报批期限以及受让人的协助义务等。

实践中，有些合同因违反强制性规定，根本就不可能被批准，该合同实际上也可能归于无效。

四、怠于履行报批义务的处理

负有报批义务的一方当事人怠于履行报批义务，相对方可以请求人民法院责令其履行报批义务。人民法院判决一方履行报批义务后，该当事人拒绝履行，经人民法院强制执行仍未履行，对方请求其承担合同违约责任的，人民法院依法予以支持。

如果负有报批义务一方当事人依据判决履行报批义务，行政机关予以批准，则合同发生完全的法律效力，合同主体均应按照合同的约定享有权利，履行义务。如果行政机关没有批准，合同不具有法律上的可履行性，当事人可以请求解除合同。

（邓江源　石海朝　撰写）

第五百零三条　【被代理人以行为追认无权代理合同】无权代理人以被代理人的名义订立合同，被代理人已经开始履行合同义务或者接受相对人履行的，视为对合同的追认。

【法条链接】

《民法典》第171条；《合同法》第48条；《合同法解释（二）》第12条

【立法背景】

与《合同法》相比，本条是新增加条文。

《合同法》第48条第1款仅规定“行为人没有代理权、超越代理权或者代理权终止后以被代理人名义订立的合同，未经被代理人追认，对被代理人不发生效力，由行为人承担责任”，第2款规定“相对人可以催告被代理人在一个月内予以追认。被代理人未作表示的，视为拒绝追认”。从这一规定来看，被代理人的追认应当以明示的意思表示向相对人作出，一般指言词表达形式。实践中，对于是否能够采用行为方式追认则存在争议。考虑到无权代理的事务对被代理人而言并非均为无益，市场经济条件下，跨时空交易、迅捷交易成为常态，严格要求被代理人以言词表达方式追认合同效力不符合效率原则，也与大量交易实践相悖。为解决上述问题，《合同法解释（二）》第12条明确了被代理人可以行为追认无权代理合同，即“无权代理人以被代理人的名义订立合同，被代理人已经开始履行合同义务的，视为对合同的追认”。本条在司法解释规定的基础上进行完善，增加规定了接受相对人履行义务亦属于追认。

【条文解读与法律适用】

一、无权代理合同的类型与效力

所谓无权代理合同，就是无代理权人代理他人从事民事行为所签订的合同。根据《民法典》第171条第1款关于“行为人没有代理权、超越代理权或者代理权终止后，仍然实施代理行为，未经被代理人追认的，对被代理人不发生效力”的规定，因无权代理而订立的合同有三种情形：（1）根本没有代理权而订立的合同，是指订立合同的人根本没有经过被代理人的授权，就以被代理人的名义订立的合同。（2）超越代理权而订立的合同，是指代理人与被代理人之间有代理关系存在，但是代理人超越了被代理人的授权范围与他人订立了合同。（3）代理关系终止后订立的合同，是指行为人与被代理人之间原有代理关系，但是由于代理期限届满、代理事务完成或者被代理人取消委托关系等原因，被代理人与代理人之间的代理关系已不复存在，但原代理人仍以被代理人的名义与他人订立的合同。上述三种情形一般称为狭义的无权代理，以区别于表见代理。对狭义的无权代理合同，未经被代理人追认的，对被代理人不发生效力。

可见，无权代理合同的效力以对被代理人不发生效力为原则，以发生效力为例外（被代理人追认或者构成表见代理）。这一逻辑关系主要是基于保护被代理人的利益。在被代理人与相对人（即无权代理行为的相对人）这一对矛盾关系中，法律倾向于保护被代理人。其法理依据在于，因为无权代理可以五花八门、层出不穷，如果不保护被代理人，则人人自危，就会导致社会秩序混乱。保护无辜的人（被代理人），正是法律的最基本价值所在。

二、被代理人追认的形式与要求

保护被代理人不是无限度的，法律规定例外情形，就是对保护被代理人设置了限度。具体而言，被代理人如果追认行为人的代理行为或者代理行为构成表见代理，被代理人应当承担法律责任，不再受保护。就追认而言，是指被代理人对无权代理行为事后予以承认的一种意思表示。一般是通过意思表示的形式，即言词表达形式。意思表示可以是书面的，也可以是口头，书面形式的意思表示可以是合同形式、单方意思表示等。根据本条规定，被代理人除以言词形式的意思表示进行追认外，还可以行为方式予以追认。即被代理人已经开始履行合同义务或者接受相对人履行的，视为对合同的追认。

被代理人的追认一般须符合以下要求：第一，如果是以言词形式进行追认，被代理人的追认应当以明示的方式向相对人作出，如果仅向无权代理人作出意思表示，也必须使相对人知道后才能产生法律效果。第二，被代理人已经开始履行合同义务或者接受相对人履行属于被代理人以言词之外的行为追认无权代理，可以视为以行为追认的典型。第三，无论是以言词追认，还是以行为追认，都应当是对行为人无权代理的全部追认，即概况追认。被代理人不能主张仅追认利益而不追认义务。如果存在多份无权代理合同，以行为方式追认，需要被代理人对每份合同单独进行效力追认，不管多份合同之间是相互独立还是彼此存在牵连性。一般而言，如果被代理人仅追认合同的部分内容，则属于新的要约，不构成追认，合同对被代理人也不生效。被代理人以履行合同义务的行为追认合同，必须是履行合同全部义务，才能构成追认；如果被代理人仅履行部分合同义务，则只能视为新的要约，能否构成新的合同，则取决于相对人是否接受被代理人的部分履行行为。如果相对人接受被代理人的部分履行，则视为接受要约，成立新的合同。此时，行为人订立的合同对被代理人并不生效，该无权代理合同仍然由行为人向相对人承担法律责任。

三、实践中对追认的具体认定

（一）如何界定“开始”

某些合同订立后，因为各种主客观情况变化，导致被代理人追认合同从对其有利变为不利情况下，被代理人可能会主张其并未“开始”履行合同义务或者接受相对人履行合同义务。界定是否“开始”会成为实践中的难点和争议焦点。从立法目的看，本条规定的目的是使无权代理情况下订立的合同有效，使合同能够得到遵守并履行，因此不管是被代理人履行合同还是接受相对人履行，如果根据合同约定能够认定为“开始”履行合同义务或者接受相对人履行，即可以认定为开始。如果合同约定不明，但是根据法律规定能够认定属于履行行为的，亦应该认定为开始。

（二）被代理人迟延履行，是否能够构成追认

无权代理人以被代理人名义与合同相对方签订合同后，合同相对方才知晓代理人并无代理权，后被代理人开始按照合同履行义务，但是构成迟延履行，合同相对方是否能够据此主张被代理人的行为不构成追认，认为合同无效呢？笔者认为，如果经合同相对方催告，被代理人未追认，视为拒绝追认，被代理人再行履行合同义务，应该属于新要约，不能视为追认。如果合同相对方未催告亦未行使撤销权，被代理人迟延履行构成对合同效力的追认，迟延履行应该根据合同承担违约责任。这样，有利于维护诚实信用和合同的有效性。

（邓江源　石海朝　撰写）

第五百零五条　【超越经营范围订立的合同效力】当事人超越经营范围订立的合同的效力，应当依照本法第一编第六章第三节和本编的有关规定确定，不得仅以超越经营范围确认合同无效。

【法条链接】

《民法通则》第33条、第42条、第49条；《合同法解释（一）》第10条

【立法背景】

与《合同法》相比，本条属于新增条文。

受长时期计划经济的影响，我国以前的学理普遍认为，民事主体的行为能力应当与其权利能力的范围一致，即必须在其成立时被核准的范围内从事经营，超出其经营范围的无效。这种认识直接来源于《民法通则》的相关规定。比如，《民法通则》第33条规定："个人合伙可以起字号，依法经核准登记，在核准登记的经营范围内从事经营"；第42条规定："企业法人应当在核准登记的经营范围内从事经营"；第49条第1项规定："企业法人有下列情形之一的，除法人承担责任外，对法定代表人可以给予行政处分、罚款，构成犯罪的，依法追究刑事责任：（一）超出登记机关核准登记的经营范围从事非法经营的。"正是基于《民法通则》的上述规定，在较长一个时期内，学理普遍认为民事主体（尤其是法人）的缔约能力（行为能力）与其权利能力相一致，目的范围之外的缔约行为无效。相应地，实践中长期坚持法人权利能力范围外订立合同的行为无效的思路。这样的处理思路严重危害交易的安全，使交易者不能对交易的未来结果进行预测和安排，使依赖信用的契约关系变得脆弱。

随着实践的不断发展，越来越多的研究进行深入的思考和反思，认为《民法通则》第42条规定的"企业法人应当在核准登记的范围内从事经营"，从字面上看仅表明法律对法人经营活动提出的一项要求；此项要求只是对法人自身的约束。法人既以登记的方式公开表明其经营范围，则有义务履行其对国家与社会的承诺。超越经营范围订立合同，则违反其承诺，自应承担不利后果，因其对法定义务的违反，故此种后果主要应为公法责任，因而不能当然直接得出超越经营范围的行为无效的结论。在此基础上，《合同法解释（一）》第10条规定："当事人超越经营范围订立合同，人民法院不因此认定合同无效。但违反国家限制经营、特许经营以及法律、行政法规禁止经营规定的除外。"该规定表明：第一，在合同法的意义上，超越经营范围不会当然发生合同无效的后果；第二，在行政管理上，法人超越经营范围，违反行政管理法规，可能须承担行政责任；第三，法定代表人超越经营范围代表法人订立合同，可能要受到内部追责。司法解释采用的是“法人内部责任说”思路。[①]

本条规定吸收采纳了司法解释的内容，明确了超越经营范围订立合同不属于认定合同无效的理由。认定合同效力只能依据《民法典》总则编第六章第三节“民事法律行为的效力”部分和本章的有关规定所确定的规则。

【条文解读与法律适用】

实践中，往往出现合同一方以相对人知晓或应当知晓一方签订的合同超出一方的经营范围为由，主张合同无效的情形。根据本条规定，在认定涉及超越经营范围的合同效力时，无须考虑订立合同时相对方是否知晓或者应当知晓一方是否超出自身经营范围。不管是法人还是非法人组织，其一般会有内部章程等规定，并通过登记等方式予以公示。随着互联网技术、大数据的推广应用，经营范围可通过互联网等多种渠道查明。根据本条规定，不得仅以超越经营范围确认合同无效，即不管相对方是否知晓或应当知晓一方超越经营范围，均不得成为合同无效的理由。但是如果合同既超越经营范围，同时又违反法律和行政法规的强制性规定，破坏经济管理秩序，甚至危害国家安全的，则应当认定合同无效。

（邓江源　石海朝　撰写）

---

① 李永军著：《民法总论》，法律出版社2006年版，第360页。

第四章　合同的履行

第五百一十二条　【电子合同的交付时间】通过互联网等信息网络订立的电子合同的标的为交付商品并采用快递物流方式交付的，收货人的签收时间为交付时间。电子合同的标的为提供服务的，生成的电子凭证或者实物凭证中载明的时间为提供服务时间；前述凭证没有载明时间或者载明时间与实际提供服务时间不一致的，以实际提供服务的时间为准。

电子合同的标的物为采用在线传输方式交付的，合同标的物进入对方当事人指定的特定系统且能够检索识别的时间为交付时间。

电子合同当事人对交付商品或者提供服务的方式、时间另有约定的，按照其约定。

【法条链接】

《电子商务法》第 51 条、第 52 条；《电子签名法》第 11 条

【立法背景】

与《合同法》相比，本条属于新增加的内容。本条内容来自《电子商务法》第 51 条的规定，即电子商务合同履行的内容。

党的十八大以来，根据全面深化改革的总体部署，中央明确提出制定网络安全法、电子商务法。中国电子商务持续多年保持高速发展，同时，随着大数据、云计算、人工智能的发展，电子商务有力地推动互联网和实体经济

的深度融合发展，促进资源配置的优化，对我国经济稳增长、扩就业等发挥了重要作用。电子商务的发展，离不开法律的保障和护航。电子商务作为一个新生事物，发展过程中暴露出了不少矛盾和问题，一是法律体系和商务规则有待完善，电子商务相比传统的商业模式，有自己的特点和规律，比如，网络交易平台的法律地位等面临各种争议，但是没有相配套的法律规范；二是市场秩序有待规范，交易环境有待改善，电子商务平台经营者假冒链接，冒用知名商业标识等行为，消费者的个人信息被泄露，等等。电子商务发展中暴露出的问题，亟待电子商务的立法。2013 年年底，我国正式启动电子商务法的立法，至 2018 年 8 月，《电子商务法》经过全国人大常委会四次审议通过，于 2019 年 1 月 1 日起施行。

《民法典》制定过程中，在合同编中也积极回应电子商务交易实践的发展需要，对电子合同的订立形式和具有自身特点的实际履行方式作出相应的规定。本条内容，对电子合同的交付时间和交付方式作出了明确的规定。对电子合同履行规则的完善具有重要意义。

【条文解读与法律适用】

相对于传统实体商品的交付，电子商务领域的交付存在一定的特殊性，有必要对交付时间进行特殊规定。[①] 具体来讲，对于电子商务合同标的的交付时间和交付方式，从以下四个层次来理解和掌握。

一、当事人约定优先

不论电子商务合同的交付标的是商品还是服务，也不论交付方式是采用快递物流方式还是在线传输方式，只要当事人对交付时间作出了明确的约定，就要尊重其约定。在当事人对交付时间没有约定的情况下，按照下面的情形分别作出认定。

二、有形产品（动产）的交付时间

本条中的“采用快递物流方式交付”，该处的“商品”指的仅仅是动产，是有体物，有形产品，不包括数字音乐、电子书和计算机软件复制品等无形

---

① 赵旭东主编：《电子商务法释义与原理》，中国法制出版社 2018 年版，第 383 页。

产品。本条中“收货人”，即电子商务快递包裹的收货人，一般是电子商务交易实物商品的买受方（消费者），也可以是合同约定的其他收货人。

关于“签收时间”，《电子商务法》第52条第2款规定，“……快递物流服务提供者在交付商品时，应当提示收货人当面查验；交由他人代收的，应当经收货人同意”。因此，该“签收时间”应理解为收货人当面查验快递物流交付的商品后的签收时间。实践中，快递物流企业如果使用智能快件箱等形式进行递送的，应当以消费者打开快件箱后实际收到商品的时间为准。因为快递物流服务提供者是为电子商务经营者代为履行交付义务的义务主体。用户实际签收了商品，完成了“占有的移转”，电子商务经营者才算履行完交付标的物的义务。此时，作为电子商务合同的标的物交付时间，按照《民法典》第224条的规定，可以作为该商品所有权转移的时间，也是风险转移的时间。

三、提供服务的交付时间

首先，合同标的物为提供服务的，生成的电子凭证或者实物凭证中载明的时间为交付时间。提供服务是指在线提供的服务，比如通过互联网等打车、预定旅游路线等服务，双方就服务的内容协商一致后，通过电子商务平台生成电子凭证或者实物凭证。在双方就交付时间没有约定的情况下，电子凭证中载明的时间应为交付时间。但是，该载明的时间并不等同于电子凭证自身的生成时间。两者可能是一致的，也可能不是同一个时间。

其次，上述凭证中没有载明时间或者载明时间与实际提供服务时间不一致的，实际提供服务的时间为交付时间。商品的本质是劳动产品，服务的本质是劳动本身，即劳动力的使用，实际提供服务的时间也就是劳动力的使用时间。所以，在凭证中没有载明时间或者载明时间与实际提供服务时间不一致的，实际提供服务的时间为交付时间。

四、以在线传输方式交付的交付时间

电子商务合同的交易标的为数字产品的（包括著作权、专利、商标等知识产权，数据、网络虚拟财产等），合同的交付义务通常以在线传输的方式履行。条文中虽然未使用“数字产品”一词，但是采用在线传输方式交付的合同标的物显然包括数据和虚拟财产。而且，随着区块链、物联网、智能合同等技术的普及应用，电子商务合同的标的物为有形商品或者服务的，也可以通过传输有关商品或者服务的编码、密钥、电子权利凭证等方式在线履行。[①]

本条第2款规定，电子合同的标的物为采用在线传输方式交付的，合同标的物进入对方当事人指定的特定系统且能够检索识别的时间为交付时间。《电子签名法》第11条第2款规定，收件人指定特定系统接收数据电文的，数据电文进入该特定系统的时间，视为该数据电文的接收时间。两相比较，本条增加了“能够检索识别”的内容。能够检索识别，意思是当事人可以识别出对方所交付的信息产品并且能看到完整的内容。此处的标的物，即无形的信息产品，基于该类标的物不能进行实物交付和签收，所以本条规定了在线传输方式交付，合同标的物进入对方当事人指定的特定系统并且能够检索识别的时间为交付时间。

五、需要注意的问题

在审判实践中，应注意本条的适用范围。本条规定来源于《电子商务法》第51条的规定，但是根据《电子商务法》第2条的规定，金融类产品和服务，利用信息网络提供新闻信息、音视频节目、出版以及文化产品等内容方面的服务，不适用《电子商务法》。本条对电子合同履行的规定，仅涉及交付时间、交付方式，对此进行抽象化和规范化，不涉及对合同内容的管理，不涉及对金融产品的合法合规性审查，而是对电子合同履行的特殊规则进行相应的规制，因此，原则上不应当限制其适用范围。

（王毓莹　撰写）

第五百一十四条　【金钱之债的履行】以支付金钱为内容的债，除法律另有规定或者当事人另有约定外，债权人可以请求债务人以实际履行地的法定货币履行。

【法条链接】

《民诉法解释》第18条

---

① 电子商务法起草组编著：《电子商务法解读》，中国法制出版社2018年版，第256页、第257页。

【立法背景】

《民法典》没有规定债编，因此对于属于债法总则的内容，放在了民法典合同编中。从本条开始，民法典开始规定债的内容，包括金钱之债、选择之债、按份之债、连带之债等内容，这些内容实质上能够发挥债法总则的功能，弥补了法律适用的空白，具有重要的意义。

【条文解读与法律适用】

本条内容主要是对金钱之债的相关规定。

一、金钱之债的含义

金钱之债又称货币之债，指以一定数额货币的给付为标的的债。[①] 金钱之债的标的物一般包括：通用货币、外国货币和特种货币。

金钱之债可分为特定货币之债、金额货币之债和特种货币之债三种类型。所谓特定货币之债，是指标的物是经过特定化处理后的货币，性质上已属于特定物。所谓金额货币之债，是指以一定金额的一般通用货币为标的物的债务，该货币性质上是典型的种类物。所谓特种货币之债，是指以特定种类的货币为标的物的债。此类债的货币兼具种类物和特定物的特点。与金钱之债相对应的是非金钱之债。所谓非金钱之债，是指其给付是金钱以外的其他标的物的债。根据给付内容的不同，可以将非金钱之债分为以下两类：一是交付财产之债，指债务人需要按照债的内容向债权人交付一定的财产，以履行债务；二是提供服务之债，指债务人应当按照债的内容向债权人提供一定的服务，从而实现债的目的。两者的区别主要有：第一，标的物不同。非金钱之债的标的物为货币以外的其他物，或者以债务人向债权人提供一定的服务为标的。金钱之债以一定的货币为标的物。第二，能否发生履行不能不同。货币在性质上属于种类物，具有较强的流通性和可替代性，一般不发生履行

① 王家福主编：《中国民法学·民法债权》，法律出版社1991年版，第60页。

不能的问题。非金钱之债可能发生履行不能问题。①

二、金钱之债的履行

由于金钱之债的标的物为货币，因此在履行上有一定的特殊性。本条规定，除法律另有规定或者当事人另有约定外，债权人可以请求债务人以实际履行地的法定货币履行，所以如果实际履行地在我国内地，可以理解为以人民币履行债务；如果实际履行地在其他国家、地区或我国香港、澳门特别行政区，应以当地的法定货币为给付之标的物。

如何理解实际履行地？如果纠纷是在我国的法院诉讼或者国内的仲裁机构进行仲裁，应该结合我国民事诉讼法及最高院关于适用民事诉讼法的司法解释等相关程序法的规定来理解。如果根据我国的涉外关系法律适用法的规定，实体法适用中华人民共和国法律的，我国实体法对实际履行地有规定的，也应适用国内实体法的规定。

《民诉法解释》第 18 条第 1 款、第 2 款规定，合同约定履行地点的，以约定的履行地点为合同履行地。合同对履行地点没有约定或者约定不明确，争议标的为给付货币的，接收货币一方所在地为合同履行地；交付不动产的，不动产所在地为合同履行地；其他标的，履行义务一方所在地为合同履行地。即时结清的合同，交易行为地为合同履行地。按照上述规定，如果不存在法律另有规定或者当事人另有约定的情形，而合同对履行地点又没有约定或者约定不明确的情况下，可以理解为，应当以债权人（接收货币一方）所在地的法定货币为给付标的物。

三、需要注意的问题

在审判实践中应注意以下问题：《民法典》没有规定涉外编，所以基本不涉及涉外民事关系的法律适用内容。从本条规定的内容看，如果合同实际履行地在我国内地，则当然以人民币为交付货币，除非法律另有规定或者当事人另有约定。而“实际履行地的法定货币”，应该理解为涉及涉外金钱之债的履行问题，所以关键如何理解“实际履行地”问题。对于在我国内地进行的诉讼或者仲裁，应当适用我国相关的程序法的规定对此进行解释，即在法律没有特别规定或当事人没有特别约定的情况下，涉外的金钱之债的债权人所

---

① 王利明著：《债法总则研究》，中国人民大学出版社 2015 年版，第 163 页、第 164 页。

在地的法定货币为给付之标的物。对于金钱之债的货币种类，如果法律另有规定或者当事人有特别约定，则应以法律规定或者当事人的特别约定为准。

（王毓莹 撰写）

第五百一十五条 【选择之债及选择权的转移】 标的有多项而债务人只需履行其中一项的，债务人享有选择权；但是，法律另有规定、当事人另有约定或者另有交易习惯的除外。

享有选择权的当事人在约定期限内或者履行期限届满未作选择，经催告后在合理期限内仍未选择的，选择权转移至对方。

【法条链接】

《民法典》第 582 条

【立法背景】

《民法典》没有制定独立的债法总则，因此，《民法典》合同编应当发挥债法总则的功能。合同法之所以可以发挥债法总则的功能，是因为从债法的发展趋势来看，许多国家的民法典都采取了合同中心主义。法国新债法的修改坚持了合同的中心化，瑞士债法也坚持以合同为中心。《欧洲示范民法典草案：欧洲私法的原则、定义和示范规则》也采取了合同中心主义，即合同规范是其他渊源所生之债的基准规范，是债法的基准规范。合同法是围绕交易过程的展开而形成的完整的体系，其中合同履行是合同当事人的权利和义务得以具体落实的过程，合同规范中许多内容是围绕合同履行而设置的相关规则。为了让合同编更好地发挥债法总则的功能，相比《合同法》，《民法典》合同编增加规定了选择之债、按份之债、连带之债的相关规则。这些内容，不仅适用于合同，也适用于侵权等债法领域。

【条文解读与法律适用】

一、关于选择之债的理解

（一）选择之债的含义

债的标的，为债务人应为的特定行为，亦即给付。基于债的标的是否可以由当事人选择，可以区分为简单之债与选择之债。简单之债，又称单纯之债，其标的是单一的，当事人没有选择的余地，因此又称为不可选择之债。实践中大多数的债都是简单之债。选择之债，指于数宗给付中，得选定其一为给付标的之债。[①] 选择之债的数种给付具有不同的内容，因而有选择的必要。不同的内容表现在：给付的种类不同，如给付金钱或提供劳务；标的物不同，如交付电冰箱一台或电视机一台等。[②] 因此，选择之债的基本特征是给付的多样性和履行的择一性。

1. 关于给付的多样性。对于选择之债的履行，有两项或者两项以上的给付。如何理解数宗给付？涉及选择之债的广义说和狭义说。广义说认为选择之债的数宗给付，既包括债之标的的不同种类，也包括不同的给付方式，如标的物的交付时间、交付方式可以有多重选择，也属于选择之债。狭义说认为，数宗给付仅仅限于债之标的的种类不同，内容不一，不包括给付方式。从本条内容看，“债务标的有多项”，既包括给付的内容，也应当包括给付的方式，可以理解为《民法典》采纳了选择之债的广义说。

2. 关于履行的择一性。履行的择一性，指选择之债中享有选择权的当事人于数宗给付中选择其中一项给付履行债务。选择权人对数宗给付进行选择，进而使债务标的特定化，一方面为该特定化的债务进入实际履行状态做好准备，另一方面产生了使其他未被选择的给付得以消灭的溯及力，选择之债变成了简单之债。

（二）选择之债的性质

选择之债因有数种给付，其性质为复数债还是单数债，学说不一。一种

---

① 王泽鉴著：《民法概要》，中国政法大学出版社2003年版，第227页。

② 王家福主编：《中国民法学·民法债权》，法律出版社1991年版，第56页。

观点认为，选择之债为附条件的复数债；另一种观点认为，选择之债为单数债。因选择之债成立时虽定有数种给付，但债务人并不负有全部给付义务，而仅有义务给付数种给付之一种，故选择之债实为单数债。停止条件说难以说明选择为何发生溯及力，解除条件说难以说明未被选择的给付消灭的溯及力，故特殊之债说较为可取。[①] 概言之，选择之债为单数债、特殊之债。

二、关于选择权的转移

（一）选择权的性质

选择权是形成权的一种，债权人或债务人选择时，须向他方当事人以意思表示为之。有选择权的人一经行使选择权，则使选择之债自成立时即为简单之债，当事人即就特定给付享有权利和承担义务。[②]

（二）选择权的归属

选择权由谁行使，涉及如何平衡债权人、债务人甚至第三人利益的问题。因为给付须具备一定的条件，从保证债务人的利益和确保债的顺利履行而言，选择权宜属于债务人。[③] 本条即明确规定，法律另有规定、当事人另有约定或者另有交易习惯除外，债务人享有选择权。本条“交易习惯”的内容，实际上是更加尊重当事人的意思自治，也能够更好地满足社会实践的需要。

（三）选择权的转移

本条规定，享有选择权的当事人在约定期限内或者履行期限届满未作选择，经催告后在合理期限内仍未选择的，选择权转移至对方。对于选择之债而言，享有选择权的当事人应当在约定期限内或者履行期限届满前行使选择权，以便债的标的能够最终确定，基于此，当事人才能对该特定给付享有权利和承担义务，合同才能真正得以实际履行。如果该当事人未能在约定期限内或者履行期限届满前行使选择权，属于怠于行使选择权，其不作为构成违约的情形，在此情况下，本条要求对方对其进行催告，实际上是赋予了违约方在宽限期内进行补救的机会。在催告后，要给选择权人一段合理的宽限期，让其作出选择，以备合同得以继续履行。

---

① 王家福主编：《中国民法学·民法债权》，法律出版社1991年版，第56页、第57页。

② 王家福主编：《中国民法学·民法债权》，法律出版社1991年版，第59页。

③ 王家福主编：《中国民法学·民法债权》，法律出版社1991年版，第58页。

该合理期限如何理解？到底多长时间是合理期限？“合理期限”本身就是一个不确定的概念，当事人可以根据合同的性质、合同的标的、合同履行的背景等情况，确定一个适当的期限，既能给对方必要的准备时间，也能敦促其尽快行使选择权，应该根据个案的具体情况进行判断。

三、需要注意的问题

审判实践中应注意以下几个方面：一是对本条的适用范围要正确理解。本条选择之债的规定虽然在合同履行部分，但是并不仅限于合同，而是适用于债的全部内容。二是正确理解选择之债的含义和范围，注意与任意之债的区分。此外，《民法典》第582条的规定，属于违约责任方式的竞合，不应该属于选择之债的范畴。三是本条第2款中对合理期限的判断，实际上也授予法官一定的自由裁量权，根据诚实信用原则、公平原则、合同的性质、目的以及案件的具体情况等因素，正确判断“合理期限”。

（王毓莹　撰写）

第五百一十六条　【选择权的行使及选择之债的履行不能】当事人行使选择权应当及时通知对方，通知到达对方时，标的确定。标的确定后不得变更，但是经对方同意的除外。

可选择的标的发生不能履行情形的，享有选择权的当事人不得选择不能履行的标的，但是该不能履行的情形是由对方造成的除外。

【法条链接】

《民法典》第137条

【立法背景】

合同之债作为债法的核心内容，民法典合同编承担起债法总则的相关功能。这次《民法典》用两个条文专门规定选择之债，对于债法体系的完善起到了重要作用。对于选择之债中选择权如何行使，其他国家和地区立法例均有相应规定。如《德国民法典》第263条规定：（1）选择以向另外一方当事人作出表示的方式进行。（2）所选定的给付，视为自始单一负担的给付。《日本民法典》第407条规定：（1）前条的选择权，以对相对人的意思表示而行使。（2）前款意思表示，除非经相对人承诺，不得撤销。

选择权的行使直接关系到合同义务的履行，对当事人的权利义务有重大影响，因此，有必要明确选择权的具体行使方式。本条规定参照相关立法例，对选择之债中选择权的行使及履行不能的救济作出了规定。

【条文解读与法律适用】

一、关于选择权的行使

选择之债的标的有数种给付，而债务人仅负其中一种给付义务，故选择权人须最终选定一种，给付内容始能确定，下一步才能实际履行，即选择之债的特定化。其确定方法有二，一是选择权的行使，二是给付不能。[①] 下文结合本条的规定，分别阐述。

选择权是形成权的一种，债权人或债务人选择时，须向他方当事人以意思表示为之。由第三人为选择时，应向债权人及债务人为意思表示，始生效力。[②] 因此，选择权的行使适用民法关于意思表示的规定。如虚假、欺诈、胁迫等，得构成选择无效、撤销的原因。[③]

选择权人行使其选择权，适用意思表示的规定，且属于有相对人的意思表示，故应该按照《民法典》第137条的规定，判断选择权人通知对方的生效时间。通知的方式，分为对话方式和非对话方式。

本条规定，当事人行使选择权应当及时通知对方，通知到达对方时，标的确定。按照关于意思表示的相关法律规定，结合本条内容，从行使方式看，应为明示的意思表示，排除了默示；就意思表示的形式而言，该通知可以是口头表示，也可以是书面表示；从行使对象看，应为有相对人的意思表示；

---

① 王泽鉴著：《民法概要》，中国政法大学出版社2003年版，第228页。

② 王泽鉴著：《民法概要》，中国政法大学出版社2003年版，第228页。

③ 王家福主编：《中国民法学·民法债权》，法律出版社1991年版，第59页。

从债务标的确定的时间点看，该意思表示的生效采到达主义，这也符合《民法典》第137条的规定。但是，本条规定与《民法典》第137条的内容稍有不同，即按照《民法典》第137条的规定，以非对话方式作出的意思表示，到达相对人时生效，是到达主义（受领主义）；但是对于以对话方式作出的意思表示，相对人知道其内容时生效，是了解主义，即相对人知悉了意思表示的内容，意思表示才生效。而本条规定的通知，从形式上看并没有排除对话方式的通知，但是仅规定了“通知到达对方时，标的确定”，是典型的到达主义，可以理解为，即便是对话方式的通知，也没有采纳了解主义，在意思表示的生效时间上，均是采纳到达主义。这样规定的理由，主要是基于选择权的性质。选择权属于形成权，形成权是依照权利人单方意思表示即可生效从而改变相应法律关系的权利，故选择权人通过行使选择权，将其选择的内容通知对方后，即生效，不需要对方了解并作出承诺，债务标的即确定。

选择权的行使具有溯及效力。有选择权的当事人行使选择权后，则使选择之债自成立时即为简单之债，当事人就该确定的债务标的享有权利和承担义务。

二、给付不能

我国民法中并未使用“给付”这一术语，取而代之的为“义务”或者“履行”，但在论及债务内容时，学理上多使用给付之概念。给付是债之关系内容的指称。给付不能对选择之债的影响有两种情形：第一，倘若数种给付中有给付不能，但剩余的给付仍有数种可以选择时，选择权存在于剩余的数种给付上，此时仍为选择之债；第二，倘若数种给付中因给付不能而使其给付仅余一种时，该选择之债成为简单之债，选择权即无由行使。[①] 这两种情形，对债的履行都造成了一定程度的影响，但是基于选择之债给付的多样性、给付不能的发生时间、选择权人行使选择权的时间等多种因素，并不一定产生违约责任，要根据个案情况确定。

本条规定，可选择的债务标的之中发生不能履行情形的，享有选择权的当事人不得选择不能履行的标的，但是该不能履行的情形是由对方造成的除外。

依据上述内容，选择权人面对选择之债中履行不能的情形时，可以在剩余的给付中选择，以便继续履行，尽量实现双方当事人的合同目的。但是，

---

① 王家福主编：《中国民法学·民法债权》，法律出版社1991年版，第59页。

如果某种给付不能可归责于选择权人的相对人时，相当于该相对人有过错而导致履行不能，如果选择权人选择该不能履行的标的，则该相对人应承担履行不能的违约责任。此外，如果是可归责于选择权人的履行不能，分以下两种情形，一是选择权人为债务人时，其不能选择已为不能的给付为债的标的，否则将使债务因为债务人的故意或过失而变更为损害赔偿之债；二是选择权人为债权人时，其应于剩余的给付中进行选择。

三、需要注意的问题

在审判实践中，选择之债中选择权人行使选择权时应当及时通知对方，该行为系选择权人的意思表示，应按照有相对人的意思表示的规则来进行理解，即按照《民法典》第137条的规定来理解。但是按照本条的规定，该意思表示仅限于明示的意思表示，意思表示的生效采纳到达主义，但是具有溯及力，选择溯及于债权发生时发生效力。

此外，在选择之债履行不能时，要根据造成履行不能的情形可归责的是选择权人还是选择权人的相对人、选择权人最终选择的给付情况等因素，确定相应的责任。

（王毓莹　撰写）

第五百一十七条　【按份之债的含义与类型】债权人为二人以上，标的可分，按照份额各自享有债权的，为按份债权；债务人为二人以上，标的可分，按照份额各自负担债务的，为按份债务。

按份债权人或者按份债务人的份额难以确定的，视为份额相同。

【法条链接】

《民法典》第177条、第518条；《民法总则》第177条；《民法通则》第86条；《侵权责任法》第12条

【立法背景】

对于按份之债，《民法总则》第177条规定，二人以上依法承担按份责

任，能够确定责任大小的，各自承担相应的责任；难以确定责任大小的，平均承担责任。《民法通则》第 86 条规定，债权人为二人以上的，按照确定的份额分享权利。债务人为二人以上的，按照确定的份额分担义务。此外，《侵权责任法》第 12 条规定，二人以上分别实施侵权行为造成同一损害，能够确定责任大小的，各自承担相应的责任；难以确定责任大小的，平均承担赔偿责任。因此，在分别侵权的情形下，在非累积型分别侵权的数个侵权人之间成立按份责任。基于上述内容，《民法典》第 177 条对按份责任的承担作出了内容相同的规定。第 177 条的内容在《民法典》总则编，说明按份责任的分布范围较广，在合同之债、侵权之债领域都有相应的内容。

《民法典》第 177 条规定的内容，是从民事责任的角度对按份责任如何承担进行的规定，对于按份之债的含义、性质、种类等内容没有规定。本条的规定，对上述内容进行了完善。

【条文解读与法律适用】

本条与本法第 518 条的连带之债都属于多数人之债，包括多数债权人或多数债务人的情形，在债的多种分类中，多数人之债是按照债的主体进行的分类。

一、按份之债与连带之债的区分

按份之债和连带之债本身是相对应的概念，两者都属于多数人之债的范畴，但是两者的区分，主要是外部关系的形态有所不同。此处所谓外部关系，是就债权人与债务人之间而言。所谓连带，从外部关系而言，相对于债务人，多个债权人所享有的债权是一个不可分的整体，每个债权人都有权利向债务人请求全部给付；相对于债权人，多个债务人所负担的债务是一个不可分的整体，每个债务人都有义务清偿全部债务。所谓按份，就外部关系而言，相对于债务人，各个债权人按照确定的份额享有债权，各个债权人仅能请求该债务人向其履行其所享有的份额；相对于债权人，各个债务人按照确定的份额承担债务，各个债务人按照各债权人确定的份额分别负担相应的给付义务；这些债权或者债务具有相对独立性，形式上是一个债的关系，实际为数个债的集合。

二、按份之债的含义

所谓按份之债，是指数个债权人或数个债务人按照一定的份额享有债权或负担债务。在按份之债中，作为债的给付的标的必须是可分的，而且每个债权人按照特定的份额行使权利，每个债务人按照特定的份额承担义务。[①]

按份之债分为按份债权和按份债务，之所以称"按份"，指的是在该多数人之债的关系中，债权人享有的债权或者债务人所负担的债务具有相对独立性，是可以分成一定的份额并按照相应的份额分别清偿的。"按份"的前提是标的必须是可分的。

债作为民事法律关系的一种，具有主体、客体和内容三项基本要素。其中，债的客体是债权债务所共同指向的对象，习惯上称为债的"标的"，也就是债务人的特定行为，法律上称为"给付"。给付包括积极给付和消极给付。积极给付指债务人为特定行为，以作为为给付内容；消极给付指债务人不为特定行为，以不作为为给付内容。作为债之标的的给付，应具备三个要件：一是合法。给付行为须合法，至少不为法律所禁止。二是可能。给付行为应为客观上能够实现。三是确定。给付行为应于债成立时已经确定，至少应于债务履行前可得确定。[②] 总之，上述按份之债的定义专门强调了"标的可分"，可根据份额分别"给付"的特征。虽然是数个给付，但无损给付的性质或价值。

三、按份之债的成立要件

按份之债的成立，主要由法律行为引起。个别情形下，也由法律直接规定。其成立要件为：第一，债的一方或双方当事人为二人以上。按份之债为多数人之债，此处的多数人即指债的主体为多数，即债权人或者债务人为二人以上，各自享有相同份额或者不同份额的债权，各自负担相同份额或者不同份额的债务。第二，给付基于同一发生原因。指的是给付源于同一债之关系，基于此，对应的合同的解除权应由全体债权人或债务人共同行使。第三，债的标的可分，即一个给付分为数个给付时，对性质和价值没有损害。第四，债权由数个债权人享有或债务由数个债务人负担。第五，债权份额或债务份额在债成立时即已确定。

---

① 王利明著：《债法总则研究》，中国人民大学出版社2015年版，第210页。

② 王家福主编：《中国民法学·民法债权》，法律出版社1991年版，第6页。

四、按份之债的效力

按份之债的效力，分为对内效力和对外效力。

第一，对内效力。本条规定，按份债权人或者按份债务人的份额难以确定的，视为份额相同。所以，在法律另有规定或者当事人另有约定的情形之外，可以推定按份之债的份额同等。此外，连带之债是债的特殊形态，只有在法律有明确规定或者当事人明确约定的情形下才能成立，其适用范围是受到限定的。而按份之债是债的一般形态，在法律没有明确规定或者当事人没有明确约定的情形下，一般推定为按份之债。①

第二，对外效力。由于按份之债是数个债的集合，按份债权人只能按照自己享有的债权份额请求债务人清偿，无权请求债务人向自己为全部债务的清偿；按份债务人仅就自己所负担的债务数额向债权人履行债务，对其他债务人应负的债务份额，无清偿义务。债权人对每个按份债务人的请求权都是独立的，每一按份债务人的清偿单独发生效力，是否存在给付障碍，也单独进行判断。但是，按份之债又基于同一发生原因，所以因合同而生的按份之债中，合同的解除应由一方当事人全体向对方当事人全体为之。在诉讼程序中，该合同当事人应为共同诉讼人。

五、需要注意的问题

首先，《民法典》规定的按份之债，明确规定是标的可分，属于可分之债，但是这种分类是着眼于债的主体之间相互的权利义务关系，与之相对的概念是连带之债。与可分之债相对应的是不可分之债。不可分之债与连带之债仍有区别，具体在下文《民法典》第 518 条连带之债中进行分析。

其次，要准确理解标的可分的含义。债的标的，在债法上用“给付”这一概念加以概括，是一种抽象，不同于一个具体行为所作用的标的物，所以虽然给付一般都具有财产性，但是按份之债的标的可分与债所涉及的标的物可分是不同的，应当注意区分。

（王毓莹　撰写）

---

① 王利明著：《债法总则研究》，中国人民大学出版社 2015 年版，第 211 页。

第五百一十八条　【连带之债的含义、类型与发生原因】债权人为二人以上，部分或者全部债权人均可以请求债务人履行债务的，为连带债权；债务人为二人以上，债权人可以请求部分或者全部债务人履行全部债务的，为连带债务。

连带债权或者连带债务，由法律规定或者当事人约定。

【法条链接】

《民法典》第 178 条；《民法总则》第 178 条；《民法通则》第 87 条；《侵权责任法》第 13 条；《担保法》第 12 条

【立法背景】

对于连带之债，《民法通则》第 87 条作出了规定，确立了合同领域连带责任的基本规则，即连带债务人对外承担连带清偿责任，对内按份承担责任。此外，《侵权责任法》第 13 条规定，法律规定承担连带责任的，被侵权人有权请求部分或者全部连带责任人承担责任。第 14 条第 1 款规定，连带责任人根据各自责任大小确定相应的赔偿数额；难以确定责任大小的，平均承担赔偿责任。《担保法》第 12 条规定，同一债务有两个以上保证人的，保证人应当按照保证合同约定的保证份额，承担保证责任。没有约定保证份额的，保证人承担连带责任，债权人可以要求任何一个保证人承担全部保证责任，保证人都负有担保全部债权实现的义务。已经承担保证责任的保证人，有权向债务人追偿，或者要求承担连带责任的其他保证人清偿其应当承担的份额。

基于上述内容，《民法总则》第 178 条、《民法典》第 178 条对连带责任的承担及连带责任主体内部的追偿关系作出了内容相同的规定。

上述第 178 条规定的内容，着重从民事责任的角度对连带责任份额大小的确定标准以及连带责任人内部追偿关系进行了规定，对于连带之债的含义、性质、种类等内容没有规定。本条的规定，对连带之债的内容作了进一步完善。

【条文解读与法律适用】

本条对连带债权、连带债务以及连带之债的发生原因作了规定。

一、连带之债的含义及相关学说

所谓连带之债，谓债权人或者债务人有数人，各债权人得请求为全部之给付或各债务人负有为全部给付义务之义务，惟因一次之全部给付，而其债之全部关系归于消灭之债权债务关系。① 连带之债分为两类，连带债权和连带债务。连带之债与按份之债的区别，在前一条中进行了分析，在此不再赘述。需要强调的是，连带之债与不可分之债是不同的。两者有共同点，也有不同之处。共同点主要有：债权人或债务人都为多数，债的标的都是同一给付。不同之处在于：连带之债是法律明确规定或者当事人明确约定的，不可分之债多是当事人约定的，但是并不以明示为必要条件；连带之债并不以给付是否可分作为判断依据，连带债务给付的内容一般情况下为可分债务，各个连带债务人的债务具有相对独立性，而不可分之债的给付肯定是不可分的，债权人只能请求一次全部给付。

就连带之债的性质，是一个债还是数个债的集合，学者多有争论。连带之债制度可以追溯到罗马法。连带之债（侧重指连带债务）又区分为两种形态，即共同连带和单纯连带。共同连带以合同为发生原因，主要针对家族共同体或事业共同体所负的债务；单纯连带以法律规定为发生原因，主要针对共同侵权所产生的损害赔偿债务。继受罗马法的《法国民法典》，以共同连带为原型规定连带之债，偏于单一说。《德国民法典》以单纯连带为原型规定连带之债，偏于复数说。我国学者多数观点认为连带之债为复数之债，是数个债的集合体，数个债相对独立存在，又因特定事由集合在一起，满足同一目的，清偿同一债权。

二、连带债权的含义及特征

所谓连带债权，是指债权人为二人之上，部分或者全部债权人均可以请求债务人履行债务。其特征如下：（1）债权人为二人以上，但每个债权人都

---

① 史尚宽著：《债法总论》，中国政法大学出版社2000年版，第641页。

有权要求债务人履行全部义务，而每个债权人也均有权接受债务人所作出的全部履行。（2）连带债权为数个独立债权，各个债权相互独立，相互之间并无从属关系。（3）原则上以同一给付为标的。所谓同一给付，是指由于各债权人之间存在牵连关系，债务人的给付目的具有同一性，能够实现各债权人的同一给付利益，债务人对某一债权人的全部或部分给付，对于其他连带债权人而言发生该部分债权消灭的法律后果。而各债权人之间的牵连关系，正是连带债权与按份债权的根本不同之处。这也是从连带债权的外部关系而言的，就连带债权人之间的内部关系而言，应当按照当事人的约定或者法律规定来确定各自的权利义务。

三、连带债务的含义及特征

连带债务是指数个债务人对同一内容的给付，各自独立的负全部给付义务，且其中一人给付时，其他债务人同样被免除债务的多数当事人的债务。[①]连带债务是实务中最常见的连带之债，对于债权人来说，能够提供比较充分的担保和保障，而对于连带债务人而言，则大大增加了自身的风险。

其特征如下：（1）债务人为二人以上，但每个债务人的债务都是以全部给付为内容的，基于连带关系，每个债务人都负有清偿全部债务的义务。（2）各个连带债务人的债务具有相对独立性，各个债务相互独立，相互之间并无从属关系。而保证债务必须依附于主债务，两者有所不同。（3）连带债务人的给付具有同一性。各债务人的债务履行是达到客观的单一目的的手段，债务人中任意一人给付，则全部债务消灭。关于连带债务的同一性，存在两种观点，一是主观说，认为连带债务的同一性主要是指债务人间需要就债务的履行存在主观上的共同目的；二是客观说，认为连带债务的同一性是指各个债务人的给付应当是满足债权人的同一履行利益，而并不要求各个债务人就债务的履行具有主观上的共同目的。[②]（4）债权人只有权要求一次给付。如果债权人的目的是多次满足其给付利益，而且一个债务人的给付没有使得其他债务人的履行成为不可能，此时即不能构成连带债务。[③]

---

① ［日］我妻荣著：《新订债权总论》，王燚译，中国法制出版社2008年版，第355页。

② 王利明著：《债法总则研究》，中国人民大学出版社2015年版，第215页、第216页。

③ 王洪亮著：《债法总论》，北京大学出版社2016年版，第494页。

四、需要注意的问题

连带之债，尤其是连带债务引起的连带责任，是审判实践中经常遇到的问题。准确理解连带之债，要和按份之债、不真正连带之债等进行对比，这样既能进行体系化的思考，又能准确把握各自的特征，有利于在审判实践中正确运用。

（王毓莹　撰写）

第五百一十九条　【连带债务内部关系】连带债务人之间的份额难以确定的，视为份额相同。

实际承担债务超过自己份额的连带债务人，有权就超出部分在其他连带债务人未履行的份额范围内向其追偿，并相应地享有债权人的权利，但是不得损害债权人的利益。其他连带债务人对债权人的抗辩，可以向该债务人主张。

被追偿的连带债务人不能履行其应分担份额的，其他连带债务人应当在相应范围内按比例分担。

【法条链接】

《民法典》第 178 条；《民法总则》第 178 条；《民法通则》第 87 条

【立法背景】

与《合同法》相比，本条属于新增内容，对连带债务中连带债务人的内部法律关系进行了具体规定，即明确连带债务人内部之间按照份额承担债务，份额难以确定的，视为份额相同，并赋予实际承担债务超过自己份额的连带债务人追偿权，并规定了被追偿的连带债务人履行不能时的具体分担规则。

虽然《合同法》并未规定连带债务的内部法律关系，但是《民法通则》第 87 条规定："债权人或者债务人一方人数为二人以上的，依照法律的规定或者当事人的约定，享有连带权利的每个债权人，都有权要求债务人履行义务；负有连带义务的每个债务人，都负有清偿全部债务的义务，履行了义务的人，有权要求其他负有连带义务的人偿付他应当承担的份额。”本条规定实际源于《民法通则》对连带债务的规定，并进行了内容扩充、实质修改和文字完善。

本条规定是债法的一般规则中关于连带债务的规定，债法的一般规则是民法的重要内容，考虑到《合同法》总则部分已规定了大多数债的一般规则，《民法典》合同编编纂不再单设一编对债法总则作出规定，为更好规范各类债权债务关系，《民法典》合同编在《合同法》的基础上，补充完善债法的一般规则。本条规定属于债法的一般规则完善中关于连带债务的内容，设置于合同的履行一章，为连带债务内部法律关系的处理提供规范指引。

【条文解读与法律适用】

一、连带债务份额的确定

本条第1款规定了连带债务内部份额的确定规则，首先体现出连带债务人对外呈连带关系，但是各连带债务人内部之间仍然是按照一定份额承担各自债务。连带债务人之间的份额难以确定时，视为份额相同。

本条并非对连带债务内部份额的统一划定，其适用具有相应的前提，即连带债务人之间的份额难以确定。在法律没有规定或者没有限制约定的情形下，在连带债务的对内关系上，连带债务人可以约定各自承担的内部份额，如果连带债务人间存在明确的约定，则应当按照约定的比例确定债务。特别是在合同之债中，应当充分尊重当事人之间的权利义务安排，如果当事人之间的约定能够确定相应份额的，应当以约定份额为准。只有在法律没有明确规定，合同没有明确约定具体的债务份额，或者无法根据法律规定或者合同的约定的标准准确确定各债务人之间相应债务份额时，才能认定各债务人承担相同比例份额的债务。

二、连带债务人的追偿权

本条第2款规定了连带债务人的追偿权。连带债务人的追偿权是指连带债务中，部分连带债务人对外负担的实际债务份额，超过其在内部关系上应当负担的份额的，该连带债务人享有请求其他连带债务人偿还各自应负担份额的权利。相较于《民法通则》的规定，本条第2款借鉴了《民法总则》关于连带责任的规定，在实现体系统一的基础上，进一步完善了连带债务人追偿权的相关规定。

第一，本条第2款明确使用“追偿”的概念，为连带债务人享有的权利准确定性，《民法通则》第87条后半段将连带债务人的内部关系表述为“履行了义务的人，有权要求其他负有连带义务的人偿付他应当承担的份额”，由于表述不够明确，故理论上有“追偿权”“求偿权”“分摊请求权”等不同理解，本条第2款将这一权利准确定性为追偿权。

第二，本条第2款规定明确了享有追偿权的连带债务人享有债权人的权利。从外部关系看，任一连带债务人履行债务后，其他债务人对债权人的债务在相应范围内消灭，但这法律效果仅限于债权人与债务人之间。在连带债务人内部关系处理上，履行债务的连带债务人可以享有债权人的权利。正由于履行债务的连带债务人享有的是债权人的权利，故其他连带债务人对债权人的抗辩可以向该债务人主张。

第三，本条第2款明确了追偿权的前提条件，即连带债务人享有追偿权的前提是债务人履行债务超出了自己的内部债务份额。《民法通则》第87条的规定并未明确该前提条件，故学界存在肯定说和否定说的争议。肯定说认为连带债务人未超过其承担份额的免责行为，实际仅是在履行自己的债务，缺乏向其他债务人追偿的基础。[①] 否定说则认为连带债务人的追偿权不需要以履行超过自身份额为前提，连带债务人之间的负担部分，与其认为是一定债务额，不如认为是一定比例；只要为共同免责而付出，在这一比例下分担才公平。[②] 本条第2款采用了肯定说，这一规定与《民法总则》第178条、《民法典》第178条对于连带责任人追偿权的规定相统一，符合自己责任原则的要求，而且能够避免产生循环求偿的问题。

三、被追偿的连带债务人履行不能时的分担规则

本条第3款规定了追偿不能的按比例分担规则。从原理上看，这一规定是为了保障实际履行债务的连带债务人的权利，避免其因部分连带债务人履

---

① 参见史尚宽：《债法总论》，中国政法大学出版社2000年版，第667页。

② 参见［日］我妻荣：《新订债权总论》，中国法制出版社2008年版，第384—385页。

行不能而独自承担被追偿的连带债务人不能履行的份额债务。

连带债务人内部之间是按份之债，正常履行情形下，任一连带债务人对外履行债务后，可以向其他连带债务人追偿并实现按照内部份额承担债务的目标。但是在被追偿的连带债务人不能履行时，则面临着超份额承担债务的问题。对于这一超额部分，由其他连带债务人在相应范围内按比例分担更为公平。

四、需要注意的问题

在司法实践中，对于连带债务人内部份额的确定，应当避免为求简便直接适用本条第1款规定的做法。存在法律明确规定时，应当按照法律规定确定连带债务人的内部份额；法律没有规定或者允许当事人以约定排除法律规定时，如果能够结合相关约定确定债务人内部各自具体份额的，应当以当事人的约定确定连带债务人的债务份额。只有在没有法律特别规定和当事人的约定，或者虽然存在法律规定或者相应约定但是确定具体份额存在障碍时，才能适用本条第1款的规定，对连带债务人之间的债务份额视为相同份额。

对于连带债务人追偿权的成立和行使，一方面，要正确把握连带债务人追偿权的成立要件：一是连带债务人对外实施清偿等财产给付行为；二是须使得其他连带债务人共同免责；三是须对外负担的债务份额超过内部自己应负担的份额。另一方面，要正确把握连带债务人追偿权的行使限制，其权利行使的范围仅限于其超额负担的债务部分；且由于其相应的享有债权人的权利，其权利的行使受此限制，不能损害债权人的利益。

对于被追偿的连带债务人不能履行其应分担份额的，要注意该份额是在除被追偿的连带债务人外的其他连带债务人之间按比例分担，即行使追偿权的连带债务人亦应当按比例分担，而不应将其排除在外。

（王毓莹　撰写）

第五百二十条　【部分连带债务人所生事项的涉他效力】部分连带债务人履行、抵销债务或者提存标的物的，其他债务人对债权人的债务在相应范围内消灭；该债务人可以依据前条规定向其他债务人追偿。

部分连带债务人的债务被债权人免除的，在该连带债务人应当承担的份额范围内，其他债务人对债权人的债务消灭。

部分连带债务人的债务与债权人的债权同归于一人的，在扣除该债务人应当承担的份额后，债权人对其他债务人的债权继续存在。

债权人对部分连带债务人的给付受领迟延的，对其他连带债务人发生效力。

【法条链接】

《民法典》第519条

【立法背景】

与《合同法》相比，本条属于新增内容，具体规定连带债务中部分连带债务人与债权人之间关系变化对其他连带债务人的效力。

在《民法典》合同编编纂过程中，考虑到《合同法》总则部分已规定了大多数债的一般规则，故不再单设一编对债法总则作出规定，为更好规范各类债权债务关系，《民法典》合同编在《合同法》的基础上，补充完善债法的一般规则。《合同法》并未对多数人之债进行细化规定，本次编纂关注到了多数人之债的广泛适用，设立了关于多数人之债的相关规则，本条重点关注部分连带债务人与债权人关系变化时对其他连带债务人的效力问题，完善了连带债务的相关规则。

【条文解读与法律适用】

一、部分连带债务人履行、抵销债务或者提存标的物的涉他效力

根据本条第1款的规定，部分连带债务人履行、抵销债务或者提存标的物的，效力及于其他连带债务人，债权人和连带债务人之间的债务在相应范围内消灭。从原理上看，连带债务的债权人虽然可以向任一连带债务人主张

全部债权，但是债权人仅能获得一次给付，不能多重受益。故在部分连带债务人已经通过积极的行为实现债之目的时，债权人不得再向其他债务人主张债权。此时，部分连带债务人的履行、抵销债务或者提存标的物的行为效力及于全部连带债务人，理论上也被称为具有全部效力或者总括效力的事项。

必须注意的是，根据本条第 1 款后半段的规定，在部分债务人履行、抵销债务或者提存标的物时，只是在对外关系上发生总括效力，实现债权人与全体连带债务人之间权利义务终止。但是在连带债务人的内部关系上，则应当按照《民法典》第 519 条的规定，由该部分连带债务人向其他债务人行使追偿权。

二、债权人对部分连带债务人免除债务的涉他效力

根据本条第 2 款的规定，债权人免除部分连带债务人的债务的，发生有限制的总括效力，即在该连带债务人应当承担的份额范围内，其他债务人对债权人的债务消灭。事实上，免除系债权人主动的单方行为，并未使得债实现其应有的目的，故理论上，对于一连带债务人之债务免除，不应当发生总括效力。但是如果贯彻这一理论，则受免除的连带债务人，在其他连带债务人履行、抵销债务或者提存标的物时，仍然要受到其他债务人的追偿，而就其被追偿部分，更须转向债权人请求偿还，容易产生循环复杂的法律效果，甚至可能给当事人带来不公平的法律后果。① 通过有限制的总括效力的规定，可避免这一循环反复弊端。

必须注意的是，与部分连带债务人履行、抵销债务或者提存标的物不同，在债权人免除部分债务人债务的情形下，是债权人放弃自身权利，故不存在被免除债务的部分连带债务人后续向其他债务人追偿的问题。

三、部分连带债务人的债务与债权人的债权混同的涉他效力

混同是指债权和债务同归于一人，原则上致使合同关系消灭的事实。对于部分连带债务人与债权人发生混同时的法律效力问题，目前大陆法系国家有三种立法例，第一种立法例规定，混同仅在该连带债务人承担份额的范围内使债务消灭，该连带债务人对其他债务人不享有求偿权。不过，该连带债务人仍得以债权人身份，请求其他债务人连带偿还剩余债务。第二种立法例规定，混同视为该连带债务人已经清偿债务，故该连带债务人对其他债务人

① 参见史尚宽：《债法总论》，中国政法大学出版社 2000 年版，第 654 页。

享有求偿权，有权请求其他债务人偿还各自的承担份额。第三种立法例规定，混同仅在该连带债务人和债权人之间发生相对效力，对其他债务人不发生效力。[①] 在这三种立法例中，第一种立法例既能够简化当事人的法律关系，也不会削弱债权的效力，是更合适的选择。

根据本条第 3 款的规定，我国采用了第一种立法例，混同发生有限制的总括效力，在发生混同的连带债务人份额内，债权因混同而消灭；在扣除发生混同的连带债务人的份额部分后，该部分连带债务人实际成为债权人，可以以债权人的身份要求其他债务人清偿剩余部分连带债务。

四、债权人对部分连带债务人受领迟延的涉他效力

根据本条第 4 款的规定，在连带债务中，债权人对部分连带债务人的给付受领迟延的，发生总括效力。本条款之所以这样规定，是因为在部分连带债务人给付时，如若债权人予以受领，本可以消灭其他债务人对债权人的债务，效力是及于其他债务人的，故与之相对应，债权人的受领迟延效力也应当发生总括效力，及于其他债务人。

五、需要注意的问题

（一）区分不同债的消灭原因的成立要件

在司法实践中，要准确适用本条规定，首先要结合其他相关规定，准确把握不同债的消灭原因的成立要件。只有在构成相应的法律要件时，部分连带债务人所生事项才能发生及于其他债务人的涉他效力。以抵销为例，抵销应当发生在互负债务的当事人之间，在连带债务的场合，主张抵销的部分连带债务人仅能以自己的债权与连带债务相抵销，而不能以其他债务人的债权进行抵销。另外，对于免除，要准确探究当事人的真实意思，即债权人的免除是对全部连带债务人进行的免除还是仅就部分连带债务人进行免除，如果是对全部债务人进行免除，则债的关系全部消灭，不适用本条第 2 款的规定。

（二）区分不同债的消灭原因对连带债务的不同效力

在司法实践中，虽然履行、抵销、提存、免除、混同均为债之消灭原因，达到终止债权人和债务人之间权利义务关系的法律效果。但是在连带债务中，

---

① 参见戴孟勇：《论连带债务人的求偿权及其制度设计》，载《四川大学学报》（哲学社会科学版）2019 年第 1 期。

不同消灭债的原因发生后，连带债务人之间的内部关系并不相同。在履行、抵销债务或者提存标的物情形中，在与债权人的法律关系上，债因实现而消灭，在连带债务人之间，部分连带债务人可向其他债务人追偿。在免除情形中，由于系债权人的主动放弃行为，不涉及部分连带债务人的积极作为，故仅发生该部分连带债务人份额范围内债消灭的总括效力，但不产生追偿权的法律后果。在混同之情形下，部分连带债务人在扣除自身债务份额后，取得剩余债权，以债权人身份享有相应权利。

（王毓莹　撰写）

第五百二十一条　【连带债权的内部关系及法律适用】连带债权人之间的份额难以确定的，视为份额相同。

实际受领债权的连带债权人，应当按比例向其他连带债权人返还。

连带债权参照适用本章连带债务的有关规定。

【法条链接】

《民法通则》第 87 条

【立法背景】

与《合同法》相比，本条属于新增内容，具体规定连带债权人之间内部份额的确定，连带债权人受领后的处理以及连带债权的法律适用问题。

《合同法》并未对连带债权作出具体规定，但《民法通则》对连带债权有概括规定，第 87 条规定："债权人或者债务人一方人数为二人以上的，依照法律的规定或者当事人的约定，享有连带权利的每个债权人，都有权要求债务人履行义务；负有连带义务的每个债务人，都负有清偿全部债务的义务，履行了义务的人，有权要求其他负有连带义务的人偿付他应当承担的份额。"该条规定了连带债权人请求事项具有总括效力，但是对于连带债权人的内部关系、部分连带债权人所生其他事项的涉他效力未有涉及，本次编纂在完善债法的一般规则时注意到了相关规则的欠缺，通过细化规定完善连带债权规则。

【条文解读与法律适用】

一、连带债权与按份债权

连带债权是债权人一方为多数的一种多数人之债。连带债权各债权人均有权请求和接受债务人的全部给付。从理论分类上看，连带债权是与按份债权相对应的类型概念，两者均是债权人一方为多数人之债。从形成原因上看，均可以由法律直接规定或者由当事人约定。但是两者存在较大差别。一是债权人的行为外部效力不同。在按份债权中，各债权人互相独立，按份债权人所为之具有法律效力事项仅对自身份额债权有效。债权人仅可以就其享有的份额利益向债务人主张权利，债务人可以拒绝按份债权人要求超过其份额债权的给付请求。而在连带债权中，任一连带债权人均可以要求债务人为全部给付，债权人亦可以受领债务人的全部给付。二是对债务人的保护程度不同，在按份债权中，债务人履行成本较高，需按照特定份额向各个按份债权人履行债务，债务人需承担不当履行的风险。在连带债权中，债务人可以选择向任一债权人履行全部或者部分债务，只要完成全部履行，则债权债务关系终止，债务人无须关注债权人之间的内部份额问题，更有利于保护债务人的权益，债务人的履约成本较低。

二、连带债权份额的确定

根据本条第 1 款的规定，连带债权人在内部关系上仍然是按照一定份额享有债权。与按份债权相同，连带债权人之间的份额难以确定时，视为份额相同。本条并非对连带债权内部份额的统一划定，其适用具有相应的前提，即连带债权人之间的份额难以确定。根据本条第 1 款规定，在法律没有特别规定或者没有限制约定的情形下，在连带债权的对内关系上，连带债权人可以约定连带债权的内部份额，如果连带债权人间存在明确的约定，则应当按照约定比例确定。特别是在合同之债中，应当充分尊重当事人之间的权利义务安排，如果当事人之间的约定能够确定相应份额，应当以约定份额为准。只有在法律没有明确规定，合同没有明确约定具体的债权份额，或者无法根据法律规定或者合同的约定准确确定债权人之间相应债权份额时，才能认定各债权人之间享有相同比例份额债权。

三、实际受领债权的连带债权人的返还义务

在连带债权中，连带债权人中的任何一人接受了全部履行，此时，在对外关系上，债权人和债务人之债的关系由于债的目的已经实现归于消灭，但连带债权人内部之间会产生新的按份之债。根据本条第 2 款的规定，实际受领债权的连带债权人，应当按比例向其他债权人返还。

在债权债务的履行过程中，债务人可能履行全部债务，也可能仅履行部分债务。在债务人向连带债权人之一履行部分债务时，此时连带债权人之受领是为全体连带债权人之利益。在受领后，应当按比例向其他连带债权人返还，实际受领之债权人无权先行扣除自身份额后再予以返还。这一规定有利于公平保障连带债权人，避免连带债权人仅关注自身份额内之债权，而忽视连带债权之整体利益。

四、连带债权的法律适用

根据本条第 3 款的规定，连带债权参照适用连带债务的相关规定。从原理上看，连带债权和连带债务都是连带之债中的多数人之债，都具有债的目的共同性，故相关连带的内外部关系及部分连带关系人行为的涉他效力可以参照适用。以受领迟延为例，在连带债务中，债权人的受领迟延具有总括效力，债权人对部分连带债务人的给付受领迟延的，法律效力及于其他债务人。同理，在连带债权中，部分连带债权人对债务人的给付受领迟延的，对其他债权人亦发生效力。

又如，对于部分连带债权人免除债务人债务的效力，亦参照连带债务，发生有限制的总括效力，即对于连带债权人免除债务人债务的，在扣除该连带债权人的份额后，不影响其他连带债权人的债权。一方面，免除是债权人放弃自身债权的行为，权利的行使应当以权利份额为限，如果允许部分连带债权人的免除发生全部总括效力，则其他债权人的利益始终处于可能被他人处置的不稳定状态，随时可能因他人的处置而受损。另一方面，如果部分连带债权人免除债务，对其他债权人不发生效力，则由于其他债权人仍然可以请求债务人为全部给付，法律关系将陷入循环反复的复杂状态。故综合权利行使的范围和法律关系简化的要求，参照连带债务的涉他效力规定，部分连

带债权人免除债务发生有限制的总括效力。

五、需要注意的问题

在司法实践中，要正确区分连带债权中债权人与债务人这一外部关系与连带债权人之间的内部关系。在外部关系上，连带债权作为连带之债，从债权人的角度，部分连带债权人在请求、受领迟延等方面发生总括效力，及于全体连带债权人；在免除事项上发生有限制的总括效力，仅在自身份额范围内对其他连带债权人发生效力。从债务人的角度，债务人向任一或者部分债权人履行、抵销债务或者提存标的物或者发生混同，债权人与债务人之间的债权债务关系即终止。在连带债权外部关系消灭后，可能产生连带债权人之间的内部按份之债，连带债权人内部仍应按照按份之债进行处理，连带债权人应将实际受领之债权按比例向其他连带债权人返还。

（王毓莹　撰写）

第五百二十二条　【向第三人履行的合同】 **当事人约定由债务人向第三人履行债务，债务人未向第三人履行债务或者履行债务不符合约定的，应当向债权人承担违约责任。**

法律规定或者当事人约定第三人可以直接请求债务人向其履行债务，第三人未在合理期限内明确拒绝，债务人未向第三人履行债务或者履行债务不符合约定的，第三人可以请求债务人承担违约责任；债务人对债权人的抗辩，可以向第三人主张。

【法条链接】

《合同法》第 64 条

【立法背景】

与《合同法》相比，本条第 2 款属于新增内容。本条将向第三人履行的合同以第三人是否享有直接履行请求权区分为不真正利他合同和利他合同，并对两者的法律效果进行区分规定。在本条第 2 款中，新增规定了利他合同第三人的拒绝权、直接履行请求权和违约责任请求权。

《合同法》第 64 条规定：“当事人约定由债务人向第三人履行债务的，债务人未向第三人履行债务或者履行债务不符合约定，应当向债权人承担违约责任。”该规定并未明确第三人是否享有直接履行请求权，致使理论和实践对《合同法》第 64 条的性质和外延产生了不同的认识。一是肯定说，即认为第 64 条规定的向第三人履行的合同中第三人享有履行请求权，系关于利他合同的规定。如果第三人未取得请求权，则不是真正的第三人履行的合同。[①] 二是否定说，认为第 64 条并未规定真正的利他合同，其规范的是不真正的利他合同，该条规定的第三人仅为履行受领人，并未取得任何履行请求权。[②] 三是宽泛肯定说，即认为第 64 条包含了两种情形，即包括利他合同，亦包括不真正的利他合同[③]，并强调虽然第 64 条可以包含两种情形，但其真正规范价值以及重心应该在利他合同。[④] 四是不足肯定说，即认为第 64 条规定的就是真正的利他合同，但该规定存在一定不足，应当在制定民法典时加以改进，规定该第三人对于债务人享有直接的请求权。[⑤]

事实上，利他合同和不真正利他合同都有其适用的空间，故本次《民法典》编纂回应了理论和实践的争议，将向第三人履行的合同分为不真正利他合同和利他合同，为不同情形的法律适用提供了依据。

【条文解读与法律适用】

一、不真正利他合同

本条第 1 款规定的是不真正利他合同。不真正利他合同实际上是合同履

---

① 参见胡康生主编：《中华人民共和国合同法释义》（第 2 版），法律出版社 2009 年版，第 112—113 页。

② 参见薛军：《“不真正利他合同”研究——以〈合同法〉第 64 条为中心而展开》，载《政治与法律》2008 年第 5 期。

③ 参见王利明：《合同法研究》（第 2 卷），中国人民大学出版社 2003 年版，第 55 页。

④ 参见韩世远：《合同法总论》（第三版），法律出版社 2011 年版，第 262—271 页。

⑤ 参见崔建远：《为第三人利益合同的规格论——以我国〈合同法〉第 64 条的规定为中心》，载《政治与法律》2008 年第 1 期。

行的一种特殊形式，在不真正利他合同中，第三人是纯粹的履行受领人，并不获得直接针对债务人的履行请求权，债务人未向第三人履行债务或者履行债务不符合约定的，应当向债权人承担违约责任。

在不真正利他合同中，对于第三人而言，第三人作为履行受领人，仅是消极地接受债务人的履行，并不享有直接请求履行的权利，履行之中所包含的法律利益享有者是债权人，受领履行的第三人所获得的只是一种纯粹事实性质的经济利益①，故对于债务人的不履行或者履行不符合约定，恪守合同相对性原则，仍应由债权人行使相应权利。在履行过程中，由于第三人并非合同的当事人，虽然向第三人履行通常是为第三人的利益，但是第三人可以拒绝受领给付，此时对于债权人和债务人之间的债务关系构成履行障碍，债务人应当将第三人拒绝受领的情况告知债权人，债权人可以亲自受领给付。如果债权人未能联系或者拒绝受领，债务人可以通过提存的方式终止债权债务关系。

对于债务人而言，虽然第三人无权要求债务人直接履行，但是向第三人履行是合同的约定，债务人受到其与债权人的约定约束，有义务向第三人履行，其不履行或者履行不符合约定时，应当向债权人承担违约责任。在合同履行过程中，债务人违反约定直接向债权人履行的，属于履行不当，债权人有权予以拒绝，并不构成受领迟延。此外，债权人和债务人之间可以随时就债务履行的对象进行变更，第三人无干涉的权利。

二、利他合同

本条第 2 款规定的是利他合同，亦称真正利益第三人的合同，具体是指根据合同当事人的约定，由债务人向第三人履行债务，并且根据法律的规定或者合同的约定，第三人可以直接请求债务人履行的合同。利他合同的特点在于虽然第三人并非合同的当事人，但是合同的效力可以拓展到非合同当事人的第三人，第三人可以取得履行请求权。

从利他合同的构成要件看，其须具备以下要件：一是须约定由债务人向第三人履行；二是第三人根据法律规定或者合同的约定享有直接请求债务人向其履行债务的权利，而且第三人取得权利是直接由法律规定或者合同约定，

---

① 参见薛军：《“不真正利他合同”研究——以〈合同法〉第 64 条为中心而展开》，载《政治与法律》2008 年第 5 期。

而非由债权人继受取得，与债权让与不同；三是须债权人亦有请求债务人向第三人履行的权利。

从本条第 2 款的规定看，就第三人享有的直接履行请求权来源，既可以是合同的约定，亦可以是法律的直接规定。法律直接规定的第三人可以请求债务人向其履行债务的情形，比如《保险法》第 18 条第 3 款规定："受益人是指人身保险合同中由被保险人或者投保人指定的享有保险金请求权的人。投保人、被保险人可以为受益人。"按照该条规定，在发生特定情形时，受益人作为非人身保险合同的当事人，可以直接请求保险人支付保险金。

在利他合同中，对第三人而言，由于第三人并非合同当事人，虽然利他合同通常是纯粹为第三人之利益，不会增加第三人的负担，但是私人自治的其中一层含义即是可以不受他人干预，即使这种干预是一种法律上的加利，故第三人享有拒绝的权利。同时，第三人根据法律规定或者合同的约定直接取得履行请求权应当是自合同当事人约定时即取得，第三人不需特别作出接受的意思表示，只要未在合理期限内明确拒绝即可。在第三人享有直接履行请求权的情况下，第三人实际上享有独立的法律利益，在债务人未向第三人履行债务或者履行债务不符合约定的，第三人可以请求债务人承担违约责任。

对于债务人而言，对于第三人直接负担债务时，由于第三人的权利实际上来源于债权人与债务人之间的合同，因而由该合同所发生的一切抗辩，债务人可以以之对抗第三人。

三、需要注意的问题

在司法实践中，要准确适用本条规定，要重点区分不真正利他合同和利他合同，进而准确适用本条的不同条款。作为广义上向第三人履行合同的不同类型，两者的核心区别是法律规定或者合同约定是否赋予第三人直接向债务人请求履行的权利。在具体适用时，要考察当事人对第三人权利的约定，比如是否约定第三人可以直接要求债务人履行债务或者在债务人未履行债务或者履行不符合合同约定时，第三人可以直接要求债务人承担违约责任；如果不存在相关约定，仍要进一步考察是否存在相应的法律规定赋予第三人直接履行请求权。如果亦不存在相应的法律规定，则应当适用本条第 1 款的规定；如果存在则适用本条第 2 款的规定。

（王毓莹　撰写）

第五百二十四条 【第三人单方自愿代为履行】债务人不履行债务，第三人对履行该债务具有合法利益的，第三人有权向债权人代为履行；但是，根据债务性质、按照当事人约定或者依照法律规定只能由债务人履行的除外。

债权人接受第三人履行后，其对债务人的债权转让给第三人，但是债务人和第三人另有约定的除外。

【法条链接】

《民法典》第 522 条、第 523 条、第 545 条；《合同法》第 64 条、第 65 条

【立法背景】

与《合同法》相比，本条是新增内容，第 1 款是关于第三人自愿代为履行构成要件的规定；第 2 款是关于第三人自愿代为履行法律效力的规定。《合同法》第 64 条和第 65 条分别规定了两种类型的涉他合同，即“向第三人履行的合同”与“由第三人履行的合同”，在这两类合同中，第三人接受履行或代为履行的前提均是有合同约定，本次编纂的《民法典》第 522 条和第 523 条沿用了前述合同法的规定。但在实践中，常常会出现第三人在无合同约定情况下自愿代债务人向债权人履行合同义务的情形，我们将其称为第三人单方自愿代为履行。合同法的前述规定明显不能用于解决此类纠纷。由于立法的缺失，司法实务中对此类纠纷的处理裁判尺度极不统一，有的按照债务承担处理、有的按照赠与处理、有的按照无因管理处理，还有的参照《合同法》第 65 条中“由第三人履行的合同”处理。为了回应司法实务的需求，《民法典合同编（草案)》（二审稿）中新增了本条，并在最终通过的《民法典》中得以保留。但在理论界，第三人单方自愿代为履行制度已在王利明、梁慧星等学者组织的民法典学者建议稿中有所体现，本条属于理论研究成果的立法转化。

【条文解读与法律适用】

一、第三人单方自愿代为履行的构成要件

根据本条第 1 款规定，无合同约定情形下第三人代履行应当符合以下条件。

1. 合同未约定第三人具有履行义务。包含三个层面的意思：首先，第三人不是合同当事人，即不能是债务人、连带债务人、不可分债务人、保证人、物上保证人、担保物之第三取得人、后次序之担保权人、无担保权之债权人以及共有人；其次，如果合同已约定债务由第三人履行，则应适用《民法典》第 523 条的规定；最后，第三人的代履行行为是其主动、单方、自愿作出的行为，而非被迫或被动的。

2. 债务人不履行债务。这里的“债务人不履行债务”应当作广义理解，包括以下四种情形：一是债务人已明确作出拒绝履行债务的意思表示；二是债务人虽未明确表示拒绝履行，但在约定的债务履行期限内或未约定履行期限时在合理的期限内无实际履行行为；三是债务人明显丧失履行能力，如经营状况严重恶化等；四是债务人亲自履行或委托他人履行已不具有可能性，如债务人在最后履行期限临近前因病昏迷或被逮捕等。

3. 第三人对履行该债务具有合法利益。笔者认为，在无合同约定情形下第三人代履行是一个民事行为，而对于民事行为，“法无禁止即可为”。因此，只要第三人履行该债务目的合法或不违反法律法规和规章的禁止性规定，即可认定为第三人对履行该债务具有合法利益。例如，第三人为了达到行贿目的，代公职人员向开发商支付购房款，此时第三人代履行行为违反了《刑法》中行贿罪的相关规定，不构成第三人自愿代履行。

4. 根据债务性质、合同约定或法律规定，未明确将第三人代履行排除在外。笔者认为本条所规定的不能由第三人单方自愿代履行的情形与《民法典》第 545 条第 1 款不得让与的债权存在一定程度的重合。（1）根据债务性质只能由债务人履行的情形。有些合同的权利义务仅在特定的当事人之间生效，如果由第三人代履行，将会使合同内容发生变更，从而使代履行后的合同内容与合同约定内容失去联系性和同一性，最终导致债权人订立合同的目的无

法实现。如基于信赖关系签署的雇佣合同、委托合同或以选定特定债务人为基础签署的演出合同、创作合同等。(2) 合同约定只能由债务人履行的债务。这里需要说明的是，此种除外情形必须是有合同的明确约定，如“只能/仅能由某某履行”或“不得由他人履行”，如果仅约定“由某某履行”，没有明确排除他人代履行的，应当解读为可以由第三人代履行。(3) 根据法律规定，某一债权只能由债务人履行。如《侵权责任法》中关于赔礼道歉的规定，就只能由侵权行为人以自己的名义履行。

二、第三人单方自愿代履行的法律效力

第三人自愿代履行后产生的法律效力包括对内效力和对外效力。对内效力，指的是第三人代履行后，发生在合同相对人之间的效力。主要表现在以下方面：一是第三人代履行后，债务人对债权人所负的债务应作相应扣减；二是第三人不因其代履行行为而成为合同当事人，原合同相对人的地位亦不因此发生改变；三是第三人瑕疵履行产生的违约责任由债权人直接向债务人主张，第三人对债权人不承担瑕疵担保责任。

对外效力，是指第三人代履行后，发生在第三人和原合同相对人之间的效力。主要表现在以下方面：一是第三人代履行后，债权人对债务人相应债权转让给第三人，但债务人和第三人另有约定的除外。需要说明的是，这种债权转让是法定的，第三人在代履行后即自然取得该债权，通知债务人非此种债权转让生效的法定条件。二是债务人对原债权人所享有的抗辩可以向新的债权人即第三人主张。

三、需要注意的问题

在司法实践中，有以下几个问题需要注意：(1) 债务人对第三人单方自愿代履行行为具有提出异议和拒绝的权利，第三人不得违反债务人的意思强行代为履行，否则不发生债权转让的效力。(2) 债务人对第三人单方自愿代履行行为未提出异议或第三人自愿代为履行不损害债权人利益的情况下，债权人无权拒绝接受代履行，否则债权人不得就债务人逾期履行债务主张违约责任。(3) 因第三人自身原因履行不当造成债权人损失的，应当综合考虑第三人代为履行有无明显或重大过错、债务人是否反对、违约责任与损失大小等因素，在债务人和第三人之间酌情分配赔偿责任。

（王毓莹　撰写）

第五百三十三条　【情势变更】合同成立后，合同的基础条件发生了当事人在订立合同时无法预见的、不属于商业风险的重大变化，继续履行合同对于当事人一方明显不公平的，受不利影响的当事人可以与对方重新协商；在合理期限内协商不成的，当事人可以请求人民法院或者仲裁机构变更或者解除合同。

人民法院或者仲裁机构应当结合案件的实际情况，根据公平原则变更或者解除合同。

【法条链接】

《合同法解释（二）》第 26 条

【立法背景】

本条是《民法典》合同编中新增加的法律制度。

在债即法锁的理念约束下，罗马法强调契约必须严守，从而排斥情势变更的适用。但是，随着经济的发展及交易的复杂化，缔约之后的履约公平问题是近现代各个法律体系所共同面对的问题，[①] 由此现代国家立法和国际商事交往规范中多确立情势变更的相关规则。大陆法系特别是德国法的情势变更制度，对我国民法理论产生一定程度的影响，直接推动该制度在我国司法实践中被运用。

中华人民共和国成立以前，我国民法实务中已经存在情势变更制度的规范和适用。但中华人民共和国成立后，自社会主义民法体系的探索建立到本次《民法典》立法之前，我国民事立法中并无情势变更制度的规定。2009 年前后，全球性金融危机和国内宏观经济形势变化使得大宗商品价格起伏较大，由此导致许多民商事合同出现履行艰难的问题，这直接促使《合同法解释（二）》第 26 条中确定了情势变更规则，针对合同原有利益关系因经济激烈动

---

① 彭凤至：《情事变更原则之研究》，台湾地区五南图书出版公司 1986 年版，第 154 页。

荡而导致严重不平衡的结果，对其施以法律救济。[①] 该条规定："合同成立以后客观情况发生了当事人在订立合同时无法预见的、非不可抗力造成的不属于商业风险的重大变化。继续履行合同对于一方当事人明显不公平或者不能实现合同目的，当事人请求人民法院变更或者解除合同的，人民法院应当根据公平原则，并结合案件的实际情况确定是否变更或者解除。"情势变更制度在司法解释中的确立和在实践中的运用，直接推动理论界对该制度的深入研究，也深化了立法者对该制度的认识。

《民法典》起草过程中，在理论界和实务界的共同推动下，于合同编中规定了该法律制度。[②] 在本条起草之初，所拟条文直接建立在《合同法解释（二）》第 26 条的基础上，而随着立法草案的数次修改，本条逐渐完善。本条规定较之于《合同法解释（二）》第 26 条规定变化最大的内容，是将不可抗力所引发的情事变化作为该制度的"情事"范畴，删除了司法解释排斥不可抗力为变更之"情事"的规定。由此，在本条适用时需要重点加以注意。

【条文解读与法律适用】

一、情势变更制度的理论基础和功能

我国法学理论界多认为，最高人民法院司法解释中所确定的情事变化相当于德国法学理论的客观交易基础学说，而对于缔约中的动机错误则可以采纳重大误解制度来解决。此种理解符合目前我国情势变更、重大误解制度的实践状况，对于《民法典》所规定的情势变更制度的解释也具有价值。

情势变更制度的功能主要在于，针对情事变化引发的交易基础重要变化使得继续履行合同将导致不公平的法律后果，通过再平衡的方法来予以解决。德国法学说关于交易基础有主观交易基础和客观交易基础的区分。客观交易基础学说主要包括两个方面的内容：（1）对价关系破坏。当情势变更导致对

---

① 曹守晔：《最高人民法院〈关于适用《中华人民共和国合同法》若干问题的解释（二）〉之情势变更问题的理解与适用》，载《法律适用》2009 年第 8 期。

② 就术语而言，我国《民法典》所确立的原则中并无情势变更原则，而是在合同编具体制度中规定了合同严守之外的情势变更，就此而言，情势变更应作为一种制度，而非一种原则，且与合同必须严守原则相比较，情势变更为例外。

价关系发生变化，一方根本不可能将另一方之给付看作相对于自己给付的等价物时，双务契约便丧失了其本来的意义和特性。（2）缔约目的不能实现。依契约内容可以推知的客观的契约目的不能实现，而契约目的仅仅发生一时性困难，尚不足够。[①]

二、情势变更制度的构成要件

从《民法典》该条的规定来看，情势变更制度的要件主要包括如下几个方面：（1）有情势变更的事实，是指合同成立后合同赖以成立的基础条件发生异常变动。（2）情势变更发生在合同成立后履行完毕前。（3）情势变更不可归责于合同当事人。（4）情势变更是合同当事人缔约时所不可预见的。（5）情势变更使得履行原合同显失公平。

在本条的构成要件上，本条在履行后果中删除了合同目的落空的情形。就解释而言，则可以通过目的性扩张的解释方法，将合同目的落空解释为继续履行合同显失公平的规范范畴之内，以弥补该规定的漏洞。对此，全国人大宪法和法律委员会副主任委员沈春耀在十三届全国人大常委会第十五次会议第一次全体会议上作的《民法典各分编（草案）》修改情况和《民法典（草案）》编纂情况的汇报中指出："草案二次审议稿第三百五十三条第三款规定，合同不能履行致使不能实现合同目的，有解除权的当事人不行使解除权，构成滥用权利对对方显失公平的，人民法院或者仲裁机构可以根据对方的请求解除合同，但是不影响违约责任的承担。有的专家学者提出，这一规定的出发点在于解决实践中存在的由于合同不能履行而导致的僵局问题，但规定违约方可以申请解除合同，与严守合同的要求不符，建议删去。对个别合同僵局问题，可以考虑通过适用情势变更规则或者其他途径解决。宪法和法律委员会经研究，建议采纳这一意见，删去该款规定。"

三、情势变更制度的法律后果

适用情势变更制度的法律后果，即允许一方当事人请求变更或者解除合同[②]，这是比较法上的通行规定，对此，《合同法解释（二）》和《民法典》均赋予当事人请求变更和解除合同的权利。而《民法典》还赋予了当事人的

---

① ［德］梅迪库斯：《德国民法总论》，邵建东等译，法律出版社2001年版，第654页。

② 参见彭凤至：《情事变更原则之研究》，五南图书出版公司1986年版，第240页。

再交涉义务。

（一）再交涉义务

再交涉义务是本次立法关于情势变更制度的新规定内容。本条规定“受不利影响的当事人可以与对方重新协商”，这就是情势变更法律后果的再交涉义务。而对于该种义务，究竟为何种类型的义务，在理论上多有争议。目前主要集中在违反该种义务是否引起损害赔偿责任上，由此导致该种义务是附随义务，还是不真正义务两种主要争议上。笔者认为，就我国的情势变更制度的再交涉义务而言，应将之界定为一种不真正义务，[①]在违反该种义务的情况下，其引起的法律后果主要是请求变更、解除合同（或者终止合同）的法律后果。当然，对此的处理，需要未来最高人民法院出台相关司法解释，对之进行明确。

对于再交涉义务的具体程序，则可以参照当事人协商变更合同的模式进行处理。

（二）变更合同和解除合同

依据本条规定，在当事人协商不成的情况下，合同一方当事人可以请求变更和解除合同。因此，这就将符合情势变更制度和违反再交涉义务在逻辑上衔接起来。

1. 变更合同。就情势变更制度而言，本条的适用则属于法律赋予当事人的请求变更权。针对由于缔约时的客观基础发生变化，继续履行合同将导致严重失衡，法律赋予当事人基于情势变更制度申请变更合同的权利。但是，该种权利的行使极大地削弱了合同严守的原则，因此需要加以慎重处理，由此需要法院进行慎重衡量。在这其中，最重要的是该制度与商业风险的区分。事实上，也是由于此种履行合同的失衡很难同商业风险区分开来，在比较法上，特别是英美法系，均不承认基于通货膨胀或者标的物价值波动因素的合同变更或解除。由于在实践中往往很难将情势变更与商业风险区分开来，由此，法院在裁量的时候也需要顾及相对方的利益。比如，在购销合同关系中，

---

① 转引自仲伟珩：《投保人如实告知义务研究——以中德法律比较为出发点》，载《比较法研究》2010年第6期。关于不真正义务的概念，参见R. Schmidt，Die Obliegenheiten，1953，s. 195；比较法上的研究，参见Basaedow/Fock Europaeisches Versicherungsvertragsrecht I，2002年版，第73页，第80页以下的论述；Ruehl，Obliegenheiten im Versicherungsvertragsrecht，2004。

由于原产地的原材料大幅度涨价，如果允许出卖方甲变更合同要求购买方乙增加单价，则必然引发乙向下游购买者丙涨价，从而引发一系列的连锁反应；而如果乙与丙明确约定不可调价，则适用情势变更制度会损害乙方的利益。

2. 解除合同。对于由于情事变化所导致的合同不能履行问题，根据当事人的请求，可判决解除合同，自然不会产生实务上的困扰。但是，对于继续性履行合同而言，就涉及法院判决解除后，该解除是否具有溯及力的问题。对此，原则上合同解除不具有溯及既往的效力。比如，在合同当事人签订长期原材料购货合同时，由于大宗货物价格的上涨，已经远远超出缔约一方缔约的合同目的，在此情况下，如果一方请求解除合同，则此解除不能溯及之前已经履行的合同部分。

（三）法院判决变更合同和解除合同的性质

鉴于适用情势变更制度变更合同和解除合同涉及对当事人已经成立且有效的合同效力的巨大变化，故原则上不应由当事人基于一方的意思表示即发生效力，而应依靠第三方裁判来确定该种权利是否具有正当性的依据。因该种合同解除的效果并非基于当事人形成权行使，故不能采纳通知到达主义立场，而需要法官基于案件事实的判断，在裁判权斟酌范围内进行价值判断。[①]就此而言，该种解除权行使并非传统私法意义上的当事人形成权的行使，而是基于法院判断基础上的形成诉权，[②]形成效果则是通过胜诉判决实现。

（四）适用情势变更解除合同的判决主文表述

在当事人行使解除权实质上系一种形成诉权的情况下，法院判断解除时点即为当事人解除合同的时点，而非当事人提起再交涉的时间或者请求解除的时点。我国目前实践中法院判决多表述为“自本判决生效之日合同解除”，即以判决生效之日起作为合同解除的日期，这符合实践中因情势变更的权利行使的性质。当然，也有学者在借鉴《国际商事合同通则》所确立的规范指引基础上认为，对于解除的日期，法院也可以基于当事人纠纷的特殊情况，灵活确定解除的时点。[③]

---

① 彭凤至：《情事变更原则之研究》，台湾地区五南图书出版公司 1986 年版，第 60 页。

② Vgl. Brox/Walker, Allgemeiner Teil des BGB, 32. Aufl. 2008, s. 250.

③ 韩世远：《合同法总论》（第四版），法律出版社 2019 年版，第 520 页。

四、不可抗力作为情势变更形态的竞合适用

《民法典》与《合同法解释（二）》关于情势变更制度的规定区别在于，将不可抗力作为情势变更形态的一种。虽然不可抗力系情势变更的形态之一，但是情势变更还在违约责任中占有一席之地，因此二者在法律适用上还有独立的功能空间，由此必然涉及法律适用的请求权竞合问题。

由于不可抗力导致当事人一方合同不履行的，自可依据本法规定，减轻或者免除当事人的责任，或者解除合同。但是，对于合同当事人而言，基于已有的缔约努力，双方当事人可能共同期待继续履行合同，且期望通过协商来变更合同，这就涉及情势变更所引发的再交涉问题。例如，合同约定了履行期限及迟延履行的违约责任，但是由于不可抗力的影响，双方当事人均同意不可抗力事件过后继续履行合同，而对于迟延交货一方而言，如果要求其按照合同约定承担违约责任，显然将带来明显不公平的法律后果；而如果完全将这种免除责任交由订货方承担，也可能对订货方构成不公平。由此，在一定程度上，赋予当事人再交涉权利，重新协商确定相应的责任承担，比一概僵硬适用免除违约方的责任来得灵活。[①] 而在当事人磋商不成时，则可以由当事人在请求权竞合时选择相应的请求权规范作为请求权基础。对于当事人选择适用情势变更法律制度时，法院则可以基于情势变更原则加以裁判。在此情况下，节省了当事人进一步缔约的成本，实现双赢的法律后果。

（仲伟珩　撰写）

① 例如，广西住房城乡建设厅于2020年1月30日印发的《关于加强全区住房城乡建设系统新型冠状病毒感染的肺炎疫情防控工作的通知》中要求全区住建系统严格控制复工时间，2020年2月9日前全区所有在建项目一律不得复工，因疫情防控导致的建设工期延误，属于建筑施工合同约定的不可抗力情形，建设单位应将建筑施工合同约定的工期予以顺延。对于合同完全不能履行的，或者延迟履行或部分履行不能实现合同目的的，根据当事人请求，法院可以判决解除合同。

第五章　合同的保全

第五百三十六条　【债权人代位权的提前行使】 **债权人的债权到期前，债务人的债权或者与该债权有关的从权利存在诉讼时效期间即将届满或者未及时申报破产债权等情形，影响债权人的债权实现的，债权人可以代位向债务人的相对人请求其向债务人履行、向破产管理人申报或者作出其他必要的行为。**

【法条链接】

《民法典》第535条、第537条；《合同法》第73条；《税收征管法》第50条；《破产法》第45条、第56条；《合同法解释（一）》第13条

【立法背景】

20世纪八九十年代，中国企业之间、企业与银行之间形成了严重的“三角债”问题，政府多次采取行政手段清理“三角债”，但没有从根本上解决问题。《合同法》通过创设债权人代位权制度，以法治和市场的手段基本化解了“三角债”以及债务逃废问题。《合同法》第73条规定：“因债务人怠于行使其到期债权，对债权人造成损害的，债权人可以向人民法院请求以自己的名义代位行使债务人的债权，但该债权专属于债务人自身的除外。代位权的行使范围以债权人的债权为限。债权人行使代位权的必要费用，由债务人负担。”但仅此一条规定尚不足以满足司法实践需要。代位权诉讼涉及的具体问题，如构成要件、诉讼主体、管辖、行使效果等，均需进一步明确。《合同法解释（一）》用12个条文对这一制度进行了细化。《审理民事案件适用诉讼时

效制度若干问题的规定》从诉讼时效角度完善了债权人提起代位权诉讼的法律效果。《合同法解释（二）》明确了以境外当事人为被告的代位权诉讼管辖。《税收征管法》第 50 条将代位权扩张至公法领域，规定税务机关也可行使代位权，以防范和减少国家税收的不当流失。

《民法典》对合同保全制度予以充分重视，改变了《合同法》立法体例，将该制度从“合同履行”中单列出来，设“合同保全”专章，规定合同代位权和撤销权制度。其中，对《合同法》第 73 条进行修改、分解和补充，以《民法典》第 535 条至第 537 条三个条文完善了代位权制度。虽然《合同法》第 73 条并未明确规定，债权人行使代位权是否以其债权已到期为必要条件。《合同法解释（一）》第 13 条第 1 款规定：“合同法第七十三条规定的‘债务人怠于行使其到期债权，对债权人造成损害的’，是指债务人不履行其对债权人的到期债务，又不以诉讼方式或者仲裁方式向其债务人主张其享有的具有金钱给付内容的到期债权，致使债权人的到期债权未能实现。”即债权人享有的债权和债务人享有的债权均已到期，方可行使代位权。在《民法典》制定过程中，有观点认为，代位权针对的是债务人消极损害债权的行为，此种行为只是使债务人应增加的财产未增加，在债权人对债务人的债权未到期情况下，债权人很难确定债务人是否具有足够的责任财产清偿债务，即难以确定债权人的债权是否受到损害，没必要专门规定未到期债权的债权人代位权。立法机关认为，债权人在一般情况下是不能提前主张债权的，但有时要求债权人所享有的债权也必须按照合同约定的时间绝对到期也不尽合理。在某些特殊情况下，如果仍要求债权人的债权必须到期，则将有可能使债务人的责任财产因其消极行为而减少，危及债权人债权的实现，削弱代位权的制度功效。许多国家或地区有可参考的立法例，如《日本民法典》第 423 条规定，虽然债权人的债权未到期，但债权人专为保存债务人权利之行为，亦可行使代位权。因此，有必要赋予特定情形下未到期债权的债权人相应的代位权，《民法典》新增本条予以规定。另外，在立法中，有意见认为，债务人的“相对人”应修改为“次债务人”，但立法机关认为代位权客体不限于债权，还有担保权、形成权等，故“次债务人”已不能包括所有的债务人的相对人类型，改为“相对人”更科学、严谨。

【条文解读与法律适用】

一、未到期债权的债权人代位权与到期债权的债权人代位权

一般而言，债权人的代位权即指《民法典》第535条规定的到期债权的债权人代位权。本条是关于未到期债权的债权人代位权的规定，不同于一般意义上的代位权。这一特殊的代位权制度学理上又称保存行为，指债权人为预防债务人权利消灭或变更，维持权利现状之行为。例如消灭时效之中断、保存登记、典物之回赎、第三人（债务人之相对人）破产时之债权申报、第三债务人全部财产经法院强制执行拍卖时之参与分配。其为事实行为、法律行为或诉讼行为，在所不问。[①] 与到期债权的代位权相比，未到期债权的代位权有以下特殊性：一是债权人的债权未到期，而到期债权的代位权要求债权人的债权已到期；二是债务人的债权及其从权利存在诉讼时效期间即将届满或者未及时申报破产债权等情形，而到期债权的代位权则是债务人怠于行使其债权以及与该债权有关的从权利；三是债权人可以代位直接向债务人的相对人提出保存请求，而到期债权的债权人应向人民法院提出代位请求；四是债权人请求债务人的相对人向债务人履行、向破产管理人申报或者作出其他必要的行为，起到保存债权人权利的效果，而到期债权的债权人享有事实上的优先受偿权，其行使代位权，接受债务人的相对人的履行后，消灭债权人与债务人之间、债务人与相对人之间的两个债权债务关系。

二、未到期债权的债权人行使代位权的要件

一是债权人对债务人享有合法债权，即债权人与债务人之间存在合法的债权债务关系，债权人对债务人享有合法的债权。若债权人对债务人不享有合法债权，如赌博之债、买卖婚姻之债，因违法合同被认定为无效、合同被撤销或者已过诉讼时效，债权人就不能行使代位权。但是，如果合同无效或被撤销后，债权人对债务人享有返还请求权、赔偿请求权时，仍应认定债权人可行使代位权。

二是债务人对相对人享有合法权利。与债权人享有的债权一样，债务人

---

① 史尚宽著：《债法总论》，中国政法大学出版社2000年版，第465页。

对相对人的权利也应合法。《合同法》第 73 条将债务人享有的权利规定为债权，即将代位权客体限于债权，《民法典》对此作了修改，将其扩展为“债权以及与该债权有关的从权利”。《法国民法典》规定为债务人的一切权利与诉权，《日本民法典》规定为债务人的权利。笔者认为，代位权客体不但包括债权，还应包括相关的担保权、形成权以及诉讼权利等，但物权请求权应予排除。因为物权请求权指向的物仍然属于债务人的财产，可以直接成为执行标的，债权人没有对其行使代位权诉讼的必要。

三是债务人的权利存在诉讼时效期间即将届满或者未及时申报破产债权等情形，影响债权人债权的实现。《民法总则》及有关法律规定的普通诉讼时效为三年，特殊诉讼时效为一年或二年，最长诉讼时效为二十年。债权一旦超过法律规定的诉讼时效，便丧失胜诉权。我国《破产法》第 45 条规定：“人民法院受理破产申请后，应当确定债权人申报债权的期限。债权申报期限自人民法院发布受理破产申请公告之日起计算，最短不得少于三十日，最长不得超过三个月。”第 56 条规定：“在人民法院确定的债权申报期限内，债权人未申报债权的，可以在破产财产最后分配前补充申报；……”另外，债务人的债权有保证、抵押等担保权利或者申请强制执行的，也存在一定期限。上述各种情形，如债务人怠于行使其权利，必然导致其责任财产的减损，可能对债权人的债权到期后的履行造成影响，赋予未到期债权的债权人以代位权，符合代位权作为合同担保制度之本意。但该类债权人行使代位权应当是在债务人权利的诉讼时效或破产债权申报期间即将届满，即因债务人怠于行使其权利而危及债权人的未到期债权在将来的实现，而非只要债务人有权主张其权利，即满足该要件。如普通诉讼时效为三年，债权人不得在第一年或第二年即行使代位权。

四是债权人可以代位向债务人的相对人请求其向债务人进行相关必要的行为。与到期债权的代位权不同的是，未到期债权的代位权仅具有保存债务人权利之效力，并不消灭债权人与债务人之间的债权债务关系，故不限于向法院提出代位权。只要能导致债务人的债权诉讼时效中断、破产债权及时获得登记、担保物权得以存续、申请诉讼保全、申请强制执行、参与执行分配等情形，债权人均可依法向有关主体提出，以消除其债权在将来到期后难以受偿之虑。

三、需要注意的问题

一是关于《合同法解释（一）》的适用。《合同法解释（一）》第 11 条至第 22 条对债权人代位权作了司法解释，其中部分内容已经被民法典吸收，上升为立法。该解释虽然是根据《合同法》作出的，但仍有相当多的内容，特别是诉讼程序仍可在《民法典》实施后参照适用，如诉讼主体、管辖法院、另案诉讼等。在新的司法解释出台前，诉讼程序方面的内容对到期债权代位权诉讼和未到期债权代位权诉讼均可适用。

二是债权人债权的实际受偿条件。与到期债权的债权人行使代位权可消灭债权债务关系不同，未到期债权的债权人行使代位权后仅保存债务人的权利，适用“入库规则”。即债权人对债务人的相对人代位主张权利后，相对人向债务人偿还债务、破产管理人将债务人的债权登记为破产债权或者法院对债务人的债权强制执行等，债务人因此所获得的财产纳入其责任财产，提起撤销权诉讼的债权人同其他债权人享有平等受偿权。债权人若要获得实际清偿，仍需等待其债权到期后，由债务人自动履行或者通过诉讼等法定程序加以救济。

三是有担保权的债权人一般不能行使代位权。代位权制度对债的相对性原则仅是突破而非否定，债的相对性原则的坚守是常态，突破不是常态。[①] 担保制度和代位权制度都是为了保障债权人的债权实现。在债权存有担保的情况下，债权人基于其保证债权或优先受偿权实现债权有较为现实的物质基础，债务人怠于行使权利并不会给未到期债权的债权人造成实质影响，债权人行使代位权的条件并未成就。

（王朝辉　撰写）

第五百三十七条　【债权人代位权的行使效果】人民法院认定代位权成立的，由债务人的相对人向债权人履行义务，债权人接受履行后，债权人与债务人、债务人与相对人之间相应的权利义务终止。债务人对相对人的债权或者与该债权有关的从权利被采取保全、执行措施，或者债务人破产的，依照相关法律的规定处理。

---

① 薛军、张志刚：《担保前提下债权人代位权的补充性兼议债的相对性原则的坚守与突破》，载《人民司法》2012 年第 5 期。

【法条链接】

《民法典》第536条；《合同法解释（一）》第20条、第21条；《审理民事案件适用诉讼时效制度若干问题的规定》第18条

【立法背景】

《合同法》确立债权人代位权制度，但缺乏关于债权人行使代位权的法律效力规定。《合同法解释（一）》第20条规定了代位权的效力，即“债权人向次债务人提起的代位权诉讼经人民法院审理后认定代位权成立的，由次债务人向债权人履行清偿义务，债权人与债务人、债务人与次债务人之间相应的债权债务关系即予消灭”。这一规定填补了立法漏洞，在司法实践中起到了较好效果，《民法典》予以吸收，并增加了相关内容。早在《合同法解释（一）》第20条起草过程中，在“由次债务人向债权人履行清偿义务”前曾还有一句话，即“债权人获得清偿后”，债权人与债务人、债务人与次债务人之间相应的债权债务关系即予消灭。但在司法解释正式出台后，这句话被删除了，导致实践的争议。第一种意见认为，虽然债权人代位权诉讼胜诉了，但是只有次债务人实际履行债务，才能消灭债权人与债务人、债务人与次债务人之间的债权债务关系；如果债权人未获次债务人的实际清偿，仍应支持债权人要求债务人偿还债务的诉讼请求。第二种意见认为，根据文义解释以及债权人可能会获得双重受偿等原因，只要法院认定债权人代位权成立，支持了债权人要求次债务人向其偿还债务的诉讼请求，三个主体之间的两个债权债务关系即予消灭。理论界和实务界较多赞同第一种意见。[①] 本条特意增加“债权人接受履行后”内容，在立法层面给争论提供了一个权威答案。

另外，《民法典各方编（草案）》（一审稿）曾规定，债权人行使代位权既可以向法院提起诉讼，也可以向仲裁机构申请仲裁。在立法过程中，有意

---

① 相关争论可参见李志刚主编：《民商审判前沿：争议、法理与实务——“民商法沙龙”微信群讨论实录》（第一辑），人民法院出版社2019年版，第158—169页。

见提出债权人与债务人的相对人没有直接合同关系，也就不会有仲裁协议，代位权是法律特别赋予债权人突破合同相对性的实体权利，不能扩张到程序领域。《民法典合同编（草案）》（二审稿）即删除有关仲裁机构的内容。

【条文解读与法律适用】

一、代位权诉讼的“入库规则”与直接受偿

按照传统民法理论和某些国家的立法与司法实践，代位权行使的效力只能及于债务人与其相对人，而不能及于债权人，即代位权诉讼的效果直接归于债务人，相对人偿还的财产加入债务人的责任财产，而不是由债权人直接受领。如债务人怠于受领偿还的财产，债权人可代位受领，但其受领后，债务人可请求债权人向其交付受领财产。这一原则被称为代位权诉讼的“入库规则”。[①]《民法典》第536条关于未到期债权的债权人代位权适用“入库规则”。本条并未采用“入库规则”，而是规定将代位权诉讼效果直接归属于债权人。债权人的直接受偿与债的相对性、平等性以及合同保全制度目的不符，故一般认为这是代位权诉讼的债权人基于代理受领与法定抵销权，使其在事实上具有了优先受偿的效果。

二、代位权诉讼产生效力的条件

代位权诉讼的特点是将两个诉讼标的合并审理，是一种法定的诉之合并，通过一个诉讼达到消灭三方两个债权债务关系的效力，其成就条件如下：一是债权人胜诉，即人民法院支持债权人对相对人享有代位权的诉讼请求，认定债权人的代位权成立，并判令相对人直接向债权人履行义务。二是债权人的债务获得实际清偿，即在法院判决生效后，相对人自动向债权人交付财产或经法院强制执行履行判决义务。但如果债务人对相对人的权利被采取保全、执行措施，或者债务人破产，就要根据相关法律（包括司法解释）规定判断是否阻碍了上述两个条件的成就。如债务人对相对人的金钱债权因另案已被执行法院冻结，审理代位权诉讼的法院不能判令相对人向债务人履行清偿义务；又如债务人进入破产程序的，债务人对相对人的债权即纳入破产财产，

---

① 曹守晔：《代位权的解释与适用》，载《法律适用》2000年第3期。

债权人只能依据判决结果，依法申报债权，无权单独接受相对人的履行。值得一提的是，是否存在上述情形属法院依职权审查事项，即使当事人不主张，法院也应予审查。

三、需要注意的问题

一是所消灭的三方两个债权债务的金额受到“双重限制”。《合同法解释（一）》第21条规定：“在代位权诉讼中，债权人行使代位权的请求数额超过债务人所负债务额或者超过次债务人对债务人所负债务额的，对超出部分人民法院不予支持。”代位权诉讼消灭的仅是法院支持且获实际清偿的债权数额，未获法院支持的部分或未获实际清偿的部分，债权人或债务人仍可另案提起诉讼。如债权人对债务人的债权为100万元，债务人对相对人的债权为60万元，法院判决相对人应向债权人支付60万元，但经法院强制执行后债权人仅获得40万元的清偿，相对人已无清偿能力，债权人可另案请求债务人向其偿还60万元。

二是债权人提起代位权诉讼导致两个债权的诉讼时效中断。《审理民事案件适用诉讼时效制度若干问题的规定》第18条规定：“债权人提起代位权诉讼的，应当认定对债权人的债权和债务人的债权均发生诉讼时效中断的效力。”无论债权人代位权诉讼是否获得全部支持或部分支持，均导致两个债权的诉讼时效中断。

（王朝辉 撰写）

第五百三十八条 【无偿处分时的债权人撤销权行使】债务人以放弃其债权、放弃债权担保、无偿转让财产等方式无偿处分财产权益，或者恶意延长其到期债权的履行期限，影响债权人的债权实现的，债权人可以请求人民法院撤销债务人的行为。

【法条链接】

《民法典》第539条、第540条、第541条；《合同法》第74条、第75条

【立法背景】

代位权和撤销权构成合同保全的两大制度，代位权针对债务人侵害债权的消极行为，撤销权针对债务人侵害债权的积极行为。《合同法》第 74 条、第 75 条规定了撤销权，第 74 条规定："因债务人放弃其到期债权或者无偿转让财产，对债权人造成损害的，债权人可以请求人民法院撤销债务人的行为。债务人以明显不合理的低价转让财产，对债权人造成损害，并且受让人知道该情形的，债权人也可以请求人民法院撤销债务人的行为。撤销权的行使范围以债权人的债权为限。债权人行使撤销权的必要费用，由债务人负担。"第 75 条规定："撤销权自债权人知道或者应当知道撤销事由之日起一年内行使。自债务人的行为发生之日起五年内没有行使撤销权的，该撤销权消灭。"第 75 条内容未作修改，直接成为《民法典》第 541 条。但第 74 条关于债务人恶意损害债权人的三种行为，并不能涵盖实际经济生活中民商事交易的多种情形。《合同法》实施以来，债务人通过不当交易或关联交易方式，转移财产、逃废债务的现象日益增多。因此，在充实完善《合同法》第 74 条第 1 款内容后，立法机关将其分解为《民法典》第 538 条、第 539 条，同时将第 2 款内容直接作为《民法典》第 540 条。

【条文解读与法律适用】

一、撤销权的构成要件

债权人撤销权，也称废罢诉销权，起源于古罗马法，是"债权人为维护本身的合法权益得请求法院撤销债务人处分财产的行为"的权利。[①] 撤销权的构成要件包括以下几个方面。

首先，债权人对债务人存在有效债权。主张撤销权的人对债务人必须享有有效债权，该债权不限于金钱债权，但须是以财产权为标的的债权，所以不作为债权或者以劳务为标的的债权，不可成立撤销权；若该债权因债务人

---

① 江平、米健著：《罗马法基础》，中国政法大学出版社 1988 年版，第 218 页。

不履行而转化为损害赔偿之债，则可以成立撤销权。该债权须为债务人处分财产权益行为之前已经发生的债权，但不要求已届清偿期。对于一些特别的债权，如租赁权、有担保权的债权等，债务人处分租赁物等行为基本无碍债务人的义务履行，这些特别债权的债权人不能行使撤销权。

其次，债务人实施了一定的处分财产权益行为。债务人的处分行为，包括双方行为或单方行为、有偿行为或无偿行为，但不包括诸如加工、改造或毁损等事实行为。本条列举了债务人放弃其债权、放弃债权担保、无偿转让财产、恶意延长其到期债权的履行期限四种无偿行为。另外三种行为规定于《民法典》第539条。本条列举的前三种行为，虽未明确要求债务人及其相对人主观上具有恶意，但因债务人所实行的为无偿行为，实质上已推定其为恶意，无须债权人另行举证。值得一提的是，债务人放弃其债权包括到期债权和未到期债权，这一点与《合同法》限定为到期债权不同。债务人延长其到期债权的履行期限，其原因有很多，有些情况如相对人短期资金周转困难等属正当理由，故债权人对该行为行使撤销权，应证明债务人具有恶意，即诈害债权的故意。

最后，债务人的行为影响债权人的债权实现。债务人无偿处分其财产权益，将导致债务人责任财产减少，对债权人产生不利影响，但此种不利影响须达到一定程度即支付不能，才使债权人拥有撤销权。如债务人自认为无资力支付，或停止支付，或其商业账簿证明其无资力支付，或其他债权人已为强制执行但无效果等。债权人认为债务人无资力支付的，应承担举证责任。而且，债务人支付不能的状态应当与损害债权人债权之间，具有相当的因果关系，如果是客观情势变化造成的，如物价大幅上涨、经营状况急剧恶化等，债权人不能行使撤销权。

二、需要注意的问题

一是债权人撤销权诉讼不同于第三人撤销之诉。债权人撤销权属于实体法上的权利，债权人通过向人民法院提起诉讼的方式行使撤销权。第三人撤销之诉是原审有独立请求权第三人或无独立请求权第三人，非因自身原因未参加原审诉讼的，且原审诉讼结果损害其民事权利的，可以提起第三人撤销之诉。如果债务人不是通过民事交易方式，而是通过诉讼方式无偿或低价有偿方式处分财产权益，债权人无权提起撤销权诉讼，应在其具备第三人撤销之诉原告资格时，通过第三人撤销之诉予以救济，或者以其他方式救济。在强制执行程序中，作为申请执行人的债务人放弃执行债权或执行和解，影响债权人债权实现的，债权人有权依据本条提起撤销权诉讼。

二是应综合平衡债权人的债权保护、债务人财产处分和相对人的交易安全。根据《合同法》第 74 条的规定，债权人行使撤销权的条件之一是债务人的行为“对债权人造成损害的”，而本条则修改为“影响债权人的债权实现的”。这一变化赋予了法官更多的自由裁量权。当多种合法权利相冲突时，应当具体考量各种利益保护的优先性和合理性，特别是债务人的行为对债权的损害程度，相对人的受益程度与主观过错等，以决定是否支持债权人的诉讼请求。

三是人民法院审理债权人撤销权案件的诉讼程序。债权人应以债务人为被告，债务人的相对人为第三人；债权人未将相对人列为第三人的，人民法院可予以追加。撤销权的行使范围以债权人的债权为限，人民法院仅审理在该债权范围内的债权人诉讼请求，以及债权人行使撤销权的律师代理费、差旅费等必要费用。

四是关于对本条“等”字的解释。本条规定“债务人以放弃其债权、放弃债权担保、无偿转让财产等方式无偿处分财产权益”，该处“等”字为债务人无偿处分其财产权益提供了解释空间，如遗赠、无偿赠与、企业派生分立等行为也可成为撤销权对象。

（王朝辉　撰写）

第五百三十九条　【不合理价格交易时的债权人撤销权行使】债务人以明显不合理的低价转让财产、以明显不合理的高价受让他人财产或者为他人的债务提供担保，影响债权人的债权实现，债务人的相对人知道或者应当知道该情形的，债权人可以请求人民法院撤销债务人的行为。

【法条链接】

《民法典》第 538 条、第 542 条；《民诉法解释》第 501 条

【立法背景】

关于本条的立法背景已在上一条中进行了说明，在此不再赘述。值得一提的是，立法过程中关于撤销权和代位权连续诉讼规定存在争议。《合同法解释（一）》第25条第1款规定："债权人依照合同法第七十四条的规定提起撤销权诉讼，请求人民法院撤销债务人放弃债权或转让财产的行为，人民法院应当就债权人主张的部分进行审理，依法撤销的，该行为自始无效。"该内容经修改，并转化为立法语言后，作为《民法典》第542条，即"债务人影响债权人的债权实现的行为被撤销的，自始没有法律约束力"。对于该条的后续内容，《民法典合同编（草案）》（二审稿）曾规定过第2款，即债权人请求人民法院撤销债务人行为的，可同时依法以自己的名义代位行使债务人在其行为被撤销后对相对人所享有的权利。在审议过程中，有观点认为，此第2款的内容将撤销权和代位权合并于一个诉讼，以代位权否定和消解撤销权价值，且其叠床架屋的构造不具有合理性。立法机关经审议认为，债权人的撤销权成立的，债务人的相对人因此取得的财产属于不当得利，应向债务人返还。若债务人怠于接受的，债权人可通过强制执行债务人的债权或者另行提起代位权诉讼予以解决，没有必要再予以专门规定，故在《民法典（草案）》（征求意见稿）中即删除了第2款。

【条文解读与法律适用】

一、对本条所列三种行为的理解

本条列举了债务人影响债权人债权实现的三种行为，即以明显不合理的低价转让财产、以明显不合理的高价受让他人财产、为他人的债务提供担保。对"明显不合理的低价"和"明显不合理的高价"的认定，一般以债务人实现转让行为时的市场价格或可参照价格为准。但在债权人行使撤销权时，被转让财产的市场价格暴跌或暴涨，债务人的转让行为对债权的损害已不存在，无行使撤销权的必要。为他人债务提供担保并非直接导致债务人责任财产的减少，但对债权人的债权造成潜在损害。为避免债务人通过担保方式转移财产，逃废债务，本条予以规定。值得探讨的是，对债权造成潜在损害的情形并不只债务人提供担保，还有债务人受让或加入他人债务、对已过诉讼时效债务的承认等。这些行为能否被撤销，需要在司法实践中进一步明确。

二、关于债务人及其相对人的主观恶意

关于债务人恶意，有观念主义和意思主义两种立法例。按照观念主义，债务人的恶意是指债务人明知其行为可能造成无法偿还债务，从而有害于债权的后果，法国、日本均采此立法例。而按照意思主义，债务人的恶意不仅要求债务人明知其行为有害债权，而且在主观上还要有诈害债权人的意思，德国、瑞士和奥地利等国家采此立法例。我国《民法典》除第538条规定的债务人“恶意延长其到期债权的履行期限”外，主要采观念主义，即债务人有“以明显不合理的低价转让财产、以明显不合理的高价受让他人财产、为他人的债务提供担保”行为的，即推定为恶意。至于相对人是否具有故意损害债权人的意图，本条规定“债务人的相对人知道或者应当知道”即可。相对人是否曾与债务人恶意串通，在确定其恶意时并不考虑，这也是采观念主义立法例。相对人必须在其受益时为恶意，在受益后为恶意的，不得对之行使撤销权。

三、需要注意的问题

一是对债务人恶意的证明实行推定原则。债务人超过其清偿资力而实施行为时，可推定其为具有恶意。相对人的恶意，一般要求债权人举证，但债权人能证明债务人有害于债权的事实，依当时具体情形认定相对人“知道或应当知道”。

二是根据《民法典》第542条的规定，债权人对撤销债务人有关行为的诉讼请求获得人民法院生效裁判支持的，债务人的行为自始无法律约束力，故相对人因此所获得的财产权益应予返还。如债务人怠于受领返还的，债权人可根据《民诉法解释》第501条直接向法院申请强制执行，执行所得财产归债权人。强制执行效果类似于到期债权的债权人代位权的行使，但更为简练高效。

（王朝辉　撰写）

第六章 合同的变更和转让

第五百四十五条 【债权的转让】债权人可以将债权的全部或者部分转让给第三人，但是有下列情形之一的除外：

（一）根据债权性质不得转让；

（二）按照当事人约定不得转让；

（三）依照法律规定不得转让。

当事人约定非金钱债权不得转让的，不得对抗善意第三人。当事人约定金钱债权不得转让的，不得对抗第三人。

【法条链接】

《合同法》第79条

【立法背景】

与《合同法》第79条相比，本条第2款属于新增内容，系关于债务人与让与人之间的禁止转让债权约定（以下简称禁止债权让与特约）对外效力之规定。总体上，本条新增条款区分金钱债权和非金钱债权，就禁止债权让与特约是否可以对抗第三人进行了略有差异的立法。根据《合同法》第79条第2项的规定，当事人之间约定债权不得转让的，债权人不得将债权部分或全部转让给第三人。但这种约定对于第三人的效力，即禁止债权让与特约是否足以导致违反约定的债权让与无效，《合同法》第79条并未作出明确规定，导致司法实践中存在争议。

民法典合同编几次的审议稿，曾对该部分内容作出过略有差异的规定。

一次审议稿第334条规定："债权人可以将债权全部或者部分转让给第三人，但是有下列情形之一的除外：……（二）按照当事人约定非金钱债权不得转让；……当事人约定非金钱债权不得转让的，不得对抗善意第三人。"根据一次审议稿的规定，当事人之间只得约定非金钱债权禁止转让，金钱债权可自由转让。但二次审议稿删去了"非金钱债权"的表述，将该项内容又恢复至与《合同法》一致。如此一来，禁止金钱债权转让特约的对外效力问题又成了立法空白，容易产生分歧。于是三次审议稿在第545条第2款中又补充规定，当事人约定金钱债权不得转让的，不得对抗第三人。

禁止债权让与特约中涉及两种互相冲突的利益，即债务人保护和债权流通性。[①] 除此之外，一旦债权被转让，还会涉及受让人利益保护的问题。原则上，禁止债权让与特约系当事人意思自治的结果，应当予以尊重。但是，现实中大企业在缔约中处于优势，往往在合同中约定债权不得转让，作为债权人的小企业难以通过债权让与获得融资，导致经营困难。此外，由于债权禁止转让的约定往往缺乏公示，受让人很多情况下不知道债务人与让与人之间存在禁止债权让与特约，如认为让与绝对无效，对受让人不公平。本条第2款对上述问题进行明确，有效缓和了利益冲突问题。本条新增内容主要有两个方面的意义：一是针对金钱债权和非金钱债权不同的融资能力，对两者的可让与性进行了区分；二是明确了禁止债权让与特约对抗第三人的能力。

【条文解读与法律适用】

一、比较法上禁止债权让与特约对第三人的效力

从比较法的角度上，国际上因对当事人利益保护的侧重的不同，存在不同的立法例。第一种是禁止债权让与特约对第三人无效的立法例，以《法国民法典》和《美国统一商法典》为代表。如《美国统一商法典》规定，应收款等权利让与的意定或法定限制均不生效力，即该约定非但不能阻止让与在当事人之间生效，也不能导致该让与构成债务人和让与人之间的违约。[②] 以法

---

① 王利明：《合同法研究》（第二卷）（第3版），中国人民大学出版社2015年版，第204页。

② 李宇：《保理合同立法论》，载《法学》2019年第12期。

国和美国为代表的立法例主要侧重对债权流动性的保护。第二种是对第三人有效的立法例，以《德国民法典》为代表。《德国民法典》第399条规定，因与债务人有约定不得让与的债权，不得让与。根据该规定，禁止债权让与特约对包括第三人在内的所有人具有普遍效力，违反禁止债权让与特约的债权转让无效。不过《德国民法典》第405条作出了一种例外规定，即债务人已制作债务证书，在出示该证书才能让与的情况下，特约不得对抗受让人。第三种是不得对抗善意第三人的立法例，以《日本民法典》为代表。该种立法例认为，只要受让人在受让债权时系出于善意，则债务人不得以有禁止债权让与特约对抗受让人，债权让与有效。本条第2款与《日本民法典》的规定类似。

二、需要注意的问题

（一）注意区分金钱债权和非金钱债权

金钱债权的财产权性质更强于非金钱债权，特别适合让与和融资需要，例如应收账款这类债权往往成为保理合同的标的物，不宜对其可让与性作出限制。因此，对于标的物性质不同的禁止债权让与特约，应当对其对外效力进行立法区分。对于非金钱债权让与，如果债务人与让与人之间存在禁止债权让与的约定，转让行为是否有效，取决于受让人受让债权是否系出于善意；对于金钱债权让与，即便债务人与让与人之间存在禁止债权让与的约定，债务人仍不能主张让与行为无效。在让与有效的情况下，受让人取得债权，得以向债务人主张清偿。值得注意的是，在非金钱债权让与中，即便违反约定的让与行为有效，亦不妨债务人根据禁止债权让与特约向让与人主张违约责任。

（二）第三人善意的认定

善意第三人是指在有瑕疵的法律关系中，该瑕疵法律关系双方之外的不知法律关系有瑕疵，而作出有损瑕疵法律关系双方的某一方，该第三人所作出的损害行为并非出于故意。换言之，第三人在民事行为中，非因自身原因而不知道自己参与的行为是不合法或者违反第三方约定的。由于禁止债权让与特约一般不具有公示性，所以法院在进行裁判时应当谨慎，需综合具体的情况进行认定。原则上，如果债权证书中记载有禁止债权让与特约，应当由受让人举证证明其受让债权的行为系出于善意。

（刘少阳　撰写）

第五百四十七条　【从权利的转移】债权人转让债权的，受让人取得与债权有关的从权利，但是该从权利专属于债权人自身的除外。

受让人取得从权利不因该从权利未办理转移登记手续或者未转移占有而受到影响。

【法条链接】

《物权法》第192条；《合同法》第81条；《审理涉及金融资产管理公司收购、管理、处置国有银行不良贷款形成的资产的案件适用法律若干问题的规定》第9条；《城市房地产抵押管理办法》第37条；《国家土地管理局土地登记规则》第43条

【立法背景】

与《合同法》第81条相比，本条第2款属于新增内容，主要明确债权让与中从权利的取得是否需要进行转移登记或者转移占有的问题。《合同法》第81条仅规定债权让与中从权利跟随主债权一并转移，但并未明确该从权利转移的生效是否需要以办理转移登记手续或者转移占有为要件，导致实务中存在分歧。以抵押权为例，实践中针对上述问题主要存在两种对立观点。一种观点认为，在没有抵押权独立转让的制度下，应该经过重新登记，受让人方能取得抵押权。主要理由在于如果认为从权利转移不需办理转移登记手续或者转移占有，与我国《物权法》的立法精神和物权变动的公示公信原则相违背。另一种观点认为，从权利随主债权一并转移是债权让与的法定后果，故无须进行转移登记。

我国一些部门规章对上述问题曾作出过相应规定。《城市房地产抵押管理办法》第37条第1款规定："抵押权可以随债权转让。抵押权转让时，应当签订抵押权转让合同，并办理抵押权变更登记。抵押权转让后，原抵押权人应当告知抵押人。"根据该条规定，抵押权随之转移的债权让与应当包含两个

合同，即主债权转让合同和抵押权转让合同。此外，该规定还进一步明确，抵押权转移应当办理变更登记。《国家土地管理局土地登记规则》第43条亦规定："土地使用权抵押期间，抵押合同发生变更的，抵押当事人应当在抵押合同发生变更后十五日内，持有关文件申请变更登记。"该规定明确要求，抵押合同发生变更时，应当申请变更登记。前述部门规章曾在一段时期内对我国司法实践产生一定影响，有司法判决曾以此为依据，认为债权让与中的从权利转移应当以办理转移登记手续为要件。但由于它们在立法位阶上系部门规章，且属于程序法，故实际上不能对抵押权转移登记具有何种实体法效力作出规定。[①] 最高人民法院2001年出台的《审理涉及金融资产管理公司收购、管理、处置国有银行不良贷款形成的资产的案件适用法律若干问题的规定》第9条规定："金融资产管理公司受让有抵押担保的债权后，可以依法取得对债权的抵押权，原抵押权登记继续有效。"该规定第一次明确，在国有银行不良贷款的债权让与中，受让人无须进行再次办理转移登记即可以取得原属于让与人的抵押权。

在《审理涉及金融资产管理公司收购、管理、处置国有银行不良贷款形成的资产的案件适用法律若干问题的规定》第9条的基础上，《民法典》将该精神贯彻至其他类型的债权让与中，明确了从权利的转移不受未办理转移登记手续或者转移占有的影响，对化解实务中的争议具有重大意义。

【条文解读与法律适用】

一、本条第2款的法理基础

债权让与中，从权利转移无须办理转移登记手续或者转移占有主要有以下理由。首先，该规定符合已有法律规定之精神。《物权法》第192条规定："抵押权不得与债权分离而单独转让或者作为其他债权的担保。债权转让的，担保该债权的抵押权一并转让，但法律另有规定或者当事人另有约定的除外。"结合《合同法》第81条的规定来看，法律仅规定从权利随主债权一并

① 程啸：《主债权的转让与不动产抵押权转移登记——"湖南绿兴源糖业有限公司、丁兴耀等借款合同纠纷申请再审案"评释》，载《财经法学》2016年第5期。

转移，并未规定从权利的取得需要办理转移登记手续或者转移占有。《物权法》第192条虽对从权利转移作了例外规定，但未办理转移登记手续或者转移占有显然不在之内。其次，从权利转移登记或者转移占有不具备一般物权变动需要进行登记的意义。以抵押权为例，抵押登记的目的在于公示物上存在的权利限制，包括抵押担保的主债权种类、数额，抵押担保范围，债务人办理债务期限等。债权让与中抵押权随之转移，只变更权利所有人，并不改变抵押权的实质内容。此时，原有的抵押权登记仍具有公示效力，即能够对抗特定的或者一般意义的其他权利人，故无须再进行强制要求办理转移登记。即便受让人就抵押权办理转移登记，其从本质意义上讲也仅是一种宣示登记。最后，从权利随主权利转移是从权利的基本属性。受让人基于主债权取得从权利具有天然属性，并非基于新的合同或者转移登记、占有的事实重新设定权利，故抵押权不因受让人未及时办理转移登记手续或者转移占有而消灭。

二、需要注意的问题

虽然办理转移登记手续或者转移占有不影响从权利的转移，但可能影响从权利的实现。第一种情形，在债权多重让与的情况下（债权人将债权分别全部让与给不同受让人），如果仅有其中一人办理了转移登记手续或者债权人仅向一人转移占有，则其他人的权利实现将受到影响。第二种情形，在债权人将债权分别部分让与不同受让人，而实现从权利不足以偿付全部债权时，未办理转移登记或转移占有的受让人，其权利实现亦可能受到影响。故本条第2款规定只解决从权利的转移问题，受让人宜及时督促办理转移登记手续或者转移占有，以降低权利实现的风险。

（刘少阳　撰写）

第五百四十九条　【债务人的抵销权】有下列情形之一的，债务人可以向受让人主张抵销：

（一）债务人接到债权转让通知时，债务人对让与人享有债权，且债务人的债权先于转让的债权到期或者同时到期；

（二）债务人的债权与转让的债权是基于同一合同产生。

【法条链接】

《合同法》第 83 条

【立法背景】

本条是关于债权让与中债务人行使抵销权条件的规定，在《合同法》第 83 条的基础之上，本条第 2 项新增加一种债务人可以行使抵销权的情形，即债务人的债权（主动债权）与转让的债权（被动债权）是基于同一合同产生的情形，在一定程度上放宽了债务人行使抵销权的限制。抵销作为债的消灭的一种原因，具有担保债权实现的功能，是对债务人利益进行保护的重要制度。债权让与生效后，让与人退出原来的债权债务关系，受让人取代让与人成为被动债权的债权人，即便此时债务人对让与人享有主动债权，原则上也因被动债权的主体发生变更而不符合行使抵销权的条件。但债权让与非债务人可以控制，无法行使抵销权可能造成对债务人不利，因此，《合同法》第 83 条规定，在符合特定条件时债务人可以向受让人主张抵销。另外，抵销权的行使又会危及受让人对债权的实现，受让的债权能否实现是整个债权让与制度的核心，故《合同法》第 83 条又对债务人行使抵销权设置了一定限制。

值得注意的是，《合同法》第 83 条并未区分主动债权和被动债权是否系基于同一基础关系发生，对两种情形作了相同的限制。有的域外法律对两种情形采取了区分立法，如《联合国国际贸易中应收款转让公约》第 18 条第 1 款规定："受让人向债务人提出关于所转让的应收款的付款要求时，债务人可向受让人提出由原始合同产生的或由构成相同交易一部分的任何其他合同产生的、在如同未发生转让时若转让人提出此种要求则债务人可予利用的所有抗辩或抵销权。"同时，2015 年最高人民法院发布了《当前商事审判工作中的若干具体问题》，其中"债务人依据基础合同享有的抵销权及抗辩权，可以对抗保理商"的规定对该精神进行了确认。因此，本条第 2 项系在借鉴域外经验和转化司法实践的基础上形成。采用区分主义立法，避免了主动债权和被动债权基于同一合同产生，却因为主动债权晚于被动债权到期而导致债务人无法行使抵销权的困境。

【条文解读与法律适用】

一、采取区分主义的原因

根据《合同法》第 83 条的规定，债权让与中债务人行使抵销权有两个条件。第一，对债务人取得主动债权的时间有所要求。根据前述规定，债务人需要在接到债权转让通知时即享有主动债权，换言之，主动债权的成就需要在债务人接到让与通知前。以让与通知时间作为行使抵销权的限制标准，其原因在于，由于债务人在接到让与通知后已经知道债权让与的事实，如果债务人明知抵销权不能行使对其已经构成不可接受的困难，则债务人会主动避免与让与人达成新的交易。[①] 如债务人明知该事实却仍与让与人达成新的交易，则应当自行承担风险。第二，对主动债权的清偿期有所要求。《合同法》第 83 条要求主动债权应当不晚于被动债权到期，这也是一般情形下行使抵销权的要件。

前述两个条件，在特定情形下可能对债务人保护造成不利。在第一个条件下，如果主动债权并非基于新的交易产生，此时如果仍要求其成就必须在债权让与之前明显不妥。例如，施工方将建设工程施工合同中的工程款让与第三人，债权让与后工程发生质量问题，此时若认为工程发包人不能主张以维修费用或者赔偿款抵销工程款，显然不合理。其理由有以下两点：第一，债务人无法控制主动债权的成就时间和被动债权的让与，其无法阻止风险的发生；第二，受让人对被动债权存在的瑕疵或者风险能够合理预期，债权人受让债权时应该承担该债权上存在的瑕疵。针对第二个条件，我们可以假设一种特殊的情形：主动债权和被动债权基于同一份双务合同产生，但被动债权应先于主动债权履行，让与人在未履行合同义务即将被动债权转让。此时，主动债权早于债权到期的条件不可能成就。主动债权和被动债权为同种类的债权时，根据《合同法》第 83 条的规定，债务人只能主张履行抗辩而不能主

---

① 申建平：《论债权让与中债务人之抵销权》，载《法学》2007 年第 5 期。

张抵销，显然也是不合理的。

因此，采用区分主义立法，扩大债权让与中抵销权行使的范围，能够加强对债务人的保护。

二、需要注意的问题

（一）抵销权的行使仍需满足一般要件

需要明确的是，只有主动债权和被动债权的标的物种类、品质相同时，债务人才能够主张抵销，债权让与中的抵销亦不例外。因此，如果两种债权的标的物种类、品质不相同，即便其满足基于同一合同产生的要件，债务人仍不能主张抵销。债务人应当寻求其他救济方式，比如行使履行抗辩权或者及时要求让与人清偿等。

（二）“基于同一合同产生”如何认定

本条第2项规定的情形，应当严格限定在主动债权和被动债权是基于同一合同产生这一条件，其情形可以是主动债权和被动债权均在合同中约定，亦可以是主动债权虽未在合同中约定却因履行同一合同产生。司法实践中应严格进行认定，如果主动债权的合同仅仅与被动债权的合同存在联系，一般不宜认定为两种债权系基于同一合同产生。

（刘少阳 撰写）

第五百五十条 【增加履行费用的承担】因债权转让增加的履行费用，由让与人负担。

【法条链接】

《合同法》第61条、第62条、第79条

【立法背景】

与《合同法》相比，本条属于新增内容，系对因债权转让增加的履行费用由谁负担作出的规定。《合同法》第79条只规定了债权可以全部或部分转让，但对因债权转让增加的履行费用的负担问题未进一步明确，在实务中容易造成分歧。其实，在我国《合同法》的制定过程中，1995 年的试拟稿中曾对前述问题作出过相应规定，其中第 76 条规定："债权让与后，让与人须对受让人承担如下义务：……；（五）承担因债权让与增加的债务人履行费用……"根据该规定，因债权让与增加的履行费用最终应当由让与人承担，但是受让人负有对费用的垫付义务，该规定与《民法典》本条的精神一致。[①] 遗憾的是，《合同法》并未将上述内容纳入最终施行的正式文本中。本次《民法典》的制定将该内容重新纳入，有利加强债权让与过程中对当事人利益的保护。

债权让与制度的目的在于保护债权人对自身债权的自由处分权，使债权能够自由流通，以支持债权人的融资需要。根据《合同法》，债权让与无须征得债务人同意，故债务人对债权让与无法控制。从债权让与的经济效益上看，让与人通过让与债权不但能够从受让人处取得融资，而且能够消灭债权无法收回的风险，故债权让与对于让与人具有正的经济效益。相反，债务人系被动接受债权让与，其仍得向受让人履行全部债务，而且债权人的变更也会给债务人造成各种不便。例如，债权人的变更可能使债务人面对一个陌生、较原债权人难打交道或更加苛刻的新债权人，特别是在部分让与的情形下，还会增加债务人的记账频率等。因此，法律虽然鼓励债权的自由流通，但其前提是不得对债务人造成过多负担，债务人对债权让与引起的不利因素的忍耐程度应是有限的。大陆法系和英美法系都有对债权让与中债务人进行保护的制度，例如《欧洲合同法通则》规定："可分之债可以部分转让，但是让与人对债务人可能由此而增加的任何费用负责。"《民法典》新增本条内容，系加强债务人利益保护的重要举措。

【条文解读与法律适用】

一、本条规定的典型情形——赴偿之债的让与

因债权人变更，债务人的履行费用可能增加。债权让与后，由于债权人

---

① 张谷：《论债权让与相约与债务人保护原则》，载《中外法学》2003 年第 1 期。

地点或者人数的变更，债务人履行费用可能相应增加，对债务人造成负的经济效应。例如，根据《合同法》第 62 条第 3 项规定的解释规则，债务履行地一般是履行义务一方所在地。在仅有债权人变更的情况下，履行地通常不受债权让与的影响，还是在债务人所在地。但是，如果债务的类型是赴偿之债，如金钱债务中履行地点不明确，根据《合同法》第 61 条仍无法确定，债务应在接受货币一方所在地履行。此时，如果债权系拆分让与或者受让人的所在地更远，债务人的履行费用可能因此增加。而履行费用的增加系债权让与本身引起，只要该费用的增加并非由债务人故意导致，则不应当由债务人来负担。

二、债务人应当如何主张增加的履行费用

对于因债权转让增加的履行费用应当由让与人还是受让人负担，存在一些不同观点。例如，法国新债法规定，让与人和受让人对因债权转让增加的履行费用负连带清偿责任，这意味着债务人既可以向让与人也可以向受让人主张。但本条规定仅指明费用最终的负担方，并未明确债务人应向谁主张的问题。连带责任必须基于法律规定，既然本条并未明确让与人和受让人的连带责任，则债务人只能向受让人主张。原因在于，债权让与后，原债权人已经完全退出债的关系，受让人替代了原债权人的地位。按照合同的相对性原则，债务人只能请求与其有合同关系的另一方当事人履行合同和承担合同责任，而不能向与其没有合同关系的人要求承担合同上的责任。所以，在债权全部转让后，债务人已经与受让人形成新的合同关系，原则上不宜再由让与人承担履行费用的损失，债务人只能向受让人主张。债务人在向受让人主张该笔费用时，如果被让与的债务同样是金钱债务，则债务人可以行使抵销权。受让人在支付该笔费用后，可以向让与人追偿，但通常的做法可能是在受让债权时受让人即对该部分费用进行了预先扣除。需要注意的是，如果让与人与受让人达成了由哪一方承担履行费用的损失的协议，该协议只是在让与人与受让人之间发生效力，在债务人不认可的情况下，对于债务人不发生效力，债务人仍然可以按照上述方式追索履行费用的损失。

三、需要注意的问题

在实务中，可能存在受让人拒绝支付履行费用的行为，问题在于此时债务人是否可以主张让与无效。为维护交易安全和效率，原则上除存在法律规定无效的情形，一般不得轻易认定合同无效。履行费用的增加，是债权让与所产生的后果，并非法律规定导致债权让与无效的情形。因此，当受让人拒绝支付增加的履行费用时，对债务人债权让与无效的主张应不予支持。

（刘少阳　撰写）

第五百五十一条　【债权人同意】债务人将债务的全部或者部分转移给第三人的，应当经债权人同意。

债务人或者第三人可以催告债权人在合理期限内予以同意，债权人未作表示的，视为不同意。

【法条链接】

《合同法》第 84 条；《合同法解释（二）》第 2 条

【立法背景】

与《合同法》第 84 条相比，本条第 2 款属于新增内容，进一步细化了债务移转中的债权人同意规则，即明确了债权人沉默的法律效果——视为不同意。一般认为，本条系对债务移转（又称免责的债务承担）所作的规定，《民法典》新增第 552 条内容更加证实了这一观点。债务移转后，原债务人退出债权债务关系，由新的债务人接替债务的履行，但由于债务人清偿能力不足等原因，可能不利于保障债权人合法利益的实现，故免责的债务承担应当经债权人同意。但是，债务人与第三人的债务移转协议，未经债权人同意，尚不能发生债务移转的法律效果，若不确定状态长期存在，于当事人均不利。鉴于此，很多国家设置了债务转移的催告制度。我国《合同法》并未作此规定，在司法实践中容易产生纠纷。

《民法典》此次将债务转移的催告制度纳入，有利于债务人、第三人根据自身情况确立催告期限，避免债务转移长期效力不定的危险，既兼顾债务人、第三人又保护了债权人的利益。

【条文解读与法律适用】

一、明确债权人沉默的效果

债权人的同意是一个单方的需要受领的意思表示。虽然通常债权人同意被看作追认，但债权人的同意不仅可以在收到债务人或者第三人的通知后表示，也可以事先作出授权。[①] 此外，同意既可以是明示，也可以是默示。《合同法解释（二）》第2条规定：“当事人未以书面形式或者口头形式订立合同，但从双方从事的民事行为能够推定双方有订立合同意愿的，人民法院可以认定是以合同法第十条第一款中的‘其他形式’订立的合同。但法律另有规定的除外。”该条规定的“其他形式”，即指意思表示的默示形式。根据该规定，行为人以语言文字表达其内心效果意思为明示，以行为表达其内心的效果意思则为默示。[②] 明示可以书面、口头形式作出，自到达债务人或第三人时生效。而默示的意思表示有默示的积极行为和默示的消极行为，即行为推定与沉默之分。债务转移中，债权人同意的行为推定包括向新的债务人为催告、诉讼，通知新债务人对债权进行移转，在新债务人破产时申报破产财产等。而沉默（不作为的默示）作为一种意思表示的形式，必须以有法律明确规定或当事人有明确约定为前提。

为防止债务移转对债权人产生不利，本条在之前的基础上进一步明确，债权人在合理期限内未作表示的情形下，视为债权人不同意，债务不能发生移转的效果。

二、需要注意的问题

在债权人拒绝债务移转的情形下，债务人与第三人之间的债务移转契约效力如何，本条并未进一步明确。德国传统学理将该种情形看作无权处分。债务移转使得债务人从原债务中脱离出来，这改变了债的关系中债务人的结构，因此属于处分行为。债务人没有处分权，处分行为因为没有得到债权人

---

① 肖俊：《〈合同法〉第84条（债务承担规则）评注》，载《法学家》2018年第2期。

② 陈福民、朱瑞：《免责的债务承担应以债权人的明确同意为要件——远策公司与华纪公司、赵国明合资、合作开发房地产合同纠纷上诉案》，载《法律适用》2011年第7期。

同意，属于无权处分。虽然债务承担的处分行为无效，但是负担行为仍然有效，此时债务人和承担人之间的债务承担合同转换为履行承担，债务人可以要求承担人向债权人履行债务。就我国而言，目前我国立法体例并未明确处分行为的地位，且该情形与典型的无权处分存在一些差异，故该问题有待进一步明确。

（刘少阳　撰写）

第五百五十二条　【并存的债务承担】第三人与债务人约定加入债务并通知债权人，或者第三人向债权人表示愿意加入债务，债权人未在合理期限内明确拒绝的，债权人可以请求第三人在其愿意承担的债务范围内和债务人承担连带债务。

【法条链接】

《合同法》第 84 条

【立法背景】

本条是关于并存的债务承担的规定。债权债务关系动态变化的一个重要表现就是债的变更，债的变更有广义和狭义之分。广义上的债的变更，包括债的主体、客体和内容的变更，狭义的债的变更则只包括债的客体和内容的变更。通常所说的债的变更是指狭义的债的变更，债的主体变更独立为债的移转制度。债的主体变更也称为债的移转，债的内容不变，仅是债的主体变化，即债在不同的民事主体之间移转。依据债的移转的内容不同，债的移转可分为债权让与、债务承担和债权债务概括承受。

债务承担是指在不改变债务内容的情况下，债务依当事人约定移转给第三人。债务承担包括免责的债务承担和并存的债务承担两种类型。免责的债务承担是指由承担人取代债务人的地位而负担债务的情况。并存的债务承担是指由第三人加入债的关系与债务人共同负担债务的情况。通常情况下，债务承担多指免责的债务承担。《合同法》第84条规定："债务人将合同的义务全部或者部分转移给第三人的，应当经债权人同意。"虽然该条未明确规定债务人将合同义务转让给第三人后，其是否可以免除原债务人的义务，但该条规定债务人的转让行为须经债权人同意，而并存的债务承担因不损害债权人利益，反而增加了债权人债权获得清偿的可能性，原则上不需要债权人同意，只需要告知债权人即可。因此，理论和实践中均认为该条只规定了免责的债务承担。实践中，并存的债务承担大量存在，但立法上却缺乏相应的依据，存在法律漏洞。此次编纂《民法典》，增加本条关于并存的债务承担的规定，弥补了法律漏洞。

对于免责的债务承担而言，可作为当事人之间的结算手段，消灭债的关系。对于并存的债务承担而言，其具有担保债权实现的功能。债权的实现以债务人的责任财产为基础，在并存的债务承担中，除债务人的责任财产外，承担人的责任财产也作为债权实现的担保。因此，并存的债务承担与保证债务、连带债务具有相同的功能。

【条文解读与法律适用】

与免责的债务承担可能会妨碍债权的实现不同，并存的债务承担只会增加承担人的负担，不会损害原债务人和债权人的利益，因此，并存的债务承担必须征得承担人的同意。否则，对承担人不发生效力。同时，第三人同意加入债务的意思应当通知债权人，债权人方知其受领给付之原因，才会带来因第三人的给付而消灭原债权人和债务人之间债的关系的效果。第三人同意加入债务的意思也应通知原债务人，债务人才会知道其债务将因第三人所为给付而消灭。

一、并存的债务承担成立的条件

并存的债务承担可因当事人约定、单方允诺而产生。首先，并存的债务承担可基于当事人的约定而产生。无论是并存的债务承担还是免责的债务承担，债务承担行为均增加了承担人的负担，故必须征得承担人的同意。在免责的债务承担中，由承担人替代债务人的地位，原债务人不再承担债务，对债权的实现会产生影响，因此，还需要征得债权人的同意。根据《民法典》

第551条规定，对于免责的债务承担，须同时征得债权人和承担人的同意，可以由债权人、债务人和承担人三方就免责的债务承担达成协议，也可以由债权人与承担人就免责的债务承担达成协议，并通知债务人。对于并存的债务承担，须由承担人与债权人达成协议，并通知债务人，或者由承担人与债务人达成协议，并通知债权人。其次，由于并存的债务承担原则上只需要征得承担人一方的同意即可，因此，承担人可通过单方允诺作出意思表示，并通知债权人或者债务人。实践中的情况较为复杂，债权人也可能因受领给付的成本或者其他因素，不同意第三人加入债务的履行之中，因此，债务人与承担人就并存的债务承担达成协议后应当通知债权人，债权人在接到通知后，或者在承担人就并存的债务承担向其作出单方允诺后，其有权表示拒绝。债权人之拒绝应当以明示的方式作出，如果债权人在合理期限内未明确拒绝的，则视为不拒绝。债权人可以请求承担人在其愿意承担的债务范围内和债务人承担连带债务。此时还需要注意，如果债权人在合理期限内未明确拒绝，承担人向债权人为给付的，债权人不应当以并存的债务承担未经其同意为由，拒绝受领给付。如果其拒绝受领给付，应当承担因此增加的履行费用以及违约责任。在这种情况下，承担人亦有权就标的物进行提存，从而达到消灭债务的目的。

二、债务承担的效力

免责的债务承担发生以下效力：一是债的主体发生变化，债务人脱离原债权债务关系，承担人加入原债权债务关系，成为新的债务人。二是承担人可向债权人主张原债务人基于债的关系所享有的抗辩权。但是，基于债的相对性原则，承担人对原债务人的抗辩不得向债权人主张。三是原债务的从债务一并转移至承担人。四是债务承担未取得保证人同意的，保证责任消灭。由于债务人的资信能力对于保证人是否承担保证责任具有决定性意义，对保证人利益影响重大，因此，债务人的变更必须取得保证人同意，否则其不必承担保证责任。并存的债务承担发生以下效力：承担人加入债的关系，但债务人并不免除原债务，二者成为债权人的共同债务人，即债务人和承担人对债权人的债权承担连带责任。债务人和承担人可就债务份额作出约定，但该约定仅在债务人和承担人之间发生效力，不能对抗债权人。欲使债务人和承担人对债权人承担按份责任，则必须取得债权人同意。因为在债务人和承担人承担按份责任的情况下，债权实现的风险发生了变化，可能对债权人的利益产生负面影响。对债权人而言，并存的债务承担起到了担保债权实现的作用，其效果等同于承担人与债权人订立了连带责任保证合同。债权人可以向债务人和承担人之一部分或全体主张债权。在承担人取得债务人身份后，对于承担人的适格给付，债权人不得拒绝。

三、债务承担不同于履行承担

履行承担是指承担人与债务人签订合同，约定由承担人履行债务人之债务。在履行承担中，原债之当事人并不发生变化。承担人不加入原债的关系，不成为原债的债务人。但债务人可依其与承担人之间的合同，请求承担人向债权人履行债务。承担人对债权人不负担债务，债权人无权直接请求承担人履行债务。因此，履行承担只发生债务人请求第三人履行债务的效果，并不改变原来的债权债务关系。此外，并存的债务承担也不同于连带责任担保。在提高债权实现的可能性、增加承担人或者担保人的负担方面，并存的债务承担与连带责任担保相同。而且在这两种情况下，债权人都有权请求承担人或者担保人对原债务承担连带责任。但是二者亦存在区别，并存的债务承担生效后，仍然只存在一个债的关系，只是增加了债务人。连带责任担保生效后，产生两个债的关系。一是主债权债务关系，二是担保债权债务关系。

（谢勇　撰写）

第五百五十三条　【债务转移时新债务人抗辩权】债务人转移债务的，新债务人可以主张原债务人对债权人的抗辩；原债务人对债权人享有债权的，新债务人不得向债权人主张抵销。

【法条链接】

《民法典》第 568 条；《合同法》第 85 条

【立法背景】

本条是关于债务转移时新债务人抗辩权的规定。《合同法》第 85 条对承担人的抗辩作了规定："债务人转移义务的，新债务人可以主张原债务人对债权人的抗辩。"该条对新债务人基于债务承担而获得原债务人对债权人的抗辩作了原则性规定。实践中，承担人有时会将其抗辩权扩大化，在原债务人与债权人互负债务的情况下，主张原债务人与债权人的债务在对等数额内相互抵销。这种情况下，不应支持承担人的主张。因为，债务承担只是让承担人获得了原债的关系中债务人的身份，如果原债务人对债权人享有其他债权，该债权并不因债务承担关系而转让给承担人。基于债的相对性原则，承担人亦无权向债权人主张该债权，自然无权就原债务人对债权人享有的债权提出与其向债权人承担之债务进行抵销。此次编纂《民法典》，专门对这一情形作了规定，进一步完善了承担人的抗辩权制度。

本条将《合同法》第 85 条规定的"债务人转移义务"修改为"债务人转移债务"。本条是关于债务承担中承担人抗辩权的规定，"债务"一词比"义务"更为准确。此外，《民法典》未单设债法总则编，债法总则的内容只能放到合同通则中规定。合同通则编发挥着债法总则编的作用。立法者基于立法体例上的考虑，在法律用语上更为准确、考究。

【条文解读与法律适用】

债务承担的法律效果，是让承担人获得原债务人在原债中的地位，成为新的债务人，但债的内容和标的未发生变化。因此，承担人既应当承担原债务人的债务，也享有原债务人对债权人的抗辩。从这个角度上说，债务承担虽然改变了债务主体，但债的内容未发生变化，在一定程度上仍然维系了债的同一性。债务人行使抗辩权可使债的效力暂时停止。抗辩权可以阻止债权人行使请求权但不能否定债权人的请求权，原则上不能导致债的关系消灭。债务人的抗辩权消灭后，债权人即可继续行使债权请求权。债务人依法行使抗辩权的行为不属于给付拒绝。例如，债务人依法行使不安抗辩权、债权已消灭之抗辩权或债权已届诉讼时效之抗辩权的，不属于给付拒绝，不属于违约行为。

在债的承担中，存在多个法律关系。一是原债的关系，即原债务人与债权人之间的债权债务关系；二是承担人与原债务人、债权人之间的债务承担关系；三是承担人取得债务人资格后，与债权人基于原债的内容而成立的债的关系。在并存的债务承担中，原债务人与债权人之间的债并不消灭。在免责的债务承担中，原债务人与债权人之间的债归于消灭。承担人加入债的关系后，其也获得了向债权人主张原债务人的抗辩的权利。但是，基于债的相对性原则，承担人对原债务人的抗辩不得向债权人主张。

债的抵销，是指二人在互负债务的情况下，在对等数额内使各自的债权债务相互消灭的制度。抵销是导致债消灭的原因之一，是一种特殊的债消灭的方式。债的抵销包括法定抵销和协议抵销。法定抵销在符合法律规定的条件时成立，可由债权人一方单方行为为之。协议抵销以双方当事人的合意为准。根据《民法典》第568条的规定，法定抵销应当符合以下条件：一是双方互负债务。债权债务是相反相成的概念。双方当事人互负债务，必然也互享债权。双方当事人的债权中，主张抵销一方当事人的债权为主动债权；被抵销一方当事人的债权为被动债权。二是双方债务均清偿期届满。在债权清偿期届满之前，债务人享有期限利益，如果此时抵销，不仅抵销了相互之债权，还抵销了未届清偿期债务的债务人的期限利益，对债务人不公平。三是双方债之标的种类相同。四是依债之性质、法律规定或当事人约定债务可抵销。五是抵销不得附条件或期限。对于债权人，承担人只负担债务不享有债权的情况下，不符合第一个条件，不能主张债务抵销。此外，抵销债务本质上属于处分债权的行为。在原债务人对债权人的债权中，承担人不是债权人，不享有处分债权的权利，自然无权主张抵销。

（谢勇 撰写）

第七章　合同的权利义务终止

第五百五十九条　【债权的从权利消灭】债权债务终止时，债权的从权利同时消灭，但是法律另有规定或者当事人另有约定的除外。

【法条链接】

《民法典》第547条；《合同法》第81条

【立法背景】

本条是关于债权的从权利消灭的规定。关于债的终止或者说消灭，《合同法》第91条规定了合同终止的原因，第92条规定了合同终止后的后合同义务，第93条至第100条就合同终止的情形分别作了规定。但关于主债权债务关系终止后，从权利是否消灭的问题，未作规定。对此，本条就债权债务关系终止对从权利的影响专门作了规定。

【条文解读与法律适用】

从权利，是指以其他民事权利的存在为前提或依靠其他权利而存在的民事权利。从权利随主权利的存在或消灭而存在或消灭。原则上，从权利的命运依附于主权利，因主权利的产生而产生，因主权利的转移而转移，因主权利的消灭而消灭。关于债权从权利的转让，《合同法》第81条规定："债权人转让权利的，受让人取得与债权有关的从权利，但该从权利专属于债权人自身的除外。"《民法典》第547条保留了该条规定。同时增加了第2款规定：

“受让人取得从权利不因该从权利未办理转移登记手续或者未转移占有而受到影响。”明确了从权利随主债权的转移而自然转移，不受登记和占有的影响。同时，本条进一步规定了从权利的消灭规则，即除非法律另有规定或者当事人另有约定，债权的从权利随主债权的消灭而消灭。实践中，最常见的从权利随主债权消灭而消灭的例子是担保债权随被担保债权的消灭而消灭。此外，本条同时使用了权利“消灭”和权利“终止”这两个概念。在《合同法》和《民法典》的其他条文中，也会发现这两种表述在不同的条文中使用。从相关条文的规定看，二者的含义相同。

（谢勇　撰写）

第五百六十条　【债的清偿抵充顺序】债务人对同一债权人负担的数项债务种类相同，债务人的给付不足以清偿全部债务的，除当事人另有约定外，由债务人在清偿时指定其履行的债务。

债务人未作指定的，应当优先履行已经到期的债务；数项债务均到期的，优先履行对债权人缺乏担保或者担保最少的债务；均无担保或者担保相等的，优先履行债务人负担较重的债务；负担相同的，按照债务到期的先后顺序履行；到期时间相同的，按照债务比例履行。

【法条链接】

《合同法解释（二）》第20条

【立法背景】

本条是关于债的清偿抵充顺序的规定。清偿是指债务人或第三人按照债务的本旨而为给付，以实现债的目的，使债消灭。清偿是债消灭的最常见的原因。清偿抵充是指在债务人对同一债权人负担数宗同种债务，但债务人的给付不足以清偿全部债务的情况下，确定该给付抵充哪一宗或哪几宗债务的法律事实。《合同法》未就清偿抵充作出规定。针对司法实践中出现的，债务人对同一债权人负有多个同类债务，但债务人的给付又不足以清偿全部债务，如何确定债务人的给付应当抵充哪些债务的问题，《合同法解释（二）》第20条对清偿抵充作了规定。本条规定吸纳了《合同法解释（二）》第20条的规定，并对该条规定进行完善，在法定抵充之外，增加了指定抵充的规定，即“债务人对同一债权人负担的数项债务种类相同，债务人的给付不足以清偿全部债务的，除当事人另有约定外，由债务人在清偿时指定其履行的债务”。同时，本条规定还增加了各债权均无担保的情况下优先履行债务人负担较重的债务的规定。

【条文解读与法律适用】

一、清偿抵充的成立要件

清偿抵充的成立要件包括三个方面：一是同一债务人对同一债权人负担数宗债务；二是债务人所负担之数宗债务为同种类债务；三是清偿人之给付不足以清偿全部债务。在符合这三个要件的情况下，才需要对债务人的给付应当抵充哪些债务作出判断。如果债务人对同一债权人只负担一宗债务，自然无须对清偿哪些债务作出判断；如果债务人对同一债权人所负数宗债务不为同一种类，根据给付的类型和债务的类型即可对清偿哪些债务作出判断；如果债务人所为给付足以清偿全部债务，则全部债务消灭。清偿抵充包括指定抵充和法定抵充两种类型。指定抵充是指同一债务人对同一债权人负担数宗同类债务，但清偿人之给付不足以清偿全部债务额，由清偿人在清偿之时指定其给付所抵充的债务。当然，清偿人指定抵充不能违反双方当事人的约定。法定抵充是指清偿人在清偿时未作指定抵充的意思表示，根据法律规定来确定清偿给付所抵充的债务。

二、清偿人享有指定清偿抵充的权利

清偿人的抵充权须以意思表示为之，且应在清偿之时为之。抵充权依清偿人单方意思即发生效力，属于形成权。一旦清偿人指定清偿后，即发生被清偿之债消灭的效果，清偿人不得撤销其清偿。在当事人未作约定，清偿人未作指定的情况下，就应当按本条第2款规定确定清偿抵充。第一，在部分

债务到期、部分债务未到期的情况下，应当首先抵充已到期的债务。这是基于保护债务人期限利益的考量。如果先抵充未到期的债务，则损害了债务人的期限利益。同时对于已到期债务，由于债务人未按约定期限清偿，还需要承担违约责任。第二，如果数宗债务均已到期，优先抵充对债权人缺乏担保或者担保最少的债务。这是基于债权人利益的考量，以最大限度提高债权实现的可能性。第三，均无担保或者担保相等的，优先履行债务人负担较重的债务。这里的负担主要是随着时间的推移，债务的增值情况，例如约定利率较高的债务，以及债务人一旦违约，所承担责任轻重的情况，例如当事人约定了违约金的债务。这是基于保护债务人利益的考量。第四，如果债务人负担相同，按照债务到期的先后顺序进行抵充。这也是基于债务人期限利益的考量。第五，如果债务到期时间相同，按照债务比例履行。

（谢勇　撰写）

第五百六十一条　【费用、利息和主债务的抵充顺序】债务人在履行主债务外还应当支付利息和实现债权的有关费用，其给付不足以清偿全部债务的，除当事人另有约定外，应当按照下列顺序履行：

（一）实现债权的有关费用；

（二）利息；

（三）主债务。

【法条链接】

《民法典》第674条；《合同法解释（二）》第21条

【立法背景】

本条是关于费用、利息和主债务的抵充顺序的规定。在一个债的关系中，债务人可能会负担多个义务，应当为多个给付。如果债务人的多个债务是同一种类的债务，而债务人所为给付并不足以清偿全部债务的，就存在清偿抵充的问题。《合同法》未就主从债务清偿抵充作出规定。针对司法实践中出现的，债务人的给付不足以清偿主债务、利息及实现债权的费用，如何确定债务人的给付应当抵充哪些债务的问题，《合同法解释（二）》第21条作了规定。本条规定吸纳了《合同法解释（二）》第21条的规定。

【条文解读与法律适用】

一、实现债权的有关费用

实践中，对于金钱债务，债务人在偿还本金之外，通常还需要支付利息。利息属于法定孳息，本质上是资金的时间成本。除法律另有规定或者当事人另有约定外，债务人迟延履行金钱债务的，都应当向债权人支付迟延履行期间的利息。此外，如果债务人不按合同约定履行债务，债权人向债务人追索，或者通过诉讼的方式请求人民法院判决债务人履行债务，都会造成费用的产生。债权人为实现债权的费用，系因债务人原因导致，也应当由债务人承担。因此，基于同一个债的关系，债务人可能需要向债权人承担本金之债、利息之债和赔偿实现债权费用之债。这三个债都属于金钱债权。如果债务人向债权人所支付的金钱数额不足以清偿上述三个金钱之债，应当按照当事人约定的清偿顺序进行抵充。如果当事人对清偿顺序没有约定，则应当首先清偿实现债权的有关费用。司法实践中，最常见的实现债权的费用就是债权人为实现债权而进行诉讼所产生的费用，包括诉讼费、鉴定费、律师费、证人出庭的费用、债权人为参加诉讼而产生的差旅费等。如果债务人的给付在清偿债权人实现债权的费用后还有剩余，或者债务人无须赔偿债权人实现债权的费用的，应当先清偿利息。先息后本的计算方式更有利于保护债权人利益。如果债务人的给付抵充债权人实现债权的费用和利息之后，还有剩余，则应当抵充主债务。需要注意的是，抵充利息之债，应当以利息之债合法为前提。如果当事人约定的利息超过了法律规定的上限，超过部分无效的，对该部分不应予抵充。抵充债权人实现债权的费用，应当以债权人实现债权费用合法、合理为前提。本条只是关于主从债抵充顺序的规定，适用本条规定的前提是，无论是主债还是从债，均应是真实有效的。

二、先息后本的抵充原则

先息后本的抵充原则是一条债的履行规则，也是裁判规则。但是在执行工作中，关于本息的抵充顺序有不同规定。《在执行工作中如何计算迟延履行期间的债务利息等问题的批复》第2条规定，执行款不足以偿付全部债务的，应当根据并还原则按比例清偿法律文书确定的金钱债务与迟延履行期间的债务利息，但当事人在执行和解中对清偿顺序另有约定的除外。本条批复确定了本息并还原则。《执行程序中计算迟延履行期间的债务利息适用法律若干问题的解释》第4条规定，被执行人的财产不足以清偿全部债务的，应当先清偿生效法律文书确定的金钱债务，再清偿加倍部分债务利息，但当事人对清偿顺序另有约定的除外。该条司法解释对于生效法律文书确定的金钱债务和加倍部分债务利息，确定了先本后息的抵充原则。

实践中，争议较多的还有违约金的抵充顺序问题。在同一债的关系中，不仅可能会产生主债务、利息之债、实现债权费用之债，还可能产生违约金之债，或者说违约责任之债。除违约金之外，债务人可能还会承担赔偿损失之债。这些债都属于金钱之债。在以上各个金钱之债都存在的情况下，也会出现如何进行抵充的问题。在同时存在主债务、利息、实现债权费用以及违约金之债的情况下，如何对违约金之债进行抵充，法律没有明确规定，理论上存在争议，实践中的做法也不相同。但整体上看，司法实践多倾向于违约金应当优先于本金抵充。对这一问题，应当具体分析。

首先需要回答的问题是，优先抵充违约金还是本金对债权人和债务人有何区别。依法理，二者都是金钱债权，无论先清偿哪个债务，对于债权人而言，都是金钱财产增加；对于债务人而言，都是金钱财产减少，似无本质区别。但是，实践中对于违约金是否产生利息、自何时产生利息、按什么标准计算利息，往往争议较大。从这个角度看，先抵充违约金，对于债权人是有利的。从纯理论的角度看，从权利依附于主权利，如果主债权消灭，从债权似也失去了存在的基础。因此，先抵充从债权，后抵充主债权，在法理上更为周延，逻辑上也更为自洽。

（谢勇　撰写）

第五百六十四条　【合同解除权的行使期限】法律规定或者当事人约定解除权行使期限，期限届满当事人不行使的，该权利消灭。

法律没有规定或者当事人没有约定解除权行使期限，自解除权人知道或者应当知道解除事由之日起一年内不行使，或者经对方催告后在合理期限内不行使的，该权利消灭。

【法条链接】

《合同法》第95条

【立法背景】

本条是关于合同解除权行使期限的规定。本条在《合同法》第95条基础上，增加规定了法律没有规定或者当事人没有约定解除权行使期限情况下，合同解除权行使的法定期限，即“自解除权人知道或者应当知道解除事由之日起一年”。关于合同解除权行使期限，《合同法》第95条区分了两种情况，该条第1款规定在有法律规定或者当事人约定解除权行使期限时，当事人应当在该期限之内行使解除权，该规定较为明确，本条第1款予以沿用；该条第2款规定了在法律没有规定或者当事人没有约定解除权行使期限时，经对方催告后，解除权应当在合理期限内行使，否则解除权消灭。该规定在适用中出现了两个突出问题：一是在法律没有规定，当事人没有约定，对方亦没有催告的情况下，如何确定合同解除权行使期限的规则不明；二是对方催告后如何确定合理期限，标准亦不明确。上述问题导致一些存在法定或约定解除事由的合同是否解除长期不能确定，不利于合同关系的确定和稳定，同时司法实践中对合同解除权行使期限的判断标准把握不一，法官自由裁量权的空间较大。[①] 为解决

---

① 根据一项针对最高人民法院和高级人民法院二审或再审的36件合同解除权案例的调研显示，有的案件当事人提起的合同解除权诉讼最长的是合同签订后20年提出，最短的在合同签订后10天提出，法院认定的合同解除权行使的合理期限，最长是8年，最短的是48小时。在调研的33件对方未催告的案件中，有14件认定解除权未消灭，有19件认定解除权消灭。参见高丰美、丁广宇：《合同解除权行使“合理期限”之司法认定——基于36份裁判文书的分析》，载《法律适用·司法案例》2019年第22期。

上述问题，《审理商品房买卖合同纠纷案件的解释》第15条第2款规定："法律没有规定或者当事人没有约定，经对方当事人催告后，解除权行使的合理期限为三个月。对方当事人没有催告的，解除权应当在解除权发生之日起一年内行使；逾期不行使的，解除权消灭。"该规定明确了在没有法定或者约定解除权行使期限情况下的商品房买卖合同解除权的行使期限，实践中，法院对于一些其他类似合同案件亦参照该规定确定合同解除权行使期限，对于统一合同解除权行使期限起到了积极作用。同时，《民法典》第541条沿用了《民法总则》第152条、《合同法》第75条关于撤销权行使期间的规定，要求撤销权应自债权人知道或者应当知道撤销事由之日起一年内行使。鉴于合同解除和合同撤销的相似性，本条第2款参考了合同撤销权行使期限的规定，并借鉴了《审理商品房买卖合同纠纷案件的解释》上述规定，明确了在法律未规定，当事人未约定，对方亦未催告情况下行使合同解除权的统一期限，填补了《合同法》第95条存在的立法空白。

【条文解读与法律适用】

一、对"解除权行使期限"的理解

关于本条规定的解除权行使期限的性质，学术界主流观点认为是除斥期间，本条亦明确规定，解除权人在该期限内未行使解除权的，则解除权消灭。其理由在于，"解除权的本旨在依权利人单方意思表示而消灭与相对人之间的合同关系，如容许解除权长期存在，将使当事人间的合同关系长期处于不确定状态，而对于相对人一方殊为不利，故解除权的行使应受期限限制"①。

本条规定的解除权行使期限包含以下四种情况，分别适用不同的规则。

一是法律有特别规定的，按照法律规定确定解除权行使期限。如《保险法》第16条第3款就"因投保人故意或者重大过失未履行告知义务解除合同"情形规定了保险合同解除权超过30日不行使而消灭。《民法典》第787条规定："定作人在承揽人完成工作前可以随时解除合同，造成承揽人损失

---

① 梁慧星主编：《中国民法典草案建议稿附理由合同编》（上册），法律出版社2013年版，第192页。

的，应当赔偿损失。”第933条规定“委托人或者受托人可以随时解除委托合同”。据此，对于保险合同、承揽合同、委托合同的解除期限应当适用上述特别规定。

二是当事人有约定的，依照当事人约定确定解除权行使期限。此为契约自由原则应有之义，若当事人约定的期限与法定期限不一致，除非损害国家利益和社会公共利益，应以当事人约定期限为准。

三是没有法律规定或者当事人约定，对方催告的，解除权应当在合理期限内行使。本条未就此类情形规定明确的权利行使期限，而是交由法官根据个案情况确定合理期限。

四是没有法律规定或者当事人约定，对方亦未催告的，应自解除权人知道或者应当知道解除事由之日起一年内行使。对于“知道或者应当知道”的判断，需依个案中的相关证据予以判断。

二、确定解除权行使合理期限的实践标准

根据本条规定，在法律没有规定或者当事人没有约定解除权行使期限、对方当事人催告的情况下，解除权应当在合理期限内行使。鉴于该合理期限的判断关系到解除权是否存续，对于当事人利益攸关，在实践中，应慎重行使该项裁量权。具体而言，在审理此类案件时，应当本着诚实信用原则，结合当事人之间的关系、合同的性质、合同履行情况、交易习惯和目的等具体情况综合认定解除权行使的合理期间。例如，因较大标的合同的当事人需更为慎重地决定是否解除合同，相较于较小标的合同，较大标的合同解除权行使的合理期限应相对较长。又如，商事合同更注重交易的安全、效益和外观主义，相对于民事合同而言，商事合同解除权行使的合理期限则应相对较短。再如，相对于尚未开始履行的合同，已履行完毕或者履行大部分内容的合同，需慎重考量是否确定相对较短的解除权行使期限，以体现诚实信用和鼓励交易的合同法基本原则。

三、需要注意的问题

需提请注意的是，本条第2款规定的一年期限的起算点是“自解除权人知道或者应当知道解除事由之日起”，该起算点与《民法典》第541条规定的撤销权行使期限起算点的规定一致，但与《审理商品房买卖合同纠纷案件的解释》第15条第2款“应当在解除权发生之日起一年内行使”的期限起算点不同。在《民法典》施行后，除非法律另有规定或者当事人另有约定，解除权行使期限应当统一适用本条规定。

（刘小飞 撰写）

第五百六十五条 【合同解除权的行使方式】当事人一方依法主张解除合同的，应当通知对方。合同自通知到达对方时解除；通知载明债务人在一定期限内不履行债务则合同自动解除，债务人在该期限内未履行债务的，合同自通知载明的期限届满时解除。对方对解除合同有异议的，任何一方当事人均可以请求人民法院或者仲裁机构确认解除行为的效力。

当事人一方未通知对方，直接以提起诉讼或者申请仲裁的方式依法主张解除合同，人民法院或者仲裁机构确认该主张的，合同自起诉状副本或者仲裁申请书副本送达对方时解除。

【法条链接】

《合同法》第 96 条；《中外合资经营企业法》第 14 条；《合同法解释（二）》第 24 条

【立法背景】

本条是关于合同解除权行使方式的规定。本条对于《合同法》第 96 条主要做了以下修改：（1）增加规定附履行期限解除通知的情形，赋予解除权人在即时解除合同和附履行期限解除合同之间的选择权，明确债务人在解除通知载明的履行期限内不履行债务的，合同自通知载明的期限届满时解除；（2）完善合同解除异议制度，明确解除权人和相对人均有权请求人民法院或者仲裁机构确认解除行为的效力；（3）增加规定以提起诉讼或者申请仲裁解除合同的方式，明确合同自起诉状副本或者仲裁申请书副本送达对方时解除；（4）删除该条第 2 款关于依照法律、行政法规办理解除合同批准、登记等手续的规定。

法定或者约定解除条件的成就，并非当然导致合同解除，还须解除权人通过一定的方式来行使解除权。大陆法系民法关于合同解除权的行使方式包括通知解除、司法解除、自动解除。《合同法》第 96 条采用的是通知解除方式，即由解除权人以通知方式解除合同，同时赋予对方当事人对于解除通知效力的异议权及提起确认之诉的权利，实现权利的平衡。该条第 1 款规定："当事人一方依照本法第九十三条第二款、第九十四条的规定主张解除合同的，应当通知对方。合同自通知到达对方时解除。对方有异议的，可以请求人民法院或者仲裁机构确认解除合同的效力。"该规定在实践中产生以下突出问题：（1）解除权人通知解除合同，相对人对解除通知不置可否，或者虽提出异议但不请求法院或仲裁机构确认解除通知效力，致使解除通知效力无法确定的，解除权人是否可以起诉或者申请仲裁，请求确认解除合同效力；（2）解除权人是否可以不经通知而直接提起诉讼或者申请仲裁，请求解除合同；（3）上述情形下，合同解除时间如何确定。关于解除合同异议权的行使问题，《合同法解释（二）》第 24 条从规定相对人异议权行使期间的角度，以尽快确定解除通知的效力，但该规定在实践中引发了一定争议，多数观点认为该条仅适用于解约人享有解除权的情况。[①] 本条则采用明确各方当事人特别是解除权人享有提起解除通知效力确认之诉或者申请仲裁确认解除通知效力的方式，理由是"行使解除权等形成权，遇到对方当事人持有异议，解除权人等请求裁判机构等予以确认，非但不违反形成权制度的机理，还有利于尽早解决争议，应予支持"[②]。这一修改对于消除解除通知效力不确定状态，促使有争议合同关系及早稳定具有积极意义。关于是否可以不经通知直接以诉讼或者仲裁方式解除合同问题，理论和实务中存在不同观点，有的法院以解除权人只能以通知方式解除合同以及提起确认解除通知效力之诉为由，驳回了解除权人未经通知直接提起的诉讼。本条增加规定诉讼或者仲裁解除合同

---

① 《合同法解释（二）》第 24 条规定："当事人对合同法第九十六条、第九十九条规定的合同解除或者债务抵销虽有异议，但在约定的异议期限届满后才提出异议并向人民法院起诉的，人民法院不予支持；当事人没有约定异议期间，在解除合同或者债务抵销通知到达之日起三个月以后才向人民法院起诉的，人民法院不予支持。"

② 崔建远：《解除权问题的疑问与释答（上篇）》，载《政治与法律》2005 年第 3 期。

的方式，有利于解除权人根据维护自身合同权益的实际需要选择解除合同的方式，既可以发出解除通知及提起解除通知效力确认之诉的方式，也可以直接提起解除合同之诉的方式来行使解除权，从而保障合同解除权的有效行使。关于合同解除时间问题，本条沿用了到达生效原则，并根据解除方式分别规定了合同解除时间，即以通知方式解除合同的，合同自通知到达对方时解除；以提起诉讼或者申请仲裁方式解除合同的，合同自起诉状副本或者仲裁申请书副本送达对方时解除。例外情况是，解除通知指定了债务履行期限，债务人未按期履行债务的，合同自通知载明的期限届满时解除。

【条文解读与法律适用】

一、关于解除合同的法律依据

本条将《合同法》第96条规定的“依照本法第九十三条第二款、第九十四条的规定主张解除合同的”，修改为“依法主张解除合同的”，将《民法典》其他有关合同解除的条文，以及其他法律关于合同解除的规定，均纳入本条解除合同的法律依据，表述更为周延。在审理特定类型案件时，不仅要关注《民法典》第562条、第563条关于约定解除权和法定解除权的规定，还要关注委托合同、承揽合同、行纪合同等特定合同中关于合同解除的规定；不仅要关注《民法典》本身对合同解除的规定，还要关注《海商法》《保险法》《中外合资经营企业法》等其他专门法律对合同解除的规定。法律对于合同解除有特别规定的，优先适用特别规定。

二、关于解除通知的形式

根据《国际商事合同通则》第1.9条的规定，“通知”包括声明、要求、请求或其他任何意图的表达。本条对于解除通知的形式未作限制性规定，以口头形式、书面形式均可。但从有利于举证的角度，解除通知最好采用书面形式，包括信函、传真、电子邮件或者其他可以有形地表现所载内容的形式。关于是否可以采用在媒体上公告等方式发出解除通知的问题，为保障相对方的异议权，除非相对方下落不明，应采用当面告知、邮寄、电话等有利于相对方知悉的通知方式。被通知人对合同的解除或解除权的行使有权提出异议。异议提出的方式，应与解除合同的通知相同或相类似。

三、关于附履行期限解除通知的适用

审判实践中，经常遇到当事人通知对方要求限期履行否则将解除合同的情况。对于该通知是否属于解除合同通知，对方到期不履行的，该通知能否发生解除合同效力的问题，存在不同认识。有观点认为，该通知并非明确的解除合同的意思表示，不发生合同解除的效力，如对方到期未履行，必须再发出明确的解除合同通知。有观点认为，对于仍有补救可能的合同，如果解除权人有接受逾期履行的意愿，应当允许其发出附履行期限解除通知，并明确到期不履行则合同予以解除，以督促对方及时履行合同义务，尽量补救合同效力。本条增加规定附履行期限解除通知，有利于解除权人根据维护自身利益的需要，在即时解除合同和给予对方一定履约宽限期以尽量促成合同的实际履行之间，作出利益最大化的选择。本条未限制此类解除通知适用的合同范围。从适用必要性而言，附履行期限的解除通知可以适用于迟延履行或者可以补救的不完全履行，对于不能补救或者即使补救也不能实现合同目的情形，则没有适用必要。实践中只要违约方仍有继续履约的可能，且非违约方有意愿接受履行的，均可以适用。需要注意的是，附履行期限解除通知是在解除权人已经享有解除权的前提下，对其解除合同意思表示生效条件的特别规定，旨在补救未履行或者未完全履行的合同，尽量促成交易。解除通知载明的履行期限届满后，对方履行合同义务的，则解除通知不生效，合同得以继续履行；对方未在通知指定期限内履行合同义务的，则解除通知生效，合同自解除通知载明的期限届满时解除，不需解除权人再另行发出解除通知。

四、需要注意的问题

本条虽然删除了《合同法》第96条第2款，但并不意味着该规定不再适用。法律、行政法规规定解除合同应办理特别程序的，仍须遵守特别程序的规定。这里所指的特别程序，是批准、登记等手续。例如，《中外合资经营企业法》第14条规定，“合营企业如发生严重亏损、一方不履行合同和章程规定的义务、不可抗力等，经合营各方协商同意，报请审查批准机关批准，并向国家工商行政管理主管部门登记，可终止合同”。据此，解除中外合资经营合同应当依法办理批准、登记手续。关于未办理批准、登记手续对于合同解除效力的影响问题，根据《合同法解释（一）》的规定，法律、行政法规规定合同解除应当办理批准手续，或者办理批准、登记等手续才生效，在一审法庭辩论终结前当事人仍未办理批准手续的，或者仍未办理批准、登记等手续的，人民法院应当认定该合同解除未生效；法律、行政法规规定合同解除应当办理登记手续，但未规定登记后生效的，当事人未办理登记手续不影响合同解除的效力，合同标的物所有权及其他物权不能转移。

还需注意，本条系合同解除权行使的法定方式，不论当事人行使的系约定解除权还是法定解除权，除非法律、行政法规另有规定，均应按照本条规定的方式行使，否则，不发生合同解除的法律效果。

（刘小飞　撰写）

第五百六十六条　【合同解除权行使的法律效果】合同解除后，尚未履行的，终止履行；已经履行的，根据履行情况和合同性质，当事人可以请求恢复原状或者采取其他补救措施，并有权请求赔偿损失。

合同因违约解除的，解除权人可以请求违约方承担违约责任，但是当事人另有约定的除外。

主合同解除后，担保人对债务人应当承担的民事责任仍应当承担担保责任，但是担保合同另有约定的除外。

【法条链接】

《民法典》第585条；《合同法》第97条；《担保法解释》第10条；《买卖合同司法解释》第26条

【立法背景】

本条是关于合同解除权行使的法律效果的规定。本条对《合同法》第97条主要作了以下修改：（1）增加合同因违约而解除的法律效果的特别规定，明确在合同因违约而解除时，除当事人另有约定外，违约方应当承担违约责任；(2) 明确合同解除后担保人的责任，规定主合同解除，除担保合同另有约定外，担保人仍应对债务人应当承担的民事责任承担担保责任。

大陆法系民法关于合同解除权行使的法律效果，主要包括恢复原状和损害赔偿。[①]《合同法》第 97 条规定："合同解除后，尚未履行的，终止履行；已经履行的，根据履行情况和合同性质，当事人可以要求恢复原状、采取其他补救措施，并有权要求赔偿损失。"该条规定的解除合同的法律效果包括终止履行、恢复原状或者采取其他补救措施、赔偿损失。该条在适用中发现的主要问题有：(1) 合同解除和违约责任能否并存争议较大，即合同因违约而解除的，守约方能否请求违约方承担违约责任，违约金条款可否继续适用；(2) 合同解除后，担保人是否仍应承担担保责任的问题未予明确。

关于合同解除后能否主张违约责任的问题。多数观点认为，违约解除时，守约方可以要求违约方支付违约金，因违约行为先于合同解除而存在，不会因为合同解除而消灭。[②]《买卖合同司法解释》第 26 条即体现了这一观点，该条规定："买卖合同因违约而解除后，守约方主张继续适用违约金条款的，人民法院应予支持；但约定的违约金过分高于造成的损失的，人民法院可以参照合同法第一百一十四条第二款的规定处理。"少数观点认为，合同解除与违约责任不能并存，因合同解除使合同关系回复到订约前的状态，当事人之间只能产生恢复原状的义务，没有承担违约责任的基础。本条采纳了多数观点并吸收了司法解释的规定，明确合同因违约解除情况下，可以要求违约方承担违约责任。理由是，在合同因违约而解除的情况下，仅适用恢复原状或者采取补救措施并不足以保护守约方的利益，对不能涵盖的因债务不履行所产生的履行利益的损失，有必要通过追究违约责任的方式救济。否则，守约方

---

① 在赋予解除溯及效力的立法例（以法国法系为代表），恢复原状属于解除所具有溯及效力的当然效果，而在不承认溯及效力的立法例，如德国法，认为解除并非溯及性的使合同消灭，而是产生一般性的恢复原状的义务（《德国民法典》第 346 条）。参见梁慧星主编：《中国民法典草案建议稿附理由合同编》（上册），法律出版社 2013 年版，第 183 页。德国债法规定在双务合同中，要求损害赔偿的权利不因合同解除而被排除，债权人在解除合同之后，可以主张返还请求权和损害赔偿请求权。按照法国民法，合同解除并不排斥损害赔偿，其理由是，于债务人违约情形，损害赔偿已经成立，虽债权人解除合同，该损害赔偿请求权并不因而消灭。瑞士债务法、荷兰民法典均允许债权人请求因合同解除所致损害的赔偿。参见梁慧星主编：《中国民法典草案建议稿附理由合同编》（上册），法律出版社 2013 年版，第 187—188 页。

② 韩世远著：《合同法总论》，高等教育出版社 2010 年版，第 280 页。

将因而丧失本应获得的损害赔偿请求权，不仅其订约目的难以实现，而且有失合同解除制度保护守约方的本意。① 这一修改有利于填补守约方因对方违约行为所受损失，促进合同的全面诚信履行，是司法实践经验的立法转化。

关于合同解除后，担保人是否仍应承担担保责任的问题。《担保法解释》第10条规定："主合同解除后，担保人对债务人应当承担的民事责任仍应承担担保责任。但是，担保合同另有约定的除外。"本条吸收了该司法解释规定，明确主合同解除后担保人仍应就债务人应承担的民事责任承担担保责任。理由在于，合同关系解除而转化为法定权利义务关系的场合，引起此类法律关系变化的法律事实不再是原合同，而是解除权行使的行为，因而违约损害赔偿的成立及存续以及担保的存续，完全可以不依赖于合同作为根据。②

【条文解读与法律适用】

一、恢复原状和其他补救措施的适用

关于恢复原状和其他补救措施是并存还是选择适用的关系问题，有观点认为其他补救措施是指恢复原状之外的请求修理、更换、重作、减价等措施，有观点认为其他补救措施是指在给付物已毁损、灭失下采取的价额返还等代替原物返还措施。本条将《合同法》第97条中的"恢复原状、采取其他补救措施"修改为"恢复原状或者采取其他补救措施"，厘清了两类责任的关系，即恢复原状和采取其他补救措施系选择适用关系，能够恢复原状的，应当采取返还原物等方式；原物已经灭失，或者不可能、不需要返还原物的，应当采取价额返还的方式予以补救。具体采取何种方式，应当根据合同履行情况和合同性质确定。如被解除的合同属于以使用标的或接受服务为内容的继续性合同，如租赁、借用、供水、服务、委托等合同，已经使用的标的物或者行为效益无法返还，则应支付相应对价。合同标的物所有权已经转让给善意第三人的，亦无法适用恢复原状。恢复原状时，原物存在的，应当返还原物，原物不存在的，如果原物是种类物，可以用同一种类物返还。恢复原状还包

---

① 邱智聪著：《新订民法债编通则》（下），中国人民大学出版社2003年版，第360页。

② 崔建远：《解除效果折中说之评论》，载《法学研究》2012年第2期。

括：(1) 返还财产所产生的孳息；(2) 支付一方在财产占有期间为维护该财产所花费的必要费用；(3) 因返还财产所支出的必要费用。

二、赔偿损失的适用

合同解除后是否需要赔偿损失，应当根据合同解除原因区别对待：(1) 协议解除合同以及行使约定解除权的，根据当事人合同约定确定是否需要赔偿损失，当事人在合同中免除了对方损害赔偿责任的，协议生效后，不得再请求赔偿。(2) 因不可抗力解除合同的，一般不承担损害赔偿责任，例外情况：一是当事人迟延履行发生不可抗力致使不能实现合同目的应当承担赔偿责任；二是不可抗力发生时，应当采取补救措施减少损失而没有采取的，应对扩大的损失承担赔偿责任。(3) 因一方根本违约或者经催告仍不履行义务而解除合同的，除非合同另有约定，违约方应当赔偿履行利益（可得利益）的损失，即有效成立的合同正常履行时债权人获得的利益。

三、合同解除后违约责任的适用

依据本条第2款，合同因违约而解除的，除当事人另有约定外，解除权人可以请求违约方承担违约责任。具体适用中，要注意以下几个问题。

一是注意判断合同是否系因当事人违约而解除。不论合同是协议解除，因行使约定解除权抑或法定解除权而解除，只要是因当事人违约而导致合同解除，均可适用。具体包括当事人因违约而协议解除、约定解除的条件是一方违约、因违约而法定解除等情形。在合同因违约而解除情况下，对于违约人应承担违约责任的判断应适用《民法典》关于违约责任的相关规定，但责任形式与合同解除法律效果相冲突的除外。

二是正确处理违约金和损害赔偿的关系。由于我国合同法上的违约金系“以补偿性为主、以惩罚性为辅”的违约金，就违约金的补偿性而言，违约金本质上属于预先约定的损害赔偿额，其主要功能在于填补守约方损失，因此，合同约定违约金条款的，应注意审查违约金数额与因违约造成损失的关系。依据《民法典》第585条的规定，如果违约金数额过分高于因违约造成的损失时，当事人可以请求适当减少；当违约金数额低于因违约造成的损失的，当事人可以请求增加。判断违约金是否过高，可以参照《合同法解释（二）》第29条第1款“当事人主张约定的违约金过高请求予以适当减少的，人民法院应当以实际损失为基础，兼顾合同的履行情况、当事人的过错程度以及预期利益等综合因素，根据公平原则和诚实信用原则予以衡量”的规定。如果违约金请求权与合同解除后损害赔偿请求权指向的是同一损害，则不应同时适用，避免出现债权人双重获益之结果。

三是合同解除后违约金请求权优先性问题。赔偿性违约金是双方当事人对违约导致的损失金额的预定，源于双方当事人的约定，因此，即使损害赔偿本身足以涵盖赔偿性违约金所预定的损害赔偿，但考虑到对当事人意思自治的尊重，违约金请求权与损害赔偿请求权并非由债权人自由选择。有违约金请求权的场合必须行使违约金请求权。在考量合同解除时违约金与损害赔偿之间的关系时，应当考虑到合同解除时的损害赔偿包括了违约金指向的违约损害和此外的损害，为尊重当事人的意思自治，人民法院应首先支持违约金的支付请求，然后依据《民法典》第585条确立的违约金调整方法调整即可；或认为违约金已涵盖了损害赔偿，不再支持损害赔偿请求；或认为违约金低于造成的损失的，依当事人之请求，可增加相应的数额。[①]

四、合同解除后担保人的担保责任范围

本条第3款规定，主合同解除后，担保人对债务人应当承担的民事责任仍应当承担担保责任，但是担保合同另有约定的除外。据此，主合同解除并不免除担保人的担保责任，但该担保责任所担保的对象已不是债务人的合同履行行为，而是债务人因合同解除而应承担的民事责任。担保人对债务人承担担保责任的条件有二，一是主合同解除后债务人应当承担民事责任。如果主合同非因债务人原因解除，债务人不需要承担民事责任的，则担保人也不承担担保责任。二是债务人承担的民事责任在担保人的担保范围之内。担保人承担的担保责任，其范围以债务人责任范围和担保人原担保合同约定的担保范围为限。换言之，主合同解除后，担保人的责任范围既不能超过债务人应当承担的责任范围，也不能超过担保人约定的责任范围。

（刘小飞　撰写）

---

① 最高人民法院民二庭编著：《最高人民法院关于买卖合同司法解释理解与适用》，人民法院出版社2013年版，第430页。

第五百七十一条 【提存的成立及其效力】债务人将标的物或者将标的物依法拍卖、变卖所得价款交付提存部门时，提存成立。

提存成立的，视为债务人在其提存范围内已经交付标的物。

【法条链接】

《合同法》第104条；《民法通则意见（试行）》第104条；《合同法司法解释（二）》第25条；《提存公证规则》第4条、第16条、第17条

【立法背景】

提存，是指由于债权人的原因而无法向其交付合同约定的标的物时，债务人将合同约定的标的物交付给提存机关而消灭合同关系的一项制度。将标的物交付提存的债务人称为提存人，债权人为提存受领人；由国家设立并保管提存物的机关为提存机关；交付保管的物为提存物。提存制度的功能在于：保护债务人的利益，因为债务的履行往往需要债权人的协助，如果债权人无正当理由而拒绝受领或者不能受领标的物，虽然应当负担受领迟延的合同责任，但是因为债务人的债务无法履行，合同关系难以消灭，债务人仍然有继续受合同约束的可能，并随时处于准备履行的状态，这对债务人来说是有失公平的。而民法通则中并未确立提存制度，所以为健全合同法律制度，《民法通则意见（试行）》中明确了提存的效力。但是由于在当时仍然缺乏必要的合同实践，所以《民法通则意见（试行）》第104条确立的提存制度仍然是比较原则的，规定是不全面的，而且也缺乏可操作性。后来制定合同法，对提存有较为全面的规定。但是，合同法仅规定了提存的要件、提存后的通知、提存物的受领及受领权消灭，对提存的成立、效力均未作出规定，导致实践中该制度运行不畅，争议很大。为此，本次制定民法典增设本条规定。

【条文解读与法律适用】

一、提存的成立

提存成立的时间具有法律上的意义。标的物的提存成立后，不论债权人是否提取，都产生债务消灭的法律后果。这可以平衡因债权人的原因而无法向其交付合同标的物而对债务人产生的不利后果，避免债务人无期限地等待履行，而导致合同双方权利义务关系不稳定的状态持续存在。此外，《合同法》第 104 条第 2 款规定："债权人领取提存物的权利，自提存之日起五年内不行使而消灭，提存物扣除提存费用后归国家所有。"该条文对债权人的提存物领取请求权的行使期限作出了明确规定。该期限是除斥期间，提存成立时间即是债权人的提存物领取请求权的期限计算的起点。提存物自提存成立之日起经过 5 年，扣除提存费用后归国家所有，债权人不能再对提存物主张权利。

本条规定，债务人将标的物或者将标的物依法拍卖、变卖所得价款交付提存部门时，提存成立。司法部《提存公证规则》第 16 条规定：提存货币的，以现金、支票交付公证处的日期或提存款划入公证处提存账户的日期为提存日期。提存的物品需要验收的，以公证处验收合格的日期为提存日期。提存的有价证券、提单、权利证书或无需验收的物品，以实际交付公证处的日期为提存日期。《提存公证规则》第 17 条规定："公证处应当从提存之日起三日内出具提存公证书。提存之债从提存之日即告清偿。"本条规定是在总结实践经验的基础上确定的。

二、提存的部门

提存部门是国家设立的接受提存物而进行保管，并应债权人请求将提存物发还债权人的机关。关于提存部门，合同法没有明确规定。在外国，一般都有专门的提存所，附属于法院。此外法院指定的银行、信托局、商会、仓库营业人也可以办理提存事务。《提存公证规则》第 4 条规定："提存公证由债务履行地的公证处管辖。以担保为目的的提存公证或在债务履行地申办提存公证有困难的，可由担保人住所地或债务人住所地的公证处管辖。"

三、提存的法律效果

提存成立的，视为债务人在其提存范围内已经交付标的物。根据法律规定，标的物所有权自标的物交付时起转移。提存视为标的物的交付，因此，自提存之日起，提存物的所有权转移，债权人是提存标的物的所有者，该标的物上的权利由其享有，义务和风险由其承担。标的物提存后，不可抗力、标的物的自然变化、第三人的原因或者提存人保管不当，都可能引起标的物的毁坏、损失，甚至标的物不复存在。标的物毁损灭失的风险由债权人承担，一方面指由债权人承担因不可抗力、标的物自身性质而产生的毁损、灭失的后果；另一方面指由债权人负责向造成标的物毁损、灭失责任的第三人或者提存保管人进行索赔。

之所以明确提存的法律效果，是为了平衡因债权人的原因而无法向其交付合同标的物而对债务人导致的不利后果，避免债务人无期限地等待履行，而导致合同双方权利义务关系不稳定的状态持续存在。

（邵长茂　撰写）

第五百七十四条　【提存物的领取、取回】 **债权人可以随时领取提存物。但是，债权人对债务人负有到期债务的，在债权人未履行债务或者提供担保之前，提存部门根据债务人的要求应当拒绝其领取提存物。**

债权人领取提存物的权利，自提存之日起五年内不行使而消灭，提存物扣除提存费用后归国家所有。但是，债权人未履行对债务人的到期债务，或者债权人向提存部门书面表示放弃领取提存物权利的，债务人负担提存费用后有权取回提存物。

【法条链接】

《合同法》第 104 条；《提存公证规则》第 26 条

【立法背景】

本条是修改条文。《合同法》第 104 条规定：“债权人可以随时领取提存物，但债权人对债务人负有到期债务的，在债权人未履行债务或者提供担保之前，提存部门根据债务人的要求应当拒绝其领取提存物。债权人领取提存物的权利，自提存之日起五年内不行使而消灭，提存物扣除提存费用后归国家所有。”本条在《合同法》第104条规定的基础上新设了债务人对提存物的取回权。

关于提存之后，债务人是否享有取回权，世界上多数国家或者地区的民法都采取了以禁止取回为原则，以允许取回为例外的做法。例如，《日本民法典》第496条规定：“（一）债权人不受诺提存，或宣告提存有效的判决未确定期间，清偿人可以取回提存物。于此情形，视为未提存。（二）前款规定，不适用于质权或者抵押权因提存而消灭的情形。”《德国民法典》第376条、《法国民法典》第1261条也作出了大致系统的规定。对此，我国《合同法》尚未规定，而《提存公证规则》作为行政规章对取回权作出了规定，就这一问题在学术界也仍存有争议。债务人提存以后，标的物的所有权已经转移，原则上债务人无权取回提存物。但在例外情况下，提存人可以凭人民法院生效的判决、裁定或提存之债已经清偿的公证证明，取回提存物。《提存公证规则》第26条规定了债务人享有取回权的特定情形：“提存人可以凭人民法院生效的判决、裁定或提存之债已经清偿的公证证明取回提存物。提存受领人以书面形式向公证处表示抛弃提存受领权的，提存人得取回提存物。提存人取回提存物的，视为未提存。因此产生的费用由提存人承担。提存人未支付提存费用前，公证处有权留置价值相当的提存标的。”

民法典专门规定了债务人的取回权，最主要的目的是灵活适应多样化的现实情况。

【条文解读与法律适用】

一、债权人领取提存物的权利

标的物提存后，债务消灭。自标的物提存之日起，债权人即享有对该标的物的所有权，可以在法定的时间内，不受时间限制、在其认为适当的时候领取属于自己所有的东西——提存物。债权人在领取提存物时，如果依法提供了有关的证明文件，支付了提存费用，提存部门就应当依法将提存物交付给债权人，而不得非法阻挠。

二、债权人领取提存物的权利的限制

提存只是消灭债务的措施。在双务合同中，只有合同当事人双方均履行了各自的义务，合同才能终止。有时，债务人虽然将标的物提存，按照合同履行了自己的债务，但与其互负到期债务的债权人并未履行对待给付的义务。为避免先行履行可能发生的风险，保证自己债权的实现，债务人可以对提存部门交付提存物的行为附条件，即只有在债权人履行了对债务人的对待债务，或者为履行提供相应的担保后，才能领取提存物。不符合所附条件的，提存部门应当拒绝债权人领取提存物。比如，甲、乙二公司订立了购买电视机的合同，甲公司负有交付电视机的义务，乙公司负有支付价款的义务。债务履行期届满，乙公司迟延受领，也未支付货款，甲公司依法将标的物提存。为保证收回货款，甲公司提存时声明，只有乙公司支付了电视机价款或者提供了付款担保后，才能允许乙公司领取电视机。如果在乙公司没有支付价款也没有提供担保的情况下，提存部门将提存物交付给了乙公司，一旦乙公司领取提存物后不能支付甲公司的价款，提存部门要承担赔偿责任。提存人提存时，应当向提存部门明确告知提存受领人所承担的对待给付义务的内容，以及对所提供的担保的要求，比如是人的保证，还是抵押或者质押担保。这样做的目的，一方面，可以便于提存部门在交付提存物前进行审查，另一方面，也是判定提存部门责任的根据。

三、债权人领取提存物权利的行使期限

领取提存物虽然是债权人的权利，债权人可以随时行使，但如果债权人长期不行使这项权利，就会使有关的法律关系长期处于拖延和不稳定的状态，影响正常的经济秩序，同时也不利于促进民事流转和社会经济的发展。而且债权人长期不领取提存物，也会使提存费用大大增加，并加大提存物毁损、灭失的风险。为了避免这些情况的发生，督促债权人及时行使自己领取提存物的权利，本条对债权人领取提存物的权利，规定了五年的行使期限，债权人自提存之日起五年内不行使该项权利的，该项权利即告消灭。即债权人自提存之日起五年以后，不再享有领取提存物的权利，不得再到提存部门领取提存物。

四、债务人对提存物的取回权

超过五年以后，债权人因“躺在权利上睡大觉”而失去法律的保护。原则上，该提存物在提存部门扣除提存费用以后，由提存部门交归国家所有，成为国有财产。但债权人未履行对债务人的到期债务，或者债权人向提存部门书面放弃领取提存物权利的，债务人负担提存费用后有权取回提存物。

（邵长茂　撰写）

第五百七十五条　【债务的免除】债权人免除债务人部分或者全部债务的，债权债务部分或者全部终止，但是债务人在合理期限内拒绝的除外。

【法条链接】

《合同法》第 105 条

【立法背景】

本条是修改条文。《合同法》第 105 条规定："债权人免除债务人部分或者全部债务的，合同的权利义务部分或者全部终止。"本条修改为"债权人免除债务人部分或者全部债务的，债权债务部分或者全部终止，但是债务人在合理期限内拒绝的除外。"修改后的条文赋予了债务人在合理期限内的"拒绝权"。自此以后，债务免除行为不再是一个单纯的单方民事法律行为。

【条文解读与法律适用】

一、免除的含义

免除，指债权人抛弃债权，从而消灭合同关系及其他债的关系。关于免除的性质有不同的学说，一种学说认为，免除是契约。理由是：（1）债的关系是债权人与债务人之间特定的法律关系，不能仅依一方当事人的意思表示成立。（2）债权人免除债务人的债务是一种恩惠，而恩惠不能滥施于人。（3）债权人免除债务可能有其他动机和目的，为防止债权人滥用免除权损害债务人利益，免除应经债务人同意。另一种学说认为，免除是债权人抛弃债权的单方行为。理由是：(1）免除使债务人享受利益，因此没有必要征得其同意。(2）如果免除一定要债务人同意，债务人不同意的，等于限制了债权人对权利的处分。从本条规定看，我国合同法规定的免除是单方的法律行为。但合同法也并不排除债权人与债务人订立免除协议，免除债务人的义务。

免除是处分债权的行为，作出免除意思表示的债权人必须具有完全民事行为能力，无民事行为能力人或者限制民事行为能力人的免除行为除非由法定代理人代理或经法定代理人同意，否则不生法律效力。

免除可以附条件或者附期限。附生效条件的免除，比如，债权人表示只要债务人在合同履行期归还本金，可以免除利息。附解除条件的免除，比如，赠与人表示赠与合同成立后，如果赠与人经济状况恶化，赠与合同不再履行。附生效期限的免除，比如，出租人通知承租人下月 1 日开始不必再支付房租。附终止期限的合同，比如，出卖人通知买受人，其售予买受人商品的八折优惠月底终止。

免除应当通知债务人或者债务人的代理人，向第三人为免除的意思表示不发生法律效力。免除为放弃债权的行为，向债务人或者债务人的代理人表示后，即产生债务消灭的法律后果，因此，债权人作出免除的意思表示不得撤回。

二、免除的特点

1. 免除是无因行为。债权人免除债务，不论是出于赠与、和解，还是别的什么原因，这些原因是否成立，都不影响免除的效力。

2. 免除为无偿行为。免除债务表明债权人放弃债权，不再要求债务人履行义务，因此，债务人不必为免除为相应的对价。

3. 免除不需要特定的形式。免除债务不必有特定形式，口头、书面，明示、默示都无不可。比如债权人以口头或者书面形式通知债务人不必再履行债务，是以明示方式免除债务。而债权人不对债务人主张债权，超过诉讼时效期间，也产生债务免除的后果。

三、免除的要件

1. 债务免除人应当享有合法的债权，或对债权享有处分权。只有债务免除人享有合法的债权或者对相关债权具有处分权时，免除行为才能发生法律效力。债务免除人原则上只能够免除自己的债权，而无法对他人的债权进行处分。债务免除人如果是代理他人作出免除债务的意思表示，则必须要获得债权人的明确授权，并有权对债权作出处分。如果是共同债权，则一个债权人免除债务人的债务时应当取得其他债权人的同意。如果债务免除人对被免除的债务不享有债权或者不享有处分权，则不能产生免除的效力。

2. 债务免除人应当具有行为能力。免除行为在性质上属于单方法律行为，行为人所作出的单方法律行为原则上只能为自己设定负担或者放弃权利，而不能为他人设定义务。因此，具有完全民事行为能力的行为人能够独立认识、理解、判断自己行为的性质和后果，可以作为债务免除人；限制民事行为能力人可以免除与其年龄、心理状况相符的债务，限制民事行为能力人免除该范围之外的债务的，应当得到其法定代理人的同意；由于债务免除人需要向债务人为免除债务的意思表示，而无民事行为能力人欠缺民事行为能力，无法为意思表示，也就无法为债务免除行为。

3. 免除的对象必须是债务人的债务。债权人如果放弃债的担保，不能认为其当然地免除了债务人的债务。在按份之债中，债权人免除了某一债务人的债务，只是使该债务人的债务被免除，其他债务人的债务并没有当然地被免除，其债务仍然存在。还需要指出的是，免除应当是无偿的。在免除债务时不能要求债务人支付一定的对价或给债务人附加新的义务条件。但作为免除基础的原因行为，可以是有偿行为。例如，甲欠乙一笔价款，在乙和丙之间的交易关系中，丙与乙约定，乙应当免除甲的债务。在此，作为乙免除债务基础的原因行为（即乙和丙之间的交易）就是有偿的。而且基于免除行为无因性的要求，即便乙与丙之间的合同后来被宣告无效或者被撤销，乙的免除行为也可发生效力，乙只能基于不当得利返还请求权向甲提出请求。

4. 免除的意思表示应当向债务人明确作出。免除的意思表示必须要向债务人及其代理人明确作出，并且该意思表示应当直接通知债务人及其代理人。向任何第三人所作出的免除的意思表示都不能产生免除的效果。

5. 免除不得损害第三人的利益。债权人虽然有权免除债务人的债务，但是该权利的行使以不损害第三人的利益为限。例如，在融资租赁合同中，出租人（也即买受人）免除出卖人的交付义务，承租人的利益将受到损害，因此，不得免除出卖人的义务。

6. 债务人在合理期限内未予拒绝。债务人在合理期限内，对债权人的免除行为予以拒绝的，不发生债务免除的法律效果。

四、免除行为的法律效果

1. 免除使债务消灭。债权人免除部分债务的，债务部分消灭；免除全部债务的，债务全部消灭。债权人免除部分债务，比如，债务人乙欠债权人甲100万元货款，甲通知乙只需偿还80万元，免除了20万元债务。债权人免除部分债务的，免除的部分不必再履行，但尚未免除的部分仍要履行。债权人免除全部债务，比如，服装加工部向服装定作人表明不收取服装加工费。免除全部债务的，全部债务不必再履行，合同的权利义务因此终止。在债务被全部免除的情况下，有债权证书的，债务人可以请求返还。

2. 免除消灭债权和债权的从权利。免除了对方债务，也等于放弃了自己的债权，债权消灭，从属于债权的担保权利、利息权利、违约金请求权等也随之消灭。比如甲免除了乙的债务，为乙提供履行担保的丙的保证责任没有了存在基础，必然一同消灭。

3. 关于将来债务的免除，通说认为，应当视为附停止条件之债的免除，理论上应予承认。其理由在于，免除将来的债务也属于私法自治的范畴，法律不必干预。但由于将来的债还没有发生，因而只有当将来的债务实际发生时，该免除才发生效力，所以，应解释为附停止条件的债的免除。

（邵长茂　撰写）

第八章　违约责任

第五百八十条　【非金钱债务实际履行责任及违约责任】 当事人一方不履行非金钱债务或者履行非金钱债务不符合约定的，对方可以请求履行，但是有下列情形之一的除外：

（一）法律上或者事实上不能履行；

（二）债务的标的不适于强制履行或者履行费用过高；

（三）债权人在合理期限内未请求履行。

有前款规定的除外情形之一，致使不能实现合同目的的，人民法院或者仲裁机构可以根据当事人的请求终止合同权利义务关系，但是不影响违约责任的承担。

【立法背景】

本条规定了不履行非金钱债务或者履行非金钱债务不符合约定的违约责任，与《合同法》《买卖合同司法解释》相比，本条没有实质性的变更，在表述上将“要求”变更为“请求”更为准确。

【条文解读与法律适用】

一、合同目的不能实现可以终止合同但违约方应当承担违约责任

当事人一方不履行非金钱债务或者履行债务不适当，对方可以请求其履行，还可以请求其承担违约责任，如支付违约金、赔偿损失。如果非金钱债务在法律上或者事实上不能履行，或者履行费用过高，或者债权人在合理期限内未请求履行，合同目的不能实现，则不宜继续履行，可以要求违约方承

担违约责任。

合同在法律上或者事实上不能履行，又称履行不能。其中事实上的履行不能也称为自然不能，是基于自然法则的不能，有基于外界自然原因而不能履行，也有因人为的能力受自然的限制而不能履行。法律上的履行不能则是指基于法律的规定而履行不能，如禁止流通物的转让。

二、如何解决实践中由于合同不能履行而导致的合同僵局问题

对于合同不能履行而导致的合同僵局问题，即违约方能否解除合同，存在两种观点。一种观点认为，合同不能履行致使不能实现合同目的，有解除权的当事人不行使解除权，构成滥用权利对对方显失公平的，人民法院或者仲裁机构可以根据对方的请求解除合同，但是不影响违约责任的承担。特别是在如房屋租赁等长期性合同中，一方因为经济形势的变化、履约能力等原因，导致不可能履行长期合同，需要提前解约，从而从难以继续履行的合同中脱身，有利于充分发挥物的价值，减少财产浪费，有效利用资源。

另一种观点认为，若违约方可以申请解除合同，与严守合同的要求不符。《合同法》第 8 条第 1 款规定，依法成立的合同，对当事人具有法律约束力。当事人应当按照约定履行自己的义务，不得擅自变更或者解除合同。这是合同法律效力的重要内容，合同严守是审判实践中应遵循的一项重要原则。对个别合同僵局问题，可以适用情势变更规则或者其他途径解决。

但是从本条内容来看，并未完全排除违约方起诉解除合同的权利，只是可用赔偿损失来代替继续履行。也就是说，当继续履行也不能实现合同目的时，就不应再将其作为判令违约方承担责任的方式。当然，对于违约方起诉解除合同的主张是否支持应当从严掌握。

（一）违约方起诉解除适用

违约方起诉解除合同需要同时具备三个条件：

第一个条件是违约方起诉请求解除合同主观上必须是非恶意的。规定该条件的目的是防止违约方实施机会主义行为而侵害守约方的利益。违约方在履行困难或者履行对其经济上不合理时就选择故意违约，这将引发相关的道德风险，也违反了任何人不能从其不法行为中获利的原则。例如，在房屋价格上涨的情形下，违约方可能进行一房数卖，恶意解约，此类违约行为在实践中时常发生，如果予以认可，将极大地危害交易安全和交易秩序。

第二个条件是违约方继续履行合同对其显失公平。在形成合同僵局的情形下，法律上允许违约方提起诉讼解除合同，目的在于纠正利益失衡现象，从而平衡当事人之间的利益关系，最终实现实质正义。因此，在合同僵局的情形下，往往是守约方拒绝解除合同导致双方当事人利益关系显失公平。如果继续履行合同可以给守约方带来一定的利益，但此种利益与给违约方造成的损失相比，明显不对等，尤其是在违约方能够赔偿守约方因合同解除而遭受的损失时，当事人之间的利益失衡更加明显。实务中，在出现合同僵局时，享有解除权的一方当事人拒绝行使解除权，常常是为了向对方索要高价，这就违反了诚信和公平原则。如果任由守约方拒绝解除合同，可能造成双方利益严重失衡。因而，在法律上有必要予以纠正。

第三个条件是守约方拒绝解除合同违反诚实信用原则。根据诚实信用原则，合同交易不是零和游戏，而是互赢的关系，合同的双方当事人都要照顾对方的合理期待，任何一方都必须尊重另一方的利益。通常在形成合同僵局的情形下，如果违约方能够找到替代的履行方式,，对守约方因合同解除而遭受的损失进行赔偿，则能够保障守约方的利益，但在此情形下，守约方坚持继续履行合同，可以认定守约方已经违反了诚信原则。如在房屋租赁合同中，违约方愿意补偿守约方较长期间比如 6 个月或 1 年的租金，而守约方仍然拒绝解除合同，通常应当认定其行为违反了诚信原则。

同时具备以上三个条件的，违约方可以起诉请求解除合同。①

（二）违约方起诉解除合同不影响其承担违约责任

违约方起诉解除合同需要对守约方的损失进行充分赔偿，以保证对方当事人的现实既得利益不因合同解除而减少。违约方通过起诉主张解除合同的，人民法院或者仲裁机构审查认为符合合同解除条件的应当进行释明，告知守约方可以直接要求损害赔偿，也可另行起诉主张损害赔偿。关于赔偿损失的范围，应当按照《民法典》第 584 条的规定，支持守约方向违约方主张预期利益，但应当遵守预期利益的可预见性规则和《民法典》第 591 条的减损规则。

---

① 最高人民法院民事审判第二庭编著：《〈全国法院民商事审判工作会议纪要〉理解与适用》，人民法院出版社 2019 年版，第 317 页。

三、需要注意的问题

当事人仅主张解除合同，法院应否一并处理合同解除的法律后果。依据《民法典》第 566 条规定，合同解除后，尚未履行的，终止履行；已经履行的，根据履行情况和合同性质，当事人可以请求恢复原状或采取其他补救措施，并有权请求赔偿损失。合同因违约解除的，解除权人可以请求违约方承担违约责任，但是当事人另有约定的除外。审判实践中，当事人仅主张解除合同，法院应否一并处理合同解除的法律后果，一直有不同的观点和看法。一种观点认为，根据不告不理的民事诉讼原则，法院应当围绕当事人的诉讼请求进行审理，不应判超所请。若当事人仅主张解除合同，法院不应一并处理合同解除的法律后果。我们认为，为了有效化解社会矛盾，减少当事人诉累，对不告不理原则的理解不应过分机械，当事人请求解除合同的，原则上应当一并处理解除后的责任承担等相关后果。①

（陈梦群　撰写）

第五百八十一条　【替代履行】当事人一方不履行债务或者履行债务不符合约定，根据债务的性质不得强制履行的，对方可以请求其负担由第三人替代履行的费用。

【立法背景】

与 1999 年《合同法》相比，本条属于新增条款。民法典增加了利益第三方合同的内容，同时也新增第三人替代履行。司法实践中，当事人一方不履行债务或者履行债务不符合约定，对方为了减少损失，促成商业目的实现常会采取由第三人替代履行的补救措施，在本次修改中，明确守约方向违约方主张第三人替代履行费用请求权，对于守约方采取积极措施防止损失的扩大具有积极意义。

---

① 最高人民法院民事审判第二庭编著：《〈全国法院民商事审判工作会议纪要〉理解与适用》，人民法院出版社 2019 年版，第 317 页。

【条文解读与法律适用】

合同履行的主体应当是订立合同的双方当事人，在合同履行过程中，一方当事人违反约定，不履行债务或者不完全履行债务，对方当事人请求其履行未果时，为了合同目的实现，采取补救措施减少损失，由第三人代替履行合同义务，第三人代替履行合同义务所支出的费用应当由债务人承担。如在建设工程施工合同中，因发包人和承包人失去良好的合作关系，由承包人进场施工重做或修复缺乏可行性，发包方可委托第三人参照合同，对质量缺陷予以整改修复，发包方主张由承包方承担修复费用的，人民法院应当支持。

第三人替代费用请求权不仅保护守约方，还为民事主体进行交易活动提供鼓励，谋求社会共同的增益。但若要求违约方承担过于沉重的责任则不利于当事人积极从事交易，因此有必要对第三人替代费用进行一定的限制，在认定第三人费用时，应当注意：

一是一方当事人违反约定，不履行债务或者履行债务不符合约定。本条相当于履行之替代，只有在一方当事人不履行债务或者履行债务不符合约定时，对方当事人才可以主张第三人替代履行费用，也就是说，主张第三人替代履行费用一方应当举证证明对方当事人有违约行为，并且在守约方请求违约方履行未果时才适用本条。

二是费用应当在合理范围内。本条主要功能在于促进合同目的实现。第三人替代履行，实为守约方因对方违约采取的补救措施，由第三方替代履行的费用则为守约方因违约方的违约所造成的实际损失，故该损失应当符合损失赔偿中“填平”的原则，替代履行的费用应当受到合理费用的限制。也就是说，该费用是否合理，虽比较主观，但应限制在原合同约定的范围内。如在建筑施工合同中，质量瑕疵的修复，原合同约定的是一般防水涂层，而在第三人替代履行时，采用特殊防水涂层措施，若该费用大大超出原合同履行的费用，则该第三人替代履行的费用应受到原合同的限制。

三是债务的性质属于不得强制履行的。若可以由违约方继续履行，人民法院应当尽量认定合同义务由债务人履行，而根据债务的性质不得强制履行的，由违约方继续履行合同对双方当事人均不利的，可以由第三人替代履行。

若该债务的性质不属于不得强制履行的，债权人主张替代履行费用不应当支持，即应当将债务履行主体尽量限制在合同当事人之内。

四是不以双方是否约定为前提。第三人替代履行与《民法典》第524条第三人代为履行不同，本条为守约方事后的补救措施，因此无需以双方约定为前提。本条也不同于债务的转移，不以对方当事人同意为前提条件。

另外，注意区分本条与第三人代为履行的区别，第三人代为履行中，第三人是债务人选择的，则应当属于债务履行辅助人，如果是双方约定的，则为《民法典》第522条的规定，如果是第三人自愿代为履行，债务人不可以拒绝，债权人可以拒绝。

（陈梦群　撰写）

第五百八十六条　【定金担保】当事人可以约定一方向对方给付定金作为债权的担保。定金合同自实际交付定金时成立。

定金的数额由当事人约定；但是，不得超过主合同标的额的百分之二十，超过部分不产生定金的效力。实际交付的定金数额多于或者少于约定数额的，视为变更约定的定金数额。

【法条链接】

《担保法》第89条、第90条、第91条；《担保法解释》第119条、第121条

【立法背景】

本条实际源自1995年《担保法》和2000年的《担保法解释》，但是本条的表述更为准确。相较于《担保法》第89条规定，“当事人可以约定一方向对方给付定金作为债权的担保”，第90条规定，“定金应当以书面形式约定。当事人在定金合同中应当约定交付定金的期限。定金合同从实际交付定金之日起生效”，第91条规定，“定金的数额由当事人约定，但不得超过主合同标

的额的百分之二十”，本条删除了《担保法》中关于定金合同书面要式的规定。变更定金数额的规定源自《担保法解释》第119条、第121条。《担保法解释》第119条规定：“实际交付的定金数额多于或者少于约定数额，视为变更定金合同；收受定金一方提出异议并拒绝接受定金的，定金合同不生效。”第121条规定：“当事人约定的定金数额超过主合同标的额百分二十的，超过的部分，人民法院不予支持。”本条相较于《担保法解释》第119条的关于定金合同的成立与生效有所变更。考虑到定金合同属于实践性合同，表述为“定金合同自实际交付定金时成立”更为准确。另外，相较于原来规定的定金超过标的额百分之二十的部分，人民法院不予支持，现表述为“超过部分不产生定金的效力”更为准确。

【条文解读与法律适用】

一、定金的性质与功能上的分类

（一）定金是债的一种担保方式

定金一般指合同当事人一方为了担保合同的履行而预先向对方支付一定数额的金钱。

定金的所有权自约定的定金处罚条件成就时，即发生转移或成为索赔的标准。比如支付定金的一方违约时，定金即由接受的一方所有，不需要再通过协商或司法程序来行使定金上的权利。接受定金的一方违约时，接受的一方应当以双倍于接受的定金承担赔偿之责。

（二）定金在功能上的分类

1. 立约定金：也被称为订约定金，其设立是为了担保合同的签订，特点是其效力的发生与主合同是否发生法律效力没有关系。立约定金成立是独立的，在主合同之前就成立。设立了立约定金，其法律效力自当事人实际交付定金时就存在，在所担保的定约行为没有发生时，违反承诺的当事人就要受到定金处罚，立约定金就由此发挥担保作用。

2. 成约定金：当事人约定的作为合同成立或生效标志的定金。成约定金的法律意义在于其与合同的履行之间的关系。当事人在约定成约定金后，定金未支付的，合同不成立，当事人在合同中设定的权利义务也不发生法律拘束力。在当事人约定有成约定金的场合，定金的交付是合同成立或生效的关键，但也不绝对。如果当事人自愿履行主合同或履行了合同的主要部分，定金未交付的，已经履行或部分履行的合同即不再以定金交付作为成立或生效的标志。

3. 解约定金：当事人在合同中约定的以合同解除为处罚条件的定金。解约定金的功能是担保当事人不会轻易解除合同。当事人在合同中约定解约定金条款后，当事人如果解除合同，交付定金的一方，无权要求对方返还定金，接受定金的一方定当双倍返还定金。从利益考量，解约定金在一定程度上减少了解除合同的机率，促使合同顺利履行。

（三）各类型定金适用上应注意的问题

对于不同性质的定金，应当根据其各自的性质确定其实际担保的效力，在适用中应当注意：

1. 定金合同是主合同的从合同，定金合同不生效，不影响主合同的效力。但主合同不生效或无效的，定金合同也无法律效力。但接受定金的当事人是否应当退还定金，要看定金的性质。一般情况下定金应当退还，但如果定金是用来担保合同有效的，在因交付定金的一方当事人的原因而不生效或无效时，接受定金的一方可以不退还定金。

2. 合同中约定解约定金的，当事人以承担定金损失为代价要求解除合同的，对该合同不能强制实际履行。另一方当事人申请人民法院实际履行合同的，人民法院应当予以驳回。当事人以承担定金损失为代价要求解除合同的，应当允许合同解除，并裁判当事人以承担定金罚则代替合同履行。在我国，合同中约定违约定金和成约定金较多，而约定解约定金较少。特别在双方均没有违约行为，而其中一方拟解除合同时，约定解约定金更有利于双方合同纠纷的解决。

3. 合同解除后，虽然适用了定金处罚，主张解除合同的当事人承担了定金损失，但不排除有损失的一方要求对方进行损害赔偿。承担了定金罚则的当事人仍然应当承担损害赔偿的责任，合同解除后对损害赔偿的确定，适用合同解除的规定。

4. 定金合同属于实践性合同，即当事人订立定金合同或在合同中订立定金条款后，该定金合同、定金条款并不立即生效，定金的生效以当事人实际交付定金为准。因此，定金合同不能强制履行。定金合同在实际交付定金后才生效，当事人订立定金合同后，不履行交付定金的约定的，不能认为当事人违约，更不能裁判当事人承担违约责任。①

二、定金的最高限额与法律适用

（一）定金的最高限额

本条规定定金的最高金额为主合同标的额的百分之二十。但应注意的是，定金数额的最高限额是针对以金钱为计算方法的合同而言的，如果主合同的标的不能用金钱计算，或合同目的是双方共同合作经营，或合同的标的是劳务性质的，则不能适用最高额的限制。比如演出合同、中介合同、联营合同等。对于不能用金钱计算标的的合同，其定金最高限额原则上不作要求，不以百分之二十为限。如果出现当事人约定的定金过高的情况，人民法院可以援引民法典相关规定进行处理。比如当事人认为约定的定金过高，有失公平的，则应当举证。人民法院根据举证情况，依照公平原则进行裁决。当事人的举证不能证明约定的定金过高并有失公平的，对当事人约定的定金原则上不作调整并尊重当事人的契约自由。在一方当事人因对方违约遭受较大损失的时候，处罚的定金只能起到部分补偿损失的作用，对于超过已处罚的定金部分的损失，当事人仍然有权要求对方给予赔偿。换言之，定金处罚与损害赔偿可以并存，定金处罚不能代替损害赔偿，在损失额大于定金额的时候定金与损害赔偿可以并处。

（二）超过定金最高限额如何处理

从立法上解释，本条采取了“不得”的表达方式，其性质属于强制性，对当事人的定金限额，有强制效力。当事人约定的定金数额，超过部分，不产生定金的效力。就合同效力而言，超过最高限额的定金合同属于部分无效，并非定金合同全部无效。人民法院不支持超过部分的定金合同的效力，即仅在法律规定的限额内的定金上存在定金合同。超过的部分仅为接受定金者占有，交付定金的一方可以就这部分定金请求接受方返还。如果支付方一并请求返还该部分资金占用费的，可视情况而定。

---

① 李国光、金剑峰、曹士兵等著：《最高人民法院关于适用〈中华人民共和国担保法的解释〉理解与适用》，吉林人民出版社2000年版，第405页。

三、定金合同订立后少支付、多支付或不支付定金的处理

实际支付的定金数额多于或者少于约定数额的，视为变更约定的定金数额。因为定金合同属于实践性合同。合同订立后，当事人不按约定支付定金的情况比较常见。

（一）少支付定金如何处理

对于少支付定金的，根据定金合同的实践性，应当认定当事人实际交付的定金数额为实际生效的定金数额，对于少交的部分，不能强制履行。当事人对于不足额的定金拒绝接受的，定金合同不生效。当事人接受了不足额的定金，实际接受的定金额即为定金范围，对于未交部分，接受定金的一方无权要求对方补交。值得注意的是，对于当事人既接受不足额的定金，又提出异议，应当根据定金合同实践性认定当事人已接受的不足额的定金，为实际生效的定金范围，未交付的部分不存在定金合同。因此，当事人对未交付的定金提出的异议不发生法律效力。

（二）多支付定金如何处理

对于多支付的定金，除超过定金的最高限额外，已交付的定金为实际定金范围，当事人各方均在实际交付的定金上享有权利，承担义务。

（三）不支付定金的处理

对于定金合同因当事人拒绝交付定金而不生效是否产生缔约过失责任，即当事人是否应当承担赔偿责任，一般认为，当事人约定了定金但未交付定金的，由于定金合同的履行与否并不影响主合同的效力，而定金合同本身并不存在信赖上利益，所以当事人双方均不因定金合同的不生效而承担缔约过失责任。即便在成约定金的场合，虽然定金交付是合同成立或生效的要件，但成约定金本身就是制约合同法律效力的关键，当事人不交付定金则致使合同不成立或不生效是当事人预设的，因此，也不存在所谓信赖上利益的损失问题，缔约过失责任也不存在。①

（陈梦群　撰写）

---

① 李国光、金剑峰、曹士兵等著：《最高人民法院关于适用〈中华人民共和国担保法的解释〉理解与适用》，吉林人民出版社2000年版，第406页。

第五百八十七条 【定金罚则】债务人履行债务的，定金应当抵作价款或者收回。给付定金的一方不履行债务或者履行债务不符合约定，致使不能实现合同目的的，无权请求返还定金；收受定金的一方不履行债务或者履行债务不符合约定，致使不能实现合同目的的，应当双倍返还定金。

【法条链接】

《合同法》第 115 条；《担保法》第 89 条；《担保法解释》第 120 条

【立法背景】

1995 年《担保法》第 89 条规定："当事人可以约定一方向对方给付定金作为债权的担保。债务人履行债务后，定金应当抵作价款或者收回。给付定金的一方不履行约定的债务的，无权要求返还定金；收受定金的一方不履行约定的债务的，应当双倍返还定金。"1999 年《合同法》第 115 条规定："当事人可以依照《中华人民共和国担保法》约定一方向对方给付定金作为债权的担保。债务人履行债务后，定金应当抵作价款或者收回。给付定金的一方不履行约定的债务的，无权要求返还定金；收受定金的一方不履行约定的债务的，应当双倍返还定金。"本条几经修改。与 1999 年《合同法》相比，本条新增履行债务不符合约定致使不能实现合同的，来源于 2000 年《担保法解释》第 120 条第 1 款规定的"因当事人一方迟延履行或者其他违约行为，致使合同目的不能实现，可以适用定金罚则。但法律另有规定或者当事人另有约定的除外"，也属于司法实践的立法化。

【条文解读与法律适用】

定金合同生效后，在定金合同约定的条件成就时，进行双倍返还定金或对定金的扣收处罚方法，通常称为定金罚则。由于定金罚则与不同定金的性质相关，也与主合同的履行相关，所以在适用上情况相对复杂。违约定金是最常见的定金形式，所以本条主要针对违约定金而言，并且主要解决违约定金罚则中集中的问题，即违约定金处罚的条件。

一、定金责任的条件

此处适用定金罚则有两个条件，一是不履行债务，二是新增的履行债务不符合约定致使不能实现合同目的。履行债务不符合约定致使不能实现合同目的如何认定，一般而言，当事人违约，人民法院对违约行为及其法律后果、法律责任承担进行认定，此处可结合《民法典》第563条来理解违约行为致使合同的目的不能实现。在适用定金处罚时，违约行为和合同目的不能实现两个条件缺一不可。一般而言，合同目的不能实现指当事人缔结合同的主要目的因违约行为而不能实现。合同目的指的是主合同的目的，当事人订立主合同的目的，可能有主要目的，也可能有次要目的，有直接目的，也有间接目的。作为有法律意义的合同目的则仅指合同的直接目的和主要目的。违约行为致使合同的直接目的和主要目的不能实现的，在合同理论上被称为根本违约。合同理论通说认为根本违约是适用定金处罚的条件。简单归纳来说，违约行为致使合同主要的、直接的目的不能实现，即构成根本违约时，可以适用定金处罚。本条接受根本违约为定金处罚的条件，也参考了其他国家立法例的情况，如英国、日本等，均将根本违约与合同目的联系起来，这也是现代各国立法中的通行做法。

需要注意的是，本条中的定金处罚条件是针对违约定金而言，对于其他性质的定金，如解约定金、立约定金等，均有其定金处罚条件。

二、定金罚则与合同履行阶段的关系

定金抵作价款后是否还适用定金罚则值得注意。对于买卖合同而言，违约定金通常是在合同订立初期、尚未开始实际履行之时，由买受人向出卖人交付，以发挥担保债务履行之功能。而违约行为在合同履行之前、履行期间以及一方履行完毕等各个阶段均有可能发生。在合同已经订立但尚未开始实际履行时，由于双方的债务履行期限均未届至，只有在一方符合预期违约情形时对方才能主张适用定金罚则，这一阶段的定金适用争议不大。但在合同开始履行后，尤其是买受人支付的定金已经按照合同约定抵作价款时，出卖人严重违约，买受人是否还能主张定金权利，审判实务存在争议。有观点认为，定金抵作价款后，其作为定金的性质已经丧失，其后发生的违约行为不再适用定金罚则。另有观点认为，定金作为合同债务履行之担保，其作用应贯穿合同履行的全部阶段，在合同履行完毕之前均可适用。我们赞同第二种观点，理由在于：如果认为定金抵作价款后即不能再适用定金罚则，那么对于买受人支付价款义务在先、出卖人交付货物义务在后的合同而言，定金基本不具有任何约束出卖人之功能，这对买受人而言显然有失公平，也不符合当事人约定定金作为双方履行合同担保之本意。

三、当事人同时主张继续履行及定金罚则时的处理

定金罚则适用的前提是根本违约，不适用于合同主要目的未受影响的一般违约情形。如果买卖合同的一方当事人未按合同约定支付价款或者交付标的物，相对方主张继续履行，说明合同暂时处于迟延履行状态而合同目的仍然可能实现，尚未达到履行不能之程度。此时守约方可就其所受损失要求违约方予以赔偿，但不宜适用定金罚则。如果当事人对继续履行和定金罚则同时提出主张，人民法院应告知其选择其一，且在当事人拒绝选择时根据案件具体情况作出判断。例如，如果仅仅交付了定金，合同并未开始实际履行，违约方拒绝继续履行合同的，可以适用定金罚则，解除合同；如果合同已经开始履行，则可以判决继续履行合同，排除定金条款之适用。需要强调的是，不适用定金罚则并不意味着违约方对其迟延履行的行为不需要承担责任，对于违约造成的相对方损失仍应予以赔偿。

（陈梦群　撰写）

第五百八十八条　【违约金与定金竞合时的责任】当事人既约定违约金，又约定定金的，一方违约时，对方可以选择适用违约金或者定金条款。

定金不足以弥补一方违约造成的损失的，对方可以请求赔偿超过定金数额的损失。

【法条链接】

《合同法》第116条

【立法背景】

与1999年《合同法》相比，本条第2款为新增内容。《合同法》第116条规定："当事人既约定违约金，又约定定金的，一方违约时，对方可以选择适用违约金或者定金条款。"对定金不足以弥补一方违约损失时，损失是否以定金为限未置明文。本条的增加更有利于指导司法实践适用定金罚则来弥补一方当事人因违约方违约造成的损失。

【条文解读与法律适用】

本条规定了选择适用违约金与定金规则。定金和违约金的功能同样是对于合同一方因对方违约造成的损失予以弥补，是违约责任的特殊表现形式，其特殊之处就在于权利人主张定金或违约金时只需证明义务人存在违约行为，而无须证明损失是否存在及损失数额，举证的难度小于按损失数额要求赔偿；相应地，定金和违约金的数额在合同订立时即已确定，主张权利的灵活度也比较小。认定定金或违约金与赔偿损失的关系应当注意以下几个方面。

一、定金与违约金

根据《民法典》第585条之规定，违约金系"以补偿性为主、以惩罚性为辅"的违约金，补偿性乃其主要属性。因此，就违约金的补偿性而言，违约金本质上属于损害赔偿额之预定，其主要功能在于填补守约方损失，相当于履行之替代。

定金与违约金不能并罚主要是因为定金与违约金都是处罚性质的，并罚过于严厉。定金依其功能分为成约定金、定约定金、解约定金、违约定金。成约定金、定约定金、解约定金与违约金指向不同的情形，因此可以并罚。定金条款与违约金应避免同时适用，否则将会出现债权人双重获益之结果。但如果违约定金与违约金指向不同的违约行为，当事人主张并罚的，应当予以支持，也就是说，如果约定迟延履行适用定金处罚，瑕疵履行适用违约金，如果当事人一方既迟延履行又瑕疵履行，则对方当事人主张同时适用，可以支持。但如果同时适用的处罚结果导致整个利益上产生严重失衡，人民法院也可以根据法律规定的公平原则进行调整。

在合同当事人既约定了违约金，又约定了定金的情况下，如果一方违约，对方当事人可以选择适用违约金或者定金条款，即对方享有选择权，可以选择适用违约金条款，也可以选择适用定金条款。现实中，有些当事人在合同中既约定违约金，也约定定金，在一方违约时，对方要求违约金与定金条款并用。一般说来，选择适用违约金条款或定金条款其中一种，就可以达到弥补因违约受到的损失的目的。违约金相当于一方因对方违约所造成的实际损失，而且根据《民法典》第585条的规定，约定的违约金低于造成的损失的，当事人可以请求人民法院或者仲裁机构予以增加；约定的违约金过分高于造成的损失的，当事人可以请求人民法院或者仲裁机构予以适当减少。这样，守约方根据违约金条款，就可以补偿自己因对方违约所造成的损失。当然，在定金条款对守约方有利时，守约方也可以适用定金条款，按照定金罚则弥补自己的损失。若双方约定的违约金与定金都远低于违约所造成的损失，守约方可以请求人民法院或者仲裁机构予以增加，赋予守约方请求赔偿超过定金数额的损失的请求权，能够起到保障其合同利益，补救其违约损失的作用。

二、定金与损害赔偿

在买卖合同中，定金罚则通常适用于严重违约的情形，买受人拒绝支付货款或者出卖人全部或部分不交付标的物，其后果通常是合同的变更或解除，双方的权利义务需要全面清算，损失数额得以明确，此时定金可以抵偿部分损失，权利人亦可主张赔偿剩余部分损失。而违约金可能适用于各种违约行为，包括合同的主要义务和附随义务；违约行为所导致的损失常常难以准确计算，尤其在合同继续履行场合，举证证明损失更为困难。因此，合同法采取调整违约金数额之方式，未在违约金与赔偿损失之间建立直接联系。但在适用违约定金之情形中，由于守约方的损失数额大多可以证明，因此允许守约方对超出定金部分的损失直接请求赔偿，不仅更有利于其债权实现，而且可以避免裁判机构行使裁量权导致当事人权益存在不确定性。若当事人未约定违约金或只约定了定金，而约定的定金数额不高，一方违约给对方造成的损失并非定金罚则可以填补。本条新增当事人增加定金数额的请求权，赋予定金弥补损失的功能。

三、注意违约定金和解约定金在解除合同时的区别

在多数纠纷案件中，定金罚则的适用通常伴随着合同解除之后果，导致审判实践中违约定金与解约定金在某些具体情况下难以区分。对于该问题应当注意：就解约定金而言，定金本身就是合同所附之解除条件，当事人以抛弃定金或双倍返还定金来达到解除合同之结果，此时适用的是约定解除的规则；而违约定金适用于一方不履行合同义务的情形，其违约行为通常导致合同目的不能实现，从而令守约方不得不主张解除合同，此时适用的是合同法定解除的规则。换言之，在明确约定解约定金之场合，违约方可以主动适用定金罚则，无须对方同意即可解除合同；反之，在违约定金情形，是否适用定金罚则并进而解除合同的选择权在守约方。

四、裁判机构不具有减少定金数额的裁量权

本条赋予裁判机构增加定金数额的裁量权，因为考虑定金的数额不得超过主合同标的额的20%。在买卖合同中，定金的这一法定上限同样适用于约定了上限的情况，定金即使高于当事人的损失数额，通常也不会造成当事人无法接受的、过分不公平的结果，且在合理范围内允许当事人自行约定对违约行为的惩罚，也是合同自由的应有之义。如果再赋予裁判机构减少定金数额的裁量权，那么当事人对于定金的约定将不具有任何意义，因此本条未规定人民法院减少定金数额的裁量权。

（陈梦群　撰写）

第五百八十九条　【拒绝受领和受领迟延】债务人按照约定履行债务，债权人无正当理由拒绝受领的，债务人可以请求债权人赔偿增加的费用。

在债权人受领迟延期间，债务人无须支付利息。

【立法背景】

与1999年《合同法》相比，本条属于新增条款，主要源于司法实践中常发生的债权人无正当理由拒绝受领的情形。本条主要在于明确债权人迟延受领或无正当理由拒绝受领的情形，明确规定债权人应当积极行使权利，以促进商业目的快速实现，加快财富流转。

【条文解读与法律适用】

受领迟延或无正当理由拒绝受领均让当事人的权利义务处于不确定状态。债权人在享有权利的同时，不得滥用权利。债权人怠于行使权利，或是消极行使权利，可能给债务人增加履行费用或扩大履行义务。因此本条规定了债务人按约定履行债务，债权人无正当理由拒绝受领时，债务人对增加的履行费用的赔偿请求权。当然，适用本条时应当注意，债务人应当承担其按约定履行且对方当事人无正当理由拒绝受领的证明责任。司法实践中，在金钱债务关系中，人民法院判决多倍利息且至款项清偿之时止，债权人怠于行使权利可能获取更大利益时可能选择消极履行受领义务。

司法实践中，有以下几个问题需要注意：（1）《民法典》第522条规定了利益第三人合同，对合同约定为第三人设定的利益，该第三人有权拒绝接受，因此，利益第三人拒绝受领的，债务人不能向第三人请求赔偿增加的费用，而只能向债权人主张。（2）如果约定是向第三人给付，第三人可以拒绝受领给付，此时对债权人和债务人之间的债务关系构成履行障碍，债务人应当将第三人拒绝受领时的情况告知债权人，债权人可以亲自受领给付。

（陈梦群　撰写）

第五百九十二条　【双方违约与过错相抵】当事人都违反合同的，应当各自承担相应的责任。

当事人一方违约造成对方损失，对方对损失的发生有过错的，可以减少相应的损失赔偿额。

【法条链接】

《合同法》第120条

【立法背景】

与 1999 年《合同法》相比，本条增加了第 2 款，《合同法》第 120 条仅规定了双方的违约责任。我国合同法采取的是严格责任，即只要违约就应对损失承担责任，因此对于损失方自身有过错的，是否应当减少损失的赔偿额，并未规定。司法实践中并不统一，有观点认为我国合同法为严格责任而非过错责任，不应当减少，也有观点认为《民法通则》第 114 条规定了过错相抵原则，免除违约人对扩大损失的赔偿责任，则相应地，对于当事人一方违约造成对方损失，对方对损失的发生有过错的，也可以减少相应的损失赔偿额。本次明确支持了后一种观点。

司法实践中，确定受损人的损失及举证责任一般要考虑如下几个方面：确定损失额，受损人承担举证责任；确定受损人是否有过错，违约方负举证责任，如果受损人有过错，则应当承担相应的责任，有时还应当确定受损人是否因违约而获有不当得利；还应确定受损人是否采取合理措施减少损失，对此，违约方负举证责任。

【条文解读与法律适用】

大陆法系的民法关于合同中违约责任采用过失责任，而我国吸取英美法的经验，在合同责任类型上采取的是严格责任，但同时也适用过错相抵原则，即受损方对损失的发生也有过错时，应当由其自己对过错行为所造成的损失部分承担责任，人民法院应当在该范围内减轻违约方的赔偿责任，但是受损方的过失行为必须是损害发生或扩大的共同原因。过错相抵，英美法称共同过失，日本称过失相杀。在违约责任中，是指对违约损害的发生和扩大，受害人也有过错的，可以减轻或者免除违约人的赔偿责任。本条规定了双方违约应承担的责任。违约可分为单方违约和双方违约。一方当事人违约的，称为单方违约；双方当事人都违约的，称为双方违约。单方违约的，违约方承担违约责任；双方违约的，各自承担相应的违约责任。

需要注意的是，本条所使用的“过错”一词，并非指过错责任，而是指对损失的发生和扩大产生作用的原因，因此，有观点误以为本条混合了归责原则中的严格责任和过错责任，实则不然。本规定仍采用的是严格责任，只是在损失的分担上，应对过错进行考量，而非对违约责任原因力进行考量，即根据损害赔偿原则中“过错相抵原则”，减少相应的损失赔偿额。

（陈梦群　撰写）

第二分编　典型合同

第九章　买卖合同

第五百九十七条　【无权处分】因出卖人未取得处分权致使标的物所有权不能转移的，买受人可以解除合同并请求出卖人承担违约责任。

法律、行政法规禁止或者限制转让的标的物，依照其规定。

【法条链接】

《合同法》第51条、第132条；《买卖合同司法解释》第3条；《合同法解释（二）》第15条

【立法背景】

根据买卖合同的法理，出卖人负有交付买卖标的物并移转其所有权的义务，因此，出卖人原则上应当对标的物享有所有权或者处分权。但是，在现实经济交往中，出卖人在交易时无所有权或者处分权，构成无权处分的情况也是常见现象。对出卖人在出卖他人之物时并无所有权或处分权的合同效力如何认定，对于解决买卖合同当事人及标的物所有权人之间的权利义务关系影响甚巨。而无权处分合同效力的定位，与民法的许多制度和理论均息息相关，如权利瑕疵担保责任、善意取得制度、物权变动的原因与结果的区分原则、不当得利和给付不能理论等①，几乎牵动着整个民法体系，其制度完善的

---

① 参见王利明主编：《民商法理论争议问题——无权处分》，中国人民大学出版社2003年版。

重要性不言而喻。

《合同法》第 51 条规定无权处分的合同无效，同时该法第 132 条进一步规定“出卖的标的物，应当属于出卖人所有或者出卖人有权处分”。因此，根据上述法律规定，无权处分的买卖合同为无效合同，但严格适用上述法律规定，往往保护了不诚信的当事人，损及交易安全，由此多年以来涉及无权处分的纠纷处理一直困扰着司法审判人员。最高人民法院多年以来一直致力于在合同法规定框架之下寻求合适的解释路径。《合同法解释（二）》第 15 条规定：“出卖人就同一标的物订立多重买卖合同，合同均不具有合同法第五十二条规定的无效情形，买受人因不能按照合同约定取得标的物所有权，请求追究出卖人违约责任的，人民法院应予支持。”该规定在实务中经常被参照适用于无权处分的纠纷中，但并未直接回应《合同法》第 51 条所直接规定的合同效力问题。最高人民法院 2012 年出台的《买卖合同司法解释》第 3 条，在深入研究无权处分理论和回应审判实践需要的基础上，对无权处分问题进行了正本清源的解释，明确了当事人仅以未取得处分权为由请求人民法院确认合同无效的，不予支持。虽然在起草民法典过程中，对于是否保留《合同法》第 51 条规定仍有学者持有不同的意见，但是民法典三次审议稿及最终民法典还是采纳了理论界的主流意见和司法实务多年积累的经验做法，明确了无权处分合同不因未取得处分权而无效。本条还在物权区分原则的精神指导下，进一步针对因未取得处分权而影响合同履行问题的违约救济进行了明确，即当事人可以请求解除合同，并要求无处分权人承担违约责任。

【条文解读与法律适用】

本条内含了三方面内容：一是无权处分的合同效力；二是无权处分合同的履行；三是合同不能履行的救济。本条规定在买卖合同中，还涉及对其他合同效力的参照适用问题。

一、关于无权处分的合同效力问题

虽然本条没有直接规定无权处分合同不因未取得处分权而有效，但是本条的规定前提已经内含了合同有效的定位。因为，本条规定，合同不能履行的法律后果为解除合同和承担违约责任，而只有合同有效才有解除权的行使和违约责任的承担问题。就此而言，本条依据《民法典》物权编关于物权变动原因与结果区分原则之规定精神，理顺了《合同法》第 51 条与第 132 条之间的关系。根据合同归合同编规范，物权变动归物权编规范的原则，在买卖合同法律关系中，买卖合同是物权变动的原因行为，所有权变动是物权变动之结果；出卖人在缔约时对标的物没有处分权，只是影响合同的履行和物权变动问题，并不影响作为原因行为的买卖合同的效力。[①] 当然，在无处分权处分情况下，能否发生所有权转移的物权变动效果，取决于出卖人嗣后能否取得处分权，就此而言，物权变动属于效力待定状态。因此，在本法施行后，对于买卖合同涉及无权处分的，则可以直接适用本条，针对当事人仅以出卖人未取得处分权为由，请求确认合同无效的，人民法院不予支持。

本条还规定，法律、行政法规禁止或者限制转让的标的物，依照其规定，这在适用时需要加以注意。例如，依据《矿产资源法》第 3 条、第 39 条及《矿产资源法实施细则》第 5 条规定，国家对矿产资源勘查、开采实行严格的许可证管理制度，未经取得勘查许可证、采矿许可证的，不得勘查、开采。因此，对于没有取得矿产资源勘查许可证、采矿许可证，将矿产资源交由他人勘查开采所签订的合同，由于违反国家对矿产资源的上述强制性规定，合同当事人所预期的"转让勘查、开采权"之私法上的法律效果因此会受到消极影响，民事行为则应受到否定性评价。对此，《审理矿业权纠纷案件司法解释》第 5 条规定："未取得矿产资源勘查许可证、采矿许可证，签订合同将矿产资源交由他人勘查开采的，人民法院应依法认定合同无效。"

二、关于无权处分合同的履行问题

在能够确定无权处分的合同不因出卖人无处分权而认定无效的基础上，在涉及合同履行或者物权变动时，则应兼顾民法的财产安全与交易安全、社会公正与经济效率等价值。无处分权的情况下出卖他人之物，会损害他人的财产权利，损失财产安全，故应依物权法规范加以处理。在无处分权处分他

① 参见仲伟珩：《房屋登记权利人出卖共有房屋不符合法律规定或者合同约定条件的合同效力问题》，载最高人民法院民事审判第一庭编：《民事审判指导与参考》2013 年第 4 辑（总第 56 辑），人民法院出版社 2014 年版，第 128—133 页。

人之物的情况下，为保护真实权利人的利益，自然不得履行。[①] 故如果无处分权人将财产出卖给他人，则所有权人可以依据《民法典》第 311 条关于“无处分权人将不动产或者动产转让给受让人的，所有权人有权追回”之规定追回财产，该权利属于物权请求权，其效力强于普通债权；且此种情形应限于物已经交付占有或者完成物权变动之情形。但是，在涉及权利人物权请求权保护的同时，还要注意对交易安全的保护。如果受让人受让标的物符合善意取得要件构成善意取得的，则该善意取得人能够阻却该物权请求权的追及。因此，本条关于“因出卖人未取得处分权致使标的物所有权不能转移的”规定即内含上述处理原则。

三、关于合同不能履行的救济问题

本条规定，出卖人因未取得所有权或者处分权致使标的物所有权不能转移，也就意味着该合同不能继续履行，在此情况下继续维持合同的拘束力已在事实上和法律上均不可能，故应允许买受人解除合同。在因出卖人未取得处分权致使标的物所有权不能转移的事实上，如果当事人没有特别约定，则该种不能履行构成违约，根据本条规定适用违约责任规定。就此而言，则进一步根据《民法典》第 566 条“合同因违约解除的，解除权人可以请求违约方承担违约责任，但是当事人另有约定的除外”的规定，买受人可以请求出卖人承担违约责任。因此，在解除合同的责任承担上，本条直接将法律适用转引到违约责任的相关规范上，消除了民法典出台之前合同解除能否适用违约责任规定的困惑。对于本条法律责任的适用，《民法典》第 566 条规定“主合同解除后，担保人对债务人应当承担的民事责任仍应当承担担保责任，但是担保合同另有约定的除外”，也可以作为法律适用依据。

四、本条对其他无权处分行为的参照适用

关于无权处分的合同效力，原系在《合同法》总则部分加以规定，在适用时自然不仅限于买卖合同，而应适用于所有无权处分的合同。而《民法典》在买卖合同章修改了无权处分的合同效力规定，自适用范围来看适用于买卖合同自无疑义。但是，《民法典》第 646 条规定“法律对其他有偿

---

① 参见仲伟珩：《共有人处分共有物不符合法律规定条件或者共有人约定条件的纠纷处理》，载《民事审判前沿》（第 1 辑），人民法院出版社 2014 年版，第 88—89 页。

合同有规定的，依照其规定；没有规定的，参照适用买卖合同的有关规定”，因此，对于无权处分合同处理的规范适用范围而言，则也可以参照适用于其他有偿合同领域。比如，以他人之土地使用权设定抵押的抵押合同纠纷处理。

（仲伟珩 撰写）

第六百一十八条 【减免特约】当事人约定减轻或者免除出卖人对标的物瑕疵承担的责任，因出卖人故意或者重大过失不告知买受人标的物瑕疵的，出卖人无权主张减轻或者免除责任。

【法条链接】

《民法典》第 582 条；《买卖合同司法解释》第 32 条

【立法背景】

本法第 582 条规定：“履行不符合约定的，应当按照当事人的约定承担违约责任。对违约责任没有约定或者约定不明确，依据本法第五百一十条的规定仍不能确定的，受损害方根据标的的性质以及损失的大小，可以合理选择请求对方承担修理、重作、更换、退货、减少价款或者报酬等违约责任。”就该条规定的瑕疵履行违约责任而言，属于任意性规范，合同当事人可基于约定免除、限制或加重违约责任。[①] 对于减免责任之特约，在实务中亦属多见，按照合同意思自治的原则，应尊重这一约定。但在出卖人因故意或重大过失未告知买受人标的物瑕疵的情况下，上述减免特约是否仍然发生效力，在实践中一度困扰司法审判人员。对此，《买卖合同司法解释》第 32 条从司法裁判角度对此进行了规定：“合同约定减轻或者免除出卖人对标的物的瑕疵担保责任，但出卖人故意或者因重大过失不告知买受人标的物的瑕疵，出卖人主

① 郑玉波著：《民法债编各论（上册）》，台湾地区三民书局 1981 年版，第 41 页。

张依约减轻或者免除瑕疵担保责任的，人民法院不予支持。”在民法典起草过程中，将司法实践的该条处理意见吸收进来，从立法上规定了本条。

【条文解读与法律适用】

买卖合同当事人约定减轻或者免除出卖人对标的物瑕疵承担的责任，自无不可。但是，对于因出卖人故意或者重大过失不告知买受人标的物的瑕疵的，则该种减免特约不发生效力。因此，适用本条的前提在于当事人已经有减免特约的约定，自不待言。本条的重点在于对故意或者重大过失不告知买受人标的物的瑕疵及法律后果的理解。

一、故意或者重大过失不告知买受人标的物的瑕疵

故意是指对事实要件知悉并且具有产生损害的意愿；在确定故意的要求上，放任产生损害的意愿即间接故意已经足够。出卖人生产、制造并销售假冒伪劣商品，但却告知买受人其出售的商品符合质量标准，出卖人将标的物一物二卖，将已设定抵押的标的物再行出卖或设定担保等均构成故意。

重大过失要求特别重大的、恶劣的、不可免责的忽视，这种忽视在具体情况下是任何人都需要并且能够注意的。重大过失包括两个方面的涵义：一方面是客观要素，即对于行为禁令的认识和避免的可能，其具体的评判标准是任何人的平均认知标准；另一方面是主观要素，即更高的主观可归责性，因为每个人都能够认知和避免，所以对出卖人来说，其主观可谴责性更大。[①] 例如，土地使用权出让合同约定现状交付土地，出让人不担保标的物的瑕疵。但拍得土地的竞买人发现土地面积与竞买合同的约定面积严重不符，此种情况即属于出卖人对于标的物瑕疵的重大过失，不能以现状交付及不担保标的物瑕疵的约定而免除责任。

二、法律后果

（一）出卖人无权主张减轻或者免除责任

在符合本条法律构成要件的情况下，本条适用的法律后果是出卖人无权

---

① 转引自仲伟珩：《投保人如实告知义务研究——以中德法律比较为出发点》，载《比较法研究》2010年第6期。

主张减轻或者免除责任。但是，在当事人已经履行完毕合同，出卖人已经依约主张减轻或者免除责任，且获得买受人同意的，如何处理，涉及该种减免特约的效力问题。

本法第506条规定：“合同中的下列免责条款无效：（一）造成对方人身损害的；（二）因故意或者重大过失造成对方财产损失的。”［《合同法》第53条规定：“合同中的下列免责条款无效：（一）造成对方人身伤害的；（二）因故意或者重大过失造成对方财产损失的。”］根据该条规定，免除故意或重大过失所生责任的条款无效，[①] 故应适用于因故意或重大过失未告知买受人标的物瑕疵的情况。对此，在起草《买卖合同司法解释》时，亦是作如此考虑：“本条解释规定与《合同法》第53条规定的内容相一致，是合同法基本原则在买卖合同具体规则中的体现”[②]。民法典施行后，上述规定仍然具有使用价值。

（二）与本法第621条第3款规定的衔接问题

本法第621条第3款规定：“出卖人知道或者应当知道提供的标的物不符合约定的，买受人不受前两款规定的通知时间的限制。”因此，除了上述减免特约不发生效力的约定之外，在出卖人因故意或者重大过失不告知标的物瑕疵的，还应适用本款规定。

三、与格式条款减免责任的适用关系问题

格式条款约定违约责任减免，也系免除或限制责任的情形。对此，本法合同编第496条作了规定。如果以格式条款免除或限制违约责任，须首先符合格式条款的构成要件，进而考察其是否为免除己方责任，加重对方责任或排除对方主要权利情形，并应考察出卖人是否履行了适当的提示义务，相对方对合同订立是否有选择权等。而在出卖人因故意或者重大过失不告知标的物瑕疵，既符合本条要件，也符合本法第496条格式条款制度规定构成要件的情况下，当事人可以基于请求权竞合的原则提出请求。

（仲伟珩　撰写）

---

① 金晶：《〈合同法〉第111条（质量不符合约定之违约责任）评注》，载《法学家》2018年第3期。

② 参见最高人民法院民事审判第二庭编著：《最高人民法院关于买卖合同司法解释理解与适用》，人民法院出版社2012年版，第489页。

第六百二十二条 【约定检验期间过短】当事人约定的检验期限过短，根据标的物的性质和交易习惯，买受人在检验期限内难以完成全面检验的，该期限仅视为买受人对标的物的外观瑕疵提出异议的期限。

约定的检验期限或者质量保证期短于法律、行政法规规定期限的，应当以法律、行政法规规定的期限为准。

【法条链接】

《买卖合同司法解释》第 18 条

【立法背景】

本条规定源于《买卖合同司法解释》第 18 条的规定。本条第 1 款意在规制过短的检验期间，以保护买受人对隐蔽瑕疵提出异议的合法权利；本条第 2 款的中心点是在当事人约定与法定权利冲突时，否定当事人之约定，以保护当事人的法定权利不受侵犯。

在买卖合同瑕疵担保责任制度体系中，买受人负担向出卖人通知瑕疵异议的义务。《合同法》第 158 条规定，买受人未在约定的检验期间内提出瑕疵异议的，视为标的物数量或质量符合约定。这一规定在实践中出现的问题主要集中在两个方面：（1）当事人在买卖合同中经常约定的检验期间过短，以致当事人不可能在该期限内完成检验或者发现瑕疵，如有的当事人在合同中约定的对机器设备的检验期间短于双方约定的安装调试期间。（2）经营者往往通过格式条款约定较短的检验期间，由此导致消费者无法在该期间内对商品质量是否合格作出判断。[①] 在上述两种情况下，如果仍然机械适用法律，以约定的检验期间或合理期间已经过为由，认定标的物质量符合约定，显然有违诚信原则。因此，《买卖合同司法解释》第 18 条在司法政策上作出针对性

① 参见最高人民法院民事审判第二庭编著：《最高人民法院关于买卖合同司法解释理解与适用》，人民法院出版社 2012 年版，第 489 页。

的调整，规定“约定的检验期间过短，依照标的物的性质和交易习惯，买受人在检验期间内难以完成全面检验的，人民法院应当认定该期间为买受人对外观瑕疵提出异议的期间，并根据本解释第十七条第一款的规定确定买受人对隐蔽瑕疵提出异议的合理期间。约定的检验期间或者质量保证期间短于法律、行政法规规定的检验期间或者质量保证期间的，人民法院应当以法律、行政法规规定的检验期间或者质量保证期间为准”。司法解释的上述规定被吸收进本次《民法典》立法中。

【条文解读与法律适用】

一、约定过短检验期间视为外观瑕疵检验期间

（一）隐蔽瑕疵的适用

就标的物瑕疵而言，分为数量瑕疵和质量瑕疵，质量瑕疵包括外观瑕疵和隐蔽瑕疵。外观瑕疵的检验相对容易，而隐蔽瑕疵的检验则需要借助专业的知识和设备。因此，理论上二者的检验期间应当存在差别，数量瑕疵和外观瑕疵的检验时间可以短一些，而隐蔽瑕疵检验需要的时间会长一些。基于诚实信用原则，如果约定期间明显过短，不利于买受人行使权利的，则应认定约定的检验期间为当事人进行外观瑕疵检验的期间，对于隐蔽瑕疵的检验期间，视为没有约定。

根据本条第 1 款的规定，在隐蔽瑕疵视为没有约定的情况下，人民法院在处理此类纠纷时，仍然可以根据《买卖合同司法解释》第 17 条第 1 款的规定确定买受人提出隐蔽瑕疵异议的合理期间。

（二）排除适用约定检验期间应当具备法定条件

在私法领域中，充分尊重当事人的意思自治是一项非常重要的基本原则。因此，对于当事人约定的检验期间，如果排除适用，必须具备充分的理由。根据本条规定，排除当事人约定的检验期间仅限于根据标的物的性质和交易习惯，买受人在检验期间内难以完成全面检验的情形。对此，在审判实践中，应当严格把握。具体而言，可以考虑以下几个方面的因素：（1）应当根据标的物的性质和交易习惯，在全面考虑案情的情况下，判断约定的检验期间对于隐蔽瑕疵的检验是否过短。（2）买受人是否存在怠于通知的行为。若买受

人在异议期内发现隐蔽瑕疵却没有及时通知出卖人，应当视为标的物质量符合约定。（3）买受人对不能及时检验隐蔽瑕疵是否存在过失。比如，如果某企业没有置备检验原材料的仪器，在产品加工完成并投放市场后才发现所购原材料存在质量瑕疵，该企业则应对其没有配备相应的检验设备承担责任，而不应归咎于检验期间过短。

二、约定的检验期间或者质量保证期间短于法律、行政法规规定期间的处理

关于检验期间和质量保证期间，除了当事人的合同约定之外，国家法律、行政法规还对一些商品的检验期间和质量保证期间作出了规定。如对于建设工程的质量保证期间，根据《建设工程质量管理条例》的规定，在正常使用条件下，建设工程的最低保修期限为：基础设施工程、房屋建筑的地基基础工程和主体结构工程，为设计文件规定的该工程的合理使用年限；屋面防水工程、有防水要求的卫生间、房间和外墙面的防渗漏，为5年；供热与供冷系统，为2个采暖期、供冷期；电气管线、给排水管道、设备安装和装修工程，为2年；其他项目的保修期限由建设单位和施工单位在合同中约定。上述建设项目的质量保证期间，自竣工验收合格之日起计算。此外，建筑行业的水泥买卖、混凝土买卖，食品行业生猪肉买卖，进出口行业化妆品业务等，由于涉及社会公共利益，法律、行政法规对上述物品的质量检验期间采取强制性的要求。如果约定的检验期间或者质量保证期间短于法律、行政法规规定的检验期间或者质量保证期间，则应当以法律、行政法规规定的检验期间或者质量保证期间为准。

（仲伟珩　撰写）

第六百二十三条　【外观检验拟制】当事人对检验期限未作约定，买受人签收的送货单、确认单等载明标的物数量、型号、规格的，推定买受人已经对数量和外观瑕疵进行检验，但是有相关证据足以推翻的除外。

【法条链接】

《买卖合同司法解释》第 15 条

【立法背景】

本条是关于标的物数量和外观瑕疵检验的规定，源于《买卖合同司法解释》第 15 条。

从买卖合同纠纷的实践来看，标的物质量问题争议是大多数案件的争议焦点问题。其中，围绕标的物数量和外观瑕疵的争议不在少数。因标的物数量引发的纠纷案件，主要包括消费者通过邮购、网购等方式进行的小额买卖，以及在中、小型建筑工程上零星采购钢材、水泥、沙石等建材这两种情况。在这两种情况下，如果当事人签收的送货单、确认单等单据上载明数量，根据经验法则，应当认定买受人在签收时对数量进行了核点。标的物质量瑕疵分为外观瑕疵和隐蔽瑕疵，外观瑕疵是指用通常方法即可发现的瑕疵。由于标的物的数量、型号、规格等瑕疵属于当事人尽到一般合理注意义务即可发现，故《买卖合同司法解释》规定在买受人签收送货单、确认单时，推定其已经对数量和外观瑕疵进行了检验。本法在起草过程中，对司法解释的规定内容进行了吸收，所规定的内容亦基本沿袭司法解释的规定。这种规定签收即视为对数量和外观瑕疵检验的一般原则，对于促进交易安全，保护诚实守信当事人的利益具有重要意义。

【条文解读与法律适用】

一、未约定标的物检验期间

《民法典》第 620 条规定："买受人收到标的物时应当在约定的检验期限内检验。没有约定检验期限的，应当及时检验。"据此规定，如果双方当事人在合同中约定了检验期间，买受人就应当在该期间内进行检验，也就无本条适用的前提。

当然，在当事人约定检验期间的情况下，买受人签收的送货单、确认单也具有其已经对数量瑕疵和外观瑕疵进行检验的初步证据效力。

二、买受人签收的送货单、确认单的检验推定

数量和外观瑕疵的检验无须借助物理、化学、生物等专门的学科知识，仅凭当事人的自身能力即可实现，且从日常生活经验出发，买受人在签收时一般都会对标的物的数量和外观进行核查。因此，从合同交易实践来看，从买受人在载明标的物数量、型号、规格的送货单、确认单等上签字的行为，推定买受人已经对买卖标的物进行了检验。

需要注意的是，本条规定仅适用于送货单、确认单上所载明的内容的推定，对于没有载明的内容则不能适用。

三、有相反证据的除外

本条规定买受人签收载明标的物数量、型号、规格的送货单、确认单等的，推定其已经对数量和外观瑕疵进行了检验。但是，这种推定并非具有绝对的证据效力，如果有相反证据推翻上述送货单、确认单所载明内容的，则可以推翻上述推定。推翻上述送货单、确认单所载明内容的举证责任，则应由买受人负担。

（仲伟珩　撰写）

第六百二十四条　【向第三人履行情形下的检验标准】出卖人依照买受人的指示向第三人交付标的物，出卖人和买受人约定的检验标准与买受人和第三人约定的检验标准不一致的，以出卖人和买受人约定的检验标准为准。

【法条链接】

《民法典》第522条；《合同法》第64条；《合同法解释（二）》第16条；《买卖合同司法解释》第16条

【立法背景】

本条是关于向第三人履行买卖合同时，如何确定检验标准的规定。向第三人履行的合同属于涉他合同（涉及第三人的合同）中的一种，在经济和科技高度发达的时代，向第三人履行买卖合同比比皆是。以在网络平台上订立的，收货人为第三人的买卖合同最为常见。其他如第三人为履行辅助人、次买受人的买卖合同①等均属于此类合同。对于向第三人履行的合同的规定首见于《合同法》第64条，但该条规定过于原则，对第三人请求权等内容没有明确界定，由此在争议发生时，出现了向第三人履行的买卖合同中标的物检验标准存在双重性、对第三人是否存在请求权认识不一致等诸多问题，从而导致司法实践中的不同理解和错误适用，继而形成困扰，因此，在相当长的一段时间内，对于《合同法》第64条所规范的对象是否等同于传统民法理论中的利他合同，理论学界及司法实践中存在较大分歧和争议，并形成了肯定说、否定说及综合说三种较为主流的意见，持否定说意见的学者居多，持综合说意见的司法实务工作者居多。鉴于这种混乱的情况，2009年，最高人民法院在对各方意见进行深入分析探讨后，采用了“不真正利他合同”说，在《合同法解释（二）》第16条中明确规定《合同法》第64条规定的第三人为无独立请求权的第三人。依此，该司法解释实际否认了《合同法》第64条所规定的向第三人履行的合同与利他合同的同一性。《买卖合同司法解释》延续了这一思路和定性，在第16条专门对买卖合同中向第三人履行情形的检验标准作出了明确规定，以廓清出卖人向买卖合同以外第三人履行合同义务的场合，可能存在的双重标准的判断问题。两个司法解释实际都是通过以小见大的方式，明确了《合同法》第64条系与利他合同存在本质区别的向第三人履行的合同的性质。从实际情况看，该条司法解释在司法实践中有一定的适用性和指导性，鉴于此，本次民法典立法时，对该条进行了吸收。本条规定与《买卖合同司法解释》第16条的规定在文义上基本一致，仅在用词和表述上做了些微调整，更为凝练准确。但同时我们需要看到的是，相较于《合同法》第

---

① 参见云南省昆明市中级人民法院（2019）云01民终3260号民事判决书等。

64 条、《合同法解释（二）》第 16 条以及《买卖合同司法解释》第 16 条的规定，《民法典》第 522 条从更好发挥规范价值的角度考虑，在观点上采取了与之相反的“综合说”，即将利他合同涵括在此条规定的范围内，在特定情况下——法律规定或当事人约定，赋予第三人一定的请求权。

【条文解读与法律适用】

一、向第三人履行的合同之界定

虽然本条较《买卖合同司法解释》第 16 条未发生实质变化，但其基础条文——《民法典》第 522 条较《合同法》第 64 条有较大调整，将原来的“不真正利他合同”拓展到“利他合同”。故在向第三人履行的合同类案件的审理过程中，首先应当厘清《民法典》第 522 条规范对象——向第三人履行的合同的内涵与外延。

从《民法典》第 522 条的规定来看，该条所规范的向第三人履行的合同实质包含了两种类型的合同：赋予了第三人履行请求权的“为第三人利益的合同（即利他合同）”和第三人没有给付请求权的“经由被指令人而为交付”。这两种类型的合同中均有第三人约款，且债务人均以自己名义而非债权人名义向第三人履行债务，但第三人的地位以及对合同相对性原则的突破程度有较大差别。为第三人利益的合同对合同相对性原则突破较大，在此合同关系中，第三人依照法律规定或者当事人约定享有对债务人履行权利的直接请求权，债务人未向第三人履行债务或者履行债务不符合约定的，第三人可以请求债务人承担违约责任。经由被指令人而为交付对合同相对性原则的突破较小，第三人仅享有给付受领权，而无对债务人的给付请求权。

在审判实践中，遇到此类合同首先应当严格审查合同约定并对照相关法律规定，判断该合同性质系为第三人利益的合同还是经由被指令人而为交付的合同。在此基础上对合同中所涉第三人的诉讼地位予以确定。涉案合同为第三人利益的合同的，第三人提起诉讼应予受理并进行实体审查；债权人起诉而第三人未起诉的，若追加该第三人参与诉讼，应列为有独立请求权的第三人。涉案合同为经由被指令人而为交付的，对第三人的起诉应予驳回，在诉讼中追加其参诉应当列为无独立请求权的第三人。

二、第三人的意思表示

目前，《民法典》在涉他合同的效力上，采用了修正的单方模式。在赋予受益第三人拒绝权的前提下，允许纯粹利他合同或单方行为得以直接对第三人发生法律效力，既保障了第三人的最终决定权，也考虑了绝大多数受益人愿意接受利益的实际情况。①

具体到司法实践中，为第三人履行的买卖合同中，第三人获得利益是否需要作出意思表示？依据《民法典》第522条之规定，对此采取默示推定原则，即“第三人未在合理期限内明确拒绝”的，推定第三人作出了接受该项利益的意思表示，也因此获得一应权利。第三人明确表示拒绝受领或迟延受领的，债务人应将该情况通知债权人，并向债权人主张损失赔偿。

三、质量检验标准之确定

对于标的物质量的衡量标准，《民法典》仍然沿用了合同法以主观标准为主，客观标准为辅的瑕疵判断模式。即首重当事人约定及补充协商结果，叠加标的物质量说明、样品以及同种物的通常标准；次则依照合同有关条款、合同性质、合同目的或者交易习惯确定；最后，在以上均无的情况下，方可按照强制性国家标准、推荐性国家标准、行业标准、通常标准或者符合合同目的的特定标准顺次判断。在涉及多重买卖的向第三人履行的合同案件审判中，应注意严守合同相对性原则，以合同当事人的约定为质量检验标准，原则上不得以向第三人履行的原因法律行为作为审查质量瑕疵的依据。

（谷国艳　撰写）

第六百二十五条　【出卖人回收义务】依照法律、行政法规的规定或者按照当事人的约定，标的物在有效使用年限届满后应予回收的，出卖人负有自行或者委托第三人对标的物予以回收的义务。

【法条链接】

《民法典》第9条、第558条

---

① 参见薛军：《合同涉他效力的逻辑基础和模式选择——兼评〈民法典合同编（草案）〉（二审稿）相关规定》，载《法商研究》2019年第3期（总第191期）。

【立法背景】

“绿水青山就是金山银山”。此条规定是《民法典》第 9 条绿色原则规定在买卖合同领域的具体化，体现了民法典在合同领域对环境问题挑战的回应和促进生态文明建设的积极态度。

《民法典》第 9 条所确定的民法基本原则——绿色原则延续自《民法总则》第 9 条的规定。实际上，对于绿色原则的地位问题，学界一直存在较大争议。持反对论的学者主要有以下理由：公序良俗原则已将绿色原则涵括在内，无需单独将绿色原则作为一项独立的基本原则再度强调；[①] 在民法领域的过度“绿色化”将限制民事主体的意思自治，超越合同法的内在构成要素，最终与民法基本理念——自治精神——形成抵牾[②]等。持肯定论观点的学者的理由在于：将绿色原则确定为民法基本原则，是对严重环境污染现实背景下中国社会需求的有力回应；[③] 绿色原则体系化是公私法对话的必然反映；[④] 绿色原则完全具备指导立法、司法，作为法律解释依据以及补充法律漏洞等民法基本原则的功能[⑤]等。正因为如此，在《民法总则》的制定过程中，“绿色原则”的去留就曾多次反复，在各方的强烈呼吁和反复对比论证下才得以保留。作为各方思想激烈碰撞的最终结果，绿色原则作为民法基本原则的这一思路在民法典中得以再次确认。其原因不仅仅在于持肯定说学者所强调的“绿色化”的必要性，更多地与立法者在民法典分编中对构建具体化、体系化“绿色”制度的探索和构想，使得绿色原则取得现实化的可能不无关系。

---

① 参见尹田：《民法基本原则与调整对象立法研究》，载《法学家》2016 年第 5 期。

② 参见吕忠梅、竺效、巩固等：《“绿色原则”在民法典中的贯彻论纲》，载《中国法学》2018 年第 1 期；吕忠梅、窦海阳：《民法典“绿色化”与环境法典的调适》，载《中外法学》2018 年第 4 期。

③ 参见侯国跃、刘玖林：《民法典绿色原则：何以可能以及如何展开》，载《求是学刊》2019 年第 1 期。

④ 马竞遥：《绿色原则在民法典分则编的体系化实现——以矿业权的民法规制为中心》，载《求索》2019 年第 5 期。

⑤ 参见杜万华主编：《中华人民共和国民法总则实务指南》，中国法制出版社 2017 年版，第 44 页。

本条所确定的买卖合同中出卖人对有效使用年限届满标的物的回收义务，是法典化民事法律制度体系下总则编与合同编规范的有效衔接，落实了绿色原则要求，促进了生态文明建设。

【条文解读与法律适用】

一、绿色原则及其在合同编中的具体化

绿色原则，亦称为生态保护原则，是在民事活动中调整民事关系的基本原则之一。这一原则对民事活动与环境保护之间的关系进行了明确，对民事活动当事人的行为作出了规范和指引，提出了遵循有利于节约资源、保护生态环境原则的要求①。

《民法典》第9条规定，民事主体从事民事活动，应当有利于节约资源、保护生态环境。基于此，在司法实践中，审判机关应当基于绿色原则所具有的法律约束力，遵循立法机关已经做出的“应当有利于节约资源、保护生态环境”价值判断，在法律许可的自由裁量范围内对涉及背离绿色原则的案件作出裁判，有悖于“应当有利于节约资源、保护生态环境”的民事行为应该受到法律和司法裁判的否定性评价。②

要避免绿色原则的虚化、空置，就必须将其具化为民法典各分编中的法律规则，并在司法实践中以判例形式提供裁判指引，确定某一确定类型案件的要件、法律效果及判断基准。③ 合同编中，对绿色原则的具化法律规则主要体现在：第509条对合同履行方式的绿色化限制，第558条对合同附随义务的拓展以及本条出卖人旧物回收义务的规定。第558条与本条均对旧物回收义务作出了规定，但又存在一定区别。

二、第558条与本条规定之辨

《民法典》合同编第558条规定：债权债务终止后，当事人应当遵循诚信等原则，根据交易习惯履行通知、协助、保密、旧物回收等义务。该条规定

① 参见徐国栋：《民法哲学》，中国法制出版社2009年版，第431页。

② 蔡守秋、张毅：《绿色原则之文义解释与体系解读》，载《甘肃政法学院学报》2018年第5期。

③ 参见侯国跃、刘玖林：《民法典绿色原则：何以可能以及如何展开》，载《求是学刊》2019年第1期。

基于民法基本原则的增加，对附随义务的法理基础进行了相应调整，将之从单一的诚实信用原则拓展至诚实信用原则与绿色原则，将环境生态保护纳入附随义务体系。[①] 故此条所确定的旧物回收义务的本质为合同附随义务，即在合同履行过程中，为辅助实现债权人之给付利益或周全保护债权人之人身或其财产利益，在法律无明文规定，当事人亦无明确约定的情况下，债务人依循诚实信用原则与绿色原则所应负担的义务。[②] 此项义务无论当事人是否约定抑或法律是否规定，都是当事人在合同主义务之外应当履行的义务。当事人附随义务的违反和对合同主给付义务的违反产生的法律后果并不全然一致。违反合同主给付义务是无过错责任，必然是依据合同约定及法律规定追究违约责任。而附随义务的违反则应当是一种过错责任，应当根据有无过错来判断是否承担责任。违反附随义务虽必然包含着某种可归责性，但如果债务人对这种违反是无过错的，则不能认为其违反诚实信用原则或绿色原则而对之追究责任，而应视为正常的风险负担。[③]

本条所规定的出卖人旧物回收义务并非合同附随义务，而是合同主义务。达到本条的履行条件必须具备以下要件：一是法律、行政法规对该项义务有明确规定，或是当事人之间对此有明确约定；二是标的物的有效使用年限已经届满。因此，该项义务属法定或约定的合同主义务，在违约责任的追究上适用无过错归责原则，一旦出卖人未依法或按约履行该项义务则构成违约并应承担相应责任。

另外，出卖人既可以自行回收标的物，也可以委托他人回收，在法律、行政法规无明确规定，当事人亦无明确约定的情况下，是否自行回收的选择权在于出卖人。

（谷国艳　撰写）

---

① 参见侯国跃、刘玖林：《民法典绿色原则：何以可能以及如何展开》，载《求是学刊》2019年第1期。

② 参见张驰、鲍治：《附随义务论》，载《华东政法学院学报》1999年第6期；道文：《试析合同法上的附随义务》，载《法学》1999年第10期。

③ 陈常义、王臻：《商户被盗后商场责任的认定》，载《人民法院报》2013年7月11日，第7版。

第六百二十六条　【买受人支付价款的数额和方式】买受人应当按照约定的数额和支付方式支付价款。对价款的数额和支付方式没有约定或者约定不明确的，适用本法第五百一十条、第五百一十一条第二项和第五项的规定。

【法条链接】

《民法典》第510条、第511条、第627条、第628条；《合同法》第159条

【立法背景】

本条是对买受人支付价款义务数额和支付方式的规定，与其后的第627条（买受人支付价款地点）、第628条（买受人支付价款时间）共同构成买受人支付价款义务的规则体系。

这三条在《合同法》中已有规定，本条对应《合同法》第159条，第627条对应《合同法》第160条，第628条对应《合同法》第161条。总体来说，《民法典》在本条上大致沿袭了《合同法》的基本立场和规范思路，即在充分尊重当事人意思自治的基础上，基于促进市场交易和商品流转的考虑，允许当事人在订立合同时存在不足，并为此种不足提供科学合理的规范指引。

随着社会经济和信息技术发展，支付方式逐渐摆脱传统的线下、现金支付的单一模式，发展出较银行转账更为便捷的多种互联网移动支付方式，如扫码付款、快捷支付、非现金支付工具支付等。这些支付方式改变了人们的生活，有必要纳入法律予以规范。故此，本条在《合同法》仅规定买受人支付价款数额的基础上增加了关于支付方式的规定，回应了社会经济发展产生的新需求，是对买卖合同支付价款具体规则的进一步完善。

【条文解读与法律适用】

一、支付价款义务的定位

买卖合同系双务合同。在该类合同中，出卖人的主要义务是将标的物的所有权转移给买受人，买受人的主要义务则是支付价款。买受人应当依照约定的数额和支付方式，在约定地点、约定时间支付对价。

买卖合同对标的物价款数额的约定可能存在多种形式，包括对合同总价款数额作出明确约定，或是对合同价款计算方式作出约定等。同样，对价款支付方式的约定也可能存在线上抑或线下支付等多种方式。无论采取哪种约定方式，只要该约定系清晰明确的，有确定指向，买受人均应当依约履行合同义务。

二、约定不明时合同价款数额及支付方式的确定

关于价款数额与支付方式的约定是买卖合同的重要组成部分，但当事人对此未作约定或约定不明，对合同是否成立及合同效力并不产生实质影响。在纠纷化解过程中，遇到此类情况，需遵循民法典设定的规范指引。民法典在设计过程中始终体现出私法领域对当事人意思自治的高度尊重，与质量标准的确定相同，在合同价款数额及支付方式的确定上，也是采用主观判断为主、客观标准为辅的确定模式。依据《民法典》第 510 条和第 511 条之规定，在未约定或约定不明的情况下，首先，当事人可以协商就合同约定进行补全、明确。次之，不能达成补充协议的，需结合合同已有的相关条款以及合同性质、合同目的或者交易习惯确定。通过以上方式均不能确定的，合同价款数额则按照订立合同时履行地的市场价格或依法应当执行的政府定价或者政府指导价确定，支付方式则按照有利于实现合同目的的方式确定。

三、需要注意的问题

（一）相关证据的认定

1. 增值税专用发票在认定实际交易价格中的作用

最高人民法院在（2010）民二终字第 130 号民事判决书中确定了此项裁判规则：购买方接受并提交认证的增值税专用发票可以作为认定实际交易价

格的直接证据。最高人民法院认为：发票记载与实际经营业务情况或者实际交易情况相符是国家对增值税专用发票使用的首要要求。因此，在无相反证据的情况下，购买方接受销售方开具的载明价格与合同价格不符的增值税专用发票，并提交税收征管机关认证的情况下，应当将增值税专用发票作为认定实际交易价格的直接证据，人民法院可以据此认定双方协商一致变更了合同价格。①

2. 买卖双方对账结果的证据效力

最高人民法院在（2012）民二终字第89号民事判决书中确定：买卖合同双方的对账结果虽证明力较强，但并不是唯一证据，人民法院应结合合同约定、履行情况及交易习惯对合同价款的确定作出综合审查判断。②

（二）履约过程中的合同价款变更问题

在履约过程中，当事人各方或单方对合同价款的变更行为，均不影响买卖合同的性质，是否正当、合理，则需要人民法院进一步审查。

1. 双方当事人在履约过程中，因市场行情变化，单纯对合同价格条款进行协商变更的，不改变该合同买卖合同的性质，各方均仍应依约履行相应的合同义务。这一裁判规则系最高人民法院在（2007）民二提字第19号民事判决书中确立。

2. 在履约过程中，卖方提高合同价款或计算标准的，则需要结合实际情况综合判断。在最高人民法院审理的辽宁容川房地产发展有限公司与沈阳万宝物资有限公司买卖合同纠纷案中，该院确定：买卖合同签订后，卖方在履约过程中不断提高所供商品的价格，其行为是否正当、合理，不仅要考察当事人之间的实际履约行为以判断其真实意思，更要结合该特定历史时期相关商品的市场行情这一背景事实来加以判断。③

（谷国艳　撰写）

---

① 最高人民法院民事审判第二庭编：《商事审判指导》2011年第1辑（总第25辑），人民法院出版社2011年版，第191—192页。

② 最高人民法院民事审判第二庭编：《最高人民法院商事审判指导案例·合同与借贷担保》，中国民主法制出版社2013年版，第374—385页。

③ 参见“辽宁容川房地产发展有限公司与沈阳万宝物资有限公司买卖合同纠纷案”，最高人民法院（2009）民提字第98号判决书，审结日期：2009年12月11日。

第六百三十八条 【试用买卖的效力】 **试用买卖的买受人在试用期内可以购买标的物，也可以拒绝购买。试用期限届满，买受人对是否购买标的物未作表示的，视为购买。**

试用买卖的买受人在试用期内已经支付部分价款或者对标的物实施出卖、出租、设立担保物权等行为的，视为同意购买。

【法条链接】

《合同法》第171条；《买卖合同司法解释》第41条

【立法背景】

本条是关于试用买卖的相关规定，明确了试用买卖合同系附生效条件合同，并对买受人对标的物的认可和同意购买的推定规则进行了具化。本条规定对《合同法》与《买卖合同司法解释》的相关规定进行了融汇吸收，将《合同法》第171条所规定的“试用买卖中默认购买规则”和《买卖合同司法解释》第41条所规定的“试用买卖中同意购买的推定规则”并入一条，将司法解释中的合理规定上升为法律，提升了该条规定的效力等级，完善了试用买卖的相关规则。

试用买卖是一类较为特殊的买卖合同，对其性质的界定存在分歧，主要学说有附条件合同说、预约合同说及演化合同说。通说认为试用买卖合同属附条件合同，但对于所附条件是生效条件抑或解除条件，又存在争议。参照已有立法例，一般在法律条文中明确将之界定为附生效条件的合同，如《法国民法典》第1588条规定：“以试用方式进行的买卖，在所有场合，均推定为附停止条件。”[①]《德国民法典》第454条第1项规定：“在试验买卖或检验买卖的情况下，买受人可以随意地认可买卖标的。有疑义时，该买卖合同是以认可为停止条件而订立的。”[②] 我国民法典未对此作出明确界定，但从条文

① 罗结珍译：《法国民法典》，北京大学出版社2010年版，第387页。

② 陈卫佐译注：《德国民法典》，法律出版社2006年版，第157页。

语意分析，试用买卖是指合同当事人已就买卖合同的基本内容达成合意，并约定由买受人试用或检验标的物，以买受人认可为条件决定最终是否发生买卖合同效力的一种附生效条件买卖合同。

《民法典》制定过程中，有学者提出本条第 1 款所确定的试用买卖中默认购买规则，虽在商事领域可以广泛适用，但在民事领域则应辅以买受人撤销权制度适用，方能全面保障消费者之利益。建议将本条第 1 款修改为："试用买卖的买受人在试用期内可以购买标的物，也可以拒绝购买。试用期间届满，买受人对是否购买标的物未作表示的，视为同意购买，但经营者与消费者买卖中的买受人在视为购买后的合理期限内可以行使撤销权。"① 此项建议出于保障消费者权益之考量，却未考量试用买卖虽具特殊性，但本质仍属买卖合同，合同当事人当然享有法定事由之撤销权，对此无需特别规定，故在修法时未采纳该建议。

【条文解读与法律适用】

一、买受人的基本权利及认可期限

在试用买卖中，买受人对标的物的认可权是其基本权利，即其既可以同意购买，亦可拒绝购买。这一权利的本质为形成权，即这一权利的行使完全取决于买受人单方意愿，以自身行为使自己或与他人共同的法律关系发生变动，而无其他限制条件。②

另一方面，买受人对标的物的认可权应当在试用期间内行使。根据《民法典》第 637 条之规定，试用期间的确定主要有三种方式：一是由试用买卖的当事人约定。试用期间仍属当事人意思自治范畴，法律对此无强制性规定。二是在没有约定或约定不明的情况下，由当事人协议补充；不能达成补充协议的，按照合同有关条款、合同性质、合同目的或者交易习惯确定。三是依据以上两种方式仍不能确定的，则由出卖人确定。之所以将期限利益赋予出

---

① 李建伟、帅雅文：《民法典合同编分则"二审稿"民商事规范的区分设置检讨》，载《法律适用》2019 年第 21 期。

② 参见龙卫球著：《民法总论》（第二版），中国法制出版社 2002 年版，第 97 页。

卖人，主要从试用合同为买受人设定利益的特殊性及权利义务的均衡性角度考虑。

二、试用买卖的特殊义务

因试用买卖的特殊性，除普通买卖合同当事人之间的基本权利和义务外，试用买卖的合同当事人还负有一些特殊义务，包括出卖人的向买受人交付并允许买受人试用标的物义务、风险负担义务以及买受人的妥善保管、合理试用标的物义务等。

（一）试用买卖出卖人的特殊义务①

出卖人的特殊义务主要为向买受人交付并允许买受人试用标的物义务和试用期内风险负担义务两项。

1. 向买受人交付并允许买受人试用标的物义务

在试用买卖中，买受人对标的物的认可必须以其对标的物的合理试用、试验为前提和基础。买受人通过试用、试验对标的物的使用价值、品质效果进行较为全面的了解后，方能作出是否购买的决定。因此，出卖人必须向买受人交付标的物并允许买受人试用。买受人试用标的物的方式之确定，应与试用期间确定的方式一致。

2. 试用期内的风险负担义务

根据《民法典》第604条之规定，一般买卖合同标的物的风险负担以交付主义为原则，“在标的物交付之前由出卖人承担，交付之后由买受人承担，但是法律另有规定或者当事人另有约定的除外”。但在试用买卖合同中，试用期内出卖人虽已将标的物交付给买受人，但标的物毁损、灭失的风险并不随之一并转移，仅在买受人对标的物认可后，风险负担才转移至买受人。

（二）试用买卖买受人的特殊义务

试用买卖买受人的特殊义务为对标的物的妥善保管、合理试用义务。在试用期内，买受人占有并试用、试验标的物，基于诚实信用原则，买受人应按照合同约定与产品注意事项妥善保管、合理试用标的物，不得故意损毁标的物，也不得因重大过失致标的物毁损。如标的物毁损，买受人应当举证证明其对此没有故意或重大过失，否则应当承担赔偿责任。

---

① 参见赵晶：《试用买卖合同法律问题研究》，河北大学2015年法律硕士学位论文。

三、同意购买推定的几种形式

本条对试用期内或试用期满，买受人未作出明确的认可表示，也视为认可的几种情形作出了规定。

（一）试用期间届满，买受人未作表示的

试用期间届满，买受人未作表示的，是为沉默。对此，《民法典》将之拟制为买受人作出了同意购买的意思表示。一般而言，出于及时确定法律状况以确定效率和安全之必要，法律对沉默作为意思表示的拟制所针对的是一定期限内无任何表示的沉默。[①] 因此，在试用买卖中，试用期间届满，买受人对是否购买标的物未作表示的，视为购买。此处的未作表示是指既未表示是否认可，又未退回标的物的。如果买受人退回标的物，但未作明确意思表示的，则不应认为其同意购买。

（二）试用期内，买受人支付部分价款的

以买受人支付价款之行为推定其同意购买应满足以下两个要件：一是买受人的支付价款行为发生于试用期内。如果该支付价款行为发生于试用之前，不能依此认定买受人经过试用作出了认可的意思表示。二是买受人的支付对象是标的物的价款，而非试用费用，抑或约定的其他费用。意即该支付行为指向的必须是标的物的价款，出卖人因该行为产生了对买受人同意购买的合理信赖。

（三）试用期内，买受人为非试用行为的

试用期内，买受人负有按照合同约定与产品注意事项合理试用标的物的义务，买受人为试用行为以外的其他行为的，则该行为可推定为作出了同意购买的意思表示。对于非试用行为的确定，应首先审查合同当事人对试用方法、范围等是否有约定，有约定则从其约定，无约定，则依照合同有关条款、合同性质、合同目的或者交易习惯确定。法定的非试用行为包括对标的物实施出卖、出租、设立担保物权等的行为。对此，买受人一旦作出负担或处分行为，而无需该负担或处分行为发生实际的法律效果，如物权发生实际变动等，即可认定其作出了同意购买的意思表示。

（谷国艳　撰写）

---

① 石一峰：《沉默在民商事交往中的意义——私人自治的多层次平衡》，载《法学家》2017 年第 6 期。

第六百三十九条 【试用买卖使用费的负担】试用买卖的当事人对标的物使用费没有约定或者约定不明确的，出卖人无权请求买受人支付。

【法条链接】

《买卖合同司法解释》第 43 条

【立法背景】

本条系对试用买卖使用费的规定。根据该规定，法律对试用买卖的使用费并无强制性规定，当事人可自行达成合意。但如果当事人没有约定使用费或者约定不明确的，应视为无试用使用费，出卖人无权主张，买受人亦无需支付。本条是对《买卖合同司法解释》第 43 条之吸收。

在当事人无约定或约定不明确的情况下，对于试用买卖费用的负担问题，学界存在较大争议。有学者认为，因试用期间系为买受人利益所设，故在无约定之情况下，应由买受人负担。[①] 亦有持相反观点的学者，认为当事人如有有偿试用之合意，应在合同中明确约定。在当事人未对使用费数额及负担进行约定的情况下，径自认定由买受人负担试用费是对买受人权利的不当限制。[②] 另有一种观点认为，一般情况下，没有约定或约定不明确的，使用费应由出卖人负担。但随着社会发展，在试用标的物范围不断革新，试用成本可能增高的情况下，一律由出卖人承担则显失公平，应区分不同情况，具体问题具体分析。[③]《买卖合同司法解释》第 43 条采取了第二种观点，此次制定民法典亦沿用这一观点。采用这一观点的主要理由包括：第一，充分尊重当事人意思自治。一般而言，无偿试用更符合交易习惯，在当事人未对使用费负

---

① 郑玉波著：《民法债编各论（上册）》，台湾地区三民书局 1992 年版，第 94 页。

② 参见吴志忠：《论我国〈合同法〉有关试用买卖规定的完善》，载《暨南学报（哲学社会科学版）》2008 年第 6 期；张超：《试用合同买卖研究》，大连海事大学 2014 年法律硕士学位论文。

③ 参见刘冰冰：《试用买卖合同研究》，载《农村经济与科技》2018 年第 29 卷第 05 期（总第 433 期）。

担作出约定的情况下，应认定为无偿试用。第二，从公平合理的角度考虑，注重各方当事人利益平衡。试用买卖的出卖人转移标的物的占有，给予买受人试用机会，其根本目的在于推广产品、开拓市场。从这一目的来看，试用费用与试用物的自然损害都是出卖人开展试用买卖所必要的成本，由出卖人负担更为公平合理。

【条文解读与法律适用】

一、试用买卖中的费用种类

试用买卖合同中可能产生的费用具有多样性和不确定性。主要包括两种：标的物使用费和试用所需的必要费用。标的物使用费是指买受人因在试用期间使用标的物而应当向出卖人支付的费用。试用所需的必要费用是指试用标的物过程中，因试用行为而必需产生的其他费用，如专业设备的安装费、电器试用的电费等。[①] 在实践中应注意区分标的物使用费和试用所需必要费用，试用所需的必要费用并不在本条规定限定的范围内。不能当然认为在没有约定或者约定不明确的情况下，试用所需的必要费用亦应由出卖人负担。在没有约定或约定不明的情况下，应当依照《民法典》第 510 条、第 511 条之规定来确定试用所需必要费用的负担。

二、需要注意的问题

1. 本条规定属于指导性规则，系对当事人约定缺陷的弥补性规则。基于此，对于试用标的物的使用费，首先应当尊重出卖人和买受人达成的一致意思表示，在当事人无明确意思表示的情况下方可适用本条。条文中所指双方当事人对试用标的物使用费的约定，不仅指合同中的明确约定，也应当包括可以通过合同解释原则确定的当事人意思表示。

2. 在试用期间，买受人应当按照合同约定的方式、方法对标的物进行试用。如果买受人超出合同约定范围、限度或未按合同约定的方式、使用说明，对标的物进行不当试用、试验，由此产生的费用，即使在合同约定无偿试用，

---

① 张超：《试用合同买卖研究》，大连海事大学 2014 年法律硕士学位论文。

抑或合同无约定、约定不明确的情况下，亦应属于合同之外的不合理费用。对于该费用，出卖人没有承担义务，应由买受人负担。

（谷国艳　撰写）

第六百四十条　【试用期标的物的风险承担】标的物在试用期内毁损、灭失的风险由出卖人承担。

【立法背景】

与1999年《合同法》相比，本条属于新增内容，其主旨是对买卖合同标的物在试用期内的风险承担进行明确规定。

《合同法》未对试用期间标的物风险负担作出规定，但此问题在试用买卖合同履行过程中时有发生，试用买卖法律关系常常出现于动产交易，尤其是大宗货物交易中。《合同法》第170条规定了试用买卖的试用期间，第171条规定了买受人对标的物认可后的法律效力，但是针对试用买卖标的物的风险负担，并未明确规定。买卖标的物的风险负担，是指应当由谁对因不可归责于合同双方当事人的事由而造成的损失承担责任的制度①，也即在此种不可归责于合同双方的情形下买受人是否仍需按合同约定支付价款的规则设计。标的物的风险负担及其何时转移是买卖合同法律关系中非常重要的内容，如在试用买卖中不明确约定标的物的风险负担，若标的物在试用期间非因双方原因毁损、灭失，其法律效果难以预测，则在法律适用中会产生极大的不确定性。故本条之目的，为填补法律空白，实为非常必要。

【条文解读与法律适用】

一、试用买卖的性质辨析

一般认为，试用买卖是一种附条件的买卖，指当事人双方约定由买受人

---

① 王利明著：《合同法新问题研究》，中国社会科学出版社2011年版，第731页。

试用或者检验标的物，以买受人认可标的物为条件的买卖合同。[①] 试用买卖为买卖合同的一种，是以买受人承认标的物为停止条件而订立之契约。因此，试用买卖应适用一般买卖的有关规定，但试用买卖为一种特殊的买卖，具有其特殊性：

一是试用买卖以双方约定以买受人试用作为合同主要内容，完成买卖标的物的交付转移，但此时并未发生所有权变动之法律效果，出卖人有义务在所有权权属变动前允许买受人使用并检验买卖标的物。

二是以买受人认可标的物为生效条件的买卖合同，不认可则不生效。试用买卖合同的成立时间与买卖合同相同，当事人双方意思表示一致并完成要约、承诺即成立。但是因买卖合同是以标的物所有权转移为根本目的，因此试用本身要达成买卖合同的根本目的尚需生效条件。这个条件就是买受人经试用后的认可，一般的试用买卖合同中，均会约定以买受人的特定意思表示的送达作为买卖合同的生效要件，否则即买受人明示不认可，则该合同不生买卖合同之效力。此时买受人是否认可，完全取决于自己的意愿，而不受其他条件的限制，故试用合同期间内标的物权属尚处于不稳定状态，当然法律此时并不禁止当事人两方作出所有权转移的其他条件约定。

附条件中的“条件”分为偶成条件、随意条件和混合条件。[②] 偶成条件，其成就与否不取决于当事人的意志；随意条件，其成就与否取决于当事人一方的意志，德国学者称之为“意愿条件”（Wollensbedingung）[③]。合同法中试用合同生效的条件应当是完全取决于买受人意愿的随意条件。实际上试用买卖合同中的条件并非试用的生效条件，而仅是试用转化为买卖合同的生效条件。

二、试用买卖期间内的标的物权属状态

大陆法系自罗马法以来，就形成了由物的所有人负担风险，即天灾归物权人负担的法律思想。标的物权属状态，是买卖合同中确定风险负担的重要

---

① 参见吴高盛主编：《〈中华人民共和国合同法〉释义及实用指南》，中国民主法制出版社2014年版。

② 刘得宽著：《民法总则》，中国政法大学出版社2006年版，第251页。

③ ［德］卡尔·拉伦茨：《德国民法通论（下册）》，王晓晔、邵建东、程建英、徐国建、谢怀栻译，法律出版社2003年版，第686页。

参考标准，在合同法律关系中，物的所有权人承担物非因双方的原因灭失、损毁之风险，为合同法一般法理，如买卖、租赁、保管等合同中，均由物的所有权人承担风险，当然法律有特殊规定的或当事人之间有特殊约定的例外。

关于试用买卖期间内的标的物权属状态，这是试用买卖区别于一般买卖合同的根本标志，也是颇具研究价值的问题。

如前所述，买卖合同是以一方支付货款，另一方交付（动产）或权属登记过户（不动产）或交付并过户作为主要内容的合同法律关系。试用买卖是以实现买卖合同关系作为主要目标，因此一旦条件成就，即买受人发出购买的明确意思表示，或以其他方式确定买卖合同生效，则该合同与一般买卖合同法律效果无异，需要讨论的是试用期间的状态。

根据我国《物权法》的基本法理，动产的所有权转移采交付主义，《物权法》第 23 条规定："动产物权的设立和转让，自交付时发生效力，但法律另有规定的除外。"以此类推，因试用买卖的标的物多为动产，依据动产的权利变动规则，试用期内因买卖合同尚未生效，则自然不发生动产的所有权权利变动的法律效果，此时该标的物的所有权仍属出卖人所有，其法律效果类似于租赁、借用，买受人可在试用期内依据自己的意志占有、使用标的物，但不发生所有权转移的后果。当买受人提出购买的意思表示后，买卖合同正式生效，则动产所有权转移。此时，依据《物权法》第 25 条的"简易交付"的规定，动产物权设立和转让前，权利人已经依法占有该动产的，物权自法律行为生效时发生效力。此为标的物风险负担的一般原则，正因为试用期内动产所有权不发生变动，故本条规定由试用期内物的所有权人即出卖人承担风险负担义务，与物权法、合同法的一般法理相吻合，这也是本条如此规定的根本原因。

虽然试用买卖很少出现于不动产交易中，但是考虑到社会实践的纷繁复杂，同样需要考虑在标的物为不动产时本条如何适用。与动产不同，《物权法》规定不动产的所有权转移采登记主义，该法第 9 条规定："不动产物权的设立、变更、转让和消灭，经依法登记，发生效力；未经登记，不发生效力，但法律另有规定的除外。"在不动产试用买卖中，一种情况应该也是较多的情况是规定试用期暂不过户，不发生物权变动，待生效条件具备时，买卖两方再去办理转移过户登记手续，此时因未登记权属未发生变化，则同样可以适用本条，风险负担责任由出卖方承担；但另一种情况下，如果双方约定在试用期之前或之内即进行了过户登记，根据本条的规定，虽然此时买受人已经取得了所有权，但是因在试用期内，风险负担责任仍归出卖方承担，这是所有权和风险负担不归于同一方的特殊状态，此时出卖方需要特别慎重地对待本条的特别规定，明确预知风险。

三、需要注意的问题

本条为任意性规范，当事人可以作出与之不同的约定。本条是对买卖双方约定不明确时的预设状态的确定，并非强制性规范，当事人双方可以作出相反约定且有效。

合同自由原则为合同法的基本原则，当事人依法享有自愿订立合同的权利，任何单位和个人不得非法干预。《合同法》中的多数条文为任意性规范，不倾向于对当事人意思自治进行干涉。本条所规定的试用期内的风险负担规则，当事人双方可以通过不同的或完全相反的约定排除其适用。只要这种约定是出自当事人真实意思表示，并不会导致合同当事人之间的利益严重失衡，也不会违反公平原则，法律承认这种约定的效力。

（詹晖　撰写）

第六百四十一条　【所有权保留的物权效力】当事人可以在买卖合同中约定买受人未履行支付价款或者其他义务的，标的物的所有权属于出卖人。

出卖人对标的物保留的所有权，未经登记，不得对抗善意第三人。

【法条链接】

《合同法》第134条；《买卖合同司法解释》第34条

【立法背景】

1999年《合同法》仅对买卖合同中的所有权保留制度作了简单规定，第

134 条规定："当事人可以在买卖合同中约定买受人未履行支付价款或者其他义务的，标的物的所有权属于出卖人。"这是将所有权保留这一买卖合同的较为特殊的模式通过立法的方式予以肯定，是对传统民法制度中的所有权保留制度进行的原则性规定。所有权保留制度从功能上看，对促进商事交易、分配交易风险、节省交易成本具有重要的积极作用，但该制度相较于一般的物权法定原则、物权变动方式、物权公示方式等又具有更多的特殊性，故所有权保留有在立法中单独规定之必要。① 此后在最高人民法院《买卖合同司法解释》第 34 条至第 37 条中又对所有权保留的适用范围、出卖人取回权、取回权的限制、已取回标的物之再出卖进行了规则完善和细化，使得该法律关系更具实践上的可操作性。

然而，无论《合同法》还是《买卖合同司法解释》，都仅仅规定了所有权保留在合同当事人之间的对内效力，即可以约定标的物所有权属于出卖人，但是没有明确规定其对外效力，即能否对抗第三人。

《合同法》颁行多年，所有权保留这一买卖合同中比较特殊的商业模式，广泛地存在于民商事实践中，其产生的法律纠纷较多，尤其是当善意第三人出现时，如何适用法条对交易双方及第三人的利益均会产生较大影响，故有必要在此前规定的基础上对所有权保留的对外效力予以进一步明确，故本条增加第 2 款。

【条文解读与法律适用】

一、传统物权法下的物权对外效力与所有权保留

我国《物权法》遵循了传统大陆法系物权法的公示、公信原则，该法第 6 条规定："不动产物权的设立、变更、转让和消灭，应当依照法律规定登记。动产物权的设立和转让，应当依照法律规定交付。"不动产的登记、动产的交付和占有是物权表征，善意第三人因信赖这种经公示的表征为与标的物相关的法律行为，当事人就有理由产生合理信赖，相信以公示方法所表现出

---

① 最高人民法院民事审判第二庭编著：《最高人民法院关于买卖合同司法解释理解与适用》，人民法院出版社 2015 年版，第 231 页。

来的权利人和权利状态的正确性，即使表征可能与实际的权属状态不相一致，也可能发生物权变动之效果。比如如果动产的占有人声称为物的所有权人，善意第三人因信赖占有而与之交易并完成交付，即可取得该动产物权。这就是物权表征的对外效力的重要作用，即保护善意第三人和交易之安全。

在所有权保留中，买卖合同双方针对动产标的物作出保留物的所有权的约定，这种约定仅仅限于双方明知，仅仅出现在双方的合同约定中，一般不会对外公示，也不具备对不特定第三人公示的条件。根据合同约定和所有权保留的相关法律规定，出卖人保留所有权，等待买受人履行全额支付价款或者其他约定义务后，所有权才移转给买受人。此时会出现标的物由买受人占有、使用、收益，但是权属仍然由出卖人享有的物权表征和实际权利状态不一致的情况。

所有权保留中，虽然买受人可以占有、使用、收益标的物，但是并不享有所有权，也当然地不享有所有权的最重要权能——处分。如果买受人在此时处分该标的物，若无双方的明确约定，则为无权处分。买受人无权处分保留所有权标的物的，其交易对方如果是善意第三人，则该处分行为不因为买受人没有取得物的所有权而无效，换句话说，善意第三人因为相信买受人占有物的表征而取得该物的所有权或他项权，其法律行为是有效的，善意第三人取得的物权也是有效的。

故本条第 2 款增加规定“出卖人对标的物保留的所有权，未经登记，不得对抗善意第三人”，是对保护善意第三人和交易安全这个民法和物权法的重要原则的一次重申，其根本原理跟传统物权法公示、公信原则，跟物权法中的动产善意取得制度的原理是完全一致的。

二、所有权保留的登记对抗主义

虽然买卖合同双方对物权状态的约定，未经登记，不得对抗第三人，但是如果进行了登记，是否就产生了对抗效力，需要视具体情况而定。

在动产交易中，大部分的动产的交付和占有作为权利表征，无需进行登记，也没有相配套的登记制度。但是某些特殊性质的动产同样可以登记，我国《物权法》对该类动产的物权变动采登记对抗主义，如《物权法》第 24 条规定：“船舶、航空器和机动车等物权的设立、变更、转让和消灭，未经登记，不得对抗善意第三人。”船舶、航空器和车辆是比较具有典型意义的可登记动产。此外，法律也允许机器设备等作他项权登记。[①] 对于这些动产，如果对所有权保留进行了登记，则具备对抗第三人之效力。如车辆买卖中，车辆的所有权一般以交付作为所有权变动的标志，但如双方约定出卖方保留所有权，并未完成车辆权属在车辆行政管理部门的过户登记，如此时买受人无权处分该车辆，则出卖人得以保留所有权、未进行权属登记为由对抗第三人，第三人不得主张善意取得该车辆。

特别应当指出的是，我国法律体系下现行权属登记机构（多为政府行政管理部门），并没有特别针对所有权保留的配套登记措施，在行政及相关立法中是否能够对权属登记的种类进行进一步完善，殊值得研究。

（詹晖　撰写）

第六百四十二条　【所有权保留的出卖人取回权】当事人约定出卖人保留合同标的物的所有权，在标的物所有权转移前，买受人有下列情形之一，造成出卖人损害的，除当事人另有约定外，出卖人有权取回标的物：

（一）未按照约定支付价款，经催告后在合理期限内仍未支付；

（二）未按照约定完成特定条件；

（三）将标的物出卖、出质或者作出其他不当处分。

出卖人可以与买受人协商取回标的物；协商不成的，可以参照适用担保物权的实现程序。

【法条链接】

《买卖合同司法解释》第35条

【立法背景】

所有权保留制度最核心的条款即本条规定的出卖人的取回权及出卖人取

---

① 如《担保法》第42条规定，以企业的设备和其他动产抵押的，为财产所在地的工商行政管理部门。

回权的行使条件。买卖合同双方在买卖合同成立并生效后，对标的物的权利状态进行不同于交付主义的权利变动的约定，法律是允许的。那么就造成了特定时间内的所有权权能的分离，买受人享有占有、使用、收益的权能，出卖人享有处分的权能也同时享有所有权，唯当满足合同条件时，买受人获得物之所有权，或者当因买受人未能履行合同义务达到某种程度时，出卖人取回标的物，即本条之取回权。

特别需要注意的是，根据所有权保留制度中的物权变动原理，出卖人依据本条取回的是标的物的实体控制，即标的物的占有、使用、收益，而绝非标的物的所有权本身。

本条是关于出卖人取回权的行使条件、买受人赔偿责任的规定，源于《买卖合同司法解释》第 35 条的规定，基本保留了该条司法解释中的第 1 款关于取回权的行使条件的规定（本条第 1 款），仅作了适当的修改。

进行较大修改的是增加第 2 款，即以担保物权的实现程序作为出卖人取回权的救济选择之一，原法律条文下的所有权保留出卖人的救济方式为取回标的物，或当标的物价值显著减少时，可要求买受人赔偿损失，这种损失赔偿之诉，纯以债权请求权作为请求权基础，而本条第 2 款以担保物权的实现程序作为出卖人取回权的救济选择是对原法律条文下的所有权保留制度做出的重大创新。

【条文解读与法律适用】

一、所有权保留制度的性质确定和价值扩张

2020 年 5 月 22 日，在第十三届全国人民代表大会第三次会议上全国人民代表大会常务委员会副委员长王晨在“关于《中华人民共和国民法典（草案)》的说明”中提到：“通过完善检验期限的规定和所有权保留规则等完善买卖合同（草案第六百二十二条、第六百二十三条、第六百四十一条至第六百四十三条)。”这里提到的“完善”是指在《买卖合同司法解释》规定的基础上对所有权保留制度本身的性质和制度价值做了重新的诠释和扩张。

所有权保留制度的本身的功能，是与分期付款交易形态的出现密不可分的，是对买卖合同因合同价款不能一次支付从而对承认合同当事人双方对物

的权利变动方式的不同于一般的动产权利变动模式的重新约定，所以其主要是弥补分期付款条款下物权仅交付转移而对出卖人造成的利益不平衡的局面。德国学者赖纳·施罗德认为，所有权保留制度对当事人双方均有好处，买受人不履行债务时，出卖人可以取回标的物。买受人则能在不必立即支付买卖价金的情况下获得对标的物的使用，尤其是通过对标的物的再转卖或再加工，买受人往往才有能力来偿还价金债务。[①] 所以论及制度性质时多数学者认为其为“附条件买卖”，当然此时的条件并非合同生效的条件，而是物权转移的条件。王泽鉴老师认为，附条件买卖概念容易引起误解，给人的第一感觉是买卖合同附条件，实际上买卖合同完全成立且并不附有条件，所谓的附条件是转移所有权的物权行为，所以附条件买卖似宜改称保留所有权买卖，这样才与一般的法律概念及习惯相符合。[②]

既然此处出卖人保留的不是对合同效力的异议，而恰恰是对标的物的所有权转移的保留，就需要探究出卖人保留所有权的动因，毫无疑问就是——“担保”。出卖人因未收到合同约定的全部款项而对买受人此后的付款行为产生疑虑，因此诉诸保留所有权的方式来保证其后款项支付行为的安全性，才是所有权保留的核心价值所在。因此所有权保留可以说是披着“特别约定所有权转移条件”外衣但行“保证买受人债务履行”功能之实的制度。

二、从所有权到担保物权的“转化”

从传统民法的逻辑出发，一般认为虽然体现出担保的主要功能，但是出卖人保留的不是任何一种担保物权，而是一个完整的所有权，因此我们不能认为所有权保留是担保物权的一种。当债务人的行为未能履行买卖合同之内容并达到本条第 1 款约定的三个条件之一，则赋予出卖人选择的权利，一般情况下出卖人会选择取回标的物，行使取回权，取回物的占有、使用、收益的权能，当物本身因买受人使用产生价值减损时，还能同时要求对此赔偿。

《民法典》对于原司法解释规定的所有权保留制度的“完善”就体现在本条第 2 款中，可以视为赋予了出卖人一种全新的救济方式——“出卖人可

---

① ［德］赖纳·施罗德：《德国物权法的沿革与功能》，张双根译，载《法学家》2000 年第 2 期。

② 王泽鉴：《附条件买卖中买受人之期待权》，载《民法学说与判例研究》（第七册），北京大学出版社 2009 年版，第 181 页。

以与买受人协商取回标的物；协商不成的，可以参照适用担保物权的实现程序”。

短短的一款赋予了制度全新的内涵。《物权法》第 195 条第 2 款规定：“抵押权人与抵押人未就抵押权实现方式达成协议的，抵押权人可以请求人民法院拍卖、变卖抵押财产。”所谓担保物权的实现程序，就是权利人可请求人民法院拍卖、变卖财产并得以优先受偿。或者可以认为，出卖人此时取得了一种救济方式的选择权：一是选择取回物并要求赔偿，二是请求出卖人因其违约行为进行全额赔偿，然后以买卖合同标的物进行担保。当出卖人选择第二种救济方式时，法律关系和权属性质都会发生一种根本性的“转化”。

对这种“转化”可有两种解释：第一种是出卖人不可逆地放弃了所有权，而取得了对标的物的类似于动产抵押权的担保物权，从而可以通过诉讼要求买受人赔偿因合同所生之损失，并以该标的物作为担保，当对物进行拍卖、变卖后，拍卖、变卖款项得优先支付买卖合同所产生的损失，此时自物权转化为他物权、担保物权；第二种是权利的性质虽未发生变化，仍为出卖人享有标的物之所有权，但其可不要求买受人返还占有的标的物，而要求法院径行进行拍卖并优先受偿出卖人之损失。无论如何，其作用在于以标的物的价值为出卖人所遭受之损失进行担保。

此时仍有两个问题需要进一步明确：一是当出卖人要求以参照适用担保物权的实现程序救济时，担保的范围是仅限于买卖合同的全部价款，还是应当及于因买卖合同造成的全部损失，是否包括利息、违约金；二是当标的物已经被买受人设置抵押权、质押权等其他担保物权时，同时存在多个担保物权的受偿顺序如何确定。

探寻本条第 2 款的立法目的，以标的物的价值来保证买卖合同的债权实现，在实践中实为非常必要。以动产为例，虽然出卖人在所有权保留条款合同中保留了标的物的所有权，但是买受人有占有、使用、收益物权，有所有动产物权的一切表征，故当其对标的物进行无权处分时，如在其上设抵押权、质押权甚至转卖时，其交易相对方因相信该物权的表征，是可以通过善意取得获得自物权或他物权的。此时，存在出卖人无法行使取回权的可能，出卖人能够选择直接以担保物权的方式拍卖、变卖财产后，可以以该款项为担保救济其因买受人违约造成的货款等损失。此外，取回权在很多情况下对出卖人反而是不利益的，有的出卖人收回原物成本过高，或者毫无用处，有些情况因为动产持有资质的问题无法取回动产，如有些地区对于机动车的持有有限号限购等资质要求，出卖人要取回已经卖出的机动车政策上即有难度，故对于出卖人更为有效率的损失弥补方式反而是直接将标的物处置后获得货款。故赋予出卖人取回物或诉诸担保物权实现方式的救济权选择，在现行法律制度下是非常必要的。

但实践中运用本条第 2 款时仍需要注意，当买受人无权处分标的物时，出卖人虽然能选择诉诸担保物权实现方式的救济权，但是如果第三人因相信物权的表征、相信买受人因占有物并声称享有完满的物权的主张时，第三人有权善意取得标的物之物权，此时出卖人仅得主张要求买受人进行赔偿。如第三人善意取得抵押权或质权，出卖人得就物的价值超过第三人担保物权的担保价值范围内，要求优先受偿。

（詹晖　撰写）

第六百四十三条　【买受人回赎权及出卖人出卖权】出卖人依据前条第一款的规定取回标的物后，买受人在双方约定或者出卖人指定的合理回赎期限内，消除出卖人取回标的物的事由的，可以请求回赎标的物。

买受人在回赎期限内没有回赎标的物，出卖人可以以合理价格将标的物出卖给第三人，出卖所得价款扣除买受人未支付的价款以及必要费用后仍有剩余的，应当返还买受人；不足部分由买受人清偿。

【法条链接】

《买卖合同司法解释》第 37 条

【立法背景】

本条是对所有权保留中出卖人取回标的物后的买受人的赎回权和出卖人

的出卖权的规定。与《买卖合同司法解释》第37条关于赎回权和出卖权的规定相比，变化不大，仅做一些文字上的修改。本条主要明确了以下问题：(1) 出卖人取回标的物后，买受人享有回赎权。(2) 买受人未依法行使回赎权的，出卖人享有再次出卖标的物的权利。[①] (3) 出卖人再行出卖后的双方的利益分配问题。

因取回权的条件与买卖合同是否履行问题逻辑上是互相独立、互不干涉的两个问题，出卖人取回标的物确实是因为买受人的违约行为，但是买受人的行为未必构成导致合同目的无法实现的根本违约而使一方法定或约定解除权的条件成就，或即使在构成根本违约、出卖人已经取回标的物的情况下，出卖人仍希望履行买卖合同，并不希望解除该合同。回赎权和出卖权为双方能够继续履行合同、打破合同僵局创造了制度条件。

取回后，标的物的占有、使用、收益虽然重新移转至出卖人处，似乎恢复为合同还未履行的事实状态，但其希望通过出卖标的物获得收益的合同目的没有实现，故对买卖合同双方的权利义务关系需要进一步调整和修正；此外，因买受人已经支付部分价款，但也未实现其获得标的物所有权的交易目的，其利益也需要适当的保障。如果因为出卖人行使取回权即完全否认了买卖合同的效力，这跟所有权保留制度尽力保证买卖合同成功履行并降低双方的交易风险的制度基本目的相悖，故买受人的回赎权和出卖人的出卖权并非合同解除后的返还和救济、赔偿条款，而恰恰是建立在合同生效且没有任何一方行使解除权前提下弥补交易双方裂痕的继续履行买卖合同的变通方式。

【条文解读与法律适用】

一、回赎权的行使

出卖人取回标的物后，需要通过双方的合同已有约定或另行约定确定回赎期间，若无法通过约定确定期间，出卖人可以指定合理期间消除出卖人取

---

① 最高人民法院民事审判第二庭编著：《最高人民法院关于买卖合同司法解释理解与适用》，人民法院出版社2015年版，第233页。

回标的物的事由。这里的事由是指本法第 642 条第 1 款的三种情形，即未按照约定支付价款，应在合理期间内支付款项；未按照约定完成特定条件的，应在合理期间内完成该条件；将标的物出卖、出质或者作出其他不当处分的，出卖人应当消除这些所有权的权利负担，使得所有权恢复由出卖人完全所有的完满状态。

回赎期一般立法例包括法定期间和意定期间。我国台湾地区“动产担保交易法”第 18 条第 3 款设定的法定期间为出卖人取回标的物后 10 日内，但本条并未规定法定期间，主要是考虑所有权保留制度更尊重当事人的意思自治，属于当事人可以自由选择的交易条款。合同当事人只能通过约定或出卖人指定的方式确定意定期间，但是该期间应为合理的、具可行性的，有利于买受人及时恢复合同正常履行的状态。这种规定将更大的主动权交由出卖人，因为买受人在取回时可能已经有一定的违约行为，更倾向于出卖人的选择自由更为合理。

此时需要注意的是，出卖人取回标的物，其所有权权能已经自动恢复至其圆满状态，除非出卖人明知该标的物上第三人已经因为善意取得获得权利负担，如担保物权等他项权，否则第三人不得以已经获得他项权对抗出卖人对标的物的所有权的权属状态。

二、出卖权需以合理价格行使

本条第 2 款规定，买受人在回赎期限内没有回赎标的物，出卖人可以以合理价格将标的物出卖给第三人。该款仍是建立在买卖合同的继续履行基础上，若出卖人因买受人的根本违约行为要求解除合同的，另当别论。因此时买受人已经支付部分款项，对标的物的权利移转，仍有其期待利益待保护。故出卖人取回物、买受人又未能回赎时，出卖人得以合理价格卖与第三人，法律并不以违约来判断此“一物二卖”之行为。这里的“合理价格”并不需要必须高于原买卖合同价格的交易价格，因为动产在交易中的价值减损是常见的状态，故解释合理可参照《买卖合同司法解释》中的并非“明显低于市场价格的”。

本条没有强制性要求出卖人再次出卖时必须要采取拍卖方式，主要是考虑到出卖人之所以再次出卖仍是因买受人违约所引起，出卖人已经属受损方，如果一律要求对标的物进行拍卖，无疑会大大增加交易成本，降低交易的效率，故本条及之前的司法解释规定均未设置强制性规范、要求必须拍卖处理。

三、出卖人再次出卖后的利益分配

因出卖人再次出卖是买受人违约造成的，故出卖人再次出卖后的利益分配原则为：出卖所得价款扣除买受人未支付的价款以及必要费用后仍有剩余的，应当返还买受人；不足部分由买受人清偿。其立法宗旨，仍是以预期买受人正常购买后所享有的期待利益为标准。《买卖合同司法解释》中规定出卖所得价款依次扣除取回和保管费用、再交易费用、利息、未清偿的价金后仍有剩余的，出卖所得价款扣除买受人未支付的价款以及必要费用后仍有剩余的，应当返还买受人。这一规定略显繁琐。本条在未改变司法解释条文的主旨基础上略作归纳和精简。本条所称“必要费用”，可参照司法解释中“取回和保管费用、再交易费用”予以解释。但必要费用是否包括利息，尚存争议。一般认为买卖合同中不存在借贷相关法律关系的因素，故买受人延迟支付款项所生资金占用成本，并不存在所谓的利息，似逻辑上资金占用成本不应在再次出卖后的款项中分割，这尚待进一步明确规范。

当再次出卖的获得款项不足以覆盖出卖人出卖后能够获得的全部合同金额时，该部分由买受人清偿，出卖人得以合同债权请求权向买受人主张，其金额以全部合同金额加再次交易的必要费用为限。

应当强调的是，本条之回赎、出卖人的再次出卖，均是建立在假定保证双方正常履约、维护合同双方的正常期待利益的基础上，但其制度设计也并未排除出卖人因买受人的违约行为另行以违约赔偿要求赔偿合同所受损失的请求权。将所有权保留的取回—回赎—再出卖的保证买卖合同圆满履行的机制和违约赔偿机制有机分离，泾渭分明，保证二者各自的根本职能和独立性，是民法典对所有权保留制度进行重构中的一大亮点。

（詹晖　撰写）

第十一章 赠与合同

第六百六十条 【受赠人的交付请求权以及赠与人的赔偿责任】 经过公证的赠与合同或者依法不得撤销的具有救灾、扶贫、助残等公益、道德义务性质的赠与合同，赠与人不交付赠与财产的，受赠人可以请求交付。

依据前款规定应当交付的赠与财产因赠与人故意或者重大过失致使毁损、灭失的，赠与人应当承担赔偿责任。

【法条链接】

《合同法》第188条、第189条

【立法背景】

本条是对赠与人任意撤销权的限制性规定，旨在促进赠与人任意撤销权和受赠人期待利益之间的平衡。本条来自1999年《合同法》第188条和第189条的整合，此次未作原则性调整。主要变化在于：一是在语序上将“经过公证的赠与合同”提前，使之一目了然，易于了解和掌握；二是在表述上对“具有救灾、扶贫等社会公益、道德义务性质的赠与合同”增加“依法不得撤销”的前置条件，使条款的表述更为严谨。

对于经过公证的赠与合同，之所以规定不得撤销，一方面是由于公证程序是个动态过程，由于当事人的自由选择而启动，经过公证人员的讲解清晰化，通过当事人付费和签署来确认，预设赠与人已经过认真考虑和衡量，不存在一时冲动致损，应当保证合同的严肃性，不能再赋予赠与人撤销的权利，导致受赠人不利。另一方面，从公证的效力来说，具有债权内容的合同一旦经过国家公证机关的确认，即具有直接申请法院执行的效力，这种合同不得撤销。

对于有社会公益、道德义务性质的赠与合同来说，赠与人不仅负有承诺赠与的法律义务，而且负有赈灾、扶贫、助残的道德义务。为了维护这类赠与法律关系的稳定，完成道德义务，本条款明确规定具有救灾、扶贫等社会公益、道德义务性质的赠与合同，不适用在交付赠与财产之前可以撤销赠与的规定。

【条文解读与法律适用】

本条分为两款，第 1 款来自对《合同法》第 188 条的调整，第 2 款直接来自《合同法》第 189 条规定。

在赠与合同中，受赠人是否有请求交付和赔偿的权利，赠与人是否有交付义务，其不交付行为是否构成违约引发赔偿责任，需要根据赠与合同的具体情况具体分析。在通常的赠与合同行为中，赠与人享有撤销权，掌握着赠或不赠的主动权，可以在财产转移之前撤销赠与。受赠人只能被动等待赠与人的交付，不能采取积极行动要求赠与人履行义务。赠与人不交付赠与财产，不构成违约行为，受赠人不能请求赠与人给付其承诺的财产。

对于经过公证的赠与合同，或者依法不得撤销的具有救灾、扶贫等社会公益、道德义务性质的赠与合同，在信赖利益保护的法治环境下，赠与人没有任意撤销该合同的权利。赠与人迟延履行或者拒绝履行给付赠与财产，构成违约行为，应当承担违约责任。受赠人可以请求赠与人给付赠与的财产，赠与人仍不为给付的，受赠人可以申请强制执行。

同时也要注意，与一般双务有偿合同不同，由于赠与合同属于单务无偿合同，仅由赠与人单方承担给付义务，因此，赠与人的给付责任不适合过于严厉，也就是说，应仅限于承诺赠与财产的本身，在履行给付义务时不建议要求适用包括支付迟延履行的利息或者间接损失等其他赔偿责任。

本条第 2 款是关于对因赠与人故意或者重大过失导致赠与财产毁损灭失应承担的责任的规定。在因赠与人故意或者重大过失导致赠与的财产失去功效或者不复存在，而致使履行不能时，赠与人可以免除交付赠与财产的义务，但应当承担给受赠人带来的其他损失的赔偿责任。引进刑事法对行为人主观心态的分析，本条中的“故意”指赠与人明知其行为会导致赠与物发生毁损、灭失，但却希望或放任这种结果发生的心理状态。“重大过失”指赠与人应当预见自己的行为会使赠与物发生毁损、灭失却没有预见或者过分轻信可以避免的心理状态。

在本条中，还有一点需要解读，即什么是“公益、道德义务性质的赠与”。这并不是一个法律术语，通常可以理解为，依据社会道德规范，或基于道义情感而作出的，自觉自愿的赠与行为。由于救灾、扶贫等具有社会公益性质的赠与，具有重要的社会意义，如果允许赠与人随意撤销，会背离社会公序良俗，也极有可能给受赠人带来情感伤害。因此，凡是具有救灾、扶贫等具有社会公益、道德义务性质的赠与，不论当事人以何种形式订立赠与合同，赠与人均不得撤销该赠与。“社会公益”的赠与，可以按照《公益事业捐赠法》的规定，包括但不限于下列事项：（1）救助灾害、救济贫困、扶助残疾人等困难社会群体和个人的活动；（2）教育、科学、文化、卫生、体育事业；（3）环境保护、社会公共设施建设。

而具体到“道德义务”，本身是个价值性概念，很难用法律条文进行明确，是否属于“道德义务”，也仅仅是一种价值判断而不是事实判断。通常，道德义务性质包括但不限于基于友情、亲情、爱情等善良感情而产生的帮扶、感恩等道德义务，在具体个案中要结合案件特殊情况，从价值判断的目的入手，以探求到底是否属于“道德义务性质”。

（龚隽　撰写）

第十二章　借款合同

第六百八十条　【禁止高利放贷】禁止高利放贷，借款的利率不得违反国家有关规定。

【未约定利息的处理】借款合同对支付利息没有约定的，视为没有利息。

【利息约定不明的处理】借款合同对支付利息约定不明确，当事人不能达成补充协议的，按照当地或者当事人的交易方式、交易习惯、市场利率等因素确定利息；自然人之间借款的，视为没有利息。

【法条链接】

《合同法》第204条；《民间借贷司法解释》第26条

【立法背景】

《合同法》第204条规定："办理贷款业务的金融机构贷款的利率，应当按照中国人民银行规定的贷款利率的上下限确定。"这个条文适用于金融市场利率管制的情形。在利率管制的监管背景下，中国人民银行作为利率的监管机构，发布贷款基准利率，并规定金融机构贷款利率的上下限。金融机构发放贷款必须在中国人民银行规定的贷款利率上下限内，而不得突破利率上下限，否则即构成违规。随着中国利率市场化的发展，中国人民银行的利率管理政策在不断地变化，上述条文已经不能满足现实的需要。在目前的监管政策下，金融机构贷款的利率限制已经完全取消，金融机构可以根据自身的资金成本、借款人自身情况等决定贷款利率。因此，有必要对《合同法》第

204 条关于利率的规定进行修改。

因民间借贷产生的纠纷越来越多，一些民间借贷约定的过高的利率已经严重影响正常的金融秩序与社会生活秩序，有必要在法律层面对高利放贷的法律效力予以明确。同时，对于一些贷款合同中利率没有约定或约定不明确的情形，在法律层面该如何处理，有必要进行澄清。

【条文解读与法律适用】

本条是关于借款利率的规定。

利率是借款合同的重要内容之一，《民法典》第 667 条规定“借款合同是借款人向贷款人借款，到期返还借款并支付利息的合同”，可以看出，借款人到期返还贷款本金并支付利息是其在借款合同项下的主要义务。《民法典》第 668 条第 2 款规定：“借款合同的内容一般包括借款种类、币种、用途、数额、利率、期限和还款方式等条款。”可以进一步看出，利率是借款合同的主要条款之一。

在改革开放初期，中国金融市场实行利率管制，即存贷款利率均由金融监管部门决定，金融机构没有贷款定价自主权，必须按照中国人民银行规定的利率发放贷款。1993 年 11 月，中共十四届三中全会通过了《中共中央关于建立社会主义市场经济体制若干问题的决定》，提出“中央银行按照资金供求状况及时调整基准利率，并允许商业银行存贷款利率在规定幅度内自由浮动”。1993 年 12 月，国务院颁布了《关于金融体制改革的决定》，提出“中国人民银行要制定存、贷款利率的上下限，进一步理顺存款利率、贷款利率和有价证券利率之间的关系；各类利率要反映期限、成本、风险的区别，保持合理利差；逐步形成以中央银行利率为基础的市场利率体系”。自此以后，我国利率市场化的恢宏大幕徐徐拉开。2013 年 7 月，金融机构贷款利率管制全面放开，金融机构可自主确定贷款利率水平，贷款利率完全实现了市场化。

在利率市场化的背景下，贷款人发放贷款，可根据自身的融资成本、借款人的自身状况等对贷款进行定价，如果借款人同意，双方意思表示达成一致，将借款利率规定于借款合同中，该等约定受法律保护，借款人必须按照借款合同约定的利率及方式支付利息，这是借款人的合同义务及法定义务。

但是，如果贷款人与借款人约定的利率过高，形成高利放贷，则可能会影响正常的金融秩序和社会生活秩序，主要表现在：第一，高利放贷的利率约定过高，造成借款人负担过重，影响借款人正常的生产经营，进而可能影响社会生产和宏观经济的正常运行；第二，高利放贷的催收往往包含暴力，破坏经济秩序和社会稳定；第三，高利放贷行为存在较大随意性，容易产生较大风险，因借款不能按期归还而引发的纠纷和案件有所增加，影响了社会稳定。基于以上原因，对高利放贷行为应予以法律上的规制。本条第1款规定“禁止高利放贷，借款的利率不得违反国家有关规定”，这就从法律层面明确，如果贷款人与借款人约定的借款利率过高，被认定为高利放贷的话，该等约定无效，借款人无义务根据借款合同约定的利率向贷款人支付利息。

根据最高人民法院《民间借贷司法解释》第26条，贷款人与借款人的利率约定可能有以下三种情形：

第一，年利率小于等于24%。在这种情况下，贷款人与借款人的利率约定合法有效，贷款人请求借款人按照约定支付利息的，人民法院予以支持。

第二，年利率大于36%。在这种情况下，超过36%的部分属于高利放贷，该超过部分的利率约定无效，如果借款人请求贷款人返还已支付的超过年利率36%部分的利息，人民法院予以支持。

第三，年利率大于24%，但小于等于36%。在这种情况下，年利率小于等于24%的部分合法有效，借款人应当支付相应利息；年利率大于24%小于等于36%的部分，属于自然债务，即如果借款人尚未支付年利率大于24%小于等于36%部分的利息，贷款人请求借款人支付该等利息的，人民法院不予支持；但如果借款人已经支付该等利息，嗣后又请求贷款人返还该等利息的，人民法院也不予支持。

根据本条第2款的规定，借款合同对支付利息没有约定的，视为没有利息。这就是说，如果贷款人与借款人在借款合同中没有约定利率，也没有约定借款人到期支付利息的义务，则意味着贷款人发放的贷款是无息贷款，贷款到期，借款人向贷款人返还贷款本金即可，借款人无支付利息的义务。

根据本条第3款，借款合同对支付利息约定不明确，当事人不能达成补充协议的，按照当地或者当事人的交易方式、交易习惯、市场利率等因素确定利息；自然人之间借款的，视为没有利息。借款合同对支付利息约定不明确的情形，通常是借款合同只笼统约定“借款人支付利息”，但对利率没有约定。在这种情况下，贷款人与借款人可以协商达成补充协议，就借款合同适用的利率进行补充约定。如果贷款人与借款人不能达成补充协议，则按照当地或者当事人的交易方式、交易习惯、市场利率等因素确定利息。但是，如果是自然人之间的借款，双方当事人不能就利率达成补充协议的，视为没有利息。

（龚隽　撰写）

第十三章　保证合同

第六百八十一条　【保证合同的定义】 **保证合同是为保障债权的实现，保证人和债权人约定，当债务人不履行到期债务或者发生当事人约定的情形时，保证人履行债务或者承担责任的合同。**

【法条链接】

《担保法》第 6 条

【立法背景】

与 1999 年《合同法》相比，本条属于新增内容，将 1995 年《担保法》第 6 条关于保证的定义进行修改后，对保证合同的概念作了规定。本条将《担保法》第 1 条保障债权实现的目的直接引入，并把保证人履行债务或者承担责任的条件界定为，债务人不履行到期债务或者发生当事人约定的情形，不再局限于债务人不履行到期债务，在当事人约定的情形出现时，保证人亦应承担保证责任，扩大了保证合同统摄和调整的范围。

【条文解读与法律适用】

一、保证合同的法律特征

保证合同为单务合同。在保证合同中，只有保证人承担债务，负保证责任，债权人不负对待给付义务。

保证合同为无偿合同。在保证合同中，保证人对债权人承担保证责任，债权人对此不提供相应对价。至于主债务人是否支付对价，因其不是保证合同的当事人，并不影响保证合同无偿的性质。

保证合同为诺成合同。保证合同因保证人和债权人协商一致成立，无须另外交付标的物，故为诺成合同。

保证合同为要式合同。保证合同采取书面形式订立，故为要式合同。

保证合同为附从性合同。保证合同是主债权债务合同的从合同。主债权债务合同无效，保证合同无效，但是法律另有规定的除外。由于保证合同的附从性，保证合同无效的，并不必然导致主债权债务合同无效。

二、保证合同的当事人

保证合同的当事人为保证人和债权人。保证合同的债权人为主债务的债权人，债权人可以是一切享有债权的主体，自然人、法人或非法人组织均可作为债权人。因保证合同是无偿的单务合同，保证合同的债权人是纯受利益的，所以保证合同的债权人无须为完全民事行为能力人。非完全民事行为能力人只要享有主债权，其订立的保证合同也可以有效。

保证人是保证合同的债务人，系担保主债务人履行债务的担保人，属于主合同的第三人，而非主合同的债务人。具有民事行为能力的自然人、法人及非法人组织可以成为保证合同的保证人，但并不是所有的法人和其他组织都可以作保证人，根据法律、司法解释规定，有些法人或非法人组织不得为保证人（如以公益为目的的非营利法人、非法人组织不得为保证人）。

主债务人不是保证合同的当事人，也不得同时为保证人。如果主债务人同时为保证人，意味着责任财产未增加，仍然只是主债务人以自己的一般财产作一般担保，保证的目的就会落空。

关于保证人是否必须具有代为清偿债务能力的问题。代为清偿能力既包括代为清偿金钱债务的能力，也包括代为履行非金钱债务的能力。保证人为债务人向债权人提供保证，目的是保障债权的实现，因此债务人应当提供具有代为清偿债务能力的自然人、法人或者非法人组织作为保证人。《担保法》第 7 条也规定："具有代为清偿债务能力的法人、其他组织或者公民，可以作保证人。"但是，由于保证合同是由债权人与保证人平等自愿协商签订的，保证人是否具有代为清偿债务能力的问题，属于债权人在签订保证合同时应予审查的事项，而不能作为自然人、法人或者非法人组织充当保证人的预设条件。如果债权人明知保证人没有代为清偿债务的能力，仍然与其签订保证合同，债权人不能以此为由主张保证合同无效，由此带来的不利后果应由债权人承担。当然，如果保证合同存在其他无效或可撤销情形的，则应依据民事法律行为效力的相关规定处理。《担保法》第 7 条关于保证人代为清偿债务能力的规定，实质上属于指引性条款，而非强制性条款，其作用在于指引债权人和保证人基于保障债权实现的目的订立保证合同，提醒债权人在选择保证人时注意其实际清偿能力，不能直接依据该条规定否定保证合同的效力。从保护债权人的角度出发，《担保法解释》第 14 条规定："不具有完全代偿能力的法人、其他组织或者自然人，以保证人身份订立保证合同后，又以自己没有代偿能力要求免除保证责任的，人民法院不予支持。"

三、保证的标的

保证的标的，即保证责任的内容，是指在保证合同成立后，当债务人不履行到期债务或者发生当事人约定的情形时，保证人承担保证责任的给付行为。根据本条规定，保证的标的依当事人的约定分为两种：一是代为履行债务；二是承担责任。当事人约定保证人代为履行债务的，在债务人不履行到期债务或者发生约定情形时，保证人负有实际履行主债务的责任。由于只有非专属性债务才能由他人代为履行，因此当事人只能对非专属性的主债务约定保证人负代为履行的责任。当事人约定保证人承担赔偿责任的，在债务人不履行到期债务或者发生约定情形时，保证人不负代为履行主债务的责任，而仅负相应的赔偿责任。

代为履行与赔偿责任在一定条件下可以转换，如果保证合同约定保证人代为履行债务，但债务具有人身专属性或者标的物为某种特定物等保证人客观上不能代为履行的，保证人承担保证责任的形式，可由代为履行转换为赔偿责任。例如，《担保法解释》第 13 条规定："保证合同中约定保证人代为履行非金钱债务的，如果保证人不能实际代为履行，对债权人因此造成的损失，保证人应当承担赔偿责任。"

（乔宇　撰写）

第六百八十二条 【保证合同的附从性】 保证合同是主债权债务合同的从合同。主债权债务合同无效的，保证合同无效，但是法律另有规定的除外。

保证合同被确认无效后，债务人、保证人、债权人有过错的，应当根据其过错各自承担相应的民事责任。

【法条链接】

《担保法》第 5 条

【立法背景】

与 1999 年《合同法》相比，本条属于新增内容，将 1995 年《担保法》第 5 条关于担保合同附从性及担保合同无效法律后果的规定进行改造后，对保证合同的附从性及无效的法律后果作了规定。本条沿袭了保证合同对主债权债务合同的附从性，规定主债权债务合同无效，保证合同无效，并在但书中明确“法律另有规定的除外”；在保证合同被确认无效后，仍按照债务人、保证人、债权人的过错，各自承担相应的民事责任。保证行为的基本特性是附随性与从属性。保证合同是主债权债务合同的从合同，保证关系附随或从属于主合同的债权债务关系，没有主合同、主债权债务，保证合同、保证债务就失去了存在的意义。肯定保证与其所担保的债权债务之间的附从性，是各国法律和国际规则的通例。同时，本条对国际社会和大部分国家承认的独立保证，也作了留有余地的规定。

【条文解读与法律适用】

一、保证合同对主债权债务合同的附从性

保证债务以主债的存在或者将来可能存在为前提，随主债的消灭而消灭。其范围和强度不得超过主债务，不得与主债务分离而为转移。保证合同对主

债权债务合同的附从性具体表现在以下几个方面：

一是成立上的附从性。主债务的有效存在，是保证合同存在的前提，当事人在订立保证合同时，其所担保的债务应有效存在，而且在主债务的存续过程中，保证附从于主债务。所担保的主债务有效存在，并不要求该主债务应实际发生效力，附条件或附期限的债务在未生效前亦可设立保证。由于最高额保证的确立，对于将来发生的债务也可以设立保证，只要在保证责任发生时保证合同所担保的债务有效存在即可。这些情形并非保证合同附从性的例外。

二是合同效力上的附从性。主债权债务合同无效的，除法律另有规定的以外，保证合同也无效。但是，保证合同无效的，并不必然导致主债权债务合同无效。

三是范围和强度上的附从性。由于保证设立的目的是保障主债权的实现，所以保证的范围和强度原则上与主债务相同，不得大于或者强于主债务。保证债务与主债务属于两个债务，它们的范围和强度可以存在差异。但是，因保证债务具有附从性，故保证债务不能大于所担保的主债务，也不得约定更高的强度。如果超过主债务的范围和强度，则应缩减至主债务的程度。例如，保证债务的数额不得大于主债务的数额，应随着主债务数额的降低而降低；在对附条件的主债务为无条件保证的情形下，只成立附有与主债务同一条件的保证债务；约定保证债务的履行期限早于主债务的履行期限的，该约定的期限无效；约定保证债务的利息高于主债务利息的，应缩减至主债务的利息水平；约定主债务人仅就其重大过失负责的，保证人也只就其重大过失承担责任。

四是变更、消灭上的附从性。主债权债务合同内容变更时，保证债务一般随之变更，但不得增加保证债务的范围和强度，如《民法典》第 695 条的规定。主债务消灭时，保证债务也随之消灭。例如，主债务因主合同解除或适当履行而消灭时，保证债务也随之消灭。

五是转移上的附从性。主债权转移时，债权人对于保证人的保证债权，原则上也随之转移，但存在法律规定的例外情形，如《民法典》第 696 条的规定。

六是抗辩上的附从性。债务人对债权人的抗辩，保证人也可以向债权人主张，不受债务人放弃抗辩的影响。

二、法律另有规定的例外情形

在法律另有规定时，当事人可以约定排除保证对主债权债务的附从性，使保证关系与主债权债务关系相互独立，如实践中“不可撤销的保函”“见索即付的保函”“见单即付的保函”等，均独立于主债权债务关系，不因主债权债务的不成立、无效、被撤销等而归于消灭，因而被称为独立保证。例如，《最高人民法院关于审理独立保函纠纷案件若干问题的规定》对人民法院正确审理独立保函纠纷案件提供了法律指引，其中的有关规定构成保证合同附从性的例外。另外，在票据法上，票据保证具有独立性。

三、保证合同被确认无效的法律后果

保证合同被确认无效后，债务人、保证人、债权人按其过错承担相应的民事责任。保证人据此承担的责任性质为缔约过失责任，承担责任的方式为赔偿损失，赔偿范围是债权人相信保证合同有效但实际上却无效而遭受的损失，即信赖利益的赔偿。根据《担保法解释》第 7 条、第 8 条规定，主合同有效而担保合同无效，债权人无过错的，担保人与债务人对主合同债权人的经济损失，承担连带赔偿责任；债权人、担保人有过错的，担保人承担民事责任的部分，不应超过债务人不能清偿部分的二分之一。主合同无效而导致担保合同无效，担保人无过错的，担保人不承担民事责任；担保人有过错的，担保人承担民事责任的部分，不应超过债务人不能清偿部分的三分之一。当主合同和保证合同均存在无效原因，各自无效时，司法解释没有规定如何处理，也没有明确保证人的责任范围。对此，应当根据保证人、债权人各自的过错情况，参照《担保法解释》分担责任的思路和方法，确定保证人、债务人的责任范围。

（乔宇　撰写）

第六百八十三条　【保证人】机关法人不得为保证人，但是经国务院批准为使用外国政府或者国际经济组织贷款进行转贷的除外。

以公益为目的的非营利法人、非法人组织不得为保证人。

【法条链接】

《担保法》第 8 条、第 9 条

【立法背景】

本条是关于保证人的规定。根据本条规定，机关法人除特殊情形下经国务院批准外不得为保证人，以公益为目的的非营利法人、非法人组织不得为保证人。换言之，除上述情况外，具有民事行为能力的民事主体均可为保证人，废除了担保法中关于保证人必须具有代为清偿债务能力的资格要求。同时，本条废除了担保法中关于保证人为企业法人分支机构、职能部门的相关规定。本条发展和完善了《担保法》第 8 条、第 9 条，废除了《担保法》第 7 条、第 10 条及其相关司法解释，最终形成现行保证人制度规范。

保证制度在商事交易中具有举足轻重的地位，而保证人制度则是保证制度构建中一个极为重要的组成部分。我国《民法通则》第 89 条第 1 项关于债的担保方式中对保证制度作为债的一种担保方式作了基本规定，但未具体规定保证人的问题。其后最高人民法院颁布司法解释《民法通则意见（试行)》，对保证制度规定进行了细化，建立了保证人制度的基本框架。该司法解释最早规定了保证人的资格和范围以及国家机关、不具有法人资格的企业法人的分支机构等特殊主体担任保证人的问题。

因立法上将保证制度作为债的一种担保方式，我国自 1992 年开始酝酿制定《担保法》，保证制度就是其重要组成部分，而保证人资格问题是《担保法》制定中最重要问题之一。[①] 1995 年《担保法》颁布实施，保证人问题涉及该法第 7 条至第 11 条共计 5 个条文。担保法首先限定了保证人的资格和范围，明确规定具有代为履行债务能力的法人、其他组织或者公民，可以作保证人。之后又具体规定了特殊主体担任保证人的禁止与例外情形，即国家机

① 顾昂然：《关于〈中华人民共和国担保法（草案)〉的说明——1995 年 2 月 21 日在第八届全国人民代表大会常务委员会第十二次会议上》。

关除经国务院批准对特定事项作保证人之外，不得为保证人；学校、幼儿园、医院等以公益为目的的事业单位、社会团体不得为保证人；企业法人的分支机构、职能部门除有法人书面授权外不得为保证人。同时，担保法还禁止强令金融机构或者企业为他人提供保证。担保法施行后，针对审判实践中存在的问题，最高人民法院于2000年颁布了《担保法解释》，其中涉及保证人问题的有6个条文，主要内容为：具体规定了不具备代为清偿能力却作为保证人签订保证合同的，不能以自己没有代偿能力要求免除保证责任；对担保法中规定的其他组织进行解释；对从事经营活动的事业单位、社会团体以及企业法人分支机构书面授权不明确情形下为保证人的效力等情况作了规定。

长期以来，司法实践中均适用上述条文规范保证人相关问题。然而，随着社会实践发展以及理论研究深入，我们对保证人问题的认识也进一步深化，主要体现为：保证人是否具备代为清偿能力，不应当影响保证合同本身的效力；企业法人的分支机构、职能部门作保证人的问题属于民事主体权利能力及行为能力的共性问题，保证合同中不必单独规定等。此次民法典制定过程中，基于上述认识，对保证人制度进行了发展和完善。民法典中继续坚持机关法人除特殊情况经国务院批准外不得为保证人，以公益为目的的非营利法人、非法人组织不得为保证人的规定；删除了关于保证人必须具有代为清偿债务能力的资格要求和范围限制；删除了对企业法人分支机构、职能部门为保证人问题的规定以及其他不必要的规定。最终，将上述规范进行合并，规定了本条“机关法人不得为保证人，但是经国务院批准为使用外国政府或者国际经济组织贷款进行转贷的除外。以公益为目的的非营利法人、非法人组织不得为保证人”。

【条文解读与法律适用】

保证人，是指与债权人约定，当债务人不履行债务时，按照约定履行债务或者承担责任的第三人。本条规定机关法人不得为保证人，但是经国务院批准为使用外国政府或者国际经济组织贷款进行转贷的除外。以公益为目的的非营利法人、非法人组织不得为保证人。正确理解与适用本条规定，应当注意以下几个方面。

一、机关法人为保证人的禁止与例外

所谓机关法人，是指有独立经费的机关和承担行政职能的法定机构。在我国司法实践中，一贯反对国家机关为保证人。起初在社会主义市场经济发展初期，有人片面地认为国家机关信用高，偿债能力强，为商事交易做担保更加可靠，因此在经济生活中出现大量政府机关作保证人的案件。实际上，囿于国家机关经费用途特定，不得挪用，在普通的商事交易中国家机关作为保证人事实上根本没有清偿债务的能力。因此，当债务人不履行或不能履行债务，需要国家机关承担保证责任时，债权人才发现国家机关无法履行其义务，从而引发了诸多纠纷。为改变当时这一混乱状况，1988 年最高人民法院颁布实施《民法通则意见（试行）》，其第 106 条明确规定了国家机关不能担任保证人。之后这一原则在多个规范性文件中予以重申，不断强化。1988 年最高人民法院在《关于国家机关能否作经济合同的保证人及担保条款无效时经济合同是否有效问题的批复》中规定："经济合同的保证人应是具有代为履行或者代偿能力的公民、企业法人以及其他经济组织，国家机关不应作为经济合同的保证人。经济合同中以国家机关作为保证人的，其保证条款，应确认为无效。"1991 年 8 月中国人民银行发布的《中国人民银行关于严格禁止中国人民银行各分支机构为经济合同提供担保的通知》认为：中国人民银行是国务院领导和管理全国金融事业的国家机关，根据《民法通则意见（试行）》国家机关不能担任保证人的规定，中国人民银行及其分支机构不具备保证人资格，不准为经济合同提供担保。1993 年《国务院办公厅关于严禁行政机关为经济活动提供担保的通知》中也明确规定了国家机关不得作保证人。1995 年《担保法》第 8 条则明确规定，国家机关不得为保证人，但经国务院批准为使用外国政府或者国际经济组织贷款进行转贷的除外，使这个问题在法律层面有了明确的规定。此次民法典制定中也坚持了这一原则，规定机关法人不得为保证人，但是经国务院批准为使用外国政府或者国际经济组织贷款进行转贷的除外。

（一）原则禁止机关法人为保证人

机关法人，是指有独立经费的机关和承担行政职能的法定机构，具体而言包括各级人民代表大会及其常委会、行政机关、审判机关、检察机关、军事机关以及党的机关、妇联、共青团等。机关法人行使国家公权力，其主要职责是依法行使其职权，进行公务活动，履行社会管理职能。我国法律原则上禁止机关法人为保证人，其原因主要在于：首先，担任保证人与机关法人职责不符。机关法人也可以从事民事活动，但其从事民事活动应当限定在为履行职能所需要的范围内，如为维持日常运转订立买卖合同购买办公用品、为办公需要订立建设工程承包合同修建办公用房等。而为他人提供担保，显然与机关法人履行公务职责无关。其次，国家机关经费具有特定用途，如果承担保证责任，无法用来清偿债务。国家机关的财产和经费都是国家财政划拨的，主要是用来维持国家机关的公务活动和日常的开支，具有特定用途，不能用来为他人清偿债务，否则势必影响其履行社会管理职能，进而影响社会公共利益。因此，从权利能力与行为能力来看，机关法人没有保证人的资格，原则上不得为他人债务提供保证。

（二）禁止机关法人为保证人的除外情形

禁止机关法人为一般商事交易提供保证是一项原则。但现实经济生活中，有些特殊情况却不得不由政府机关提供担保，其中典型情形就是当我国在接受外国政府和国际经济组织贷款进行转贷时，必须由政府机关提供担保。我国接受外国政府和国际经济组织贷款后，一般都将这些贷款按项目转贷给有关地方政府或者特定部门按照项目要求使用。由于这些贷款主要是用于交通、能源、邮电通信、环境保护、城市基础建设、扶贫开发等项目，数额巨大且一般都没有盈利、盈利很少或者短期内无盈利，个人或者企业不愿意也没有能力为这些贷款提供保证，故只能要求地方政府委托其财政管理部门向中央政府提供还款担保，保证向中央政府偿还所用的贷款。中央政府和地方政府通过上述担保，共同维护国家偿还外债的信誉。因此，自担保法开始，就明确允许机关法人经国务院批准为使用外国政府或者国际经济组织贷款进行的转贷作保证人，民法典从之，仅在条文表述上，将“国家机关”变更为“机关法人”。

机关法人作保证人应当同时符合以下两个条件：（1）接受的贷款应当是由外国政府或者国际经济组织提供的贷款。只有来自外国政府或者世界银行、亚洲银行、国际货币基金组织等国际组织的贷款，在转贷过程中需要机关法人担保的，机关法人才能作保证人。对于外国银行的商业性贷款，即使是对地方政府的商业性贷款，机关法人也不能当保证人。[①]（2）需经国务院批准。由国务院批准，既能解决特定项目需要机关法人作保证人的情况，也能对此情况加以严格控制，防止出现地方政府或者有关部门保证泛化的弊端。

二、禁止以公益性为目的的非营利性法人、非法人组织为保证人

我国《民法通则》中，原本将法人分为企业法人、机关法人、事业单位法人及社会团体法人。其中事业单位法人和社会团体法人部分以公益为目的，部分则从事经营活动。自担保法起，我国法律就禁止以公益为目的的事业单位、社会团体为他人债务提供保证，且没有例外规定。《担保法》第 9 条规定了“学校、幼儿园、医院等以公益为目的的事业单位、社会团体不得为保证人”，明确禁止公益目的事业单位和社会团体为保证人。因还有部分事业单位及社会团体法人从事经营活动，可以作保证人，为避免司法实践中发生混淆，2000 年颁布实施的《担保法解释》第 16 条又规定，“从事经营活动的事业单位、社会团体为保证人的，如无其他导致保证合同无效的情况，其所签定的保证合同应当认定为有效”。明确了禁止为保证人的只限于以公益为目的的事业单位和社会团体，对从事经营活动的事业单位、社会团体则可以为保证人。上述原则在民法典制定中予以继承和完善，形成本条第 2 款规定，在条文表述上将学校、幼儿园、医院等以公益为目的的事业单位、社会团体变更为以公益为目的的非营利法人、非法人组织。根据本条第 2 款的规定，以公益为目的的非营利法人、非法人组织不得为保证人。

条文表述的变更实际反映出我国立法中对于法人分类认识的深化。2017 年 10 月施行的《民法总则》较之前《民法通则》，对法人分类进行了重大变更。《民法总则》中对法人划分为营利性法人与非营利性法人，民法典从之。以取得利润并分配给股东等出资人为目的成立的法人，为营利法人。营利法人包括有限责任公司、股份有限公司和其他企业法人等。非营利法人是营利法人的对称，指为公益目的或者其他非营利目的成立，不向出资人、设立人或者会员分配所取得利润的法人，包括事业单位、社会团体、基金会、社会

---

① 1989 年国务院颁布的《国务院关于加强借用国际商业贷款管理的通知》规定，对于借用国际商业贷款的，政府部门和事业单位不得对外提供外汇担保。因此，对于商业银行对地方政府的贷款，包括外国银行的商业性贷款，机关法人不得作保证人。

服务机构等。非营利法人以其目的划分，又可以分为公益性法人与互益性法人。公益性法人是指面向社会大众，以满足不特定多数人的利益为目的的非营利法人，如中华慈善总会、中国红十字会、环境保护协会、保护妇女儿童组织、各类基金会等。互益性法人，又称其他非营利目的而设立的法人，指不是为社会公众利益，而是为成员的非经济利益的互助互益目的而成立的非营利性法人，如商会、行业协会、学会、俱乐部等。其设立目的的非营利决定，非营利法人均不得分配利润，但是非营利法人之间因其设立目的是否为公益目的的不同，在剩余财产分配方面存在差异。为公益目的设立的非营利法人在其终止后也不得分配剩余财产，而为其他非营利目的设立的法人则在法人终止后可以分配剩余财产。本条中禁止担任保证人的是为公益目的设立的非营利法人。非法人组织是指不具有法人资格，但是能够依法以自己的名义从事民事活动的组织。非法人组织包括个人独资企业、合伙企业、不具有法人资格的专业服务机构等。其中，面向社会大众，以满足不特定多数人的利益为目的，即以公益为目的的非法人组织，也被禁止担任保证人。

禁止以公益为目的的非营利法人及非法人组织担任保证人，是由其公益性所决定的。首先，以公益为目的的非营利法人及非法人组织的设立目的是以公益，即不特定之多数人的利益为目的。如学校设立的目的是教书育人；幼儿园设立的目的是教育和照料幼儿；医院的设立目的是救死扶伤、治愈病痛等。上述民事主体不以经济利益为目的，而保证行为则属于商事经营活动，故担任保证人与其设立目的不符。其次，公益性非营利法人或非法人组织的财产主要来源于国家财政预算拨款或者社会捐献，具有特定用途，应当用于公益目的。为商事交易担任保证人只有风险没有利益，无助于实现公益目的。最后，担任保证人存在代替他人清偿债务的风险，当债务人不履行或者不能履行债务，保证人需要承担保证责任时，面临着不得不强制执行这些法人或者非法人组织的财产，以清偿债务的情况。但上述公益性非营利法人或者非法人组织财产具有公益用途，拍卖或变卖其财产则影响其正常职能，最终损害社会公共利益。例如，强制执行学校的教育教学设施，可能导致学生无法就读，侵犯公民受教育权。因此，我国法律始终坚持以公益为目的的非营利法人、非法人组织不得为保证人，且没有除外情形。

此外，理解本条规定还需要注意机关法人与公益性团体违反本条规定为保证人的法律后果问题。我们认为，未经国务院批准的机关法人和以公益为目的的非营利性法人及非法人组织违反本条规定，为他人提供担保的，保证人因不具备相应的行为能力而导致保证合同不成立。债权人与保证人缔约时存在混合过错，均应承担各自相应的民事责任。这一点实际上在《担保法解释》第3条已有相应规定。该条规定："国家机关和以公益为目的的事业单位、社会团体违反法律规定提供担保的，担保合同无效。因此给债权人造成损失的，应当根据担保法第五条第二款的规定处理。"而《担保法》第5条第2款规定："担保合同被确认无效后，债务人、担保人、债权人有过错的，应当根据其过错各自承担相应的民事责任。"上述处理基本原则仍然适用。①

三、废除了关于保证人资格范围限制

民法典颁布之前，我国法律对保证人资格和范围有严格限制。《民法通则意见（试行）》第106条规定保证人应当是具有代偿能力的公民、企业法人以及其他经济组织。《担保法》第7条又进一步规定："具有代为清偿债务能力的法人、其他组织或者公民，可以作保证人。"该条规定在担保法制定时曾被认为是最重要的条款之一。而民法典制定中则删除了这一条款，实际是废除了关于保证人资格范围的限制。对于这一重要变更，应当从以下方面理解：

关于废除保证人应当具备代为清偿能力的要求。《民法通则意见（试行）》与担保法要求保证人具备代为清偿债务能力，是指保证人应当具有依保证合同约定代为履行债务或承担赔偿责任的能力。一般认为保证人具备代为清偿债务的能力，就是指在价值量上具有与所保证的债权金额相当且性质一致的足够代为清偿保证债务的财产，且对该财产应当拥有合法的处分权。之所以如此要求，是因为当时社会诚信建设不完善，一些债权人不理解商业风险，选择保证人时不考虑其是否具有清偿债务的能力，还有的保证人企业本身就连年亏损，根本无法承担保证责任，最后导致大量保证形同虚设，造成了经济秩序的混乱。所以法律直接规定保证人应当具有清偿债务的能力，意图确保保证人有能力承担保证责任，从而保障债权的实现，实现债权人的利益。然而，司法实践中却还存在一些保证人，在签订合同时不顾自身经济实

① 《担保法解释》对于此种情形下签订的保证合同，认定为无效。实际上，认定为合同不成立更为准确，但两者法律后果并无不同。

力，签订保证合同，为主债务提供保证，误导债权人的决定，而在主债务人不履行或不能履行债务，需要承担保证责任时，又以自己不具备代为清偿能力为由主张保证合同无效，从而逃避承担保证责任。为避免保证人应当承担保证责任时以自己无清偿能力为借口逃避债务，担保法颁布后，最高人民法院颁布一系列司法解释在审判实践中逐步予以规范。1998 年发布的《正确确认企业借款合同纠纷案件中有关保证合同效力问题的通知》规定："除确系因违反担保法及有关司法解释的规定等应当依法确认为无效的情况外，不应仅以……该保证人已无财产承担保证责任等原因，而确认保证合同无效，并以此免除保证责任。"2000 年实施的《担保法解释》第 14 条规定："不具有完全代偿能力的法人、其他组织或者自然人，以保证人身份订立保证合同后，又以自己没有代偿能力要求免除保证责任的，人民法院不予支持。"

事实上，保证合同是债权人与保证人双方签订的，担保法中明确要求保证人必须具备代为清偿能力，主要作用在于提示债权人在签订保证合同时应当注意审查保证人的清偿能力，但保证人是否具有清偿能力并不影响保证合同的有效性。代为清偿能力应当是保证人履行合同义务的能力问题，不属于当事人民事权利能力或者民事行为能力范围。且保证人是否具备代为清偿能力这一问题本身也不具有确定性，在合同订立及履行过程中随时可能发生变动。而保证制度的目的是保障债权实现，排除清偿能力作为保证人资格的要件，并不违背保证制度的目的，反而有助于债权人慎重审查保证人的清偿能力，确保自己债权的实现。《担保法解释》已经明确规定了保证人于订立合同时不具有完全代偿能力的，不能以自己不具有代清偿债务能力而主张免除保证责任，而司法实践中，保证人完全不具备代为清偿债务能力的情形是非常罕见的，只要其具备一定财产，即可以属于不具有完全代偿能力，就不会导致保证合同无效，相当于在事实上废止了关于保证人具备代为清偿能力的要求。而自《担保法解释》颁布实施以来，这一条规范在实践中适用良好，故在民法典制定中，直接删除了保证人资格的限制，不要求保证人必须具备代为清偿能力了。

关于废除保证人范围限制。担保法将保证人范围限制为公民、法人和其他组织，这一范围实际也是全部民事主体的分类，对保证人并无特殊限制。民法典中将这一限制予以废除。

综上，民法典制定中将《担保法》第 7 条关于保证人资格和范围的限制性规定予以废除。

四、删除了企业法人分支机构及职能部门担任保证人的限制

企业法人的分支机构，是指由企业法人所设立的，经登记主管机关核准，领取营业执照，在核准登记的经营范围内从事经营活动，但又不能独立承担民事责任的分支机构。如分公司、分厂、分支行、分店等，均是分支机构。企业法人的职能部门，是指法人内部执行某一职能的组织机构，包括企业法人的意思决定机关、意思执行机关和代表机关，如公司的股东大会、董事会、监事会以及作为具体经营管理机构的生产销售、人事财务等部门。

《民法通则意见（试行)》规定不具有法人资格的企业法人的分支机构，以自己的名义对外签订的保证合同，一般应当认定无效。但因此产生的财产责任，分支机构如有偿付能力的，应当自行承担；如无偿付能力的，应由企业法人承担。《担保法》第 10 条规定企业法人的分支机构、职能部门不得为保证人。企业法人的分支机构有法人书面授权的，可以在授权范围内提供保证。担保法原则上禁止企业法人分支机构、职能部门为保证人，例外允许法人的分支机构在法人书面授权范围内提供保证。之所以原则上禁止企业法人的分支机构担任保证人，是由于该分支机构不具备法人资格，只是法人的组成部分，只能在所属法人的宗旨和经营范围内活动；同时，企业法人的分支机构不具有独立的财产，不能独立承担法律责任，法人对分支机构的债务承担最后责任。经济生活中，有些企业法人分支机构经济力量雄厚，虽然其财产的所有权属于法人，但经营自主权属于分支机构，分支机构为了自己经营上的需要，对外保证的情形很多。特别是在商业银行领域，如果一律禁止分支机构担任保证人会严重阻碍银行业务的开展。因此，在原则上禁止分支机构担任保证人后又规定企业法人的分支机构在取得法人的书面授权后，可以在授权的范围内提供保证，并作了严格的条件限制。在授权范围内提供的保证有效。未经授权的保证无效，超出授权范围的，超出部分无效。法人授权自己的分支机构对外作保证，其最终结果要由法人来承担，在性质上属于一种委托授权关系，实际上还是由法人来提供保证。《担保法解释》第 17 条规定，企业法人的分支机构未经法人书面授权提供保证的，保证合同无效。因此给债权人造成损失的，应当根据《担保法》第 5 条第 2 款的规定处理。企业法人的分支机构提供的保证无效后应当承担赔偿责任的，由分支机构经营管理的财产承担。企业法人有过错的，按照《担保法》第 29 条的规定处理。企业法人的分支机构经法人书面授权提供保证的，如果法人的书面授权范围不明，法人的分支机构应当对保证合同约定的全部债务承担保证责任。企业法人的分支机构经营管理的财产不足以承担保证责任的，由企业法人承担民事责任。

同样，企业法人的职能部门也不具备独立的法人资格，没有自己的独立的法律人格和意志，因此不具备签订保证合同的权利能力和行为能力。企业法人内部职能部门在任何情况下担任保证人，都是无效保证。《担保法解释》第 18 条规定："企业法人的职能部门提供保证的，保证合同无效。债权人知道或者应当知道保证人为企业法人的职能部门的，因此造成的损失由债权人自行承担。债权人不知保证人为企业法人的职能部门，因此造成的损失，可以参照担保法第五条第二款的规定和第二十九条的规定处理。"

事实上，上述规定与其说是在限制企业法人分支机构或者职能部门进行担保，不如说是在规范法人的分支机构或者职能部门与法人的关系，确切说应当是法人及其分支机构或者职能部门分别的权利能力与行为能力问题。而这一问题在民法典中通过民事权利能力、行为能力等已经进行了相应规范，保证并无特殊性，故在民法典制定中于保证部分予以删除，统一适用民事权利能力、行为能力规范即可解决。

五、关于禁止强令企业担保的问题

《担保法》第 11 条规定："任何单位和个人不得强令银行等金融机构或者企业为他人提供保证；银行等金融机构或者企业对强令其为他人提供保证的行为，有权拒绝。"该条是针对当时普遍存在的领导干部和主管部门粗暴干涉企业的经营活动，尤其是强令银行等金融机构或企业为他人提供保证的突出情况而制定的倡导性规范，明确宣布任何单位和个人不能强令金融机构或者企业为他人提供保证。而就保证合同效力而言，却不能仅以此主张合同无效。1998 年发布的《正确确认企业借款合同纠纷案件中有关保证合同效力问题的通知》中明确了这一点。除法律或司法解释明确规定保证合同无效以外，仅以保证人的保证系因地方政府指令而提供的原因不能确认保证合同无效，并以此免除保证责任。具体规定是："各级人民法院……严格依法确认保证合同

（包括主合同中的保证条款）的效力。除确系因违反担保法及有关司法解释的规定等应当依法确认为无效的情况外，不应仅以保证人的保证系因地方政府指令而违背了保证人的意志，或该保证人已无财产承担保证责任等原因，而确认保证合同无效，并以此免除保证责任。”

随着我国社会经济日益发展，尤其是近年来社会主义法律体系基本建成，民商事活动平等自愿原则深入人心，该条规则所规范的单位或个人强令他人提供担保的情形已经逐步减少。如果当事人确实是因胁迫而违背自己的真实意愿签订合同，可以通过合同撤销制度得以救济，保证合同并无特殊性，故民法典制定中该条在保证部分予以删除。

（潘勇锋　撰写）

第六百八十四条　【保证合同的内容】保证合同的内容一般包括被保证的主债权的种类、数额，债务人履行债务的期限，保证的方式、范围和期间等条款。

【法条链接】

《担保法》第 15 条

【立法背景】

本条规定了保证合同的主要条款内容，对当事人之间拟定保证合同进行了相应指引。本条保留了《担保法》第 15 条的实质性规定，并进行了部分调整，保留了被保证的主债权的种类、数额，债务人履行债务的期限，保证的方式、范围和期间条款为保证合同的主要条款，将原有“保证合同应当包括以下内容”变更为“保证合同的内容一般包括”，删除了原有规定中“双方认为需要约定的其他事项”的兜底条款以及“保证合同不完全具备前款规定内容的，可以补正”的法律后果内容，表述更加精确、简洁。

保证合同的内容，即保证合同中的主要条款，确定了保证合同当事人双方权利和义务的内容。在 1995 年《担保法》颁布实施之前的法律司法解释中，并无直接规范保证合同应当具备的主要条款的内容，但《民法通则意见(试行)》中对保证合同内容存在间接规定。该司法解释第 108 条规定："保证人向债权人保证债务人履行债务的，应当与债权人订立书面保证合同，确定保证人对主债务的保证范围和保证期限。虽未单独订立书面保证合同，但在主合同中写明保证人的保证范围和保证期限，并由保证人签名盖章的，视为书面保证合同成立。公民间的口头保证，有两个以上无利害关系人证明的，也视为保证合同成立，法律另有规定的除外。"根据上述规定，保证合同中应当写明保证人对主债务的保证范围和保证期限，这是最早关于保证合同条款的规定。而《担保法》则第一次明确规定了保证合同的内容。《担保法》第 15 条第 1 款规定，保证合同应当具备六项内容：（1）被保证的主债权种类、数额；（2）债务人履行债务的期限；（3）保证的方式；（4）保证担保的范围；（5）保证的期间；（6）双方认为需要约定的其他事项。如果保证合同没有完全具备上述六项内容的，其法律后果体现在该条第 2 款，即"保证合同不完全具备前款规定内容的，可以补正"。也即，如保证合同没有完全具备上述六项内容，保证人和债权人在保证合同订立后，可以根据具体情况协议增加有关内容，对订立保证合同时没有规定的内容加以补充。担保法颁布实施之后，对推动社会经济生活实践起到了重大作用。此次民法典制定中，基本保留了《担保法》第 15 条第 1 款内容，只是在叙述上更加简洁、精炼，将原有"保证合同应当包括以下内容"变更为"保证合同的内容一般包括"，删除了原有规定中"双方认为需要约定的其他事项"的兜底条款。而该条第 2 款内容，则因民法典变更了担保法体例，将保证合同作为合同编中的一章，故保证合同内容不完备的问题，实际应当适用合同内容不完备如何补正的规范予以规制，其相应规范在合同编总则部分有详细规定，此处无需赘述。因此，在民法典制定过程中，删除了《担保法》第 15 条第 2 款内容。最终，本条规定为保证合同的内容一般包括被保证的主债权的种类、数额，债务人履行债务的期限，保证的方式、范围和期间等条款。

【条文解读与法律适用】

本条是关于保证合同内容的规定。根据本条的规定，保证合同一般包括如下内容。

一、被保证的主债权的种类和数额

保证债权对被保证的主债权具有从属性，即保证债权的存在以主债权的存在为基础，主债权消灭则保证债权消灭。保证债权数额也以主债权数额为基础，不超过主债权数额，但可以低于主债权数额。因此，为了确定保证债权的种类和数额的上限，必须首先在保证合同中确定主债权的种类和数额。主债权的种类，应当主要根据债发生的具体原因来确定，一般区分为借款、货款、建设工程款等。此外，债权是现实存在的还是将来发生的，是一时之债还是持续的债等分类也对当事人权利义务有影响。确定主债权的种类，对于明确保证合同当事人权利义务内容也有重要影响。而主债权的数额也非常重要。保证债权数额以主债权数额为基础，不超过主债权数额，但可以低于主债权数额。在保证合同中约定主债权数额，能够明确保证人可能承担的保证责任的上限，这一约定对于保证人利益的保护十分重要。司法实践中，发生过保证人只在保证合同上签名盖章，然后把这份内容空白的保证合同交给了债务人，而债务人填写了超过与保证人事先约定的主债务数额，保证人不得不承担更大的保证责任，严重损害了保证人的利益。

被保证的主债权的种类和数额决定了保证人有可能承担的债务清偿风险的上限。故债权人和债务人协商变动主债权种类和数额时，应当经保证人同意。自1988年颁布实施《民法通则意见（试行)》时起，我国司法实践中即要求主债权债务发生变化的，应当经保证人同意，否则保证人对增加部分不承担保证责任。该司法解释第109条规定：“在保证期限的，保证人的保证范围，可因主债务的减少而减少。新增加的债务，未经保证人同意担保的，保证人不承担保证责任。”而1995年颁布的《担保法》第24条同样规定了债的变更对保证责任的影响。该条规定：“债权人与债务人协议变更主合同的，应当取得保证人书面同意，未经保证人书面同意的，保证人不再承担保证责任。保证合同另有约定的，按照约定。”然而，该规定没有考虑变动是加重了借款人的责任还是减轻了借款人的责任，一律免除保证人的保证责任，不符合保证的本旨。故2000年颁布的《担保法解释》对此予以补充完善，区分了主债权债务的变动是加重了债务人的债务还是减轻了债务人的债务。在变动未经保证人同意的情况下，减轻债务人债务的，保证人依然承担保证责任，加重了债务人债务的，保证人在原保证范围内承担保证责任，不对加重部分承担保证责任。该司法解释第30条规定，“保证期间，债权人与债务人对主合同数量、价款、币种、利率等内容作了变动，未经保证人同意的，如果减轻债务人的债务的，保证人仍应当对变更后的合同承担保证责任；如果加重债务人的债务的，保证人对加重的部分不承担保证责任”。第39条规定：“主合同当事人双方协议以新贷偿还旧贷，除保证人知道或者应当知道的外，保证人不承担民事责任。新贷与旧贷系同一保证人的，不适用前款的规定。”

此外，因该事项至关重要，保证人同意的意思表示应当采用书面形式。

综上，民法典对上述规范予以继承和发展，如果债权人和债务人未经保证人书面同意，协商变更主债权债务合同内容，则根据《民法典》第695条规定，减轻债务的，保证人仍对变更后的债务承担保证责任；加重债务的，保证人对加重的部分不承担保证责任。

二、债务人履行债务的期限

债务人主债务的履行期限对确定保证合同的权利义务关系至关重要，因此应当在保证合同中明确约定。主债务的履行期限届满后，主债务人应当完成债务的履行，如果主债务人未完全履行债务的，主债务的诉讼时效一般由此开始计算。对于连带责任保证的保证人来说，主债务履行期限届满，债务人没有履行债务的，债权人可以要求连带责任保证人承担保证责任；而对于一般保证的保证人来说，主债务履行期限届满也意味着自己有可能承担保证责任或者承担保证责任的期限已经临近。

此外，主债务履行期间也与保证期间存在密切关系。根据《民法典》第692条之规定，债权人与保证人约定的保证期间早于主债务履行期限或者与主债务履行期限同时届满的，视为没有约定；没有约定或者约定不明确的，保证期间为主债务履行期限届满之日起六个月。债权人与债务人对主债务履行期限没有约定或者约定不明确的，保证期间自债权人请求债务人履行债务的宽限期届满之日起计算。

鉴于主债务人履行债务的期限对于保证人责任的承担具有重要影响，因此主债权人与债务人协商变更主债务履行期间时，应当征得保证人同意。因主债务的履行期限直接决定了保证期间的开始时间，对于保证责任的承担至关重要，因此保证人同意的意思表示应当采用书面形式。主债务履行期限变更经过保证人书面同意的，则根据新的履行期限起算保证期间，如果主债务履行期限变更未经保证人书面同意，根据《民法典》第 695 条第 2 款之规定，债权人与债务人对主债权债务合同履行期限作了变更，未经保证人书面同意的，保证期间不受影响。

三、保证的方式

保证的方式关系着保证人如何承担保证责任，在订立保证合同时，应当对保证的方式作出明确规定。保证的方式包括一般保证和连带责任保证。一般保证的保证人在主合同纠纷未经审判或者仲裁，并就债务人的财产依法强制执行仍不能履行债务前，有权拒绝向债权人承担保证责任；而连带责任保证的债务人不履行到期债务或者发生当事人约定的情形时，债权人可以请求债务人履行债务，也可以请求保证人在其保证范围内承担保证责任。也就是说，一般保证的保证人有先诉抗辩权。保证人是否享有先诉抗辩权是一般保证与连带责任保证的重要区别。保证方式是保证合同中的重要内容，如果当事人没有约定或者约定不明确，将由法律进行推定，是为保证方式推定规则。根据《民法典》第 686 条的规定，当事人在保证合同中对保证方式没有约定或者约定不明确的，按照一般保证承担保证责任。而此前担保法此种情况下推定保证人承担连带责任保证。保证方式推定规则的改变，是民法典中最重要的变化之一。

四、保证的范围

保证的范围是保证合同的重要条款，决定了保证人对哪些债务承担保证责任。保证人对债务人的全部债务承担保证责任的，为全额保证；保证人对债务人的部分债务承担保证责任的，为部分保证，保证人承担部分保证的，保证人只在其约定的保证数额内承担保证责任。

保证范围是保证合同中最重要的条款之一，当事人应当在合同中明确约定。如果当事人没有约定或者约定不明的，法律还规定了相应的推定规则。自 1988 年颁布实施《民法通则意见（试行）》时起，我国司法实践中即要求当事人订立保证合同，应当明确约定保证范围和保证期间，并且规定了相应的推定规则。该司法解释第108条规定：“保证人向债权人保证债务人履行债务的，应当与债权人订立书面保证合同，确定保证人对主债务的保证范围和保证期限。虽未单独订立书面保证合同，但在主合同中写明保证人的保证范围和保证期限，并由保证人签名盖章的，视为书面保证合同成立。公民间的口头保证，有两个以上无利害关系人证明的，也视为保证合同成立，法律另有规定的除外。保证范围不明确的，推定保证人对全部主债务承担保证责任。”1995年《担保法》对保证范围基本吸纳了《民法通则意见（试行）》的意见，只是表述得更为明确。该法第21条规定：“保证担保的范围包括主债权及利息、违约金、损害赔偿金和实现债权的费用。保证合同另有约定的，按照约定。当事人对保证担保的范围没有约定或者约定不明确的，保证人应当对全部债务承担责任。”民法典也继承了担保法的规定，只在条文表述上更为准确、精炼。

根据《民法典》第691条的规定，保证的范围包括主债权及其利息、违约金、损害赔偿金和实现债权的费用。当事人另有约定的，按照其约定。换言之，如果当事人在保证合同中对保证范围没有约定或者约定不明确，则保证人保证的范围就是包括主债权及其利息、违约金、损害赔偿金和实现债权的费用在内的全部债务。如果当事人合意并非对全部债务承担保证责任，例如只对主债权本金承担保证责任，则必须在保证合同中明确约定。否则，就将根据上述规定，推定其对全部债务承担保证责任。此外，根据《民法典》第699条之规定，同一债务有两个以上保证人的，保证人应当按照保证合同约定的保证份额，承担保证责任；没有约定保证份额的，债权人可以请求任何一个保证人在其保证范围内承担保证责任。

五、保证的期间

保证的期间是指保证人承担保证责任的起止时间，保证人在规定的期间内承担保证责任，过了该期间，保证人不再承担保证责任。根据保证方式的不同，债权人主张保证人在保证期间内承担保证责任的方式也不同。对于一般保证来说，债权人应当在保证期间内对债务人提起诉讼或者申请仲裁。债权人未在保证期间内对债务人提起诉讼或者申请仲裁的，保证人不再承担保证责任。而对于连带责任保证来说，债权人应当在保证期间内对保证人主张承担保证人责任。债权人未在保证期间对保证人主张承担保证责任的，保证人不再承担保证责任。保证的期间也是保证合同中最重要的条款之一，自1988年颁布实施《民法通则意见（试行）》时起，我国司法实践中即要求当事人在订立保证合同时，明确约定保证范围和保证期间，而对保证期间的性质以及推定规则等的规定，更为规范严密，在《担保法》等数个法律和司法解释中均有涉及。

根据民法典相关规定，保证期间可以由债权人与保证人约定。但是约定的保证期间早于主债务履行期限或者与主债务履行期限同时届满的，视为没有约定；如果保证人与债权人对保证期间没有约定或者约定不明确的，保证期间为主债务履行期限届满之日起六个月。债权人与债务人对主债务履行期限没有约定或者约定不明确的，保证期间自债权人请求债务人履行债务的宽限期届满之日起计算。

需要注意的是，保证期间并非诉讼时效。从性质上来说，保证期间属于除斥期间，期间经过发生权利消灭的法律后果。保证期间不发生期间的中止、中断或延长。但保证期间与诉讼时效也存在密切关系，而两者的关系也因保证方式不同而不同：一般保证的债权人在保证期间届满前对债务人提起诉讼或者申请仲裁的，从保证人拒绝承担保证责任的权利消灭之日起，开始计算保证债务的诉讼时效；连带责任保证的债权人在保证期间届满前请求保证人承担保证责任的，从债权人请求保证人承担保证责任之日起，开始计算保证债务的诉讼时效。此外，保证期间还与主债务履行期限具有密切关系，前文已述，此处不赘。

保证合同中除了可以对被保证的主债务的种类、数额、债务人履行债务的期限以及保证的方式、范围、期间等内容作出约定外，保证人和债权人还可以就其他事项作出约定，具体约定内容取决于双方当事人的合意。为此，《担保法》第15条中还规定了一项兜底条款，即双方认为需要约定的其他事项均可以在保证合同中约定。而民法典中删除该兜底条款，以“等”字概括，增加合同双方的意思自治空间。

六、保证合同没有完全具备法律规定的条款的法律后果

保证合同没有完全具备上述内容的，是否影响保证合同的效力？为维护债权人的利益和社会经济秩序的安全，应尽量肯定缺少内容的保证合同和空

白保证合同的效力。保证合同没有完全具备法律规定的内容的，不影响保证合同的效力。

在 1995 年《担保法》立法过程中，曾经有观点认为保证的各项内容是法定内容，缺少某项内容的保证合同或空白的保证合同应视为无效。为纠正此种观点及明确缺少内容或空白保证合同的处理方式，《担保法》第 15 条在规定了保证合同内容后又明确规定了保证合同不完全具备前款规定内容的，可以补正。因此，保证人和债权人在保证合同订立后，可以根据具体情况协议增加有关内容，对订立保证合同时没有规定的内容加以补充。保证合同没有完全具备法律规定的内容，事后又没有作出补充的，当事人应当按照法律对没有约定情况的有关规定处理。例如，当事人双方如果没有约定保证期间的，则按《担保法》中规定，保证期间为主债务履行期限届满之日起六个月。

民法典制定时，变更了担保法的体例，将保证合同放入合同编中，所以保证合同受到合同编通则的约束。而属于通则部分的第 510 条对合同没有约定或者约定不明如何处理进行了相应规定。根据该条规定，合同生效后，当事人就质量、价款或者报酬、履行地点等内容没有约定或者约定不明确的，可以协议补充；不能达成补充协议的，按照合同相关条款或者交易习惯确定。因此，具体适用到保证合同中，如果保证合同没有完全具备法律规定的内容，双方当事人可以协议补充；事后没有作出补充的或未达成协议的，在双方发生争议时，应由审判机关或者仲裁机构根据具体情况和相关事实进行判断，予以补正。如果法律规定了相应推定方式，依照法律规定进行推定，对合同内容予以补正。例如根据民法典相关规定，保证合同未约定或未清楚约定保证方式的，推定保证人按照一般保证承担保证责任；保证合同未对保证的范围作约定或约定不明的，保证的范围包括主债权及其利息、违约金、损害赔偿金和实现债权的费用。故本条删除了《担保法》第 15 条第 2 款的相关规定，使得条文表述更加准确、精炼，充分发挥了民法典体系化的优势。

（潘勇锋　撰写）

第六百八十五条　【保证合同形式】保证合同可以是单独订立的书面合同，也可以是主债权债务合同中的保证条款。

第三人单方以书面形式向债权人作出保证，债权人接收且未提出异议的，保证合同成立。

【法条链接】

《担保法》第 13 条；《担保法解释》第 22 条

【立法背景】

本条是关于保证合同形式要件的规定。根据本条规定，保证合同应当采用书面形式。保证合同的书面形式具体有三种：可以是当事人之间单独订立书面合同，也可以是在主债权债务合同中的保证条款，还可以是第三人单方出具的保证书，债权人接收且未提出异议的。与原有法律规范相比，本条吸收了《担保法》第 13 条以及《担保法解释》第 22 条前半段的规定，坚持保证人与债权人应当以书面形式订立保证合同，保留了第三人单方向债权人书面出具保证，债权人接受的保证合同形式，并做了完善。变更了《担保法解释》第 22 条后半段规定，删除了原来关于主合同中虽然没有保证条款，但保证人在主合同上以保证人的身份签字或者盖章从而成立保证合同之规定。

关于保证合同的形式要件最早的规定出现于《民法通则意见（试行）》中。该司法解释第 108 条规定，“保证人向债权人保证债务人履行债务的，应当与债权人订立书面保证合同，确定保证人对主债务的保证范围和保证期限。虽未单独订立书面保证合同，但在主合同中写明保证人的保证范围和保证期限，并由保证人签名盖章的，视为书面保证合同成立。公民间的口头保证，有两个以上无利害关系人证明的，也视为保证合同成立，法律另有规定的除外”。上述规定奠定了保证合同形式要件框架：保证合同以书面形式为原则，特定情形下可以成立口头保证；保证合同书面形式包括单独的书面保证合同和主合同中的保证条款。具体而言，《民法通则意见（试行）》中确认了三种保证合同的具体形式：第一是书面保证合同；第二是主合同中的保证条款；第三是有两个以上无利害关系人证明的公民间的口头保证。

1995 年《担保法》第 13 条规定："保证人与债权人应当以书面形式订立保证合同。"该项规定明确了保证合同应当采用书面形式。2000 年颁布实施的《担保法解释》又规定了两种特殊的书面形式，即第三方单方出具担保书，债权人接受且无异议的形式以及在主合同上以保证人身份签字或者盖章成立保证合同的形式。该司法解释第 22 条规定："第三人单方以书面形式向债权人出具担保书，债权人接受且未提出异议的，保证合同成立。主合同中虽然没有保证条款，但是，保证人在主合同上以保证人的身份签字或者盖章的，保证合同成立。"其后，2004 年最高人民法院发布的另一个司法解释《最高人民法院关于人民法院应当如何认定保证人在保证期间届满后又在催款通知书上签字问题的批复》认可了保证人在特定催款通知书上签字成立保证合同的方式。[①] 而《民间借贷司法解释》第 21 条关于"他人在借据、收据、欠条等债权凭证或者借款合同上签字或者盖章，但未表明其保证人身份或者承担保证责任，或者通过其他事实不能推定其为保证人，出借人请求其承担保证责任的，人民法院不予支持"之规定，从反面强调了仅在债权凭证或借款合同上签章，而没有表明保证人身份或者表明承担保证责任，或推定为保证人的，不成立保证合同。

此次民法典制定中，在多年理论探讨与司法实践基础上，对上述规范原则予以发展完善，最终认可了保证合同的三种具体形式：当事人之间单独订立的书面合同，主债权债务合同中的保证条款以及第三人单方出具的保证书，债权人接收且未提出异议的。

【条文解读与法律适用】

本条是关于保证合同成立形式要件的规定。保证合同成立，需要审查实

---

① 该司法解释认为，保证期间属于除斥期间，只要债权人没有在保证期间内主张权利，保证人即免责，保证人在催款通知书上签字或者盖章并不因此再承担保证责任，只应将债权人的催款通知行为视为不能引起具有强制法律后果的告知行为。如果催款通知书"内容符合合同法和担保法有关担保合同成立的规定，并经保证人签字认可，能够认定成立新的保证合同的，人民法院应当认定保证人按照新保证合同承担责任"。

质要件和形式要件两方面。成立保证合同的实质要件是合同双方就订立保证合同的意思表示达成一致。而形式要件又称为合同的方式，即当事人合意的表现形式，形式要件是合同内容的外部表现，是合同内容的载体。[①] 司法实践中正确理解与适用本条，应当注意以下方面：

一、保证合同应当采用书面形式

根据《民法典》第469条规定，当事人订立合同，可以采用书面形式、口头形式或者其他形式。口头形式一般适用于数额不大或者即时清结的合同；而书面形式是合同书、信件、电报、电传、传真等可以有形地表现所载内容的形式，包括以电子数据交换、电子邮件等方式能够有形地表现所载内容，并可以随时调取查用的数据电文，故书面形式比较严格，当事人易于举证证明，因此适用于比较重大，容易发生纠纷或者不能即时清结的合同。保证合同法律关系比较复杂，而且要在一段时间内担保债务履行，因此适于采用书面形式订立保证合同。

《民法通则意见（试行）》第108条规定了公民间的口头保证，有两个以上无利害关系人证明的，也视为保证合同成立，法律另有规定的除外。有限度地承认了口头保证合同。而《担保法》第13条规定保证人与债权人应当以书面形式订立保证合同。该条规定出台之后，还能否成立口头保证合同在审判实践中产生争议。第一种观点认为，保证合同是要式合同，书面形式是其成立要件，采用口头形式订立的保证合同不成立或不生效，不具有法律效力。第二种观点认为，口头保证一般不具有法律效力，只有两种例外情况：一是根据《民法通则意见（试行）》第108条规定，有两个以上无利害关系人证明的公民之间的口头保证；二是根据《合同法》第36条、第37条之规定[②]，保证人已履行保证债务且债权人已经接受的，口头保证合同成立。第三种观点则认为书面形式并非合同的特别成立要件或者特别生效要件，仅具有证据的效力。法律要求订立合同应当采用书面形式，是为了举证需要，法律并未规

---

① 崔建远主编：《合同法》（第六版），法律出版社2016年版，第57页。

② 《合同法》第36条规定，法律、行政法规规定或者当事人约定采用书面形式订立合同，当事人未采用书面形式但一方已经履行主要义务，对方接受的，该合同成立。《合同法》第37条规定，采用合同书形式订立合同，在签字或者盖章之前，当事人一方已经履行主要义务，对方接受的，该合同成立。

定当事人没有采用书面形式合同不成立或者无效。口头形式本身不影响合同的成立或者生效。正因为有此争议，此次民法典制定中，删除了《担保法》第13条关于保证人与债权人应当以书面形式订立保证合同的规定。但从本条认可的保证合同三种情形看，保证合同应当采用书面形式。但并非因书面形式是保证合同的特别成立要件或生效要件，而是保证合同涉及保证人与债权人之间，债权人与债务人之间以及保证人与债务人之间三种法律关系，较为复杂，应当采用书面形式订立保证合同，便于当事人明确自己的权利义务关系以及发生争议时举证。

二、保证合同的具体形式

根据本条规定，保证合同具体分为三种：单独订立的保证合同，主债权债务合同中的保证条款以及第三人单方作出债权人接收且未提出异议的保证书。

首先，单独订立的保证合同。保证合同是为保障债权的实现，保证人和债权人约定，当债务人不履行到期债务或者发生当事人约定的情形时，保证人履行债务或者承担责任的合同。保证合同的订立必须以保证人和债权人形成合意而成立。保证合同除具有一般合同的特点外，又具有自身的特点，根据法律的规定和实践，保证合同具有以下法律特征：第一，保证合同是典型合同。保证合同是一种典型合同，又称为有名合同，即由法律直接规定其名称及内容的合同。《民法典》合同编第十三章对保证合同的名称和内容也作了明确规定。第二，保证合同具有从属性，从属于主债权债务合同而存在。第三，保证合同是单务合同，保证人一方承担保证义务而不享有权利，主债权人只享有权利而无须承担义务。第四，保证合同是诺成合同，其成立无须担保人交付财产，只要双方当事人意思表示一致，合同就告成立。

保证合同订立，采取要约、承诺方式。保证合同的要约是当事人一方向对方提出的订立保证合同的意思表示。它包括两层含义：一是表达订约的愿望；二是提出合同主要条款。也就是要约人就合同主要条款提出订约的意思。要约应当内容具体确定且表明经受要约人承诺，要约人即受该意思表示约束。保证合同的承诺则是受要约人同意要约的意思表示。除法律另有规定或者当事人另有约定之外，承诺生效时保证合同成立。需要注意的是，要约人可以是保证人也可以是债权人。保证合同虽然在事实上是因担保债务人履行债务而引起，但债务人并非保证合同的当事人。

其次，主合同中的保证条款。由于保证合同的主要合同目的是担保主债务的履行，其目的和性质事先已经明确，所以保证合同中主要约定事项就是对保证人承担保证的意思表示以及对主债权担保范围大小的选择。因此，在主合同中订立保证条款，由保证人在主合同上进行签章从而成立保证合同是保证合同的一种常见方式，也是一种书面形式。主合同中的保证条款是否成立，主要取决于债权人与保证人是否就承担保证责任达成合意。而对担保合同中的主要条款，如保证范围、保证期间、保证方式等当事人没有做出约定，法律也有相应的推定规则。

最后，第三人单方出具债权人接收且未提出异议的保证书。这也是保证合同书面形式的一种。第三人单方以书面形式向债权人作出保证，是第三人提出的订立保证合同的要约，而债权人接收且未提出异议的，实际是以行为作出承诺。承诺生效，则保证合同成立。司法实践中，曾有一例保证合同纠纷案件，债权人孙某当面向债务人石某催要所欠 4 万元货款时，在场的债务人石某的亲戚丁某亲笔书写了承诺书一份，其中载明：所有欠款于某月 28 日前结清。如没有钱，由丁某负责，28 日结清。最后署名为：石某。孙某收到丁某给付的人民币 1000 元，尚欠货款 39000 元至今未还。孙某起诉要求石某与丁某给付货款并按约定支付利息。本案争议的焦点在于丁某代写的承诺书能否构成对石某的欠款进行了担保。法院审理认为，被告丁某虽然没有在承诺书中签字，但该承诺书是丁某亲笔书写。而且，从承诺书的内容看，丁某承诺由其对石某所欠孙某的货款负责还款的意思表示明确无误。作为一个具有完全民事行为能力的人，丁某对出具该承诺书的法律后果应该是明知的。应当认定丁某的行为是对石某的欠款进行担保。根据民法典相关规定，一般承诺应当以通知的方式作出，根据交易习惯或者要约表明也可以通过行为作出承诺。如果是以行为作出承诺，在根据交易习惯或者要约的要求作出承诺的行为时生效，而承诺生效则合同成立。第三人单方以书面形式向债权人作出保证的，债权人接收且未提出异议的，保证合同成立的方式，则是法律明确规定的一种以行为进行承诺的情形。

（潘勇锋　撰写）

第六百八十六条 【保证的方式】保证的方式包括一般保证和连带责任保证。

当事人在保证合同中对保证方式没有约定或者约定不明确的，按照一般保证承担保证责任。

【法条链接】

《担保法》第16条

【立法背景】

本条是关于保证方式的规定。本条继承了担保法原有规定，明确保证的方式包括一般保证和连带责任保证，但改变了担保法中原有的保证方式推定规则，将当事人在保证合同中对保证方式没有约定或者约定不明确的，由推定承担连带保证责任变更为按照一般保证承担保证责任。本条第2款明确规定，当事人对保证方式没有约定或者约定不明确的，推定为一般保证。保证方式推定规则的改变是此次民法典制定中的最大亮点之一。在我国，保证方式的具体划分及推定规则问题最早并无法律规范，相关行为规范直接起源于审判实践。当时的惯常做法是：区分一般保证与连带责任保证，两者的区别就是保证人是否享有顺序利益，保证方式没有约定或者约定不明的，推定承担一般保证责任。即如果当事人在合同中明确约定为连带责任保证时，则保证人与债务人承担连带责任；如果当事人在合同中没有对保证的方式进行约定，或者约定不明的，则视为一般保证，保证人享有顺序利益，在就债务人的财产强制执行而没有清偿之前，有权拒绝债务人要求其承担保证责任。《经济合同法》中规定"被担保的当事人不履行合同的，按照担保约定由保证人履行或者承担连带责任"，就其内容看，只是规定了连带责任担保，没有规定一般保证。而1994年发布的《审理经济合同纠纷案件有关保证的若干问题的规定》总结了此前司法实践中的经验，对保证方式进行了区分，虽未直接使用一般保证和连带责任保证的概念，但已经有相关内容的规定。该司法解释

第6条规定“保证合同明确约定保证人承担连带责任的，当被保证人到期不履行合同时，债权人既可向被保证人求偿，也可直接向保证人求偿”，与连带责任保证内容相似；该司法解释第7条则规定“保证合同没有约定保证人承担何种保证责任，或者约定不明确的，视为保证人承担赔偿责任。当被保证人不履行合同时，债权人应当首先请求被保证人清偿债务。强制执行被保证人的财产仍不足以清偿其债务的，由保证人承担赔偿责任”。在内容上接近于一般保证，并明确了保证方式没有约定或者约定不明时，其推定规则为推定承担一般保证责任。1995年《担保法》颁布生效，由此我国从法律上第一次明确规定了保证方式划分为一般保证和连带责任保证。《担保法》第16条规定：“保证的方式有：（一）一般保证；（二）连带责任保证。”该法第17条具体规定了一般保证的定义及保证人的先诉抗辩权，明确了一般保证当事人的主要权利义务。该条规定：“当事人在保证合同中约定，债务人不能履行债务时，由保证人承担保证责任的，为一般保证。一般保证的保证人在主合同纠纷未经审判或者仲裁，并就债务人财产依法强制执行仍不能履行债务前，对债权人可以拒绝承担保证责任。有下列情形之一的，保证人不得行使前款规定的权利：（一）债务人住所变更，致使债权人要求其履行债务发生重大困难的；（二）人民法院受理债务人破产案件，中止执行程序的；（三）保证人以书面形式放弃前款规定的权利的。”该法第18条则具体规定了连带责任保证的定义，明确了连带责任保证当事人的主要权利义务。该条规定：“当事人在保证合同中约定保证人与债务人对债务承担连带责任的，为连带责任保证。连带责任保证的债务人在主合同规定的债务履行期届满没有履行债务的，债权人可以要求债务人履行债务，也可以要求保证人在其保证范围内承担保证责任。”第19条规定了保证方式的推定规则，根据该条规定，当事人对保证方式没有约定或者约定不明确的，按照连带责任保证承担保证责任。

一般保证与连带责任保证的划分以及保证方式的推定规则，是其中最重要的两个问题。对于保证方式的划分，民法典制定过程中，保留了《担保法》第16条的实质内容，成为本条第1款。而对保证方式没有约定或者约定不明确时的推定规则问题，则进行了重大变更。

关于保证方式的推定规则，在担保法实施之前的审判实践中以及《审理经济合同纠纷案件有关保证的若干问题的规定》这一司法解释中，都是认为应当推定为一般保证。但《担保法》在保证方式推定规则中则一改此前的做法，一律推定为承担连带责任保证。由此，担保法实施之前，对保证责任方式没有约定或者约定不明的，视为一般保证；担保法实施之后对保证责任方式没有约定或者约定不明的，视为连带责任保证。担保法对保证方式一律推定为连带责任保证，对保证人与债权人权利义务影响重大。这种推定规则对于担保法之前发生的担保行为是否一律适用，实践中曾产生了重大争议，后最高人民法院针对这一问题出台了《涉及担保纠纷案件的司法解释的适用和保证责任方式认定问题的批复》，该司法解释规定："担保法生效之前订立的保证合同中对保证责任方式没有约定或者约定不明的，应当认定为一般保证。保证合同中明确约定保证人在债务人不能履行债务时始承担保证责任的，视为一般保证。保证合同中明确约定保证人在被保证人不履行债务时承担保证责任，且根据当事人订立合同的本意推定不出为一般保证责任的，视为连带责任保证。"该司法解释规定了担保法生效之前订立的担保合同，保证方式在需要推定时，推定为一般保证，在一定程度上缓和了担保法中严厉的保证方式推定规则，但是没有根本改变这一推定规则。

在此次民法典制定过程中，最初保留了担保法中原有的保证方式推定规则，将没有约定或者约定不明的保证方式一律推定为连带责任保证。后在征求意见过程中，最高人民法院明确提出反对意见，认为将连带责任保证作为保证的典型样态不符合保证责任的补充性原理，不利于保护保证人，尤其是民事保证中无偿提供保证的自然人，因此建议在保证责任约定不明时推定为一般保证。这一建议被部分采纳，《民法典》草案第一次审议时，将保证方式推定规则进行了部分变更，规定为一般承担连带责任保证，自然人之间的保证合同承担一般保证。变更后的保证方式推定规则为：当事人在保证合同中对保证方式没有约定或者约定不明确的，按照连带责任保证承担责任，但是自然人之间的保证合同除外。《民法典》草案第一次审议后进行了广泛征求意见，社会各界普遍提出连带责任保证是一种加重保证人责任的保证方式，原则上宜由当事人明确约定，不宜推定。全国人大宪法和法律委员会经研究认为，将当事人对保证方式没有约定或者约定不明确的推定为一般保证，有利于防止债务风险的扩散，维护经济社会稳定。据此，在草案第二次审议时就将保证方式推定规则进行了彻底变更，确定为“当事人在保证合同保证方式没有约定或者约定不明确的，按照一般保证承担保证责任”。成为本条第 2 款。

故此，本条第 1 款规定了保证方式的划分，基本继承了《担保法》第 16 条的规定，并在表述方式上进行了变更。第 2 款规定了保证方式推定规则，对《担保法》第 19 条进行了重大变更。根据本条规定，保证的方式包括一般保证和连带责任保证。当事人在保证合同中对保证方式没有约定或者约定不明确的，按照一般保证承担保证责任。

【条文解读与法律适用】

本条规定了保证方式的划分以及在保证方式没有约定或者约定不明时的推定规则。司法实践中，正确理解和适用本条规定，应当注意以下方面。

一、保证的方式包括一般保证与连带责任保证

根据不同的标准可以对保证方式进行不同的划分，其中以保证人所承担的保证责任的性质为标准进行划分，可以将保证方式分为一般保证和连带责任保证。根据本条规定，保证方式分为一般保证与连带责任保证。所谓一般保证，是指保证人仅对债务人不履行债务行为负补充责任的保证方式。连带责任保证是指保证人在债务人不履行债务时与债务人负连带责任的保证方式。一般保证与连带责任保证中，简单说来，保证人承担的责任是不同的，在连带责任保证中保证人承担的保证责任要重于一般保证中保证人所承担的责任；对债权人权利保护程度也不同，连带责任保证对债权人权利保护更加完善，债权人要求保证人承担保证责任更为便利，不受保证人先诉抗辩权的制约。一般保证的保证人享有先诉抗辩权，即保证人在就债务人的财产依法强制执行仍不能履行债务前，有权拒绝承担保证责任；而连带责任保证保证人不享有先诉抗辩权，连带责任保证的债务人不履行到期债务或者发生当事人约定的情形时，债权人可以请求债务人履行债务，也可以请求保证人在其保证范围内承担保证责任。保证人是否享有先诉抗辩权是一般保证与连带责任保证的根本区别。

一般保证相对于主债务具有补充性，即一般保证的保证人享有顺序利益，只有当主债务人不能履行债务时，保证人才有代为履行的义务。一般保证补

充性的特点决定了一般保证的保证人享有先诉抗辩权，即保证人在就债务人的财产依法强制执行仍不能履行债务前，有权拒绝承担保证责任。因此，债权人请求保证人承担保证责任，不但需要证明债务人履行期限届满而未履行义务，而且需要证明债务人的财产被依法强制执行仍不能履行债务，两者缺一不可。保证人享有先诉抗辩权是一般保证最大的特点，也是一般保证与连带责任保证的根本区别所在。

连带责任保证并不具有补充性，保证人不享有顺序利益。连带责任保证中，债务人不履行到期债务或者发生当事人约定的情形时，保证人即应当承担保证责任，故此时债权人既可以请求债务人履行债务，也可以请求保证人在其保证范围内承担保证责任，无论债权人如何选择，债务人与保证人均不得拒绝。即连带责任保证的保证人不享有先诉抗辩权，保证人与主债务人承担的是连带责任，保证人不享有顺序利益，只要发生债务人履行期届满不履行债务的事实，保证人就应当承担保证责任。因此，连带责任保证的债权人请求保证人承担保证责任的，只需证明有债务人届期不履行债务或者发生当事人约定的情形的事实即可。此外，需要注意的是，不要将连带责任保证称为连带保证。连带保证实际是指共同保证中的连带关系，即两人以上为保证人时，保证人之间负连带责任的保证。根据《民法典》第699条之规定，同一债务有两个以上保证人的，保证人应当按照保证合同约定的保证份额，承担保证责任；没有约定保证份额的，债权人可以请求任何一个保证人在其保证范围内承担保证责任。而连带责任保证与一般保证相对，是指保证人在债务人不履行债务时与债务人负连带责任的保证。

连带责任保证中保证人承担的责任是要重于一般保证保证人所承担的责任的。民法典中将保证方式明确划分为一般保证和连带责任保证的目的在于明确两者承担责任的不同方式，进而使当事人明确这两种不同的保证方式中当事人不同的权利义务。当事人应当在保证合同中明确约定保证的方式，以便保证人和债权人明确自己的权利和义务，更有利于保证合同的履行。

二、保证方式推定规则的变化

民法典保证制度中最重要的变化就是关于保证方式没有约定或者约定不明确时推定规则的变更。

保证方式本应当在保证合同中由双方当事人明确约定，无论选择保证责任较轻的一般保证还是选择保证责任较重的连带责任保证，都是双方当事人协商一致的结果。然而，实践中，当事人订立的保证合同中大量存在没有约定保证方式或者保证方式约定不明确的情况。此时，如果债务人不履行债务，债权人请求保证人承担保证责任，当事人双方往往对保证方式产生争议。因此，为明确债权人与保证人的权利义务，促使保证合同顺利履行，发挥保证制度的作用，确有必要建立保证方式推定规则，在当事人没有约定保证方式或者保证方式约定不明确，双方事后又不能达成协议发生争议的情况下，依据法律推定方式承担保证责任。

在当事人对保证方式没有约定，或者约定不明时，推定为一般保证还是连带责任保证，对债权人利益与保证人利益有重大影响。推定承担一般保证是从保证人利益出发，相对减轻了保证人的责任，强化对保证人利益的维护；而推定承担连带责任保证则是从保护债权人利益出发，相对加重了保证人的责任，强化对债权人利益的保护。上述两种模式各有利弊。过分强化保护债权人利益，在一定程度上牺牲了保证人的利益，降低了保证人设立保证制度的积极性，有可能阻碍保证制度的适用；而过分强化对保证人利益的维护，充分保障保证人的顺序利益，在一定程度上对债权人实现债权造成不便，增加了履行成本，有可能阻碍债权人设立债权的积极性。

《担保法》生效之前，我国司法解释及审判实践中的惯常做法基本都是在保证方式没有约定或者约定不明时，推定承担一般担保。而在制定《担保法》时，主要考虑我国处于社会主义市场经济发展初期，全社会普遍信用程度不高，法治意识薄弱，为了切实保障债权实现，就将保证方式推定规则确立为保证方式没有约定或者约定不明时，推定保证人承担连带责任保证。推定保证人承担较重的保证责任，是从保障债权实现的目的出发，也是立法者认为推定承担连带责任保证有助于加强保证人的责任意识，促使保证人订立合同时能对保证方式作出明确选择。

《担保法》生效之后，多年来，我国保证方式推定规则一直坚持实行推定承担连带责任保证。然而，就法理而言，保证人与主债务人对于债务清偿的顺序是不同的，由保证人对被保证债务承担补充责任的一般保证才应当是保证中的常态。使保证人对被保证债务的履行与债务人承担连带责任，则是保证责任的加重形式，是保证方式中的特殊存在。从保证的本旨来看，推定保证方式为连带责任保证，将连带责任保证视为通常的保证方式，而将一般保证视为例外是将特殊情况作为普遍情况，不符合客观规律；从推定的本意来看，推定的结果应当是当事人如果明确约定的话最普遍、最有可能出现的情形，也是最符合当事人本意的情形。而承担保证方式中的特殊形式，需要当事人特别约定，推定当事人在没有约定或者约定不明的情况下保证人承担连带责任保证方式显然违背保证人的利益与真实意思。连带责任保证相对于一般保证是保证的特殊方式，并且连带责任保证中保证人的保证责任是一种加重责任，在当事人没有约定的情况下，不应让当事人承担特殊的加重责任。此外，从世界各国立法例来看，保证债务的补充性决定了多数国家和地区的保证制度都是将一般保证作为通常的保证方式，连带责任保证作为例外。现代大陆法系各国均采用一般保证当然设立的方式，即除非当事人约定排除或保证人抛弃顺序利益，通常均视为一般保证。如《法国民法典》第 2021 条规定，“保证人仅在债务人不履行其债务时，始对于债权人负履行债务的责任，债权人应先就债务人的财产进行追索，但保证人抛弃此种抗辩的利益，或保证人与主债务人负担连带债务时，不在此限”，即为例。

因此，多年来理论研究与司法实践中对于《担保法》中规定的保证方式推定规则一直质疑不断。此次民法典制定中将担保法中保证方式推定规则进行了重大变更，改为当事人在保证合同中对保证方式没有约定或者约定不明确的，按照一般保证承担保证责任，顺应了社会各界的普遍诉求。

（潘勇锋　撰写）

第六百八十七条　【一般保证定义及一般保证人先诉抗辩权】当事人在保证合同中约定，债务人不能履行债务时，由保证人承担保证责任的，为一般保证。

一般保证的保证人在主合同纠纷未经审判或者仲裁，并就债务人财产依法强制执行仍不能履行债务前，有权拒绝向债权人承担保证责任，但是有下列情形之一的除外：

（一）债务人下落不明，且无财产可供执行；

（二）人民法院已经受理债务人破产案件；

（三）债权人有证据证明债务人的财产不足以履行全部债务或者丧失履行债务能力；

（四）保证人书面表示放弃本款规定的权利。

【法条链接】

《担保法》第 17 条

【立法背景】

本条规定了一般保证和保证人享有的先诉抗辩权及先诉抗辩权的除外情形。本条继承了担保法原有条款，规定债务人不能履行债务时，由保证人承担保证责任的保证方式为一般保证。一般保证最大的特点就是保证人享有先诉抗辩权。先诉抗辩权是指在就债务人的财产依法强制执行仍不能履行债务前，一般保证的保证人有权拒绝承担保证责任。先诉抗辩权行使条件为“在主合同纠纷未经审判或者仲裁并就债务人财产依法强制执行仍不能履行债务前”，符合这一条件，保证人可以行使先诉抗辩权。但先诉抗辩权存在四种除外情形：一是债务人下落不明，且无财产可供执行；二是人民法院已经受理债务人破产案件；三是债权人有证据证明债务人的财产不足以履行全部债务或者丧失履行债务能力；四是保证人书面表示放弃本款规定的权利。当存在上述四种情形之一时，即使保证人符合行使权利的条件也不能行使先诉抗辩权。与担保法中原有规定相比，本条最大的变化就是在先诉抗辩权除外情形中增加了“债权人有证据证明债务人的财产不足以履行全部债务或者丧失履行债务能力”的情形。除此之外，对于先诉抗辩权的行使条件以及先诉抗辩权另外三种除外情形也进行了修改完善。

1994 年颁布的《审理经济合同纠纷案件有关保证的若干问题的规定》第 7 条规定：“保证合同没有约定保证人承担何种保证责任，或者约定不明确的，视为保证人承担赔偿责任。当被保证人不履行合同时，债权人应当首先请求被保证人清偿债务。强制执行被保证人的财产仍不足以清偿其债务的，由保证人承担赔偿责任。”该规定尽管使用的是赔偿责任，但就内容来说应为最早的关于一般保证的法律规范。而一般保证概念正式出现是在 1995 年颁布的《担保法》中，该法确立了一般保证与连带责任保证概念，其第 17 条规定“当事人在保证合同中约定，债务人不能履行债务时，由保证人承担保证责任的，为一般保证”，并规定了一般保证的先诉抗辩权及三种除外情形。对于先诉抗辩权，该条规定为“一般保证的保证人在主合同纠纷未经审判或者仲裁，并就债务人财产依法强制执行仍不能履行债务前，对债权人可以拒绝承担保证责任”。而对于先诉抗辩权的除外情形，则规定了三种，“（一）债务人住所变更，致使债权人要求其履行债务发生重大困难的；（二）人民法院受理债务人破产案件，中止执行程序的；（三）保证人以书面形式放弃前款规定的权利的”。如果存在上述三种除外情形之一，保证人不得行使先诉抗辩权。此后，根据审判实践的发展，最高人民法院于 2000 年颁布实施了《担保法解释》，以三个条款对一般保证先诉抗辩权行使条件、除外情形以及第三人对专款专用资金流失承担补充赔偿责任问题进行了进一步规定。①

此次民法典制定过程中，继承并发展了上述规定的合理部分，并予以发展完善。其中一般保证的概念继承了担保法中的规定，并无修改；与担保法中原有规定相比，修改部分主要在于增加了债权人有证据证明债务人的财产不足以履行全部债务或者丧失履行债务能力的情形作为先诉抗辩权的除外情形，从而使得先诉抗辩权除外情形由三种增加到了四种，并对先诉抗辩权的行使条件以及另外三种除外情形也根据多年司法实践进行了修改完善。

【条文解读与法律适用】

本条是关于一般保证及其先诉抗辩权的规定。司法实践中正确理解和适

---

① 《担保法解释》第 24 条规定“一般保证的保证人在主债权履行期间届满后，向债权人提供了债务人可供执行财产的真实情况的，债权人放弃或者怠于行使权利致使该财产不能被执行，保证人可以请求人民法院在其提供可供执行财产的实际价值范围内免除保证责任”，对先诉抗辩权的行使条件进行了解释。第 25 条规定“担保法第十七条第三款第（一）项规定的债权人要求债务人履行债务发生的重大困难情形，包括债务人下落不明、移居境外，且无财产可供执行”，对先诉抗辩权的第一种除外情形进行了解释。第 26 条规定“第三人向债权人保证监督支付专款专用的，在履行了监督支付专款专用的义务后，不再承担责任。未尽监督义务造成资金流失的，应当对流失的资金承担补充赔偿责任”，对第三人对专款专用资金流失承担补充赔偿责任问题进行了解释。

用本条，应当注意以下方面：

一、一般保证

本条第 1 款规定："当事人在保证合同中约定，债务人不能履行债务时，由保证人承担保证责任的，为一般保证。"

首先，一般保证可以由当事人在保证合同中约定。保证的方式是保证合同应当具备的内容之一，双方当事人签订保证合同时应当明确约定保证方式是一般保证还是连带责任保证。如果当事人在保证合同中对保证方式没有约定或者约定不明确的，根据民法典规定，保证人应当按照一般保证承担保证责任。这种保证方式推定规则与担保法规定不同，需要特别注意。

其次，一般保证中保证人只有在债务人不能履行债务时才承担保证责任。一般保证中，保证人承担保证责任的条件是"债务人不能履行债务"时。与之相对应的是，连带责任保证中保证人承担保证责任的条件则是"债务人不履行到期债务"时。这两种保证方式中保证人承担保证责任的条件虽然只有一字之差，但两者存在显著区别：司法实践中适用该条时尤其应当注意区分债务人不履行债务与债务人不能履行债务的状态。债务人不履行债务是一种客观事实状态，可以划分为履行不能、履行拒绝、履行迟延和履行不当四种形态。其中履行不能又分为自始不能与嗣后不能、客观不能与主观不能等。而作为一般保证的构成要件的"不能履行债务"，是指客观上债务人无法履行债务或是没有能力履行债务，属于履行不能的一种，即债务人事实上已不可能再履行债务。而债务人"不履行债务"的范围则宽泛得多，履行不能、履行拒绝、履行迟延或履行不当均包括在其中。

最后，一般保证的保证人有权行使先诉抗辩权。保证人有权要求债权人先就主合同纠纷提起诉讼或者仲裁，经有权机关作出生效法律文书并就债务人的财产依法强制执行以清偿债务，在就主债务人的财产为强制执行仍不能履行债务前，保证人有权拒绝承担保证责任。而连带责任保证中保证人则不享有此项权利。先诉抗辩权对保证人具有重要的保护作用，是一般保证保证人享有的一项至关重要的权利，而保证人是否享有先诉抗辩权也是一般保证与连带责任保证的根本区别所在。

二、先诉抗辩权

保证人的先诉抗辩权，又称检索抗辩权，是指一般保证的保证人在就债务人的财产依法强制执行仍不能履行债务前，有权拒绝承担保证责任。先诉抗辩权是基于一般保证相对于主合同的从属性和补充性而产生的。在连带责任保证中，保证人不享有顺序利益，债权人既可以要求保证人承担责任，又可以要求主债务人承担责任，因而保证人不享有先诉抗辩权。而在一般保证中，保证人与主债务人对债务的清偿有顺序之分，主债务人属于清偿债务的第一顺序人，保证人则属于清偿债务的第二顺序人，保证人享有顺序利益，因此保证人享有先诉抗辩权。保证人所享有的先诉抗辩权可不受主债务人权利的限制和影响，它可以独立存在，并专属于保证人享有。

先诉抗辩权最早出现于罗马法，大陆法系国家继受罗马法的传统，主要大陆法系国家在民法中都规定了保证人的先诉抗辩权。① 我国关于先诉抗辩权规定最早出现于1994年4月发布的《审理经济合同纠纷案件有关保证的若干问题的规定》。该司法解释第7条规定，“当被保证人不履行合同时，债权人应当首先请求被保证人清偿债务。强制执行被保证人的财产仍不足清偿其债务的，由保证人承担赔偿责任”。该规定既是一般保证的雏形，又是对先诉抗辩权的描述。而先诉抗辩权有明确的法律依据是在1995年《担保法》中。担保法规定，“一般保证的保证人在主合同纠纷未经审判或者仲裁，并就债务人财产依法强制执行仍不能履行债务前，对债权人可以拒绝承担保证责任”。此次民法典制定过程中，继承了这一规定并就文字表述进行了完善。

此次民法典制定过程中，对先诉抗辩权的行使条件基本继承了担保法的规定，仅做了文字修改，司法实践中适用该条时应当注意，对“在主合同纠纷未经审判或者仲裁，并就债务人财产依法强制执行仍不能履行前”这一条件应当做广义理解。其核心是债务人财产依法强制执行仍不能履行，人民法院进行强制执行的执行依据为生效法律文书，而生效法律文书的取得并非必须经过人民法院的审判程序或仲裁机构的仲裁程序。事实上，根据《最高人

---

① 例如《瑞士债务法》中规定债权人必须向保证人证明已向主债务人实际执行而无效果的情况下，才能请求保证人履行，否则保证人可行使先诉抗辩权。《日本民法典》《奥地利民法典》中规定，债权人必须对主债务人进行诉讼内或诉讼外催告，催告后若保证人证明主债务人可以履行，债权人必须对主债务人强制执行，否则，保证人享有先诉抗辩权。《法国民法典》《德国民法典》则规定，以检索作为保证人拒绝清偿的抗辩。即债权人未就主债务人的财产强制执行前，向保证人请求履行的，保证人可行使先诉抗辩权。

民法院关于人民法院执行工作若干问题的规定》，人民法院执行机构负责执行的生效法律文书包括：（1）人民法院民事、行政判决、裁定、调解书，民事制裁决定、支付令，以及刑事附带民事判决、裁定、调解书；（2）依法应由人民法院执行的行政处罚决定、行政处理决定；（3）我国仲裁机构作出的仲裁裁决和调解书；人民法院依据《仲裁法》有关规定作出的财产保全和证据保全裁定；（4）公证机关依法赋予强制执行效力的关于追偿债款、物品的债权文书；（5）经人民法院裁定承认其效力的外国法院作出的判决、裁定，以及国外仲裁机构作出的仲裁裁决；（6）法律规定由人民法院执行的其他法律文书。上述执行依据，即由人民法院负责强制执行的生效法律文书中有数种是不需要经过审判或者仲裁程序的。其中最典型的就是公证机关依法赋予强制执行效力的公证债权文书。依法赋予强制执行效力的公证债权文书是实践中一种常见的执行依据。持有该种债权文书的债权人无需经过法院审理或者仲裁裁决，可以直接申请强制执行。一般保证中，如果债权人持有依法赋予强制执行效力的公证债权文书，经人民法院对债务人财产依法强制执行后仍然不能履行，则符合要求保证人承担保证责任的条件。

一般保证中，经过执行机关对债务人财产采取强制执行措施后，如果债务人仍然不能履行债务，即认为债务人客观上无法履行债务或是没有能力履行债务，符合了债务人“不能履行”债务的条件，此时债权人请求保证人承担保证责任，保证人就不能行使先诉抗辩权拒绝承担保证责任。规定先诉抗辩权是为了维护一般保证中保证人的顺序利益，而债务人财产经过依法强制执行却不能履行，已经足以保障保证人的顺序利益。至于其进入强制执行程序是因经过审判程序、仲裁程序还是公证或其他程序而取得生效法律文书，在所不问。故对先诉抗辩权的行使条件应作广义理解。而担保法中对先诉抗辩权行使条件的表述并不完善，民法典进行了文字修改，将“对债权人可以拒绝承担保证责任”变更为“有权拒绝向债权人承担保证责任”，表述更加精确严密。

在符合行使条件的情况下，一般保证的保证人可以行使先诉抗辩权。保证人行使先诉抗辩权后，债权人有义务先对主债务人提起诉讼、仲裁或者其他法定程序，取得生效法律文书，申请执行机关对债务人的财产进行强制执行，否则日后债权得不到清偿的后果将自行负责；对主债务人的财产强制执行无效果前，一般保证的保证人不负履行迟延责任。需要注意的是，保证人行使先诉抗辩权的法律效果是暂时停止或延缓主债权人对保证人承担责任请求权的行使，并不是否认或消灭债权人的权利和保证人的责任。当债权人就主债务人的财产已为强制执行，但未能全部满足债权时，即可就剩余未清偿部分向保证人请求履行，此时即使债务人的财产状况已有显著改善并足以清偿剩余部分时，保证人也不得再次进行先诉抗辩。

三、先诉抗辩权的除外情形

先诉抗辩权固然是为保护保证人的利益而设置的，但是保证人行使先诉抗辩权，并不是绝对地不受任何限制，否则会给债权人带来不利益。本条规定了先诉抗辩权的四种除外情形。在除外情形下，即使保证人享有先诉抗辩权，也不能行使。

（一）债务人下落不明，且无财产可供执行

先诉抗辩权第一种除外情形就是债务人下落不明且无财产可供执行。保证人的先诉抗辩权因为此项事由而消灭的，应当同时具备以下两个条件：第一，债务人下落不明；第二，债务人无财产可供执行。该项规定对担保法原有规定进行了修改完善。

之前《担保法》规定的本项除外情形为“债务人住所变更，致使债权人要求其履行债务发生重大困难”，其中债权人要求债务人履行债务发生重大困难，该情形标准较为宽泛，司法实践中难以掌握，因此《担保法解释》中将其解释为“包括债务人下落不明、移居境外，且无财产可供执行”的情形，从而将该项除外情形具体化为两种：第一，债务人下落不明且无财产可供执行的情形；第二，债务人移居境外且无财产可供执行的情形。根据当时的通信等社会发展水平，这两种情形确实对债权人通过司法程序要求债务人履行债务，获得生效法律文书进而申请强制执行造成重大困难。但社会发展至今，情形则大为不同。因交通通信手段日益发达，各地之间乃至中国与世界各国联系愈加密切，特别是我国与多个国家和地区之间签署司法互助协议，债务人住所变更，如果是移居境外，只要其住所明确，并不能构成债权人通过法定程序取得生效法律文书后对债务人财产申请强制执行的障碍。但是，如果债务人下落不明且无财产可供执行，则会对债权人向债务人主张债权造成重大困难，构成通过司法程序取得生效法律文书，对债务人财产申请强制执行的障碍，况且即使债权人申请强制执行，无财产可供执行的情况下显然也不可能取得效果。此时，已经符合了债务人不能履行债务的条件，故债权人要求保证人承担保证责任时，保证人不能行使先诉抗辩权，这就构成了先诉抗辩权的除外情形之一。因此，民法典中将担保法原有规定的“债务人住所变更，致使债权人要求其履行债务发生重大困难”的除外情形修改为更为明确具体的“债务人下落不明，且无财产可供执行”情形。

（二）人民法院已经受理债务人破产案件

先诉抗辩权第二种除外情形就是人民法院已经受理债务人破产案件。此前担保法将这一情形规定为“债务人进入破产程序”，虽然司法理论与实践中往往都以法院裁定受理债务人破产案件作为债务人进入破产程序的标志，但民法典中如此表述显然更为准确，可操作性更强。

根据《破产法》第2条规定，“企业法人不能清偿到期债务，并且资产不足以清偿全部债务或者明显缺乏清偿能力的，依照本法规定清理债务。企业法人有前款规定情形，或者有明显丧失清偿能力可能的，可以依照本法规定进行重整”。人民法院裁定受理债务人破产案件，本身就表明债务人不能清偿到期债务且没有清偿债务的能力，符合债务人不能履行债务的条件，此时保证人不能再主张自己的顺序利益，否则就与保证的根本目的相违背。况且，根据《破产法》规定，法院裁定受理债务人破产案件后，债务人对个别债权人的债务清偿无效，有关债务人财产的执行程序应当中止。故此时在客观上债权人也无法通过执行机构对债务人的财产进行强制执行得到清偿，如果允许保证人行使先诉抗辩权，要求债权人先对债务人财产进行强制执行，债权人无法实现且违反了保证制度的根本目的。因此，人民法院已经受理债务人破产案件的，为先诉抗辩权的除外情形，此时债权人直接请求保证人清偿债务时，保证人不得行使先诉抗辩权。司法实践中理解这一规定需要注意以下两点：

第一，只要法院裁定受理债务人的破产案件，不论债权人是否曾对主债务人向法院起诉或者向仲裁机构申请仲裁，也不论债权人是否已经取得作为执行根据的判决、仲裁裁决或其他生效法律文书，更不论债权人是否已经向债务人请求履行债务，债权人均得直接请求一般保证的保证人承担保证责任，保证人不得主张先诉抗辩权。

第二，破产程序包括重整、和解或者破产清算申请三种程序，人民法院受理债务人破产案件，应当包括法院裁定受理有关债务人的重整申请、和解申请或者破产清算申请三种情形。对破产程序的启动，世界各国主要有两种立法例：一是申请主义，即破产程序只能基于当事人向法院提出破产申请而被启动；二是职权主义，即破产程序只能基于法院的职权而被启动。绝大多数国家选择了破产申请主义。我国采取的亦是破产申请主义，即债权人和债务人可以发动破产程序，债权人或债务人不申请的，人民法院不依职权启动破产程序。故此，在我国，破产申请主体提出破产申请是启动破产程序的前提条件。而不同的破产程序，有权提出申请启动程序的主体也是不同的。根据我国破产法相关规定①，作为债务人的企业法人不能清偿到期债务，并且资产不足以清偿全部债务或者明显缺乏清偿能力的，或者有明显丧失清偿能力可能的，债务人可以向人民法院提出重整、和解或者破产清算申请；如果债务人不能清偿到期债务，债权人可以向人民法院提出对债务人进行重整或者破产清算的申请；如果企业法人已解散但未清算或者未清算完毕，资产不足以清偿债务的，依法负有清算责任的人应当向人民法院申请破产清算。

（三）债权人有证据证明债务人的财产不足以履行全部债务或者丧失履行债务能力

这是民法典中增加的一种先诉抗辩权的除外情形。虽然保证人没有申请强制执行，但在债权人有证据证明债务人的财产不足以履行全部债务或者丧失履行债务能力时，如现在一些严重资不抵债，甚至已经被吊销营业执照的企业，已经无可供强制执行的财产，也没有生产经营能力，本已经符合申请破产清算的条件，但因企业账务资料不全或者企业管理人员离职等原因，无法申请破产清算。此时，虽然企业主体资格还存在，人民法院也没有裁定受理债务人破产案件，但是实际与债务人已经进入破产程序的情况并无本质不同。这种情况下，债权人申请强制执行显然已经不可能取得清偿债务的效果，

① 《破产法》第7条规定："债务人有本法第二条规定的情形，可以向人民法院提出重整、和解或者破产清算申请。债务人不能清偿到期债务，债权人可以向人民法院提出对债务人进行重整或者破产清算的申请。企业法人已解散但未清算或者未清算完毕，资产不足以清偿债务的，依法负有清算责任的人应当向人民法院申请破产清算。"

保证人不能主张其顺序利益，当债权人直接要求保证人承担保证责任时，保证人不得拒绝，否则就与保证的宗旨相违背。因此，债权人有证据证明债务人的财产不足以履行全部债务或者丧失履行债务能力为保证人先诉抗辩权的除外情形。

（四）保证人书面表示放弃先诉抗辩权

保证人的先诉抗辩权属于民事权利的一种。权利人在不违反社会公共利益以及遵循诚实信用原则的前提下，可以自由处分其民事权利，因此保证人可以放弃先诉抗辩权。放弃先诉抗辩权为保证人的单方行为，保证人作出放弃的意思表示时生效。先诉抗辩权一经放弃即消灭，不得再行主张。

保证人放弃先诉抗辩权的，可以在保证合同订立时为之，或者在保证合同成立后、债权人请求保证人承担保证责任前为之，或者在债权人请求保证人承担保证责任时为之，或者在保证人主张先诉抗辩权后发生延缓取偿债务的期间内为之。权利人放弃权利的，一般可以通过书面形式，也可以通过口头形式。但因先诉抗辩权是一般保证中保证人的重要权利，也是一般保证与连带责任保证之间的根本区别所在，对保证人、债权人来说均具有重要意义，而口头形式存在争议时难以举证证明的缺陷，故本条明确规定保证人放弃先诉抗辩权应当以书面形式做出放弃权利的意思表示。

（潘勇锋　撰写）

第六百八十八条　【连带责任保证】当事人在保证合同中约定保证人和债务人对债务承担连带责任的，为连带责任保证。

连带责任保证的债务人不履行到期债务或者发生当事人约定的情形时，债权人可以请求债务人履行债务，也可以请求保证人在其保证范围内承担保证责任。

【法条链接】

《民法典》第 681 条；《担保法》第 18 条

【立法背景】

与1999年《合同法》相比，本条属于新增内容，对1995年《担保法》第18条进行修改后，对连带责任保证的概念和保证人承担责任的方式作了规定。本条第2款对连带责任保证人承担责任的条件作了调整，将《担保法》第18条“债务人在主合同规定的债务履行期届满没有履行债务”修改为“债务人不履行到期债务或者发生当事人约定的情形”，表述更为精炼，把发生当事人约定的情形纳入法律规定，扩大了连带责任保证的适用范围，并与《民法典》第681条关于保证合同的定义相呼应。另外，本条对《担保法》第18条的个别用语也作了调整，将债权人可以“要求”债务人履行债务，也可以“要求”保证人在其保证范围内承担保证责任，改为“请求”，用词更加精确。

【条文解读与法律适用】

在连带责任保证中，由于保证人不享有先诉抗辩权，只要债务人不履行到期债务或者发生当事人约定的情形，债权人就可以请求保证人在其保证范围内承担保证责任，无须要求债务人不能履行债务。债权人对请求债务人履行债务或者请求保证人承担保证责任享有选择权，由债权人根据债务人或保证人的履行能力、合同约定情形等具体情况选择行使债权的方式，既可以请求债务人履行，也可以请求保证人承担连带责任。债权人请求保证人承担连带责任要受保证范围的限制，不能超过合同约定的保证范围和主债务本身的范围与强度，让保证人承担额外的保证责任。

由于连带责任保证产生于保证人对债权人的承诺，因此其保证责任在民法理论上被归入约定责任。约定责任相对于法定责任而言，当事人承担责任的依据是依其真实意思表示作出的承诺，不一定需要支付对价，保证人承担连带责任的承诺直接构成强制执行的基础，债权人对保证人是否给付对价，不能成为保证人是否承担连带责任的条件。

在理论上和司法实践中，要注意避免将保证有效的担保责任和保证无效的赔偿责任相混淆。有效的保证关系产生担保责任，即保证人允诺在债务人不履行到期债务或者发生当事人约定的情形时，代为履行债务或者承担相应责任。而保证无效的赔偿责任，是指保证合同无效时，保证人因其过错承担的、对债权人的民事赔偿责任，在性质上属于缔约过失责任。

（乔宇　撰写）

第六百八十九条　【反担保】保证人可以要求债务人提供反担保。

【法条链接】

《担保法》第 4 条

【立法背景】

与 1999 年《合同法》相比，本条属于新增条款。因为《合同法》分则中所列的有名合同一共 15 种，并不包含保证合同，故关于保证合同中的反担保问题没有涉及。与 1995 年《担保法》相比，本条属于对《担保法》第 4 条规定的进一步明确和补充。为了兼顾物权、债权分立和担保法律体系的完整，民法典着眼于保证与担保物权法律效果上的相异性，明确区分了物的担保和人的担保两种担保手段，分别放在物权编和合同编加以调整，将人的担保明确规定在了保证合同一章。本条的规定亦是这一原则的体现。

《担保法》第 4 条规定："第三人为债务人向债权人提供担保时，可以要求债务人提供反担保。反担保适用本法担保的规定。"该条中的第三人既包含以资信为债务人履行债务提供保证的保证人，也包含以其确定的财产不转移占有为债务人担保的抵押权人及以其确定的动产转移占有为债务人担保的质押权人。2007 年制定的《物权法》，在第 171 条中完全吸纳了《担保法》第 4 条的规定，这一内容在《民法典》物权编第 387 条第 2 款中予以了确认。物权法和《民法典》物权编的立法模式改变了担保法的立法体例。这就使得

《物权法》第171条和《民法典》第387条中的“第三人”显然仅指以其确定的财产为债务人提供担保的担保物权人，而不包括以资信为债务人履行债务提供保证的保证人。为了表明有权要求债务人提供反担保的主体不仅包括物权法中的担保物权人还包括保证合同中的保证人，民法典专门就保证人要求债务人提供反担保的权利在此作专条规定。尽管在民法典起草和草案征求意见过程中，关于如何处理担保物权与保证之间共通规则问题，不同学者提出了不同的解决方案，但是为了法律条款的简明、清晰，关于反担保这一问题，最终仍然采取了分别规定的立法例。对于反担保适用本法和其他法律的规定属于严格意义上的共性问题，因已在《民法典》第387条中予以明确，此处未作重复性规定。

保证人无论基于何种原因为债务人提供保证，保证合同有效成立后，债权人与保证人之间就形成了保证权利义务关系。在债务履行期届满，债务人未履行债务时，保证人要向债权人承担保证责任。虽然法律规定保证人承担了保证责任后，有权向债务人追偿；但是，保证人做出保证后，实际上将面临两种风险：一是在主债务人不能履行债务时，要以自己的财产代债务人履行债务或向债权人优先清偿；二是当其向主债务人行使追偿权时主债务人完全无力清偿。为保障追偿权实现，保证人在为债务人向债权人提供保证时，可以要求债务人向自己提供适当的担保，即反担保。在反担保情况下，债务履行期届满之前，债权人与债务人之间是主债权债务关系，债权人与保证人之间是保证权利义务关系，保证人与提供了反担保的债务人，或者与为债务人承担反担保责任的担保人之间是反担保权利义务关系。债务履行期届满，债务人未履行债务，债权人依据保证合同关系有权请求保证人承担保证责任。保证人承担保证责任后，就取代了债权人的地位，与债务人之间形成追偿的债权债务关系，在债务人未履行偿还义务时，保证人依据反担保关系向主债务人或者主债务人之外的其他反担保人行使担保权利，确保追偿权实现。反担保作为担保制度衍生出的一种特殊形态，对于促进资金融通和商品流通、保障债权实现、维护交易安全具有重要作用。

【条文解读与法律适用】

一、反担保的概念

所谓反担保，是指第三人为债务人向债权人提供保证或物的担保时，债务人应第三人要求为其提供的担保。当然，本条中的反担保具体是指保证人为债务人向债权人提供担保时，债务人应保证人的要求为保证人所提供的担保，其目的是保障保证人追偿权的实现。

二、反担保的成立要件

反担保的成立必须具备四个要件：

一是保证人准备向债权人提供担保，才能有权要求债务人同时为其提供反担保；

二是只有在保证人为债务人提供保证时，才能要求债务人向其提供反担保；

三是反担保合同主体是保证人和债务人或者债务人之外的其他人；

四是反担保合同必须意思表示清楚、内容明确、符合法定形式，即反担保应采用书面形式，依法需办理登记或移交占有的，应办理登记或移交占有手续。①

三、反担保的方式

2000 年最高人民法院《担保法解释》第 2 条对反担保人的范围和反担保的方式做了解释。即反担保人可以是债务人，也可以是债务人之外的其他人。反担保方式可以是债务人提供的抵押或者质押，也可以是其他人提供的保证、抵押或者质押。因此，反担保的方式，既可以是债务人以自己确定的不动产提供的抵押，也可以是债务人以自己确定的动产或者应收账款等提供的质押，还可以是债务人以第三人财产提供的物权担保或者第三人的资信提供的保证。反担保的实质内容与担保相同，设立程序也无不同，因此反担保适用民法典关于担保物权、保证合同的相关条款规定。

---

① 黄书建主编：《担保法司法实务要点与规范集成》，法律出版社 2017 年版，第 21 页。

四、需要注意的问题

司法实践中，反担保行为多见于追偿权纠纷、民间借贷纠纷、金融借款合同纠纷等案件中。在这些案件受理和审判过程中，有几个问题需要重视。

（一）关于涉及反担保纠纷的管辖问题

1. 反担保合同纠纷是否需要根据保证合同的主合同确定管辖？

这个问题在理论和实践中存在一定的争议。保证合同是主合同的从合同，应当根据主合同确定案件管辖。问题是保证合同能否成为反担保合同的主合同并作为确定管辖的依据，是否还需要将保证合同的主合同作为管辖依据？我们认为，反担保合同系为保证合同中保证人追偿权的实现提供保障，因此保证合同是反担保合同的主合同，在该组法律关系中以保证合同为主合同确定管辖。反担保也是法定的担保形式，本质上也是成立担保关系，根据《民法典》第387条规定，反担保适用担保的规定。那么其主合同的确定就应当依照反担保合同所担保的法律关系确定。从反担保合同的性质可知，反担保就是为了保障保证人追偿权的实现，因此保证合同应当为主合同。

2. 保证人在向债务人行使追偿权的同时，要求反担保人承担反担保责任，能否一并提起，如何确定管辖法院？

如果反担保人就是债务人，当债务人不能向债权人履行债务，保证人承担保证责任之后，依据反担保关系向债务人行使追偿权，一般属于追偿权纠纷。如果反担保人不仅有债务人，还有提供物的担保的其他担保物权人或以资信提供担保的其他保证人，当债务人不能向债权人履行债务，保证人承担保证责任之后，依据反担保关系既向债务人行使追偿权又要求其他担保人承担担保责任的，其实包含了追偿权纠纷和反担保合同纠纷两个诉，这时，保证人就两个诉并案提起诉讼，不违反法律规定。根据《民事诉讼法》规定，同一个诉讼的几个被告住所地、经常居住地在两个以上人民法院辖区的，各人民法院都有管辖权。而且，作为追偿权纠纷和反担保合同纠纷两个不同诉讼合并审理的多个当事人，在确定案件管辖问题上没有先后顺序之分。故保证人有权选择向任何一个有管辖权的法院提起诉讼。

（二）反担保的保证期间的起算问题

反担保合同中没有约定保证期间的，六个月反担保期间的起算点如何确定，在实践中曾有三种不同观点。第一种观点认为，反担保基于保证人为实现其追偿权而设立，未约定反担保期间的，保证期间自保证人向债务人或债务人之外的其他反担保人主张权利之日起算；第二种观点认为，反担保责任不存在"期间"问题，保证人只要在诉讼时效内起诉，反担保人就应该承担责任；第三种观点认为，反担保的保证期间应当从保证人实际履行保证责任之日起算，未约定反担保期间的，保证人超过六个月未主张权利的，反担保人不承担责任。我们认为第三种观点更为妥当。

首先，反担保应当适用民法典担保物权和保证合同中关于保证期间的相关规定。无论是本担保还是反担保，其权利客体都是对于债务人的债权请求权，保证人向债权人清偿债务，即履行保证责任后取得了基于债权人的代位追偿权，成为债务人的新债权人。故反担保所担保的对象不是债务人对债权人的主债务，而是债务人对作为新债权人出现的保证人应当履行的债务。故反担保责任的履行应以保证人履行保证责任为前提。

其次，根据《民法典》第 692 条规定，没有约定或约定不明确的，保证期间为主债务履行期限届满之日起六个月。反担保合同中的主债务实际上就是保证人代债务人履行的对债权人的债务。在反担保合同没有约定或约定不明时，保证人代债务人清偿了对债权人的债务后，就享有对债务人的追偿权，债务人即应当向保证人履行债务，也就意味着反担保合同中的主债务履行期届满。

最后，反担保是担保的担保，在签订反担保合同时反担保人实际上做的是对未来可能发生的追偿权所对应的债务的一种担保。因此，与普通担保不同，反担保在合同签订时并不以所担保的追偿权对应的债务实际发生为前提，在担保的从属性上要求较低。同时，反担保所担保的追偿权的范围、履行期限、期间都是不确定的。故，主合同的保证期间与反担保人的保证期间应适用不同的起算规则，反担保人的保证期间应当从保证人实际履行了保证责任之日起计算。

（赵文艳　撰写）

第六百九十条 【最高额保证】保证人与债权人可以协商订立最高额保证的合同，约定在最高债权额限度内就一定期间连续发生的债权提供保证。

最高额保证除适用本章规定外，参照适用本法第二编最高额抵押权的有关规定。

【法条链接】

《担保法》第14条；《担保法解释》第23条

【立法背景】

与1999年《合同法》相比，本条属于新增条款。因为《合同法》分则中所列的有名合同并不包含保证合同，故对于最高额保证合同问题没有涉及。与1995年《担保法》相比，本条属于对《担保法》第14条规定的修改和完善。最高额保证合同是保证合同的一种特殊形式，与单个保证合同（或曰一时保证）相对应。《担保法》第14条规定："保证人与债权人可以就单个主合同分别订立保证合同，也可以协议在最高债权额限度内就一定期间连续发生的借款合同或者某项商品交易合同订立一个保证合同。"该条的第一句其实就是普通保证合同，从立法技术而言，已经有保证合同的规定了，在最高额保证合同中可不必重复。该条第二句以列举方式将能够采用最高额保证的合同种类限定在了借款合同或者某项商品交易合同两种类型。但是，随着市场主体经营活动方式日益多样，企业之间交易种类不断增多，融资方式也在不断创新，上述两类合同类型显然限制了最高额保证合同发挥作用的范畴。比如，信用卡纠纷中的保证合同应属于典型的最高额保证合同，而《担保法》的这一条文就很难涵盖。最高人民法院曾经为了解决实践需求在《担保法解释》第23条中将最高额保证合同担保的范围表述为"不特定债权"。《民法典》在立法过程中，显然是关注到这一民商事活动的现实需求，将《担保法》第14条"一定期间连续发生的借款合同或者某项商品交易合同"变更为"一定期间连续发生的债权”。

此外，最高额保证合同是最高额担保制度的内容之一，其与最高额抵押、最高额质押共同构成了最高额担保制度。《民法典》着眼于保证与担保物权法律效果上的相异性，明确区分了物的担保和人的担保两种担保手段，并分别放在物权编和合同编加以调整，将人的担保明确规定在了保证合同一章。因为最高额担保制度多共通之处，很多内容已经在《民法典》物权编的最高额抵押权的相应条款中作了明确规定，为避免立法重复，本条在第 2 款中明确最高额保证合同除适用本章规定外，参照适用物权编最高额抵押权的有关规定。

【条文解读与法律适用】

一、最高额保证合同的概念

所谓最高额保证合同，是指对于债权人一定范围内的不特定而连续发生的债权预定一个限额，并由保证人提供担保而订立的保证合同。保证为债的关系，当事人可以任意创设，因为一定的原因关系，正在发生的或者将来可能发生的多个债权的总和，当事人可以依照合同自由原则约定一个最高额限度[①]，只要债权人和债务人在该最高额限度内进行交易，保证人依法承担保证责任。与普通保证相比，最高额保证具有便捷、经济、高效的特点。

二、最高额保证合同的法律特征

最高额保证合同具有四个显著的法律特征。

（一）对象特征

首先，最高额保证合同所担保的债权可以是已经发生的，也可以是尚未发生的，是不特定的。其次，最高额保证所担保的债权为将来一定时期内所发生的债务。最后，最高额保证所担保的债权为连续发生的若干笔，具有多次性，也就意味着最高额保证合同担保的主合同往往是多个。

（二）期限特征

最高额保证合同的保证人责任是期限届满时的责任。在最高额保证合同

---

① 人民法院出版社编：《最高人民法院借款担保理解与适用简明版及配套规定》，人民法院出版社 2018 年版，第 91 页。

所约定的期间内，无论发生多少笔债务，也不论债务总额的具体数额高低，保证人均不发生保证责任。只是在该合同约定的一定期间届满时，才发生保证责任。各个债务的清偿期对债务人有意义，并不影响最高额保证人承担保证责任。

（三）限度特征

最高额保证合同的保证人承担保证责任有具体限额。多次债务的总额累计可能超过最高额保证合同中约定的最高限额，但是保证人承担保证责任的是合同约定期间届满时决算债务余额在最高限额以内的部分。也就是说，最高额保证范围为已经发生的债权和偿还债务的差额，而非已经到期的债权余额。

（四）要式特征

最高额保证合同系要式合同。保证担保债权人和保证人应当以书面形式订立最高额保证合同，最高额保证合同一般应记载以下内容：被保证的债权性质、种类、最高担保数额、保证的方式、保证担保的范围、保证的期间以及双方认为需要约定的其他事项。

三、需要注意的问题

（一）最高额保证的期间问题

在最高额保证合同中实际上存在两个期间的概念。第一，最高额保证合同的存续期间，是确定保证人所承担保证责任的不特定债权发生的时间段。也就是确定最高额保证责任范围的期间。这一期间的终点是决算日。债权人和保证人在约定最高额保证时，应当明确约定最高额保证合同的存续期间，在最高额保证存续期间内所发生的债权，保证人承担保证责任。最高额保证因其存续期间的届满而终止，最高额保证人承担保证责任的范围得以确定。债权人和保证人对最高额保证合同的存续期间没有约定的，最高额保证随被担保的债权的存在而存在。但是，最高额保证因系担保一定范围内的不特定债权而成立的保证合同，保证人不能无期限对债权人的债权提供担保。故对于没有约定最高额保证合同存续期间的，保证人可以随时书面通知债权人终止最高额保证合同，并不需要债权人同意，但对通知之前的债务应当承担保证责任。最高额保证约定存续期间届满，以及未约定存续期间或约定不明的情况下保证人书面通知债权人终止最高额保证合同时，最高额保证转为普通保证，即对存续期间内特定的已经发生的债权承担保证责任。第二，最高额保证合同保证人承担保证责任的期间，是为前述存续期间内发生的不特定债权（在决算日到来时转变为了特定债权）承担保证责任的期限，也就是自决算期之日起承担保证责任的期间。最高额保证合同中保证责任期间没有约定或约定不明的情况下，保证期间的确定与主债务履行期限无关。如最高额保证合同约定有保证人清偿债务期限的，保证期间为清偿期限届满之日起六个月。没有约定债务清偿期限的，保证期间自最高额保证合同终止之日或自债权人收到保证人终止保证合同的书面通知到达之日起六个月。

（二）最高额保证期间中债务超出最高限额时保证合同的效力

最高额保证与普通保证相比，最大的区别在于最高额保证与主债务的关系具有更强的独立性。最高额保证人的责任是在订立合同时确立的，通过最高额保证的存续期间和最高限额限定保证责任，即只要是发生在最高额保证合同约定的期间内，或者在没有约定时发生在最高额保证合同签订时起至保证人书面通知债权人终止之日的期间内，不超过最高限额的债务余额，最高额保证人均应承担保证责任。在上述期间内，即便某个债务超出了最高限额，原则上也不影响最高额保证合同的效力。不过，保证人将仅就最高额限度内决算债务余额承担保证责任，超出部分不承担保证责任。

（三）最高额保证期间，某一个主合同无效对最高额保证合同的法律影响

鉴于最高额保证不同于普通保证，其与主合同之间具有相对的独立性，最高额保证项下的某一笔产生担保债权的主合同无效，并不导致最高额保证合同无效。并且，该主合同无效而导致的债务也不能当然排除在最高额保证责任之外。即在最高额保证的情形下，即使主债务无效，基于主债务无效而确定的债务额也应作为最高额保证计算债务余额的基数。①

（四）当贷款依约被宣布提前到期时最高额保证人应否承担保证责任

实践中，经常有贷款依约被宣布提前到期的情况，最高额保证人应负保

---

① 风神轮胎股份有限公司与中信银行股份有限公司天津分行、河北宝硕股份有限公司借款担保合同纠纷二审案中曾经明示过这一观点。该案例载于《中华人民共和国最高人民法院公报》2008 年第 2 期（总第 136 期）。

证责任。因为最高额保证本质特征在于所担保债权的不特定性。被担保债权未经决算不能确定，债权人就无法实现其担保债权。而对于被担保债权得以确定事由，贷款方依约宣布贷款提前到期行为导致了最高额保证所担保的债权确定。保证人应当承担保证责任。

（赵文艳　撰写）

第六百九十二条　【保证期间】保证期间是确定保证人承担保证责任的期间，不发生中止、中断和延长。

债权人与保证人可以约定保证期间，但是约定的保证期间早于主债务履行期限或者与主债务履行期限同时届满的，视为没有约定；没有约定或者约定不明确的，保证期间为主债务履行期限届满之日起六个月。

债权人与债务人对主债务履行期限没有约定或者约定不明确的，保证期间自债权人请求债务人履行债务的宽限期届满之日起计算。

【法条链接】

《民法典》第 694 条；《担保法》第 25 条、第 26 条；《担保法解释》第 31 条、第 32 条、第 33 条

【立法背景】

与 1999 年《合同法》相比，本条属于新增条款。因为《合同法》分则中所列的有名合同并不包含保证合同，故关于保证合同中的保证期间问题没有涉及。与 1995 年《担保法》相比，本条属于对《担保法》第 25 条、第 26 条的修改和完善。保证期间是在保障债权实现的同时，为了促使债权人及时行使对保证人的权利，以平衡债权人和保证人之间的利益，而对保证效力所作的一种时间限制。作为理论上富有争议、实践中又较为棘手的问题，保证期间的概念、性质的界定历来存在很大分歧。关于保证期间的性质，就有诉讼

时效说、除斥期间说、特殊期间说三种主要观点。民法典在本条中开宗明义，首先明确了保证期间的概念以及不发生中止、中断和延长的特殊性质；同时吸收了《担保法解释》第31条、第32条、第33条规定的主要内容，对债权人和保证人没有约定或者约定不明确的保证期间如何确定问题予以规定，对厘清理论分歧、指导司法实践具有重要意义。

【条文解读与法律适用】

一、保证期间的概念

保证期间，即保证人同意就主合同的债务向债权人承担保证责任的期间，是保证人依法定或者约定承担保证责任的时间要素，也是债权人得以通过一定方式向保证人主张债权的时限。超过此期限债权人请求保证人承担保证责任的，法律将不予支持。

保证期间分为约定保证期间和法定保证期间两种。本着私法自治优先的原则，有约定从约定，没有约定从法定。所谓约定保证期间，就是债权人和保证人可以协商约定保证期间。但是，该协商约定的保证期间，不能早于主债务履行期限或者与主债务履行期间同时届满，否则视为没有约定。因为，只有主债务履行期间届满，才能判断债务人是否履行债务，一般保证的债权人才能在债务人不履行债务时向保证人主张承担保证责任，连带保证的债权人才能选择要求债务人履行债务或者要求保证人承担保证责任。如果约定保证期间早于主债务履行期限或与主债务履行期间同时届满就失去了保证的意义。所谓法定保证期间，是指债权人和保证人对保证期间未约定或约定不明时，保证期间为主债务履行期限届满之日起六个月。债权人如果在主债务履行期限届满之日起六个月内不向保证人主张权利，保证责任消灭。

二、保证期间的法律特征

（一）保证期间原则上由保证合同的当事人自由约定

有权约定保证期间的主体只有债权人和保证人。债务人与债权人、债务人与保证人约定“保证期间”的，均不发生保证期间的效力。[①]

---

① 黄书建主编：《担保法司法实务要点与规范集成》，法律出版社2017年版，第125页。

（二）保证期间是债权人能够向保证人主张权利的期间

在该期间内债权人未主张权利的，保证人则免除责任。①

（三）保证期间是不变期间，不能发生中止、中断和延长

保证期间过后，无论该期间为约定或法定，保证责任都将消灭，不存在保证期间的补充或变更。保证人在保证期间过后，自愿继续形成新保证合同，承担一般保证或连带保证责任的，保证期间从自愿继续承担保证责任时开始计算。如果保证人仅是在债权人催款的书面通知上签字，不能认定形成新的保证合同而要求保证人继续承担保证责任，除非该催款通知书内容符合合同法或《民法典》合同编有关保证合同的规定。

（四）保证期间与诉讼时效既有联系又有区别

保证期间确定了义务人承担义务的期间，具有积极效力以及消极效力。而且在保证期间届满后，保证人自愿承担原债务，债权人有权接受。这一点同诉讼时效类似。但是二者又有不同。第一，保证期间能够约定，而诉讼时效只有法定情形。第二，保证期间是不变期间，不会因为任何事由而发生中止、中断和延长，而诉讼时效是时效期间，在符合法定事由的条件下可以中止、中断和延长。第三，保证期间消灭与诉讼时效消灭的法律后果完全不同，前者会导致债权人彻底丧失对保证人主张保证责任的权利，后者只是义务人享有了时效抗辩权。第四，只要债权人在约定的或者法定的保证期间内按照法定的方式行为，则保证期间就由保证合同的诉讼时效取而代之，具体在《民法典》第694条进行了规定。

三、需要注意的问题

对于保证人来说，保证期间是重要的免责抗辩理由；对于债权人来说，保证期间能够督促其积极行使债权。故保证期间制度是综合考量保证人与债权人利益后作出的理性选择。但在保证合同纠纷案件中，保证期间的法律适用较为复杂。

（一）保证期间的约定时限

本条并没有限制债权人和保证人约定保证期间的最长时限。这就涉及约定的保证期间时限超过法定诉讼时效的期限是否有效问题。对于一般保证而

---

① 黄书建主编：《担保法司法实务要点与规范集成》，法律出版社2017年版，第21页。

言，即便保证期间的约定时限长于诉讼时效的期限，债权人如果在保证期间内超过诉讼时效向主债务人提起诉讼或仲裁，主债务人享有时效抗辩权。但是，在主债务诉讼时效中止、中断的情况下，保证期间约定的时限略长一些于债权人更加有利。对于连带责任保证而言，如果债权人同时向主债务人和保证人，或者优先选择向保证人主张权利，那么诉讼时效就接替了保证期间。如果债权人向主债务人提起诉讼或仲裁，而没有向保证人主张权利，当诉讼时效出现中止、中断情形时，保证期间的约定时限长于法定诉讼时效的期限于债权人有利。故立法者并没有限制约定保证期间的最长时限。当约定的保证期间时限超过法定诉讼时效的期限时，只要这种约定属于债权人与保证人之间的真实意思表示，并不违反法律规定，应当认定有效。

（二）保证期间的起算点问题

一般情况下，保证期间的计算起点是有约定从约定之日起算，除非约定的保证期间早于主债务履行期限或者与主债务履行期间同时届满。没有约定时保证期间起算点为主债务履行期限届满之日。倘或债权人与债务人对主债务履行期限也没有约定或者约定不明确的，保证期间自债权人请求债务人履行债务的宽限期届满之日起计算。但是，有些特殊情况，在确定保证期间起算点时经常存在争议，除了前文已经详述的反担保合同、最高额保证合同保证期间的起算问题，还有以下情形需要关注：

1. 分期履行债务保证期间的起算。如果该债务为一个单一的整体，具有整体性和唯一性，虽然对整体债务约定了分期履行的期限和数额，但每一期债务均是整个债务的一部分，且保证合同明确保证人是为整笔债务提供保证的，保证期间的起算应从最后一期债务履行期届满之日起算。① 如果保证合同明确保证人仅仅为其中一期提供担保，则保证期间应当自该笔债务履行期届满之日起算。

2. 主合同预期违约时保证期间的起算。合同法吸收了英美法系的预期违约制度建立了我国的预期违约制度。《民法典》合同编进行了承继。《民法典》第578条规定："当事人一方明确表示或者以自己的行为表明不履行合同义务的，对方可以在履行期限届满前请求其承担违约责任。"此时，保证期间

---

① 黄书建主编：《担保法司法实务要点与规范集成》，法律出版社2017年版，第126页。

应从债权人主张债务承担预期违约责任时起算。首先，保证合同是从合同，是为了保证主合同债权利益而设立。当主债务人构成预期违约，债权人能基于主合同提前行使要求债务人承担违约责任的请求权。根据保证合同从合同属性，债权人也能基于保证合同要求保证人提前承担保证责任。其次，主合同的订立往往是基于债权人对保证人资信的信赖。保证人存在的目的就是为解决债务人违约时债权人面临的风险。而违约本身包含预期违约和实际违约。无论哪种违约造成债权人合同利益受损，均有权要求保证人承担保证责任。最后，保证期间的设置意义在于督促债权人行使权利以避免保证人无限期的不确定状态。预期违约时保证期间从债权人主张债务人承担预期违约责任时起算并未对保证人造成不利影响。

3. 债务提前到期时保证期间的起算。实践中有借款合同约定了提前收贷情形，诉讼过程中，保证人以从约定提前收贷情形发生之日起计算保证期间、保证期间已过应免除保证责任提出抗辩。实际上，即便客观上发生了合同约定的提前到期情形，也不意味着债务履行期限届满。因为，发生合同约定提前收贷情形，只是债权人可以主张债权的权利事由。主合同债务履行期限是否届满，取决于债权人是否基于该事由实际行使主张债权的权利。只有当债权人决定提前收贷并且通知债务人时，才发生保证期间起算问题。

4. 宽限期的认定。如果主债务没有约定履行期限或者约定不明，同时保证期间亦没有约定或者约定不明的，债权人要求债务人支付逾期付款利息之日就可以认定债权人请求债务人履行债务的宽限期届满，将其作为保证人保证期间的起算时间。

（赵文艳　撰写）

第六百九十三条　【保证责任免除】一般保证的债权人未在保证期间对债务人提起诉讼或者申请仲裁的，保证人不再承担保证责任。

连带责任保证的债权人未在保证期间请求保证人承担保证责任的，保证人不再承担保证责任。

【法条链接】

《民法典》第 692 条；《担保法》第 25 条、第 26 条

【立法背景】

本条与《民法典》第 692 条是保证合同法律制度中联系最为紧密的条款。与 1999 年《合同法》相比，本条属于新增条款。与 1995 年《担保法》相比，本条属于对《担保法》第 25 条、第 26 条的修改和完善。从法律制度发生史的角度，保证期间系为维护保证人利益而设，其正当化的基础在于诚信原则和公平理念，所追求的目的是避免保证人无止境地承担责任的不利状态或者长期处于随时可能承担责任的不确定状态。因此在主债务履行期限届满后，如果主债务人不履行债务，保证期间是债权人能够向保证人主张权利的最长时限。如果债权人未在保证期间依法主张权利，保证期间的经过将产生消灭保证责任的法律效果。从这个意义上说，保证债务是或然性债务。一般保证的债权人在保证期间是否对债务人提起诉讼或者申请仲裁，连带责任保证的债权人是否在保证期间请求保证人承担保证责任，直接决定了债权人和保证人之间的债权债务关系能否真正建立。本条规定了保证责任免除的事由，即在保证期间不采取法律要求的行为就会发生免除后果。这就使保证期间届满真正具有了法律意义；也是以法律条款的形式明确避免了保证人无止境承担责任的状态。与《担保法》第 25 条相比，本条没有再规定“债权人已提起诉讼或者申请仲裁的，保证期间适用诉讼时效中断的规定”。这与《民法典》第 692 条关于保证期间不发生中止、中断和延长的规定是一致的。与《民法典》第 694 条结合起来理解，对于一般保证而言，只要债权人在保证期间向债务人提起诉讼或者申请仲裁，从保证人拒绝承担保证责任的权利消灭之日起；对于连带责任保证而言，从债权人在保证期间向保证人请求承担保证责任起，则保证期间的法律价值已经实现，接替保证期间起作用的是诉讼时效。

【条文解读与法律适用】

一、一般保证责任免除

一般保证是有先诉抗辩权的保证。债权人只有就主债务纠纷先向主债务人提起诉讼或者申请仲裁，待案件审理终结后，或者符合《民法典》第687条规定的四种除外情形时，主债权人才有权单独起诉一般保证人。先诉抗辩权一方面能起到暂缓履行保证责任的作用，另一方面也能督促债权人先向债务人主张权利。即债权人不对主债务人提起诉讼或者申请仲裁是延缓保证人承担保证责任的原因，在保证期间内债权人始终不对主债务人提起诉讼或者申请仲裁就会产生免除保证人保证责任的法律后果。

在保证期间内，债权人径直向一般保证人提出请求，要求其承担保证责任，虽将因保证人行使抗辩权而对保证人没有强制意义，但仍表明债权人是在积极主张自己对保证人的权利。在此种情况下，能否当然免除保证人的保证责任，应作具体分析：首先，在保证期间内，债权人仅对一般保证人主张权利，要求其承担保证责任，而不对债务人提起诉讼或申请仲裁。如果一般保证人依法行使了先诉抗辩权使其主张归于无效，债权人仍不对债务人提起诉讼或申请仲裁，即使债权人坚持要求一般保证人承担保证责任，保证人的保证责任也将因保证期间的届满而免除。其次，在保证期间内，债权人仅对一般保证人提出请求，要求其承担保证责任，而未对债务人提起诉讼或申请仲裁，但保证人放弃或怠于行使其先诉抗辩权，表示同意承担保证责任，亦应尊重保证人的自主选择，不必因保证期间届满而免除保证责任。①

二、连带责任保证免除

对于连带责任保证而言，债权人向保证人主张承担保证责任是保证人承担保证责任的前提。在保证期间内，这一前提条件不成就，则产生保证人免除保证责任的法律后果。

本条第2款规定的债权人对保证人主张承担保证责任的形式至少可包括

---

① 人民法院出版社编：《最高人民法院借款担保理解与适用简明版及配套规定》，人民法院出版社2018年版，第52页。

债权人在保证期间向保证人主动催收或提示债权，以及保证人在保证期间向债权人作出承担保证责任的承诺两种情形。

三、需要注意的问题

（一）关于连带责任保证中债权人主张债权的方式

关于债权人向保证人主张权利的方式，可以包括提起诉讼、申请仲裁，也可以为送达催收通知书等。其中“送达”既可以由债权人本人直接送达、邮寄送达，也可以委托公证机关送达或公告送达。

1. 债权人以邮寄信函方式按照约定通信地址向保证人主张保证责任，对于是否超过保证期间应以该信函是否在保证期间内寄出为准。即便债权人不能证明保证人收到信函，也不能因此否认债权人已向保证人主张权利的事实。

2. 因公证机关送达程序瑕疵导致公证书被撤销的，并不必然否定债权人已在保证期间向保证人主张了权利。

3. 债权人在保证期间内以公告方式向保证人主张权利的，一般应通过国家级或者保证人住所地省级有影响的媒体，向下落不明的保证人，明确表达主张权利的意思表示，以真正达到公示告知的目的。

4. 如果保证人在保证期间内在所担保的债权转让协议上签字并承诺继续履行原保证合同项下的保证义务，亦可表明债权人在保证期间内向保证人主动提示了债权①。

（二）关于连带责任保证中债权人主张权利的对象

债权人在保证期间向保证人之一主张权利的，效力是否及于其他连带责任保证人，需要区分具体情况。如果其他保证人只是对主债务人承担连带保证责任，那么债权人的此种主张不能对其他连带责任保证人发生主张权利的效力；如果其他保证人系与被主张权利的保证人互相承担连带保证责任，则债权人的此种主张权利的效力及于其他连带责任保证人。

（三）关于连带责任保证中债权人主张权利的默认

实践中，有的保证人在保证期间内主动履行支付主债务利息等部分保证

---

① 最高人民法院曾经在《关于在保证期间内保证人在债权转让协议上签字并承诺履行原保证义务能否视为债权人向担保人主张过债权及认定保证合同的诉讼时效如何起算等问题请示的答复》中对此明示过意见。

责任，后又以债权人未向其口头或书面主张债权为由，主张因保证期间已过保证责任免除。对此，我们认为，保证期间制度的设置目的，是促使债权人及时主张债权，避免保证人处于无限期的承担责任状态。保证期间内，保证人支付债务利息且债权人已经接受，实际上已经达到了债权人在保证期间内要求保证人承担保证责任的法律效果，可以视为债权人向保证人主张了本息债权；此时债权人在逐步实现债权，保证人亦已在履行保证责任，如果再以债权人没有口头或书面表示形式机械认定债权人未向保证人主张债权，有违本条之立法精神。故此种情形下保证人无权再以保证期间经过，要求免除保证责任。

（赵文艳　撰写）

第六百九十四条　【保证期间与诉讼时效的起算】一般保证的债权人在保证期间届满前对债务人提起诉讼或者申请仲裁的，从保证人拒绝承担保证责任的权利消灭之日起，开始计算保证债务的诉讼时效。

连带责任保证的债权人在保证期间届满前请求保证人承担保证责任的，从债权人请求保证人承担保证责任之日起，开始计算保证债务的诉讼时效。

【法条链接】

《担保法》第 25 条、第 26 条；《担保法解释》第 32 条、第 34 条、第 37 条

【立法背景】

本条规定在 1999 年的《合同法》中没有相关的内容，其来源于 1995 年《担保法》以及 2000 年《担保法解释》的相关规定。《担保法》第 25 条规定，一般保证的保证人与债权人未约定保证期间的，保证期间为主债务履行

期届满之日起六个月。在合同约定的保证期间和前款规定的保证期间，债权人未对债务人提起诉讼或者申请仲裁的，保证人免除保证责任；债权人已提起诉讼或者申请仲裁的，保证期间适用诉讼时效中断的规定。《担保法》第26条规定，连带责任保证的保证人与债权人未约定保证期间的，债权人有权自主债务履行期届满之日起六个月内要求保证人承担保证责任。在合同约定的保证期间和前款规定的保证期间，债权人未要求保证人承担保证责任的，保证人免除保证责任。

《担保法解释》在第34条进一步明确了保证合同诉讼时效的起算，即一般保证的债权人在保证期间届满前对债务人提起诉讼或者申请仲裁的，从判决或者仲裁裁决生效之日起，开始计算保证合同的诉讼时效。连带责任保证的债权人在保证期间届满前要求保证人承担保证责任的，从债权人要求保证人承担保证责任之日起，开始计算保证合同的诉讼时效。并在第35条规定了保证人对已经超过诉讼时效期间的债务承担保证责任或者提供保证的，又以超过诉讼时效为由抗辩的，人民法院不予支持。

《民法典合同编（草案）》（二审稿）把担保法与合同法的相关内容进行了整合。在第十三章保证合同的第二节保证责任中，把担保法以及司法解释的相关规定予以整合在第483条建议中，表述为："一般保证的债权人在保证期间届满前对债务人提起诉讼或者申请仲裁的，从保证人拒绝承担保证责任的权利消灭之日起，开始计算保证债务的诉讼时效。连带责任保证的债权人在保证期间届满前要求保证人承担保证责任的，从债权人要求保证人承担保证责任之日起，开始计算保证债务的诉讼时效。"

2019年《民法典（草案）》（征求意见稿）的内容为，一般保证的债权人在保证期间届满前对债务人提起诉讼或者申请仲裁的，从保证人拒绝承担保证责任的权利消灭之日起，开始计算保证债务的诉讼时效。连带责任保证的债权人在保证期间届满前请求保证人承担保证责任的，从债权人请求保证人承担保证责任之日起，开始计算保证债务的诉讼时效。

【条文解读与法律适用】

一、本条是对保证期间与诉讼时效起算的规定

（一）关于保证期间的解读

保证期间，是指当事人约定的或者法律规定的，保证人承担保证责任的期限。保证人与债权人约定保证期间，按照约定执行。保证人和债权人未约定保证期间的，分别按照《担保法》第25条第1款、第26条第1款，以及《担保法解释》第32条第2款、第37条的规定确定。通常法律规定保证期间为6个月。保证期间均自主债务履行期届满之日起计算。一般保证的债权人在保证期间内未对债务人提起诉讼或者申请仲裁的，保证人免除保证责任；连带责任保证的债权人在保证期间内没要求保证人承担保证责任的，保证人免除保证责任。

（二）关于诉讼时效的解读

诉讼时效是指民事权利受到侵害的权利人在法定的时效期间内不行使权利，当法定时效期间届满时，义务人获得诉讼时效抗辩权。在法律规定的诉讼时效期间内，权利人提出的请求符合法律规定，依法得到支持的，权利人可以申请人民法院依法强制义务人履行所承担的义务。而在法定的诉讼时效期间届满之后，权利人行使请求权的，人民法院就不再予以保护。值得注意的是，诉讼时效届满后，义务人虽可拒绝履行其义务，但权利人请求权的行使仅发生障碍，其权利本身及请求权并不消灭。当事人超过诉讼时效后起诉的，人民法院应当受理。受理后，如义务人提出诉讼时效抗辩且查明无中止、中断、延长事由的，判决驳回其诉讼请求。如果义务人未提出诉讼时效抗辩，则视为其自动放弃该抗辩权利，法院不得依照职权主动适用和释明诉讼时效，应当受理支持其诉讼请求。

二、本条的基本含义

本条第1款规定的是债权人对一般保证人行使诉权的时效。保证分为一般保证和连带责任保证。一般保证是当事人在保证合同中约定，债务人不能履行债务时，由保证人承担保证责任的保证；连带责任保证是当事人在保证合同中约定保证人与债务人对债务承担连带责任的保证。一般保证的债权人

对一般保证人行使诉权的前提是在保证期间届满前对债务人提起诉讼或者申请仲裁，其保证债务的诉讼时效是从保证人拒绝承担保证责任的权利消灭之日起开始计算。

本条第2款规定的是债权人对连带责任保证人行使诉权的时效。连带责任保证的债权人对连带保证人行使诉权的前提是在保证期间届满前请求保证人承担保证责任。保证债务的诉讼时效是从债权人请求保证人承担保证责任之日起开始计算。

三、需要注意的问题

（一）注意区分一般保证人和连带责任保证人的责任

在一般保证中，先由主债务人履行其债务。只有在对主债务人财产强制执行而无果时才由保证人承担保证责任。否则，保证人对债权人可拒绝承担保证责任。在连带责任保证中，不存在上述履行的前后限制，在主债务人不履行主合同债务时，债权人既可以请求主债务人履行债务，也可以请求保证人在其保证范围内承担保证责任。

《担保法解释》第27条还规定，保证人对债务人的注册资金提供保证的，债务人的实际投资与注册资金不符，或者抽逃转移注册资金的，保证人在注册资金不足或者抽逃转移注册资金的范围内承担连带保证责任。

（二）注意区分两种保证人或者数个保证人同时存在的情形

同一债权既有人的担保又有物的担保的，有约定从约定，无约定的物的担保优先。《物权法》第176条规定："被担保的债权既有物的担保又有人的担保的，债务人不履行到期债务或者发生当事人约定的实现担保物权的情形，债权人应当按照约定实现债权；没有约定或者约定不明确，债务人自己提供物的担保的，债权人应当先就该物的担保实现债权；第三人提供物的担保的，债权人可以就物的担保实现债权，也可以要求保证人承担保证责任。提供担保的第三人承担担保责任后，有权向债务人追偿。"

《担保法解释》第38条进一步规定"债权人在主合同履行期届满后怠于行使担保物权，致使担保物的价值减少或毁损、灭失的，视为债权人放弃部分或者全部物的担保。保证人在债权人放弃权利的范围内减轻或者免除保证责任"。

《民法典》第699条明确规定，同一债务有两个以上保证人的，保证人应当按照保证合同约定的保证份额，承担保证责任；没有约定保证份额的，债权人可以请求任何一个保证人在其保证范围内承担保证责任。

（何利 撰写）

第六百九十五条 【债务变更后的保证责任】债权人和债务人未经保证人书面同意，协商变更主债权债务合同内容，减轻债务的，保证人仍对变更后的债务承担保证责任；加重债务的，保证人对加重的部分不承担保证责任。

债权人和债务人变更主债权债务合同的履行期限，未经保证人书面同意的，保证期间不受影响。

【法条链接】

《担保法》第 24 条；《担保法解释》第 30 条

【立法背景】

1995 年《担保法》第 24 条规定，债权人与债务人协议变更主合同的，应当取得保证人书面同意，未经保证人书面同意的，保证人不再承担保证责任。保证合同另有约定的，按照约定。

2000 年《担保法解释》第 30 条规定，保证期间，债权人与债务人对主合同数量、价款、币种、利率等内容作了变动，未经保证人同意的，如果减轻债务人的债务的，保证人仍应当对变更后的合同承担保证责任；如果加重债务人的债务的，保证人对加重的部分不承担保证责任。债权人与债务人对主合同履行期限作了变动，未经保证人书面同意的，保证期间为原合同约定的或者法律规定的期间。债权人与债务人协议变动主合同内容，但并未实际履行的，保证人仍应当承担保证责任。

《民法典合同编（草案）》（二审稿）第 485 条的内容为，债权人和债务人在保证期间内未经保证人同意，协商变更主合同内容，减轻债务的，保证人仍对变更后的债务承担保证责任；加重债务的，保证人对加重的部分不承担保证责任。债权人与债务人对主合同履行期限作了变更，未经保证人同意的，保证期间为原合同约定或者法律规定的期间。

【条文解读与法律适用】

一、本条规定的是债务变更后的保证责任

（一）保证合同是主债权债务的从合同，主债权债务的变化直接决定了保证合同内容的变化

保证合同的内容是指保证人承担的保证责任（保证债务）和享有的抗辩权、债权人享有的请求保证人承担保证债务的债权。这些权利义务主要通过保证合同的条款来体现和固定，未通过合同条款体现的权利义务由法律规范直接规定或由裁判者补充。

保证合同依照法律规定包括以下内容：（1）保证的主债权种类和数额。被保证的主债权种类，如借款合同中的还本付息债权、买卖合同中的请求交付标的物或支付价款的债权等均属此类。（2）债务人履行债务的期限。债务人履行债务的期限是衡量债务人是否违约的标准之一，也是决定保证人是否实际承担保证责任的因素之一，因而应该明确规定。它有两种情形：一为期日；二为期间。（3）保证的方式。包括一般责任保证方式和连带责任保证方式。一般责任保证，简称一般保证，是指债务人不履行到期债务，经法院审理或仲裁裁决，并就债务人财产依法强制执行，仍不能履行全部债务时，保证人承担的补充性保证责任。保证人在一般保证中承担保证责任的前提有两个：一是被担保的主债务已经法院审判或仲裁机关仲裁；二是主债务人的财产已经法院强制执行，不能履行全部债务。连带责任保证，简称连带保证，债务人不履行到期债务，债权人即可向债务人或保证人中任何一方要求履行债务或承担债务不履行的民事责任。（4）保证担保的范围。依当事人在保证合同中的约定确定，无约定时按《担保法》第 21 条规定处理，即包括主债权及利息、违约金、损害赔偿金和实现债权的费用。（5）保证期间。为保证责任的存续期间，事关保证人和债权人之间的债权债务能否行使或履行，也是确定保证债务和诉讼时效关系的依据。（6）双方认为需要约定的其他事项。

双方认为需要约定的其他事项，主要指赔偿损失的范围及计算方法、是否设立反担保等。

（二）保证合同的变化需要保证人的书面意思表示

《担保法》第13条明确规定保证人与债权人应当以书面形式订立保证合同。订立书面保证合同实质上是保证法律关系成立的形式要件。仅有当事人保证的意思表示，没有订立书面保证合同的，不能认为保证关系成立。因此，保证合同的变化需要保证人的书面意思表示才能使变化的内容发生法律效力。

（三）未经保证人同意的债务变化必须有利于保证人权利的实体保护

保证合同涉及三个法律关系：一是债权人和主债务人之间的债权债务关系；二是主债务人与保证人之间的委托保证关系；三是债权人与保证人之间的保证合同关系。在委托保证和保证合同中，保证人并非受益人，因此债权人和主债务人不得未经保证人的同意而加重保证人的保证负担。对未经保证人同意的债务变化，需有利于保证人权利的实体保护，才能实现保证合同的利益平衡，防止债权人和主债务人之间恶意串通损害保证人的利益。

二、本条的基本含义

本条第1款规定，债权人和债务人未经保证人书面同意，协商变更主债权债务合同内容，减轻债务的，保证人仍对变更后的债务承担保证责任；加重债务的，保证人对加重的部分不承担保证责任。

其基本含义是指债权人和债务人协商变更主债权债务合同内容应经保证人书面同意。未经保证人书面同意内容的法律效力必须有利于保证人的实体权利保护。协商变更主债权债务合同内容是减轻债务的，同时减轻了保证人的保证负担和义务，保证人只对变更后的债务承担保证责任；变更内容是加重债务的，同时加重了保证人的保证负担和义务，不利于对保证人实体权利的保护，因此，保证人只对自己作出书面意思表示的担保债务承担责任，对超出原担保债务的加重部分不承担保证责任。

本条第2款是指债权人与债务人对主债权债务合同履行期限虽然作了变更，但是没有增加保证人的实体担保责任，即使未经保证人书面同意，保证人仍然要承担其担保债务，不因保证期间发生变化而行使抗辩权。

三、适用本条需要注意合同担保具有的补充性

合同的担保不同于债务负担，担保人并不因为承担了担保义务而就此取代了主债务人的法律地位，主债务人亦不因担保人的存在而免除其合同义务。担保人仅仅是在主债务人到期不履行其合同债务时，才依法或依约定承担担保责任，即主债务的不履行是担保责任产生的前提。这里的补充性，是指合同担保一经有效成立，就在主债关系的基础上补充了某种具有担保法意义的权利义务关系，如保证法律关系、抵押法律关系、质押法律关系、定金法律关系等。这些补充的权利义务关系产生了如下法律效果：或使得保障债权实现的责任财产（一般财产）扩张，或使得债权人就特定财产享有了优先权，或使得当事人对特定数额的金钱有得到与丧失的机会与可能，从而大大增加了债务人适当履行其债务的压力，增加了保障债权人的债权得以实现的可能性。当然，在主债关系因适当履行而正常终止时，补充的义务并不实际履行；只有在主债务不履行，并且担保人又无抗辩事由时，补充的义务才履行，以保障主债权得以实现。

（何利　撰写）

第六百九十六条　【债权转让与保证责任的承担】债权人转让全部或者部分债权，未通知保证人的，该转让对保证人不发生效力。

保证人与债权人约定禁止债权转让，债权人未经保证人书面同意转让债权的，保证人对受让人不再承担保证责任。

【法条链接】

《担保法》第22条；《担保法解释》第28条

【立法背景】

1995年《担保法》第22条规定，保证期间，债权人依法将主债权转让给第三人的，保证人在原保证担保的范围内继续承担保证责任。保证合同另有约定的，按照约定。2000年《担保法解释》第28条规定，保证期间，债权人依法将主债权转让给第三人的，保证债权同时转让，保证人在原保证担保的范围内对受让人承担保证责任。但是保证人与债权人事先约定仅对特定的债权人承担保证责任或者禁止债权转让的，保证人不再承担保证责任。

上述规定没有明确债权人对保证人的通知义务，在实践中容易引发保证合同风险。因此，《民法典合同编（草案）》（二审稿）第486条规定，债权人在保证期间内将全部或者部分债权转让给第三人，通知保证人后，保证人对受让人承担相应的保证责任。未经通知，该转让对保证人不发生效力。保证人与债权人约定仅对特定的债权人承担保证责任或者禁止债权转让，债权人在保证期间内未经保证人同意转让全部或者部分债权的，保证人就受让人的债权不再承担保证责任。

2019年《民法典（草案）》（征求意见稿）第696条的内容为，债权人将全部或者部分债权转让给第三人，通知保证人后，保证人对受让人承担相应的保证责任。未经通知，该转让对保证人不发生效力。保证人与债权人约定仅对特定的债权人承担保证责任或者禁止债权转让，债权人未经保证人书面同意转让全部或者部分债权的，保证人就受让人的债权不再承担保证责任。

【条文解读与法律适用】

一、本条规定的是债权转让与保证责任

（一）债权转让的基本概念

债权转让，是指合同债权人将其全部债权或者部分债权转让给第三人的行为。债权转让分为全部转让和部分转让。债权全部让与第三人，第三人取代原债权人成为原合同关系的新的债权人，原合同债权人因合同转让而丧失合同债权人权利。债权部分让与第三人，第三人成为合同债权人加入原合同关系之中，成为新的债权人，合同中的债权关系由一人变数人或由数人变多人。新加入合同的债权人与原债权人共同分享债权，并共享连带债权。

（二）债权转让中保证责任的认定

《合同法》第80条第1款规定："债权人转让权利的，应当通知债务人。未经通知，该转让对债务人不发生效力。"因此，合同法对债权转让的生效要件采用通知主义原则。

保证关系是从属于主债关系而存在的，保证合同也因而具有从属性，是

从属于主债权债务合同而存在的。由于主债权转让的生效要件采用通知主义原则，对主债权转让后的保证合同而言，也应当适用通知主义原则。因此，债权人在保证期间内将全部或者部分债权转让给第三人，应当通知保证人。通知后，保证人对受让人承担相应的保证责任；未经通知，该转让对保证人不发生效力。但是，保证人与债权人约定仅对特定的债权人承担保证责任或者禁止债权转让，债权人在保证期间内未经保证人书面同意转让全部或者部分债权的，保证人对受让人的债权不再承担保证责任。

二、条文解读

（一）债权人非经保证人的同意，无权转让保证人的保证责任

本条第1款规定，债权人转让全部或者部分债权，未通知保证人的，该转让对保证人不发生效力。因为保证合同是单务、无偿合同。在保证合同中，只有保证人承担保证债务，保证权人并不负保证义务，保证合同属单务合同的特征明显。同时，保证人对债权人所承担保证债务不提供相应的对价，因而保证合同又是无偿的。没有支付保证对价的债权人无权擅自转让保证人的保证责任。因此，债权人将全部或者部分债权转让给第三人，通知保证人后，保证人对受让人承担相应的保证责任。未经通知，无该保证人对受让人承担相应的保证责任的意思表示，其转让对保证人不发生效力。保证人对新债权受让人不承担相应的保证责任。

（二）债权人不得侵犯保证合同的相对性

本条第2款规定，保证人与债权人约定禁止债权转让，债权人未经保证人书面同意转让债权的，保证人对受让人不再承担保证责任。

因为合同相对性是指合同主要在特定的合同当事人之间发生法律拘束力，只有合同当事人一方能基于合同向对方提出请求或提起诉讼，而不能向与其无合同关系的第三人提出合同上的请求，也不能擅自为第三人设定合同上的义务，合同债权也主要基于有关合同相对性的法律规定而得到保护。

保证合同同样具有相对性。债权转让将引起保证合同的主体发生变化，保证合同的相对性也将随保证合同主体变化而变化。因此，保证人与债权人约定禁止债权转让，债权人未经保证人书面同意转让全部或者部分债权的，该同意转让全部或者部分债权的意思表示就没有对保证人的法律拘束力，保证人就受让人的债权依法不再承担保证责任。

三、需要注意的问题

（一）保证合同属于诺成性合同

《担保法》第13条规定："保证人与债权人应当以书面形式订立保证合同。"其书面形式包括另行订立的书面保证合同，也包括在债权人与债务人所订立的具有保证条款的主合同上签字盖章。债权人与保证人协商，保证人同意为受让人承担受让全部或者部分债权的保证责任时，应当以上述书面方式固定双方的意思表示，才符合法律规定的形式要件。

（二）注意保证在保证人和债权人之间的效力

1. 债权人对保证人享有履行到期债务请求权。在债务人不履行或不能履行到期债务时，债权人基于保证合同有权请求保证人承担保证债务或保证责任。当保证人破产时，债权人亦可基于此权利以破产债权人身份加入保证人的破产财团中参与破产分配。

2. 保证人对债权人的抗辩权。当保证人对债权人履行保证义务或承担保证责任时，保证人实际上取代了债务人地位，因此，债务人对债权人享有的抗辩权，保证人均可单独行使以对抗债权人，即使债务人放弃其抗辩权，保证人对债权人仍然可以行使抗辩权。

3. 一般保证人的先诉抗辩权。先诉抗辩权是保证人依其地位可以享有的特殊权利，这种权利的行使可以达到延期履行保证债务的结果，其性质上属延期履行的抗辩权。

（何利　撰写）

第六百九十七条　【债务转移对保证责任的影响】债权人未经保证人书面同意，允许债务人转移全部或者部分债务，保证人对未经其同意转移的债务不再承担保证责任，但是债权人和保证人另有约定的除外。

第三人加入债务的，保证人的保证责任不受影响。

【法条链接】

《担保法》第23条、第24条；《担保法解释》第29条

【立法背景】

1995 年《担保法》第 23 条规定，保证期间，债权人许可债务人转让债务的，应当取得保证人书面同意，保证人对未经其同意转让的债务，不再承担保证责任。第 24 条规定，债权人与债务人协议变更主合同的，应当取得保证人书面同意，未经保证人书面同意的，保证人不再承担保证责任。保证合同另有约定的，按照约定。

2000 年《担保法解释》第 29 条规定，保证期间，债权人许可债务人转让部分债务未经保证人书面同意的，保证人对未经其同意转让部分的债务，不再承担保证责任。但是，保证人仍应当对未转让部分的债务承担保证责任。

《民法典合同编（草案）》（二审稿）第 487 条规定，债权人在保证期间内未经保证人同意，允许债务人转移全部或者部分债务，保证人对未经其同意转移的债务不再承担保证责任，但是保证合同另有约定的除外。在保证期间内，第三人加入债务的，保证人的保证责任不受影响。第 488 条规定，一般保证的保证人在主债务履行期限届满后，向债权人提供债务人可供执行财产的真实情况，债权人放弃或者怠于行使权利致使该财产不能被执行的，保证人在其提供可供执行财产的价值范围内免除保证责任。

2019 年《民法典（草案）》（征求意见稿）的内容为，债权人未经保证人书面同意，允许债务人转移全部或者部分债务，保证人对未经其同意转移的债务不再承担保证责任，但是债权人和保证人另有约定的除外。第三人加入债务的，保证人的保证责任不受影响。

【条文解读与法律适用】

一、本条规定的是债务转让与保证责任

（一）新债务人履行义务的能力直接决定或者影响担保人的保证责任范围

债务人在转让其债务以后，新的债务人是否具有履行债务的能力，或者是否为诚实守信的商人等，这些都是担保人无法预知的。因此，债务的转让有可能损害担保人的利益。如果允许债务人随意转让债务，而受让人没有能

力履行债务或者有能力履行而不愿意履行债务，将直接导致担保人对债务履行的补充责任变成主要责任，增加担保人的担保责任。

（二）应当以法定形式保障保证人的保证责任安全

保证合同依法成立以后，保证人在保证合同关系中只尽实体义务不享实体权利，不占优势地位。如果债务人与债权人恶意串通，或者债务人与转让人恶意串通都可能会损害保证人的实体利益。为了促进担保法律关系主体之间的法律利益的平衡，在保证人无法保障自己的合法利益的背景下，只有以法定的方式来加强对保证人的利益保护，才能实现保证合同关系中的利益平衡，才能更好地促进交易安全，促进我国经济发展。

二、本条的基本含义

（一）债务的转让不得侵犯保证合同的独立性

保证债务虽附从于主合同债务，但并非主合同债务的一部分，而是另一个独立的债务，在所附从的主合同债务的范围内仍然具有独立性，债务人转移全部或者部分债务，同样需要征得保证人的同意。按照保证合同为书面的要求，保证人同意债务人转移全部或者部分债务，同样需要保证人以书面形式予以同意。除非债权人和保证人达成了为转移全部或者部分债务继续担保的协议。因此，本条第 1 款规定债权人未经保证人书面同意，允许债务人转移全部或者部分债务，保证人对未经其同意转移的债务不再承担保证责任，但是债权人和保证人另有约定的除外，这也充分体现了民事行为由当事人意思自治。

（二）保证责任不因第三人加入债务而改变

第三人加入债务形成债务的分担，实际有利于保证人保证压力的减轻。第三人加入债务可以不经过保证人的同意。但是若第三人和债权人没有免除保证人的责任或者原债务人的债务，保证人的保证责任范围不发生变化。因此，本条第 2 款规定第三人加入债务的，保证人的保证责任不受影响。

三、需要注意的问题

要注意保护保证人的追偿权、代位权和免责请求权。

（一）保证人追偿权

按照我国《担保法》第 31 条的规定，保证人的追偿权是指保证人履行了保证债务或承担了保证责任后，得向主债务人请求偿还的权利。

保证人追偿权构成要件：一是保证人已经履行了保证债务，这是保证人追偿权成立的基础。二是保证人的清偿行为导致了主债务或者部分主债务的消灭。保证人的履行行为与债务受偿结果存在因果关系。追偿权行使的范围限制在保证人清偿主债务的范围内。三是保证人的清偿必须是无过失的。尽到善良管理人的注意义务，不得因其清偿行为使债务人的利益遭受损害。否则，因保证人的过失清偿行为导致债务人利益受损失的，在债务人所失利益范围内，保证人无追偿权。例如保证人明知或应知债务人享有对债权人的抗辩权，却仍为债务清偿，或保证人清偿后，怠于通知债务人，致使善意债务人重复清偿。发生上述情形，均会导致保证人丧失追偿权。

但在特殊情况下，保证人追偿权的成立不受此限制，即根据《担保法》第 32 条的规定，人民法院受理债务人破产案件后，债权人未申报债权的，保证人可以参加破产财产分配，预先行使追偿权。

（二）保证人代位权

保证人代位权是指保证人在履行了保证债务后，即取代了债权人的地位行使原债权人的权利。[①] 保证人的代位权实质上是债权的法定移转，即债权人在其债权得到保证人清偿后，应将其对债务人的债权移转于保证人。如《德国民法典》第 774 条就明确规定："在保证人向债权人清偿的限度内，债权人对主债务人的债权移转于保证人。"传统民法理论认为，债权的法定移转是确保保证人追偿权行使的方式，追偿权与代位权在保证法律关系当中并存，保证人可以择一行使。但保证人的代位权与追偿权是性质不同的两种权利，二者不能互相替代。我国担保法未规定保证人的代位权。[②]

（三）保证人的免责请求权

保证人的免责请求权是指保证人基于法定事由向主债务人主张免除其保证责任的权利。保证人行使免责请求权，是为了避免保证人清偿后因不能实现追偿权而遭受损失，因此。在出现主债务人的财产明显减少，主债务人住所、营业所或居所变更致对主债务人的权利追诉发生重大困难或主债务人履行债务迟延等情况时，依德国民法规定，保证人均可主张免责请求权。免责

---

① 陈本寒主编：《担保法通论》，武汉大学出版社 1999 年版，第 92 页。

② 李少伟主编：《合同法（第六版）》，法律出版社 2015 年版，第 129 页。

请求权是对保证人利益进行事先保护的一种救济措施，我国担保法只规定了预先追偿权的行使，并未赋予保证人以免责请求权。①

（何利　撰写）

第六百九十八条　【主债权怠于行使与一般保证人的免责】一般保证的保证人在主债务履行期限届满后，向债权人提供债务人可供执行财产的真实情况，债权人放弃或者怠于行使权利致使该财产不能被执行的，保证人在其提供可供执行财产的价值范围内不再承担保证责任。

【法条链接】

《担保法》第 28 条；《担保法解释》第 24 条

【立法背景】

1995 年《担保法》第 28 条规定，同一债权既有保证又有物的担保的，保证人对物的担保以外的债权承担保证责任。债权人放弃物的担保的，保证人在债权人放弃权利的范围内免除保证责任。

2000 年《担保法解释》第 24 条规定，一般保证的保证人在主债权履行期间届满后，向债权人提供了债务人可供执行财产的真实情况的，债权人放弃或者怠于行使权利致使该财产不能被执行，保证人可以请求人民法院在其提供可供执行财产的实际价值范围内免除保证责任。

2019 年《民法典合同编（草案）》（二审稿）第 488 条规定，一般保证的保证人在主债务履行期限届满后，向债权人提供债务人可供执行财产的真实情况，债权人放弃或者怠于行使权利致使该财产不能被执行的，保证人在其提供可供执行财产的价值范围内不再承担保证责任。

---

① 李少伟主编：《合同法（第六版）》，法律出版社 2015 年版，第 129 页。

2019年《民法典（草案）》（征求意见稿）的内容为，一般保证的保证人在主债务履行期限届满后，向债权人提供债务人可供执行财产的真实情况，债权人放弃或者怠于行使权利致使该财产不能被执行的，保证人在其提供可供执行财产的价值范围内不再承担保证责任。

【条文解读与法律适用】

一、本条规定的是主债权怠于行使与一般保证人的免责

（一）一般保证人向债权人提供债务人可供执行财产的法律意义

债权是债权人得请求他人为一定行为（包括作为或不作为）的民法上的权利。在主债务履行期限届满后，债权人应当要求债务人或者保证人履行债务，履行债务的方式主要是支付金钱、交付物品、作出一定行为或者不能作出一定行为。在一般保证合同中，债权人应当首先要求债务人履行债务，一般保证人只在债务人不能履行的债务范围内承担保证责任。

一般保证人在主债务履行期限届满后，向债权人提供债务人可供执行财产的真实情况以后，债权人应当积极采取措施让债务人将财产变价，从中优先受偿。债权人不采取措施让债务人将财产变价，应当视为对自己债权的放弃，一般保证人对此财产同价范围内的主债务不承担补充责任。

（二）在债权人怠于行使主债权的前提下应当保护一般保证人

主债权人放弃第三人担保的，无论放弃的是保证还是物保，其他担保人都在被放弃的担保应承担的份额内免责，如《德国民法典》第776条规定，债权人放弃第三人担保的，其具体数额依据比例法确定。此时，其他担保人相应范围内的担保债务消灭，而不是产生抗辩权。《法国民法典》第2314条规定，债权人的行为导致保证人不能代位行使债权人的权利、抵押权与优先权时，保证合同即解除。这种效力源于连带责任的涉他事项，债权人放弃部分担保相当于免除部分债务人的债务，对其他债务人发生法律效力。上述规定其目的当为保护担保人。

二、条文解读

为了防止主债权人放弃债务人物的担保，积极保护一般保证人的权利，形成主债权人、主债务人和一般保证人的利益平衡。本条规定，一般保证的

保证人在主债务履行期限届满后，向债权人提供债务人可供执行财产的真实情况，是一般保证的保证人在积极履行保证债权人实现债权的义务。因此，债权人放弃或者怠于行使权利致使该财产不能被执行的，债权人自行承担对自己不利的法律后果，即保证人在其提供可供执行财产的价值范围内不再承担保证责任。

三、需要注意的问题

（一）保证合同无效且保证人没有过错的免责

《担保法》第30条规定："有下列情形之一的，保证人不承担民事责任：（一）主合同当事人双方串通，骗取保证人提供保证的；（二）主合同债权人采取欺诈、胁迫等手段，使保证人在违背真实意思的情况下提供保证的。"

（二）同一债权既有保证又有物的担保的，有约定从约定，无约定的物的担保优先

《物权法》第176条规定："被担保的债权既有物的担保又有人的担保的，债务人不履行到期债务或者发生当事人约定的实现担保物权的情形，债权人应当按照约定实现债权；没有约定或者约定不明确，债务人自己提供物的担保的，债权人应当先就该物的担保实现债权；第三人提供物的担保的，债权人可以就物的担保实现债权，也可以要求保证人承担保证责任。提供担保的第三人承担担保责任后，有权向债务人追偿。"

（三）债权人放弃部分担保的免责规则

这一规则可表述为有多个担保人的债权人，如果放弃部分担保人提供的担保或减损其效力，其他担保人的担保责任按比例消灭。因为在同一个债权中，存在多个担保时，债权人若放弃部分担保或缩减其部分担保的效力，必然影响其他担保人的利益。债权人可能损害担保人利益的情形包括两种。

其一，债权人放弃担保。放弃担保包括全部放弃和部分放弃债务人的物保和放弃第三人提供的物保和保证。放弃债务人提供的担保的，其他担保人在其放弃的范围内相应免责。依据我国《物权法》第194条第2款、第218条和《担保法解释》第75条第1款，债权人放弃债务人提供的担保物权的，其他担保人在债权人丧失优先受偿权益的范围内免除担保责任。如债务人提供了价值200万元的房产担保债权人的500万元债权，保证人提供全额保证。债权人放弃对房屋的抵押权时，保证人的担保范围即免除房产价值200万元

的担保额度，担保范围缩小为300万元。

其二，减损担保效力。债权人减损担保效力的行为包括改变抵押权顺位、怠于保全抵押权、对质物保管不善导致质物毁损灭失或贬值、不及时行使担保物权或未在保证期间主张保证债权等，其结果是导致担保价值减损。此时，其他担保人的责任在担保价值减损的范围内按比例消灭。

（何利　撰写）

第六百九十九条　【共同保证】同一债务有两个以上保证人的，保证人应当按照保证合同约定的保证份额，承担保证责任；没有约定保证份额的，债权人可以请求任何一个保证人在其保证范围内承担保证责任。

【法条链接】

《担保法》第 12 条；《担保法解释》第 19 条

【立法背景】

1995 年《担保法》对共同保证有所规定，具体为第 12 条："同一债务有两个以上保证人的，保证人应当按照保证合同约定的保证份额，承担保证责任。没有约定保证份额的，保证人承担连带责任，债权人可以要求任何一个保证人承担全部保证责任，保证人都负有担保全部债权实现的义务。已经承担保证责任的保证人，有权向债务人追偿，或者要求承担连带责任的其他保证人清偿其应当承担的份额。"《担保法解释》第 19 条规定："两个以上保证人对同一债务同时或者分别提供保证时，各保证人与债权人没有约定保证份额的，应当认定为连带共同保证。连带共同保证的保证人以其相互之间约定各自承担的份额对抗债权人的，人民法院不予支持。"司法解释进一步规定，当保证人与债权人没有约定保证份额时，即使共同保证人之间存在内部约定，但并不能以此对抗债权人，而仍应当承担连带责任。一般认为，《担保法》第

12 条是我国对共同保证的主要法律规定，但是这条法律规定得甚为混乱和模糊，致使歧义丛生，加之我国法学界对共同保证的理论缺乏深入研究，没有成熟的理论成果可资借鉴，而使得该法条在司法实践中难以很好地适用。[①]《担保法》第 12 条的规定存在不够周延的问题：该法条规定的情形仅适用于保证人皆约定担保份额，或是皆未约定担保份额的情况。如果部分担保人与债权人约定了担保份额，部分担保人未约定，根据该条规定，并不能按照第一种情况即存在保证份额的情况，要求保证人按保证份额承担保证责任，因为有的担保人未约定保证份额，也不能按照第二种情况即没有约定保证份额的情况，要求任何一个保证人承担全部保证责任，因为有的保证人是约定了保证份额的。

与《担保法》第 12 条相比，民法典作了较大的修改：一是将《担保法》第 12 条的第三句，单列为第 700 条，并进行了修改（见下条），此处不再展开；二是在第 699 条中，对于“没有约定保证份额”的情形，删除了“保证人承担连带责任”这一规定，并对保证人承担的责任进行了一些修改。和担保法及其司法解释相比，民法典的规定更加周延合理，也更贴合实际情况。

【条文解读与法律适用】

一、共同保证的含义

对于共同保证的含义，大致可分为广义、狭义与最狭义三种观点。数人对同一债务的履行所提供的保证，即为共同保证，按照各保证人的保证份额及其相互关系不同，共同保证又分为按份共同保证与连带共同保证两种基本形态，此种共同保证为广义的共同保证；也有学者将数人对同一债务所提供的保证称为“数人保证”，其中，各保证人依照约定的份额对债权人承担保证责任的，为按份保证，而各保证人对所保证之债务的履行向债权人承担连带责任的，方为共同保证，即共同保证仅指有连带责任的数人保证，此可谓狭义上的共同保证；最狭义的共同保证，如《苏俄民法典》第 204 条第 3 款所规定的：“数人共同提出保证，于无特约时对债权人负连带责任的，为共同保证。”[②]

---

① 桂菊平：《共同保证的几个理论问题》，载《法学研究》1997 年第 6 期。

② 刘保玉：《共同保证的结构形态与保证责任的承担》，载《中国法学》2003 年第 2 期。

根据本条的规定，我国法律对于共同保证采取的是广义说，即数人对于同一债务所提供的保证，构成共同保证。

二、法条的具体适用

本条对多人保证情况下保证人如何承担保证责任进行了规定。根据本条，当同一债务有两个以上保证人时，若保证人与债权人约定了保证份额，则保证人仅需按照保证合同约定的份额承担保证责任，对约定份额范围外的债务无需承担任何责任，即承担按份共同保证责任；若保证人与债权人之间没有约定保证份额，则债权人可以请求任何一个保证人在其保证范围内承担保证责任。由于本条删除了“保证人承担连带责任”这一规定，根据我国《民法总则》第178条第3款“连带责任，由法律规定或者当事人约定”以及《民法典》第178条第3款“连带责任，由法律规定或者当事人约定”的规定可知，除非保证人之间存在约定，否则多个保证人之间不再是连带责任的关系。因此，对于未约定保证份额的情况，共同保证人对外需承担全部债务，对内的话，由于共同保证人之间若无特殊约定不存在联系，因此不存在分摊的情况。

当存在多人保证时，如果是保证人与债权人之间皆约定担保份额，或是皆未约定担保份额，直接适用法条即可。比较复杂的是，如果部分担保人与债权人约定了担保份额，部分担保人未约定担保份额，这种情况下法条应当如何适用？这是担保法面临的实际问题。例如，对于一笔100万元的债务，甲担保50万元，乙未与债权人约定担保份额。此时，根据本条规定，债权人可以根据保证合同约定的保证份额，要求甲清偿50万元，也可以要求乙清偿100万元。因此，本条很好地解决了担保法规定不够周延的问题。

（陈泽宇　撰写）

第七百条　【保证人的追偿权】保证人承担保证责任后，除当事人另有约定外，有权在其承担保证责任的范围内向债务人追偿，享有债权人对债务人的权利，但是不得损害债权人的利益。

【法条链接】

《担保法》第 12 条;《物权法》第 176 条、第 178 条;《担保法解释》第 38 条;《全国法院民商事审判工作会议纪要》第 56 条

【立法背景】

本条对《担保法》第 12 条的第 3 句做了一定的修改,《担保法》第 12 条第 3 句为:“已经承担保证责任的保证人,有权向债务人追偿,或者要求承担连带责任的其他保证人清偿其应当承担的份额。”本条删除了“要求承担连带责任的其他保证人清偿其应当承担的份额”,明确了保证人享有的追偿权,还增加了“但是不得损害债权人的利益”这句话。本条的修改和本法第 699 条中删除“保证人承担连带责任”这一修改相承接,除当事人另有约定外,共同保证人之间不再享有追偿权。

在目前的法律规定中,《担保法》第 12 条,《担保法解释》第 19 条至第 21 条、第 38 条第 1 款和《物权法》第 176 条,《担保法解释》第 75 条分别就共同保证、混合共同担保以及共同抵押规定了不同的共同担保法律规则,这使得在司法实践中法律的适用出现了极大的混乱。按照《物权法》第 176 条的规定,在混合共同担保中,“提供担保的第三人承担担保责任后,有权向债务人追偿”,而在《担保法解释》第 38 条第 1 款中,则是既可以“向债务人追偿,也可以要求其他担保人清偿其应当分担的份额”。同时,《物权法》第 178 条规定,“担保法与本法的规定不一致的,适用本法”。《全国法院民商事审判工作会议纪要》第 56 条也规定:“被担保的债权既有保证又有第三人提供的物的担保的,《担保法解释》第 38 条明确规定,承担了担保责任的担保人可以要求其他担保人清偿其应当分担的份额。但《物权法》第 176 条并未作出类似规定,根据《物权法》第 178 条关于‘担保法与本法的规定不一致的,适用本法’的规定,承担了担保责任的担保人向其他担保人追偿的,人

民法院不予支持，但担保人在担保合同中约定可以相互追偿的除外。”① 可见，将共同保证人之间的追偿权删除，有利于统一相关规定，实践中也更好操作。

【条文解读与法律适用】

一、追偿权与代位权的区分

保证人的追偿权与代位权是两个比较容易混淆的概念，也有一些学者认为保证人的追偿权和代位权是同一内容，实际上这两者有明显的区别。

首先，追偿权与代位权产生的基础法律关系不同。保证人的追偿权产生的基础在于保证人与债务人之间的法律关系，而代位权则是为确保追偿权的实现而产生的。其次，两者的法律性质不同。保证人的追偿权是指保证人在根据保证合同向债权人偿还债务以后享有的向债务人请求偿还的权利，而代位权则是在保证人履行债务后，取代债权人的地位向债务人行使债权人的权利。最后，两者的功能不同。保证人的追偿权是一种依法产生的新的权利，保证人仅凭借追偿权不得过问原债权的担保；而由于代位权在求偿范围内承受债权人的权利属于债权的法定转移，其效力与债权让与相同，因此，保证人不仅可以向债务人要求原债权的清偿，也可以向原担保人要求原债权的担保。此外，在诉讼时效、权利行使的程序、抗辩事由和利息方面，追偿权与代位权均存在差异。②

二、本条规定的是保证人的追偿权

从本条以及《民法典》其他的相关规定可以明确，本条规定的是保证人的追偿权。

首先，本条明确规定，保证人“有权在其承担保证责任的范围内向债务人追偿”，而未规定保证人有向其他担保人请求清偿其应当承担的份额的权利。即保证人仅享有向债务人追偿的权利。本条还规定，保证人在承担保证责任后，“享有债权人对债务人的权利”，即保证人仅承担“债权人对债务人

---

① 参见石冠彬在《民法典合同编分则草案立法研讨会（一）丨实录》上的发言，https：//mp. weixin. qq. com/s/KgLCBOPWUltyL9uUL7fEcg，最后访问时间：2020 年 3 月 3 日。

② 程啸、王静：《论保证人追偿权与代位权之区分及其含义》，载《法学家》2007 年第 2 期。

的权利”，而非债权人对债务人和保证人的权利，因此，本条规定的是保证人的追偿权。

其次，联系本法第699条相对于担保法的修改可知，在当事人无明确约定下，保证人与债权人之间没有约定保证份额，多个保证人之间不再是连带责任的关系，即不再是共同连带保证，故保证人之间也没有进行相互追偿的基础。

最后，《民法典》第392条涉及人保和物保并存时的实行规则，这条也同样规定了“提供担保的第三人承担担保责任后，有权向债务人追偿”。

（陈泽宇　撰写）

第七百零一条　【保证人的一般抗辩权】保证人可以主张债务人对债权人的抗辩。债务人放弃抗辩的，保证人仍有权向债权人主张抗辩。

【法条链接】

《担保法》第20条

【立法背景】

《担保法》第20条规定：“一般保证和连带责任保证的保证人享有债务人的抗辩权。债务人放弃对债务的抗辩权的，保证人仍有权抗辩。抗辩权是指债权人行使债权时，债务人根据法定事由，对抗债权人行使请求权的权利。”本条对《担保法》第20条做了稍许修改，一是删除了抗辩权的定义，二是删除了“保证人”前面的“一般保证和连带责任保证”这一定语。《担保法》第20条在对抗辩权下定义时，强调抗辩权的行使是根据“法定事由”，这一强调似有过分强调权利行使的法定原因而忽视当事人意思自治的嫌疑。[①] 本条

---

① 费安玲：《论保证人抗辩权》，载《政法论坛（中国政法大学学报）》2000年第1期。

相对于《担保法》的修改使得用语更加简练，且在含义表达上更为准确。

抗辩权是指在权利人行使其请求权时，义务人享有的拒绝其请求的权利。保证人拥有抗辩权这一制度设计是法律用于平衡保证合同及其相关合同的不同当事人利益的。本条规定的抗辩权是基于主债务人所有的抗辩权而享有的抗辩权，是基于保证人的特有地位而发生的。

保证合同具有从属性与独立性并存的特点：一方面，保证合同是主债权债务合同的从合同；另一方面，保证合同又具有独立性，保证人具有独立的人格，并不依附于债务人。正是因为保证合同从属性与独立性并存的特点，故保证人既享有债务人的抗辩权，也享有债务人所不能享有的专有抗辩权，例如主债务擅自扩大抗辩权、主债务人擅自变更抗辩权等。①

由于保证合同的从属性，如果主债务人对债权人主张抗辩权，其效力自应及于保证人。如果主债务人不主张抗辩权（即明示或者默示抛弃抗辩权），保证人也能够主张主债务人享有的抗辩权。否则，势必使保证债务的强度超出主债务，违背保证合同的从属性。②

保证人基于主债务人的抗辩权而享有的抗辩权，称为保证人的一般抗辩权。

【条文解读与法律适用】

一、一般抗辩权行使的前提

抗辩权的作用在于防御，而非进攻，因此，保证人行使一般抗辩权的前提是债权人请求权的行使。保证人要行使一般抗辩权，首先应当是债权人行使了其请求权，且存在有效的抗辩事由。即保证人不能以一般抗辩权的事由主动提起请求对债权人进行抗辩。

二、债务人放弃抗辩的，一般抗辩权不受影响

本条第二句规定“债务人放弃抗辩的，保证人仍有权向债权人主张抗辩”，即保证人主张抗辩之利益，不应因主债务人之行为而丧失。这一规定能

---

① 费安玲：《论保证人抗辩权》，载《政法论坛（中国政法大学学报）》2000 年第 1 期。

② 尹腊梅：《保证人抗辩权的类型化及其适用》，载《法学杂志》2010 年第 4 期。

够维护保证人的合法权益，防止债权人和债务人之间恶意串通骗取保证人担保。

三、一般抗辩权的类型

保证人的一般抗辩权是基于主债务人的抗辩权，因此，保证人享有的一般抗辩权的类型与债务人的抗辩权是一致的，主要有无效抗辩权、不安抗辩权、同时履行抗辩权、主债消灭抗辩权。

（一）无效抗辩权

如果保证所担保的主合同是无效合同或可撤销合同，保证人就可以行使主债务人的无效抗辩权或撤销抗辩权。主合同为无效合同或撤销合同的事由，可参考《合同法》第 52 条、第 54 条，这两个法条分别规定了无效合同和可撤销合同的类型，或参考《民法典》第 146 条对于无效的民事法律行为的规定和第 147 条至第 151 条对可撤销的民事法律行为的规定。

（二）不安抗辩权和同时履行抗辩权

不安抗辩权是指在规定履行顺序的双务合同中应当先履行债务的当事人有证据证明对方不能履行债务或者有不能履行债务的可能的情形存在时，在对方没有履行或者没有提供担保之前，有中止合同履行的权利。不安抗辩权的行使，要求满足一定的前提条件，即保证人必须有确切证据证明债权人不能履行债务或有不能履行债务的可能性，如存在下列情形：经营状况严重恶化；转移财产、抽逃资金，以逃避债务；丧失商业信誉等。[①] 同时履行抗辩权则是指在没有规定履行顺序的双务合同中，双方当事人互负对待给付义务，在一方当事人未按约定履行义务之前，另一方有权拒绝其相应的履行要求，除非双方另有约定。保证人的同时履行抗辩权和不安抗辩权在性质上属于延缓抗辩权。

（三）主债消灭抗辩权

由于保证具有从属性，因此当主合同消灭的时候，保证也随之消灭，债权人提出的任何履行请求，保证人即可行使抗辩权，主张免责。引起主债消灭的原因有：债务人按约履行债务；诉讼时效已过；债权债务归于一人等。[②]

---

① 徐雅丽：《略论保证人的权利》，载《辽宁师专学报（社会科学版）》2002 年第 4 期。

② 吴建依、黄贤宏：《试论保证人的一般抗辩权》，载《当代法学》2002 年第 11 期。

四、保证人不行使一般抗辩权是否会影响保证人的追偿权

抗辩权属于保证人的权利，故保证人有权决定是否援用主债务人对债权人的抗辩权。原则上，保证人未援用主债务人对债权人的抗辩权的，不影响保证人的追偿权，但特殊情况下，保证人不行使抗辩权可能会对保证人的追偿权有影响。

若主债务人对债权人享有抗辩权，且主债务人已经对债权人行使了抗辩权，若保证人未行使一般抗辩权，则保证人承担责任后，不能对债务人行使追偿权。例如，甲向乙借款 100 万元，丙为甲提供担保，借款到期后甲未归还，而乙怠于主张债权。在诉讼时效过后，乙向甲主张债权，甲以债权已过诉讼时效为由抗辩。乙又向丙要求承担保证责任，丙若偿还 100 万元后，不能向甲行使追偿权。这是因为保证具有从属性的特点，保证债权从属于主债权，基于内容和范围上的从属性，保证债权一定要小于或者等于主债权。[①]

（陈泽宇　撰写）

第七百零二条　【保证人拒绝履行权】债务人对债权人享有抵销权或者撤销权的，保证人可以在相应范围内拒绝承担保证责任。

【法条链接】

《民法典》第 701 条；《担保法》第 20 条

【立法背景】

本条是新增条款。《民法典》第 701 条规定了保证人享有一般抗辩权。本条规定中涉及的抵销权和撤销权属于形成权，形成权是指依照权利人单方意思表示就可以使已经成立的民事法律关系发生变化的权利，此类形成权在客

---

① 黄徐前：《保证人是否必须援用主债务人对债权人的抗辩权》，https：//mp. weixin. qq. com/s?src = 11×tamp = 1583338528&ver = 2196&signature = A8HjiB9zOcs7axAOFuaGP0dHo11XoqCjwmAChcB6bif9t1lb40FenQhuisVw6YNX19x1XER * V - 1WESQATxR76XfDwvgajzRhXIN * nk1PfFTLAF3hDiTeA8UMmIa6O8Gi&new = 1，最后访问时间：2020 年 3 月 5 日。

观上有阻却债权人请求力的效力。基于债务人的抵销权或者撤销权，保证人可以此拒绝履行相应的保证责任。

在主债务人对主债务享有抵销权或者撤销权的情况下，如果主债务人主张了该形成权，导致主债务因而归于消灭，则保证债务自然也随之消灭，保证人即可主张主债消灭抗辩权；但若主债务人未主张该消灭权，主债权债务关系因形成权的“存在却尚未被行使”可能处于不确定的状态，在除斥期间届满之前，此时是否赋予保证人以抗辩权?[①] 根据我国《担保法》第20条的规定，按照严格的文义解释，“保证人享有债务人的抗辩权”，即主债务人的形成权并不构成保证人据以享有抗辩权的基础。这使得保证人的抗辩权少于传统民法，在一定程度上打破了权利和义务之间的平衡关系。而民法典通过本条的规定，明确了当债务人享有撤销权或抵销权时，保证人可基于债务人的形成权享有拒绝履行的权利，以此为债权人利益和保证人利益提供平衡保护，完善了保证人的救济机制。

【条文解读与法律适用】

一、基于抵销权的拒绝履行

抵销是指双方互负同类给付债务时，各以其债权充当债务的清偿，而使其债务与对方的债务在对等额内相互抵销。保证人要享有基于抵销权的抗辩，有以下需要注意的地方。一是，主债务人应当享有符合法律规定的抵销权。我国《合同法》第91条第3项规定合同的权利义务可以债务相互抵销的方式来实现。第99条又规定：“当事人互负到期债务，该债务的标的物种类、品质相同的，任何一方可以将自己的债务与对方的债务抵销，但依照法律规定或者按照合同性质不得抵销的除外。当事人主张抵销的，应当通知对方。通知自到达对方时生效。抵销不得附条件或者附期限。”第100条规定：“当事人互负债务，标的物种类、品质不相同的，经双方协商一致，也可以抵销。”根据这些规定可知，我国合同法上目前只承认法定抵销与意定抵销。法定抵销权的要件是：（1）当事人之间互负债务，互享债权；（2）债务已届清偿

---

① 尹腊梅：《保证人抗辩权的类型化及其适用》，载《法学杂志》2010年第4期。

期；(3) 债务标的物种类、品质相同，即必为同类给付；(4) 双方当事人的债务均不属于不能抵销的债务。二是，抵销权属于形成权的一种，保证人并不能直接行使主债务人的抵销权，而只能消极防御。如果保证人可行使主债务人的抵销权，将会极大扩展保证人的救济途径，但却会剥夺主债务人意思自治之自由，因此本条仅规定在债务人享有抵销权的情况下，保证人可以在相应范围内拒绝承担保证责任，即保证人仅能因主债务人的抵销权而暂时拒绝给付。三是，只有在债务人未行使抵销权的前提下，保证人才能基于债务人的抵销权在保证范围内不承担保证责任。四是，若债务人行使抵销权被依法认定无效，则保证人不能再以债务人享有抵销权而拒绝承担保证责任。

二、基于撤销权的拒绝履行

《合同法》第 54 条规定："下列合同，当事人一方有权请求人民法院或者仲裁机构变更或者撤销：(一) 因重大误解订立的；(二) 在订立合同时显失公平的。一方以欺诈、胁迫的手段或者乘人之危，使对方在违背真实意思的情况下订立的合同，受损害方有权请求人民法院或者仲裁机构变更或者撤销。当事人请求变更的，人民法院或者仲裁机构不得撤销。"民法上设立一般撤销权的目的在于贯彻意思自治原则，当合同双方存在意思表示不真实的行为时，允许当事人将该行为撤销，从而保障撤销权人的意志和利益。

保证人要享有基于债务人撤销权的抗辩，需要注意以下几点。一是，撤销权属于形成权的一种，其具有行使上的专属性，即只有债务人才能行使，保证人不能直接行使撤销权。二是，保证人虽不能直接行使撤销权，但能基于撤销权对债权人提出抗辩，拒绝在保证范围内承担保证责任。三是，只有在主债务人因受欺诈、胁迫等原因而享有撤销权，又尚未主张该撤销权且未经过除斥期间而消灭时，保证人才能以此为由拒绝承担保证责任。四是，当主债务人的撤销权依法被认定为无效后，保证人不得以主债务人有撤销权而拒绝承担保证责任。

（陈泽宇　撰写）

第十四章 租赁合同

第七百零六条 【未办理登记备案手续对租赁合同效力的影响】 **当事人未依照法律、行政法规规定办理租赁合同登记备案手续的，不影响合同的效力。**

【法条链接】

《民法典》第 502 条；《合同法》第 44 条；《城市房地产管理法》第 54 条；《城市房屋租赁管理办法》；《商品房屋租赁管理办法》

【立法背景】

相较于 1999 年《合同法》，本条系新增内容，对于租赁合同效力的独立性作出了明确规定，即明确租赁合同效力不因未依照法律、行政法规规定办理登记手续而受影响。

《民法典》第 502 条对合同效力作出规定，相较于 1999 年《合同法》第 44 条，更为清晰全面。“依法成立的合同，自成立时生效，但是法律另有规定或者当事人另有约定的除外。依照法律、行政法规的规定，合同应当办理批准等手续的，依照其规定。未办理批准等手续影响合同生效的，不影响合同中履行报批等义务条款以及相关条款的效力。应当办理申请批准等手续的当事人未履行义务的，对方可以请求其承担违反该义务的责任。依照法律、行政法规的规定，合同的变更、转让、解除等情形应当办理批准等手续的，适用前款规定。”

租赁合同系诺成性合同，一般情况下，合同自成立时即生效，但需要注意的是，我国对于一些特定物的租赁，如房屋租赁实行备案登记制度。早在1983年国务院颁布的《城市私有房屋管理条例》就规定房屋租赁合同需登记备案，此后各省市大都制定了关于该条例的实施细则、实施办法等，明确规定城市私有房屋租赁合同应到房屋所在地房管机关登记或备案。虽该条例现已废止，但1994年制定并几经修正的《城市房地产管理法》第54条亦对房屋租赁合同需向房产管理部门登记备案的要求予以延续。1995年建设部《城市房屋租赁管理办法》以及2010年住房和城乡建设部发布的《商品房屋租赁管理办法》也对房屋租赁实行登记备案制度作出明确规定。这种备案登记的性质如何认定，是否属于法律、行政法规规定应当办理批准等手续生效的特殊情形，未办理备案登记是否影响租赁合同效力，在理论与实务界存在不同理解。本条即对以上问题作出清晰的回应，确立租赁合同效力的独立性，明确当事人未依照法律、行政法规规定办理租赁合同登记备案手续的，不影响合同的效力。

【条文解读与法律适用】

一、合同生效的要件

合同的成立与合同生效系不同范畴，通常而言，在符合一定要件时使当事人的合意成为合同，合同即可成立。而合同的生效，是指成立了的合同依当事人合意的内容发生效力。正因为两者法律意义有所不同，有必要对合同的生效要件予以明确。1999年《合同法》第44条已规定“依法成立的合同，自成立时生效。法律、行政法规规定应当办理批准、登记等手续生效的，依照其规定”。而在该法第十三章租赁合同中，并未就租赁合同生效条件作出特殊规定。此次民法典中，对于未办理批准等手续的合同，又进一步明确为合同不生效，但是不影响合同中履行报批等义务条款以及相关条款的效力。应当办理申请批准等手续的当事人未履行义务的，对方可以请求其承担违反该义务的责任。同时，增加对于法律、行政法规规定合同的变更、转让、解除等情形应当办理批准等手续生效的等情形的适用规定。

二、租赁合同备案登记对租赁合同效力的影响

如前所述，我国对于特定物的租赁，如房屋租赁采取备案登记制，对于

该备案登记的认识是我们判定其对租赁合同效力影响的关键因素。

（一）租赁权的性质

租赁权的性质在于一方以物租给他方使用收益，而他方支付租金，作为承租人的一方即享有占有租赁物并为之使用收益的权能。由于租赁的此种特性，目前多数观点认为租赁权是一种带有物权性质的权利，尤其是在以居住营业或农耕为目的而承租他人不动产时，各国立法为谋取社会生活的安定及增进，采取巩固承租人地位的方针，该现象称为租赁权的物权化①。这种物权化性质体现在四个方面：其一为对抗效力。有别于一般债权，承租人在租赁关系存续期间，可以以其租赁权对抗取得租赁物所有权或其他物权的人，而对租赁物使用、收益。其二为就租赁权的侵害所生对第三人的效力，包括损害赔偿请求权及妨害排除请求权。在租赁权受到侵害时，承租人可以基于对租赁房屋的占有享有占有保护请求权，请求加害人停止侵害、排除妨碍和赔偿损失。其三为租赁权处分的可能性。即赋予承租人在特定情形下可以转租或让与租赁权，如认可因承租人死亡而发生的租赁合同法定让与。其四为租赁权的永续性。相较于一般债权，房屋租赁期限通常时间较长，且具有延续性。

通常情况下，承租人的使用收益权能，仅得以对出租人主张，故由此只能产生债权的效力。所谓债权的物权化，仍未改变其实质上的债权特性，因承租人所享有的对租赁物的占有使用收益权来自租赁物的交付占有，但并不具备对租赁物独立支配的权利，在本质上符合债权的性质。只是因承租人占有租赁物而受到占有的保护，使租赁权具有了物权的某种权能表现。这种对于物权性质的吸纳，既是由于大陆法系国家债权物权二分论的限制，也基于保护承租人的现实需要。“债权的物权化理论是法学理论对社会生活的让步与妥协”②，该理论有限制地突破合同相对性，旨在维护房屋租赁关系的稳定，使承租人获得持续、安全的保障。

除此之外，对于租赁权的性质，又有物权说与一般债权说两种主要观点。

---

① 史尚宽著：《债法各论》，中国政法大学出版社2000年版。

② 最高人民法院民事审判第一庭编著：《最高人民法院关于审理城镇房屋租赁合同纠纷案件司法解释的理解与适用》，人民法院出版社2016年版，第226页。

否认租赁权有别于一般债权，难以解释其具有物权化的以上四种特性，肯定租赁权的物权说，又有违“物权法定”原则。故秉持租赁权的债权本质，并承认其具有一定的物权权能色彩，合乎理论与实践发展的需要。参照各国立法例，大陆法系中法国、德国、日本等国立法政策亦有逐渐将租赁权尤其房屋租赁权物权化之趋势，所以对“租赁权的法律性质也必须在其变迁推移中进行理解”。①

（二）我国租赁合同备案登记制度

我国租赁合同备案登记制度主要体现在房屋租赁方面。20 世纪八九十年代，市场经济日益发展、商事活动日趋繁荣，商品经济的流动性带来了人员的大量流动，随之而来的是房屋租赁交易量的极速增长。国家为了加强对房屋租赁的管理，通过立法开始推行房屋租赁登记备案制度。1983 年国务院《城市私有房屋管理条例》第 15 条即规定：“租赁城市私有房屋，须由出租人和承租人签订租赁合同，明确双方的权利和义务，并报房屋所在地房管机关备案。”虽该条例现已废止，但后续出台的相关法律法规对于房屋租赁合同需备案的规定予以延续。《城市房地产管理法》第 54 条规定：“房屋租赁，出租人和承租人应当签订书面租赁合同，约定租赁期限、租赁用途、租赁价格、修缮责任等条款，以及双方的其他权利和义务，并向房产管理部门登记备案。”2010 年《商品房屋租赁管理办法》第 14 条继续明确“房屋租赁合同订立后三十日内，房屋租赁当事人应当到租赁房屋所在地直辖市、市、县人民政府建设（房地产）主管部门办理房屋租赁登记备案。房屋租赁当事人可以书面委托他人办理租赁登记备案”。我国许多地、市也制定了相应的地方性法规及地方政府规章对房屋租赁加以强制性规定，要求出租房屋必须履行一定的手续，其中核发房屋租赁许可证、办理登记备案是较为普遍的做法。由此可见，我国现行法律法规规定房屋租赁合同需办理登记备案。

从房屋租赁的登记备案的历史沿革与具体内容来看，此种登记更多的是国家加强房屋租赁管理的一种行政手段，是国家通过立法对房屋租赁市场进行的调制行为，其中既有对房屋租赁市场的宏观调控行为（如市场指导价的

---

① ［日］我妻荣：《债权各论》（中卷一），徐进、李又又译，中国法制出版社 2008 年版，第 188 页。

制定、征收租赁收益的个人所得税等），也包括市场规制行为（如租赁合同审查、租赁合同双方当事人的保护等）。备案登记的主要内容是对租赁双方之间就房屋租赁签订的合同进行审查，包括出租人、承租人是否具备一定的条件，出租的房屋是否符合法律、行政法规的规定等。

（三）租赁权特性对备案登记性质认定的影响

因为租赁的特点和对租赁权性质的不同解读，对于因租赁而实行的备案登记性质相应产生不同的观点。以房屋租赁备案登记为例，此种备案登记仅为行政管理需要，还是具有物权公示登记效力，对于房屋租赁合同效力是否产生影响等问题长期以来存有争议，主要形成以下几种观点：一为合同成立要件说。该观点认为，只有经过了登记备案，房屋租赁关系才能成立，“房屋租赁书面合同签订之后，合同的双方当事人还须向房地产管理部门登记备案，否则，房屋租赁法律关系不成立”①。“双方当事人之间的房屋租赁法律关系是否成立，关键是要看有没有向房地产管理部门进行了登记备案。”② 二为合同不生效说。我国明确实行房屋租赁备案登记制度，则该登记是租赁合同成立生效的要件之一，即房屋租赁合同必须登记备案才能产生法律效力，如未进行备案登记，租赁合同就不能生效。三为合同有效说。房屋租赁合同未办理登记备案手续不影响合同的效力。虽然法律、行政法规规定房屋租赁双方应到房地产登记机构办理房屋租赁合同登记备案手续，但并未规定合同须经核准登记才能发生法律效力。登记备案是行政机关的事后审查行为，其本身不是合同生效的要件。四为对抗效力说。该观点认为，经过登记备案的房屋租赁合同，承租人才享有对抗第三人的效力，未经登记的只对合同双方当事人有约束力，但不能对抗租赁房屋的新所有权人和对抗后设立抵押权的抵押权人。③

基于此前对租赁权的分析，就法理而言，房屋租赁权在性质上仍属债权，并不需要特殊的对外公示方式，租赁合同系诺成性双务合同，因当事人意思表示一致而成立。房屋租赁合同是否生效，取决于合同当事人意思表示是否真实，合同订立的程序是否合法，以及合同的内容是否违反法律、法规和社

---

① 金俭：《房地产法的理论与实务》，南京大学出版社1995年版，第219页。

② 魏桂林：《试析房屋产权登记中房屋租赁登记》，载《法制研究》2006年第2期。

③ 高富平、黄武双：《房地产法新论》，中国法制出版社2002年版，第321页。

会公共利益。因此，房屋租赁登记是现代立法为了保障租赁债权的稳定性，保护承租人的利益，赋予国家有关部门对房屋租赁行为实施的一种管理职能，有别于物权法中物权变动的登记制度。也就是说，房屋租赁登记备案实质上是国家有关部门对房屋租赁行为实施的一种管理职能，是为保护租赁关系的稳定，各国通行的做法也并未将登记作为生效要件，通俗地说登记是为了“备案”而不是为了“生效”。

从实务而言，因欠缺必要的强制性措施，大量房屋租赁合同未经登记，如将备案登记作为租赁合同生效要件，在实践中会导致大量的房屋租赁合同被宣告无效，严重影响交易安全和市场效率。在司法实践中，近几年大多数地方法院均判决未办理登记备案手续的房屋租赁合同为有效合同。而大多数地方的房屋租赁主管部门，即负责房屋租赁合同登记备案的部门也表示房屋租赁合同是否登记备案与房屋租赁合同的效力无关。特别是《行政许可法》出台以后，大多数地方废除了房屋租赁许可制度，在地方法规层面上也明确了房屋租赁合同是否登记备案与房屋租赁合同生效与否无关。①

（四）未经备案登记不属于法律规定未经批准合同不生效的情形

通过房屋租赁合同备案登记对租赁合同效力的影响的讨论，我们可以发现房屋租赁合同的备案登记制度并非为法律规定的批准生效要件。

根据1999年《合同法》第44条的规定，合同自成立时生效是合同生效的一般原则，法律和行政法规规定办理审批和登记手续后生效的，属于法律规定的特别情形。根据《合同法解释（一）》第4条的规定，“合同法实施以后，人民法院确认合同无效，应当以全国人大及其常委会制定的法律和国务院制定的行政法规为依据，不得以地方性法规、行政规章为依据”，《商品房屋租赁管理办法》作为住房和城乡建设部发布的部门规章，不能作为确认合同效力的依据。而且《城市房地产管理法》第54条虽然有关于房屋租赁合同应当办理登记备案手续的规定，但并未将办理登记备案明确规定为合同生效的条件。房屋租赁合同当事人办理登记备案后，取得房屋租赁登记备案证明，效力仅限于证明作用，即使不办理相关手续，也只是面临“责令限期改正”

① 参见最高人民法院民事审判第一庭编著：《最高人民法院关于审理城镇房屋租赁合同纠纷案件司法解释的理解与适用》，人民法院出版社2016年版，第86页。

或“罚款”的行政处罚，而并不涉及合同效力的负面法律评价。因此，此种备案登记并非为法律、行政法规所规定的应当办理批准、登记等手续生效的情形，仅就房屋租赁合同未办理登记备案手续即主张合同无效于法无据。

（五）未经备案登记不属于违反法律、行政法规强制性规定的情形

根据《合同法》第52条的规定，违反法律、行政法规的强制性规定的，应当认定合同无效。同时，根据《合同法解释（一）》第4条的规定，“合同法实施以后，人民法院确认合同无效，应当以全国人大及其常委会制定的法律和国务院制定的行政法规为依据，不得以地方性法规、行政规章为依据”，《城市房屋租赁管理办法》作为建设部发布的部门规章，不能作为确认合同效力的依据。在《合同法解释（二）》第14条中，有关“合同法第五十二条第（五）项规定的‘强制性规定’，是指效力性强制性规定”的规定，显然受到这种观点一定程度上的影响。就房屋租赁合同登记备案问题而言，《城市房地产管理法》第54条的规定，应属于管理性的禁止性规范而非效力性强制性规定，因此当事人未将房屋租赁合同办理登记备案手续的，并非违反《合同法》第52条第5项法律和行政法规的强制性规定，不影响合同的效力。对此，《城镇房屋租赁合同司法解释》第4条已经明确规定未办理登记备案手续不影响房屋租赁合同的效力。从以上法律条文推演，可明确得出房屋租赁合同的备案登记并非法律、行政法规强制性规定的结论。

二、需要注意的问题

应当注意的是，如当事人另行约定需经备案后方可生效，不属于需经备案登记的情形，而是当事人另有约定的除外情形。如果当事人将办理房屋租赁合同的登记备案手续作为合同生效条件而在合同中进行明确约定，由于登记备案手续已经基于当事人的约定而成为合同生效条件，未办理相关手续的行为未满足合同约定的生效条件，其合同处于未生效的状态。依据私法自治原则，法律行为可以附加条件，以决定效力的发生与否。1999年《合同法》第45条第1款亦规定：“当事人对合同的效力可以约定附条件。附生效条件的合同，自条件成就时生效。附解除条件的合同，自条件成就时失效。”故当事人另行约定以房屋租赁合同登记备案作为生效条件的，系其对自身权益的处分，体现了私法自治原则和对缔约自由的尊重，并无不可。

但需要明确的是，当事人未办理《城市房地产管理法》所规定的登记备

案手续对合同效力的影响，其法律效果是不因此影响合同效力，即解决合同是否有效的问题。而当事人将房屋租赁合同效力中登记备案作为合同生效条件时对合同效力的影响，其法律效果是合同是否生效的问题。两者系对房屋租赁合同不同效力状态的规定。

（张颖　撰写）

第七百一十三条　【出租人负担租赁物修缮义务时承租人的权利及除外情形】 **承租人在租赁物需要维修时可以请求出租人在合理期限内维修。出租人未履行维修义务的，承租人可以自行维修，维修费用由出租人负担。因维修租赁物影响承租人使用的，应当相应减少租金或者延长租期。**

因承租人的过错致使租赁物需要维修的，出租人不承担前款规定的维修义务。

【法条链接】

《民法典》第 712 条；《合同法》第 221 条

【立法背景】

本条第 1 款将 1999 年《合同法》第 221 条所表述的“承租人在租赁物需要维修时可以要求出租人在合理期限内维修”修改为“承租人在租赁物需要维修时可以请求出租人在合理期限内维修”。第 2 款则是民法典中新增加的条款。

租赁合同系出租人与承租人平等民事主体之间形成的双务合同，将“要求”改为“请求”的表述更为妥切。增加第 2 款系为出租人的维修义务限定了范围，明确在因承租人的过错致使租赁物需要维修的，出租人不承担前款规定的责任。该条款的增补确立了出租人维修义务的边界，即出租人的维修义务以不可归责于承租人的事由为限，当可归责于承租人的事由发生时，出租人不负有维修义务。

【条文解读与法律适用】

一、出租人的修缮义务

所谓租赁，即当事人一方以物租与他方使用收益，他方支付租金的契约。由此可见，在租赁关系中，出租人负有使承租人对物享有使用收益的债务，而承租人负担支付租金的债务，这两个债务互为对价，因而租赁是一种双务、有偿契约。[①]

既然出租人的义务在于将物交付给承租人使之得以使用收益，则应积极地保证承租人能得以使用收益。为此，出租人除了负有租赁物的交付与保持、去除妨害、瑕疵担保等义务之外，还有很重要的一项修缮义务。本法第712条即明确规定，出租人应当履行租赁物的维修义务，但是当事人另有约定的除外。

一般认为，房屋出租人修缮义务的发生须有修缮的必要与可能。修缮的必要，是指使承租人就租赁物可以为约定的使用收益。换言之，这种必要性也体现在如不修缮租赁物的毁损、瑕疵等，租赁物将无法达到约定之使用、收益状态；[②] 修缮的可能，应视租赁物使用收益上必要且经济上可能的标准而定，因此是一种事实上的可能。如租赁物已经完全毁损或全部灭失，则修缮自不可能，出租人也无重新建造的义务，租赁关系自然终了。但同时又不能仅仅从技术或物理方面判断修缮的可能性，如租赁物的毁损即使在技术上可行，但是修缮费用与重置租赁物的费用已经相差无几或者超过重置费用，此时，租赁物之修缮同样应认为不能，这是一种经济上不可能的标准。

但是，需要明确的是，从另一方面而言，修缮租赁物也是出租人为保存租赁物所为的必要行为，因此不仅为出租人所负义务，亦不失为一种权利。在双方另有特殊约定时，修缮义务的负担可从其约定。

二、承租人的通知义务

承租人为双务合同的当事人，对于出租人享有请求使其为租赁物使用收益的债权，同时作为对价，亦应支付租金。具体而言，承租人的权利主要有

---

① 史尚宽著：《债法各论》，中国政法大学出版社2000年版，第143页。

② 黄立主编：《民法债编各论》（上），中国政法大学出版社2002年版，第207页。

使用收益权和费用偿还请求权，其义务则主要有保管租赁物、支付租金及返还租赁物等。本条所涉主要为承租人保管义务中的从属义务，即通知义务。

具体而言，在租赁关系存续中，当出租人负有修缮义务且租赁物有修缮必要时，承租人请求出租人履行修缮义务应通知出租人。这是因为承租人作为租赁物的实际占有使用者，对于租赁物的状况最为熟悉，一旦租赁物产生了影响承租人使用收益的瑕疵或损害，承租人即应告知出租人，此通知为承租人保管租赁物所产生的附随义务。

三、因承租人过错导致的租赁物毁损修缮义务如何承担

无论1999年《合同法》第219条、第222条，还是本法第711条、第714条，均要求承租人应负善良管理人的合理注意义务，妥善保管租赁物。在其因保管不善导致租赁物毁损时，应当承担损害赔偿责任。故承租人对于其因自身过错导致的租赁物毁损应自负其责，由此而导致租赁物有违约定影响承租人占有使用收益的不利后果亦应由其自行承担。从最终结果承担而言，因损害赔偿可以容纳维修费用，区分租赁物毁损的原因而确定维修费用负担主体的规定亦于法相合，在整体上权衡，不违背公平正义。从我国审判实践来看，大多也是认为由承租人造成的损坏，负担反而加在出租人身上，显失公平。① 因此，本法确定在因承租人的过错致使租赁物需要维修的，出租人不承担维修责任。

四、出租人不履行修缮义务的效力

在无特殊约定的情况下，修缮为出租人的义务，其违反义务的效力，依照债务不履行的规定。承租人不仅享有请求出租人维修的权利，且在出租人不履行维修义务时，承租人还可主张自行维修、减少租金、延长租期等权利。具体而言，有以下三个方面：

其一，在租赁关系存续期间，为对租赁物进行必要的维护，或者在租赁物发生故障、损坏，需要维修时，承租人可以向出租人提出修理的请求，告知出租人对租赁物进行维修。同时，承租人在要求出租人维修时，应当给予出租人以合理的期限。所谓合理期限，是指依据租赁物的损坏程度、承租人需要维修的紧迫程度以及出租人的维修能力等条件和情况，按照通常标准所

---

① 李国光主编：《合同法释解与适用》（下册），新华出版社1999年版，第1073页。

确定的期限。

其二，出租人未履行维修义务的，承租人有自行维修的权利。在承租人向出租人提出在合理期限内维修的请求后，出租人没有按照承租人的要求对租赁物进行维修的，承租人有权不考虑出租人的意思，对租赁物自行维修，以使自己能够按照约定对租赁物使用、收益。此时，原本应当由出租人履行的义务，因出租人没有履行，而由承租人代为履行，由此产生的维修费用，自然应由出租人负担。

其三，因维修租赁物影响承租人使用的，承租人享有相应减少租金或者延长租期的权利。不论是出租人履行对租赁物的维修义务而对租赁物进行维修，还是在出租人未履行维修义务时承租人对租赁物自行维修，都可能影响承租人对租赁物的使用，而这种影响是因租赁物的瑕疵造成的，出租人应当对此承担责任。因此，出租人不履行修缮义务，承租人得以依照债务不履行来主张权利，因维修租赁物影响承租人使用的，承租人可以出租人不履行修缮义务的损害赔偿请求权相抵消，按比例请求减少租金或延长租赁期间。

五、需要注意的问题

（一）承租人怠于履行租金支付义务在先，出租人能否拒绝修缮义务的履行

需要考虑的问题在于，在无特殊约定的情况下，本应由出租人承担修缮义务，但当承租人怠于履行租金支付义务在先，出租人能否得以拒绝履行修缮义务。对此，较为通行的观点认为，凡是此种定期给付的继续性合同，各个给付并非独立而是互相牵连有同时履行的关系，承租人既然未支付租金，则出租人得以依照同时履行抗辩权，拒绝其以后提出的修缮租赁物的请求。因此倾向于认为，在承租人已经拖欠租金在先的情况下，出租人可以拒绝履行修缮义务。

（二）出租人修缮义务与承租人妥善保管义务的冲突

在审判实务中，租赁物实际发生毁损的事由较为复杂，系出租人未履行维修义务还是承租人未尽妥善保管义务而导致租赁物毁损难以严格区分，在过错方难以确定的情况下，结合客观因素对租赁双方利益予以综合考量。如承租人未按照约定的方法或租赁物的性质使用租赁物，致使租赁物受到损失，但又不自行维修恢复，出租人可以通过解除租赁合同而免负维修义务。在承

租人因其他过错导致租赁物毁损的情况下，租赁合同若属不定期租赁，出租人可以援用《合同法》第232条的规定，通过解除租赁合同而达到免负维修义务的结果。

（张颖 撰写）

第七百一十七条 【超过承租人剩余租赁期限转租的效力】承租人经出租人同意将租赁物转租给第三人，转租期限超过承租人剩余租赁期限的，超过部分的约定对出租人不具有法律约束力，但是出租人与承租人另有约定的除外。

【法条链接】

《城镇房屋租赁合同司法解释》第15条

【立法背景】

本条系《民法典》中新增的条款，对超过承租人剩余租赁期限的转租期间效力作出规定。

1999年《合同法》对转租进行了规定，明确承租人经出租人同意，可以将租赁物转租给第三人，但对于转租中出现的其他问题并未予以明确规定。随着我国市场经济的迅猛发展及房地产市场的繁荣，房屋租赁经营方式日渐普遍，人口流动性增大相应带来物的加剧流转，因房屋转租行为增加而带来的涉转租法律问题亦日益突出。2009年公布施行的《城镇房屋租赁合同司法解释》中就转租关系所涉纠纷如何处理予以规范，《民法典》亦就其中相关条款规则予以吸收。因租赁合同通常具有较长租赁期限，承租人经出租人同意将租赁物转租给第三人，转租期限应以承租人所享有的租赁期限为限，超过承租人剩余租赁期限的，超过部分的约定对出租人不具有法律约束力，但是出租人与承租人另有约定的除外。

【条文解读与法律适用】

一、转租中的三方关系

因出租人与承租人之间的租赁合同，同时又因占有的交付，从而使承租人具有就租赁物使用收益的权能。此时承租人将租赁物之全部或一部分复出租于第三人（次承租人），供其使用、收益，第三人支付租金，而承租人本身并不脱离原租赁关系的行为，即可称之为转租①。本法第716条亦明确规定，承租人经出租人同意，可以将租赁物转租给第三人。承租人转租的，承租人与出租人之间的租赁合同继续有效；第三人造成租赁物损失的，承租人应当赔偿损失。承租人未经出租人同意转租的，出租人可以解除合同。由此可见，承租人在出租人同意转租的情况下，可以将租赁物出租给第三人，从而形成了出租人、转租人与次承租人三者之间相互联系的法律关系。

鉴于租赁权本质上仍为一种债权，转租亦应适用有关租赁合同的相关规定。在无特殊情形下，经出租人同意，承租人与第三人即次承租人之间依合同法相关条款订立的转租合同具有法律效力。承租人与次承租人由转租合同产生的权利义务关系，适用合同法中有关租赁关系的规定。转租人与次承租人之间的转租合同成立生效后，除合同有特别约定外，双方权利义务与普通租赁合同上当事人的权利义务内容并无差异。由于转租是建立在转租人租赁权基础上的行为，次承租人的新租赁权还需以转租人的租赁权为前提而成立。

同时，转租后原租赁合同仍继续有效，承租人与出租人的关系不受影响，出租人和转租人各自继续享有合同上的权利和承受合同上的义务。承租人如有未给付租金或其他违约行为时，出租人即可依照原租赁合同约定行使权利而无需通知次承租人，而承租人需对可归责于次承租人的损害发生事由向出租人承担责任。

需要明确的是，出租人同意转租并不表示出租人与次承租人之间产生契约上的关系。根据转租的性质，除有债务承担或其他特约外，基于转租并不当然发生出租人与次承租人之间直接的权利义务关系，出租人仅能向租赁合

---

① 参见黄立：《民法债篇各论》（上），中国政法大学出版社2003年版，第294—297页。

同相对人即承租人主张权利而不能要求次承租人支付租金，次承租人亦无向出租人支付租金的义务。但在因承租人不履行租金给付义务将导致原租赁合同终止时，应认为次承租人因与之有利害关系而得以享有代位清偿权[①]。

二、对超过承租人剩余租赁期限转租的争议

对承租人超期出租的行为争议颇大。《城镇房屋租赁合同司法解释》在起草过程中对该争议问题进行了梳理，认为租赁合同或出租行为不是法律上的处分行为，出租人无需对租赁物有处分权，更无需对租赁物有所有权，出租人将租赁物交付承租人，旨在履行租赁合同之义务，而非处分行为，故关于无权处分行为须经权利人追认才有效的规定不适用于转租合同，不宜认为转租合同效力待定。同时由于我国不存在处分行为与负担行为的分界，亦不宜认为该转租合同有效。从转租合同的合同性质角度出发，转租合同在一定意义上具有对出租合同的附属性。承租人转租依据的是其与出租人订立的出租合同，其权源也是依据出租合同享有的对房屋租赁期内的占有和使用，故转租合同具有一定的依附性。如转租合同约定的租赁期限超出承租人的剩余租赁期限，而租赁合同约定的履行期限又届满，承租人即丧失对租赁物进行处分的合法权源。但同时也应考虑到当事人的意思自治，如出租人与承租人在订立合同时对承租人可以超期出租的事宜有所约定，则应尊重当事人的意思自治，不应将这种超过剩余租赁期限的转租行为认定为无效。结合实证考察与价值取向等诸多考量因素，该司法解释第 15 条规定：“承租人经出租人同意将租赁房屋转租给第三人时，转租期限超过承租人剩余租赁期限的，人民法院应当认定超过部分的约定无效。但出租人与承租人另有约定的除外。”[②]

《民法典》第 717 条规定基本上延续了该司法解释对于租赁期限内外予以分别考量的思路，承租人经出租人同意将租赁物转租给第三人，转租期限超过承租人剩余租赁期限的，超过部分的约定对出租人不具有法律约束力，但是出租人与承租人另有约定的除外。由此可以看出，首先，应认为承租人经出租人同意将租赁物转租给第三人，转租合同约定的租赁期限应当限定在承

---

① 参见史尚宽著：《债法各论》，中国政法大学出版社 2000 年版，第 184—185 页。

② 参见最高人民法院民事审判第一庭编著：《最高人民法院关于审理城镇房屋租赁合同纠纷案件司法解释的理解与适用》，人民法院出版社 2016 年版，第 194—201 页。

租人的剩余租赁期限之内，自然系因承租人的租赁权来源于原租赁合同，故次承租人依照转租合同所取得的租赁权自不应大于原承租人。其次，如转租期限超过承租人剩余租赁期限的，超过部分的约定对出租人不具有法律约束力。如前所述，出租人对于转租的同意并不使其与次承租人之间产生直接的契约关系，承租人对于超出原租赁合同租赁期限对次承租人所作出的意思表示并不能取代出租人的表意，而租赁合同系双方民事法律行为，非依一方的意思表示即可设立、变更或终止民事权利义务关系。在出租人未有意思表示，双方未就超出租赁期限部分达成一致的情况下，民事法律行为尚未成立，自然对出租人不产生法律约束力。最后，亦应尊重当事人意思自治，如出租人与承租人另有约定，在原租赁合同中就超出租赁期限转租问题已经明确作出同意的意思表示，或给予承租人概括性授权，则应认为出租人已经作出意思表示，应例外处之。

三、条文的具体适用

（一）有关租期的理解

租期是由双方当事人协商确定的合同重要条件之一。依照《合同法》第214条的规定，租赁合同期满，可以续订，但房屋租赁合同约定的租赁期限，不得超过20年，超过的部分，即使有约定，该超期约定也无效。双方在合同中未约定租期的，为不定期租赁。对于不定期租赁，任何一方当事人都有权依照自己的意思随时解除合同，但在解除合同之前，应预先通知对方，给其必要的准备时间。对于不定期租赁合同，难谓剩余租赁期限的问题，承租人应可依法转租。①

（二）再转租亦可适用转租的相关规定

租赁物经转租后，次承租人的再转租行为亦符合转租的法律特征，现行法律也并未对此行为作出禁止性规定，从物尽其用，鼓励交易的角度考虑，应认为再转租也适用有关转租的法律规定。

（三）承租人事后权利补足

承租人嗣后取得了租赁物的所有权，承租人的超期转租行为不应再认定

---

① 参见最高人民法院民事审判第一庭编著：《最高人民法院关于审理城镇房屋租赁合同纠纷案件司法解释的理解与适用》，人民法院出版社2016年版，第201页。

为无效。同理，承租人超过剩余租赁期限将房屋转租，如果嗣后取得了出租人的认可，该转租行为亦不应再认定为无效。或承租人与出租人续约，将原租赁期延长，该转租行为也应视为补正了其在转租房屋时存在的权利瑕疵。因此，此种情况也可视为出租人与承租人另有约定，承租人可以超过剩余租赁期限将房屋转租的情形。

（张颖　撰写）

第七百一十八条　【出租人同意转租的推定】出租人知道或者应当知道承租人转租，但是在六个月内未提出异议的，视为出租人同意转租。

【法条链接】

《民法典》第 716 条；《合同法》第 224 条；《城镇房屋租赁合同司法解释》第 16 条

【立法背景】

本条系民法典中新增的条款，对承租人转租时，出租人的异议期间作出了规定。

《合同法》第 224 条第 2 款规定："承租人未经出租人同意转租的，出租人可以解除合同。"本法第 716 条亦规定，"承租人经出租人同意，可以将租赁物转租给第三人。承租人转租的，承租人与出租人之间的租赁合同继续有效；第三人造成租赁物损失的，承租人应当赔偿损失。承租人未经出租人同意转租的，出租人可以解除合同"。由此可见，承租人向第三人转租，需经出租人的同意。在出租人未明确表示同意，但对于承租人将租赁物转租给第三人的事实系明知或应知的情况下，为督促当事人及时保护合法权益，维护交易的稳定性，本条将出租人知道或者应当知道承租人转租，但在六个月内未提出异议的，推定为出租人同意转租。

【条文解读与法律适用】

一、出租人的同意

出租人的同意是出租人单方作出的对承租人行为的许可，其生效可以意思表示的一般规则来确定。同时，出租人如同意，也可在租赁合同中载明其意向。该同意可以是对不特定次承租人的概括同意，也可以仅对特定个体个别为之。至于出租人能否以事后追认的方式实施，我国《合同法》未作明确规定。“在德国法上，同意包括事先同意和事后同意，事先同意称为允许，事后同意称为承认或追认。”① 有观点认为，我国民法未做如此精细的划分，一般将事先同意称为“同意”，将事后同意称为“追认”。但这只是一种大致的描述，在立法中并未刻意作此区别，因此立法中使用的“同意”往往既包括事先的允许，亦包括事后的追认。故可将出租人的同意作最广义的解释②。

在出租人明知或应当知道承租人将租赁物转租，却长期未做明确的反对表示，次承租人已经实际使用占有或可能对租赁物予以装饰改造的情况下，应作视为出租人对此予以同意的推定。因出租人本可基于承租人未经其同意的擅自转租行为行使合同解除权，但其未予明确表态，使承租人的转租行为、次承租人占有使用租赁物是否能够得以继续状态不明，为督促当事人及时保护合法权益，维护交易的稳定性，故设置六个月的异议期间，如出租人在六个月内未行使权利，则视为同意转租。对此，《城镇房屋租赁合同司法解释》第16条第1款此前已有所规定，“出租人知道或者应当知道承租人转租，但在六个月内未提出异议，其以承租人未经同意为由请求解除合同或者认定转租合同无效的，人民法院不予支持”。

二、需要注意的问题

（一）知道或应当知道的认定

出租人知道或应当知道，即有证据表明出租人明知次承租人实际占有使

---

① ［德］卡尔·拉伦茨著：《德国民法总论》（下册），王晓晔等译，法律出版社2003年版，第673页。

② 苏号朋：《转租的法律结构分析——兼评〈合同法〉第224条之不足》，载《浙江社会科学》2007年第2期。

用租赁物而未提出异议，或依照其他证据能够证明其应该知道的，即构成视为同意的推定前提。该事实的举证责任应在于提出主张的承租人。

（二）“六个月”期间的性质

六个月的异议期的规定，目的是平衡出租人与次承租人的利益，规定得期限太长，不利于稳定现有的转租关系和维护次承租人的利益，规定得过短，也不利于出租人利益的保护。《城镇房屋租赁合同司法解释》起草讨论过程中，曾将异议的期限规定为三个月，后讨论中认为三个月的期限不利于对出租人的保护，故延长至六个月。民法典亦延续以六个月作为异议期间。

关于六个月的性质，因该期间是出租人行使合同解除权和主张合同无效的权利期间，故将其定位于除斥期间更为准确。该期间不适用诉讼时效关于中断与中止、延长的规定[①]。

（张颖　撰写）

第七百一十九条　【次承租人的代偿请求权】承租人拖欠租金的，次承租人可以代承租人支付其欠付的租金和违约金，但是转租合同对出租人不具有法律约束力的除外。

次承租人代为支付的租金和违约金，可以充抵次承租人应当向承租人支付的租金；超出其应付的租金数额的，可以向承租人追偿。

【法条链接】

《合同法》第227条

【立法背景】

本条系民法典中新增的条文，对承租人转租时，次承租人行使代偿请求

---

① 最高人民法院民事审判第一庭编著：《最高人民法院关于审理城镇房屋租赁合同纠纷案件司法解释的理解与适用》，人民法院出版社2016年版，第218页。

权作出了规定。

《合同法》第 227 条规定："承租人无正当理由未支付或者迟延支付租金的，出租人可以要求承租人在合理期限内支付。承租人逾期不支付的，出租人可以解除合同。"在承租人将租赁物转租给第三人的情况下，由于承租人违约，出租人解除合同收回房屋，实质上会产生致使无过错的次承租人权益受到损害的后果。因依照合同相对性原则，次承租人与出租人之间并不发生直接合同关系，次承租人的主张不能对抗出租人。为更好地平衡各方关系，切实维护各方利益，本条赋予次承租人代偿请求权，明确在承租人拖欠租金的情况下，次承租人可以代承租人支付其欠付的租金和违约金，次承租人代为支付的租金和违约金，可以折抵次承租人应当向承租人支付的租金；超出其应付的租金数额的，可以向承租人追偿。同时亦规定转租合同对出租人不具有法律约束力的除外。

【条文解读与法律适用】

一、转租合同中出租人、承租人与次承租人的关系

出租人与承租人之间的租赁关系不因转租而受到影响。因此，当承租人拒绝或迟延支付租金或有其他违约行为时，出租人可直接向承租人行使解除权，无需通知次承租人，也无需对次承租人作出终止的意思表示，此时承租人不得以次承租人未向其支付租金或其他违约事项对抗出租人。《合同法》第 224 条与本法第 716 条均规定，承租人经出租人同意，可以将租赁物转租给第三人。承租人转租的，承租人与出租人之间的租赁合同继续有效；第三人造成租赁物损失的，承租人应当赔偿损失。由此可见，依照合同相对性，承租人仍应对由于次承租人对租赁物造成的损害承担赔偿责任。

经过出租人同意的转租，承租人与次承租人之间形成转租关系，此种转租在法律性质上仍属于租赁，但由于承租人的转租权受其与出租人原租赁合同的限制，故转租合同的租赁期限不得超过承租人剩余的租赁期限，超过部分的约定对出租人不具有法律约束力，但是出租人与承租人另有约定的除外。

出租人同意承租人转租，不影响出租人与承租人的原租赁合同，承租人

未经出租人同意转租的，出租人可以解除合同。在出租人与承租人的租赁合同合法存续期间，出租人与次承租人之间并无直接的法律关系，出租人与承租人之间、承租人与次承租人之间分别为独立的合同关系。

二、次承租人的代偿请求权

房屋租赁关系本质上为债权，依照债的相对性原理，债权作为请求权，仅在债权人与债务人之间产生效力，除非法律另有规定或当事人另有约定之外，债权人只能向债务人请求给付，债务人亦只能向债权人作出给付，债的关系以外的第三人不能向债的关系人主张债权。如前所述，在租赁关系中，基于租赁合同所产生的权利、义务关系仅在出租人与承租人之间产生法律效力，尽管出租人同意承租人将租赁物进行转租，但并不受该转租合同的约束，次承租人并不能以此对抗出租人。在此情形下，如承租人不能支付租金，出租人据此解除租赁合同，无过错的次承租人将面临巨大损失。为了维护次承租人的合法权益，平衡出租人、承租人与次承租人之间的关系，有必要对次承租人的权利予以考量。

从租赁的性质而言，尽管其本质上为债权，但体现出较为明显的物权化特征，最为明显的即为“买卖不破租赁”，即当租赁物的所有权移转于第三人时，受让的第三人当然承受出租人地位，而行使或负担租赁合同所生的权利、义务，受让的第三人对于承租人无权主张无权占有而请求返还原物，即作为债权的租赁权对取得物之所有权的第三人亦发生效力。通常认为，承租人的租赁权之所以能够对抗买受人的所有权，是因为承租人对标的物的占有强化了债权的效力，能够体现出承租人对租赁物使用收益的事实，这种基于占有的表征是承租人的租赁权能够对抗第三买受人所有权的合理内涵所在。租赁权的物权化是顺应社会经济的发展而产生的法学思潮改变。因近代工业化、城市化的迅猛发展伴随大量人口涌入城市，该部分群体必须通过租用他人的房屋以维持生计，属于社会经济地位较为弱势的群体，为了稳定社会经济秩序，维持租赁关系的稳定性，保护处于弱势地位的承租人的利益，才在一定条件下赋予了租赁权物权化的属性。

在转租关系中，承租人取得出租人同意后得以将租赁物予以转租，转租合同得以履行的基础在于承租人租赁权的维持，如承租人的租赁权因租赁合同的终止、解除、撤销、无效而丧失，转租合同即失去了履约基础，出租人可依所有物返还请求权要求次承租人返还租赁物，而无过错的次承租人只能向承租人主张债务不履行的违约责任。由此可见，在合法转租情形下，出租人尽管同意承租人对租赁物的转租行为，但并不受转租合同的约束，次承租人利益的保障维系于转租人的稳定性，次承租人并不能对抗出租人。固守合同相对性对于次承租人的权益保护显然力有不逮，亦会使得转租合同的稳定性难以预期，这显然与近代社会出于保护承租人目的而演化的租赁权物权化趋势有所不符。因此，在市场经济刺激产生大量转租现象的时代背景下，出于保护次承租人的利益，维持租赁关系的稳定性的考虑，适应新时代的发展需求，赋予次承租人的租赁权在一定条件下的物权化属性，使之突破合同相对性，能够直接对抗转租合同之外的出租人，同样是租赁权物权化的体现。

按照民法有关债的基本理论，除根据债的性质，必须由债务人亲自履行，或者债权人与债务人事先约定必须由债务人亲自履行之外，第三人可以为清偿人。第三人依债务的本旨提出给付的，债务人既未因此而受不利益，债权人亦可借此满足其希望。故第三人为清偿时，无需得到债务人或债权人的同意。唯有在债务人有异议时，债权人得拒绝清偿。但第三人就债的履行有利害关系的，债权人不得拒绝。在转租情形下，次承租人与出租人之间本无直接合同关系，次承租人亦不具有向出租人支付租金和违约金的合同义务，但次承租人代位向出租人偿付租金和违约金以维护自己承租利益的稳定性，对于出租人与转租人而言均无不利影响，且符合民法保护作为弱者的次承租人利益的价值取向，亦可防止出租人与转租人之间可能的恶意串通。因此，出租人无正当理由不得拒绝次承租人的代偿请求权。

我国《合同法》对于第三人是否可以代位履行合同义务、代位履行的法律效果等未具明文，《城镇房屋租赁合同司法解释》第 17 条对此作出有益尝试，规定了次承租人的代偿请求权，使之突破合同相对性，取得对抗出租人合同解除权的物权化属性，保护了次承租人的利益。主要考量在于，其一，出租人因承租人不能支付租金而行使解除权，不能说与次承租人无利害关系，故有必要规定次承租人的代偿请求权；其二，第三人清偿在大陆法系国家得到普遍承认；其三，第三人清偿并无损害他人利益之处，反有利于债权人债权的实现，且与我国合同法规定的基本原则不相违背。总之，租赁权的物权化理论突破了合同相对性原则，打通次承租人与出租人之间的通道，使得次承租人获得能够对抗出租人的合同解除权的代偿请求权，维护了租赁关系的稳定性，具有合理的价值基础。[①] 此次民法典制定过程中亦认可租赁权物权化的合理性，吸收采纳了司法解释中赋予次承租人的代位清偿权。从本质而言，立法者一直试图在财产的动的安全与静的安全之间寻找最佳切合点，在出租人、承租人与次承租人之间的利益取舍中寻求平衡，租赁权的物权化即为对此的充分体现。赋予次承租人代偿请求权，反映了市场经济社会对于财产高速运转以求物尽其用的客观要求，能够较好地维护次承租人的利益，平衡动与静的财产保护，兼顾并促进交易效率与安全。

（张颖　撰写）

第七百二十四条　【租赁合同的解除】有下列情形之一，非因承租人原因致使租赁物无法使用的，承租人可以解除合同：

（一）租赁物被司法机关或者行政机关依法查封、扣押；

（二）租赁物权属有争议；

（三）租赁物具有违反法律、行政法规关于使用条件的强制性规定情形。

【立法背景】

与 1999 年《合同法》相比，本条属于新增内容，对租赁合同的法定解除作出了特别规定。法定解除，是指合同生效后，没有履行或者未履行完毕前，当事人在法律规定的解除条件出现时，行使解除权而使合同关系消灭。租赁是经济社会及人民群众生活中常见的法律关系，但其中出租人与承租人天然权利的不对等地位也导致了司法实践中大量关于租赁合同的纠纷产生。此外，根据《国务院办公厅关于加快培育和发展住房租赁市场的若干意见》《关于在人口净流入的大中城市加快发展住房租赁市场的通知》等相关规范性文件所

---

① 最高人民法院民事审判第一庭编著：《最高人民法院关于审理城镇房屋租赁合同纠纷案件司法解释的理解与适用》，人民法院出版社 2016 年版，第 231—233 页。

体现的深化住房租赁市场改革，加快改善城镇居民住房条件、推动新型城镇化等精神，完善住房租赁法律法规，明确当事人权利义务，保障合同弱势方尤其是承租人的利益就成为立法工作的重中之重。因此，早在2009年《城镇房屋租赁合同司法解释》第8条就规定："因下列情形之一，导致租赁房屋无法使用，承租人请求解除合同的，人民法院应予支持：（一）租赁房屋被司法机关或者行政机关依法查封的；（二）租赁房屋权属有争议的；（三）租赁房屋具有违反法律、行政法规关于房屋使用条件强制性规定情况的。"本条大体上继承了前述司法解释的条文内容，明确了在"非因承租人原因"致使租赁物无法使用的情形，承租人解除合同的权利。

【条文解读与法律适用】

合同解除，是指在合同有效成立后，因一方或双方当事人之意思表示，使合同关系终了，未履行的部分不必继续履行，已履行的部分依具体情形进行结算的制度。依《民法典》第557条第2款之规定，合同解除是合同权利义务终止的原因。《民法典》第563条继承了1999年《合同法》第94条关于合同法定解除的具体规定，其中包括了5项具体情形。一般而言，合同解除之构成要件除满足债权行为之合同成立、生效及未消灭外，还须产生合同法定解除之情形，《民法典》第563条以列举方式规定了合同解除之情形，此外第5项又以"法律规定的其他情形"的开放性规定使得合同解除情形能够应对法律的变动，如《民法典》第716条第2款规定未经出租人同意承租人转租的情形下，出租人可以解除合同。

《民法典》合同编一方面信守合同神圣及合同严守原则，强调合同之法律约束力，要求平等适格主体双方基于自由真实之意思表示所订之合同应当履行；但另一方面，合同成立生效后由于主观或客观情形发生变化，导致合同履行对当事人显属不能或履行具有高昂成本，此时合同之目的已然无法实现，因此法律创设了合同解除制度从而使得合同于届满前提前终止，使合同双方脱离合同义务的束缚。

就本条规定与现行合同编之体系解释而言，笔者认为该条应当认为属于第563条之注意规定。具言之，就本条第1项所称"租赁物被司法机关或者行政机关依法查封、扣押”而言，依《民法典》第229条之规定，人民法院、仲裁委员会的法律文书或人民政府的征收决定等可以产生物权设立、变更、转让或者消灭的效果。租赁物被司法机关或行政机关依法律文书或合法的行政行为查封、扣押，导致租赁合同目的之租赁物的占有及使用权能被剥夺，构成出租人履行交付租赁物之义务的不能履行，构成出租人的违约行为因而导致合同目的无法实现，承租人可以解除合同，且无须催告。此时不能履行之“不能”，应当是确定的、继续的不能，且含有经济上、社会观念上之不能。因此，从构成要件而言本条第1项完全被《民法典》第563条第4项注意规定所吸收，构成一项注意规定。

需要注意的是，本条将第1项之履行不能限缩为“非因承租人原因致使租赁物无法使用的”，一般而言，因不能履行所发生之解除权不论出租人是否有过失，都可以作为违约行为；从《民法典》第563条第4项“当事人一方迟延履行债务或者有其他违约行为致使不能实现合同目的”的文义解释出发，也可以看出该条仅考察无法履行之事实而非背后之动机。本条第1项中履行不能从“出租人原因”扩张为“非因承租人原因”更具合理性，一方面履行不能原因的扩张更有利于保障租赁合同中弱势承租人的利益；另一方面，本条亦与非因出租人原因所导致之履行不能等制度相互衔接，考虑到了诸如租赁物灭失等不可抗力导致履行不能等非可归责于出租人的情形下的责任承担问题。

就本条第2项之“租赁物权属有争议”，《民法典》第703条规定：“租赁合同是出租人将租赁物交付承租人使用、收益，承租人支付租金的合同。”出租人转移租赁合同的使用权，承租人以交付租金的代价使用租赁物。在租赁的有效期内，承租人可以对租赁物占有、使用、收益，但无处分权能。一般而言，租赁合同的订立并不必然要求出租人拥有对租赁物的所有权，而只须有权让渡其上之占有、使用权能即可，如承租人经出租人同意之转租。此外，从社会伦理考虑，本属于弱势之承租人，于权属存在讼争之标的租赁物中居住，亦难安居而惶惶不可终日。尽管《民法典》第725条规定“租赁物在承租人按照租赁合同占有期限内发生所有权变动的，不影响租赁合同的效力”，出租人于权属确定后可继续依租赁合同居住于权属不确定的租赁物中，但法律亦赋予承租人于讼争期间解除合同的权利，倘若虽然权属不定，但承租人不知情或正常使用租赁物，此时合同目的已然实现。因此，租赁权属的争议从根本上仍然以合同目的无法实现为前提。

本条第3项规定“租赁物具有违反法律、行政法规关于使用条件的强制性规定情形”，从文义解释出发，此处的“条件”应当认为属于法律、行政法规层级所规定满足租赁物占有、使用、收益权能之必要前提，如《建筑法》第61条第2款规定：“建筑工程竣工经验收合格后，方可交付使用；未经验收或者验收不合格的，不得交付使用。”需要注意的是，本条所谓之“强制性规定”，其主要目的在于加强租赁物的行政管理，保障租赁物的使用条件而非否定租赁之私法行为的效力，所规制的属于合同履行之前提条件而非合同本身，因此该“强制性规定”应为管理性规定而非效力性规定，承租人有解除权。[①]

（王雨晴　撰写）

第七百二十六条　【承租人优先购买权及出租人的通知义务】出租人出卖租赁房屋的，应当在出卖之前的合理期限内通知承租人，承租人享有以同等条件优先购买的权利；但是，房屋按份共有人行使优先购买权或者出租人将房屋出卖给近亲属的除外。

出租人履行通知义务后，承租人在十五日内未明确表示购买的，视为承租人放弃优先购买权。

【法条链接】

《合同法》第230条；《城镇房屋租赁合同司法解释》第24条

【立法背景】

与1999年《合同法》相比，本条属于修改条款，在《合同法》第230条的基础上，充分吸收了《城镇房屋租赁合同司法解释》第24条的内容，新增

---

① 上海市第一中级人民法院（2012）沪一中民二（民）终字第3152号民事判决书。

了但书及出租人的通知义务。

1983 年的《城市私有房屋管理条例》第 11 条第一次明确指出“房屋所有人出卖租出房屋，须提前三个月通知承租人。在同等条件下，承租人有优先购买权”。1988 年《民法通则》、1999 年《合同法》、2009 年《城镇房屋租赁合同司法解释》，到《民法典》都承认了承租人[①]优先购买权。现代社会中房屋除了经济属性，更重要的是具有社会保障属性，涉及人的生存利益、生存尊严，承租人在租赁房屋内已经形成熟悉的生活秩序，对租赁房屋及周围环境产生了依赖和偏好，值得法律加以保护。民法典继续承认承租人的优先购买权，主要是通过限制出租人的权利、提升承租人的法律地位来保护承租人的利益。从司法实践来看，承租人优先购买权纠纷在优先购买权纠纷中约占 30%[②]，本条吸收《城镇房屋租赁合同司法解释》第 24 条，是法律层面的细化与整顿，有助于化解房屋租赁纠纷，促进我国房地产市场的规范发展。

【条文解读与法律适用】

一、承租人优先购买权的性质

承租人优先购买权是指，在房屋租赁合同存续期间，出租人出卖租赁房屋时，承租人按照法律规定享有的，在同等条件下优先于其他人购买房屋的权利。

1. 承租人优先购买权是一种法定优先购买权。《民法典》合同编中规定了 5 种法定优先购买权，分别为按份共有人的优先购买权、承租人的优先购买权、职务技术成果完成人的优先购买权、委托开发合同中委托人的优先购买权及合作开发合同中当事人的优先购买权。它们由法律直接加以规定，不由当事人之间的约定产生，也不得约定排除。

2. 承租人优先购买权是一种附条件的形成权。民法领域奉行“法无禁止即自由”，不应对民事主体之间的交易行为进行过多干涉，但房屋租赁关系中

---

① 本条中，“承租人”及“承租人优先购买权”均是指房屋承租人。

② 以“优先购买权”为关键词在北大法宝上进行搜索，得到民事案件 43340 件，继续以“承租人”为关键词在结果中搜索，得到民事案件 12698 件。最后访问时间：2020 年 3 月 4 日。

的承租人对其所租赁的房屋形成了一定的依赖，且“买卖不破租赁”并不能保证房屋承租人的长期居住，因此在不损害出租人利益的前提下，有必要对其出卖行为进行必要限制。出租人出售房屋时，承租人只需依自己的单方意思表示即可与出卖人签订房屋买卖合同，不需要获得出卖人同意，但同时其也受到“同等条件下”及“15 日内明确表示购买”的限制。

二、承租人优先购买权的构成要件

1. 权利享有主体为承租人。本条规定的承租人，仅指与出租人订立了房屋租赁合同的承租人。对于国有土地使用权、土地承包经营权等不动产租赁，虽与房屋租赁有类似性，但法律暂无明文规定，不得类推适用。另外，此项权利存在的基础是出租人与承租人之间的租赁合同，不得由承租人转让给其他人。

2. 出租人出卖租赁房屋。《民法典》第 595 条规定：“买卖合同是出卖人转移标的物的所有权于买受人，买受人支付价款的合同。”在赠与、遗赠、继承等超过“出卖”文义范围的场合，承租人不得行使优先购买权。另外，承租人的优先购买权只有在出租人已与第三人订立具有法律效力的房屋买卖合同之时才得以产生。优先购买权的“优先”是针对出租人与第三人的买卖合同，倘若双方尚未订立有效合同，就不存在“优先”之说了。

3. 同等条件。同等条件是优先购买权的基本要件，只有在同等条件下，承租人才能够行使优先购买权。所谓同等条件，一般认为是出租人与第三人订立买卖合同约定的主要条件需要一致，包括交易价格、交易方式、交易期限等，而不要求绝对一致。因为一方面现实中很难存在理论上绝对一致的同等条件，另一方面，出卖人可以轻易地以个别次要条款的差别来否定承租人的优先购买权。对于不涉及出租人利益的其他条件，可以根据具体情形进行判断，达到既能维护出租人利益，又不至于对同等条件限制过于苛刻的目的。

三、出租人的通知义务

根据本条，出租人出卖房屋时对承租人负有通知义务。

1. 出租人的通知义务属于观念通知而非意思通知。观念通知，又称事实通知，是指将一定的事实通知受领人以便其知悉此种事实。意思通知，是指通知意思到达受领人后将发生相应的法律效果。如上所述，承租人优先购买权为形成权，依承租人单方意思表示即可与出租人形成买卖合同。立法之所以赋予出租人通知义务，乃是从承租人优先购买权制度设计目的出发，充分保障承租人的优先购买权，保证优先购买权人知悉出租人出卖租赁房屋的基础事实①，并不意味着通知到达承租人后才能发生相应的法律效果。

2. 出租人的通知义务属于强制性义务。从本条“应当”二字来看，出租人必须履行通知义务，不允许当事人通过任何方式排除，否则承租人可能无法顺利行使优先购买权。

四、承租人优先购买权行使的例外情形

本条规定了承租人行使优先购买权的3种例外情形：（1）房屋按份共有人行使优先购买权的情形。赋予按份共有人优先购买权是为了追求物权关系的简化，赋予承租人优先购买权是为了追求使用关系的稳定，从利益衡量的角度考虑，优先保护按份共有人的购买权。（2）出租人将房屋出卖给近亲属的情形。中国社会是熟人社会，自古以来就注重伦理纲常，在经济交往中，亲情关系是价格确定的重要因素之一，具有浓厚的人身色彩，与单纯的买卖关系有所不同。此项例外规定符合我国国情，体现了我国法律对亲属关系的尊重，有利于促进家庭和睦和社会稳定，符合构建和谐社会的重大历史任务要求②。（3）出租人履行通知义务后，承租人在15日内未明确表示购买的。优先购买权的存在会使出租人与第三人的买卖关系处于一种不确定状态，如果任由这种不确定状态持续下去，可能会损害出租人及第三人利益，也不利于经济和社会的稳定。承租人享有优先购买权，同时要履行相应的义务，即在15日的除斥期间内行使优先购买权，期间一过权利消灭。

（王雨晴　撰写）

第七百二十七条　【承租人优先购买权及出卖人的通知义务】出租人委托拍卖人拍卖租赁房屋的，应当在拍卖五日前通知承租人。承租人未参加拍卖的，视为放弃优先购买权。

---

① 常鹏翱：《论优先购买权的行使要件》，载《当代法学》2013年第6期。

② 《最高人民法院民一庭负责人就〈关于审理城镇房屋租赁合同纠纷案件具体应用法律若干问题的解释〉答记者问》，载《人民法院报》2009年9月1日。

【法条链接】

《城镇房屋租赁合同司法解释》第23条

【立法背景】

与1999年《合同法》相比，本条属于新增条款。订立合同的要约承诺过程存在多种表现形式，拍卖即为最典型的例证之一，通过在缔约过程中引入竞争机制提高缔约的公平性及效率。本条规定的是出租人以拍卖方式出卖房屋情形下的通知义务及承租人权利的行使期限。根据《城镇房屋租赁合同司法解释》第23条规定："出租人委托拍卖人拍卖租赁房屋，应当在拍卖5日前通知承租人。承租人未参加拍卖的，人民法院应当认定承租人放弃优先购买权。"本条大体上继承了前述司法解释的条文内容，明确了出租人的通知义务以及承租人参加拍卖的行为效力及对其优先购买权的影响。

【条文解读与法律适用】

一、拍卖程序

拍卖是以公开竞价的方式，将特定物品或财产权利转让给竞买人的买卖方式。拍卖当事人包括了拍卖人、委托人、竞买人与买受人。[①] 依2015年修正的《拍卖法》第3条，拍卖是指以公开竞价的形式，将特定物品或者财产权利转让给最高应价者的买卖方式。本条中，出租人作为委托人，委托拍卖人通过拍卖程序出售房屋，由于拍卖程序中"价高者得"的方式天然地有利于通过特定场合、方式及相应的潜在买受人实现对于优先购买权行使中"同等条件"这一构成要件的认定，出于交易效率的考量，买受人应当通过参与拍卖过程行使其优先购买权。买受人的承诺的意思表示可以通过明示或默示的方式表示。本条中，在出租人已经履行《民法典》第726条之通知义务的

---

① 崔建远：《合同法》，法律出版社2010年版，第55页。

前提下，通过法律的形式将承租人未参加拍卖的行为推定为通过默示的方式表示其放弃优先购买权的意思表示。

需要注意的是，相较于《民法典》第726条对于通知义务之规定，本条根据拍卖的特殊情形从体系上对第726条进行了相应的解释。第726条第1款前半句规定，“出租人出卖租赁房屋的，应当在出卖之前的合理期限内通知承租人……”，对于通知的“合理期限”法条中并未设定一般判断基准，本条对通知义务的“合理期限”进一步规定为拍卖5日前，这一条基本上与现行《拍卖法》相衔接，如《拍卖法》第45条“拍卖人应当于拍卖日七日前发布拍卖公告”以及第48条“拍卖人应当在拍卖前展示拍卖标的，并提供查看拍卖标的的条件及有关资料。拍卖标的的展示时间不得少于两日”。此外，关于《民法典》第726条第2款关于推定承租人默示意思表示的期限的规定，本条从上述规定的15日限缩至未参加拍卖过程。根据《拍卖法》第51条、第52条之规定，竞买人的最高应价经拍卖师落槌或者以其他公开表示买定的方式确认后，拍卖成交，并且拍卖成交后，买受人和拍卖人应当签署成交确认书，买受人即负有按照约定给付拍卖价金的义务。考虑到拍卖程序中的交易效率及稳定性，本条将推定的时点规定为房屋承租人未参加拍卖，亦即无法构成拍卖中的竞买人。

二、法律效果

关于未履行通知义务之法律后果，根据《民法典》第728条之规定，“出租人未通知承租人或者有其他妨害承租人行使优先购买权情形的，承租人可以请求出租人承担赔偿责任。但是，出租人与第三人订立的房屋买卖合同的效力不受影响”。从体系解释上，该条规定了本条中出租人未履行通知义务而拍卖房屋的法律效果。出租人未履行通知义务，构成第728条规定之“妨害承租人行使优先购买权”之情形，应当承担相应的赔偿责任。法律通过强制性的方式规定了出租人通知义务，其本质在于出租人对承租人负有的强制缔约义务，承租人于通知之后可以行使优先购买权。通知义务的违反，包括了未通知或者通知存在瑕疵，前者表现为出租人或出卖人未履行法定的通知义务，后者表现为出租人或出卖人未完全通知其与第三人订立之出卖合同的主要条款、未于合理期限内履行其通知义务。

（李越　撰写）

第七百二十八条 【出租人违反通知义务的后果】 **出租人未通知承租人或者有其他妨害承租人行使优先购买权情形的，承租人可以请求出租人承担赔偿责任。但是，出租人与第三人订立的房屋买卖合同的效力不受影响。**

【立法背景】

1983 年《城市私有房屋管理条例》、1988 年《民法通则意见（试行）》、1999 年《合同法》均规定了房屋租赁的承租人对租赁房屋享有优先购买权，出租人于租赁合同存续期间应当在合理期限内履行对承租人的通知义务。由于并未明确未履行通知义务、同等条件认定等问题导致司法实践当中缺乏可操作性，2008 年 12 月 18 日《最高人民法院关于废止 2007 年底以前发布的有关司法解释（第七批）的决定》将第 118 条废除，理由是“与《物权法》有关规定冲突”。相比《合同法》的规定，本条在此基础上进一步明确了出租人未履行通知义务的后果。

承租人的优先购买权，是指在租赁合同存续期间，出租人要出卖租赁物时，承租人在同等条件下享有优先购买的权利。《城镇房屋租赁合同司法解释》第 22 条中进一步规定出租人与抵押权人协议折价、变卖租赁房屋偿还债务时应当于合理期限内履行通知义务，同时第 24 条亦排除了个别情形下承租人行使优先购买权的权利。

【条文解读与法律适用】

一、优先购买权的行使条件

妨害行使优先购买权，逻辑上应当以优先购买权的产生及行使条件的满足为前提。《民法典》第 726 条第 1 款前段规定，“出租人出卖租赁房屋的，应当在出卖之前的合理期限内通知承租人，承租人享有以同等条件优先购买的权利”。因此，优先购买权的产生应当满足“出卖”“同等条件”等要件。从文义解释出发，优先购买权只有在房屋出租人“出卖”时才能产生，即应当限于以出卖为内容的有偿转让行为；此外，按照《民法典》第 726 条第 1 款后段及《城镇房屋租赁合同司法解释》第 24 条的规定，出卖的对象应当为“第三人”，近亲属则不包括在内，其目的在于与出租人之间具有身份关系的买受人，相比出租人具有债权关系的承租人而言，其地位更加优越。对于“同等条件”的认定，一般认为应当综合考虑价格的多少、付款期限的长短、付款方式、有无担保等多种因素。

二、出租人的通知义务

出租人与第三人订立买卖合同后，应当在合理期限内通知承租人。法律通过强制性的方式规定了出租人通知义务，其本质在于出租人对承租人负有的强制缔约义务，承租人于接收通知之后可以行使优先购买权。通知义务的违反，包括了未通知或者通知存在瑕疵，前者表现为出租人或出卖人未履行法定的通知义务，后者表现为出租人或出卖人未完全通知其与第三人订立之出卖合同的主要条款、未于合理期限内履行其通知义务。此外对于“其他妨害承租人行使优先购买权”应做广义解释，如出租人与房屋受让人恶意串通损害承租人行使优先购买权等情形。

三、优先购买权行使后出租人与受让人买卖合同效力问题

承租人行使优先购买权后，即依承租人的单方意思表示即成立其和出租人之间的买卖关系，此时将分别形成出租人与受让人、出租人与承租人之间两个内容相同的买卖合同，并且均属合法有效。根据前述已经废止的 1988 年《民法通则意见（试行)》第 118 条规定，在优先购买权受到侵害的情形，承租人可以请求人民法院宣告房屋买卖无效。《民法典》第 153 条、第 154 条规定了民事法律行为无效的情形，此外在《民法典》中亦存在法律或行政法规效力性规定无效的情形，应当认为除法律、行政法规之效力性规定中认为无效的情形外，都不能否认出租人或出卖人与受让人之间订立的买卖合同的效力。一方面，合同无效的滥用会导致法律关系的不稳定，损害当事人的预期；另一方面，优先购买权行使后即与出租人形成与原合同相关相同之买卖合同关系，若原买卖合同被认定无效，出租人与承租人之间形成的合同则欠缺相对应的合同内容。有鉴于此，本条在承继《城镇房屋租赁合同司法解释》的立场上，进一步明确了出租人与第三人订立的房屋买卖合同的效力不受影响。

（李越　撰写）

第十五章　融资租赁合同

第七百三十七条　【融资租赁合同无效的情形】当事人以虚构租赁物方式订立的融资租赁合同无效。

【法条链接】

《融资租赁合同司法解释》第1条

【立法背景】

本条属于新增条文，主要是对融资租赁合同无效的情形作出规定。融资租赁是与实体经济联系最为密切的金融交易形式。在支持工业企业设备更新、促进农业经济的规模化、推动航运业发展以及解决小微企业融资难等方面均发挥了不可替代的重要作用。客观地说，在我国融资租赁行业获得高速发展的同时，一些融资租赁公司所从事的融资租赁业务也存在不够规范的问题。在我国金融业管制比较严、市场主体获取商业银行贷款普遍较难的背景下，确有一部分市场主体，希望借道融资租赁，以实现贷款融资的目的。另一方面，掌握资金资源的融资租赁公司，则有扩大规模、增长盈利的冲动，其结果是，部分融资租赁业务被当作变相贷款的通道，由此产生了融资租赁合同形式与市场主体贷款融资之实的分离。比如，有的合同虽然名为融资租赁合同，但实际上并无实际的租赁物，从当事人的权利义务约定上看，仅有资金的借贷，而无租赁物的占有、使用。就这类合同的性质问题，《融资租赁合同司法解释》第1条对此作出了明确规定："人民法院应当结合合同法第二百三十七条的规定，结合标的物的性质、价值、租金的构成以及当事人的合同权利和义务，对是否构成融资租赁法律关系作出认定。对名为融资租赁合同，但实际不构成融资租赁法律关系的，人民法院应按照其实际构成的法律关系处理。”本条源自上述司法解释的规定，也是对融资租赁交易实践和司法实践的立法回应。

【条文解读与法律适用】

本条是对名不副实的融资合同效力的规定，即对以虚构租赁物等方式订立的融资租赁合同，应认定无效。本条系严格坚持融资租赁交易所具有的融资和融物的特征，不认可仅有资金空转的“融资租赁合同”，以促进金融与实业的结合，规范和促进我国融资租赁市场的健康发展。

一般而言，融资租赁合同无效的情形主要有以下几种：

（1）以虚构租赁物方式订立的融资租赁合同应认定无效。本法第六章第三节第 146 条第 1 款规定：“行为人与相对人以虚假的意思表示实施的民事法律行为无效。”第 2 款规定：“以虚假的意思表示隐藏的民事法律行为的效力，依照有关法律规定处理。”虚假的意思表示，是指表意人明知其所表示的内容与其内心的真实意思表示不一致而作出的意思表示。[①] 换句话说，因虚假意思表示而成立的民事法律行为无效。本条规定的虚构租赁物的行为显然属于虚假的意思表示。只要存在虚构租赁物的情形，不论是否掩盖非法目的，融资租赁合同均应认定无效。此时，以虚假的意思表示隐藏的民事法律行为效力，则应按照当事人行为的真实意图予以认定，使被掩盖的行为生效。[②]

（2）一方以欺诈、胁迫手段订立融资租赁合同，损害国家利益的，应认定无效。在民法上，欺诈是指以使他人陷于错误并因此而为意思表示为目的，故意做虚假陈述或隐瞒真实情况的行为。《民法通则意见（试行）》第68 条规定：一方当事人故意告知对方虚假情况，或者故意隐瞒真实情况，诱使对方作出错误意思表示的，可以认定为欺诈行为。胁迫是指不法地向相对人表示

① 参见韩世远：《合同法总论》（第四版），法律出版社 2018 年版，第 218 页。
② 参见王利明、房绍坤、王轶等：《合同法》，中国人民大学出版社 2007 年版，第 170 页。

施加压力，使之恐惧，并且基于此种恐惧而为一定意思表示的行为。[①]《民法通则意见（试行）》第69条规定：以给公民及其亲友的生命健康、荣誉、名誉、财产等造成损失或者以给法人的荣誉、名誉、财产等造成损害为要挟，迫使对方违背真实的意思表示的，可以认定为胁迫行为。但是，并不是所有的欺诈、胁迫行为都将导致合同无效，只有那些因欺诈、胁迫而损害国家利益的行为才能导致合同的无效。如果仅损害一方当事人利益的，依据本法第148条、第149条和第150条关于撤销权行使的有关规定，只能行使撤销权，不能主张合同无效。

（3）恶意串通，损害国家、集体或者第三人利益而订立的融资租赁合同无效。这一无效的原因由主观和客观两个方面的因素构成，主观因素为恶意串通，即当事人双方具有共同目的（恶意），希望通过订立合同损害国家、集体或者第三人的利益。其可以表现为双方当事人事先达成协议，也可以是一方作出意思表示，对方明知其目的的非法，而用默示的方式接受；可以是双方当事人配合，也可以是双方共同作为。客观因素为合同损害国家、集体或者第三人的利益。在融资租赁法律关系中，如果出租人与承租人恶意串通，通过订立合同的方式损害出卖人利益的，应认定融资租赁合同无效。

（4）损害社会公共利益或者违背公序良俗的融资租赁合同应认定为无效。本法第153条第2款规定："违背公序良俗的民事法律行为无效。"社会公共利益体现了全体社会成员的最高利益，合同如果损害社会公共利益或者违背公序良俗的应为无效，亦是各国立法普遍确认的原则。

（5）违反法律、行政法规强制性规定的融资租赁合同应认定为无效。本法第153条第1款规定："违反法律、行政法规的强制性规定的民事法律行为无效，但是强制性规定不导致该民事法律行为无效的除外。"如何认定导致民事法律行为无效的强制性规定？本书认为，除了该强制性规定明确规定了违反的后果是合同无效之外，还包括法律、行政法规虽然没有规定违反将导致合同无效，但违反该规定如使合同继续有效将损害国家和社会公共利益，或

---

① 韩世远：《合同法总论》（第四版），法律出版社2018年版，第57页。

者损害第三人合法权益，或者严重违反国家公共政策等情况。[①]

需要注意的问题是：认定合同是否无效，主要取决于合同是否具备本法规定的合同无效的情形。从促进交易、减少合同无效的角度，一般不轻易认定合同无效。但以虚构租赁物等方式而订立的合同，比如存在诈骗或非法集资等非法目的的情形，应当认定融资租赁合同无效。如果当事人所掩盖的目的并不违法，而是合法的，则应按照行为的真实意图依照有关法律规定予以处理。这类合同实质上不构成融资租赁合同关系，不适用融资租赁合同的法律规定，并不等于必然认定合同本身无效，可以按照合同约定或者其实际构成的有名合同（如借款合同、买卖合同、质押合同、抵押借款合同等）所对应的法律规定认定合同性质、效力及当事人之间的权利义务关系。

（宋建立　撰写）

第七百三十八条　【租赁物经营许可对合同效力的影响】依照法律、行政法规的规定，对于租赁物的经营使用应当取得行政许可的，出租人未取得行政许可不影响融资租赁合同的效力。

【法条链接】

《融资租赁合同司法解释》第 3 条

【立法背景】

2005 年原国家食品药品监督管理局在《关于融资租赁医疗器械监管问题的答复意见》中明确规定，融资租赁公司开展的融资租赁医疗器械行为属经营医疗器械范围的范畴。既然融资租赁医疗器械是经营行为，就必须按照《医疗器械监督管理条例》及相关规章的规定，办理《医疗器械经营企业许可

---

① 最高人民法院研究室编著：《最高人民法院关于合同法司法解释（二）理解与适用》，人民法院出版社 2010 年版，第 112 页。

证》后方可从事经营活动。从以上答复可以看出，医疗器械行政监管部门对出租人须取得医疗器械经营活动许可方可从事医疗器械融资租赁的态度是明确的。而融资租赁业界则认为，商务部2005年发布实施的《外商投资租赁业管理办法》（已失效）第6条明确将医疗设备列为租赁财产的范畴，融资租赁公司从事医疗设备的融资租赁业务，不需要经过特别审批、取得特殊资质。从国内横向比较看，融资租赁公司在开展飞机、轮船、车辆以及食品生产设备等的融资租赁业务时，其相应行业的行政许可部门，也仅仅是要求供货人或承租人具备经营资质，从未对融资租赁公司提出办理经营资质的要求。从国际上看，飞机、轮船、危险品运输以及食品生产等设备很多采用融资租赁方式，要求承租人具备经营资质是合理的，其他国家没有对融资租赁公司提出办理经营资质的要求。在这一点上，医疗器械的融资租赁与其他设备的融资租赁并无不同。融资租赁业界和许多学者甚至认为，这不仅不利于我国医疗卫生事业的健康发展，也严重侵害了租赁公司依法从事融资租赁业务的合法权益，限制了行业的发展。为此，《融资租赁合同司法解释》第3条作出规定："根据法律、行政法规规定，承租人对于租赁物的经营使用应当取得行政许可的，人民法院不应仅以出租人未取得行政许可为由认定融资租赁合同无效。"本条规定即司法解释上述条文的立法反映。

【条文解读与法律适用】

本条是关于租赁物经营许可对融资租赁合同效力的规定。依据本条规定，融资租赁公司作为出租人，是以融物的方式向承租人提供融资，租赁物的经营使用与出租人没有直接关系，法律、行政法规要求租赁物经营使用者取得行政许可的，只要承租人取得许可就可以达到监管目的，不应以出租人未取得行政许可为由认定融资租赁合同无效。换言之，本条的规定主要基于融资租赁交易是以融物的形式达到融资的目的，租赁物的占有、使用与出租人没有直接关系，无需出租人取得行政许可。租赁公司作为出租人，根据承租人对租赁设备和供货人的选择提供资金，取得租赁设备的所有权，并出租给承租人使用。租赁设备的生产、规格、型号、质量标准、价格 、交付、安装、调试、售后服务等主要发生在承租人和出卖人之间，即作为出租人的租赁公司不经手租赁物的经营使用，仅仅是为了实现收取租金的目的而将租赁物的所有权保留在自己手中，以保障债权的实现。因此，租赁物经营使用的行政许可约束的是承租人利用租赁物开展的经营行为，并不涉及出租人与承租人之间的合同效力问题。在没有其他影响融资租赁合同效力的要素存在的情况下，如果仅以出租人未取得行政许可为由，认定融资租赁合同无效，则与融资租赁法律关系的固有特点相悖。

理解、适用本条需要注意以下两个问题：

一是承租人未取得行政许可是否影响融资租赁合同效力的问题。按照本条的规定，在无其他影响合同效力的要素存在的情况下，出租人未取得行政许可合同并不影响融资租赁合同的效力。但反过来，如果承租人未取得行政许可，融资租赁合同的效力是否会受影响？《行政许可法》第 2 条规定，行政许可是指行政机关根据公民、法人或者其他组织的申请，经依法审查，准予其从事特定活动的行为。就融资租赁交易行为而言，对于特许经营的租赁物，作为占有、使用租赁物一方的承租人应当获得有关机关审批并取得从事经营的资格。而对于融资租赁合同本身而言，合同生效与否则无需有关部门的审批。如果认为承租人未取得行政许可会影响融资租赁合同的效力，无疑要求出租人必须关注承租人是否取得对租赁物经营使用的行政许可资格。实践中，承租人并非均在签订融资租赁合同之前即取得了有关行政许可，很多都是事后取得，如果对出租人科以审查承租人经营资质的义务，将给出租人在业务经营中增加不合理的负担，不利于整个融资租赁行业的发展。租赁物的经营使用需要取得行政许可是对承租人具体经营使用租赁物的监管，属于承租人取得租赁物后是否合法使用的问题。对于未经行政许可而经营使用特定租赁物的，有关行政机关仍可依据法律、法规追究承租人的行政责任，情节严重的，甚至可以依法追究刑事责任。因此，在处理行政许可与合同效力的关系时，应遵循行政许可是对合同自由原则的限制，在市场经济条件下，应当选择对当事人合同自由干预最小的方式。

二是本条是适用于使用融资租赁设备的整体项目需要取得行政许可的情形，还是仅适用于经营使用租赁物行为本身需要取得行政许可的情形？笔者认为，本条仅适用于经营使用租赁物行为本身需要取得许可的情形，而使用租赁物从事的工程或项目是否需要取得许可不影响融资租赁合同的效力。因此，使用融资租赁设备的整体项目需要取得行政许可的情形，不适用本条的规定。

（宋建立 撰写）

第七百四十条 【承租人拒绝受领租赁物的情形】出卖人违反向承租人交付标的物的义务，有下列情形之一的，承租人可以拒绝受领出卖人向其交付的标的物：

（一）标的物严重不符合约定；

（二）未按照约定交付标的物，经承租人或者出租人催告后在合理期限内仍未交付。

承租人拒绝受领标的物的，应当及时通知出租人。

【法条链接】

《融资租赁合同司法解释》第5条

【立法背景】

由于《合同法》的“融资租赁合同”一章并未对承租人在何种情况下可以拒绝受领租赁物直接作出明确的规定，而仅是从承租人享有受领租赁物的权利的角度作出规定，且承租人的受领义务跨域融资租赁合同与买卖合同两个合同，故在交易实践中，对承租人拒绝受领的条件、方式及效力等问题，常发生争议。因承租人拒绝受领租赁物引发的纠纷通常包括以下几种情况：（1）租赁物的质量瑕疵与承租人拒绝受领的关系问题。如租赁物可能确实存在一定质量瑕疵，与合同约定不完全相符，但质量瑕疵是否足以产生承租人拒绝受领的法律后果，各方认识不一。（2）出卖人在交付方式上与合同约定不符，在交付时间、交付地点和交付的手段及形式上没有完全遵守合同约定，以至于出现延期交付、部分交付或其他不符合合同约定的情况，进而影响承租人正常使用租赁物，并可能造成一定的损失，承租人据此提起诉讼。(3) 在承租人拒绝受领租赁物的法律后果上存有争议。出租人与承租人通常会围绕承租人拒绝受领租赁物后是否还要继续履行融资租赁合同项下包括支付租金在内的主要义务的问题产生纠纷。产生上述纠纷的主要原因，是各方面对承租人拒绝受领租赁物的条件认识不统一。由于没有法律的明确规定，当事人对何种情况下承租人可以拒绝受领租赁物无法达成一致，特别是在租赁物严重不符合合同约定以及交付方式与合同约定不符的具体标准认定方面，无法形成共识。对此，《融资租赁合同司法解释》第 5 条作出规定："出卖人违反合同约定的向承租人交付标的物的义务，承租人因下列情形之一拒绝受领租赁物的，人民法院应予支持：(一) 租赁物严重不符合约定的；(二) 出卖人未在约定的交付期间或者合理期间内交付租赁物，经承租人或者出租人催告，在催告期满后仍未交付的。承租人拒绝受领租赁物的，未及时通知出租人，或者无正当理由拒绝受领租赁物，造成出租人损失，出租人向承租人主张损害赔偿的，人民法院法院应予支持。"本条即司法解释上述条文的立法反映。

【条文解读与法律适用】

本条系对承租人可以拒绝受领租赁物的具体条件作出的规定。根据与融资租赁合同相联系的买卖合同的约定，通常情况下，出卖人直接向承租人交付租赁物，承租人按合同约定受领租赁物。除非另有约定，出租人一般不承担交付和受领租赁物的义务。当出卖人交付的租赁物严重不符合约定或交付方式不符合合同约定时，承租人可以拒绝受领租赁物。对本条的理解和适用应注意把握以下几点：

(1) 承租人享有与受领租赁物有关的买受人的权利。本法第 739 条规定："出租人根据承租人对出卖人、租赁物的选择订立的买卖合同，出卖人应当按照约定向承租人交付标的物，承租人享有与受领标的物有关的买受人权利。"该规定赋予承租人以约定方式取得买卖合同项下与出租人同样的受领标的物的权利，相当于成为买卖合同的当事人之一，突破了买卖合同相对性原理，也是融资租赁合同与一般租赁合同的一个重要区别。在一般租赁合同中，出租人将自己现有的物或者根据自己的意愿购买的租赁物交付给承租人使用、收益，由承租人支付租金，承租人与出卖人之间无直接的法律关系，出租人承担租赁物的瑕疵担保责任。而在融资租赁合同中，出租人一般不承担租赁物的瑕疵担保责任，也不承担租赁物迟延交付的责任。出卖人不仅应向承租人直接交付标的物，而且应承担租赁物的瑕疵担保责任。

（2）承租人拒绝受领租赁物是由于出卖人履行租赁物的交付义务不符合合同约定。就本条而言，出卖人未按照买卖合同约定履行交付义务，其履行瑕疵主要表现为两个方面：一是租赁物本身不符合合同约定，存在严重瑕疵。就租赁物瑕疵而言，如果仅有微小的质量瑕疵，即允许承租人拒绝受领租赁物，进而导致买卖合同与融资租赁合同的解除，其实不利于融资租赁合同的正常履行。因此，有必要对承租人拒绝受领租赁物的条件作出必要的限定。只有租赁物存在严重质量问题，比如不符合合同约定的质量标准、有重大的缺陷或瑕疵以至于承租人无法正常使用，且导致承租人无法实现合同目的，才能允许承租人拒绝受领租赁物。二是交付时间不符合约定，且在合理的催告期内仍未交付，严重影响了承租人按期取得、占有、使用租赁物。就逾期交付而言，可能存在出卖人迟延交付或者未交付的情形。作为融资租赁合同的标的物，租赁物多为大型机械设备或者交通运输工具，其运输、安装、检验乃至进口报关手续等相对更为复杂，故出卖人逾期交付的情形比较常见。如果仅因非出卖人的过错导致租赁物交付的短暂迟延，未严重影响承租人使用，即允许承租人拒绝受领租赁物，对出卖人的要求显然过于苛刻。因此，本条规定了合理的催告期，即未按约定交付租赁物，经承租人或出租人催告后在合理期限内仍未交付的，承租人可以拒绝受领租赁物。

（3）出租人对承租人拒绝受领租赁物应当享有知情权。因为这涉及出租人的切身利益，出租人是重要的利益相关人。如果由于租赁物交付不成而影响合同正常履行，则出租人的利益也会因承租人拒绝受领租赁物而无法实现。故承租人拒绝受领租赁物后，应当立即通知出租人。如果没有及时通知出租人而造成损失的，承租人应当对出租人承担相应的赔偿责任。

此外，还需要注意以下两个问题：一是尽量维护融资租赁交易的稳定性及合同正常履行。严格把握承租人拒绝受领租赁物的条件，不宜过宽，否则不利于融资租赁行业的健康发展。同时，也应给予出租人或出卖人合理的补救机会，允许其在合理的催告期限内对不符合约定的租赁物进行维修、调试、更新或者重新生产等，以达到合同要求，符合承租人的使用目的。经催告后在合理期限内仍未交付的，方可拒绝受领租赁物。二是注意区分责任主体，合理担责。如果因出租人没有履行支付价款购买租赁物的义务而造成出卖人没有交付，则由出租人承担相应违约责任；如果因出卖人的原因造成租赁物严重不符合合同约定或者交付时间不符合约定的，则由出卖人承担违约责任，承租人亦可以依约定直接向出卖人索赔，但索赔结果不影响承租人履行支付租金的义务。

（宋建立　撰写）

第七百四十二条　【索赔权行使与租金给付义务】承租人对出卖人行使索赔权利，不影响其履行支付租金的义务。但是，承租人依赖出租人的技能确定租赁物或者出租人干预选择租赁物的，承租人可以请求减免相应租金。

【法条链接】

《融资租赁合同司法解释》第 6 条、第 19 条

【立法背景】

《合同法》第十四章“融资租赁合同”中仅有第 239 条、第 240 条规定了承租人可以直接向出卖人行使索赔权，却没有涉及融资租赁合同项下的租金给付义务。交易实践产生的问题是，承租人行使索赔权时停止向出租人支付租金，或要求以索赔结果抵偿部分租金。出租人则认为，租赁物和出卖人均系承租人选择或认可的，只要出租人履行了合同约定的支付价款购买租赁物的主要义务后，就不再承担租赁物的瑕疵担保责任。为此，《融资租赁合同司法解释》第 6 条规定：“承租人对出卖人行使索赔权，不影响其履行融资租赁合同项下支付租金的义务，但承租人以依赖出租人的技能确定租赁物或者出

租人干预选择租赁物为由，主张减轻或者免除租金支付义务的除外。”本条即上述司法解释规定的立法转化。

【条文解读与法律适用】

本条规定了承租人对出卖人的索赔权，不影响承租人的租金支付义务。但是，租赁物的确定与出租人有直接关系时，可以减免相应的租金支付义务。融资租赁的特征决定了出租人的本质义务是为承租人提供融资，在承租人选定出卖人、租赁物的前提下，履行买卖合同的风险也应由承租人承担。因此，买卖合同的履行存在瑕疵一般不影响其履行租赁合同项下支付租金的义务。但也存在例外情形，即在承租人依赖出租人的技能确定租赁物或者出租人干预选择租赁物时，如果出卖人及租赁物的选择均与出租人的干预相关，由买卖合同的履行障碍而产生的风险及索赔，不单是由承租人或出卖人的意志及行为所引发，还与出租人对租赁物的干预有直接关系，此时，融资租赁合同项下的租金支付义务应结合买卖合同履行障碍产生的原因及责任来确定。对本条的理解和适用应注意把握以下几点：

（1）承租人索赔权的依据。本法第739条规定：“出租人根据承租人对出卖人、租赁物的选择订立的买卖合同，出卖人应当按照约定向承租人交付标的物，承租人享有与受领标的物有关的买受人的权利。”第741条规定：“出租人、出卖人、承租人可以约定，出卖人不履行买卖合同义务的，由承租人行使索赔的权利，承租人行使索赔权利的，出租人应当协助。”可见，虽然承租人不是买卖合同的当事人，但承租人享有买受人的部分权利，包括租赁物的受领权和以自己名义向出卖人直接索赔的权利，即当出卖人不履行合同义务或者履行合同义务不符合约定时，由承租人直接向出卖人进行索赔的权利。需要注意的是，承租人享有租赁物的受领权并不必然得出承租人享有直接的索赔权。受领权与索赔权的法律基础不同。本法第741条关于索赔权的规定有“出租人、出卖人、承租人可以约定”这一前置条件。换言之，承租人享有索赔权并非基于法律规定，而是基于出租人、出卖人和承租人的合同约定。在融资租赁关系中，当出租人根据承租人的指定，出资向出卖人购买租赁物后，租赁物的所有权即转移给出租人，出租人作为买受人享有因出卖人违反合同规定而造成损失时要求出卖人赔偿的权利。但由于融资租赁合同的特殊性，租赁物是由承租人指定购买的，对其性能和产品用途等，出租人往往缺乏了解，很难对出卖人提供的租赁物做检验和判断。同时，租赁物的使用权也属于承租人，为了保证租赁物符合要求，便于解决其在使用中出现的问题，出租人往往将选择由谁来提供何种品质、规格的租赁物的决定权赋予承租人，并由承租人负责产品验收，发现质量问题时，由承租人直接与出卖人交涉，即出租人将索赔权转让给承租人。对由于出卖人的过错，如租赁物质量不合格或者迟延供货等原因，造成的损失，承租人可以直接向出卖人行使索赔权而得到赔偿。这样，既简化了法律关系，同时又降低了索赔成本。

（2）索赔权的行使不影响承租人支付租金的义务。在融资租赁关系中，出租人主要承担融资的功能，不承担租赁物瑕疵的担保义务。在合同订立时，租赁物由承租人选定，本着权利义务相一致的原则和“谁决定、谁负责”的原理，出租人对租赁物是否符合约定不负担担保责任。[①] 出租人瑕疵担保免责是原则，承担瑕疵担保责任是例外。这也是融资租赁区别于其他租赁形式的典型特征之一。基于此，融资租赁合同具有不可解约性，且融资租赁合同项下的主要义务具有独立性，不受其他违约及救济措施的影响。本条的规定就是认可了融资租赁合同项下的主要义务具有独立性。出租人不承担与租赁物有关的一切风险而由承租人承担，只要出租人履行了支付价款购买租赁物的义务并且不存在其他严重违约行为，承租人就应当履行融资租赁合同项下的各项义务。对于非因出租人的因素造成租赁物本身存在质量问题或交付方式不符合合同约定等情形，承租人可以向出卖人直接行使索赔权，但索赔的结果不应影响承租人继续履行融资租赁合同项下包括支付租金在内的主要义务，由此造成承租人的损失，应由出卖人予以赔偿。在承租人向出租人直接索赔时，出租人应予必要的协助。

（3）租赁物系依赖出租人技能或干预而选定，减免出租人的租金支付义务。在融资租赁合同中，出租人瑕疵担保免责是原则，只有在出租人干预对

---

① 高燕竹：《融资租赁合同中的租赁物瑕疵担保责任研究》，载最高人民法院民二庭编：《商事审判指导》（总第35辑），人民法院出版社2013年版，第92页。

租赁物的选择，出租人的瑕疵担保责任才不能免除。根据本条的规定，如果承租人依赖出租人的技能确定租赁物或出租人干预选择租赁物时，承租人有权请求减轻或免除相应租金的支付义务。在这种情况下，租赁物依赖出租人的技能或为出租人所选定，出租人对买卖合同的签订起主导作用，买卖合同的履行风险应由出租人承担。根据《融资租赁合同司法解释》第 19 条之规定，出租人干预选择租赁物的情形有：第一，出租人在承租人选择出卖人、租赁物时，对租赁物的选定起决定作用的；第二，出租人干预或者要求承租人按照出租人意愿选择出卖人或者租赁物的；第三，出租人擅自变更承租人已经选定的出卖人或者租赁物的。

此外，实践中，对于如何认定承租人系依赖出租人的技能取得租赁物，或者出租人干预选择租赁物，应注意区分出租人的行为是否对承租人的选择造成实质性影响。所谓构成实质性影响，通常可包括以下情形：（1）出租人指定租赁物或出卖人；（2）出租人给出一定的选择范围，指定几家制造商或几种产品供承租人选择；（3）出租人将承租人的选择与租金等合同条款挂钩，或承租人只有在出租人推荐的范围内选择才可获得相应的优惠条件。若承租人能够举证证明出租人存在这些行为，则可以认为出租人对承租人的选择构成了实质性影响，即干预了承租人的选择，承租人可以主张减轻或者免除相应的租金支付义务。

（宋建立 撰写）

第七百四十三条 【出租人妨碍索赔的法律责任】出租人有下列情形之一，致使承租人对出卖人行使索赔权利失败的，承租人有权请求出租人承担相应的责任：

（一）明知租赁物有质量瑕疵而不告知承租人；

（二）承租人行使索赔权利时，未及时提供必要协助。

出租人怠于行使只能由其对出卖人行使的索赔权利，造成承租人损失的，承租人有权请求出租人承担赔偿责任。

【法条链接】

《融资租赁合同司法解释》第 18 条

【立法背景】

融资租赁合同仅指出租人与承租人之间的融资租赁合同，而未囊括出租人和出卖人之间的买卖合同，由此产生融资租赁交易中因买卖合同产生的诉争及损失是否可以通过融资租赁合同予以救济，以及如何救济的问题。《合同法》从正面规定了出租人保护承租人平静占有和使用租赁物的义务、协助承租人索赔的义务，但实践中对出租人违反上述义务的行为的认定标准不一，成为困扰交易实践和司法实务的一个重要问题。为此，《融资租赁合同司法解释》第 18 条作出规定："出租人有下列情形之一，导致承租人对出卖人索赔逾期或者索赔失败，承租人要求承担相应责任的，人民法院应予支持：（一）明知租赁物有质量瑕疵而不告知承租人的；（二）承租人行使索赔权时，未及时提供必要协助的；（三）怠于行使融资租赁合同中约定的只能由出租人行使对出卖人的索赔权的；（四）怠于行使买卖合同中约定的只能由出租人行使对出卖人的索赔权的。"本条的规定即对上述司法解释条文的立法反映。

【条文解读与法律适用】

本条是对出租人妨碍承租人对出卖人行使索赔权，应向承租人承担责任的规定。本条规定了出租人的行为致使承租人索赔逾期或者索赔失败的三种情形，只要出租人具备其中一种情形，就应当承担相应的赔偿责任：

（1）明知租赁物有质量瑕疵而不告知承租人的，即出租人故意向承租人隐瞒租赁物瑕疵状况。本法第 509 条第 2 款规定："当事人应当遵循诚信原则，根据合同的性质、目的和交易习惯履行通知、协助、保密等义务。"在融资租赁合同的履行中，即使合同没有明确约定出租人应向承租人告知租赁物存在瑕疵的义务，但出租人明知租赁物有质量瑕疵而不及时通知承租人，显然违背了出租人依据诚实信用原则所应负担的通知义务。即使出租人未受领租赁物，也应当将其知悉的租赁物瑕疵情况及时通知承租人。若出租人故意隐瞒租赁物瑕疵致使承租人索赔失败，出租人也应当承担相应的违约责任。只有遵循诚信原则，强化诚信观念，才能使合同履行中的当事人既能遵循商业道德，又能恪守履行义务，从而形成健康有序的交易关系。①

（2）承租人行使索赔权利时，出租人未及时提供必要协助，致使承租人向出卖人行使索赔失败的，出租人应向承租人承担相应赔偿责任。本法第741条规定："出租人、出卖人、承租人可以约定，出卖人不履行买卖合同义务的，由承租人行使索赔的权利，承租人行使索赔权利的，出租人应当协助。"在承租人取得对出卖人的索赔权之后，出租人同样对承租人负担一定的义务，这些义务在性质上多属于附随义务。从附随义务的功能看，其或为促进主给付义务，或为维护对方当事人的利益。在索赔权转让之后，出租人在承租人索赔过程中，应当依据诚实信用原则负担协助、通知等附随义务。附随义务是依法产生的，属于法定义务的范围。② 在本条规定的情形下，违反附随义务导致另一方损害的，应承担相应的违约责任。

（3）出租人怠于行使只能由其对出卖人行使的索赔权利，造成承租人损失的，承租人有权请求出租人承担赔偿责任。在融资租赁交易中，买卖合同系为融资租赁合同而订立，融资租赁合同是买卖合同订立的前提，因此，买卖合同与融资租赁合同，其中一个合同的效力、履行与索赔等必然影响另一合同，这关系到买卖合同与融资租赁合同之间的牵连关系的问题。本条第2款规定的是，在对出卖人的索赔权只能由出租人行使的情况下，如果出租人怠于行使索赔权导致了出卖人有正当的抗辩理由，产生了承租人索赔不成并造成承租人损失的，出租人应当承担相应的赔偿责任。

对本条的理解与适用需要注意以下几个问题：

（1）索赔权与受领权、瑕疵担保义务之间不存在必然联系。尽管在索赔权行使的过程中可能会涉及承租人的受领权问题，在损害赔偿中可能会涉及瑕疵担保义务而产生的损失赔偿，但索赔权与上述二者之间不存在必然的联

① 王利明：《合同法研究》（第二卷），中国人民大学出版社2006年版，第14—15页。

② 王利明：《合同法研究》（第二卷），中国人民大学出版社2006年版，第16页。

系。索赔权产生于融资租赁交易关系中三方主体对于索赔权转让的约定，而本法第 739 条规定的受领权只是出租人与出卖人在买卖合同中的一项约定，两者在逻辑关系上不存在先后顺序。索赔权与瑕疵担保义务之间也不存在必然联系。根据本法第 742 条的规定，出租人对租赁物不享有瑕疵担保义务，除非承租人依赖出租人的技能确定租赁物或者出租人干预选择租赁物。显然，瑕疵担保义务来源于法律规定，与索赔权无直接关系。

（2）承租人索赔逾期、索赔失败应当与出租人违反附随义务之间存在因果关系。如果出租人违反附随义务的行为与承租人索赔逾期或者索赔失败后果不存在因果关系，则出租人无须向承租人承担责任。所谓索赔逾期或者索赔失败，是指由于出租人的原因导致承租人无法索赔，或者由于出租人故意向承租人隐瞒租赁物的瑕疵致使承租人所享有的请求权超过诉讼时效，或者因出租人的不协助导致承租人举证不能而被驳回诉讼请求的情形。

（3）本条第 1 款中承租人索赔权的取得来源于融资租赁合同当事人即出租人、出卖人、承租人三方的约定。索赔权转让的约定可以是在融资租赁合同中，也可以是在买卖合同中，还可以在融资租赁合同、买卖合同之外另行约定索赔权转让事宜，但必须源自三方当事人的约定。

（4）本条第 1 款第 1 项规定的“明知”概念，笔者认为，并不包含“应当知道”的情形，否则实际上增加了出租人的默示担保义务。

（宋建立　撰写）

第七百四十五条　【租赁物的善意取得】出租人对租赁物享有的所有权，未经登记，不得对抗善意第三人。

【法条链接】

《合同法》第 242 条；《融资租赁合同司法解释》第 9 条

【立法背景】

在融资租赁法律关系中，出租人享有租赁物的所有权，承租人在租赁期间对租赁物进行占有和使用，实际上形成了租赁物的所有者和占有者分离的状况。因此，在实践中，一些承租人或租赁物的实际使用人，未经出租人同意擅自转让租赁物，或者在租赁物上设立其他物权，就会产生第三人是否构成善意取得的问题。《合同法》对承租人或者租赁物的实际使用人未经出租人同意转让租赁物或者在租赁物上设立其他物权的效力未作出规定。而《融资租赁合同司法解释》第 9 条根据《物权法》第 106 条关于善意取得的规定，对此问题进行了规定："承租人或者租赁物的实际使用人，未经出租人同意转让租赁物或者在租赁物上设立其他物权，第三人依据物权法第一百零六条的规定取得租赁物的所有权或者其他物权，出租人主张第三人物权权利不成立的，人民法院不予支持，但有下列情形之一的除外：（一）出租人已在租赁物的显著位置作出标识，第三人在与承租人交易时知道或者应当知道该物为租赁物的；（二）出租人授权承租人将租赁物抵押给出租人并在登记机关依法办理抵押权登记的；（三）第三人与承租人交易时，未按照法律、行政法规、行业或者地区主管部门的规定在相应机构进行融资租赁交易查询的；（四）出租人有证据证明第三人知道或者应当知道交易标的物为租赁物的其他情形。"本条即在交易实践和司法解释的基础上，对租赁物所有权的善意取得作出了规定。

【条文解读与法律适用】

本条是关于作为租赁物非所有权人的承租人或者实际使用人无权处分租赁物的效力问题的规定，出租人对租赁物享有的所有权只有履行登记程序后，才能对抗善意第三人。

本法第九章"所有权取得的特别规定"第 311 条规定："无处分权人将不动产或者动产转让给受让人的，所有权人有权追回；除法律另有规定外，符合下列情形的，受让人取得该不动产或者动产的所有权：（一）受让人受让该不动产或者动产时是善意的；（二）以合理的价格转让的；（三）转让的不动产或者动产依照法律规定应当登记的已经登记，不需要登记的已经交付给受让人。受让人依照前款规定取得不动产或者动产的所有权的，原所有权人有权向无处分权人请求损害赔偿。当事人善意取得其他物权的，参照适用前两款规定。"根据上述规定，在无权处分的情况下，第三人构成善意取得需要同时具备三个条件：一是受让人即第三人善意；二是交易价格合理；三是登记或者动产交付。在融资租赁法律关系中，承租人或者实际使用人无权处分租赁物，判断第三人是否构成善意取得，应当注意以下几个问题：（1）关于"善意"要件的认定。依据民法学原理，"善意"是指第三人"不知情"，即不知道并且不应该知道处分人对于财产没有处分权。"不知道"涉及第三人在交易时的主观认知状态。"不应当知道"是法律对第三人不知情的原因的评价，在实践中经常可以转化为第三人是否尽到必要注意义务的问题。[①]（2）关于"交易价格合理"要件的认定。构成该要件应具备两个要素，一是支付了交易价格，二是交易价格合理。（3）以登记为对抗要件。融资租赁登记采用的是登记对抗主义。所谓登记对抗主义，是指出租人所有权未经登记不得对抗善意第三人。登记作为公示的一种方式，是善意取得的要件之一，在司法上的功能为公示融资租赁物的权利状态，其具有向社会不特定人进行公示的公信力，且易于查询和了解。因此，采取登记的方式对出租人的权利进行公示，有助于保护出租人的权利。

本条实际适用还需要注意以下两个问题：（1）融资租赁登记公示制度亟待完善。融资租赁登记的主要功能在于公示租赁物的权属状况。当前，在融资租赁物登记方面，还没有一个统一的登记公示系统。人民银行征信中心在探索动产融资统一登记方面取得了重要进展。人民银行征信中心动产融资统一公示系统是我国首个基于互联网的动产担保登记系统，2009 年开始运营融资租赁登记和查询服务，2013 年建成服务于多种动产担保交易的物权公示系统——动产融资统一登记公示系统，已成为我国重要的金融基础设施。（2）在融资租赁合同案件中，要注意区分，合同的批准、登记与不动产登记是不同的概念。合同的批准、登记等手续为合同的生效要件，不动产的登记是不动产物权变动的条件。在以不动产为租赁物的融资租赁合同纠纷中，不能以租赁物未办理转移登记为由而认定融资合同未生效。还需特别注意的是，在融资租赁交易中，出租人在人民银行征信中心等公示系统办理融资租赁权属状况登记只能产生对抗效力，并不影响融资租赁合同的效力。

（宋建立　撰写）

---

① 王泽鉴：《民法物权》，北京大学出版社 2009 年版，第 486—487 页。

第七百四十八条 【出租人妨碍租赁物占有使用的赔偿责任】 出租人应当保证承租人对租赁物的占有和使用。

出租人有下列情形之一的，承租人有权请求其赔偿损失：

（一）无正当理由收回租赁物；

（二）无正当理由妨碍、干扰承租人对租赁物的占有和使用；

（三）因出租人的原因致使第三人对租赁物主张权利；

（四）不当影响承租人对租赁物占有和使用的其他情形。

【法条链接】

《合同法》第245条；《融资租赁合同司法解释》第17条

【立法背景】

《合同法》第245条规定："出租人应当保证承租人对租赁物的占有和使用。"这是出租人就租赁物而言对承租人负有的保障义务。由于此规定较为原则，在实践中出现出租人以种种理由干扰承租人对租赁物的占有和使用的情况，给承租人造成一定损失，承租人却索赔无据。司法实务中，对于哪些情形构成出租人干预承租人占有、使用租赁物，各地掌握标准不一，裁判尺度亦不统一。为此，《融资租赁合同司法解释》第17条作出规定："出租人有下列情形之一，影响承租人对租赁物的占有和使用，承租人依照合同法第二百四十五条的规定，要求出租人赔偿相应损失的，人民法院应予支持：（一）无正当理由收回租赁物；（二）无正当理由妨碍、干扰承租人对租赁物的占有和使用；（三）因出租人的原因致使第三人对租赁物主张权利；（四）不当影响承租人对租赁物占有和使用的其他情形。"本条即司法解释上述规定的立法反映。

【条文解读与法律适用】

本条是专门针对出租人违反平静占有担保义务所作的规定。出租人违反本条列举的妨碍承租人占有、使用租赁物的具体情形，即构成违约，应当承担相应的违约责任。

本条明确规定："出租人应当保证承租人对租赁物的占有和使用。"这是出租人对承租人负有的保证平静占有、使用租赁物的义务。租赁物是融资租赁合同的标的物，也是合同得以履行的根本。根据融资租赁合同双方权利义务的设置，出租人负有两项最重要的义务：一是出资购买并交付符合合同要求的租赁物；二是保障承租人能够平静占有和使用租赁物。一般来讲，在融资租赁合同生效后，从出租人的角度讲，出租人不得妨碍承租人依法定和合同约定所拥有的权利。无论出租人转让其合同中的权利义务，还是将租赁物出售、抵押，都必须以保证承租人对租赁物的正常使用为前提。出租人非法干预承租人对租赁物的正常使用，或者擅自取回租赁物而造成承租人损失的，出租人应承担赔偿责任。不仅如此，出租人还应保证租赁物中权益的合法性，排除第三人对承租人占有、使用租赁物权利的侵犯，承租人如果受到对租赁物享有合法权利的第三人的干扰，则出租人应对此承担责任。从承租人角度讲，在租赁期间，承租人占有租赁物，享有充分、完整的使用权，以及获得因使用而产生的利益的权利。

本条对出租人妨碍承租人占有、使用租赁物的具体情形作出列举性规定，若因出租人的违约行为给承租人造成损失的，出租人应承担损害赔偿责任。(1) 在融资租赁合同中，承租人对租赁物的占有、使用权是保障其权益实现的基本前提。本条第2款第1项和第2项明确了出租人无正当理由不得取回租赁物，不得妨碍、干扰承租人对租赁物的占有和使用。基于有权利就应有救济的原则，一旦出租人出现不当干扰承租人行使上述权利的行为，便应对承租人提供救济，即根据出租人的违约情况要求其承担相应违约责任。(2) 出租人应当保证租赁物不存在权利上的瑕疵，否则理应承担相应违约责任。就出租人而言，出租人在将租赁物出租给承租人之前，必须保证对租赁物享有完整、合法的所有权，即不应存在权利上的瑕疵。如果出现第三人对租赁物主张合法权利的情形，就必然妨碍承租人对租赁物的占有和使用。基于债的相对性原理，即使承租人因此遭受了损失，也不能直接向第三人主张权利，而只能向出租人主张违约责任，这是本条第 2 款第 3 项规定的情形。除此之外，为充分和有效地保障承租人对租赁物占有和使用，排除出租人可能出现的其他不当干扰情形，同时又为法官在司法实务中裁判案件提供可循的依据，本条第 2 款第 4 项作了兜底性规定，更好地保护承租人利益免受不当侵害。

此外需要注意，在如何保护承租人对租赁物的占有和使用权免受出租人的不当干预这一问题上，作为出租人一方的租赁公司与作为承租人一方的租赁物使用人对此有不同的观点。承租人主张减少出租人干扰、拒绝查验，有的甚至以此主张对抗出租人行使取回权；出租人为维护自身物权和交易安全，则要求具有随时查验租赁物的权利。本条规定的“正当理由”应解释为出租人对租赁物的正常检查、维护等情形。以正当性为标准支持出租人的正常查验权利，避免承租人以妨碍租赁物的占有使用为由，拒绝出租人行使取回权或者对租赁物进行必要的查验，有利于保护出租人交易安全，同时减少出租人对租赁物不必要的干扰，以维护承租人的合法权益。

（宋建立　撰写）

第七百五十一条　【租赁物的风险负担】承租人占有租赁物期间，租赁物毁损、灭失的，出租人有权请求承租人继续支付租金，但是法律另有规定或者当事人另有约定的除外。

【法条链接】

《融资租赁合同司法解释》第 7 条

【立法背景】

《合同法》第十四章未就融资租赁合同中的租赁物风险负担问题作出规定。在《合同法》第十三章“租赁合同”中，第 231 条对传统租赁合同中的租赁物风险作出了规定，即“因不可归责于承租人的事由，致使租赁物部分或者全部毁损、灭失的，承租人可以要求减少租金或者不支付租金；因租赁物部分或者全部毁损、灭失，致使不能实现合同目的的，承租人可以解除合同”。可见，在传统的租赁合同中，租赁物的风险由出租人承担。但传统意义的租赁与融资租赁在租赁物毁损、灭失的风险承担问题上是有明显区别的。在交易实践中，经常会受到传统租赁中租赁物风险负担思维的影响，不时出现当租赁物发生毁损、灭失的情况时，承租人以出租人系租赁物所有权人为由，主张出租人承担租赁物毁损、灭失的风险，并要求出租人提供替代物、停止支付租金或者要求解除融资租赁合同，以及赔偿损失等，由此产生争议。《融资租赁合同司法解释》第 7 条对此种情形作出了规定，即“承租人占有租赁物期间，租赁物毁损、灭失的风险由承租人承担，出租人要求承租人继续支付租金的，人民法院应予支持。但当事人另有约定或者法律另有规定的除外”。本条即司法解释上述条文的立法反映。

【条文解读与法律适用】

本条是关于融资租赁合同中租赁物风险负担规则及其对租金支付义务影响的规定，即承租人占有租赁物期间租赁物毁损、灭失的，承租人不仅承担毁损、灭失的风险，而且仍需要按出租人的要求继续履行融资租赁合同中的租金义务。

租赁物意外毁损、灭失的风险由承租人负担，这意味着即便租赁物意外毁损、灭失，融资租赁合同并不自动终止或解除，出租人仍然可以在不解除合同的情况下要求承租人继续履行合同，支付租金。本条采用风险负担规则相当于支持了出租人的全部可得利益，出租人的租金收益不会因租赁物意外毁损、灭失的原因而受到任何影响。对此可从以下四个方面理解：（1）在融资租赁法律关系中，出租人履行的义务主要是支付价款以购买租赁物，租赁物和出卖人都是由承租人指定的，由此与租赁物本身有关的风险和收益应由承租人承担和享有。因此，租赁物的毁损、灭失风险应由承租人承担，这样既符合融资租赁的特点，也符合风险与收益相匹配的原则。（2）出租人在融资租赁合同中的主要功能是提供资金融通，而非租赁物的提供者，由于不可归咎于各方当事人的因素所引起的租赁物毁损、灭失的风险，只能由长期对租赁物占有、使用的承租人承担。（3）由承租人承担占有租赁物期间的风险责任，也是融资租赁行业的惯例。从交易实践看，融资租赁合同通常约定作为出租人的融资租赁公司不负担租赁期间租赁物意外毁损、灭失的风险责任。（4）租赁物在承租人占有期间毁损、灭失的，不影响承租人支付租金的义务。融资租赁合同与买卖合同是融资交易中相互联系、相互影响的两个部分，但各自又具有独立性。在出租人对承租人占有的租赁物的毁损或灭失不承担责任的情况下，不能免除承租人支付租金的义务，出租人仍有权请求承租人继续支付租金。

对本条的理解与适用还需要注意以下几个问题：（1）本条所称的租赁物毁损、灭失的风险是指由于不可归责于当事人的因素所引起的租赁物毁损或者灭失的风险。如果租赁物的毁损、灭失是由一方当事人的违约行为所造成的，则应由其承担相应的违约责任，而不属于租赁物的风险承担问题。（2）在融资租赁合同关系中，无论何种情况，出租人都不应当承担与租赁物有关毁损、灭失的风险，而应由出卖人或者承租人承担。在承租人占有租赁物期间，租赁物的毁损、灭失风险由承租人承担，在承租人受领租赁物之前，租赁物的风险责任由出卖人承担。（3）在租赁物风险转移时点的判定问题上，应充分尊重当事人的意思自治，鼓励和引导当事人在融资租赁合同中对这一重要问题作出约定。对于双方已在合同中作出明确约定的，在没有显失公平的情形下，应当尊重其合同约定。若当事人没有对此作出约定，应当按照本条法律的规定，由承租人负担风险责任。

（宋建立　撰写）

第七百五十三条　【承租人擅自处分租赁物】承租人未经出租人同意，将租赁物转让、抵押、质押、投资入股或者以其他方式处分的，出租人可以解除融资租赁合同。

【法条链接】

《融资租赁合同司法解释》第12条

【立法背景】

融资租赁合同具有不可解约性，又称“中途解约禁止”。由于融资租赁交易具有融资性、周期长、利益重大、交易复杂等特点，融资租赁合同中一般都有类似“除合同约定条款外（或除特殊情况外），未经对方书面同意，任何一方不得中途变更合同内容或解除合同”的约定，即所谓“中途禁止解约条款”。因此，“中途不可解约性”决定了融资租赁合同的解除会比一般合同的解除更为严格。《合同法》第 248 条规定了承租人未按照约定支付租金享有解约权，即“承租人应当按照约定支付租金。承租人经催告后在合理期限内仍不支付租金的，出租人可以要求支付全部租金；也可以解除合同，收回租赁物”。但并未对承租人的其他违约情形作出规定。由于我国目前缺乏统一的动产登记公示制度，租赁物的所有权与占有、使用权相分离的状态给承租人擅自处分租赁物创造了条件。一些不诚信的承租人利用租赁物权利公示制度的缺失擅自将租赁物转让、转租、抵押、质押、投资入股或者以其他方式处分，可能导致第三人善意取得租赁物，严重危及出租人对租赁物的所有权。承租人无权处分租赁物的行为构成根本违约，致使融资租赁合同目的无法实现。鉴于此，《融资租赁合同司法解释》第 12 条对出租人享有的解约情形作出了规定，其中对承租人未经出租人同意，将租赁物转让、转租、抵押、质押、投资入股或者以其他方式处分租赁物的，出租人请求解除融资租赁合同的，人民法院予以支持。本条即上述司法解释条文的立法反映。

【条文解读与法律适用】

本条是关于承租人擅自处分租赁物，出租人享有解除融资租赁合同的权利的规定。正确理解和适用本条应注意把握以下几点：（1）承租人负有不得擅自处分租赁物的义务。本条规定，承租人未经出租人同意，不得将租赁物转让、转租、抵押、质押、投资入股或者以其他方式处分租赁物。在融资租赁期间，承租人转让租赁物或在租赁物上设定他物权，属于违反法定义务的情形，承租人对此项义务的违反构成违约。（2）在融资租赁期间，承租人擅自处分租赁物的行为，构成无权处分。在融资租赁合同中，出租人对租赁物享有所有权，在租赁期间届满前租赁物由承租人占有、使用，并且实践中为了便于承租人账务处理或获得一定的税收优惠，出租人购买租赁物时往往让出卖人出具以承租人为购买人的税务发票，或将一些融资租赁资产登记在承租人名下。在此情况下，承租人可能凭借其对租赁物的实际控制和相关证明材料，在未经出租人同意的情况下，将租赁物转让、转租、抵押、质押、投资入股或者以其他方式处分。由于融资租赁合同租赁期间届满前，租赁物归出租人所有，承租人的擅自处分行为显然构成无权处分。（3）无权处分的后果是出租人可以请求解除融资租赁合同。与承租人欠付租金致使出租人要求解除合同前，需经必要的催告程序有所不同，如果承租人发生擅自转让、转租、抵押、质押、投资入股等违约行为，出租人可以不经催告程序直接请求解除合同。

（宋建立　撰写）

第七百五十四条　【出租人、承租人均可解约的情形】有下列情形之一的，出租人或者承租人可以解除融资租赁合同：

（一）出租人与出卖人订立的买卖合同解除、被确认无效或者被撤销，且未能重新订立买卖合同；

（二）租赁物因不可归责于当事人的原因毁损、灭失，且不能修复或者确定替代物；

（三）因出卖人的原因致使融资租赁合同的目的不能实现。

【法条链接】

《融资租赁合同司法解释》第11条

【立法背景】

融资租赁交易涉及两份合同、三方当事人。两份合同即买卖合同与融资租赁合同，三方当事人即出卖人、出租人与承租人。在融资租赁交易中，买卖合同与融资租赁合同相互牵连、相互影响，融资租赁合同是买卖合同签订的目的，买卖合同是融资租赁合同租赁物获取的手段。因此，受买卖合同和出卖人的影响，融资租赁合同因不可归责于出租人和承租人的原因导致合同履行不能而予以解除的情形较为复杂。《合同法》关于融资租赁合同章仅在第248条对承租人未按照约定支付租金的情形下出租人的解除权作出了规定，而未对因出卖人的原因导致融资租赁合同履行不能的解除权作出规定。因此，如何厘清融资租赁合同中的履行不能情形，并合理分配合同解除权，成为实践中的难题。为此，《融资租赁合同司法解释》第11条规定："有下列情形之一，出租人或者承租人请求解除融资租赁合同的，人民法院应予支持：（一）出租人与出卖人订立的买卖合同解除、被确认无效或者被撤销，且双方未能重新订立买卖合同的；（二）租赁物因不可归责于双方的原因意外毁损、灭失，且不能修复或者确定替代物的；（三）因出卖人的原因致使融资租赁合同的目的不能实现的。"本条即上述司法解释条文的立法反映。

【条文解读与法律适用】

本条规定出租人或承租人可解除融资租赁合同的情形。本条规定的双方均有解除权的理论源自本法第563条规定的履行不能和根本违约。第563条规定："有下列情形之一的，当事人可以解除合同：（一）因不可抗力致使不能实现合同目的；（二）在履行期间届满前，当事人一方明确表示或者以自己的行为表示不履行主要债务；（三）当事人一方迟延履行主要债务，经催告后在合理期限内仍未履行；（四）当事人一方迟延履行债务或者有其他违约行为致使不能实现合同目的；（五）法律规定的其他情形。以持续履行的债务为内容的不定期合同，当事人可以随时解除合同，但是应当在合理期限之前通知对方。"

但本条关于融资租赁合同的解除规则又有一定的特殊性：一是将融资租赁合同客观上的履行不能作为合同解除的前提条件，而非考虑出租人或承租人是否存在违约行为或主观上是否存在过错；二是规定在融资租赁合同客观上履行不能的情形下，出租人和承租人均享有合同解除权；三是非经补救合同不得解除。本条虽然规定了双方均可解约的几种情形，但都附加了限制条件，这种限制条件其实就是赋予当事人一次补救合同的机会。只有经过补救，合同障碍仍无法消除时，出租人和承租人才有权解除合同。

在非可归责于双方当事人的原因导致融资租赁合同履行不能或合同目的不能实现的情形下，赋予出租人和承租人合同解除权符合双方的利益。如果仍固守解除权归属守约方的理念，不但于一方甚或双方当事人不利，也无助于纠纷的及时解决。对本条的理解与适用应注意把握以下几点。

一、因不可抗力致使融资租赁合同目的不能实现，出租人和承租人均可解约

根据本法第563条第1款第1项之规定，因不可抗力致使不能实现合同目的的，可行使法定解除权。虽然本条的规定未将不可抗力列为导致合同解除的情形，但不可抗力为本法合同编通则部分的原则性规定，同样适用于融资租赁合同。本条第1款第2项规定，租赁物因不可归责于双方的原因意外毁损、灭失，且不能修复或者确定替代物的，出租人或者承租人可以请求解除融资租赁合同。在融资租赁合同中，不可抗力导致租赁物意外毁损、灭失并不意味着合同一定不能实现，因为通过修复租赁物或寻找替代物的方式也有可能实现合同目的。只有在租赁物不能修复或无法确定替代物时，才可认为融资租赁合同目的无法实现，双方才能行使解除权。这里的“不可归责于双方的原因”既包括第三方人为破坏的主观因素，也包括不可抗力等客观原因。①

二、因履行不能致使融资租赁合同解除的情形

（一）买卖合同解除、被确认无效或者被撤销致融资租赁合同履行不能

本法第566条第1款规定：“合同解除后，尚未履行的，终止履行；已经履行的，根据履行情况和合同性质，当事人可以请求恢复原状或者采取其他补救措施，并有权请求赔偿损失。”在融资租赁交易法律关系中，对于买卖合同而言，无论是合同解除，还是被确认无效或者被撤销，其必然产生买受人不能取得买卖标的或者返还买卖标的的法律后果。买卖合同解除、被确认无效或者被撤销，将直接导致出租人（买受人）不能向承租人提供租赁物或者不能保证承租人对租赁物的占有和使用，融资租赁合同陷入履行障碍，当出

---

① 李阿侠：《融资租赁案件裁判精要》，法律出版社2018年版，第379页。

租人未能重新订立买卖合同进行补救时，则陷入履行不能，此时，出租人或承租人均享有对融资租赁合同的解除权。

（二）租赁物意外毁损、灭失致融资租赁合同履行不能

本法第751条规定："承租人占有租赁物期间，租赁物毁损、灭失的，出租人有权请求承租人继续支付租金，但是法律另有规定或者当事人另有约定的除外。"同时，本法第750条规定："承租人应当妥善保管、使用租赁物。承租人应当履行占有租赁物期间的维修义务。"因此，当租赁物意外毁损、灭失时，融资租赁合同陷入履行障碍，承租人有义务进行修复或者确定替代物，同时应允许承租人以维修和寻找替代物的方式进行补救，以保证融资租赁合同的顺利履行。当未能修复或者确定替代物时，融资租赁合同陷入履行不能，出租人或承租人均可行使解除权。值得注意的是，此处"不可归责于双方的原因"是指不可抗力之外的其他因出租人或承租人导致合同履行不能的情形，与前述不可抗力致使租赁物意外毁损、灭失的原因有所不同。

（三）因出卖人原因致融资租赁合同目的无法实现

在融资租赁交易中，虽然出卖人不是融资租赁合同的当事人，但是出卖人通常承担直接向承租人交付租赁物的义务，买卖合同与融资租赁合同联系密切。不论是否归责于出卖人，当由于出卖人致使买卖合同无法履行，将直接影响融资租赁合同的有效履行，且致使融资租赁合同目的落空，出租人或承租人均可以请求解除融资租赁合同。实践中，买卖合同中"出卖人的原因"主要有以下几种：（1）不可抗力，即因不可抗力致使不能实现合同目的。（2）预期违约，即在买卖合同订立后、履行期限届满之前，出卖人明确表示或者以其行为表明将不履行合同义务，从而导致融资租赁合同目的落空。（3）迟延履行，即出卖人迟延履行主要债务，经催告后在合理期限内仍未履行。（4）瑕疵履行，即出卖人未按合同约定的标准和期限交付租赁物致使合同目的落空的，包括租赁物质量上和权利上的瑕疵。（5）法律法规规定的其他情形。

（宋建立　撰写）

第七百五十五条 【融资租赁合同受买卖合同影响而解约的后果】融资租赁合同因买卖合同解除、被确认无效或者被撤销而解除，出卖人、租赁物系由承租人选择的，出租人有权请求承租人赔偿相应损失；但是，因出租人原因致使买卖合同解除、被确认无效或者被撤销的除外。

出租人的损失已经在买卖合同解除、被确认无效或者被撤销时获得赔偿的，承租人不再承担相应的赔偿责任。

【法条链接】

《融资租赁合同司法解释》第16条

【立法背景】

合同解除后，当事人一方主张损失赔偿，应以对方存在违约行为或主观过错为要件，如果双方当事人对于合同的解除均无可归责性，则不存在损失赔偿问题。融资租赁合同因买卖合同被解除、被确认无效或者被撤销而解除，承租人并无违约行为，是否需要对融资租赁合同的解除承担损失赔偿责任？对此，《合同法》“融资租赁合同”一章没有明确规定，司法实践亦认识不一。为此，《融资租赁合同司法解释》第16条作出规定：“融资租赁合同因买卖合同被解除、被确认无效或者被撤销而解除，出租人根据融资租赁合同约定，或者以融资租赁合同虽未约定或约定不明，但出卖人及租赁物系由承租人选择为由，主张承租人赔偿相应损失的，人民法院应予支持。出租人的损失已经在买卖合同被解除、被确认无效或者被撤销时获得赔偿的，应当免除承租人相应的赔偿责任。”本条规定即上述司法解释条文的立法反映。

【条文解读与法律适用】

本条规定融资租赁合同因买卖合同被解除、被确认无效或者被撤销而解除的，出租人可以依据融资租赁合同的约定，或者虽未明确约定但出卖人及租赁物系由承租人选择，可以要求承租人承担损失赔偿责任。但是融资租赁合同的解除是由于出租人自身原因致使买卖合同解除、被确认无效或者被撤销的，出租人无权请求承租人赔偿损失。出租人在买卖合同中已经获得赔偿的，应在融资租赁合同的索赔中相应予以减免。本条的理解与适用应注意以下几个方面。

一、承租人承担赔偿责任的理论基础

融资租赁合同因买卖合同的瑕疵而解除，出租人和承租人均不存在违约行为，为何承租人应承担损失赔偿责任？在融资租赁合同事先对此有明确约定的情况下，承租人承担赔偿责任是意思自治和契约自由的结果。但在融资租赁合同未对此作出约定或者约定不明的情况下，承租人承担损失赔偿责任，主要基于以下两点理由：（1）符合出租人的合理期待。在融资租赁法律关系中，出租人支付了租赁物的价款之后，主要合同义务已经履行完毕，有理由对获得租金收益产生合理的期待。因此，出租人履行了支付价款的合同义务后，因租赁物本身或者买卖合同履行障碍所产生的风险责任，均不应再由出租人承担。否则，会增加出租人的交易义务，加重出租人的交易风险，影响融资租赁行业的健康发展。从这点上讲，保障出租人的合理期待和收益应成为立法和司法的基本价值取向。（2）符合权责一致和公平原则。当出租人根据承租人对出卖人和租赁物的选择而签订买卖合同时，依据“谁选择谁负责”的原则，承租人对由于出卖人、租赁物的原因致使融资租赁合同目的无法实现而给出租人带来的损失承担责任，这也是权责一致的体现。另外，本法第741条、第742条规定了承租人对出卖人的索赔权，亦即在出卖人违约或过错导致买卖合同无效、被撤销或被解除的情况下，承租人可以直接向出卖人主张索赔，以维护承租人的利益。也就是说，承租人根据本条规定对出租人的损失予以赔偿，同时其本身的损失也可以通过向出卖人索赔而得到弥补，融资租赁合同当事人之间的利益并未失衡，不违反公平原则。

二、承租人赔偿责任减免的理由

在出租人已经将买卖合同中的索赔权转让给承租人的情况下，因买卖合同中出卖人的原因致使买卖合同被解除、被认定无效或者被撤销，融资租赁合同因而被解除的，在符合本条第1款规定的情形下，出租人可以依据融资租赁合同对承租人主张损失赔偿请求权，而承租人则可依据买卖合同对出卖人主张损失赔偿请求权。在此种情形下，两种索赔请求权并不发生重合，自然不会产生承租人赔偿责任的减免问题。

在出租人未将买卖合同中的索赔权转让给承租人的情况下，因买卖合同中出卖人的原因致使买卖合同被解除、被认定无效或被撤销，融资租赁合同因目的无法实现而被解除的，在符合本条第1款规定的情形下，出租人同时享有两项索赔请求权：一是根据买卖合同关系对出卖人主张损害赔偿请求权；二是根据融资租赁合同，对承租人主张损害赔偿请求权。此时，出租人可以同时或分别要求出卖人和承租人赔偿其损失，出卖人或承租人中的任何一人承担了赔偿责任后，另一债务人的赔偿责任应相应减免，以避免出租人获得重复赔偿。但债务人究竟可以获得部分减免还是全部免除，则因买卖合同的不同命运及出租人的不同选择而不同：（1）当买卖合同因出卖人的原因而无效或被撤销，致使融资租赁合同目的落空时，出租人可以向出卖人主张缔约过失责任，获得信赖利益的赔偿，而其对承租人可以主张的则是履行利益的赔偿。因信赖利益是获得履行利益应支付的成本和费用，已经包含在履行利益损失中，且信赖利益不能超过履行利益，故出卖人赔偿了信赖利益损失后，承租人应赔偿的履行利益损失中应相应扣减信赖利益赔偿的金额，此时承租人获得的通常是债务的部分减免。如果承租人先承担了履行利益的损失赔偿，则出租人的损失已经全部获得填补，出卖人的信赖利益赔偿即可以全部免除。（2）当买卖合同因出卖人的原因而解除，致使融资租赁合同的目的无法实现时，无论依据买卖合同还是融资租赁合同，出卖人和承租人对出租人承担的均是因合同解除而产生的履行利益的赔偿，二者范围一致，其中一个承担了赔偿责任后，另一债务人的赔偿责任应全部免除。

三、依据本条求偿的适用条件

出租人依据本条求偿的适用条件是：其对买卖合同的无效、被撤销或者被解除均不具有可归责的事由。否则，如果因为出租人的行为或过错导致买卖合同解除、被确认无效或被撤销并进而致使融资租赁合同被解除的，出租人不享有赔偿请求权。实践中，可归责于出租人的事由主要包括：出租人不履行价款支付义务，导致买卖合同被解除的；因出租人单独或与出卖人的共同过错，导致买卖合同无效或被撤销的；出租人干预选择出卖人、租赁物，或承租人依赖出租人的技能确定租赁物的；等等。

（宋建立　撰写）

第七百五十六条　【因租赁物意外毁损灭失而解约的后果】融资租赁合同因租赁物交付承租人后意外毁损、灭失等不可归责于当事人的原因解除的，出租人可以请求承租人按照租赁物折旧情况给予补偿。

【法条链接】

《融资租赁合同司法解释》第 15 条

【立法背景】

当租赁物因不可抗力等原因而意外毁损、灭失时，如果当事人以合同目的无法实现为由主张合同解除，则会发生风险负担和合同解除的规范竞合现象，此时按风险负担规则分配损失，还是按合同解除制度予以清理结算，对当事人的利益保护程度并不相同。《合同法》第十四章“融资租赁合同”中关于合同解除的问题规定甚少，对租赁物因不可归责于当事人的原因而发生意外毁损、灭失时，融资租赁合同是否予以解除未予明确。司法实务中对此的裁判尺度并不统一。为此，《融资租赁合同司法解释》第 15 条作出规定：“融资租赁合同因租赁物交付承租人后意外毁损、灭失等不可归责于当事人的原因而解除，出租人要求承租人按照租赁物折旧情况给予补偿的，人民法院应予支持。”本条规定即上述司法解释条文的立法反映。

【条文解读与法律适用】

本条规定了租赁物意外毁损灭失致使融资租赁合同解除时的法律后果，

即租赁物因不可归责于当事人的原因而发生意外毁损、灭失，致使融资租赁合同目的无法实现而解除的，出租人对承租人享有就租赁物折旧情况予以补偿的权利。

对本条的理解和适用主要涉及在租赁物意外毁损、灭失的情形下，风险负担规则和合同解除制度的竞合问题。本法第751条规定了租赁物意外毁损、灭失的风险负担规则，即承租人占有租赁物期间，租赁物毁损、灭失的风险由承租人承担。但同时又在第754条规定了租赁物意外毁损、灭失的，出租人或承租人均享有合同解除权。因此，当租赁物意外毁损、灭失导致融资租赁合同无法实现时，就会出现风险负担规则与合同解除制度的竞合问题。当二者竞合时，是依据风险负担规则由承租人继续向出租人支付租金，还是根据合同解除制度对合同关系进行清理呢？从本条的规定看，承租人对租赁物意外毁损、灭失并无过错，若让承租人承担出租人的全部损失，相当于使其负担了与严重违约而解除合同时相同的损失赔偿法律后果，这样既不利于公平分配双方的损失，也不利于引导当事人诚信守约。因此，当风险负担规则与合同解除制度竞合时，应按合同解除的后果处理，承租人仅需补偿出租人的实际损失即可。理由如下：（1）风险负担和合同解除竞合时，需要考量在融资租赁这种特殊的交易形式下，适用哪一种制度更有利保障和实现公平。风险负担规则体现的是风险与利益相一致原则，但在出租人和承租人双方均无可归责事由的情况下，如无特殊约定，让承租人承担全部租金风险，则其不仅要承受租赁物自身的损失，还要负担出租人的利润损失，而出租人却不承担租赁物意外毁损、灭失的损失的任何不利后果，这对于承租人不免过于严苛。如果适用解除制度，承租人承担的是返还原物的义务，因返还不能而代之以折价补偿，利润损失则由出租人合理分担，兼顾平衡了双方的利益。因此，二者相比，适用解除制度更能体现公平原则。（2）租赁物意外毁损、灭失而致使合同目的落空时，如采用风险负担规则，由承租人承担租金损失，实际上是支持了出租人的全部可得利益，这与承租人违约而解除合同时，承租人应承担的可得利益损失赔偿范围完全一致，亦即无论承租人是否违约、是否具有可归责的事由，其承担的损失后果都是完全相同的，这显然不利于引导人们诚实守信，缺乏合理和公平。故在租赁物的毁损、灭失属于不可归责于当事人的原因的情况下，依据本条规定按合同解除制度予以处理更具合理性。

此外，还需要注意的是，从本章关于融资租赁合同的规定可知，租赁物因不可归责于当事人的原因意外毁损、灭失的，本章赋予了当事人自由选择两种处理方式中的一种的权利：如果当事人不行使解除权，则根据本法第751条依风险负担规则处理，承租人应继续支付租金，实际上是承担了租金的风险，却可以避免因合同解除后一次性补偿出租人的资金压力。如果当事人行使解除权，则可以根据本条依合同解除制度的相关规定，承租人应承担返还租赁物的义务，并承担返还不能时的代物清偿义务，即按租赁物的价值对出租人给予补偿。

（宋建立　撰写）

第七百五十八条　【租赁物的期满补偿】当事人约定租赁期限届满租赁物归承租人所有，承租人已经支付大部分租金，但是无力支付剩余租金，出租人因此解除合同收回租赁物，收回的租赁物的价值超过承租人欠付的租金以及其他费用的，承租人可以请求相应返还。

当事人约定租赁期限届满租赁物归出租人所有，因租赁物毁损、灭失或者附合、混合于他物致使承租人不能返还的，出租人有权请求承租人给予合理补偿。

【法条链接】

《合同法》第249条；《融资租赁合同司法解释》第10条

【立法背景】

本条第2款属于新增内容。在融资租赁法律关系中，租赁期限届满，租赁物所有权可能归于出租人，也可能归于承租人；到期归属于出租人的租赁物，承租人应予返还。然而，实践中由于融资租赁合同履行期限较长，租赁物存在意外毁损、灭失的风险，即使未毁损、灭失，某些机械设备等租赁物也可能需要安装、附着于土地或者其他设备上才能使用，往往会出现租赁期间届满后租赁物已经无法拆卸、无法返还的情形。对于这种客观原因导致租赁物无法返还的，承租人主观上没有过错，是否还需要承担责任以及承担什么性质的责任？《合同法》第十四章并未就租赁期满后租赁物的毁损、灭失及其他无法返还的情形作出明确规定，致使融资租赁出租人应有的权利无法得到充分的保护。为此，《融资租赁合同司法解释》第 10 条作出规定："当事人约定租赁期间届满后租赁物归出租人的，因租赁物毁损、灭失或者附合、混同于他物导致承租人不能返还，出租人要求其给予合理补偿的，人民法院应予支持。"本条第 2 款即上述司法解释条文的立法反映。

【条文解读与法律适用】

本条是关于租赁物无法返还时如何处理的规定，涉及两种情形下的租赁物无法返还：一是按照合同约定租赁期间届满租赁物所有权归承租人所有，但承租人无力支付剩余租金，出租人可以解除合同，收回租赁物，就租赁物价值超出欠付的租金以及其他费用的部分，承租人可以请求出租人部分返还。二是按照合同约定租赁物期间届满租赁物所有权归出租人的，承租人应予返还。如果因租赁物毁损、灭失或者附合、混合于他物未能返还的，出租人可以根据租赁物残值要求补偿。如果租赁物的毁损、灭失是由于承租人的过错造成，则构成承租人的违约行为，出租人可依违约责任要求承租人赔偿，不适用本条。对本条新增第 2 款的理解和适用应注意以下几点。

一、因不可归责于承租人的原因致使租赁物期满无法返还的，应由承租人承担租赁物无法返还的风险

与通常由物的所有权人负担风险不同，因融资租赁的租赁物是由承租人选定并直接交付承租人占有、使用的，出租人在融资租赁中的主要功能与职责为融资，而不承担对租赁物的管控义务，因此，要求出租人承担租赁物毁损、灭失的风险，既不公平也不现实。从国外立法例看，融资租赁合同中租赁物的风险由承租人负担，也是各国融资租赁立法及有关国际公约的一致做法。《民法典》第 751 条也明确规定，在承租人占用租赁物期间，租赁物毁损、灭失的，承租人仍需负担租金义务。

二、在租赁物无法返还的情形下，承租人应当承担补偿责任

本条第 2 款的制度设计主要是建立在风险负担的基础上，规定的是租赁物因毁损、灭失或者附合、混合于他物导致承租人不能返还的情形，承租人对于租赁物不能返还的后果主观上并无过错，向出租人承担责任的原因是其负担的租赁物毁损、灭失的风险，而非违约。也就是说，采用补偿责任意在从物权出发界定责任，即出租人系基于租赁物所有权人的身份向承租人提出主张，损失计算亦仅限于对租赁物价值的弥补，与融资租赁合同项下的合同责任无关。而如果采用赔偿责任，意在从融资租赁合同约定的义务出发界定责任，往往会导致承租人弥补出租人物的损失与违约导致的其他损失混同，难以计算。因此，本条采用补偿责任比赔偿责任更切合承租人责任的本质。[①]

三、注意本条与本章相关条文的衔接

（一）注意与本章涉及租赁物因毁损、灭失无法返还相关条文间的衔接

《民法典》第 751 条规定："承租人占有租赁物期间，租赁物毁损、灭失的，出租人有权请求承租人继续支付租金，但是法律另有规定或者当事人另有约定的除外。"第 754 条规定："有下列情形之一的，出租人或者承租人可以解除融资租赁合同：（一）出租人与出卖人订立的买卖合同解除、被确认无效或者被撤销，且未能重新订立买卖合同；（二）租赁物因不可归责于当事人的原因毁损、灭失，且不能修复或者确定替代物；（三）因出卖人的原因致使融资租赁合同的目的不能实现。"第 756 条规定："融资租赁合同因租赁物交付承租人后意外毁损、灭失等不可归责于当事人的原因解除的，出租人可以请求承租人按照租赁物折旧情况给予补偿。"将上述几条规定相结合，可以构成以下规则：在承租人履行融资租赁合同并占有租赁物期间，租赁物意外毁损、灭失的，承租人、出租人均有权选择解除融资租赁合同，一方或双方选择解除合同的，出租人可以要求承租人对租赁物的价值作出相应补偿；双方均未选择解除合同的，出租人可以要求承租人继续支付租金，合同继续履行；如果依约定或法律规定租赁期间届满租赁物属于出租人的，

---

① 最高人民法院民二庭编著：《最高人民法院关于融资租赁合同司法解释理解与适用》，人民法院出版社 2014 年版，第 171—172 页。

承租人在租赁期间届满后应向出租人支付相应补偿以替代承担返还租赁物的责任。

（二）注意与本章关于可归责于当事人的原因致使租赁物无法返还而产生的违约责任条文之间的区别

本条规定的是租赁物因意外毁损、灭失或附合、混合于他物等客观原因不能返还时承租人的补偿义务，对于可归责于一方的原因导致租赁物无法返还的情形，应适用违约责任条款予以处理。如《民法典》第752条规定："承租人应当按照约定支付租金。承租人经催告后在合理期限内仍不支付租金的，出租人可以请求支付全部租金；也可以解除合同，收回租赁物。"第753条规定："承租人未经出租人同意，将租赁物转让、转租、抵押、质押、投资入股或者以其他方式处分的，出租人可以解除融资租赁合同。"

（宋建立 撰写）

第七百五十九条 【支付留购款后租赁物的归属】当事人约定租赁期限届满，承租人仅需向出租人支付象征性价款的，视为约定的租金义务履行完毕后租赁物的所有权归承租人。

【法条链接】

《民法典》第757条、第758条

【立法背景】

实践中，融资租赁公司从事融资租赁的目的是获取利润，并非收回租赁物。在融资租赁合同中，出租人取回租赁物一般都是在租金债权无法保障的情况下不得已而为之的选择，取回租赁物容易导致两败俱伤的结果。如果双方约定租赁期满后租赁物归出租人所有，那么出租人就享有租赁期满后收回租赁物的权利，合同的租金构成就需要进行调整。在典型的融资租赁合同中，租金之所以根据租赁物购买成本和利润来确定，是因为租赁的过程其实就是出租人逐渐让渡租赁物所有权的过程，承租人支付的每一期租金中都包括部分租赁物购买价和利润，租赁期满，承租人支付象征性价款即购得租赁物，出租人的所有权至此完全转移给了承租人。由于《合同法》中对此并未予以明确，造成了实践中的一些错误认识。本条对此作出明确规定，符合行业惯例，也有利于融资租赁行业的健康发展。

【条文解读与法律适用】

本条是关于租赁期满承租人象征性地支付留购价款并取得租赁物所有权的规定，即支付象征性价款的行为被视为租金支付义务履行完毕后租赁物所有权归承租人。对本条的理解与适用应注意以下几点。

一、租赁期届满承租人约定的租金义务履行完毕是实现留购的前提

融资租赁合同中的留购是指由承租人在融资租赁合同期限届满时象征性地支付一定的价款，充抵租赁物的残值，从而获得租赁物的所有权。本法第757规定："出租人和承租人可以约定租赁期间届满租赁物的归属。对租赁物的归属没有约定或者约定不明确，依据本法第五百一十条的规定仍不能确定的，租赁物的所有权归出租人。"因此，租赁期间租赁物所有权归出租人，租赁期间届满后则依合同约定确定租赁物的归属，合同无约定或约定不明时租赁物所有权归出租人。同时，本法第758条规定："当事人约定租赁期间届满租赁物归承租人所有，承租人已经支付大部分租金，但是无力支付剩余租金，出租人因此解除合同收回租赁物的，收回的租赁物的价值超过承租人欠付的租金以及其他费用的，承租人可以请求部分返还。"从本条规定可以看出，即使合同约定了租赁期届满租赁物归承租人所有，但实现的前提是承租人对租金的支付义务不存在违约，否则，出租人仍享有租赁物取回权。换言之，承租人完全履行租金义务是取得租赁物所有权的前提条件。与之相同，租赁期间届满，承租人留购权实现的前提也必须是承租人按照合同的约定或法律规定全面适当地履行了自己的租金支付义务。否则，出租人可以请求解除融资租赁合同收回租赁物。

二、留购价款的支付标志着租赁物所有权的转移

从融资租赁合同中名义留购价的相关约定以及本身的制度设计可知，租赁期间届满，承租人要取得租赁物所有权必须已经足额支付了租金，并且支付了合同约定的留购价款，二者必须同时具备，否则承租人不能取得对租赁物的所有权。如果在租赁期间届满时，承租人无力支付剩余租金，其违约的代价即丧失了对租赁物所有权的可期待利益，当然也就无权再主张以留购价款冲抵租赁物残值。

（宋建立 撰写）

第七百六十条 【融资租赁合同无效租赁物的归属】融资租赁合同无效，当事人就该情形下租赁物的归属有约定的，按照其约定；没有约定或者约定不明确的，租赁物应当返还出租人。但是，因承租人原因致使合同无效，出租人不请求返还或者返还后会显著降低租赁物效用的，租赁物的所有权归承租人，由承租人给予出租人合理补偿。

【法条链接】

《民法典》第157条；《融资租赁合同司法解释》第4条

【立法背景】

《合同法》第58条规定："合同无效或者被撤销后，因该合同取得的财产，应当予以返还；不能返还或者没有必要返还的，应当折价补偿。有过错的一方应当赔偿对方因此所受到的损失，双方都有过错的，应当各自承担相应的责任。"根据该条规定，合同无效的后果有三种：一是返还财产；二是折价补偿；三是赔偿损失。但融资租赁合同有其特殊性。在融资租赁合同中，租赁物对双方具有不同的功用：出租人看重租赁物的担保功能，因租赁物系为承租人所购，租赁物本身的使用价值对其意义较小；承租人则看重租赁物的使用，如果合同被确认无效，返还租赁物可能对其生产经营造成较大影响。实践中可能出现两种情况：一是双方均看重租赁物的价值，因而争夺租赁物所有权；二是双方均视租赁物为负担，拒绝接受租赁物。如何处理融资租赁合同无效导致的租赁物的归属，在融资租赁合同法律关系中甚为重要。对此，《融资租赁合同司法解释》第4条规定："融资租赁合同被认定无效，当事人就合同无效情形下租赁物归属有约定的，从其约定；未约定或者约定不明，且当事人协商不成的，租赁物应当返还出租人。但因承租人原因导致合同无效，出租人不要求返还租赁物，或者租赁物正在使用，返还出租人后会显著降低租赁物价值和效用的，人民法院可以判决租赁物所有权归承租人，并根据合同履行情况和租金支付情况，由承租人就租赁物进行折价补偿。"本条规定即上述司法解释条文的立法反映。

【条文解读与法律适用】

本条是关于融资租赁合同被认定无效后租赁物归属的规定。本法总则编第157条对合同被认定无效或被撤销后的处理作出了规定："民事法律行为无效、被撤销或者确定不发生效力后，行为人因该行为取得的财产，应当予以返还；不能返还或者没有必要返还的，应当折价补偿。有过错的一方应当赔偿对方由此所受到的损失；各方都有过错的，应当各自承担相应的责任。法律另有规定的，依照其规定。"应当说，第157条对合同无效或被撤销后的处理原则作出了一般性规定，但同时又规定法律另有规定的依照其规定。本条规定就是在坚持和尊重本法第157条规定的前提下，又根据融资租赁合同自身的特性，综合考虑当事人的过错、租赁物效用、租赁物效用的发挥等因素，在融资租赁合同被认定无效时，按以下顺序确定租赁物的归属：

（1）充分尊重当事人意思自治，鼓励当事人在合同无效时就租赁物的归属作出约定，有约定的从其约定。在融资租赁合同中，出租人系根据承租人的选择购买租赁物，很多情况下，租赁物对承租人生产经营影响较大，而返还出租人后反而用处不大，为了提高租赁物的使用效率，允许双方当事人对合同无效情况下租赁物的归属作出约定。当然，如果当事人的约定侵犯了国家、集体、第三人利益或者公共利益的，该约定应为无效。

（2）无约定或约定不明，且当事人协商不成的，租赁物应当返还出租人。根据本法第157条的规定，合同无效，因该合同取得的财产，应当予以返还。合同无效即自始无效，返还财产就是让双方当事人的财产状况恢复到合同订立前的状态。

（3）虽未约定，但因承租人原因导致合同无效，出租人不要求返还租赁物时，租赁物归承租人所有，由承租人给予合理补偿。因承租人的原因导致合同无效，承租人在使用租赁物一段时间后要求将租赁物返还给出租人，而该物对出租人价值不大，出租人明确表示不愿意接受返还的，从保护无过错方的角度，立法规定租赁物所有权归承租人，并由承租人予以折价补偿具有合理性。

（4）从充分发挥租赁物效用，提高资源使用效率角度出发，如果租赁物正在被使用，返还出租人后会显著降低租赁物的价值和效用，则租赁物所有权归承租人所有，由承租人就租赁物进行折价补偿。

（宋建立　撰写）

第十六章　保理合同

第七百六十一条　【保理合同定义】保理合同是应收账款债权人将现有的或者将有的应收账款转让给保理人，保理人提供资金融通、应收账款管理或者催收、应收账款债务人付款担保等服务的合同。

【法条链接】

《应收账款质押登记办法》第2条；《商业银行保理业务管理暂行办法》第6条、第8条

【立法背景】

保理一词是从英文Factoring一词移译而来，在20世纪90年代前后，我国商业银行引进保理之初，Factoring曾被称为“客账受让”“代理融通”“应收账款权益售卖”“销售包理”“包理”“保付代理”等。1991年4月底，应国际保理人联合会（FCI）邀请，中国对外经济贸易部计算中心（现商务部国际贸易经济合作研究院）和中国银行组织联合考察组，赴荷兰、德国和英国考察国际保理业务。经考察组集体研究决定，正式向FCI发函确认将Factoring一词的中文译名定为“保理”，从此中文“保理”一词在国内被统一使用。

从实践中的情况来看，我国的保理业务开展呈现出银行保理业务和商业保理业务并存的二元化特征。其中银行保理业务以1993年中国银行加入国际保理人联合会为标志，正式揭开了中国银行保理业务发展的序幕，其后，交通银行、光大银行、中信银行、建设银行、浦发银行等商业银行先后入会并

开办保理业务。经过20多年的发展，银行保理业务作为应收账款融资的主要手段，在盘活企业存量资产、解决中小企业融资难等问题上发挥了日益重要的作用。相比之下，我国的商业保理业务，虽然，原主管部门商务部（现已转由中国银保监会负责监管）2012年6月才开展试点工作，但呈现出发展迅猛的特点。总体上看，我国的保理业务虽然发展时间不长，但得益于国民经济的高速发展，保理业务的总量已经跻身于世界前列。2019年6月，国际保理人联合会第51届年会发布了《2018全球保理年鉴》，介绍了世界各国及地区的保理行业发展情况。2018年，全球保理业务总量达到27670.67亿欧元，较2017年增长约6.5%；中国保理业务量继续保持世界第一，达4115.37亿欧元，同比增长1.4%。[①]

随着保理业务的迅速开展，法律适用问题开始提上议事日程。从理论上说，保理业务所涉及的债权转让、账款催收、管理服务、还款担保等商业活动已经有合同法、担保法等现行法律制度提供支持，应该不会产生法律适用的困惑，问题的根源来自国际条约和国际惯例与我国内国法的协调。在我国保理业务发展之初，境内开展保理业务的中国银行等金融机构已经加入总部设在荷兰阿姆斯特丹的国际保理人联合会（Factors Chain International，FCI），并接受该组织制定的《国际保理通则》（General Rules for International Factoring，GRIF）、《仲裁规则》（Rules of Arbitration）、《保理电子数据交换准则》（The Interfactor Edirules）等行业规范和国际惯例。此外，国际统一私法协会（The International Institute for the Unification of Private Laws，UNIDROIT）制定的《国际保理公约》（The Convention on International Factoring，IFC）于1995年5月1日生效，我国已于当年的外交会议上签字。与此同时，为了促进应收款转让的法律现代化，保护现有的转让惯例和发展新的惯例，建立并采用一套有关应收款转让的统一规则将有助于以更低的成本获得资本和信贷，从而促进国际贸易的发展。为此，联合国国际贸易法委员会（UNCITRAL）经过长达六年的研究和讨论，其主持制定的《国际贸易中的应收账款转让公约》

---

① 《2019国际保理和供应链金融大会在FCI第51届年会“中国之夜”活动上正式启动》，https：//baijiahao. baidu. com/s? id = 1636221008422788399&wfr = spider&for = pc，最后访问时间：2020年5月27日。

(UN Convention on the Assignment of Receivables in International Trade，ARC)已经于2001年12月经大会讨论通过。我国虽然尚未签字加入，但该公约中的一些规则，比如允许未来应收账款的转让、受让人的收益优先权原则，都是对《国际保理公约》的突破和创新，较以前的规定更利于国际保理业务的发展，也对我国的实践产生了一定的影响。体现在商业实践中，商业银行和保理公司所使用的保理合同文本大多沿袭了前述条约和惯例中所使用的概念和术语，而这些概念和术语与我国本土法制存在着较大的差异，如何将其纳入我国固有法制并进行恰当的制度定位，就成为困惑业界的问题。从案件审理的情况来看，各地法院在案件管辖、当事人、保理合同的效力、应收账款转让、保理人的权利救济、债务人的抗辩权和抵销权、登记公示和权利冲突等法律适用问题上仍存在不同的看法。针对这些实践中的问题，北京、天津、江苏、深圳等地人民法院纷纷开展调研，就保理合同纠纷案件的审理提出系统的指导意见，但实践效果并不能令人满意。因此，在本次民法典编纂的过程中，最高人民法院会同有关方面，积极推动将保理合同纳入合同编分则，以专章的形式加以专门规范，在总结实践经验、借鉴相关国际条约和国际惯例的基础上，制定了本章的相关条文。

【条文解读与法律适用】

一、保理合同的定义

在立法的过程中，首先面临的一个问题是如何给保理合同下一个比较准确的定义。从典型保理业务的开展情况来看，保理业务涉及两个合同关系、三方当事人：两个合同关系是指债权转让关系以及融资借款等服务合同关系；三方当事人是指保理人、应收账款债权人和债务人。保理人之所以介入应收账款债权人和债务人之间的法律关系，是为了向应收账款债权人提供融资服务、协助账款催收，以及提供其他服务。本条规范主要是从保理人与应收账款债权人之间权利义务关系的角度，对保理合同进行界定。根据本条规定，保理合同是应收账款债权人将现有的或者将有的应收账款转让给保理人，保理人提供资金融通、应收账款管理或者催收、应收账款债务人付款担保等服务的合同。

（一）可转让的应收账款债权范围包括现有的和将有的债权两个方面

《民法典》在物权编第十八章第二节“权利质权”和合同编第十六章“保理合同”中规定，现有的或者将有的应收账款可以质押和转让，但对其概念并未做出明确的界定。应收账款本来是一个会计学意义上的概念，本次立法虽然并未明确其定义，但此前一些部门规章中对其进行了定义，这些定义对理解何为应收账款具有重要的参考意义。

中国人民银行《应收账款质押登记办法》（中国人民银行令〔2019〕第4号）第2条第1款规定：“本办法所称应收账款是指权利人因提供一定的货物、服务或设施而获得的要求义务人付款的权利以及依法享有的其他付款请求权，包括现有的和未来的金钱债权，但不包括因票据或其他有价证券而产生的付款请求权，以及法律、行政法规禁止转让的付款请求权。”该条第2款还以列举的方式，进一步对应收账款的范围进行了说明，即销售、出租产生的债权，包括销售货物，供应水、电、气、暖，知识产权的许可使用，出租动产或不动产等；提供医疗、教育、旅游等服务或劳务产生的债权；能源、交通运输、水利、环境保护、市政工程等基础设施和公用事业项目收益权；提供贷款或其他信用活动产生的债权；其他以合同为基础的具有金钱给付内容的债权。

与质权项下应收账款范围的宽泛列举不同，在保理业务规范方面，原中国银监会限缩了保理项下应收账款的范围。《商业银行保理业务管理暂行办法》第8条将应收账款定义为“企业因提供商品、服务或者出租资产而形成的金钱债权及其产生的收益，但不包括因票据或其他有价证券而产生的付款请求权”。这一定义方式，一方面将未来应收账款排除在了保理业务范围之外，另一方面将应收账款的基础法律关系限定为“提供商品、服务或者出租资产”。由此，在立法的过程中，保理业务所转让的应收账款债权是否包括将来债权，成为一个需要研究的问题。

有意见认为，作为贸易融资的规则，保理立法必须与国际接轨，借鉴相关国际条约和国际惯例的做法，将将来应收账款纳入保理业务范围。国际统一私法协会《国际保理公约》第5条规定，保理合同约定：（a）若现在或将来发生的多数应收账款，在契约缔结或债权具体发生时，可以被确认为转让合同之标的的，则关于该等应收账款转让之约定，即不因未区分各笔应收账款而无效；（b）前款关于将来应收账款转让之约定，保理人于该等应收账款在将来发生时即取得该应收账款，无须再履行让与行为。联合国国际贸易法委员会《国际贸易中的应收账款转让公约》第 8 条规定："1. 应收账款符合下列条件之一的，其转让对于转让人与受让人之间、对于债务人或对于竞合求偿人而言并非无效，而且也不得以该转让系一项以上应收账款、未来应收账款或应收账款组成部分或其未分割权益的转让为由而否定一个受让人权利的优先权：（a）应收账款被单独列明作为与该转让相关的应收账款；（b）应收账款由任何其他方式列明，但条件是在转让时，或就未来应收账款而言在原始合同订立时，可被认明是与该转让相关的应收账款。2. 除非另有约定，一项或多项未来应收账款的转让无须就该等应收账款转让逐项办理新的转移手续即可具有效力。"由此可见，在上述国际公约中，均承认将来债权是可以被让与的，只要合同的相关描述能够使该账款于将来实际发生时可以被确定为让与目标，其就能够成为保理合同的标的，而且，保理合同中关于应收账款转让的约定可以作为受让人取得该债权的直接依据，无需在债权具体发生时，另行做出让与行为。此外，从同为大陆法系的德国和日本等国的学说来看，近年来，认可将来应收账款可以作为债权转让标的学说主张也日渐成为主流。考虑到上述情况，立法机关采纳了这一主张，于本条规定，现有的或者将有的应收账款，均可以作为保理合同中债权转让的标的。

与买卖合同等典型合同区分负担行为和处分行为不同的是，民法理论一般将债权转让看作"准物权行为"，因为债权转让的客体——债权是对债务人所主张的权利，原则上不影响其他人的权益，故与其他有体物的物权变动必须经由交付或登记等公示要件以保护交易之安全有所不同，如果债权在性质上适于转让，则只要转让人与受让人之间的转让合同发生效力，在当事人之间就发生债权移转之效果，转让人应将证明债权文件及主张债权之必要事项告知受让人。债务人虽然并非债权转让合同关系的当事人，但是其履行债务的给付之对象将会因债权转让而发生变化，为了避免债务人因债权转让而遭受损失，债权人必须将债权转让的事实通知债务人，债权转让才会对债务人发生效力。而且，无论债权转让合同是否实际履行，债务人在接到债权转让通知之后，若债务人信赖转让通知而对受让人为给付，纵使实际上债权并未实际转让，债务人亦可以对抗受让人之事由对抗转让人。笔者认为，前述传统理论，只能用于解释既有债权转让的权利变动时点，并不能解释将来债权转让的权利发生变动的时点。为因应经济生活的需要，就将来债权转让的权利变动时点，有民法学者提出了债权发生时受让人即可以直接取得债权的观点，但更多的学者认为债权发生时先由转让人取得，并在一瞬间移转于受让人。笔者认为，在将来债权转让的情况下，无论保理人是直接取得还是间接取得，理论上都是在债权发生的一瞬间，无须另行进行让与的意思表示，保理人均可立即取得债权，因此，两种观点的区别，在实践中意义不大。真正的问题是：应收账款债权人与应收账款债务人之间的基础合同外观仍然显示应收账款债权人为债权人，保理人能否以理论上取得债权的事实对抗应收账款债权人的债权人？如果不能对抗，应该如何赋予债权转让有对世的效果？这需要借助于《民法典》第768条进行体系解释。

（二）保理人提供的服务范围

根据本条规定，作为债权转让的对价，保理人向应收账款债权人提供的服务包括资金融通、应收账款管理或者催收、应收账款债务人付款担保等。分述如下：

1. 资金融通服务。从保理业务发展过程来看，提供资金融通是保理业务得以发展盛行的最为关键的因素。现代保理业务是由美国保理人对纺织行业提供融资开始发展起来的，欧洲各国在20世纪60年代前后金融紧缩时期之所以引进保理业务，看重的就是这一商业活动的融资功能。在保理中，根据保理人是否预先付款，分为预付保理与到期保理两种商业形态。预付保理（advance factoring）是指保理人在受让债权人转让的应收账款时，支付一定比例的预付融资，剩余款项于按期从债务人处收回后支付，或者由于债务人发生信用风险，保理人在一定期限内向债权人支付余款的保理。到期保理（maturity factoring）又称定期保理，是指保理人在受让债权人转让的应收账款时，不向债权人提供融资，而是在按期收到债务人付款后，向债权人支付账款，或者由于债务人发生信用风险，保理人在一定期限内做出担保付款的保理。一般认为，到期保理属于无融资功能的无追索权保理。在贸易活动中，预付保理受到更多青睐，主要是因为应收账款债务人（买方）大多尽量延后给付货款之时点，以争取运用资金之机会，以至于卖方给予买方一定期间（三至六个月不等）的账期成为不成文的商业惯例，这就意味着应收账款债权人（卖方）从投入成本至回收资金的营业期限相对延长，对于资金本不充分的中小企业而言，资金回收缓慢必然导致经营风险提高，预付型保理业务所提供的融资功能即可为应收账款债权人解决这一问题。在预付保理业务中，保理人受让应收账款债权人的应收账款、预先扣除应收账款业务佣金、征信调查费及垫款利息后，向应收账款债权人拨付大部分一定比例的债权额度，应收账款债权人无须等待延期付款的账期即可预先取得资金，继续投入生产经营活动。而且，借助预付保理业务，还可以实现降低资产负债率、提高应收账款周转率、美化应收账款债权人财务报表等目标，有利于应收账款债权人从其他途径获得融资。

2. 应收账款管理或者催收服务。这一服务功能，主要是指保理人为应收账款债权人提供应收账款账目簿记及债权催收等服务。在现代经济活动中，应收账款债权人与应收账款债务人之间就货物之销售或劳务之提供往往并非只以单一合同进行一次性的交易，而是以一份框架合同约定进行长时间继续性的货物买卖或劳务供给，应收账款债权人根据每一份具体合同中供给货物或劳务的数量，取得陆续实际发生的债权。在这种情况之下，如果由应收账款债权人就这些陆续发生、届期之债权进行管理与催收，将会付出增设人员或管理部门等经营管理的成本。而利用保理人提供的记账与催收服务，应收账款债权人只需将应收账款转让给保理人，并支付一定比例的手续费，以较小的代价实现服务外包，将所节省的时间和资金专用于产品的生产与销售上，增加市场之竞争力。

3. 应收账款债务人付款担保。所谓付款担保功能，是指保理人向应收账款债权人买进应收账款后，由保理人承担应收账款债务人债务不履行之风险。也就是说，在债权存在的前提下，保理人必须承担应收账款债务人给付迟延、丧失支付能力或单纯无支付意愿所生之不利益，不得再转向应收账款债权人请求。值得强调的是，保理业务中所称的应收账款债务人付款担保，是专就无追索权保理业务而言的。按照保理人在债务人破产、无理拖欠或无法偿付应收账款时，是否可以向债权人反转让应收账款、要求债权人回购应收账款或归还融资这一标准，可以将保理业务分为有追索权保理和无追索权保理。有追索权保理又称回购型保理，是指在应收账款到期无法从债务人处收回时，保理人可以向债权人反转让应收账款、要求债权人回购应收账款或归还融资的保理业务。无追索权保理又称买断型保理，是指应收账款在无商业纠纷等情况下无法得到清偿的，由保理人承担应收账款的坏账风险。在无追索权保理业务中，保理人所承担的风险范围仅限于应收账款债务人因信用丧失（credit failure）、财务周转困难（financial inability）或单纯无支付意愿等情况导致之债务不履行，而不包括因货物销售或劳务提供契约之履行发生纠纷（dispute）致应收账款债务人不为给付之情况。因此，为避免因应收账款债权人与应收账款债务人之间的合同纠纷损害保理人的利益，保理合同中通常会约定应收账款债权人保证其所转让的债权合法有效，且不存在留置权、抵销权等抗辩事由，若因可归责于应收账款债权人的事由导致应收账款债务人解除合同或合法拒绝付款时，保理人亦可向应收账款债权人请求返还预付之款项。

在《民法典（草案）》征求意见的过程中，对于本条所采取的定义方式，学者提出了批评意见，认为本条的规范方式容易使人误以为保理合同必须一并具备法条所列举的所有服务功能，并建议将本条修改为“保理合同是应收账款债权人将应收账款转让给保理人，保理人提供融资、应收账款管理、应收账款催收、应收账款债务人付款担保中至少一项服务的合同”①。笔者认为，这一建议是合理的。

首先，将保理人提供的服务内容进行选择性、提示性的列举的规范方式，符合国际条约和国际惯例中的做法。国际统一私法协会《国际保理公约》第1条对保理合同的定义是：“保理合同是指一方当事人（供应商）与另一方当事人（保理人）之间所订立的合同，根据该合同：（1）供应商可以或将要向保理人转让由供应商与其客户（债务人）订立的货物销售合同所产生的应收账款，但主要供债务人个人、家人或家庭使用的货物销售所产生的应收账款除外。（2）保理人应履行至少两项下述职能：为供应商融通资金，包括贷款和预付款；管理与应收账款有关的账户（销售分户账）；代收应收账款；对债务人的拖欠提供坏账担保。”国际保理人联合会在其2013年7月修订的最新版《国际保理通则》中规定，保理合同系指一项契约，据此，供应商可能或

① 徐同远：《论民法典中保理合同典型义务条款的设计》，载《内蒙古社会科学（汉文版）》2019年7月第40卷第4期；李宇：《保理合同立法论》，载《法学》2019年第12期。

将要向一家保理人转让应收账款，不论其目的是否是获得融资，至少要满足以下职能之一：(1) 销售分户账管理；(2) 账款催收；(3) 坏账担保。

其次，将保理人提供的服务内容进行选择性、提示性的列举的规范方式，符合我国此前国内部门立法的实际情况。《商业银行保理业务管理暂行办法》第 6 条第 1 款规定："本办法所称保理业务是以债权人转让其应收账款为前提，集应收账款催收、管理、坏账担保及融资于一体的综合性金融服务。债权人将其应收账款转让给商业银行，由商业银行向其提供下列服务中至少一项的，即为保理业务：(一) 应收账款催收：商业银行根据应收账款账期，主动或应债权人要求，采取电话、函件、上门等方式或运用法律手段等对债务人进行催收。(二) 应收账款管理：商业银行根据债权人的要求，定期或不定期向其提供关于应收账款的回收情况、逾期账款情况、对账单等财务和统计报表，协助其进行应收账款管理。(三) 坏账担保：商业银行与债权人签订保理协议后，为债务人核定信用额度，并在核准额度内，对债权人无商业纠纷的应收账款，提供约定的付款担保。(四) 保理融资：以应收账款合法、有效转让为前提的银行融资服务。"《中国银行业保理业务规范》第 4 条规定："……保理业务是一项以债权人转让其应收账款为前提，集应收账款催收、管理、坏账担保及融资于一体的综合性金融服务。债权人将其应收账款转让给银行，由银行向其提供下列服务中的至少一项的，即为保理业务：1. 应收账款催收：银行根据应收账款账期，主动或应债权人要求，采取电话、函件、上门催款直至法律手段等对债务人进行催收。2. 应收账款管理：银行根据债权人的要求，定期或不定期向其提供关于应收账款的回收情况、逾期账款情况、对账单等各种财务和统计报表，协助其进行应收账款管理。3. 坏账担保：债权人与银行签订保理协议后，由银行为债务人核定信用额度，并在核准额度内，对债权人无商业纠纷的应收账款，提供约定的付款担保。……"

最后，将保理人提供的服务内容进行选择性、提示性的列举的规范方式，更符合保理业务的本质特点。如前所述，在到期保理业务中，保理人并不提供资金融通服务，在有追索权保理业务中，保理人并不承担应收账款债务人付款担保的商业风险。由此可见，虽然本条规定列举了保理人向应收账款债权人提供的服务包括资金融通、应收账款管理或者催收、应收账款债务人付款担保等服务，但并不能得出所有保理业务均应当具有上述服务功能。特别是在本法第766条明确规定了有追索权保理合同的情况下，更应当做这样的理解。

二、需要注意的问题

审判实践中，应当注意两个问题：一是债权转让的权利变动时点。债权转让作为准物权行为，除当事人另有约定外，现有债权在当事人意思表示一致时即可发生权利变动的后果，将来债权在实际发生之时即可发生权利变动的后果。二是保理合同的效力认定。虽然本条规定以列举的方式规定了保理人向应收账款债权人提供资金融通、应收账款管理或者催收、应收账款债务人付款担保等服务，但这些服务内容是选择性、提示性的规定，不能因为保理人没有同时提供这些服务内容就认定保理合同无效，原则上，在赊销贸易背景下，只要有债权转让和资金融通，就可以认定保理合同依法成立。

（周伦军　撰写）

第七百六十三条　【虚构应收账款的法律后果】应收账款债权人与债务人虚构应收账款作为转让标的，与保理人订立保理合同的，应收账款债务人不得以应收账款不存在为由对抗保理人，但是保理人明知虚构的除外。

【立法背景】

在民法典的编纂过程中，曾经规定了“通谋虚伪表示无效不得对抗善意第三人”，但在最后审议阶段删除了，将这一问题留待民法典分则编纂时个别解决。本条规定是依据“通谋虚伪表示无效不得对抗善意第三人”这一民法基本原理，就保理业务中大量存在的虚构应收账款问题进行规范，明确应收账款债权人与债务人之间通谋而为的虚伪表示不得对抗保理人，以保护保理人的信赖利益。

【条文解读与法律适用】

从案件审理的情况看，在保理合同订立之前，保理人一般都会对应收账款债务人进行尽职调查以核实应收账款的真实性，债务人在征询函或其他文书上确认该应收账款真实存在，保理据此签订保理合同以及应收账款转移文件等文件，但当保理人向债务人主张权利时，债务人往往以基础交易合同不实或应收账款虚假、已消灭等为由抗辩，且从查明的事实来看，该应收账款大多不实。由此，在应收账款不实的情况下，债务人是否应当向保理人承担责任，其责任性质、范围应当如何确定，成为当事人之间争议的焦点问题。

一、应收账款债权人应当就应收账款的真实性向保理人承担瑕疵担保义务

一般而言，债权让与和所有权让与在本质上都属于权利移转范畴，转让人都负有瑕疵担保义务。《国际贸易中的应收账款转让公约》第 12 条规定，“除非让与人和受让人另外约定，让与人在订立转让合同时保证：(1) 让与人有权转让该应收账款；(2) 在此之前让与人未将应收账款转让给其它受让人”。由此可见，应收账款债权人在保理业务中承担的瑕疵担保义务包括应当保证其所转让的应收账款是真实合法有效的，并且不存在权利瑕疵，即品质担保义务和权利担保义务。权利瑕疵担保义务是指应收账款债权人将应收账款转让给保理人之时，须保证保理人为应收账款唯一合法权利人，并且保证保理人独占地、完整地享有基于该转让应收账款的所有权利，相对于其他人对应收账款的权利，具有排他性。品质瑕疵担保责任是应收账款债权人必须承担的担保责任，主要指应当保证应收账款本身是合法、真实、有效的，即应收账款债权人应当保证其债权是在实际发生、真实有效的交易中产生的，这也是担保责任成立的必要要件，同时要保证对合同义务的履行符合基础合同的条款。如果基础合同内容为销售货物或提供服务，则需要这些内容符合应收账款债权人和债务人之间的合同要求。在保理业务实践中，当债务人因应收账款债权人所提供的货物或者服务存在瑕疵而拒付到期债务时，此应收账款即为不合格账款，债权人对此账款需要承担品质瑕疵担保的责任，不仅应收

账款债权人依法应当对保理人承担违约责任，而且保理合同也往往约定保理人对应收账款债权人享有追索权。对于应收账款债权人的责任性质、责任形式及责任范围，审判实践中的认识是比较一致的。

二、债务人不得以应收账款虚假为由对抗保理人

审判实践中有歧义的是，在这种情况下债务人承担责任的理论路径应当如何证成。第一种观点认为，债务人虚构应收账款的，无论基于故意还是过失，保理人有权根据侵权责任法的一般规定请求债务人就让与人不能清偿的部分承担赔偿责任。[①] 第二种观点认为，债务人对应收账款债权数额、还款期限以及基础合同、交付凭证、发票等内容一并进行确认的，或者保理合同中对应收账款性质、状态等内容的具体表述已作为债权转让通知或者应收账款确认书附件的，根据诚实信用原则，可以作为债务人对基础合同项下的应收账款不持异议的有效证据，但债务人能够提供其他证据足以推翻的除外。债务人仅以应收账款不存在或者基础合同未履行为由提出抗辩的，不予支持。[②] 第三种观点认为，根据民法基本原理，双方当事人通谋所为的虚伪意思表示，在当事人之间发生绝对无效的法律后果。但在虚伪表示的当事人与第三人之间，则应视该第三人是否知道或应当知道该虚伪意思表示而发生不同的法律后果，在保理人善意无过失的情况下，应收账款债务人应当依其承诺的数额向保理人承担责任，而不得以应收账款虚假的理由对抗保理人。[③]

以上三种观点，在案件处理结果方面并无实质性的不同，都能实现应收账款债务人向保理人承担责任的结果。但着眼于法律责任的构成，笔者认为，第一种观点将保理人的请求权基础确定为过错责任的一般规则（《侵权责任法》第6条第1款），在法律方法上有“向一般条款逃逸”之嫌。第二种观点着眼于诚信原则，以事前放弃抗辩的拟制作为解决问题的裁判路径，并不能实现对保理

---

① 参见江苏省高级人民法院民二庭课题组：《国内保理纠纷相关审判实务问题研究》，载《法律适用》2015年第10期。在有的案例中，让与人的员工私自伪造公章、合同等材料，虚构应收账款以骗取保理银行融资款（非职务行为），债务人在未经核实的情况下即在应收账款转让通知书上盖章确认，法院判定债务人对保理银行的债权未受偿损失承担赔偿责任。参见上海市第二中级人民法院（2015）沪二中民六（商）终字第386号民事判决书。

② 参见《天津市高级人民法院关于审理保理合同纠纷案件若干问题的审判委员会纪要（二）》第3条。

③ 参见最高人民法院（2014）民二终字第271号民事判决书；最高人民法院（2017）最高法民再164号民事判决书。

人充分保护的法律效果。第三种观点着眼于外观主义下的善意保护，从保理人是否有理由相信债权真实存在的外观入手，从信赖利益保护这一角度切入，在理论逻辑上有其优势，但不足之处是缺乏制定法上的依据。从本条规定的表述来看，立法机关采纳的是第三种观点，在理解本条规定时，应当注意两个方面的问题。

（一）应收账款债权人与债务人之间通谋虚伪表示的效果必须是达到了制造本不存在的权利外观的程度

审判实践中较为一致的认识是，外观主义是为保护交易安全设置的例外规定，一般适用于因合理信赖权利外观或意思表示外观的交易行为。[①] 在应收账款债权人和债务人虚假制造债权外观时，保理人是否受到外观主义的保护，事关交易安全的维护。本条前句关于“应收账款债权人与债务人虚构应收账款作为转让标的，与保理人订立保理合同”的规定，在理解上应当界定为虚构债权转让标的与保理合同的订立存在因果关系。在比较法上，与本条规定较为接近的是《德国民法典》第405条，该条规定：“债务人已出具债务证明文书，且债权系在出示该文书的情况下让与的，债务人不得对新债权人主张债务关系的缔结或承认是虚假的，或主张已与原债权人约定排除债权让与，但新债权人在让与时知道或应当知道上述事实的除外。”由此可见，在德国法上，应收账款债务人不得对抗新债权人的前提条件，是新债权人受让债权以债务人确认债权作为前提。也就是说，债务人就权利存在制造了一个外观，保理人必须对此产生信赖并据此签订保理合同，才能符合本条的适用前提。

（二）对保理人是否善意的判断标准有别于通常的善意无过失标准

关于善意无过失的标准，《民法典》第171条、第504条在规范表见代理和表见代表时，所使用的判断标准是相对人是否“知道或者应当知道”。“知道”，是指事实上的知道，“应当知道”，是指推定的知道。就债权虚假能否对抗新债权人这一问题，德国法所采取的规范方法是如果新债权人在债权让与时知道或应当知道虚假事实的，债务人可以对抗新债权人的权利主张。在我国此前的司法实践中，对于保理人的信赖保护，也是限定在善意无过失的情形，即要求保理人就基础债权的真实性进行了必要的调查和核实，尽到了审

① 《全国法院民商事审判工作会议纪要》（法〔2019〕254号）。

慎的注意义务，有理由相信应收账款债权真实存在。①但本条规定将债务人的抗辩事由限定在“保理人明知虚构”的情形，排除了保理人“应当知道应收账款虚假”这一抗辩事由。在《民法典（草案）》征求意见的过程中，有学者指出，将债务人的抗辩事由限定在保理人明知虚构这一场合，而不包括“应知”的情形，意味着保理人无须经必要的调查核实即可“认假为真”，给予保理人如此之强的保护有所失衡。②

我们理解，在这样的背景下，本条规定仍然将债务人的抗辩事由限定在保理人明知的场合，并非立法机关的疏漏，而是一种刻意选择的规范立场，意在使与应收账款债权人通谋造假的债务人承担不利益的后果。但是，如果在案件审理中，保理人没有就应收账款的真实性进行任何尽职调查，或者案件事实表明，应收账款的虚假性是如此明显，保理人只要稍加核实就不可能不知道，在这些情形中，是否需要给予保理人以如此程度的信赖保护，并非没有讨论的空间。

（周伦军　撰写）

第七百六十六条　【有追索权保理】当事人约定有追索权保理的，保理人可以向应收账款债权人主张返还保理融资款本息或者回购应收账款债权，也可以向应收账款债务人主张应收账款债权。保理人向应收账款债务人主张应收账款债权，在扣除保理融资款本息和相关费用后有剩余的，剩余部分应当返还给应收账款债权人。

【立法背景】

根据不同的标准，可以将保理业务进行不同的分类，其中最为重要的分类，是按照保理人在债务人破产、无理拖欠或无法偿付应收账款时，是否可以向债权人反转让应收账款、要求债权人回购应收账款或归还融资的不同，

---

① 最高人民法院（2017）最高法民再164号民事判决书。

② 李宇：《保理合同立法论》，载《法学》2019年第12期。

将保理业务分为有追索权保理和无追索权保理。从保理业务实践的角度来看，在国际上无追索权保理业务占主流，但我国的保理业务却是有追索权保理业务占据主导地位。由于在这两种类型的保理业务中，保理人对应收账款债权人的权利存在着明显的差别，故本次立法在总结国内相关部门立法经验的基础上，本条和第767条以专门的条文对两种类型的保理业务中保理人的权利进行提示性的规定。

【条文解读与法律适用】

一、有追索权保理中保理人对应收账款债权人、债务人的权利及范围

在国内此前的规范性文件中，有追索权保理又称回购型保理，是指在应收账款到期无法从债务人处收回时，商业银行可以向债权人反转让应收账款、要求债权人回购应收账款或归还融资。无追索权保理又称买断型保理，是指应收账款在无商业纠纷等情况下无法得到清偿的，由商业银行承担应收账款的坏账风险。[①] 这一分类标准的实质，是以保理人是否承担应收账款不能收回的商业风险为判断标准：保理人不承担应收账款不能收回风险的，是有追索权保理；保理人承担应收账款不能收回风险的，是无追索权保理。

保理业务的主要特点是，保理人通过受让债权而取得对债务人的直接请求权，保理融资的第一还款来源为债务人对应收账款的支付。[②] 因此，保理人向应收账款债务人主张归还应收账款，是基于债权转让合同的约定和将债权转让通知债务人的事实所产生的合法权利，自不待言。如果应收账款债务人拒绝履行还款义务，则在有追索权保理中，保理人当然有权要求应收账款债权人归还融资本息。由于在有追索权保理中，保理人并不承担该应收账款不能收回的商业风险，其受让应收账款是为了应收账款债权人对其所欠的债务，故保理人应受清算义务的约束乃是顺理成章，所以本条规定，保理人向应收账款债务人主张应收账款债权，在扣除保理融资款本息和相关费用后有剩余的，剩余部分应当返还给应收账款债权人，以防止保理人获取不当得利。从

① 《商业银行保理业务管理暂行办法》第10条；《中国银行业保理业务规范》第6条。

② 《中国银行业保理业务规范》第5条。

审判实践中的情况来看，在有追索权保理业务中，保理人所能得到清偿的最高限额，是以其融资款本息和合同约定的相关费用为限，已经成为主流的裁判观点。①

二、保理人同时向应收账款债权人和债务人主张权利的处理

本条规定就保理人权利所采取的“可以……，也可以”的规范方式，是否意味着保理人只能择一向应收账款债权人或者债务人行使权利，学界的看法是否定的。但对于在有追索权保理业务中，应收账款债权人和债务人是否应当向保理人承担连带责任，则存在着不同的看法。从案件审理的情况看，在绝大多数情况下，保理人在提起诉讼时，均是将应收账款债权人和债务人列为共同被告。在这些案件中，如果合同约定应收账款债权人和债务人承担连带责任，则法院尊重合同约定。在合同没有约定的情况下，裁判路径存在着分歧：一种裁判路径是按照让与担保的法律构成，将应收账款债权人作为第一顺位的责任人，应收账款债务人与其共同承担连带责任。另一种裁判路径则是立足于间接给付的基本法理，将应收账款债务人作为第一顺位的责任人，判令应收账款债权人在债务人不能清偿的范围内承担补充责任。② 从立法过程中的讨论情况来看，不少学者主张本条规定实际上采纳了让与担保的法律构成，认为间接给付的裁判路径缺乏足够的法理支撑。③ 虽然从实践效果来看，让与担保和间接给付的裁判路径在最终结果并无实质的不同，但其论证逻辑存在着差异。

关于有追索权和无追索权的保理业务的法律关系性质，大陆法系国家和地区在学理上的认识基本一致，对有追索权的保理，一般将其作为消费借贷关系；对无追索权的保理，一般将其理解为真正的债权让与。在德国学者迪特尔·梅迪库斯看来，无追索权保理属于纯正的保理，而有追索权保理属于不纯正的保理。从法律的角度观察，纯正的保理初看类似于债权的买卖，并

---

① 如在（2017）最高法民再164号一案中，最高人民法院认为，保理人珠海某银行实际向广州某公司（应收账款债权人）发放的借款本金为3680万元，故珠海某银行在本案中对江西某公司（应收账款债务人）所能主张的权利范围，依法应当限缩至3680万元借款本金及其利息的范围之内，没有支持珠海某银行要求江西某公司向其支付应付账款本金人民币46115344.70元及其利息的诉讼请求。

② 最高人民法院（2017）最高法民再164号民事判决书。

③ 李宇：《保理合同立法论》，载《法学》2019年第12期。

且，很多人也持这种观点。但是，也可以将纯正的保理视作通说上的非真正借贷，即理解为与雇用服务相结合的借贷。这一点从当事人的利益关系及其对保理人负担的对待给付的结算中可以厘清。纯正保理中的借贷在任何情况下都会以让与之债权予以返还，该债权对于保理商而言是一种代物清偿（《德国民法典》第364条以下）。而对于非纯正保理而言，保理商所受让的债权只是用于清偿债务（《德国民法典》第364条第2项）：若债权人的债权不能得到清偿，则允许其主张对客户的借贷请求权。[①]我国台湾地区的黄立教授等人也认为，对于债权之受让人不承担未受清偿风险的保理合同，在性质上属于不真正之债权让与契约。在法律性质上，德国学者多数认为属于借贷，至于让与之债权，性质上属于新债清偿，受让人有权（故具担保功能）且有义务（故具清偿功能）先对第三债务人求偿；不获清偿时，受让人始得对让与人求偿。对于债权受让人承担未受清偿风险的保理合同，性质上属于真正的债权让与，保理人在第三债务人不能清偿债务的情况下，不能向让与人求偿。[②]

间接给付，学说上又称新债清偿、为清偿之给付。以史尚宽先生为代表的传统民法理论认为，因新债务之履行，旧债务始行消灭，故为清偿之给付，不过有确保力，而没有消灭力。新旧债务虽然并存，然依诚信原则，债权人应当先就新债务请求履行，如新债务无效或被撤销或因实行无果时，始应就旧债务请求履行。盖此甚符合当事人通常之意思也。债务人为满足债权人，对于债权人让与自己对第三人之债权，亦不成立代物清偿之推定。依当事人之意思，通常应认为为清偿之方法而为让与。依诚信原则，债权人应先就让与之债权为收取，于收取无结果或无望之时，始应向债务人请求。[③]

按照上述逻辑，在有追索权保理业务中，由于保理人并不承担债务人于清偿期届满后无支付能力的风险，保理人在债务人陷于无支付能力时得向原债权人请求补偿或追偿，实际上相当于借款人履行返还借款义务的担保手段。正因如此，最高人民法院在（2017）最高法民再164号一案中，在原有债务和受让债权的数额不一致的情况下应当如何确定清偿义务范围和顺序这一问

---

① ［德］迪特尔·梅迪库斯：《德国债法分论》，法律出版社2007年版，第488页。

② 黄立等：《民法债编各论》（上），中国政法大学出版社2002年版，第32页。

③ 史尚宽：《债法总论》，中国政法大学出版社2000年版，第821页。

题还没有先例判决可以遵循的情况下，根据上述基本法理，认定追索权的功能相当于应收账款债权人为债务人的债务清偿能力提供了担保，这一担保的功能与放弃先诉抗辩权的一般保证相当，参照《担保法》关于一般保证的法律规定，由应收账款债务人就其所负债务承担第一顺位的清偿责任，对其不能清偿的部分，由应收账款债权人承担补充赔偿责任，法理依据是充分的。这种顺位的排序，不仅在法理上有据可循，也符合“保理融资的第一还款来源为债务人对应收账款的支付”这一行业共识。

值得注意的是，本法第 767 条关于无追索权保理合同的制度安排，赋予保理人取得超过融资款本息和相关费用部分应收账款的权利，在立法的过程中曾经引起了是否会导致保理人获取不当得利的担忧。后经研究认为，无追索权保理业务属于真正债权让与，保理人真正承担了债权不能实现的风险，即便保理人实际获得的清偿超过保理融资款本息和相关费用，亦不构成不当得利。

（周伦军　撰写）

第十八章　建设工程合同

第七百九十三条　【无效建设工程施工合同处理】建设工程施工合同无效，但是建设工程经验收合格的，可以参照合同关于工程价款的约定折价补偿承包人。

建设工程施工合同无效，且建设工程经验收不合格的，按照以下情形处理：

（一）修复后的建设工程经验收合格的，发包人可以请求承包人承担修复费用；

（二）修复后的建设工程经验收不合格的，承包人无权请求参照合同关于工程价款的约定折价补偿。

发包人对因建设工程不合格造成的损失有过错的，应当承担相应的责任。

【法条链接】

《合同法》第 58 条；《建设工程司法解释（一）》第 2 条、第 3 条

【立法背景】

与《合同法》相比，本条属于新增条文，对无效建设工程施工合同的处理作出了规定。长期以来，我国建筑市场不规范的问题较为突出，没有建筑资质的单位和个人借用资质承包工程，承包人非法转包、违法分包建设工程等现象普遍存在，大量的建设工程施工合同属于无效合同。关于合同无效的

处理，《合同法》第58条作出了规定，即“合同无效或者被撤销后，因该合同取得的财产，应当予以返还；不能返还或者没有必要返还的，应当折价补偿。有过错的一方应当赔偿对方因此所受到的损失，双方都有过错的，应当各自承担相应的责任”。但是，建设工程施工合同无效，如何适用《合同法》第58条规定，《合同法》本身以及其他法律并没有明确的规定，理论界和实务界对此问题争议比较大。为了在审理建设工程施工合同纠纷案件中正确适用《合同法》第58条关于无效合同处理的规定，统一无效建设工程施工合同处理的裁判标准，最高人民法院在2004年制定出台的《建设工程司法解释（一）》中作出了明确规定。《建设工程司法解释（一）》第2条规定：“建设工程施工合同无效，但建设工程经竣工验收合格，承包人请求参照合同约定支付工程价款的，应予支持。”第3条规定：“建设工程施工合同无效，且建设工程经竣工验收不合格的，按照以下情形分别处理：（一）修复后的建设工程经竣工验收合格，发包人请求承包人承担修复费用的，应予支持；（二）修复后的建设工程经竣工验收不合格，承包人请求支付工程价款的，不予支持；因建设工程不合格造成的损失，发包人有过错的，也应承担相应的民事责任。”

最高人民法院在制定《建设工程司法解释（一）》的征求意见过程中，对于无效建设工程施工合同的处理如何适用法律，社会各界存在不同观点。

1. 关于工程经验收合格后，合同是否应当认定有效。一种观点认为，工程质量是建设工程的生命线，保证工程质量是《建筑法》等立法的主要目的，建筑物的质量标准高于建设工程施工合同的效力标准，故建设工程经验收合格的，建设工程施工合同不宜认定无效。反对的观点认为，虽然在建设工程施工合同当中，工程质量处于核心地位，并被《合同法》《建筑法》及相关行政法规所保护，但是，法律并没有明确规定，在建设工程施工合同当中，以工程质量是否经验收合格作为合同是否有效的必备要件。现仅从《建筑法》的立法目的考虑，将工程质量是否经验收合格作为建设工程施工合同是否有效的唯一必备条件，与《合同法》的规定不符，且容易造成在结果上鼓励建筑业市场中不规范经营行为的发生，不利于规范建筑市场秩序。因此，建筑工程质量是否经验收合格只能涉及承发包方如何结算工程款的问题，而不能因此导致合同效力的变化。

2. 关于合同无效的折价补偿问题。建设工程施工合同的履行与一般合同相比，具有明显的特殊性，工程的施工过程是承包人将劳务及建筑材料物化为建设工程的过程。基于这一特殊性，建设工程施工合同无效，发包人取得的财产形式上是承包人建设的工程，实际上是承包人对工程建设投入的劳务及建筑材料，无法适用无效恢复原状的返还原则，只能采取折价补偿的方式处理。对于合同无效，工程经竣工验收合格，发包人按照何种标准对承包人予以折价补偿的问题，征求意见中也出现了分歧。第一种意见认为，建设工程施工合同无效，建设工程验收合格的，发包人应当返还承包人在建设工程中的造价成本；造价成本与合同价款的差价为损失，按照过错原则承担责任。理由是当事人不能依据无效合同取得利益，发包人只能按照建设工程的造价成本对承包人予以折价补偿。造价成本与合同约定价款的差价作为损失，由双方按照过错责任分担。这样才符合无效合同的特征及无效合同与有效合同的本质区别。对于"造价成本"如何计算，也存在几种观点：第一种观点认为，造价成本按照当年适用的工程定额标准由鉴定机构计算。理由是在国家没有对建筑工程的造价成本规定计算标准的情况下，建设部及各地建筑行政主管部门颁发的建筑工程定额标准，属于行业标准，应当参照执行。第二种观点认为，造价成本按照建设行政主管部门发布的市场价格信息计算。理由是建设行政主管部门就计算工程造价成本制定的定额标准往往跟不上市场价格的变化，而建设行政主管部门发布的市场价格信息，更贴近市场价格，更接近建筑工程的实际造价成本，有利于保护当事人的利益。第三种观点认为，造价成本为合同约定的工程款中的直接费与间接费，不包含利润和税金，利润和税金为损失。理由是合同无效，承包方不应依据无效合同取得利益，故而其不应取得合同约定的工程款中的利润。税金是履行合同应当缴纳的，无效合同的不得履行性，导致承包人不应取得发包人支付的税金。第二种意见认为，建设工程施工合同确认无效后，建设工程验收合格的，承包人请求参照合同约定支付工程价款的，人民法院应当支持。此种意见的主要理由是建筑工程经验收合格后，区分合同效力的意义已不存在，参照合同约定支付工程款，有利于平衡双方当事人之间的利益关系，且不影响建筑工程质量，社会效果较好。

在广泛听取社会各界意见后，最高人民法院最终在《建设工程司法解释

(一)》中规定：建设工程施工合同无效，建设工程验收合格的，可以按照有效处理，发包人参照合同约定支付工程款。这主要是基于两个方面的考虑：一是就建设工程施工合同而言，工程质量是建筑工程的生命，《建筑法》及相关行政法规，均将保证工程质量作为立法的出发点和主要目的。《建筑法》及《建设工程质量管理条例》规定，未经验收或者验收不合格的建设工程，不得交付使用。在建设工程经竣工验收合格后，无效合同与有效合同在《建筑法》制定的根本目的上已无很大的区别，参照合同约定支付工程款，虽然与法理和现行法律有关无效合同的处理原则明显相悖，但这种处理方式有利于保障工程质量。二是建筑市场中关于工程价款的计算标准较多，计算方法复杂多样，撇开合同关于工程价款的约定，很难确定一个公平公正的折价补偿标准。按照工程定额或者建设行政主管部门发布的市场价格信息作为计价标准计算工程的造价成本，都需要委托鉴定，势必增加当事人的诉讼成本，扩大当事人的损失，延长案件审理期限，不利于对当事人合法权益的保护，案件审判的法律效果与社会效果不能得到有机的统一。同时，我国建筑市场属于发包人市场，发包人在签订合同时往往把工程款压得低于当年适用的工程定额标准和政府公布的市场价格信息标准，如果合同无效后按照上述两种标准折价补偿，就可能诱使承包人恶意主张合同无效，以达到获取高于合同约定工程款的目的。同样道理，如果合同无效，承包人只能要求合同约定中的直接费和间接费，不能主张利润及税金，也不合理。建设工程的价值是建设工程的整体价值，也即建设工程的完整造价。如果合同无效，承包人只能主张合同约定价款中的直接费和间接费，则承包人融入建筑工程产品当中的利润及税金就被发包人获得。发包人依据无效合同取得了承包人应当得到的利润，这与无效合同的处理原则不符，其利益向一方当事人倾斜，不能很好地平衡当事人之间的利益关系，容易导致矛盾激化。参照合同关于工程价款的约定来折价补偿承包人，可以平衡承包人和发包人之间的利益关系，便捷、合理地解决纠纷，也有利于规范建筑市场秩序，保护建筑工人的合法权益，维护社会稳定。

对于合同无效、工程经验收不合格的建设工程施工合同纠纷如何处理，最高人民法院在制定《建设工程司法解释（一)》征求意见的过程中，也收到了不同的意见。一种意见认为，按照《建筑法》和《合同法》的规定，建筑工程经验收合格后，方可交付使用。对于未经验收合格的工程，不得交付使用。因竣工验收不合格的工程，无法交付，发包人无法使用，导致合同目的无法实现，发包人可以不支付工程价款。按照这种意见来处理案件，可能造成的后果是，发包人不用支付对价即可以接受建设工程，如果建设工程具有利用价值，发包人依据无效合同取得利益，而承包人不能依据其投入得到相应的报酬，双方的利益不平衡，损害承包人利益，不符合民法的公平原则，容易激化矛盾。且由于发包人不用支出即可取得建设工程，导致发包人对已取得建设工程产品价值不珍惜，轻易决定对接受的建设工程铲除重新进行建设。如果工程经过修复可以符合验收条件，具有使用价值，这种做法会造成社会资源的浪费。另一种意见认为，不论工程是否验收合格，按照无效合同的处理原则，工程都要交付发包人，故而发包人应当就接受的工程支付承包人工程款。这种意见导致如果工程确实无法修复，不再具有使用价值，这种损失完全由发包人承担，不符合公平原则。

在充分研究各种意见的前提下，最高人民法院最后在《建设工程司法解释（一）》当中确定以建设工程修复后是否经竣工验收合格作为承包人请求支付工程款的前提条件，建设工程修复后经竣工验收合格的，发包人请求承包人承担修复费用的，应予支持。建设工程无法修复或者修复后经竣工验收不合格的，承包人请求支付工程款的，不予支持。这样规定具有充分的法律依据。《合同法》第 262 条规定，承揽人交付的工作成果不符合质量要求的，定作人可以要求承揽人承担修理、重作、减少报酬、赔偿损失等违约责任。《建设工程质量管理条例》第 32 条规定，施工单位对施工中出现质量问题的建设工程或者经竣工验收不合格的建设工程，应当负责返修。上述法律规定表明的观点是，建设工程经验收不合格的，承包人应当承担返修义务，返修费用由承包人自行承担。如果承包人拒绝承担返修义务，或者双方基于丧失合作基础的情况，发包人与承包人均同意由第三人进行建设工程的修复工作时，发包人可以要求承包人承担修复费用。这种做法可以避免社会资源的浪费，平衡当事人之间的利益，使案件的审判结果达到较好的社会效果。修复后的建设工程经竣工验收仍然不合格的，建设工程已经失去价值，只能铲掉重新进行建设，承包人要求支付工程款的，自然不应予以支持。这样的规定，有助于严格制裁违法行为，保证工程质量，促进建筑市场的健康有序发展。

《建设工程司法解释（一）》自2005年1月1日实施以来，人民法院依据上述第2条和第3条的规定审判了大量无效建设工程施工合同纠纷案件，取得了良好的法律效果和社会效果。建设工程施工合同无效，只要工程质量合格，承包人可以请求参照合同约定支付工程价款，这一观点已成为建筑领域的一项基本规则，并为社会各界所接受。实践证明，上述两条司法解释的规定是符合建设市场实际的。正是基于这样的背景，此次《民法典》编纂，将上述两条司法解释的规定上升为立法，合编成本条规定。需要注意的是，本条对《建设工程司法解释（一）》第2条、第3条的规定作了修改。一是将“建设工程经竣工验收合格”改成了“建设工程经验收合格”，删除了“竣工”二字。之所以这样规定，是因为实践中有很多工程未完成建设，合同双方即发生纠纷诉至法院，对于建设工程合同无效的，显然不能再判决当事人继续履行合同，也不能因为工程未经竣工验收而对承包人折价补偿的诉讼请求不予支持。对未完工的建设工程，只要已完工部分工程质量合格，或虽不合格但经修复合格的，法院应当判令发包人参照合同关于工程价款的约定折价补偿承包人。二是将“参照合同约定支付工程价款”改成了“参照合同关于工程价款的约定折价补偿”。这样修改更符合合同无效的法理。建设工程施工合同无效，从法理上说，承包人无权请求发包人支付工程价款，只能请求折价补偿。该折价补偿虽然是参照合同关于工程价款的约定，在数额上与合同对价即工程价款一样，但在法律性质上则有着本质区别。《建设工程司法解释（一）》关于“参照合同约定支付工程价款”的规定，从法理上来说，是将无效合同按照有效合同来对待和处理。

【条文解读与法律适用】

本条第1款规定了建设工程施工合同无效、工程经验收合格的处理规则，即可以参照合同关于工程价款的约定折价补偿承包人；第2款、第3款规定了建设工程施工合同无效、工程经验收不合格的处理规则。建设工程施工合同无效，建设工程经竣工验收不合格的，一般包括两种情况。一种是建设工程质量虽然不合格，但经过修复，可以使缺陷得到弥补，符合国家或者行业强制性质量标准。这种情况下，发包人仍然可以接受建设工程，并在修复后继续利用建设工程。发包人可以要求承包人承担修复费用，承包人自然也可以按照第 1 款的规定请求参照合同约定折价补偿。另一种情况是，建设工程的质量缺陷无法通过修复予以弥补，建设工程丧失利用价值。对于没有利用价值的建设工程，只能铲掉重新进行建设，承包人自然没有请求折价补偿的权利。对于因工程不合格而造成的损失，依法应按照过错原则承担。因向发包人交付质量合格的工程，是承包人的主要合同义务，故通常情况下，造成质量不合格的原因是承包人的过错，但实践中也经常出现工程质量缺陷是由于发包人原因导致的情况，如提供的图纸不符合规范，提供的施工材料达不到应有的质量标准等。所以，对于工程质量不合格的问题，应分清原因，按照过错程度，由过错方依法承担相应责任。这样处理，符合公平原则和按照过错承担无效合同赔偿责任的原则。实务中，适用本条规定，需要注意以下几个问题。

一、准确把握无效建设工程施工合同的类型

建设工程施工合同无效是本条适用的前提，故实践中必须准确把握无效建设工程施工合同的类型。无效合同是指虽然已经成立，但因其在内容上违反了法律、行政法规的强制性规定和社会公共利益而无法律效力的合同。《民法典》第 153 条规定："违反法律、行政法规的强制性规定的民事法律行为无效。但是，该强制性规定不导致该民事法律行为无效的除外。违背公序良俗的民事法律行为无效。"建设工程施工合同效力是关系到诉讼时效、工程价款结算原则、违约责任、质量保证等与承、发包双方当事人利益密切相关的重大问题，是法院在审理建设工程施工合同纠纷中必须审查的问题，无论当事人是否对建设工程施工合同的效力提出主张或抗辩，人民法院都应当主动审查其效力。

由于建设工程的专业性和复杂性，为保证建筑工程的质量和安全，保护国家利益、社会公共利益和当事人合法权益，《建筑法》《招标投标法》等多部法律、行政法规都对其进行了规制，其中包含了大量的强制性规定。但是，建设工程施工合同当事人违反法律、行政法规强制性规定的，并不必然导致合同无效，只有违反了效力性强制性规定的，才会导致合同无效。为了在审判实务中准确把握和认定建设工程施工合同效力，最高人民法院在《建设工程司法解释（一）》《建设工程司法解释（二）》中列举了建设工程施工合同无效的情形，包括以下几种：

1. 因违反招标投标领域法律、行政法规导致合同无效。具体为：（1）建设工程属于依法必须进行招标投标的项目，未进行招标的；（2）必须进行招标而中标无效的。

2. 因违反建筑领域资质管理规定而无效。具体为：（1）承包人未取得建筑施工企业资质或者超越资质等级的，但是超越资质等级的承包人在工程竣工前取得相应资质等级的除外；（2）没有资质的实际施工人借用有资质的建筑施工企业名义的，即通常所说的“挂靠”。

3. 因非法转包或支解发包、违法分包而无效。具体为：（1）承包人承揽工程后非法转包工程的；（2）承包人承揽工程后存在违法分包工程的。

4. 因违反工程建设审批手续而无效。即未取得建设工程规划审批手续而签订的建设工程施工合同无效，但是发包人在起诉前取得的除外。

除了上述司法解释规定的建设工程施工合同无效的情形，审判实践中还要注意两种合同无效的情形：一是根据《招标投标法》第 41 条第 2 项规定，中标价低于建设工程成本的中标合同无效。二是根据最高人民法院《第八次全国法院民事商事审判工作会议纪要》民事部分第 30 条的规定，当事人违反工程建设强制性标准，任意压缩合理工期、降低工程质量标准的，应认定无效。

应当说明的是，上述情形并未穷尽建设工程施工合同无效的情形。实践中，在上述情形之外，如果建设工程施工合同违反了法律、行政法规的强制性规范，应认定无效的，仍然应当认定合同无效。此外，依据《民法典》第 146 条、第 153 条、第 154 条规定，建设工程施工合同违背公序良俗的，双方当事人恶意串通、损害他人合法权益的，双方当事人意思表示虚假的，均应认定为无效合同。

二、严格把握工程质量是否合格这个标准

依据本条规定，建设工程施工合同无效的法律后果是折价补偿和按照过错赔偿损失。折价补偿首先应确定履行无效合同，建造的建筑产品是否有价值，然后才存在补偿问题；没有价值就不补偿，只能按过错赔偿损失。是否有价值的衡量标准，应根据《民法典》第 799 条第 2 款的规定，建设工程竣工经验收合格后，方可交付使用；未经验收或者验收不合格的，不得交付使用。《建筑法》第 61 条第 2 款对此也有规定。建设工程竣工验收不合格就无法交付使用，建设工程的价值就体现不出来，无法折价补偿，故人民法院在案件审理中，应把工程质量是否验收合格作为重点来予以审查。通常来说，建设工程须经工程建设单位（发包人）、勘察单位、设计单位、施工单位（承包人）、监理单位共同竣工验收合格，但工程备案和交付使用应经建设行政主管部门的质量监督机构认可。建设行政主管部门作出的认可具有权威性，应在案件审理中予以认定。审判实践中，对于未经验收的工程以及质量产生争议的工程，可以通过司法鉴定方式查清并认定工程质量是否合格。

三、准确认定不合格工程是否能够修复

在审判实践中，双方因为纠纷的产生，矛盾加大，对于建设工程经竣工验收不合格的，经常出现承包人不愿继续承担建设工程的修复义务，发包人也不愿承包人再继续进行建设工程的修复工作。如果双方均同意不再由承包人进行修复工作，如何确定工程款的给付问题？笔者认为，在承、发包双方均同意不再由承包人继续建设工程的修复工作的情形下，首先要看建设工程存在的质量缺陷是否可以通过修复而验收合格。对于建设工程存在的质量缺陷是否能够修复，要看当事人对这一问题的态度，如果双方当事人根据建筑业的国家质量要求及行业质量要求，均认可建筑工程存在的质量缺陷可以修复，那么，人民法院可以根据法律规定，对此予以认定，按照发包人支付承包人工程价款、承包人负担工程的修复费用的方式来处理；如果双方对建筑工程存在的质量缺陷是否能够修复有不同的意见，且难以达成共识，则要充分考虑建筑工程质量问题的专业性，委托专业部门进行质量鉴定，以鉴定的结果作为人民法院认定的依据。

四、关于建设工程施工合同无效造成的损失赔偿问题

依据《民法典》第 157 条规定，合同被依法确认无效后，当事人除了承担返还财产或者折价补偿的责任以外，有过错的一方还应当赔偿对方由此所受到的损失；各方都有过错的，应当各自承担相应的责任。为了依法妥善处理建设工程施工合同无效引发的损害赔偿问题，统一裁判尺度，最高人民法院在《建设工程司法解释（二）》中对合同无效引发的损害赔偿的举证责任及损失认定作出了明确规定。该解释第 3 条规定："建设工程施工合同无效，一方当事人请求对方赔偿损失的，应当就对方过错、损失大小、过错与损失之间的因果关系承担举证责任。损失大小无法确定，一方当事人请求参照合同约定的质量标准、建设工期、工程价款支付时间等内容确定损失大小的，人民法院可以结合双方过错程度、过错与损失之间的因果关系等因素作出裁判。”审判实务中适用该条司法解释规定，需要注意以下几点。

（一）准确把握合同无效引发的损害赔偿责任的性质和构成要件

关于合同无效引发的损害赔偿责任的性质，通说认为，系缔约过失责任，而非违约责任或者侵权责任。一方当事人要求对方赔偿因合同无效造成的损失，应当满足以下构成要件：

1. 有损害事实存在或者有损失发生。合同无效后的赔偿责任属于缔约过失责任，而缔约过失行为所造成的损失一般都是信赖利益的损失，即当事人因信赖合同有效而遭受的实际损失，不包括可得利益损失。这是因为，无效合同的处理以恢复原状为原则，不应当赔偿期待利益，且可得利益损失较难确定，如纳入损失赔偿范围，易导致利益失衡。实际损失也不包括工程欠款利息。承包人向发包人请求支付的拖欠工程价款的利息在性质上属于法定孳息，与工程价款具有附随性，与合同效力无关，与是否支付工程款有关。因此，利息不属于损失赔偿范围，当然不属于“实际损失”，不适用过错赔偿责任。

2. 当事人具有过错。这是当事人因合同无效承担赔偿损失责任的实质构成要件，只有当事人具有过错，才应承担相应的民事法律责任。就建设工程施工合同来说，当事人的过错一般应根据造成合同无效的原因予以认定，在审查上，未尽到合理注意义务的各方均有过错。如无资质或者超越资质承揽建设工程订立的无效合同，过错一方主要是承包人，发包方出于过失（如对资质疏于审查，对工程没有及时跟进监督）也存在一定过错；又如法律规定必须招标的建设工程而未招标订立的无效合同，过错一方主要是发包人，承包方承担次要过错责任；再如未办理相邻用地使用手续和建设用地规划许可手续的，发包人应承担主要责任，承包人负次要责任；等等。

3. 过错与损失之间具有因果关系。合同无效赔偿中的因果关系是指一方当事人的违法行为与另一方当事人的损害结果之间具有必然的因果联系。就建设工程合同无效而言，对于合同无效造成的损失，必须是导致合同无效的发包人或者承包人的违法行为造成的，即损失与导致合同无效的过错之间具有因果关系。只有当二者之间存在因果关系时，行为人才应承担相应的民事责任。依据过错责任原则，在确定赔偿责任时，应以过错作为确定责任的要件和确定责任范围的依据，即在确定责任的大小时，要考虑行为人的主观过错程度。实践中，确定损失与过错之间的因果关系，对过错范围的认定，既包括当事人对无效合同的订立是否存在过错，也包括在履行合同过程中当事人对违反诚实信用原则是否存在过错。

（二）损失大小可参照合同约定的方式确定

建设工程施工合同无效，无过错方当事人有权就其实际损失要求过错方进行赔偿，但由于有些情况下对实际损失难以举证，如果严格按照举证不能的规则处理，则对遭受损失一方当事人不公平，容易导致利益失衡。因此，根据公平原则，从平衡合同双方当事人利益的角度出发，在施工合同无效且当事人双方在合同中对损失赔偿标准有明确约定的前提下，且基于无效施工合同参照合同约定支付工程款的现行处理规则，在司法实践中，原则上也可以参照合同约定来确定赔偿损失的数额，即在当事人无法举证证明实际损失的情况下，应当允许当事人请求参照合同约定的质量标准、建设工期、工程价款支付时间等内容来确定损失大小。这样处理并不是将无效合同当作有效合同处理，而是寻找一种符合建设工程施工合同特点的损失赔偿的计算方式。这主要考虑到建设工程施工合同无效的事由大多数是违反了国家对建筑行业和建筑市场关于招投标、资质等行政管理的强制性规定，而双方当事人在签订施工合同时，关于工程计价、计量、工程款支付比例、支付时间、工程质量、工期、结算程序、质保金的扣留等约定内容，均是当事人的真实意思表示，是双方签约时对施工合同中最核心内容慎重考虑后作出的决定，不应因合同违反国家行政管理相关规定无效而全部不予适用。同时，参照合同约定内容来确定实际损失大小，可以避免当事人因合同无效而获得超过合同有效时的额外利益。

（三）准确把握当事人请求赔偿的损失范围

承包人因合同无效向发包人主张损失赔偿的范围包括：（1）实际支出损失。包括办理招标投标手续支出的费用、合同备案支出的费用、订立合同支出的费用、除工程价款之外的因履行合同支出的费用等实际损失和费用等。（2）停工、窝工损失。因发包人原因导致承包人停工、窝工的，承包人有权主张停工、窝工损失的情形主要包括发包人没有及时检查隐蔽工程，未按照约定的时间和要求提供原材料、设备、场地、资金、技术资料，不履行告知变更后的施工方案、施工技术交底、完善施工条件等协作义务等。当然，发包人出现上述情形，承包人也应依照法律规定，注意采取适当措施，自行做好人员、机械的撤离等工作，防止停工、窝工损失扩大。对因承包人原因导致的损失扩大部分，承包人无权要求赔偿。此外，对于多种原因造成工程停工、窝工，难以分清双方当事人在造成停工、窝工方面责任大小的，可根据双方在合同履行中的过错程度以及各自所受损失的情况确定停工、窝工损失。这样，既符合公平原则，也符合双方当事人履行合同的实际情况。

发包人因合同无效向承包人主张损失赔偿的范围包括：（1）实际支出的费用。主要包括发包人因办理招标投标手续支出的费用、合同备案支出的费用、订立合同支出的费用、准备或者实际履行合同支出的费用等实际支出损失。（2）工期延误造成的损失。建设工程施工合同被认定为无效，合同约定的工期条款、违约条款等均为无效，但这并不意味着承包人不再承担工期延误责任。实践中，对于合同无效，通常发包人和承包人均存在过错，如果因合同无效而使得承包人被免除了工期延误赔偿责任，将导致发包人和承包人之间的利益失衡。故承包人逾期竣工给发包人造成的损失，应当基于公平原则和诚实信用原则，对发包人主张的工期延误损失进行补偿，补偿的范围仅包括实际发生的损失，对于尚未确定或尚未发生的损失，发包人可在损失确定或发生后再另行主张。在发包方损失确实存在且又难以举证的情形下，可以参照无效合同中约定的逾期竣工违约责任条款来确定发包方损失，并结合双方过错情况，确定损失责任分担。（3）工程质量导致的损失。因施工人原因导致工程质量损失的，发包人有权向承包人主张损失赔偿责任。如果发包人对质量不合格也存在过错的，发包人也应承担一定责任。发包人与承包人对工程质量均有责任的，由双方按过错程度来承担责任。需要注意的是，合同无效与工程质量不一定存在因果关系，即导致合同无效的原因并不一定导致工程质量问题的产生。在处理时，应注意区分合同无效的原因以及工程质量问题产生的原因，分清发包人与承包人的责任，妥善处理双方纠纷。（4）其他人身财产损失。主要是《民法典》第 802 条规定的损失，即因承包人的原因致使建设工程在合理使用期限内造成人身损害和财产损失的，发包人有权要求承包人承担赔偿责任。

五、挂靠人与被挂靠人对因出借资质造成的损失向发包人承担连带赔偿责任

没有建筑施工资质的单位和个人（挂靠人）借用有资质的建筑企业（被挂靠人）名义签订的建设工程施工合同无效。在此种合同无效的情形下，发包人要求赔偿合同无效所导致的损失，应当向谁主张，由谁承担责任，如何承担责任，现行立法没有做出明确规定，理论界争论较大，各地法院对此的认识和做法也是不尽相同。一种观点认为，挂靠人和被挂靠人应承担连带责任。另一种观点认为，应区分合同相对人是否对挂靠事实明知而适用不同的责任类型。如果合同相对人对于挂靠事实不明知，由挂靠人和被挂靠人承担连带责任；如果合同相对人对于挂靠事实明知，首先由挂靠人承担责任，被挂靠人承担补充责任。为了解决这一问题，最高人民法院在《建设工程司法解释（二）》中作出了明确规定。该解释第4条规定："缺乏资质的单位或者个人借用有资质的建筑施工企业名义签订建设工程施工合同，发包人请求出借方与借用方对建设工程质量不合格等因出借资质造成的损失承担连带赔偿责任的，人民法院应予支持。"审判实务中，理解和适用该条司法解释规定，需要把握以下几点：

（一）挂靠人与被挂靠人承担连带赔偿责任的性质是侵权责任

《建筑法》第66条规定，建筑施工企业转让、出借资质证书或者以其他方式允许他人以本企业的名义承揽工程的，对因该项承揽工程不符合规定的质量标准造成的损失，建筑施工企业与使用本企业名义的单位或者个人承担连带赔偿责任。《建设工程司法解释（一）》第25条规定："因建设工程质量发生争议的，发包人可以以总承包人、分包人和实际施工人为共同被告提起诉讼。"挂靠人与被挂靠人就质量问题对发包人承担连带赔偿责任，该责任的性质是共同侵权责任，而非违约责任，亦非缔约过失责任。因为，挂靠人借用资质签订的建设工程施工合同违反法律的禁止性规定，自始无效，在合同无效的情况下不存在违约责任。同时，质量问题造成的损失并非发生在合同缔结阶段，且借用资质的挂靠人不是建设工程施工合同的当事人，合同当事人只有发包人和被挂靠人，因此挂靠人和被挂靠人承担连带赔偿责任的法理基础显然也不是缔约过失责任。

在借用资质合同无效的情形下，发包人主张质量以外因合同无效导致的

损失，挂靠人与被挂靠人承担责任的性质仍然属于共同侵权责任，因为挂靠人借用资质导致施工合同无效给发包人造成损失，可以归属于被挂靠人与挂靠人共同对发包人实施侵权行为造成损害的情形。根据《侵权责任法》第 8 条“二人以上共同实施侵权行为，造成他人损害的，应当承担连带责任”的规定，挂靠人与被挂靠人应当就其共同侵权行为对发包人承担连带赔偿责任。具体来讲，在借用资质的法律关系中，挂靠人与被挂靠人的行为符合共同侵权行为的构成要件：（1）出借资质的被挂靠人向借用资质的实际施工人实施了借用资质的违法行为。（2）挂靠人与被挂靠人在主观上存在过错，挂靠人没有相应施工资质而借用他人资质，被挂靠人为了追逐利益，违法同意他人借用其资质承包工程。挂靠人与被挂靠人均明知行为非法，因此都存在主观过错。（3）被挂靠人、挂靠人的借用资质行为与给发包人造成的损失之间存在法律上的因果关系。

（二）发包人对损失与借用资质之间的因果关系负有举证责任

根据“谁主张、谁举证”的诉讼规则，发包人要求挂靠人与被挂靠人赔偿因借用资质而产生的损失，其应当承担举证责任，证明包括工程质量在内的损失是由于挂靠人借用资质造成的，而非其他原因所致。其中对工程质量的举证难度较小，因《建筑法》第 66 条已明确规定，建筑施工企业出借资质的，对因该项承揽工程不符合规定的质量标准造成的损失，建筑施工企业与使用本企业名义的单位或者个人承担连带责任。对于其他损失，发包人如果要求挂靠人与被挂靠人承担连带赔偿责任，则必须举证证明该损失是因借用资质而产生，二者存在因果关系，否则，发包人的主张不应予以支持，因为尽管挂靠行为为法律所禁止，但不能无故扩大挂靠人与被挂靠人的责任。司法实践中，发包人只需要证明损失的存在以及挂靠人借用资质的事实即完成初步证明责任，如果挂靠人否认损失的产生与借用资质有关，则举证责任发生转移，应由挂靠人证明损失是由其他原因产生，而非借用资质。

（三）发包人“明知”挂靠人借用资质的，也应承担相应责任

发包人“明知”挂靠人借用资质的情形主要有两种：一种是订立合同时已明知；另一种是订立合同后得知的。对于第一种情形，发包人订立合同时即知道借用资质挂靠施工，有些还是故意参与的，则其对于挂靠行为无效的法律后果是明知的，因追求或者放任合同无效的后果发生而具有过错，应对

因合同无效产生的损失承担相应责任。当然，发包人“明知”的过错应仅及于承担合同无效的相应责任，不应扩展至其后因挂靠人或被挂靠人合同履行不当的责任。对于第二种情形，发包人在订立合同后才知道挂靠的，此时发包人应当意识到挂靠行为的违法后果会导致合同无效。基于诚实信用原则，发包人应当在知道挂靠后，采取适当措施避免因无效合同造成的损失扩大，合同尚未履行或者尚未履行完毕的，一般应当采取措施终止履行；合同已经履行的，应当采取合理的清算措施。因此，发包人订立合同后知道挂靠人借用资质，未采取合理措施避免损失扩大的，应就扩大的损失承担相应责任。

（汪军　撰写）

第八百零六条　【建设工程合同的解除】承包人将建设工程转包、违法分包的，发包人可以解除合同。

发包人提供的主要建筑材料、建筑构配件和设备不符合强制性标准或者不履行协助义务，致使承包人无法施工，经催告后在合理期限内仍未履行相应义务的，承包人可以解除合同。

合同解除后，已经完成的建设工程质量合格的，发包人应当按照约定支付相应的工程价款；已经完成的建设工程质量不合格的，参照本法第七百九十三条的规定处理。

【法条链接】

《建设工程司法解释（一）》第 8 条、第 9 条、第 10 条

【立法背景】

与《合同法》相比，本条是新增条文，规定了建设工程施工合同当事人行使法定解除权的条件及合同解除后的处理规则。合同解除是指合同成立后，尚未履行或未全部履行之前，合同当事人依法行使解除权或者双方协商决定，解除合同效力的行为。合同解除包括约定解除和法定解除两类，约定解除又

可分为当事人协商一致解除合同、约定一方解除合同事由的解除两种情形。法定解除主要适用于当事人不履行合同主要义务，致使合同目的无法实现的情形。《合同法》第94条对合同的法定解除作了规定：“有下列情形之一的，当事人可以解除合同：（一）因不可抗力致使不能实现合同目的；（二）在履行期限届满之前，当事人一方明确表示或者以自己的行为表明不履行主要债务；（三）当事人一方迟延履行主要债务，经催告后在合理期限内仍未履行；（四）当事人一方迟延履行债务或者有其他违约行为致使不能实现合同目的；（五）法律规定的其他情形。”建设工程施工合同投资大、履行周期长，履行过程中的违法违约行为也较为常见，如何正确适用《合同法》第94条规定，做到既保障当事人正当行使法定解除权，又防止当事人滥用法定解除权，以维护合同稳定性和交易安全，是审判实务必须考虑和解决的问题。为此，最高人民法院在2004年制定的《建设工程司法解释（一）》中，根据《合同法》第94条规定，结合建设工程施工合同的特殊性，对建设工程施工合同当事人可以解除合同的情形及合同解除后的处理规则作出了明确规定。《建设工程司法解释（一）》第8条规定：“承包人具有下列情形之一，发包人请求解除建设工程施工合同的，应予支持：（一）明确表示或者以行为表明不履行合同主要义务的；（二）合同约定的期限内没有完工，且在发包人催告的合理期限内仍未完工的；（三）已经完成的建设工程质量不合格，并拒绝修复的；（四）将承包的建设工程非法转包、违法分包的。”第9条规定：“发包人具有下列情形之一，致使承包人无法施工，且在催告的合理期限内仍未履行相应义务，承包人请求解除建设工程施工合同的，应予支持：（一）未按约定支付工程价款的；（二）提供的主要建筑材料、建筑构配件和设备不符合强制性标准的；（三）不履行合同约定的协助义务的。”第10条规定：“建设工程施工合同解除后，已经完成的建设工程质量合格的，发包人应当按照约定支付相应的工程价款；已经完成的建设工程质量不合格的，参照本解释第三条规定处理。因一方违约导致合同解除的，违约方应当赔偿因此而给对方造成的损失。”

上述三条司法解释规定在审判实践中发挥了十分重要的指导作用，较好地统一了全国法院审理建设工程施工合同纠纷案件涉当事人行使法定解除权的裁判标准，已为社会各界普遍认同。鉴于此，此次《民法典》编纂，吸收了上述司法解释的相关内容，即第8条第4项，第9条第2、3项及第10条第

1款规定，形成了本条规定。对于第8条第1、2、3项及第9条第1项，因其内容符合《民法典》第563条第1款第2项“在履行期限届满之前，当事人一方明确表示或者以自己的行为表明不履行主要债务”，以及第3项“当事人一方迟延履行主要债务，经催告后在合理期限内仍未履行”规定的情形，故本条未再重复规定。但应当明确的是，本条规定并未包含所有建设工程合同当事人可以行使法定解除权的情形。除本条规定的可以解除合同的情形外，建设工程合同出现《民法典》第563条第1款规定的其他可以解除情形的，当事人也有权解除合同。

【条文解读与法律适用】

一、发包人行使解除权的条件

本条第1款规定了发包人可以行使合同解除权的情形，即承包人将建设工程转包、违法分包的，发包人可以解除合同。

转包是指建设工程的承包人将其承包的建设工程倒手转让给第三人的行为。转包除了将工程整体转包外，还包括支解转包，支解转包是指承包人将其承包的工程划分成若干部分，分别转给他人的行为。依据《民法典》第791条第2款规定，承包人不得将其承包的全部建设工程转包给第三人或者将其承包的全部建设工程支解以后以分包的名义分别转包给第三人。这是因为：（1）转包行为具有很大的危害性。实践中，一些单位将其承包的工程压价转包给他人，从中牟取不正当利益，形成“层层转包、层层扒皮”的现象，导致严重偷工减料；一些建设工程转包后由一些不具备相应资质条件的包工队施工，留下严重的工程质量隐患，甚至造成重大质量事故。（2）承包人擅自将其承包的工程项目转包，破坏了合同关系应有的稳定性和严肃性。在建设工程合同订立过程中，发包人往往经过慎重选择，确定与其所信任并具有相应资质条件的承包人订立合同，承包人将其所承包的工程转包给他人，擅自变更合同，违背了发包人的意志，损害了发包人的利益。（3）禁止建设工程的转包，在国际上也是通例，不少国家都对建设工程的转包作了禁止性规定。如日本和韩国都规定，除经发包人书面同意外，建筑业从业者不得以任何形式将其承包的建筑工程一并转包给他人。

违法分包是指违反法律规定进行分包的行为。依据法律规定，工程分包应当符合以下条件：（1）分包人应当具有承担相应分包工程建设的资质。总承包人、勘察、设计、施工承包人不能将工程分包给不具有相应资质条件的单位或个人。根据我国有关法律的规定，从事建设活动的建设勘察人、设计人和施工人必须具备以下资质条件：第一，有符合国家规定的注册资本；第二，有与其从事的建设活动相适应的具有法定执业资格的专业技术人员；第三，有从事相关建设活动所应有的技术装备；第四，法律、行政法规规定的其他条件。从事工程建设活动的勘察人、设计人和施工人，按照其拥有的注册资本、专业技术人员、技术装备和已完成的建设工程业绩等资质条件，划分为不同的资质等级，经资质审查合格，取得相应等级的资质证书后，方可在其资质等级许可的范围内从事建设活动。承包人在将工程分包时，应当审查分包人是否具备承包该部分工程建设的资质条件。（2）分包工程必须经过发包人的同意。发包人与承包人可以在承包合同中约定哪些工程可以分包，也可以在合同签订后另行明确。该规定可以防止总承包人、勘察、设计、施工承包人擅自将应当由自己完成的工程分包出去或者将工程分包给发包人所不信任的第三人。（3）工程建设项目只能实行一次分包，分包单位不得将其承包的工程再分包。分包单位承包的工程通常都是专业技术相对较强的某一方面工作任务，如允许再分包，一方面，不利于施工计划安排和现场管理，导致施工秩序混乱，出了问题，难以分清责任；另一方面，因层层分隔利润，可能导致再分包的承包人为了降低施工成本、获取最大利润而偷工减料，从而难以保证工程质量。（4）建设工程主体结构的施工必须由承包人自行完成，不得进行分包。建设工程的主体结构是工程的核心和关键，主体结构部分质量合格是保证工程整体质量的基础，主体结构部分通常也是工程投入最多、施工技术难度最大的部分，因此，法律规定承包人不得将工程主体结构部分分包给第三人施工。

正是考虑到转包和违法分包行为的危害性及其严重损害发包人的合法权益，影响到建设工程合同的正常履行，《民法典》第 791 条第 3 款规定："禁止承包人将工程分包给不具备相应资质条件的单位。禁止分包单位将其承包的工程再分包。建设工程主体结构的施工必须由承包人自行完成。"本条第 1 款在上述禁止性规定的基础上，进一步规定在承包人转包或违法分包的情况下，发包人可以行使合同解除权，终止承包人的违法行为，以维护自身合法权益。当然，本款规定发包人可以解除合同，并不是说发包人必须解除合同，发包人可以根据具体情况做出选择。

二、承包人行使解除权的条件

本条第 2 款规定了承包人可以行使合同解除权的情形，即发包人提供的主要建筑材料、建筑构配件和设备不符合强制性标准或者不履行协助义务，致使承包人无法施工，经催告后在合理期限内仍未履行相应义务的，承包人可以解除合同。《民法典》第 563 条第 1 款第 3 项规定的是当事人一方迟延履行主要债务，经催告后在合理期限内仍未履行的，对方可以解除合同；本款规定的是发包人提供的主要建筑材料、建筑构配件和设备不符合强制性标准必须达到致使承包人无法施工建设的严重程度时，承包人才有合同解除权。这是考虑到建设工程施工合同通常情况下不应轻易解除，为了防止承包人滥用法定解除权而做出的合理限制。按照国家有关规定及合同约定，由发包方提供建筑材料、建筑构配件和设备的，应当保证建筑材料、建筑构配件和设备符合设计文件和合同要求，发包人不得明示或者暗示施工单位使用不合格的建筑材料、建筑构配件和设备。

为了保证建筑材料和设备的质量符合设计文件及合同的要求，2017 年 9 月，住房和城乡建设部、国家工商行政管理总局在制定发布的《建设工程施工合同（示范文本）》（GF－2017－0201）中对发包方采购建筑材料、建筑构配件和设备提出了具体的操作要求。主要是：（1）发包人提供材料设备的，应在签订合同时在专用合同条款的附件《发包人供应材料设备一览表》中明确材料、工程设备的品种、规格、型号、数量、单价、质量等级和送达地点。（2）发包人按一览表约定的内容提供材料和工程设备，并向承包人提供产品合格证明及出厂证明，对其质量负责。发包人应在所供材料和工程设备到货前 24 小时，以书面形式通知承包人，由承包人负责材料和工程设备的清点、检验和接收。（3）发包人供应的材料和工程设备，承包人清点后由承包人妥善保管，保管费用由发包人承担。因承包人原因发生丢失毁损的，由承包人负责赔偿。监理人未通知承包人清点的，承包人不负责材料和工程设备的保管，由此导致丢失毁损的由发包人负责。（4）发包人供应的材料和工程设备使用前，由承包人负责检验，检验费用由发包人承担，不合格的，不得使用。

(5) 发包人提供的材料和工程设备不符合合同要求的，承包人有权拒绝，并可要求发包人更换，由此增加的费用和（或）延误的工期由发包人承担，发包人并应支付承包人合理的利润。由此可见，承包人对发包人提供建筑材料、建筑构配件和工程设备进行检验，是保证其施工质量的重要手段，承包人要依据建筑工程设计要求、施工技术标准和合同的约定对建筑材料、建筑构配件和设备进行检验。

《建设工程质量管理条例》将检验的标的扩及商品混凝。承包人对材料、构配件、设备及商品混凝土检验，应当依据以下几个方面的要求进行：(1) 按照工程设计要求进行检验，按照设计文件规定的建筑材料、建筑构配件、设备和商品混凝土的规格、型号、性能等技术要求对建筑材料等进行检验，对不符合技术要求的承包人不得使用。(2) 按照有关的施工技术标准进行检验。在各项施工作业的技术标准中，对施工所用的建筑材料、构配件等的质量要求作出规定的，承包人必须按照有关施工技术标准的规定进行检验，不符合施工技术标准的不得使用。(3) 按照建筑工程承包合同约定的技术要求进行检验，在建筑工程承包合同中对工程所用的建筑材料、建筑构配件、设备及商品混凝土的质量要求有明确约定的，承包人必须按照合同约定的技术标准进行检验，不符合合同约定的，不得使用。

发包人提供的主要建筑材料、建筑构配件和工程设备必须符合国家强制性的标准，因为建筑材料的质量直接关系到建成的建筑物的质量，双方当事人虽然可以约定建筑材料的质量标准，但不得低于国家的强制性标准。国家的强制性标准是关于质量要求的最低标准。如果发包人提供的建筑材料等不符合国家强制性标准，应当认为是没有履行合同约定的主要义务，在经催告后仍未履行义务的，承包人可以请求解除合同。发包人不履行合同约定的协助义务，致使承包人无法继续施工，在催告的合理期限内仍不履行的，承包人可以请求解除合同。这主要源于承揽合同的相关规定。《民法典》第778条规定："承揽工作需要定作人协助的，定作人有协助的义务。定作人不履行协助义务致使承揽工作不能完成的，承揽人可以催告定作人在合理期限内履行义务，并可以顺延履行期限；定作人逾期不履行的，承揽人可以解除合同。"依据《民法典》第808条关于建设工程合同没有规定的，适用承揽合同的有关规定的精神，在建设工程施工中，承包人的工作有时是需要发包人协助的，发包人对承包人的工作有相应的协助义务。发包人协助义务的发生，取决于合同的约定及施工工程本身的需要，发包人的协助义务视施工工程的内容不同而无法穷尽表述，如补足施工所需的建筑材料、提供施工场地、办理施工所需的相关手续、提供施工图纸等。如果发包人不履行有关协助义务，导致承包人无法施工的，则是发包人违约，该违约行为经催告在合理期限内未有效改正的，承包人有权解除合同。

三、合同解除后的处理

本条第 3 款规定了合同解除后的处理规则，即已经完成的建设工程质量合格的，发包人应当按照约定支付相应的工程价款；已经完成的建设工程质量不合格的，参照《民法典》第 793 条的规定处理。《民法典》第 566 条第 1 款规定："合同解除后，尚未履行的，终止履行；已经履行的，根据履行情况和合同性质，当事人可以请求恢复原状或者采取其他补救措施，并有权请求赔偿损失。"依此规定，合同解除后，应当根据合同履行情况分别处理：第一，合同尚未履行的，终止履行。第二，合同已履行的，可以恢复原状的恢复原状。恢复原状是指恢复到订立合同前的状态，适用恢复原状的合同应该限于非继续性的合同，即履行为一次性行为的合同，如货物买卖合同、赠与合同等。但是，有的合同尽管是一次性的合同，履行后有可能恢复原状，也可能无法恢复原状。此时只能根据情况来判定是否可以恢复原状，如技术秘密转让合同，如果已经将技术秘密披露给对方，则不可能真正地恢复原状，需采用其他的补救措施。第三，合同已履行且无法恢复原状或不适合恢复原状的，采取其他补救措施。通常，继续性的合同解除后是不适合恢复原状的，这类合同的特点是，履行不是一次完结，而是在一定时间内持续地履行，如租赁合同、雇用合同、保管合同、长期供应合同、技术服务合同等，受领一方所享用的标的物效益，可能是无法返还的，如设备租赁合同，承租人已经对设备加以使用，不可能返还出租时的设备。从经济上讲，建设工程合同恢复原状也是不可行的，如果合同解除时承包人已经完成部分工程的施工任务，要求恢复原状，会造成资源的极大浪费，对双方都没有益处，在实践中亦是不可能出现的。因此，建设工程合同已经履行的，不适合恢复原状，只能采取其他补救措施。本款就是针对建设工程合同的特殊性，规定了合同解除后可以采取的其他补救措施：第一，已经完成的建设工程质量合格的，发包人应当按照约定支付相应的工程价款。第二，已经完成的建设工程质量不合格的，参照《民法典》第793条的规定处理，即根据修复的情况分别处理——修复后的建设工程经验收合格的，发包人应当按照约定支付相应工程价款，同时可以请求承包人承担修复费用；修复后的建设工程经验收不合格的，承包人无权请求发包人支付工程价款。

四、当事人行使法定解除权的程序要求

建设工程合同当事人依据本条规定行使法定解除权，必须按照法律规定进行。第一，行使解除权必须及时。《民法典》第564条规定："法律规定或者当事人约定解除权行使期限，期限届满当事人不行使的，该权利消灭。法律没有规定或者当事人没有约定解除权行使期限，自解除权人知道或者应当知道解除事由之日起一年内不行使，或者经对方催告后在合理期限内不行使的，该权利消灭。"由此，发包人依据本条规定解除合同，应在知道或者应当知道承包人转包或违法分包建设工程之日起一年内，或者经对方催告后的合理期限内行使解除权，过期则解除权丧失。在发包人提供的主要建筑材料、建筑构配件和设备不符合强制性标准或者不履行协助义务，致使无法施工的情况下，承包人依据本条规定，行使合同解除权的期限，可能会出现两种情况：一是承包人向发包人发出催告通知，要求发包人在合理期限内解决上述问题，并明确发包人过期仍未解决，则合同解除的，如果发包人未在催告期限内解决上述问题，合同自承包人催告的合理期限届满时解除。二是承包人在催告通知中未明确，如发包人过期仍未解决上述问题，则合同解除的，催告的合理期限届满后，合同并不当然解除，依据上述关于解除期限的规定，承包人在一年内有权解除合同。当然，实践中承包人通常会很快解除合同，不会等到一年时间。

第二，解除权的行使应当符合法律规定的条件，只有出现了本条规定的情况，发包方或承包方才有权通知对方解除合同，但无须取得对方同意。

第三，解除权的行使应当符合法律规定的程序。解除合同原则上须采用书面的形式通知对方当事人。当事人在作出解除合同的通知以后，不得随意撤销。对方有异议的，可以请求人民法院或仲裁机构确认解除合同的效力。法律、行政法规规定解除合同应办理批准、登记等手续的，须办理批准、登记等手续，否则不产生解除合同的效力。

第四，合同解除的时间为解除通知到达之时。当事人一方未通知对方，直接以提起诉讼或者申请仲裁的方式依法主张解除合同，人民法院或者仲裁机构确认该主张的，合同自起诉状副本或者仲裁申请书副本送达对方时解除。法律、行政法规规定应办理批准、登记等手续的，自批准、登记等手续完成时合同解除。

（汪军 撰写）

第十九章 运输合同

第八百一十五条 【旅客乘运义务的一般规定】 旅客应当按照有效客票记载的时间、班次和座位号乘坐。旅客无票乘坐、超程乘坐、越级乘坐或者持不符合减价条件的优惠客票乘坐的，应当补交票款，承运人可以按照规定加收票款；旅客不支付票款的，承运人可以拒绝运输。

实名制客运合同的旅客丢失客票的，可以请求承运人挂失补办，承运人不得再次收取票款和其他不合理费用。

【法条链接】

《合同法》第294条

【立法背景】

与《合同法》第294条相比，本条增加了“旅客应当按照有效客票记载的时间、班次和座位号乘坐”的规定。这主要是为了遏制霸座、买短乘长、越级乘坐等违法行为。火车票实名制遏制了霸座、倒卖火车票等现象，但买短乘长、越级乘坐现象依然存在，也是变相的霸座。“买短乘长”是少花钱坐多站的恶意逃票的违法或违约行为①，不仅影响铁路运营的管理秩序，而且造

① 对于“买短乘长”行为，有人认为是违约行为，有人认为是诈骗行为，有人认为是盗窃行为。参见http://news.jcrb.com/jxsw/201910/t20191018_2064259.html，最后访问时间：2020年5月23日。

成承运方的财产损失。因此，对于霸座、买短乘长、越级乘坐等行为，本条作出了规制。

【条文解读与法律适用】

旅客是运输的对象，是客运合同一方当事人。客运合同通常采用票证形式，包括车票、船票、机票等。票证是旅客乘车凭证，是旅客与承运方发生运输法律关系的依据，同时也是旅客支付费用和加入意外保险等的凭证。

旅客有权利凭客票要求承运人履行运输义务，同时由于客票具有流通性、一次性等特点，旅客有持有效的客票并按客票记载的时间、班次和座位号乘坐的义务。条文采用“应当”之表述，意味着这是旅客应履行的法律义务。车票、船票、机票既是客运合同的表现形式，又是有价证券。除记名的客票外，其他不记名客票在检票之前可以转让。

旅客运输中常常出现旅客无票进行乘运、越级乘运、超程乘运或者持已经失效的客票进行乘运的现象。所谓越级乘运，是指旅客自行乘坐超过客票指定的等级席位，如在海上运输中旅客购买或持有四等舱位客票却乘坐三等舱位置。所谓超程乘运，就是旅客自行乘运的到达地超过了客票指定的目的地，如铁路运输中，旅客购买的客票是上海到济南，而该旅客却持该客票坐到了北京。对于旅客无票乘运、超程乘运、越级乘运或者持失效客票乘运的行为，相关法律法规规定了相应的处理方法。如《铁路法》第 14 条规定，旅客乘车应当持有效车票。对无票乘车或者持失效车票乘车的，应当补收票款，并按照规定加收票款；拒不交付的，铁路运输企业可以责令下车。《海商法》第 112 条规定，旅客无票乘船、越级乘船或者超程乘船，应当按照规定补足票款，承运人可以按照规定加收票款；拒不交付的，船长有权在适当地点令其离船，承运人有权向其追偿。可见，承运人对旅客上述违法行为的处理方式有：一是补收票款。旅客无票乘运、超程乘运、越级乘运或者持失效客票承运的，应当向承运人补交票款。同时根据本条的规定，承运人或者有关主管部门有权制定相关规定，旅客无票乘运、超程乘运 、越级乘运或者持失效客票乘运的，承运人可以按规定加收票款。补足票款是乘客的义务，所以本条用了“应当”，至于是否按规定向乘客加收票款，则由承运人自己酌情处理，所以用了“可以”二字。二是旅客如果不交付票款，承运人可以拒绝运输。这里的拒绝运输是指承运人有权在适当的地点令旅客离开运输工具。当然在旅客拒不交付票款，承运人在适当地点令其离开运输工具后，承运人仍有权向旅客追偿。

对于实名制客运合同的旅客丢失客票的问题，本条也作了规定。因实名制客票具有专属性，与个人身份证联系在一起，实践中也凭身份证乘坐，承运人可以请求其挂失补办，但承运人不得收取票款和其他不合理费用。

（王丽英 撰写）

第八百二十条 【承运人按照约定运输的义务】承运人应当按照有效客票记载的时间、班次和座位号运输旅客。承运人迟延运输或者有其他不能正常运输情形的，应当及时告知和提醒旅客，采取必要的安置措施，并根据旅客的要求安排改乘其他班次或者退票；由此造成旅客损失的，承运人应当承担赔偿责任，但是不可归责于承运人的除外。

【法条链接】

《合同法》第299条

【立法背景】

与《合同法》第299条相比，本条增加了因承运人原因迟延运输的赔偿责任及其免责事由。实践中迟延运输现象非常普遍，发车迟延、发车准时但中断运输或延迟到达等均属于迟延运输的范围。迟延运输对旅客造成直接的损失或间接的损失。随着人们时间观念及维权意识的增强，人们对客运运输服务质量特别是对运输时间要求越来越高，旅客和承运人之间因客运合同迟延履行所造成的纠纷也越来越多。为了保障旅客作为运输合同的弱者一方的利益，平衡客运承运人与旅客间的利益，保持客运运输业的可持续发展，本条明确规定承运人迟延运输要承担赔偿责任，这有利于保护旅客合法权益，也有利于客运部门规范、有序地发展。

【条文解读与法律适用】

本条是关于承运人迟延运输的规定。客票是承运人与旅客之间订立运输合同的凭证，同时客票上也对合同的很多内容作了记载，如运输时间、运输班次等，旅客购买了客票后，旅客运输合同也就成立。承运人按照客票记载的时间和班次对旅客履行运输义务，否则就是对运输合同的违反。《铁路法》第12条规定，铁路运输企业应当保证旅客按车票载明的日期、车次乘车并到达目的站。因铁路运输企业的责任造成旅客不能按照车票载明的日期、车次乘车的，铁路运输企业应当按照旅客的要求，退还全部票款或者安排改乘到达相同目的站的其他列车。

迟延运输是旅客运输中常见且不可避免的普遍现象，对此本条规定，承运人迟延运输的，应当根据旅客的要求安排改乘其他班次或者退票。迟延运输的原因是多方面的，也许是承运人的原因造成的，也许是不可抗力造成的，还可能是旅客自身原因或第三人原因造成的，但不管什么原因造成的运输迟延，承运人都不能把旅客放在旅途中不管，应当妥善处理迟延运输的善后问题。如果是承运人责任导致的迟延运输，承运人要么同意旅客退票，要么根据旅客的要求安排旅客改乘其他班次以到达目的地，造成损失的要给予相应赔偿。

迟延运输会给旅客造成损害，因承运人违约造成的损害（一般指直接损害），承运人应当承担赔偿责任。构成迟延运输的要件：(1）须有合法的运输合同的存在（包括免票、持优待票或经承运人许可搭乘的无票旅客）；(2）承运方有履行可能；(3）承运方没有按期履行运输义务（包括迟延运输和迟延运达）；(4）迟延运输无正当理由。承运方迟延运输承担的法律责任：(1）履行告知提醒旅客的义务；(2）根据旅客的要求安排改乘其他班次或者给予退票；(3）迟延运输造成旅客损失的，承运人应当承担赔偿责任，但是不可归责于承运人（如旅客自身的原因或第三人原因）的除外。

承运方承担赔偿责任的归责原则是根据损害后果性质决定。迟延运输可能导致人身伤亡，如旅客因迟延运输未得到及时救治而人身利益受损害，还可能因迟延运输损害旅客期待利益等。《合同法》对旅客人身伤亡和财产损失采取不同的归责原则，第 302 条对旅客人身伤亡规定了严格责任归责原则，第 303 条对旅客自带物品损失的情况采取过错责任原则。根据《合同法》第 113 条，旅客损失有直接损失和间接损失，损失赔偿额相当于因违约所造成的损失，包括合同履行后可以获得的利益。当然，可得利益求偿不能任意扩大，法律采取“预见性”原则来限制赔偿范围，即可得利益求偿不得超过违反合同一方订立合同时预见到或应当预见到的因违反合同可能造成的损失。根据《德国民法典》第 252 条规定，可得利益是指依事务的通常进行，或者依特殊情形，特别是依已采取的措施或者准备，可预期取得的利益。

（格根其日　撰写）

第二十章　技术合同

第八百四十四条　【订立技术合同的原则】订立技术合同，应当有利于知识产权的保护和科学技术的进步，促进科学技术成果的研发、转化、应用和推广。

【法条链接】

《合同法》第 323 条

【立法背景】

与《合同法》相比，本条对订立技术合同的原则进行了修改，新增了“有利于知识产权的保护”及“促进科学技术成果的研发”等内容，并局部调整了文字表述，将“加速”修改为“促进”。

本条是本章唯一的一条原则性规范，对于理解、适用本章的具体条文规定具有重要意义。十八大以来，以习近平同志为核心的党中央大力实施创新驱动发展战略，高度重视知识产权保护。十八大明确提出“实施知识产权战略，加强知识产权保护”；十八届三中全会强调要“加强知识产权运用和保护，健全技术创新激励机制”；十八届四中全会提出“全面推进依法治国”，“完善激励创新的产权制度、知识产权保护制度和促进科技成果转化的体制机制”。在此背景下，本条引入“有利于知识产权的保护”及“促进科学技术成果的研发”等内容。除此之外，本条内容沿袭《合同法》第 323 条的规定，差别不大。但在《民法典》起草过程中，对“技术合同”是否仍保留为合同编当中的有名合同，以及是否应以“知识产权合同”予以替代，有较大的争议。

作为科技改革和激励手段的技术合同，肇始于1987年的《技术合同法》。《专利法》虽于1985年施行，但改革开放初期，企业、个人的市场主体地位并不独立，私人财产权制度亦未有效建立，《专利法》通过财产权的方式激励创新，并不具备制度推行的条件。而技术合同契合了当时“所有权与经营权分离”的体制性因素，可以将技术成果作为经营权和债权问题去对待。故在当时的历史条件下，技术合同制度对我国科学技术的发展起到了更为实际的重要作用。[①] 一个有力的佐证是，20世纪90年代中期以前，人民法院受理的知识产权案件以技术合同案件为主。[②] 但是，时移世易，随着我国市场经济的建立、完善，法制体系不断健全，企业、个人的市场主体地位获得法律的有效保障，产权保护制度逐渐完善，在促进科学技术发展的财产法路径与债法路径的双轨制模式中，包括专利权在内的知识产权制度逐渐成为推动我国科技创新的主要力量。2018年，全国地方各级人民法院共新收专利民事一审案件21699件，而技术合同一审案件只有2680件。[③] 截至2019年年底，中国发明专利申请量连续9年位居世界第一，相继实现了年发明专利申请量和发明专利拥有量“两个一百万件”的重大突破，在《专利合作条约》框架下的国际专利申请量已经跃居全球第二位。[④] 在新的历史条件下，合同编是否应保留技术合同？反对的观点认为：有名合同是基于合同交易行为的性质进行分类，技术合同有违这一逻辑，其并非基于交易行为的独特性而确立，仅仅是“与技术成果有关”的合同的汇总，实质上不过是委托、合伙、买卖、承揽、居间等合同的具体运用而已；技术合同的原则与概念体系是从计划经济的话语体系中照抄过来的，科学性和严谨性值得怀疑。还有观点认为，技术合同的立法模式已不适应社会经济发展的需要，应该设置知识产权合同章。支持的观点认为：保留技术合同，最大的好处是可以保持制度的连续性，减少规则

---

① 参见谢晓尧、曾凤辰：《技术合同的兴起与隐退——一个知识产权现象的地方性知识》，载《知识产权》2014年第3期。

② 最高人民法院：《中国法院知识产权司法保护状况（2009年）》。

③ 最高人民法院知识产权审判庭编：《中国法院知识产权司法保护状况（2018年）》，人民法院出版社2019年版，第2页。

④ 刘玲玲：《“中国将为全球知识产权治理贡献更多力量”——国际社会积极评价中国知识产权保护成就》，载《人民日报》2020年3月4日。

变革带给合同当事人的交易成本，减少重塑制度体系带来的社会运行成本，维持我国在科学技术发展领域已形成的良好的法律秩序。从1987年的《技术合同法》到1999年《合同法》的“技术合同章”，技术合同制度在我国运行已有30余年，其概念、规则体系已深入人心，相关的法律法规规章如《专利法》《促进科技成果转化法》《科学技术进步法》《专利法实施细则》《技术合同认定登记管理办法》《技术合同认定规则》等，以及国家围绕“科技成果”出台的优惠政策，彼此协调一致、相互支撑、难以分割，已形成推动我国科学技术发展的有机体系。抛弃“技术合同”，将动摇整个体系的根基。最终，立法者选择保留“技术合同”。

【条文解读与法律适用】

本条是原则性规范，虽不宜直接运用于司法实践，但具有重要的体系价值，对于理解、适用本章的具体条文规定，对于指引当事人的合同行为，均具有重要意义。

第一，违反本条规定，可导致合同无效。从1999年的《合同法》开始，我们就确立了“努力维护合同效力”的立法思路，保证交易的稳定性，降低交易成本。实践证明，这一做法是行之有效的。《民法典》继续遵循这一思路，仅规定了“无民事行为能力人实施的民事法律行为”（第144条）、“违反法律、行政法规的强制性规定的民事法律行为，违背公序良俗的民事法律行为”（第153条）、“行为人与相对人恶意串通，损害他人合法权益的民事法律行为”（第154条）、“造成对方人身损害或因故意或者重大过失造成对方财产损失的免责条款”等少数几种合同或合同条款无效的情形。而本章针对技术合同予以特别规定的合同无效情形“非法垄断技术或者侵害他人技术成果的技术合同”（第850条），正是依据本条规定的原则。

第二，违反本条规定，可导致合同被解除。根据本法第563条的规定，通常只有在合同目的不能实现的情况下，合同当事人才享有法定解除权。基于本条规定的原则精神，本法第857条作出特别规定：“作为技术开发合同标的的技术已经由他人公开，致使技术开发合同的履行没有意义的，当事人可以解除合同。”此种情形下，直接赋予双方当事人法定解除权，可以将当事人从合同中解放出来，节约人力、物力、财力、时间等各项成本，促进新的技术研发。

第三，本条规定直接影响技术成果财产权益的归属。在当事人约定缺位的情况下，基于本条规定的原则精神，立法对技术成果的有关财产权益直接进行分配。如第847条关于“职务技术成果的完成人享有以同等条件优先受让的权利”的规定，以及第859条关于“委托开发完成的发明创造，除法律另有规定或者当事人另有约定外，申请专利的权利属于研究开发人”的规定，均建立在研究开发人对技术成果更为了解、更容易推广应用并开展进一步研发的事实假定基础之上，对本条规定的原则予以适用的结果。

第四，本条规定直接影响当事人责任的承担。在当事人约定缺位的情况下，基于本条规定的原则精神，立法对当事人责任的承担进行干预，如第858条第1款关于“因出现无法克服的技术困难，致使研究开发失败或者部分失败的，该风险由当事人约定；没有约定或者约定不明确，依据本法第五百一十条的规定仍不能确定的，风险由当事人合理分担”的规定。从性质上说，技术开发合同应属于交付工作成果的承揽合同，而一般的承揽合同，无论承揽人付出了多少努力，只要交付的工作成果不符合质量要求，定作人就可以依据本法第781条的规定请求承揽人承担违约责任，无需考虑承揽人在履行合同义务的过程中“是否出现了无法克服的困难”。为了鼓励、促进科学技术成果的研发，立法者改变了“承揽人无条件交付合格成果”的规则，代之以“当事人合理分担风险”的规则，可有效消除研究开发人的顾虑，让其放手一“搏”。

（何鹏　撰写）

第八百四十七条　【职务技术成果的界定与完成人的优先受让权】职务技术成果的使用权、转让权属于法人或者非法人组织的，法人或者非法人组织可以就该项职务技术成果订立技术合同。法人或者非法人组织订立技术合同转让职务技术成果时，职务技术成果的完成人享有以同等条件优先受让的权利。

职务技术成果是执行法人或者非法人组织的工作任务，或者主要是利用法人或者非法人组织的物质技术条件所完成的技术成果。

【法条链接】

《合同法》第326条；《专利法》第6条

【立法背景】

与《合同法》相比，本条删除了“对职务技术成果完成人给予奖励或者报酬”的规定，并根据本法第一编第四章的规定将“其他组织”这一表述适应性地修改为“非法人组织”。

一、本条的历史沿革

认知、理解本条，需注意的第一个问题是，为何单位[①]就职务技术成果订立技术合同的前提条件是享有“使用权”“转让权”，而非“所有权”？这并非基于“技术成果作为无体物区别于有体物”这一事实，而是基于在第844条“立法背景”部分提及的历史原因：技术合同制度诞生于我国计划经济向市场经济过渡的转型时期，为了适应当时的所有制结构，有意设计了“使用权”“转让权”的概念，以契合当时国有企业采取国家所有、企业经营的“所有权与经营权分离”的体制性因素。本条与第848条运用的“使用权”“转让权”概念，均沿袭了《合同法》第326条、第327条的规定，而后者则是来源于《技术合同法》第6条的规定。

二、为何删除“对职务技术成果完成人给予奖励或者报酬”的规定

认知、理解本条，需注意的第二个问题是，为何删除“对职务技术成果完成人给予奖励或者报酬”的规定，这岂不会影响广大科技研发人员的积极性，有违本法第844条规定的“促进科学技术成果研发”的原则？

首先，事实上，删除这一规定，并不意味着就废除了对职务技术成果完成人给予奖励、报酬的机制。实践中，与职务技术成果权益分配相关的法律规范，是由《专利法》《合同法》《促进科技成果转化法》《专利法实施细则》《植物新品种保护条例》《计算机软件保护条例》等一系列法律法规的相关条

① 为行文方便，本条解读用“单位”指称“法人或者非法人组织”。

文组成的规范体系，并且，笔者在第 844 条“立法背景”部分已经介绍，在我国促进科学技术发展的财产法路径与债法路径的双轨制模式中，知识产权财产法路径已成为推动我国科技创新的主要力量。因此，本条删除这一规定后，职务技术成果完成人仍然可以依据其他法律法规的有关规定获得奖励与报酬。

其次，“奖励”“报酬”带有计划经济体制的行政管理色彩，本质上不是主体之间通过平等协商产生的权利义务关系，不属于因合同产生的民事关系，故相关规定不纳入本法合同编更符合体系化的要求。考虑到保持制度的连续性，相关规则交由兼具行政法性质的《专利法》《专利法实施细则》《植物新品种保护条例》等法律法规予以规定，更为恰当。

最后，职务技术成果存在不同类型，完成人的技术贡献对于产品（或服务）最终取得的市场利润具有不同的价值和意义，故如何对职务技术成果的完成人给予奖励或者报酬，应有针对性地分别施策。基于此，《合同法》第 326 条只能作出原则性规定，即单位应当从收益中“提取一定比例”作为奖励或者报酬。实践中，关于职务技术成果的权益分配，首先看各方主体是否订有合同，有约定则从约定，无约定则适用《促进科技成果转化法》《专利法实施细则》《植物新品种保护条例》等法律法规当中有关的具体性规定。[①] 因此，时至今日，《合同法》第 326 条的这一原则性规定更多的是具有宣示意义，在实践中对民事主体的指引作用极为有限，无纳入本法合同编的价值。

【条文解读与法律适用】

一、本条条旨侧重于对单位的限制而非赋权

本条侧重于保护成果完成人的利益，侧重于对单位的限制而非赋权。适用本条，容易出现条旨理解上的方向性错误，体现为以下逻辑：本条对职务技术成果予以界定；因是职务技术成果，故单位享有使用权、转让权，可以

① 应当指出的是，《促进科技成果转化法》《专利法实施细则》《植物新品种保护条例》等法律法规当中有关职务技术成果的规定，在职务技术成果的称谓、完成者的称谓、发放职务报酬的主体、发放职务报酬的基数、发放职务报酬的提成比例等方面存在一定冲突。

就该项职务技术成果订立技术合同；单位转让职务技术成果时，职务技术成果的完成人享有优先受让权。上述理解存在偏差，实际上，本条并未规定如果一项技术成果属于职务技术成果，那么单位就对该成果享有使用权、转让权。本条规定的是，如果单位对职务技术成果享有使用权、转让权，那么单位转让该职务技术成果时，完成人享有优先受让权。也就是说，在符合本条第2款规定的情况下，技术成果属于职务技术成果，但是，职务技术成果的经济权益如何归属，与《专利法》第6条规定不同，本条并未将职务技术成果归属于单位，而是将这一问题留白给其他法律、行政法规予以明确。

将本条与第848条关于非职务技术成果的规定进行对比，就会发现两条文在表述上存在细微但十分重要的差别。本条的表述是"职务技术成果的使用权、转让权属于法人或者非法人组织'的'，法人或者非法人组织可以就该项职务技术成果订立技术合同"，第848条的表述是"非职务技术成果的使用权、转让权属于完成技术成果的个人，完成技术成果的个人可以就该项非职务技术成果订立技术合同"。两条文表述的差别在于文中用单引号标识的"的"字。前者的表述方式构成一个条件状语，相当于"如果职务技术成果的使用权、转让权属于法人或者非法人组织"；后者的表述方式构成一个完整的判断，即"非职务技术成果的使用权、转让权属于完成技术成果的个人"。

本条的历史沿革也可进一步佐证本条条旨。《技术合同法》第6条第1款、第2款规定："执行本单位的任务或者主要是利用本单位的物质技术条件所完成的技术成果，是职务技术成果。职务技术成果的使用权、转让权属于单位，单位有权就该项职务技术成果订立技术合同。单位应当根据使用和转让该项职务技术成果所取得的收益，对完成该项职务技术成果的个人给予奖励。非职务技术成果的使用权、转让权属于完成技术成果的个人，完成技术成果的个人有权就该项非职务技术成果订立技术合同。"《合同法》第326条、第327条的主体内容来源于《技术合同法》的上述规定，但删除了"职务技术成果的使用权、转让权属于单位"的表述，代之以"职务技术成果的使用权、转让权属于法人或者其他组织的"，由此可见立法思路的改变，不再将职务技术成果直接确权给单位。

二、技术成果的概念和类型

本条涉及"技术成果"这一重要概念，厘清这一概念有助于确定技术合同法律规范的适用范围。

何为技术成果，《技术合同法》没有给出定义，但根据该法第 34 条关于技术转让合同的规定，可知该法规范的技术（成果）包括专利技术、非专利技术。1996 年的《促进科技成果转化法》第 2 条对“科技成果”下了一个定义，即“通过科学研究与技术开发所产生的具有实用价值的成果”。这一定义对于确定技术合同法律规范当中的“技术成果”，意义不大。《合同法》第十八章“技术合同”仍然没有对所规范的“技术（成果）”给出定义，根据该法第 342 条关于技术转让合同的规定，可知该法规范的技术（成果）包括专利技术、技术秘密。2004 年，最高人民法院根据《合同法》《专利法》等法律的有关规定，结合多年审判实践，出台了《审理技术合同纠纷案件适用法律若干问题的解释》。该解释第 1 条第 1 款规定：“技术成果，是指利用科学技术知识、信息和经验作出的涉及产品、工艺、材料及其改进等的技术方案，包括专利、专利申请、技术秘密、计算机软件、集成电路布图设计、植物新品种等。”自此，据以确定技术合同法律规范适用范围的“技术成果”概念形成，主要包括专利、技术秘密、计算机软件、集成电路布图设计、植物新品种等类型。这也正是本法合同编新增第 876 条关于“集成电路布图设计专有权、植物新品种权、计算机软件著作权等其他知识产权的转让和许可，参照适用本节的有关规定”规定的原因。

三、职务技术成果的界定

尽管对于职务技术成果的归属，本条规定与《专利法》第 6 条规定不同，未将职务技术成果直接确权给单位，但是，关于何种技术成果属于职务技术成果，本条与《专利法》第 6 条确立的规则一致，即执行单位的工作任务或者主要是利用单位的物质技术条件所完成的技术成果属于职务技术成果。① 这一界定规则还体现在《计算机软件保护条例》第 13 条、《植物新品种保护条

---

① 我国于 2014 年启动《专利法》第四次全面修改工作，国务院法制办于 2015 年 12 月 2 日公布的《中华人民共和国专利法修订草案（送审稿）》当中，仅规定“执行本单位的任务所完成的发明创造”为职务发明创造，不再规定“主要利用本单位物质技术条件所完成的发明创造”为职务发明创造。国家知识产权局在关于草案的逐条简要说明中指出，修改建议主要基于以下考虑：体现“人是科技创新的最关键因素”，充分利用产权制度激发发明人的创新积极性；进一步提高科技资源利用效率，为发明人充分利用科研单位物质技术条件进行研发活动营造更完善的法律环境。

例》第7条等行政法规当中。

何为“执行单位的工作任务所完成的技术成果”，《审理技术合同纠纷案件适用法律若干问题的解释》① 第2条与《专利法实施细则》第12条确定的规则一致，仅在文字表述上存在些许差异。“执行单位的工作任务”主要包括三种情形：（1）履行岗位职责；（2）履行单位交付的任务；（3）离职后一年内继续从事与原单位岗位职责或者交付任务有关的技术开发工作。

何为“主要是利用单位的物质技术条件所完成的技术成果”，《专利法实施细则》未予规定，《审理技术合同纠纷案件适用法律若干问题的解释》第4条以列举的方式规定了两种情形：（1）职工在技术成果的研究开发过程中，全部或者大部分利用了单位的资金、设备、器材或者原材料等物质条件，并且这些物质条件对形成该技术成果具有实质性的影响；（2）技术成果实质性内容是在单位尚未公开的技术成果、阶段性技术成果基础上完成的。同时，该条还规定了两种除外情形：（1）对利用单位提供的物质技术条件，约定返还资金或者交纳使用费的；（2）在技术成果完成后利用单位的物质技术条件对技术方案进行验证、测试的。这样规定的用意是，“更加侧重于考虑技术成果的技术性贡献因素，进一步弱化物质贡献因素。因为，只有人的智力创造才是形成技术成果的最关键的因素，也是知识产权法应当首先保护的对象，至于物质性因素，虽然是基础性的，但往往可以通过返还资金等经济手段予以补偿”②。

（何鹏　撰写）

第八百六十二条　【技术转让合同与技术许可合同的定义】技术转让合同是合法拥有技术的权利人，将现有特定的专利、专利申请、技术秘密的相关权利让与他人所订立的合同。

---

① 应当指出的是，最高人民法院于2004年出台的《审理技术合同纠纷案件适用法律若干问题的解释》，是同时以《合同法》与《专利法》为实体法依据而制定的，该解释开篇明确规定：“为了正确审理技术合同纠纷案件，根据《中华人民共和国合同法》、《中华人民共和国专利法》和《中华人民共和国民事诉讼法》等法律的有关规定，结合审判实践，现就有关问题作出以下解释。”

② 郃中林：《〈关于审理技术合同纠纷案件适用法律若干问题的解释〉的理解与适用》，载《人民司法》2005年第2期。

技术许可合同是合法拥有技术的权利人，将现有特定的专利、技术秘密的相关权利许可他人实施、使用所订立的合同。

技术转让合同和技术许可合同中关于提供实施技术的专用设备、原材料或者提供有关的技术咨询、技术服务的约定，属于合同的组成部分。

【法条链接】

《合同法》第 342 条

【立法背景】

与《合同法》相比，本条是新增的一条，对技术转让合同与技术许可合同下了一个定义，并对技术转让合同与技术许可合同中有关技术咨询、技术服务的条款如何定性，进行了说明。

本条与第 863 条、第 876 条一起，共同界分了本节“技术转让合同和技术许可合同”的适用范围，包括专利权、专利申请权、技术秘密、集成电路布图设计专有权、植物新品种权、计算机软件著作权等技术类知识产权的转让与许可。与《合同法》第 342 条等规定相比，本条最大的变化是，将技术许可合同从隶属于技术转让合同的定位转变为与技术转让合同并列。《合同法》施行以来，实践中对于“技术许可合同隶属于技术转让合同”这一立法规定存在的逻辑问题多有诟病。应当指出的是，技术转让与技术许可从“包含”到“并列”逻辑关系的变化，并非单纯的法律逻辑纠错，而是基于我国经济体制变化推动法律实践变化进而推动立法修改这一深层次的原因。20 世纪 80 年代，我国启动科技体制改革之初，《专利法》通过财产权的方式激励创新，并不具备制度推行的条件，而技术合同制度契合了当时“所有权与经营权分离”的体制性因素，无论是国有企业还是科研单位，当时所有的技术几乎都属于国家所有，没有人可以擅自处分。在这一背景下，实践中签订的技术转让合同就是为了取得使用权，“技术转让”与“技术许可使用”并无实质差别，人们往往在“许可使用”这一含义上使用“技术转让”这个概念。但是，随着我国市场经济的建立、完善，法制体系不断健全，产权保护制度逐渐完善，技术成果的“所有权”与“使用权”成为泾渭分明的两个概念，此时若仍固守建立在原有经济体制基础之上的法律制度安排，就不合时宜了。

【条文解读与法律适用】

一、正确界分技术合同的类型

有名合同的分类通常是基于“交易行为”的不同性质，“技术合同”并不符合这一分类标准，但是为保持制度的连续性，维持我国在科学技术发展领域已形成的良好的法律秩序，合同编保留了技术合同章。根据第 843 条的规定，在技术合同这一大类下，可以依据“交易行为”的不同性质进一步划分为技术开发合同、技术转让合同、技术许可合同、技术咨询合同、技术服务合同。正确界分各种技术合同，是准确适用本章法律规范的基础，对于判断合同当事人是否适当地履行了合同义务，是否构成违约，具有重要意义。

本条第 1 款、第 2 款限定转让或许可的技术应为“现有特定的”专利技术或技术秘密（根据第 876 条的规定，还可以是集成电路布图设计专有权、植物新品种权、计算机软件著作权等其他知识产权），这是因为如果双方当事人签订合同时有关技术尚不存在，那么这份名为“技术转让”或“技术许可”的合同，实际上就是一个对权利归属有明确约定的新技术研发合同，应属于“技术开发合同”，而非技术转让或技术许可合同。另一方面，如果转让、许可的技术不属于专利技术或技术秘密，而属于现有技术，那么这份名为“技术转让”或“技术许可”的合同，根据具体情形不同，将产生不同的法律后果。情形一，许可使用的期限超出专利权的存续期限，根据第 865 条关于“专利实施许可合同仅在该专利权的存续期限内有效”的规定，该合同只在专利权的存续期限内有效。情形二，一方当事人将现有技术当作专利技术、技术秘密转让或许可给另一方当事人，根据第 148 条关于“一方以欺诈手段，使对方在违背真实意思的情况下实施的民事法律行为，受欺诈方有权请求人民法院或者仲裁机构予以撤销”的规定，另一方当事人可对该合同行使撤销权。情形三，名为“技术转让”或“技术许可”的合同标的并非专利技术、技术秘密，且双方当事人不存在“意思表示不真实”的情况，此时根据合同约定的由“转让方”“许可方”提供技术指导、技术培训等内容，可认定该合同实际为技术咨询或技术服务合同。

本条第 3 款规定，技术转让合同和技术许可合同中关于提供实施技术的专用设备、原材料或者提供有关的技术咨询、技术服务的约定，属于合同的组成部分。这一规定体现了合同的主给付义务决定了合同的性质、类型这一原则。在技术转让和技术许可合同中，让与人、许可人主给付义务的标的是现有特定的专利技术或者技术秘密，为了帮助受让人、被许可人尽快掌握、实施这一技术，合同中约定“提供实施技术的专用设备、原材料”，这属于从给付义务，不会使合同的性质转变为“买卖合同”；与之类似，为了帮助受让人、被许可人尽快掌握、实施相关技术，合同中约定“提供有关的技术咨询、技术服务”，亦属于从给付义务，不会使合同的性质转变为“技术咨询合同”或“技术服务合同”。

二、订立技术转让或技术许可合同应当采用书面形式

根据第 469 条第 1 款关于“当事人订立合同，可以采用书面形式、口头形式或者其他形式”的规定，一般情况下，当事人可自由选择订立合同的形式，这是“合同自由”原则的体现。但是，根据第 863 条第 3 款的规定，技术转让合同和技术许可合同应当采用书面形式。

这一方面是因为技术转让与技术许可合同的内容相对复杂，涉及转让与许可技术的范围、转让的对象、受让人与被许可人使用技术的范围和方式、技术的保密（技术秘密的许可使用情形），以及对使用技术产生的新的技术成果的归属等，并且，技术转让与技术许可合同的标的是无体的技术知识，合同环节较多，履行期限较长，价款和报酬的计算、支付与一般合同也不一样，因此，采用书面形式订立技术转让与技术许可合同，有助于全面明晰地界定各方当事人的权利义务，进而促进合同的履行。

另一方面是因为我国以“技术合同”制度为基础已形成推动科学技术发展的有机体系，包括《促进科技成果转化法》《科学技术进步法》《技术合同认定登记管理办法》《技术合同认定规则》等法律法规规章，以及涉及信贷、税收、奖励等方面的一系列优惠政策，这些法律法规政策的实施，均有赖于国家有关主管部门对科学技术的研发、转化、应用、推广的情况予以认定，这进一步有赖于当事人将书面的技术合同提交给国家有关主管部门进行认定、登记。例如，《技术合同认定登记管理办法》第6条规定："未申请认定登记和未予登记的技术合同，不得享受国家对有关促进科技成果转化规定的税收、信贷和奖励等方面的优惠政策。"《技术合同认定规则》第53条规定："企业、事业单位和其他组织按照国家有关政策减免税、提取奖酬金和其他技术劳务费用，应当以技术合同登记机构核定的技术交易额或技术性收入为基数计算。"

应当指出的是，根据第851条第3款的规定，技术开发合同也应当采用书面形式。但是，本章未对技术咨询合同与技术服务合同应当采用书面形式做出规定。

三、需要注意的问题

当事人订立技术转让或者技术许可合同，涉及专利权或者专利申请权的，不仅要遵守本章的有关规定，还要遵守《专利法》《专利法实施细则》等法律法规的规定。《专利法》第10条规定："专利申请权和专利权可以转让。中国单位或者个人向外国人、外国企业或者外国其他组织转让专利申请权或者专利权的，应当依照有关法律、行政法规的规定办理手续。转让专利申请权或者专利权的，当事人应当订立书面合同，并向国务院专利行政部门登记，由国务院专利行政部门予以公告。专利申请权或者专利权的转让自登记之日起生效。"《专利法实施细则》第14条第2款规定："专利权人与他人订立的专利实施许可合同，应当自合同生效之日起3个月内向国务院专利行政部门备案。"

当事人订立技术转让或者技术许可合同，涉及技术进出口的，不仅要遵守本章的有关规定，还要遵守《对外贸易法》《技术进出口管理条例》等法律法规的规定。如《对外贸易法》第16条规定，"为维护国家安全、社会公共利益或者公共道德"，以及"为保护人的健康或者安全，保护动物、植物的生命或者健康，保护环境"等11种情形下，国家可以限制或者禁止有关技术的进口或者出口。《技术进出口管理条例》第9条规定："属于禁止进口的技术，不得进口。"第10条规定："属于限制进口的技术，实行许可证管理；未经许可，不得进口。"第30条规定："属于禁止出口的技术，不得出口。”第 31 条规定：“属于限制出口的技术，实行许可证管理；未经许可，不得出口。”

（何鹏　撰写）

第八百七十六条　【其他技术类知识产权的准用性规定】集成电路布图设计专有权、植物新品种权、计算机软件著作权等其他知识产权的转让和许可，参照适用本节的有关规定。

【立法背景】

与《合同法》相比，本条是新增加的一条，明确了对于集成电路布图设计专有权、植物新品种权、计算机软件著作权等技术类知识产权的转让和许可，可以参照适用本节规定。

本条与第 862 条、第 863 条一起，共同界分了本节“技术转让合同和技术许可合同”的适用范围，包括专利权、专利申请权、技术秘密、集成电路布图设计专有权、植物新品种权、计算机软件著作权等技术类知识产权的转让与许可。这一制度安排，体现了本次民法典编纂的一个重要思路，即“增强民事法律规范的系统性，既保持民事法律制度的连续性、稳定性，又保持适度的前瞻性、开放性，同时处理好衔接好法典化民事法律制度体系下各类规范之间的关系”①。

从历史沿革来看，本条与第 862 条、第 863 条所确立的技术转让与许可的制度安排，来源于《合同法》第 342 条第 1 款关于“技术转让合同包括专利权转让、专利申请权转让、技术秘密转让、专利实施许可合同”的制度安排，而后者又是来源于《技术合同法》第 34 条关于“技术转让合同是指当事人就专利权转让、专利申请权转让、专利实施许可、非专利技术的转让所订立的合同”的规定。了解上述规定的变化过程，有助于我们深入理解本条乃至本节规定。

---

① 沈春耀：《关于〈民法典各分编（草案）〉的说明——2018 年 8 月 27 日在第十三届全国人民代表大会常务委员会第五次会议上》。

《合同法》与《技术合同法》在这一问题上的区别主要有两点：一是技术转让（许可）的标的是否涵盖“技术秘密”，二是技术转让（许可）的标的是否涵盖“非专利技术”。“技术秘密”成为技术转让（许可）的标的，乃是因为我国于 1993 年通过《反不正当竞争法》，开始对商业秘密依法进行保护，而商业秘密不属于专利权保护的对象，因而 1999 年制定《合同法》时，根据技术秘密所具有的技术属性，将其补充为技术转让合同的标的。剔除“非专利技术”，乃是因为其与技术合同制度“促进科学技术进步”的立法宗旨并不十分吻合，并且，“非专利技术”理应属于公有领域，不存在转让问题，根据知悉、掌握与否可签订技术咨询或服务合同，故在《合同法》中予以删除。

本条与第 862 条、第 863 条所确立的技术转让与许可制度，与《合同法》相关规定的区别主要有三点：一是“技术转让”与“技术许可”的逻辑关系；二是技术转让与许可的标的是否包括集成电路布图设计专有权、植物新品种权、计算机软件著作权；三是技术转让与许可的标的是否采取开放式规定。技术转让与技术许可从“包含”到“并列”的逻辑关系变化，并非单纯的法律逻辑纠错，而是基于我国的经济体制变化，笔者在第 862 条“立法背景”部分对此已作说明，此处不赘。至于集成电路布图设计专有权、植物新品种权、计算机软件著作权成为技术转让、许可的标的，以及本条增加“等”字所构造的开放体系，一是因为科技进步、社会实践在专利技术之外提出了新的技术保护客体的要求，譬如，国务院于 2001 年发布《集成电路布图设计保护条例》，1999 年的《合同法》自然不可能预先规定“集成电路布图设计专有权”的转让与许可。二是因为随着法律实践的开展，形成了行之有效的规则、制度，进一步丰富了原有的概念与制度体系，有必要将实践中形成的有益经验补充到新的法制体系中去，以保持法律制度的连续性、稳定性。《合同法》中的“技术”这一概念，最初只包括专利与技术秘密。2004 年，最高人民法院结合司法实践出台《审理技术合同纠纷案件适用法律若干问题的解释》，该解释将“技术（成果）”定义为“利用科学技术知识、信息和经验作出的涉及产品、工艺、材料及其改进等的技术方案”，并进一步指出“技术（成果）”包括专利、专利申请、技术秘密、计算机软件、集成电路布图设计、植物新品种等。三是为了保持适度的前瞻性、开放性，本条采用“等”字结构的开放式规定，抛弃了《合同法》第342条所采用的穷尽列举式封闭规定。四是考虑到“知识产权制度仍处于快速发展变化之中，……，我国知识产权立法仍适宜采用民事特别法的立法方式，针对不同需求，实行单项立法，已有知识产权单行法律仍将继续保留，通过知识产权单行法律健全知识产权相关制度，更有利于加强和完善知识产权保护”①，故本条就集成电路布图设计专有权、植物新品种权、计算机软件著作权的转让、许可做出“参照适用”的规定，在保持体系结构稳定性的基础上，兼顾具体制度安排的灵活性，从而实现“处理好衔接好法典化民事法律制度体系下各类规范之间的关系”这一民法典编纂目标。

【条文解读与法律适用】

一、优先适用特别法

由于本条系集成电路布图设计专有权、植物新品种权、计算机软件著作权等技术类知识产权的转让和许可的准用性规定，结合本法第877条关于“法律、行政法规对技术进出口合同或者专利、专利申请合同另有规定的，依照其规定”的规定，本节所涉各种技术成果的转让与许可，均应当优先适用特别法。

《集成电路布图设计保护条例》第22条规定：“布图设计权利人可以将其专有权转让或者许可他人使用其布图设计。转让布图设计专有权的，当事人应当订立书面合同，并向国务院知识产权行政部门登记，由国务院知识产权行政部门予以公告。布图设计专有权的转让自登记之日起生效。许可他人使用其布图设计的，当事人应当订立书面合同。”该条例第24条规定了可以不经布图设计权利人许可、不支付报酬的“权利穷竭”制度；第25条规定了在国家出现紧急状态或者非常情况时，以及为了公共利益的目的等情况下的“非自愿许可”制度。

《种子法》第29条确立了在“利用授权品种进行育种及其他科研活动”以及“农民自繁自用授权品种的繁殖材料”的情况下，使用授权品种可以不

① 沈春耀：《关于〈民法典各分编（草案）〉的说明——2018年8月27日在第十三届全国人民代表大会常务委员会第五次会议上》。

经植物新品种权所有人许可、不向其支付使用费的规则；第 30 条确立了在“为了国家利益或者社会公共利益”的情况下，可以授予实施植物新品种权的“强制许可”制度。

《计算机软件保护条例》第 17 条确立了“为了学习和研究软件内含的设计思想和原理，通过安装、显示、传输或者存储软件等方式使用软件的，可以不经软件著作权人许可，不向其支付报酬”的“合理使用”制度；第 21 条规定，“订立许可他人专有行使软件著作权的许可合同，或者订立转让软件著作权合同，可以向国务院著作权行政管理部门认定的软件登记机构登记”。

二、正确认定因“技术合同”产生纠纷案件的案由

根据本条以及第 862 条、第 863 条的规定，可知本节“技术转让合同和技术许可合同”的法律规范，适用于专利权、专利申请权、技术秘密、集成电路布图设计专有权、植物新品种权、计算机软件著作权等技术类知识产权的转让和许可，因而可以将相应的合同称为“技术转让合同”或“技术许可合同”。

但是，实践中应当注意的是，当出现合同争议提起民事诉讼时，不能简单地将这些纠纷归类为四级案由“技术转让合同纠纷”或者三级案由“技术合同纠纷”，而应当根据合同的具体标的归类为计算机软件著作权转让合同纠纷、计算机软件著作权许可使用合同纠纷、专利申请权转让合同纠纷、专利权转让合同纠纷、发明专利实施许可合同纠纷、实用新型专利实施许可合同纠纷、外观设计专利实施许可合同纠纷、植物新品种申请权转让合同纠纷、植物新品种权转让合同纠纷、植物新品种实施许可合同纠纷、集成电路布图设计专有权转让合同纠纷、集成电路布图设计许可使用合同纠纷、技术秘密让与合同纠纷、技术秘密许可使用合同纠纷。在《民事案件案由规定》当中，作为三级案由的“技术合同纠纷”，乃是隶属于一级案由“知识产权与竞争纠纷”之下的二级案由“知识产权合同纠纷”，而非隶属于一级案由“合同、无因管理、不当得利纠纷”之下的二级案由“合同纠纷”。《民事案件案由规定》之所以这样安排，其原因在第 844 条“立法背景”部分已经介绍，乃是因为在我国促进科学技术发展的财产法路径与债法路径的双轨制模式中，知识产权财产法路径已成为推动我国科技创新的主要力量。

与之类似，因本章第二节“技术开发合同”产生案件纠纷，亦不能简单地归类为四级案由“技术委托开发合同纠纷”或“技术合作开发合同纠纷”，根据合同的具体标的可能归类为计算机软件开发合同纠纷、植物新品种育种合同纠纷、集成电路布图设计创作合同纠纷。

（何鹏 撰写）

第八百八十六条 【工作费用的负担】技术咨询合同和技术服务合同对受托人正常开展工作所需费用的负担没有约定或者约定不明确的，由受托人负担。

【法条链接】

《审理技术合同纠纷案件适用法律若干问题的解释》第31条、第35条

【立法背景】

与《合同法》相比，本条属于新增内容。本条是在2004年颁布的《审理技术合同纠纷案件适用法律若干问题的解释》第31条第1款和第35条第1款的基础上进行整合、改造后，对技术咨询合同和技术服务合同中受托人正常开展委托工作所需费用的分担进行规定。本条承继了前述司法解释中规定的基本内容，对于技术咨询合同和技术服务合同这两类合同中受托人基于合同正常开展工作所需费用，首先尊重合同当事人的真实意思表示，在没有约定或者约定不明确时，明确该费用由受托人负担。

【条文解读与法律适用】

本条是关于技术咨询合同和技术服务合同中当事人对正常开展工作所需费用没有约定或者约定不明时如何分担进行的规定。

一、约定优先原则

对于技术咨询合同和技术服务合同中当事人对正常开展工作所需费用，

首先尊重当事人之间的约定。如果双方当事人在签订合同时或者履行过程中已经就合同正常开展工作所需费用如何负担进行了单独约定，则以约定优先。本条规定的约定优先原则也符合合同法中意思自治的基本原则。

二、正常开展工作的费用

这里的正常开展工作所需费用，系指受托人为履行合同义务所支出的必要、正常、合理的费用。《审理技术合同纠纷案件适用法律若干问题的解释》第31条第1款规定："当事人对技术咨询合同受托人进行调查研究、分析论证、试验测定等所需费用的负担没有约定或者约定不明确的，由受托人承担。"因此，受托人进行的调查研究、分析论证、实验测定等所需费用属于受托人正常开展工作所需费用。该费用在性质上不同于委托人支付的报酬，属于受托人为履行合同义务所必须支出的费用，本质上属于履约费用。本条规定由受托人承担的费用仅指正常开展工作所需费用。对于正常开展工作之外发生的费用则应视情形判断如何负担。

三、受托人负担原则

对于技术咨询合同和技术服务合同中当事人对正常开展工作所需费用没有约定或者约定不明确的，该部分费用由受托人负担。委托人的一项基本合同义务就是支付报酬，作为受托人提供技术服务的对价。受托人的基本义务是根据委托进行提供技术咨询或者服务，受托人在提供服务的过程中产生的费用，不是委托人应然的合同义务，除非当事人另有约定。所以，当合同当事人对该费用没有约定或者约定不明时，由受托人自己负担。

（张玲玲　撰写）

第二十一章 保管合同

第八百八十八条 【保管合同定义】保管合同是保管人保管寄存人交付的保管物，并返还该物的合同。

寄存人到保管人处从事购物、就餐、住宿等活动，将物品存放在指定场所的，视为保管，但是当事人另有约定或者另有交易习惯的除外。

【法条链接】

《合同法》第365条

【立法背景】

“保管”是保护、管理之意，是为别人寄托物进行保护、管理的劳务服务。起源于罗马法，称其为寄托。寄托的原因有多种：（1）寄托人出差、紧急事情或年老病灾等将寄托物暂时交给别人看管，如物品、宠物等；（2）寄托人将与人相互争讼的物品交给别人看管至诉讼终了时，将该物交付取得该物所有人；（3）德国法[①]中还有一种寄托是旅店主任对旅客在旅游中携带的物品的保管；（4）以寄托物获得临时贷款。有的教材称变例寄托[②]，是以代替物为寄托的标的物，受寄人得消费该物，并以同种类、同品质、同数量物返还。《德国民法典》第700条（不规则保管合同）第1款规定，如果可替代

---

① 《德国民法典》第701条规定，以供外人住宿为营业的旅店主应赔偿外人在该业务经营中携入的物品因丢失、毁损或者损坏造成的损害。

② 黄名述、李振华主编：《合同法》，中国政法大学出版社2010年版，第286页。

物是以下列方式存放，即其所有权移转于保管人，且保管人有义务将同种类、品质、数量的物返还的，适用关于贷款的规定。存放人允许保管人动用存放的可替代物的，保管人自占有该物时起，适用关于贷款的规定。我国学界将寄托合同称为保管合同。保管合同包括一般保管合同和仓储保管合同，但在我国原有法律中没有一般保管合同，在《经济合同法》（现已废止）中规定了仓储保管合同。①《合同法》采用民商合一立法体制，分别规定了仓储合同和保管合同，保管合同成为有名合同的一种。本条沿袭了《合同法》第365条规定，同时借鉴德国法的规定增加寄存人到保管人处从事购物、就餐、住宿等活动，将物品存放在制定场所的，视为保管，但是当事人另有约定或者另有交易习惯的除外。

【条文解读与法律适用】

本条是关于保管合同定义的规定。本条第1款规定了保管合同的定义。根据该款规定，保管合同又称寄托合同、寄存合同，是指双方当事人约定将物交付另一方保管的合同。保管物品的一方称为保管人，或者称为受寄人，其所保管的物品称为保管物，或者称为寄托物，交付物品保管的一方称为寄存人，或者称为寄托人。《日本民法典》也有保管的定义，保管是指因一方当事人委托相对人保管某物，相对人对此承诺而发生效力。②

保管合同的标的物，即保管物是否限于动产，各国立法规定不同。以德国、意大利为代表的，在民法典中明确规定寄托物以动产为限，如《意大利民法典》第1760条规定寄托是一方接受他方的某个动产，负责保管并返还契约。日本在其民法典中不明确寄托物为动产或不动产，如第657条规定寄托是因当事人一方约定为相对人保管而受取某物，而发生效力。郭明瑞、王轶所著《合同法新论·分则》中认为日本民法一般寄托中的标的物既包括动产也包括不动产，这是日本法的一个特点。本条对保管合同中的保管物是否是

---

① 保管合同为实践性合同，合同自保管物交付时成立；仓储合同是诺成合同，合同自双方订立合同时成立；保管合同有有偿的，也有无偿的，而仓储合同为有偿合同；保管合同的保管人无资质要求，而仓储合同营业人须有仓储设备并专事该类业务的人。

② 刘士国、牟宪魁、杨瑞贺译：《日本民法典》，中国法制出版社2018年版，第161页。

动产没有明确，现实中以动产作保管物比较多，但也不乏保管不动产的例子，如房屋、果园、池塘等都可成为保管对象。

与《合同法》第365条相比较，本条规定寄存人到保管人处从事购物、就餐、住宿等活动，将物品存放在指定场所，视为保管，但是当事人另有约定或者另有交易习惯的除外。保管合同是实践合同，要求法律关系双方意思表示一致，还要求以物为交付为成立要件。购物、就餐、住宿是商业行为，物品存放是为了方便购物、就餐、住宿，意思表示和物的交付均满足实践合同要求，构成保管合同，保管人应尽到保管义务，否则承担法律责任。当然，如果当事人双方另有约定或者另有交易习惯的除外。如有的宾馆、饭店、商场明示贵重物品随身携带不要寄存的告示就属于另有约定。

（格根其日　撰写）

第二十三章　委托合同

第九百三十三条　【委托合同的任意解除权及其限制】委托人或者受托人可以随时解除委托合同。因解除合同造成对方损失的，除不可归责于该当事人的事由外，无偿委托合同的解除方应当赔偿因解除时间不当造成的直接损失，有偿委托合同的解除方应当赔偿对方的直接损失和合同履行后可以获得的利益。

【法条链接】

《合同法》第410条

【立法背景】

委托合同是以当事人之间的信任为基础的，如果当事人之间的这一基础产生动摇，仍然维持双方之间的委托，委托合同订立目的的实现就成为一个问题。基于此，委托合同中任意解除权见于《合同法》第410条之规定，委托人或受托人可以随时解除委托合同，这意味着甚至合同的解除方没有说明任何理由而解除合同，只要不存在可归责的事由，就无对损失负责的义务。委托合同的任意解除权，并不以具备正当理由为行使要件。关于行使委托合同任意解除权的情形、方式、效力、责任、类型等问题在《合同法》中未见明确规定，导致委托合同中双方当事人因任意解除合同而产生较多纠纷。但是，随着经济社会的快速发展，在实践中因委托合同任意解除权具有法定性，利用法律的漏洞恶意解除委托合同的情形时有发生，加之种种原因带来的诚信危机，这样就导致合同履行过程中的不确定因素加大，这是不利于经济社会健康、稳定发展的。

基于此，《民法典》首先对委托人或者受托人可以随时解除委托合同进行了明确规定，这是对《合同法》关于委托合同任意解除权的既有规定的肯认。这一条的规定也是符合委托合同的本质、内涵和实践要求的。同时，为了维护合同秩序，限制任意解除权行使带来的不确定性，本条并未对委托合同的任意解除权依据委托合同是否有偿加以考虑并区分。因为有偿的存在，合同双方的权利义务发生了变化，区分的目的在于精确平衡双方的权利义务关系，也就是说，因委托合同的有偿与否，任意解除权行使的赔偿责任有不同，这也主要是考虑平衡权利和义务，通过增加解除方的注意义务的方式，引导合同双方审慎行使权利并履行义务，任何权利的行使必受限制的意味明显。

【条文解读与法律适用】

一、任意解除权的概念

自罗马法以来，各国民法大多采纳了委托合同以无偿为基本原则的立法传统。同时，各国法律都普遍承认双方享有任意解除权，及损害赔偿责任。[①]我国《民法典》借鉴了世界民事立法的经验，在本条规定了双方的任意解除权，确认了委托合同当事人任意一方均享有任意解除权，在一方行使合同解除权的情况下，委托合同应当终止。这样规定的主要理由在于：一方面，委托合同的成立是基于双方当事人之间的信任关系，一旦此种信任不复存在，任何一方当事人都可以终止合同，这是理所应当。另一方面，既然此种信任不复存在，若法律仍然承认合同的效力，合同订立的目的也难以实现，允许当事人享有任意解除权就顺理成章了，再通过违约责任对受害人提供救济更为合理。与此同时，我国《民法典》的规定也有自身特点。首先，我国民法典中的委托合同以有偿为原则，这与以德国为典型的委托必须无偿形成鲜明对比。在无偿委托合同中，当事人之间的信任对合同实质影响所占比例较高，

---

① 根据《法国民法典》第2004条，“委托人得任意撤销其委托授权”。《荷兰民法典》第7：408（1）条规定，被代理人或委托人可以在任何时候终止与受托人之间的关系。在英格兰，委托人有权在任何时候解除与受托人之间的关系，即便是构成违约，也只承担损害赔偿责任。《欧洲示范民法典草案》第6：101条规定：“任意一方任何时候都可以解除合同。”但是解除必须基于通知才能生效。

受托人出于与其委托人之间的特别关系，从事委托事务，实际上是在给予委托人一种利益。一旦彼此之间的信任消失，受托人自然不负有这种恩惠的施予义务，而委托人也没有接受这种恩惠的前提。值得注意的是在有偿的情况下，双方的关系发生了变化，受托人从事委托事务，双方的权利义务更加均衡，合同的契约性更加凸显，承认其享有任意解除权，在解除合同后，委托人通过损害赔偿，未必能够获得充分的救济，在有偿的情况下，信任在合同中发挥的作用已经大大降低了。在当事人双方关系中起主要作用的是契约关系而非施予恩惠的身份关系。在这种情况下，即便双方的信任消失，基于利益的考虑，身份关系让位于契约关系，受托人还有可能继续委托事务。其次，实践中，我国所规定的委托合同在许多情形下针对的是商事委托，受托人很多情况下为取得相关资质的服务企业，一旦允许受托人任意解除，则委托人一时难以寻找其他人加以替代，从而不利于消费者权益的保护。最后，同样基于实践，如果允许委托人任意解除，显然也会影响合同秩序的稳定，有悖合同的本旨。因此，我国《民法典》立法对任意解除权的适用作了限制。

二、任意解除权的行使

任意解除权和委托合同关系实际解除之间的关联在于当事人任意解除权的实际行使，行使解除权的一方当事人的通知，能够产生解除的效果。[①] 我国《民法典》第 565 条规定，当事人一方依法主张解除合同的，应当通知对方，合同自通知到达对方时解除。任意解除权必须以通知的方式行使，通知到达才能够产生合同解除的效果。

解除权性质上为形成权，需要在合理期间内行使。我国《民法典》第 564 条也强调了当事人应当在法律规定或者当事人约定的解除权行使期限内行使解除权，否则解除权消灭。没有法定或者约定解除权行使期限的，权利人应当在对方催告后的合理期限内行使权利。法律没有规定或者当事人没有约定的除斥期间为 1 年。

---

① 例如，《德国民法典》第 671 条规定："（1）委托人可以随时撤回委托，受委托人可以随时通知终止委托。（2）受委托人仅得以使委托人能够对事务的处理另作处置的方式通知终止委托，但有不适时地通知终止委托的重大原因的除外。在没有此种原因的情况下，受委托人不适时地通知终止委托的，必须向委托人赔偿由此发生的损害。"

三、行使任意解除权后的损害赔偿

本条规定：因解除合同造成对方损失的，除不可归责于该当事人的事由外，无偿委托合同的解除方应当赔偿因解除时间不当造成的直接损失，有偿委托合同的解除方应当赔偿对方的直接损失和可以获得的利益。在解除合同后，如果一方当事人因为这种任意解除合同的行为造成了对方当事人的损害，还需要承担相应的赔偿责任。如前所述，法律允许当事人行使任意解除权，但可通过损害赔偿制度对因任意解除而给对方当事人造成的损失予以赔偿，从而限制任意解除权的行使，任意解除权人的注意义务加重了。

任意解除合同损害赔偿责任的构成要件是：第一，一方行使任意解除权。此处所说的赔偿只适用于委托合同中一方行使任意解除权的情形，至于一方行使法定解除权导致的损害，则不适用本条规定。第二，必须因解除合同给对方造成损失。例如，受托人在未完成委托事务的情况下解除合同，委托人自己不可能亲自处理该项事务，而且又不能及时找到合适的受托人代其处理该委托事务，在此情况下就有可能发生损害。第三，不存在可归责于主张损害赔偿一方的当事人的事由。这就是说，在一方行使任意解除权解除合同之后，另一方主张损害赔偿的，则要求赔偿的一方对合同的解除不存在过错。如果解除是因为主张赔偿的一方的过错所导致的，则其不能主张此项损害赔偿请求权。同时实践中对于因解除合同而造成的损害赔偿的性质与范围，存在不同的观点。毫无疑问，如果因为任何一方解除合同的行为，造成对方直接的财产损失，应当属于损害赔偿的范围。需要特殊说明的是，对于有偿委托合同，除了直接损失之外，还应该包括可以获得的利益，这里对被委托一方而言，即报酬的损失，对委托方而言，是可期待的委托合同履行完成时的预期收益。需要注意，在请求报酬赔偿时，应当扣除因为受托人免于履行所应当支付的费用。凡是因为任意解除给另一方造成的损失，无论是直接损失还是间接损失都应当赔偿，但是在计算损害赔偿时，不能够进行双重的计算。这里，《民法典》的规定兼顾了当事双方权利义务的平衡，以及合同的秩序和自由。

（徐猛　撰写）

第二十四章　物业服务合同

第九百三十七条　【物业服务合同的定义】物业服务合同是物业服务人在物业服务区域内，为业主提供建筑物及其附属设施的维修养护、环境卫生和相关秩序的管理维护等物业服务，业主支付物业费的合同。

物业服务人包括物业服务企业和其他管理人。

【立法背景】

物业服务合同是随着我国经济的快速发展和社会分工的进一步细化，房地产的繁荣和物业管理的需要而出现的，传统合同法中并无物业服务合同的类型，我国《合同法》也没有对该合同作出规定。城市化进程的加快使土地资源日益稀缺，人们的居住方式开始从独门独户向建筑物区分所有发展。区分所有建筑中，业主人数众多，公共事务繁杂，如果所有事务都由业主自行管理，可能会导致区分所有建筑中的公共事务运转效率低下，管理成本增加，而物业服务人具有提供专业化物业服务的能力，能够有效提升区分所有建筑中物业管理的效率和水平。长期以来，物业服务合同一直被称为物业管理合同，《物业管理条例》也采用此称谓。《物权法》第 81 条不再沿用物业管理合同的概念，而采用了“物业服务合同”的概念。业主既可以自己管理小区物业，也可以委托给物业服务企业来管理，物业管理产生于业主的共同管理权，当业主委托物业服务企业管理小区物业时，应当与物业服务企业订立物业服务合同。《民法典》通过前，对于物业服务合同的法律地位是有争议的，《合同法》中未规定物业服务合同，但由于《物权法》《物业管理条例》《审理物业服务纠纷案件的解释》等有关法律、法规和司法解释都规定了物业服务合同，它是否属于有名合同，学界存疑。[①]《民法典》本条规定即呼应了社会公众以及法律实践对物业服务合同的效力、履行及违约责任等需求，设专章予以规定。物业服务合同是被我国《民法典》所明确承认的合同类型，属于典型的有名合同。

【条文解读与法律适用】

物业服务人包括物业服务企业和其他管理人。

一、物业服务合同的概念和特征

物业服务合同有广义与狭义之分，广义上的物业服务合同包括前期由建设单位与物业服务企业订立的前期物业服务合同，以及后期业主通过业主委员会或业主大会与物业服务企业订立的合同。所谓前期物业服务合同，是指由建设单位与物业服务企业之间订立的，由物业服务企业提供管理和服务、建设单位支付报酬的合同。狭义的物业服务合同，是指在业主与物业服务企业之间签订的物业服务合同。本条是狭义规定：物业服务合同是物业服务人在物业服务区内，为业主提供建筑物及其附属设施的维修养护、环境卫生和相关秩序的管理维护等物业服务，业主支付物业费的合同。

物业服务合同的主要特征：

1. 主体的特殊性。其特殊性表现在，作为物业服务合同一方当事人的物业服务人必须依法成立并具有一定的物业管理资质。其原因在于，物业服务事关全体业主的人身、财产安全，有的物业管理活动具有较高的专业性要求，如小区公共设施的检修、保养与维护等，所以物业服务企业应当具有一定的资质要求，这是必要的准入门槛。[②] 物业服务合同主体的特殊性还表现在，物业服务合同的另一方当事人是全体业主，具有集合性的特点。由于全体业主

---

① 鉴于物业服务合同内容的多样性，一些学者认为物业服务合同属于混合合同。但笔者认为，混合合同属于无名合同的范畴，物业服务合同不属于混合合同，而是一种特别法所规定的有名合同，其原因在于：一方面，我国《物权法》多个条款都承认了物业服务合同，并且对这种合同的性质进行了界定，因此，称其为混合合同就混淆了有名合同和无名合同的概念区分。另一方面，《物业管理条例》根据《物权法》的规定对此类合同的订立、内容、效力等都作出了明确的规定。

② 根据《物业管理条例》和《物业管理企业资质管理办法》的相关规定，物业服务企业应满足法律所设定的资质要求，不具备相关资质的物业服务企业不得从事相关的物业服务活动，不得签订物业服务合同。

人数众多，由全体业主直接参与订约过程，不仅合同订立的成本高，实际上也是不现实的，因而通常由业主委员会与物业服务企业订立物业服务合同。合同一旦成立，即对全体业主具有约束力，单个业主不得以其没有直接参与合同订立为由拒绝接受合同约束。因为人数较多，不可能由全体业主亲自与物业服务企业签订合同，因而业主需要依据一定的程序，作出有关订约的决定。如果业主已经成立了业主大会，则需要依据法定程序，由业主大会作出决定，一旦业主大会作出决定，即对全体业主具有约束力。

2. 客体的特殊性。物业服务合同的客体是由物业服务公司提供的物业服务。所谓物业服务，就是在物业服务区内，为业主提供建筑物及其附属设施的维修养护、环境卫生、安全保障和相关秩序的管理维护等物业服务。从本质上而言，物业服务属于行为的范畴，其特殊性主要表现为：一是持续性和重复性。物业服务企业要在一定期限内持续提供服务，而且，不少服务内容具有重复性的特点。二是非物质利益性。物业服务合同与旅游合同和娱乐合同类似，所给付的都不是具体的标的，而是劳务，因此，不以物质利益的交换为直接目的。三是不适用代替给付。在物业服务合同的履行中，一般无法由第三人代为给付。四是具有无形性和识别困难性。物业服务的质量标准往往很难形成法定的统一标准而需要当事人的特别约定。由于服务质量的判断具有一定的不确定性，所以，当事人是否完全履行义务，可能难以准确判断。五是更注重相互信赖关系。如果物业服务企业所提供的服务存在瑕疵以及其他行为导致信任关系不复存在，则业主有权解除合同。

3. 内容的复合性。一般的民事合同的内容具有单一性，而物业服务合同的内容则具有复合性的特点。这就是说，物业服务人提供物业服务的内容具有多样性，既涉及对物的管理，如车库的管理与维护；又涉及社区的环境管理，如草坪、绿地、水池的管理与维护等；还涉及社区内生活秩序与安全的管理与维护，如物业服务企业应当根据实际情况设置保安保障小区安全等。因为这一原因，物业服务合同的内容具有综合性与全面性的特点。①

---

① 总体而言，物业服务合同的内容既包括了对物的管理，也包括了对进出小区建筑物内的人员的管理，以及小区公共秩序的维护。从合同的内容来看，其涉及多个有名合同的内容，有学者认为，物业服务合同是一种包括委托、行纪、雇佣、承揽在内的复合型合同。

4. 订立程序的特殊性。物业服务合同的订立需要遵循法定的特殊程序，其主要原因在于，物业服务合同的一方当事人为全体业主，具有集合性的特点。为了提高订约效率、避免发生纠纷，在物业服务合同的订立方面，需要设置一定的程序性要求。选聘和解聘物业服务人或者其他管理人时，应当经专有部分占建筑物总面积过半数的业主且占总人数过半数的业主同意；同时、经过业主大会的选聘之后，由业主委员会代表业主与物业服务企业签订物业服务合同。因此，在合同的签订上，与一般的合同相比，物业服务合同需要遵循严格的法定程序。

5. 属于提供劳务的合同。《民法典》确认“物业服务合同”的表述，这主要是为了突出物业服务合同的服务性而非管理性。一方面，业主聘用物业公司是为了获取其提供的物业服务，而不是对自己进行管理。称谓上的变化更能体现业主与物业服务企业间的平等地位，增强业主的权利意识和物业服务企业的服务意识。另一方面，强调“服务”的概念，也明确了此种合同与委托合同等提供服务的合同具有类似性，其在性质上属于私法上的合同，当事人之间是完全平等的民事主体之间的关系。即使物业服务公司对小区或建筑物内的人员进行管理，本质上也是一种提供服务的行为，与一般民事合同的内容没有本质区别。所以，从广义上说，其仍然属于提供劳务的合同。

6. 履行具有继续性。物业服务企业应当按照物业服务合同的要求，向全体业主提供物业服务，通常情况下，物业服务并不是一次性完成的，而需要持续一定的时间，物业服务企业应当在合同约定的期间内不间断地提供物业服务。因此，物业服务合同具有履行上的继续性。由于继续性合同在终止时没有溯及既往的效力，在物业服务合同终止时，其效力向将来发生，对于物业企业已经提供的服务，业主仍应当按照合同约定支付相应的报酬。正是因为其是持续性的合同，所以，此类合同通常都是长期性的，合同的解除通常也不发生溯及既往的效力。

7. 双务、有偿、要式性。物业服务企业应当按照物业服务合同的约定向全体业主提供物业服务，而全体业主应当支付相应的报酬，因此，物业服务合同是一种双务合同。与此相应，绝大多数物业服务通常是有偿的，这主要是因为物业服务企业以专门从事物业服务为营业，物业服务合同具有有偿性。此外，物业服务合同必须采用书面形式订立，其提供的服务具有要式性。

物业服务合同是一种有偿的合同，其本质上类似于有偿委托合同。[①]

二、物业服务合同的当事人

1. 物业服务企业。物业服务合同的一方当事人是物业服务企业，它是接受物业所有人或其授权人的委托，根据物业服务合同提供专业管理服务的企业。物业服务企业对物业的管理权来自全体业主的委托或法律法规的相关规定。物业服务企业的设立必须符合法律规定的条件和程序。我国法律要求物业服务企业的设立必须符合法定的人员、财产、设备等方面的条件，以保护业主的利益。此外，我国相关部门规章中还规定了物业公司的认证体系，物业公司被划分为三种级别，根据不同的级别，决定了其经营范围。

物业服务企业是以物业服务为经营活动的法人。物业服务企业属于法人，是具有独立财产、能够独立承担责任的独立民事主体。另外，物业服务企业以提供物业服务为主要经营活动。此处所说的物业服务内容比较广泛，具体包括：对财产的管理（包括物业的维护、维修，对小区内设备的维护），对小区绿地园林环境的维护，对卫生环境的管理，对小区秩序的维护，对车位车库的管理等。需要指出的是，物业服务企业在提供物业服务时，如果涉及有关共有财产的重大修缮（如电梯、水箱等共有部分的维修），应当得到业主的特别授权，否则无权作出决定。物业服务企业是由业主聘请、基于业主的委托提供各种专业化物业服务的企业。对前期物业服务而言，由于小区内的商品房出售和入住率较低，无法通过召开全体业主大会选聘物业服务企业，所以，一般由建设单位聘请前期物业服务企业。但是，在小区内的商品房达到一定的入住率之后，就应当由业主召开全体业主大会，以决定是否继续聘任该物业服务企业。如果全体业主同意继续聘请，则在全体业主和物业服务企业之间成立物业服务合同关系。如果全体业主不同意继续聘请该物业服务企业的，则全体业主有权解除该前期物业服务合同，并有权聘请其他物业服务企业、管理人或者自行管理。物业服务合同解除后，原物业服务企业即丧失

① 物业服务合同作为一种独立的合同类型，并不完全等同于有偿委托合同，一般的委托合同往往是处理具体的一项或者几项事务，而物业服务合同委托的是综合性的事项，其涉及的内容非常宽泛，既包括对物的管理，也包括对人的管理，还包括对小区安全秩序的维护等，这是一般的委托合同所不具备的。

继续占有和使用物业服务用房、有关设施设备和相关资料的权利。物业服务企业应当按照物业服务合同约定的时间、方式提供物业服务，如果物业服务企业未能按照约定提供物业服务，则全体业主有权依据法律规定或者合同约定解聘物业服务企业。

2. 业主。物业服务合同的另一方当事人是业主。作为物业服务合同主体的业主，究竟是指业主的集合，还是指业主大会或者业主委员会？学者对此一直存有争议，主要有如下几种不同观点：第一，业主大会说。此种观点主张，物业服务合同的当事人一方是业主大会，而不是单个业主。该观点认为，根据相关立法，业主大会是代表和维护全体业主在物业管理活动中的合法权益的自治组织，业主委员会是业主大会的执行机关。只有业主大会才能够代表全体业主签订物业服务合同，业主大会性质上属于《合同法》第2条所规定的“其他组织”，其可以成为合同当事人。第二，业主委员会说。此种观点认为，业主委员会具备一定民事诉讼主体资格。在物业合同纠纷中，业主委员会能够以原告的身份起诉物业公司。不过，在我国，业主委员会只能以全体业主的名义与物业服务企业订立合同。第三，单个业主说。此种观点认为，尽管单个业主在形式上未参与物业服务合同的订立，但不论从现行的立法规定还是从法理上来说，业主都是物业服务合同中实际权利的享有者和义务的承担者。从该规定来看，业主应当是实质上的合同当事人。

（徐猛　撰写）

第九百三十八条　【物业服务合同的内容、形式】物业服务合同的内容一般包括服务事项、服务质量、服务费用的标准和收取办法、维修资金的使用、服务用房的管理和使用、服务期限、服务交接等条款。

物业服务人公开作出的有利于业主的服务承诺，为物业服务合同的组成部分。

物业服务合同应当采用书面形式。

【法条链接】

《物业管理条例》第 34 条

【条文解读与法律适用】

物业服务人公开作出的有利于业主的服务承诺，为物业服务合同的组成部分。物业服务合同应当采用书面形式。

一、物业合同的内容

（一）合同义务的来源

物业服务合同的内容主要来源于当事双方的约定。不违反法律、法规的禁止性规定的合同的内容即有法律约束力，合同当事人都必须遵守合同约定。同时，物业服务人公开作出的有利于业主的服务承诺对业主而言属于赋权，成为物业服务合同的组成部分对业主而言无疑有利。这显然考虑和合同双方事实上的身份因素，故物业服务合同的内容，除了当事人约定的合同内容外，还应当包括如下几方面的内容：第一，即使当事人没有在合同中对该义务进行约定，法律法规的规定，成为合同的内容当属无疑。第二，行业规范。即使当事人没有作出约定，相关行业规范确定的物业服务企业负有的维修、养护、管理和维护义务，也应当成为物业服务合同的内容。第三，即便没有明确地订立于物业服务合同之中，为保证物业服务的质量和效益，物业服务人公开作出的物业服务承诺和物业服务细则，虽然是向全体业主公开作出的有关物业服务内容和标准的单方意思表示，也应当成为合同的内容。

（二）合同的主要条款

依据本条第 1 款规定，物业服务合同的主要条款包括：

1. 物业服务事项。具体的物业服务事项应当在合同中明确，包括对共有财产的维护、养护和管理，尤其涉及对业主的专有财产部分的维修和管理，都应当加以明确。对一些本不属于物业服务内容的服务项目，物业服务企业可与业主另行约定有偿提供。

2. 服务质量。一般来说，法律很难对物业服务质量的标准作出明确界定，但当事人可以在合同中对其作出特别约定。例如，物业服务企业明确承诺，保证小区车辆安全、不出现车辆丢失现象，或承诺小区环境始终保持整洁等。一旦作出约定，物业服务企业应当按照约定履行。

3. 服务费用的标准和收取办法。服务费用也称物业费，由物业服务的成本和物业服务企业的利润两部分构成。物业费的收费有两种方式，即包干制和酬金制。包干制指业主向物业公司支付固定费用，盈余或者亏损由物业公司自行承担，具体缴费标准一般由业主与物业公司根据政府指导价自由约定。酬金制指业主在预收的物业服务资金中按约定比例或者约定数额提取酬金支付给物业服务企业，其余全部用于物业服务合同约定的支出，结余或者不足由业主享有或者承担。物业服务人必须按照标准和约定的收取办法收费，不得违反法律、法规和部门规章的规定擅自提高收费标准或者重复收费，否则，都构成违规收费。业主也应当按照标准和收取办法缴纳费用。

4. 维修资金的使用。所谓维修资金，是指由业主缴纳的专门用于住宅共用部分、共用设施和设备维修所需的资金，如电梯、水箱等共有部分的维修费用。维修资金在性质上不同于管理资金，所谓管理资金是由业主出资组成的由业主大会或者业主委员会管理的资金，它可以由业主出资的财产构成，也可以由共有财产的收益所构成。维修资金只是由业主出资形成的，属于业主共有，且只能用于特定的目的，不能用于支付各种管理费用。实践中，专项维修资金一般登记在以业主名义开设的专用账户下，通常由政府监督其使用，专项维修资金的使用一般由业主按照规定进行表决，由业主委员会申请使用。因此，业主委员会与物业服务企业订立物业服务合同时，可就专项资金申请使用的具体事项作出约定。可以约定，在办理专项维修资金的申请使用过程中，物业服务企业应当提供相应的协助。

5. 服务用房的管理和使用。物业服务用房是指物业服务企业为管理整个小区内的物业而使用的房屋。依据规定，物业服务用房应当规定由全体业主共有。物业服务用房是向小区提供物业服务所必需的。没物业服务用房，物业服务企业等就无法为业主提供必要的物业服务。因此，在物业服务人进驻以后，全体业主就应当允许其使用该物业管理用房。物业服务人应当将物业服务用房用于物业服务，而不得擅自改变物业服务用房的用途，但经过业主大会同意的除外。

6. 服务期限和交接条款。服务期限，是指双方当事人约定的合同服务存续期限。通常在合同服务期限届满后，如果当事人没有订立新的物业服务合同，物业服务人继续提供物业服务而业主一方接受该物业服务的，应当视为在双方当事人之间成立不定期的物业服务合同。在物业服务合同中，也可能涉及具体服务时间的约定，其不同于合同存续期限。

7. 物业服务人承诺。物业服务人公开作出的有利于业主的服务承诺，也是物业服务合同的组成部分。一是公开作出的承诺，具有公众范围的公示性。二是有利于业主的承诺。

（徐猛　撰写）

第九百三十九条　【前期物业服务合同对业主的约束力】建设单位依法与物业服务人订立的前期物业服务合同，以及业主委员会与业主大会依法选聘的物业服务人订立的物业服务合同，对业主具有法律约束力。

【法条链接】

《审理物业服务纠纷案件的解释》第1条

【条文解读与法律适用】

本条是关于前期物业服务合同对业主约束力的规定。

一、前期物业服务合同的概念和特征

根据合同主体的不同，物业服务合同可以分为前期物业服务合同与普通物业服务合同。所谓前期物业服务合同，是指在前期的物业服务阶段，即在物业区域内的业主、业主大会选聘物业服务企业之前，由房地产开发建设单位或公有住房出售单位与物业服务企业之间订立的，双方约定由物业管理企业对前期的物业管理项目进行管理的书面协议。在实践中，从建设单位开始销售商品房到召开全体业主大会之间，往往存在一定的时间差。在这段时间内，由于相应的房产出售率未达到法定条件或因其他原因，而不能召开第一次业主大会并进而成立业主委员会，因而有必要由房地产开发建设单位或者公有住房出售单位与物业服务企业订立前期物业服务合同。法律允许建设单位选聘物业服务人并与之签订前期物业服务合同，对业主的共同物业利益作出安排十分必要，也有利于实现从物业建设到物业服务的顺利衔接。前期物业服务合同与物业服务合同具有如下区别：第一，合同签订主体不同。前期物业合同并不是在全体业主和物业服务企业之间签订的，而是在建设单位与物业服务企业之间订立的。因为在大部分业主入住以前，业主大会尚未成立，只能由房地产建设单位和物业服务企业订立合同。而普通物业服务合同的合同主体则是全体业主与物业服务企业。即使前期物业服务合同与普通物业服务合同中的物业服务企业是同一个物业服务企业，但由于另一方当事人不同，因而也应当认定其为两个不同的合同关系。第二，合同签订时间不同。一般而言，前期物业服务合同是在物业开发过程中签订的，而普通物业服务合同一般是在房屋已经建好、业主大部分已经入住且能够召开全体业主大会的情况下签订的。第三，合同期限不同。前期物业服务合同具有过渡性质，其期限较短，通常只是从合同订立到普通物业服务合同生效之时。

二、前期物业服务合同对业主的约束力

前期物业服务合同，尽管是由建设单位与建设单位所选定的物业服务企业订立合同，但其对业主也具有约束力，业主不得以其未参加合同的订立或未认可为由而否定合同的效力。只要前期物业服务合同有效，其对业主即具有约束力。所谓“对业主具有约束力”，是指业主基于该合同享有权利，并承担义务。毫无疑问，合同订立时已入住的业主都应当受到前期物业服务合同的约束，在前期物业服务合同订立后、普通物业服务合同订立前入住的业主，也应当受到前期物业服务合同的约束。①

（徐猛　撰写）

---

① “合同转让说”。此种观点认为，在不改变合同内容的情况下，合同的一方主体由建设单位变更为业主，在业主与建设单位订立房屋买卖合同时，该合同中包含了双方转让前期物业服务合同的合意，前期物业服务合同因为买卖合同的成立而概括转移给物业买受人承担。

第九百四十一条　【物业服务转委托的条件和限制性条款】物业服务人将物业服务区域内的部分专项服务事项委托给专业性服务组织或者其他第三人的，应当就该部分专项服务事项向业主负责。

物业服务人不得将其应当提供的全部物业服务转委托给第三人，或者将全部物业服务支解后分别转委托给第三人。

【法条链接】

《物业管理条例》第 39 条；《审理物业服务纠纷案件的解释》第 2 条

【立法背景】

本条为新增条文。《物业管理条例》第 39 条规定，“物业服务企业可以将物业管理区域内的专项服务业务委托给专业性服务企业，但不得将该区域内的全部物业管理一并委托给他人”。《审理物业服务纠纷案件的解释》第 2 条第 1 款规定，“符合下列情形之一，业主委员会或者业主请求确认合同或者合同相关条款无效的，人民法院应予支持：（一）物业服务企业将物业服务区域内的全部物业服务业务一并委托他人而签订的委托合同；（二）物业服务合同中免除物业服务企业责任、加重业主委员会或者业主责任、排除业主委员会或者业主主要权力的条款”。上述条文明确禁止物业服务全部转委托，但对于是否禁止专项事项委托却未规定，专项事项委托后责任承担也不明确，在审判实务中产生不同理解。本条在吸收认可上述条文的基础上，结合实践需要对物业服务人的委托行为作了较为全面的规定。

【条文解读与法律适用】

一、条文释义

本条分两款对物业服务人委托行为作出规定。第 1 款是关于对物业服务人专项委托事项的规定，即物业服务人可以对物业服务区域内的部分专项服务进行委托，并应当对此承担责任。主要包括两层含义：（1）物业服务人可以将部分专项服务事项委托给专业性服务组织或其他第三人。实践中由于物业管理服务活动内容广泛，许多领域专业性强，一个物业管理企业可能很难完全胜任，将一些专业性的服务活动委托给其他专业服务组织，不仅有利于业主的利益，也有利于物业服务人提供更优质的物业管理服务。（2）物业服务人应当就专业服务组织或者第三人提供的服务向业主负责。物业服务合同作为合同的一种，当然要适用合同法的基本原则。根据合同相对性原则，在专项服务业务委托之后，物业服务人和业主之间，仍然是物业服务合同关系；物业服务人和专业服务组织或其他第三人之间，则属于委托合同关系。专业服务组织或者其他第三人与业主之间不存在合同关系，物业服务人作为合同相对方应当就其委托行为向业主负责。但是，委托合同的内容不得与物业服务合同的内容相抵触；专业服务组织或其他第三人在履行委托服务合同时，应当遵守物业管理区域内的规章制度，不得侵害业主的合法权益。

本条第2款是关于物业服务人转包或分包的禁止性规定，即物业服务人不得将整体服务业务转委托或者分解后分别委托。这是基于物业服务合同本身的特殊性，物业服务人一般是业主经过招标或者其他方式选聘的，是建立在对该组织信誉、资金、管理水平等信任的基础上的，如果允许物业服务人将全部物业服务一并委托或分解后分别委托给其他组织，实际就使业主丧失了按照自己意愿选择物业服务人的权利，对物业服务人而言，就是不履行合同约定的责任和义务，违背诚实信用原则。另外，物业服务的实质还包括管理，物业服务人基于全体业主的公共利益及全体业主的授权享有对小区物业的管理权，物业服务人一旦将管理权委托给他人，实际上就违反了物业服务合同的规定。

二、与承揽合同、委托合同相关规定之比较

物业服务合同与承揽合同、委托合同存在诸多共同之处，承揽合同、委托合同也均涉及将合同内容交由第三人的相关规定，但还是存在明显区别。

承揽合同规定，承揽人将其承揽的主要工作交由第三人完成的，应当就该第三人完成的工作成果向定作人负责，未经定作人同意的，定作人也可以解除合同。承揽人可以将其承揽的辅助工作交由第三人完成，承揽人将其承揽的辅助性工作交由第三人完成的，应当就该第三人完成的工作成果向定作人负责。由此可见，在承揽合同中，未经定作人同意，承揽人不得将承揽的主要工作交由第三人完成，否则定作人有权解除合同，但对于承揽的辅助工作，承揽人可以交由第三人完成，无须征得定作人同意。承揽合同将交由第三人完成按照主要工作和辅助工作的分类进行了区别规定，对于主要工作非经定作人同意不得交由第三人完成，辅助工作则无此要求。

委托合同规定，受托人应当亲自处理委托事务。经委托人同意，受托人可以转委托。转委托经同意或者追认的，委托人可以就委托事务直接指示转委托的第三人，受托人仅就第三人的选任及其对第三人的指示承担责任。转委托未经同意或者追认的，受托人应当对转委托的第三人的行为承担责任，但是，在紧急情况下受托人为维护委托人的利益需要转委托的除外。上述规定可以看出委托合同原则上受托人应当亲自完成受托事务而不得进行转委托除经委托人同意或在紧急情况外。

物业服务合同与上述两类合同均不同，法律禁止全部转委托，仅允许部分专项委托，且物业服务人要对此负责。这是因为：其一，物业服务内容涉及物业服务区域的方方面面，具有综合性质，且其服务具有连续性和整体性。允许全部转委托，层层转包会导致物业服务质量下降，损害业主权益。其二，物业服务人，既包括物业服务企业也包括其他物业管理人。物业服务人提供专业服务管理工作，具有专门的资质，为特殊主体，必须是独立的法人；物业服务合同的另一方既包括业主，也包括业主大会、业主委员会等，涉及人员人数多，关系复杂，不易达成一致。如果允许在特定情形下可以全部转委托，实践中不易操作，也容易引发更多纠纷。

三、需要注意的问题

对物业服务人专项事项的委托，实践中应把握如下问题：（1）必须是部分服务事项，不能是全部；（2）必须为专项服务事项。“专项”应理解为具有一定的专业性。如保洁、保安等项目，市场上有从事这方面工作的专业机构，且这些专业机构均具备一定的资质。允许委托这些专业机构进行专门作业，无论对业主还是物业服务人来讲都是利大于弊。

对物业服务人部分专项委托事项的作出是否必须经业主同意的问题，本条未予明确。考虑《物权法》《物业管理条例》并无此意，加之物业服务的行业特点决定，物业服务企业不可能是全部物业服务的全能选手，其就物业管理区域内的专项服务业务委托给专业性服务企业，有法律依据。此外，业主自治的效率较低，如果将上述事项交由业主自治，势必影响业主及时享受物业服务。因此原则上不需经业主同意。

（刘丽芳 撰写）

第九百四十二条 【物业服务人的一般义务】 **物业服务人应当按照约定和物业的使用性质，妥善维修、养护、清洁、绿化和经营管理物业服务区域内的业主共有部分，维护物业服务区域内的基本秩序，采取合理措施保护业主的人身、财产安全。**

对物业服务区域内违反有关治安、环保、消防等法律法规的行为，物业服务人应当及时采取合理措施制止、向有关行政主管部门报告并协助处理。

【法条链接】

《物业管理条例》第 35 条、第 45 条

【立法背景】

本条为新增加条文。《物业管理条例》第 35 条第 1 款规定，物业服务企业应当按照物业服务合同的约定，提供相应的服务。第 45 条规定，对物业管理区域内违反有关治安、环保、物业装饰装修和使用等方面法律、法规规定的行为，物业服务企业应当制止，并及时向有关行政管理部门报告。有关行政管理部门在接到物业服务企业的报告后，应当依法对违法行为予以制止或者依法处理。本条在吸收上述规定内容的基础上加以补充修改，形成了物业服务人在履行物业服务合同过程中应当履行的基本义务的规定。本条规定在三个方面进行了补充和创新：（1）明确了物业服务人在履行物业服务合同过程中的基本义务；（2）将物业服务人按照约定履行安全保障义务明确在民事法律当中；（3）将行政法规确定的物业服务人对物业区域内违法行为的制止、

报告义务纳入物业服务人的民事法律义务当中，并增加了其协助处理的内容。

在立法过程中有观点认为本条第2款内容属于管理性质的内容，且在《物业管理条例》中已有相关规定，没有必要在物业服务合同法律中规定。[①]但笔者认为，本条之所以将《物业管理条例》第45条的内容纳入其中，主要是考虑到《物业管理条例》第45条规定的内容在实践过程中与物业服务人提供的服务内容密切相关，因为相关的违法行为也必然影响到物业服务区域内的基本秩序，将其作为物业服务人的基本义务是从民事法律方面进一步强化物业服务人的责任与法律意识。另外《物业管理条例》是属于行政性质的法规，在实践过程中，业主因物业服务人违反第45条规定而遭受损失进而向物业服务人主张民事赔偿则没有相应民事法律支持，本次立法将这一规定纳入物业服务人履行物业服务合同的基本义务当中，为保护业主的民事权利提供了法律依据。

物业服务是一项涉及秩序维护、环境卫生管理、财产经营管理、人身财产安全保护等多项内容的综合性服务，物业服务合同本身也具有很强的专业性和特殊性，[②] 就物业服务人应当履行的义务而言，双方可以通过物业服务合同进行约定，但涉及物业服务中如物业维护、基本秩序维护、人身财产安全保护这些基本义务应通过法律规定予以明确，以强化物业服务人的守约意识与责任意识，保障业主在物业服务中应享有的基本权利，预防因合同未约定或约定不明而产生的一系列纠纷。另一方面，将原行政法规确定的物业服务人采取措施制止违法行为并向行政主管部门报告的义务，纳入物业服务人的民事法律义务当中并增加其协助处理的内容，既提升了物业管理人应承担义务的法律层级，又将物业服务人应承担的行政责任纳入民事责任的范畴，在为保护业主相应的民事权利提供了法律依据，同时也强化了物业服务人的管理责任，有利于行政主管部门与物业管理人之间建立起物业区域内社会管理的联防联控机制，促进城市精细化管理。

---

① 参见中国民商法律网2019年10月19日发布的民法典合同编分则草案立法研讨会实录（中国人民大学明德法学楼602会议室举行），http：//www. civillaw. com. cn/gg/t/？id =36132，最后访问时间：2020年6月6日。

② 参见王利明：《物权服务合同立法若干问题探讨》，载《财经法学》2018年第3期。

【条文解读与法律适用】

一、条文释义

本条文分两款对物业服务人应履行的主要义务作出概括性规定。包含两层含义：第一，物业服务人履行义务的依据为合同约定和物业的使用性质。此处的合同约定和物业使用性质系并列关系，实务中要予以综合考虑。第二，按照不同对象及范围对物业服务人应履行的主要义务作出规定：（1）对共有部分物业服务人应履行的义务为维修、养护、清洁、绿化和经营管理。（2）对全部物业服务区域物业服务人应履行的主要义务，一是要维护物业服务区域内的基本秩序；二是要对发生在物业服务区域内的治安、环保、消防等违法违规行为及时合理制止，向有关机关报告并予以协助。（3）对全体业主的人身及财产安全负有合理保护义务。

二、对相关法律概念的理解

（一）“按照约定”“物业使用性质”的理解与适用

本条所说的“物业服务人应当按照约定”，指的是业主（业主委员会）和物业服务人之间的约定，具体表现为《物业服务合同》或《前期物业服务合同》，其适用对象也及于承租人和实际使用人。需要注意的是本条第1款规定的物业服务人应履行的基本义务应以双方之间就相关事项存在约定为前提，若物业服务合同中不存在相关的内容，则物业服务人不承担该项义务。但对于本条第2款规定的物业服务人对物业区域内违法行为的制止、报告、协助处理义务则不以双方之间存在约定为前提，在任何种类的物业服务合同中无论双方是否就此项内容进行约定，物业服务人都应履行该项义务。

结合物业服务人的服务内容，此处的物业使用性质是以物业具体用途为标准对物业进行的分类。

（二）业主“共有部分”的界定

本条所指的业主共有部分，应当指的是建筑物区分所有权中，除“专有部分”之外的“共有部分”或“业主共有”。结合《审理建筑物区分所有权纠纷案件具体应用法律若干问题的解释》第2条、第3条的规定，在认定业主共有部分时，应当注意以下几点：（1）建筑区划内的道路、绿地、露天喷泉、免费健身设施、围墙等，应当认定为业主共有部分，但城镇公共道路、公共绿地或规划明示属于个人的绿地除外；（2）建筑物的基础、承重结构、外墙、屋顶等基本结构部分，通道、楼梯、电梯、大堂等公共通行部分，消防、公共照明等附属设施、设备，避难层、设备层或者设备间等结构部分应当认定为业主共有部分；（3）建筑区划内不属于业主专有部分，也不属于市政公用部分或者其他权利人所有的场所及设施等应当认定为共有部分。

由于对业主专有部分与共有部分两者的判断紧密相连，判断建筑区划内某些部分（如露台、绿地等）属于专有部分或共有部分时，应当以建筑“规划”① 为依据，而非仅依据其外部表现形式来判断。此处的“规划”，应当包含规划许可文件及附图、须经规划行政主管部门审查批准的与建设有关的所有文件，如报批施工图等。若规划中没有露台，该露台系建设单位或某一所有权人违法加建，则该露台就不应当认定为专有部分。而对于此种违法加建行为，依据本条规定，物业服务人应当及时采取合理措施制止，并及时向有关行政主管部门报告。

（三）“合理措施”的认定

合理措施的认定关系到在审判实务中业主人身、财产安全受到损害后物业服务人责任认定的问题，人身权和财产权是每一个公民最为基本、最为重要的权利，物业服务的质量直接关系到对该种权利的保护程度，因此在理解合理措施的过程中要本着充分保障业主人身、财产安全的目的，但同时也要考虑到物业服务人在经营过程中利益平衡的问题，不能对物业服务人施加过于苛刻的要求，以避免影响物业服务行业的发展。具体来讲，在业主人身、财产受损的情况发生时，认定物业服务人是否采取了合理的措施履行保护义务可以从以下几个方面考虑：（1）物业服务人是否事先制定了完善的物业服务制度并严格执行；② （2）采取的措施是否符合相关法律法规、物业招投标文件、物业服务合同约定、国家或行业标准③以及其他在全国或区域范围内具有指导意义的规则或标准；（3）采取的措施是否能产生保障业主人身、财产

① 参见最高人民法院民事审判第一庭编著：《最高人民法院建筑物区分所有权、物业服务司法解释理解与适用》，人民法院出版社 2017 年版，第 48 页、第 55 页。

② 参见张燕玲、罗彦滨：《物业服务人在第三方侵权中的法律责任》，载《唯实》2012 年第 5 期。

③ 参见连小燕、孙立杰：《物业服务标准综述》，载《标准科学》2019 年第 5 期。

安全的效果。应当注意的是对于合理措施的效果不可做绝对化理解而增加物业服务人的负担，措施效果应达到在通常情况下能够起到保障业主人身、财产安全的作用，并符合当地同类物业区域的其他物业服务人的通常做法。

（四）“违反有关治安、环保、消防等法律法规行为”的理解与适用

本条规定了物业服务人对物业区域内违法行为的制止、报告、协助处理的义务，在条款中使用“治安、环保、消防等……”的表述，物业服务人对治安、环保、消防之外哪些方面的违法行为应承担此种义务，法条并未详尽列明，要准确界定物业服务人承担义务的范围应从两个方面来考虑。一是物业服务人没有能力对所有违法行为进行判断并履行义务，物业服务人负责的违法行为应限定于一定的范围。二是从体系解释的角度，本条规定作为在物业服务合同项下的内容，其承担义务的范围应该与物业服务内容存在关联，本条规定中列举的治安、环保、消防也都属于与物业服务内容密切相关的事项。因此对于违反有关治安、环保、消防等法律法规行为的范围界定应围绕物业服务的内容展开。另外在承担该义务时，对于“采取合理措施制止”的认定可以参考上述对“采取合理措施保护业主的人身、财产安全”表述中“合理措施”的认定依据，但应注意的是，在实践过程中存在的有些违法行为，物业服务人并没有相应的执法权①，对于此类违法行为，物业服务人在知情或应当合理知情的情况下应尽到必要的通知、劝阻义务，且应及时向相关行政主管部门进行报告。对于可能危及业主人身、财产安全的还应采取必要的防范措施避免危害事件的发生。

（刘丽芳　撰写）

第九百四十三条　【物业服务人的信息公开义务】物业服务人应当定期将服务的事项、负责人员、质量要求、收费项目、收费标准、履行情况，以及维修资金使用情况、业主共有部分的经营与收益情况等以合理方式向业主公开并向业主大会、业主委员会报告。

---

① 具体案例参见长沙市中级人民法院2019湘01民终10223号案判决书及北京市第一级中级人民法院（2017）京01民终2940号案判决书。

【法条链接】

《物权法》第 70 条、第 79 条；《物业管理条例》第 2 条、第 6 条

【立法背景】

本条为新增条文。为尽量避免物业服务情况信息不透明可能引发的风险，本条对物业服务人信息披露报告义务作出要求。具体而言，物业服务人信息披露报告义务包括物业服务情况信息披露报告义务、维修资金使用情况信息披露报告义务、业主共有部分的经营与收益情况信息披露报告义务及其他物业服务相关信息的披露报告义务：（1）关于物业服务情况信息披露报告义务。国家发展和改革委员会、建设部于 2009 年 7 月 19 日发布的《物业服务收费明码标价规定》明确了物业服务收费明码标价的内容，本条则进一步将物业服务履行情况也一并纳入了物业服务情况信息披露报告范围内。（2）关于维修资金使用情况信息披露报告义务，《物权法》第 79 条规定，维修资金的筹集、使用情况应当公布。《物业管理条例》第 6 条规定，业主监督物业共用部位、共用设施设备专项维修资金的管理和使用。而本条对于维修资金使用情况信息披露报告义务的规定，补充明确了维修资金使用情况公布的具体方式及对象，即以合理方式向业主公开并向业主大会、业主委员会报告。（3）关于业主共有部分的经营与收益情况信息披露报告义务，《物权法》第 70 条规定，业主对建筑物内的住宅、经营性用房等专有部分享有所有权，对专有部分以外的共有部分享有共有和共同管理的权利。《物业管理条例》第 6 条规定，业主对物业共用部位、共用设施设备和相关场地使用情况享有知情权和监督权。前述规定明确了业主对共有部分所享有的权利，而本条在此基础上进一步明确了物业服务人负有业主共有部分的经营与收益情况信息披露报告义务。

【条文解读与法律适用】

本条规定了物业服务人除基本义务之外，还应当对物业服务合同相对人，包括业主、业主大会或业主委员会负有信息披露义务。该义务包含四方面内容：(1) 该信息披露义务的主体为物业服务人；(2) 以列举的方式明确了应披露事项的范围；(3) 披露的期限为“定期”；(4) 披露的方式为“合理方式”。

一、信息披露报告的主体

本条规定的信息披露报告主体为物业服务人。《物业管理条例》第 2 条规定，物业管理是指业主通过选聘物业服务企业，由业主和物业服务企业按照物业服务合同约定，对房屋及配套的设施设备和相关场地进行维修、养护、管理，维护物业管理区域内的环境卫生和相关秩序的活动。《物业管理条例》第 32 条第 1 款规定，从事物业管理活动的企业应当具有独立的法人资格。《物业管理条例》第 33 条规定，一个物业管理区域由一个物业服务企业实施物业管理。因此，物业服务人应当为具有独立法人资格的物业服务企业，信息披露报告主体分别为在各个物业管理区域实施物业管理的具有独立法人资格的物业服务企业。

二、物业服务人信息披露报告义务的范围

1. 物业服务情况信息披露报告义务，具体包括对服务的事项、负责人员、质量要求、收费项目、收费标准、履行情况等的信息披露报告义务。以收费项目为例，《物业服务收费管理办法》第 11 条规定，实行物业服务费用包干制的，物业服务费用的构成包括物业服务成本、法定税费和物业管理企业的利润。实行物业服务费用酬金制的，预收的物业服务资金包括物业服务支出和物业管理企业的酬金。对于其中的收费项目，物业服务人负有披露报告的义务。对于履行情况的披露报告，一方面物业服务人应当对照服务事项及计划等明确履行情况，另一方面物业服务人还应当进行物业服务履行情况满意度调查，将满意度调查结果也列入信息披露报告的内容之中。

2. 维修资金使用情况信息披露报告义务。此处的维修资金是指专项用于住宅共用部位、共用设施设备保修期满后的维修和更新、改造的资金。《物权法》第 79 条规定，建筑物及其附属设施的维修资金，属于业主共有。经业主共同决定，可以用于电梯、水箱等共有部分的维修。维修资金的筹集、使用情况应当公布。《物业管理条例》第 53 条第 2 款规定，专项维修资金属于业主所有，专项用于物业保修期满后物业共用部位、共用设施设备的维修和更新、改造，不得挪作他用。建设部、财务部于 2007 年 12 月 4 日发布的《住宅专项维修资金管理办法》第 3 条规定，住宅共用部位是指根据法律、法规和房屋买卖合同，由单幢住宅内业主或者单幢住宅内业主及与之结构相连的非住宅业主共有的部位，一般包括：住宅的基础、承重墙体、柱、梁、楼板、屋顶以及户外的墙面、门厅、楼梯间、走廊通道等。共用设施设备是指根据法律、法规和房屋买卖合同，由住宅业主或者住宅业主及有关非住宅业主共有的附属设施设备，一般包括电梯、天线、照明、消防设施、绿地、道路、路灯、沟渠、池、井、非经营性车场车库、公益性文体设施和共用设施设备使用的房屋等。由此可见，维修资金适用于承重墙、屋顶、楼梯间以及电梯等，其重要性不言而喻。因此，对于维修资金的使用情况信息披露报告时，特别应当注意披露报告实际用途、是否经法定程序办理使用手续。

3. 业主共有部分的经营与收益情况信息披露报告义务。关于“业主共有部分”的界定，详见本法第 942 条的有关论述。常见的业主共有部分的经营与收益包括车位场地使用费、公共区域租赁摊位使用费、电梯广告及户外广告等公共区域广告收益、公共配套如会所、游泳池等经营收益。《物业管理条例》第 54 条规定，利用物业共用部位、共用设施设备进行经营的，应当在征得相关业主、业主大会、物业服务企业的同意后，按照规定办理有关手续。业主所得收益应当主要用于补充专项维修资金，也可以按照业主大会的决定使用。因此，对于业主共有部分的经营与收益情况信息，特别应当注意披露程序上是否经过相关业主、业主大会、物业服务企业的同意、收益的管理形式及情况、业主所得收益实际用途。

4. 其他物业服务相关信息的披露报告义务。

三、需要注意的问题

本条规定的物业服务人信息披露报告义务使用了“定期”一词。定期应当理解为有约定的，按照合同约定；没有约定的可根据物业的使用性质，参照该地区地方性法规、规章或者行业习惯来理解。

物业服务人信息披露应当以合理方式进行。向全体业主公开，只要能够使得业主知晓，方式可根据实际情况灵活掌握。但是应当注意，在向业主披露时，由于大部分业主并非专业人士，故在披露方式上应当做到通俗易懂和权威专业相结合。物业服务人对于向业主大会、业主委员会的报告则应采用书面形式。其次，此处物业服务人信息披露报告义务“向业主公开”及“向业主大会、业主委员会报告”属于并列关系，物业服务人在履行信息披露报告义务时，既要“向业主公开”，也要同时“向业主大会、业主委员会报告”。业主或者业主大会、业主委员会对披露报告的信息提出质询时，物业服务人应当及时进行书面答复。

（刘丽芳　撰写）

第九百四十四条　【业主支付物业费义务】业主应当按照约定向物业服务人支付物业费。物业服务人已经按照约定和有关规定提供服务的，业主不得以未接受或者无需接受相关物业服务为由拒绝支付物业费。

业主违反约定逾期不支付物业费的，物业服务人可以催告其在合理期限内支付；合理期限届满仍不支付的，物业服务人可以提起诉讼或者申请仲裁。

物业服务人不得采取停止供电、供水、供热、供燃气等方式催交物业费。

【法条链接】

《物权法》第83条；《物业管理条例》第41条、第64条；《审理物业服务纠纷案件的解释》第6条、第7条

【立法背景】

本条为新增条文。物业费的支付与收取，不仅对维持区分所有建筑物的功能，保障区分所有建筑物的管理运营顺利进行至关重要，对于每一位业主

生活品质的提升也同样不可或缺，而且在委托管理模式下对于物业服务企业的生存与发展具有重要影响。我国《物权法》、《物业管理条例》及司法解释均对业主拒交物业费问题作了规定。《物权法》第 83 条第 2 款规定：“业主大会和业主委员会，对任意弃置垃圾、排放污染物或者噪声、违反规定饲养动物、违章搭建、侵占通道、拒付物业费等损害他人合法权益的行为，有权依照法律、法规以及管理规约，要求行为人停止侵害、消除危险、排除妨害、赔偿损失。”《审理物业服务纠纷案件的解释》13 个条文中，有 6 个条文涉及物业费问题（第 5 条至第 10 条），为司法实践中大量的物业费纠纷案件提供了切实可行的法律依据。《审理物业服务纠纷案件的解释》第 6 条规定：“经书面催交，业主无正当理由拒绝交纳或者在催告的合理期限内仍未交纳物业费，物业服务企业请求业主支付物业费的，人民法院应予支持。物业服务企业已经按照合同约定以及相关规定提供服务，业主仅以未享受或者无需接受相关物业服务为抗辩理由的，人民法院不予支持。”第 7 条规定：“业主与物业的承租人、借用人或者其他物业使用人约定物业使用人交纳物业费，物业服务企业请求业主承担连带责任的，人民法院应予支持。”《物业管理条例》第 41 条第 1 款规定：“业主应当根据物业服务合同的约定交纳物业服务费用。业主与物业使用人约定由物业使用人交纳物业服务费用的，从其约定，业主负连带交纳责任。”第 64 条规定：“违反物业服务合同约定，业主逾期不交纳物业服务费用的，业主委员会应当督促其限期交纳，逾期仍不交纳的，物业服务企业可以向人民法院起诉。”从上述条文的规定来看，我国现行法律法规均明确业主为物业费的最终责任承担主体，业主无故拖延或者拒绝交纳物业费的行为应认定为违约行为。本条基本沿用了上述规定的主要内容，同时也进行了部分改进。一是明确了给付义务主体。物业服务合同法律关系表面上看是单个业主与物业服务人之间的合同关系，但实际上其约束的是业主群体与物业服务人。物业服务人提供的服务是面向所有业主的，一旦物业服务人按合同要求提供了服务，就视为对所有业主都履行了义务，而不论该业主是否需要或是否已经享受了相应的服务。二是将原来《物业管理条例》第 64 条规定的督促业主支付物业费的主体由业主委员会变更为物业服务人。物业服务人作为合同相对人，才是适格主体。三是对催交的方式作出限制性规定，要求不能对业主的基本生活造成严重影响。四是丰富了纠纷的解决途径，由旧法的向人民法院起诉，变更为可以提起诉讼或者申请仲裁，充分体现了民法中当事人的意思自治原则。

【条文解读与法律适用】

本条对业主交纳物业费问题分三款予以规定，第 1 款规定了业主不能以“未接受或无需接受相关物业服务”这两种理由行使抗辩权。这里的物业服务人提供物业服务的依据除了合同约定外，还包括诸如物业服务人基于其管理职能所应依据的其他有关法律和行政法规。第 2 款对物业服务人物业费请求权的行使设置了前置程序，催告业主在合理期限内交纳。第 3 款对物业服务人催缴物业费的方式做了限制性规定，明确物业服务人催缴物业费应采取适当、合理的方式。

一、物业费的性质

物业费的性质一方面属于为管理维护建筑物基地、共用部分——物的费用，及群居关系改善的人事费用，为区分所有建筑物共同团体利益所生必要之费用。[①] 另一方面，物业费也是物业服务人按照物业服务合同的约定，对房屋及配套的设施设备和相关场地进行维修、养护、管理，维护相关区域内的环境卫生和秩序，向业主所收取的对价。

在物业服务合同中，与物业服务企业相对的主体主要有业主大会、业主委员会、业主、物业使用人等，上述主体谁为物业费请求权行使的对象，最高法院司法解释及相关行政法规明确为业主及物业使用人。但是物业使用人作为物业费交纳的义务主体，其义务源于租赁等合同，而非物业服务合同，业主作为物业服务合同的合同相对人，应当是物业费交纳的主债务人。

二、业主行使抗辩权的禁止性规定

在双务合同中，如果一方未履行合同义务或者履行不符合要求而向另一方请求履行债务时，对方就有可能通过行使抗辩权而与之对抗。本法第 525—527 条规定了双务合同履行中抗辩权的三种形式：同时履行抗辩权、先履行抗

---

① 陈俊樵：《区分所有建筑物管理问题之研究》，台湾地区中兴大学法律学研究所 1998 年博士论文。

辩权和不安抗辩权。物业服务合同是双务合同、有偿合同。在物业服务合同中，物业公司应当按照合同约定和有关规定履行为业主提供物业服务、营造良好的小区环境。业主应当履行向物业公司支付物业费。实践中，物业费收取难问题比较突出，主要体现在对物业费的拖欠，有一种在现阶段比较普遍的现象就是很多人把房产作为一种投资而导致大量房产空置，业主往往会以其没有享受相关物业服务进行抗辩。根据《审理物业服务纠纷案件的解释》第6条，业主不能仅以未享受相关物业服务或者无需接受相关物业服务等理由来抗辩。本条吸收了该规定的精神，明确了业主不能行使抗辩权的情形：(1) 未接受相关物业服务，如闲置房屋、外出不在等。(2) 不需要接受相关物业服务，如住一层不使用电梯等。因为选聘物业服务人往往是业主共同作出的决定，只要物业服务人按照合同约定提供了相关服务，则物业费的交纳义务对全体业主而言都是均等的。否则，物业服务关系的稳定性和确定性将会被彻底打破。除非管理规约或者物业服务合同等有另外的规定或者约定，否则业主以前述理由所提的抗辩属于权利滥用，有损业主自治机制和物业服务秩序，不应得到支持。①

三、物业费请求权的救济

本条第2款规定了业主拒交物业服务费前置程序，即先行催交，催交后仍不交纳的，物业服务人可起诉主张物业费。需要注意的是对物业费的“催交”方式本条第3款作了限制性规定，必须以不能对业主的基本生活造成严重影响为限。至于合理期限如何判断，应根据催交方式、业主具体情况，并结合具体案情综合认定。

四、需要注意的问题

实践中，业主通常是以物业服务人服务不到位、服务质量差、服务不符合要求等为由来行使减少物业费的抗辩权。对这类问题进行审查时，要根据《民事诉讼法》关于举证责任的规定，结合实际对双方的举证责任进行合理分配。

（刘丽芳　撰写）

---

① 陈佳：《物业服务合同中的物业费请求权研究》，载《河北法学》第28卷第5期。

第九百四十五条　【业主告知、协助义务】业主装饰装修房屋的，应当事先告知物业服务人，遵守物业服务人提示的合理注意事项，并配合其进行必要的现场检查。

业主转让、出租物业专有部分、设立居住权或者依法改变共有部分用途的，应当及时将相关情况告知物业服务人。

【法条链接】

《物业管理条例》第52条

【立法背景】

我国《物权法》第39条规定："所有权人对自己的不动产或者动产，依法享有占有、使用、收益和处分的权利。"也就是说所有权人对权利客体享有不受他人干涉的、完全的支配权。依据该规定，业主对其专有部分理应享有自由支配之权利。但是权利不得滥用，在保障所有权不受他人干涉之外，权利的行使不得损害他人权益。本条即体现了上述立法精神，业主对其专有部分的权利不得滥用，出于对全体业主整体利益的考量，业主在行使专有部分权利时，应对代表全体业主利益的物业服务人附有事前告知义务，以便物业服务人及时明确注意事项，保护其他业主的权益。

《物业管理条例》第52条规定"业主需要装饰装修房屋的，应当事先告知物业服务企业。物业服务企业应当将房屋装饰装修中的禁止行为和注意事项告知业主"，本条第1款以此基础，保留了原来的告知义务，将"物业服务企业应当将房屋装饰装修中的禁止行为和注意事项告知业主"变更为"遵守物业服务人提示的合理注意事项，并配合其进行必要的现场检查"。本条第2款为新增部分，此前《合同法》《物权法》《审理物业服务纠纷案件的解释》等均未对此作出规定，仅《物业管理条例》第49条即"物业管理区域内按照规划建设的公共建筑和共用设施，不得改变用途。业主依法确需改变公共建筑和共用设施用途的，应当在依法办理有关手续后告知物业服务企业；物业服务企业确需改变公共建筑和共用设施用途的，应当提请业主大会讨论决定同意后，由业主依法办理有关手续”对改变公共用途部分有类似规定。随着经济社会的发展，房地产交易更加频繁，业主出售、转让房屋导致房屋所有权人变更，出租或设立居住权等行为导致实际使用人变更等情况十分常见，为明确权利责任主体及便利服务、管理，增加这一款，要求业主在转让、出租物业、设立居住权或改变共有部分用途时，主动告知物业服务人。

【条文解读与法律适用】

本条是对业主的告知义务作出的规定。业主的主要告知义务包括：装修房屋、转让或出租物业专有部分、设立居住权及依法改变共有部分用途。本条针对业主不同的情形明确了两个不同的告知义务，一是“事先告知”，二是“及时告知”。

第 1 款专门对业主装修房屋的情形做了特别规定，即业主装修房屋的业主除了要“事先告知”外，还要遵守物业服务人提示的合理注意事项及配合进行必要的现场检查。第 2 款对其他情形的告知义务作出规定，要求应当“及时告知”。

一、告知义务的主体

物业服务合同关系涉及的合同相对人既包括业主，也包括业主委员会或业主大会，但是物业服务合同最终权利义务的承担者是业主。根据我国《物权法》的规定，建筑物区分所有权是一种复合型权利，业主对建筑物享有的权利除专有权外，还包括共有权和成员权。业主在行使专有权时要遵循民法的基本原则，禁止权利滥用。《物权法》第 71 条也明确了业主对专有部分行使权利时不得危及建筑物的安全，不得损害其他业主的合法权益。为对区分所有建筑物安全性能进行保护，《物业管理条例》第 50 条、第 53 条、第 56 条均作出了一些规定，本条所规定的业主的告知义务亦是以此为依据。另外，物业服务兼具服务和公共管理双重属性。物业服务人在行使权利时必须考虑物业管理区域整体公共利益的需要。规定业主的告知义务也是物业管理性质的内在要求。

二、告知义务的范围

物业服务相对人实际上不仅仅局限于区分所有权人，还应当包括因出租、共同居住等原因的专有部分占有人。本条对业主履行告知义务的范围予以明确：（1）装饰装修房屋；（2）转让、出租物业专有部分；（3）设立居住权；（4）依法改变共有部分用途。

1. 关于业主装修房屋。相邻关系是所有权的延伸和扩展，是所有权权能的体现。业主在行使所有权时要防止给相邻方造成妨碍或损失。本法第七章专门对相邻关系进行了规定。根据相关规定，不动产的相邻各方应当正确处理相邻关系，应当尽量避免对相邻的不动产权利人造成损害。实践中，一些业主为了居住方便，在通风、采光、排水、铺设管线等方面“过分”装修，甚至不惜破坏楼房结构，对相邻方的房屋使用造成妨碍。业主将其装修情况事先告知物业，物业服务人按照其掌握的业主的整体情况作出必要的合理提示可以有效减少此类纠纷的发生。这里要注意的是，本条虽然沿用了《物业管理条例》第52条的规定，但在保留原来告知义务的同时将“物业服务企业应当将房屋装饰装修中的禁止行为和注意事项告知业主”变更为“遵守物业服务人提示的合理注意事项，并配合其进行必要的现场检查”。

2. 关于转让、出租物业专业部分。实践中，对于业主转让房屋的，告知物业主体变更的责任主体，是旧业主还是新业主，存在不同看法。根据条文表述上的逻辑应当是原业主负有告知义务，但在实践中无需苛责必须由原业主履行告知义务，新业主作为新的实际所有权人，由其履行告知义务并无不妥。

3. 关于设立居住权。学术界对《民法典》应否设置居住权争议颇大。草案对此几易其稿。最终将居住权纳入用益物权一章。也就是说法律已经确认了居住权的正当性。本法第366条至第371条对居住权的概念、居住权合同的订立、居住权的设立、居住权的禁止及居住权的消灭等问题作出了具体明确的规定。业主对专有部分设立居住权后，居住权人即实际享有物业服务人的服务管理，物业服务人对其服务管理的对象应当具有知情权。

4. 关于改变共有部分用途。《物权法》第76条规定：“下列事项由业主共同决定：（一）……（七）有关共有和共同管理权利的其他重大事项。”《审理建筑物区分所有权纠纷案件具体应用法律若干问题的解释》第7条规定：“改变共有部分的用途、利用共有部分从事经营性活动、处分共有部分，以及业主大会依法决定或者管理规约依法确定应由业主共同决定的事项，应当认定为物权法第七十六条第一款第（七）项规定的有关共有和共同管理权利的‘其他重大事项’。”本法第287条也作了同样规定。据此，改变共有部分用途不是单个业主的权利，而是要由全体业主共同决定。实践中，对于依法改变共有部分用途的，需予以注意，《物权法》第70条规定：“业主对建筑物内的住宅、经营性用房等专有部分享有所有权，对专有部分以外的共有部分享有共有和共同管理的权利。”第72条规定：“业主对建筑物专有部分以外的共有部分，享有权利，承担义务；不得以放弃权利不履行义务。业主转让建筑物内的住宅、经营性用房，其对共有部分享有的共有和共同管理的权利一并转让。”依法改变共有部分用途的，业主也需要履行告知义务，不能以共有部分的用途属于公开信息物业服务人应当了解为由而拒不告知相关情况。

（刘丽芳　撰写）

第九百四十六条　【物业服务合同的解除】业主依照法定程序共同决定解聘物业服务人的，可以解除物业服务合同。决定解聘的，应当提前六十日书面通知物业服务人，但是合同对通知期限另有约定的除外。

依据前款规定解除合同造成物业服务人损失的，除不可归责于业主的事由外，业主应当赔偿损失。

【法条链接】

《物权法》第76条

【立法背景】

本条为新增条文。根据此前《物权法》第76条第1款第4项的规定，选聘和解聘物业服务企业或者其他管理人，属于应由业主共同决定的建筑区划内的重大事项。业主可以依照法定程序共同决定，选聘或者解聘物业服务人。因物业服务合同的签订旨在确定物业服务人，为全体业主提供服务，其基础是信赖，如信赖性消失，则继续履行合同对双方都无意义，且徒增损失。从实务操作上看，物业服务人与业主的生活环境关系密切，可谓业主的“管家”。如果业主对物业服务人失去了信任，不愿由其继续提供服务，物业服务合同实际上也很难继续履行，物业服务人开展服务困难重重，结果必然是矛盾激化。因此，此前《物权法》为业主设置了单方解除权。为了防止随意解聘损害物业服务人权益的情形，在具体操作上，业主解聘物业服务人的决定必须依照《物权法》第 76 条第 2 款规定的程序作出，即“经专有部分占建筑物总面积过半数的业主且占总人数过半数的业主同意”，这一程序可以有效避免业主中的少数人随意解聘物业服务人的情形发生。

《物权法》虽然已对解聘物业服务人作了明确规定，但业主共同决定解聘物业服务人后，解聘的程序如何履行，物业服务合同如何解除以及已经履行的合同部分如何处理等问题，此前的法律未作明确规定。仅有《审理物业服务纠纷案件的解释》第 8 条第 1 款规定了业主大会按照《物权法》第 76 条规定的程序作出解聘物业服务企业的决定后，业主委员会请求解除物业服务合同的，人民法院应予支持。这就是说，只要业主大会依法作出解聘决定，物业服务合同就可以解除。就解聘及解除物业服务合同问题，因业主系在合同未全部履行完毕之前单方决定解聘，并由此解除物业服务合同，终止了原合同的效力，因此，产生一些争议不可避免。此前的实践中只能适用合同解除的一般性规定，有一些并不完全贴合物业服务合同的实际。

为适应我国经济社会发展和全面深化改革的需要，应对合同法实施以来出现的新情况、新问题，根据合同理论和实践的发展，《民法典》合同编中新增加了物业服务合同的具体规定，也对物业服务人解聘及物业服务合同解除作了更为明确和具体的规定。

【条文解读与法律适用】

物业服务合同的解除，是指物业服务合同的当事人在具有法律效力的合同未全部履行之前，终止该合同的效力。《民法典》合同编通则中的关于合同解除的一般规定同样适用于物业服务合同，但需要注意一些特殊的规定及要求。

一、物业服务合同的单方解除权

（一）物业服务合同单方解除的程序

一般情况下，合同依法成立以后，对当事人具有法律约束力，任何一方不得擅自解除合同。考虑到物业服务合同是继续性合同，某种状态的存续或维持是继续性合同的目的，所以当事人之间的信赖关系成为合同重要的实质性要素。业主要支付物业费，配合物业服务人的管理工作，物业服务人则要持续不间断对房屋及配套的设施设备和相关场地进行维修、养护、管理，维护物业管理区域内的环境卫生和相关秩序。因此，业主和物业服务人的相互信任和配合对于物业服务合同的顺利履行和合同目的的最终实现至关重要。如业主对物业服务人丧失信任时，应允许其解除物业服务合同。若强行维持物业服务合同的效力，业主必将以各种手段进行抗争，在业主不配合的情况下，物业服务人履行合同障碍重重，合同履行不具备现实的可能性，这也背离了业主方便生活的合同目的。因此，本条对物业服务合同的解除作出了相应规定，业主有权单方解除物业服务合同。

但是，同时需要注意的是，为避免业主中的少数人随意解聘物业服务人的情形发生，本条规定，解除物业服务合同应当依照法定程序，由业主共同决定。"法定程序"具体应适用《民法典》第278条的规定，即应当由专有部分面积占比三分之二以上的业主且人数占比三分之二以上的业主参与表决，并经参与表决专有部分面积过半数的业主且参与表决人数过半数的业主同意。在适用该程序进行表决时，还需要注意本条与此前《物权法》第76条第2款相比在具体要求上的变化。

（二）物业服务合同解除的通知义务

1. 业主负有通知义务。根据合同解除的一般规定，当事人一方依法主张解除合同的，应当通知对方，合同自通知到达对方时解除。当事人一方行使解除合同的权利，引起合同的权利义务的终止，设置解除一方的通知义务，目的是防止对方当事人因不知道合同解除权行使而仍为履行，从而遭受损害，因此，业主行使单方解除权主张解除合同的，应当通知物业服务人。具体操作上，可以由业主委员会通知物业服务人，但应注意，业主委员会解除物业服务合同是以业主大会的决定为依据，业主委员会无权自行作出该种决议。

2. 通知的形式。一般来说，解除合同通知的形式可以是口头的，也可以是书面的，信函、电话、传真、电子邮件等形式均可。但是，本条对业主发出解除合同通知的形式作了明确要求，即应当是书面通知。对书面通知形式的认定，也不排除通过向人民法院起诉的形式通知解除，即业主未通知物业服务人，直接以提起诉讼或者申请仲裁的方式依法主张解除合同，人民法院或者仲裁机构确认该主张的，物业服务合同自起诉状副本或者仲裁申请书副本送达物业服务人时解除。

3. 通知的期限。本条对通知的期限作了专门规定，即决定解聘的，应当提前六十日书面通知物业服务人，但是合同对通知期限另有约定的除外。因此，业主和物业服务人可以在物业服务合同中对通知的期限另行作出约定，没有约定的，业主应当提前六十日书面通知物业服务人。

二、解除合同的损失赔偿问题

实践中，物业服务合同解除后，因物业服务人拒绝退出而引发的纠纷不在少数。物业服务合同权利义务终止后，原物业服务人应当退出物业服务区域，移交物业服务用房、相关设施、物业服务所必需的相关资料等，并配合交接。物业服务合同尚未履行的部分，终止履行。

对于已经履行的部分，根据合同解除的一般原则，当事人可以请求恢复原状或者采取其他补救措施，并有权请求赔偿损失。依据物业服务合同，物业服务人此前已经为业主提供了物业共用部位、共用设备设施的使用管理、维修和更新、保洁、保安等服务，这些服务是不能恢复原状的。因此，物业服务合同的解除原则上无溯及力，其解除只使物业服务合同的效力向将来消灭。同时，合同解除并不必然影响当事人行使损害赔偿请求权。在任意解除场合，除不可归责于业主的事由以外，解除合同可归责于业主的，物业服务人有权根据履行情况要求赔偿损失。在实践中，物业服务合同成立之后，物业服务企业为了提供约定的物业服务，通常要进行大量的准备工作，会与其他主体订立一系列的合同。业主行使解除权后，可能会给物业服务人造成损失。当然，合同的解除一般要给对方必要的准备时间，此时物业公司的损失一般不会太大。如果业主解除合同是因为物业服务人的违约行为，则业主不但不承担损害赔偿责任，还有权请求物业服务人赔偿损失。

（尹晓春　撰写）

第九百四十七条　【物业服务合同的续订】 物业服务期限届满前，业主依法共同决定续聘的，应当与原物业服务人在合同期限届满前续订物业服务合同。

物业服务期限届满前，物业服务人不同意续聘的，应当在合同期限届满前九十日书面通知业主或者业主委员会，但是合同对通知期限另有约定的除外。

【立法背景】

本条为新增条文。传统民法中并无物业服务合同，《合同法》分则中也没有关于该合同的专门规定，物业服务合同是随着我国房地产实践的发展和物业管理的需要而出现的。《物权法》实施前，2003 年通过并公布的《物业管理条例》将提供物业服务的企业称为“物业管理企业”。2007 年，《物权法》开始采用“物业服务企业”的称谓，规定物业服务企业或者其他管理人根据业主的委托管理建筑区划内的建筑物及其附属设施，并接受业主的监督，突出了服务性而非管理性，更能体现业主与物业服务人的平等地位，增强业主的权利意识和物业服务人的服务意识。

物业服务人应当按照物业服务合同的约定，向全体业主提供物业服务，通常情况下，物业服务并不是一次性完成的，而是需要持续一定的时间，物业服务人在合同约定的期间内不间断提供物业服务，并确保物业服务顺利延续下去。而物业服务合同的订立又需要遵循严格的法定程序，因此，为了明确物业服务人与业主之间的具体权利义务关系，同时也为了有效避免纠纷的发生，本条对物业服务合同的续订作出了具体的规定。

【条文解读与法律适用】

一、物业服务合同的续订及时间

（一）物业服务合同的续订

根据《民法典》第 278 条的规定，选聘和解聘物业服务企业或者其他管理人属于应由业主共同决定的事项，应当由专有部分面积占比三分之二以上的业主且人数占比三分之二以上的业主参与表决，并经参与表决专有部分面积过半数的业主且参与表决人数过半数的业主同意。在物业服务期限届满前，业主对是否续聘作出决定，同样也需要履行前述法定表决程序，共同决定续聘物业服务人。具体操作上，业主可以授权业主委员会与物业服务人续订物业服务合同，但业主委员会续订物业服务合同是以业主大会的决定为依据，业主委员会无权自行作出决议。

（二）续订合同的时间节点要求

以时间因素在合同履行中所处的地位和所起的作用为标准，合同可以分为继续性合同和非继续性合同。继续性合同，合同的内容非一次给付即可完结，而是继续实现，随着时间的推移，当事人之间会持续不断产生新的权利义务。租赁合同、仓储合同、委托合同、物业服务合同，以及水、电、气的供用合同等属此类。非继续性合同，则是当事人的给付应一次性完成的合同。买卖合同、赠与合同等属此类。

物业服务合同属于继续性合同，合同的内容非一次给付即可完结，时间因素在物业合同履行上居于重要地位。因此，为了保障合同履行的延续性和确定性，需要在物业服务期限届满前，确定是否续聘、是否续订物业服务合同。本条第 1 款此次对业主续聘及物业合同续订作了明确规定，业主应当在物业服务期限届满前作出续聘决定，并在合同期限届满前与物业服务人续订物业服务合同。

二、物业服务人不同意续聘及其通知义务

物业服务合同的订立和续订应尊重合同双方意志。物业服务期限届满，业主有权选择续聘或者解聘物业服务人，该事项属于应由业主共同决定的建筑区划内的重大事项，需要业主履行法定表决程序。同时，作为物业服务合同的另一方当事人，物业服务人在物业服务合同届满时，亦有权选择续订或者不再续订合同。

但是，鉴于物业服务人为业主提供服务，物业服务的内容具有多样性，既涉及对物的管理，如车库、电梯等公共设施的管理与维护；又涉及环境管理，如草坪、绿地、水系等的管理与维护；还涉及生活秩序与安全的管理与维护，如物业服务人应当根据实际情况设置保安保障小区安全等。物业服务事项事关全体业主的人身、财产安全，与业主的生活息息相关，管理和服务的内容具有较强的延续性，不能随意中断。同时，有的物业管理活动具有较强的技术性要求，如小区公共设施的检修、保养与维护等，对物业服务人还应当有一定的资质要求。因此，需对物业服务人设置更为严格的义务，确保物业管理和服务持续有序开展。如果物业服务人在物业服务期限届满前，不同意续聘的，应当及时履行通知义务，为业主寻找新的物业服务人并作出选聘决定提供充分时间。本条第 2 款明确规定，物业服务期限届满前，物业服务人不同意续聘的，应当在合同期限届满前九十日书面通知业主或者业主委员会。但如果物业服务合同对通知期限另有约定，则遵照合同约定的期限履行通知义务。

此外，合同关系消灭后，当事人依诚实信用原则应负有某种义务，以维护给付效果或协助对方处理合同终了善后事务，此即后合同义务。物业服务人不同意续聘，物业服务合同到期后，物业服务人将发生更换，由新的物业服务人提供管理服务，但原物业服务人仍负有一定的后合同义务，以保证物业管理的继续和顺畅衔接。比如，在新的物业服务合同生效前，原物业服务人负有继续处理物业管理事务的义务，避免物业处于无人管理的状态，当然，此时业主也应当依据诚实信用原则偿付费用以及支付报酬。又如妥善交接的义务，物业服务人应及时退出物业服务区域，移交物业服务用房、相关设施、物业服务所必需的相关资料等，并应与业主大会选聘的新的物业服务人妥善进行交接。

（尹晓春　撰写）

第九百四十八条　【不定期物业服务合同】物业服务期限届满后，业主没有依法作出续聘或者另聘物业服务人的决定，物业服务人继续提供物业服务的，原物业服务合同继续有效，但是服务期限为不定期。

当事人可以随时解除不定期物业服务合同，但是应当提前六十日书面通知对方。

【立法背景】

物业服务是现代社会城市服务中不可缺少的组成部分，由于物业服务法律关系具有主体的集合性、权利义务的复合性、履行的继续性[①]等诸多特点，涉及居民生活、工作和社区和谐，可以说具有相当程度的准公共性。物业服务合同作为当事人众多的双务、有偿合同，在民法典中对其约定的服务期限届满后如何协调物业服务人、业主等之间的权利义务关系予以明确，以制度保障和促进物业管理机制的有效运作，不仅是维护社会主义法治权威的需要，也是维护社会和谐稳定及社会主义市场经济秩序的需要。同时，物业服务又属于继续性合同，物业服务合同约定的服务期届满后，若业主没有依法作出续聘或者另聘物业服务人的决定，即业主对于是否续聘原物业服务人或者另聘其他物业服务人作出明确表示时，为保证此期间物业服务不中止，居民生活和工作环境不恶化，及城市整体环境之和谐，有必要允许原物业服务人继续提供物业服务，继续处理有关物业服务事项，以避免出现因业主之间无法达成一致、业主委员会履职不能或其他类似情况而造成物业服务僵局、最终无人受益的结果。本条规定系新设规定，基础原理源自合同的默示更新理论，如本法第734条第1款规定："租赁期间届满，承租人继续使用租赁物，出租人没有提出异议的，原租赁合同继续有效，但是租赁期限为不定期。"

【条文解读与法律适用】

根据本法第140条："行为人可以明示或者默示作出意思表示。沉默只有在有法律规定、当事人约定或者符合当事人之间的交易习惯时，才可以视为意思表示。"前述房屋租赁合同续租的规定即为典型意义上法律规定的沉默的意思表示。本条规定借鉴该理论，将原物业服务合同的服务期限届满后，业主没有依法作出续聘或者另聘物业服务人的决定，而原物业服务人继续提供物业服务的情形纳入规制范围，亦可称为默示的物业服务合同更新。

---

① 王利明：《合同法分则研究》（下卷），中国人民大学出版社2013年版，第159—161页。

一、适用本条的时间节点

本条规定仅适用于原物业服务合同的服务期限届满后。所谓物业服务合同约定的服务期限届满，是指物业服务人已经按照合同约定的起算终止日期履行了全部义务，业主与物业服务人没有续签新的合同、延长服务期限，合同目的已归于消灭，物业服务合同关系因此而终止。

二、适用条件

（一）业主的沉默的意思表示

明示的意思表示与默示的意思表示的主要区别为表现形式，前者以言语文字或其他惯常的表意方法直接表示，后者则以使人可以推知的方式间接表示。[①] 单纯的沉默，则由于原则上不具有意思表示的意义，既不表示同意，也不表示拒绝，是一个法律上纯然零价值的状态，应严格限制其构成意思表示的情形，只有在法律规定、当事人约定或符合当事人之间的交易习惯时才能被视为意思表示。物业服务期限届满后，业主没有依法作出续聘或者另聘物业服务人的决定，之后的可能性并不是唯一的，业主经过协商、沟通可能最终决定续聘原物业服务人，也可能另聘新的物业服务人，甚至可能业主经过协商、沟通，但在一定时间范围内仍无法达成有效力的一致意见。上述情况发生后，会直接造成物业服务真空、居民生活和工作环境恶化进而损害城市整体环境。为此，《民法典》特增设本条规定以防止此类物业服务困境。

（二）原物业服务人继续提供物业服务

原物业服务人继续提供物业服务，指的是原物业服务人按照原物业服务合同的标准、依据原物业服务合同的内容继续提供物业服务，此时，应当把“业主没有依法作出续聘或者另聘物业服务人的决定”的沉默的意思表示认定为拟制的邀约，而原物业服务人继续提供物业服务则属于承诺，二者结合的实质是新的物业服务合同以原物业服务合同继续有效的方式而存在，唯一的变化为合同服务期限，从定期变更为不定期。

三、双方的任意解除权

根据本法第563条第2款的规定，以持续履行的债务为内容的不定期合

---

① 郑玉波：《民法总则》，中国政法大学出版社2003年版，第334页。

同，当事人可以随时解除合同，但是应当在合理期限之前通知对方。与不定期合同相联系的，即双方当事人的任意解除权，当然，任何一方在解除合同前，应当给予另一方合理期限。如本法第 734 条规定的不定期租赁、第 976 条规定的不定期合伙等。

（苏萌　撰写）

第九百四十九条　【原物业服务人的后合同义务及责任承担】物业服务合同终止的，原物业服务人应当在约定期限或者合理期限内退出物业服务区域，将物业服务用房、相关设施、物业服务所必需的相关资料等交还给业主委员会、决定自行管理的业主或者其指定的人，配合新物业服务人做好交接工作，并如实告知物业的使用和管理状况。

原物业服务人违反前款规定的，不得请求业主支付物业服务合同终止后的物业费；造成业主损失的，应当赔偿损失。

【法条链接】

《物业管理条例》第 29 条、第 38 条；《审理物业服务纠纷案件的解释》第 10 条

【立法背景】

物业服务行业的迅猛发展无疑进一步提升了广大居民的工作和生活环境，推动了我国的城市化进程。但与此同时，与物业服务有关的纠纷也持续增长，其中尤以如何处理物业服务合同终止后，物业服务人以各种理由不予退出物业区域、不交还相关资料等为甚。2003 年实施的《物业管理条例》首次从国家行政法规的层面明确规定了物业服务合同终止后，物业服务人应当履行的移交物业管理用房、相关物业资料以及与新的物业服务人交接的后合同义务。但《物业管理条例》相关规定较为原则，对物业服务人在物业服务合同终止

后的后合同交接义务范围的涵盖性、合理性和科学性等方面规制不足，缺少明确法律后果，在司法实践中难以形成统一裁判，此情况在一定程度上影响了人们对依法管理物业，建设文明和谐居住社区的信心。为此，最高人民法院于2009年发布实施了《审理物业服务纠纷案件的解释》，其中对物业服务合同的权利义务关系终止后，原物业服务人应当承担的退出物业服务区域等义务进行了更加明确的规定。本条即主要源自《物业管理条例》第29条、第38条及《审理物业服务纠纷案件的解释》第10条，属于对国家社会治理经验和审判实践经验的立法转化。

物业服务合同作为当事人众多的双务、有偿、主要带有委托性质的继续性合同，在民法典中将其终止后如何协调物业服务人、业主委员会、业主等主体之间的权利义务关系予以明确，以规范的法律制度来保障和促进物业管理机制的有效运作，不仅是维护社会主义法治权威的需要，也是维护社会和谐稳定及社会主义市场经济秩序的需要。本条与第950条共同构成了民法典合同编“合同的权利义务终止后，当事人应当遵循诚实信用原则，根据交易习惯履行通知、协助、保密等义务”之规定在物业服务法律关系中的具体化。

【条文解读与法律适用】

原物业服务人主要承担的为物业服务合同终止后的后合同义务。所谓后合同义务，是指在合同关系终止后，当事人依据法律、法规的规定，以及诚实信用原则的要求，对另一方负有的保密、协助等义务。[①] 本条规定的后合同义务为原物业服务人的法定义务。

一、适用本条规定的情形

本条仅适用于物业服务合同的权利义务终止之后。实践中，引起物业服务合同权利义务终止的事由主要有：

1. 因物业服务合同目的的实现而终止。物业服务合同因业主委员会与物业服务人追求一定的缔约目的而产生，也可以基于物业服务合同目的的实现而终

① 王利明：《合同法研究》（第四卷）（第二版），中国人民大学出版社2017年版，第172页。

止。如物业服务人已经按照合同约定的起算终止日期履行了全部义务，物业服务合同期限届满，业主委员会与物业服务人没有续签新的合同，合同目的归于消灭，物业服务合同关系即因此而终止。

2. 因物业服务合同约定解除而终止。物业服务合同的约定解除，是指物业服务合同的当事人在具有法律效力的合同未全部履行之前，终止该合同的效力。

3. 因当事人行使法定解除权而终止。根据民法典合同编相关规定，法定解除权通常是指在不可抗力、对方预期违约、不履行主要合同义务、迟延履行合同主要义务、根本性违约不能实现合同订立目的等情形下，当事人可以解除合同。如果在物业服务合同履行过程中，出现法定解除条件，一方行使法定解除权，物业服务合同关系因此终止。

二、原物业服务人的主要后合同义务

1. 在约定期限或者合理期限内退出物业服务区域。物业服务区域，是业主生活与工作的主要场所，该区域环境与安全程度，直接关系到业主的生活与工作质量。因此，在物业服务合同的权利义务终止后，物业服务人理应予以退出。

2. 移交物业服务用房和相关设施。实践中，物业管理用房与相关设施一般包括：物业办公用房、物业清洁用房、物业储藏用房、业主委员会活动用房以及为物业服务所置备的健身设备、供暖锅炉设施等。民法典物权编规定，建筑区划内的其他公共场所、公用设施和物业服务用房，属于业主共有。《物业管理条例》第 37 条规定："物业管理用房的所有权依法属于业主，未经业主大会同意，物业服务企业不得改变物业管理用房的用途。"由此表明，物业管理用房的所有权属于业主所有，因此，物业服务合同的权利义务终止后，原物业服务人应当履行交付物业管理用房的义务。

3. 交还物业服务所必需的相关资料。此类资料从性质上可以分为权属资料和技术资料两类。权属资料，如《国有土地使用权证》《房屋产权证》等，是明晰物业财产法律关系的合法凭证；技术资料，如建筑设计施工图、规划图等，是记载物业建设全信息的重要凭证。参照《物业管理条例》第 29 条，相关资料包括：（1）竣工总平面图，单体建筑、结构、设备竣工图，配套设施、地下管网工程竣工图等竣工验收资料；（2）设施设备的安装、使用和维护保养等技术资料；（3）物业质量保修文件和物业使用说明文件。

4. 配合新物业服务人做好交接工作，并如实告知物业的使用和管理状况。物业服务合同终止大部分是因为物业服务人的更换，即物业服务区域内物业管理将由新的物业服务人来提供服务。物业服务合同的权利义务终止后，原物业服务人应当做好资料信息、管理服务的交接工作，以保证物业管理的继续和顺畅衔接。

三、原物业服务人违反本条第 1 款的法律后果

1. 原物业服务人违反本条第 1 款规定的，不得请求业主支付物业服务合同终止后的物业费。本法第 950 条规定："物业服务合同终止后，在业主或者业主大会选聘的新物业服务人或者决定自行管理的业主接管之前，原物业服务人应当继续处理物业服务事项，并可以请求业主支付该期间的物业费。"但是，根据本条第 2 款，若原物业服务人违反本条第 1 款规定，则其仍须依照第 950 条继续处理物业服务事项，但不得请求业主支付物业费。此系具有一定程度的惩罚性条款。

2. 因违反本条第 1 款规定而造成业主损失的，应当赔偿损失。对此规定应作如下理解：第一，此损失可能与民法典侵权责任编相关规定有所竞合，受损失人可根据具体情况主张适用何种条款；第二，造成此损失的原因限于原物业服务人违反本条第 1 款规定的情形，若违反的是原物业服务合同或是仅符合侵权责任编相关规定的，受损失人不能依据本条规定主张权利。

四、需要注意的问题

1. 关于本条规定所涉及的法定权利的问题。本条规定实际包含三项权利：一是业主委员会、决定自行管理的业主或者其指定的人的后合同义务请求权；二是受损失人的损失赔偿请求权；三是业主对违反本条第 1 款规定而仍请求支付物业费的原物业服务人的抗辩权。

2. 关于物业服务合同终止后，物业服务人退还的费用问题。（1）多交的物业费，即物业服务人已经预收了业主的物业费，但在合同终止后尚未提供物业服务。《审理物业服务纠纷案件的解释》第 9 条规定：物业服务合同的权利义务终止后，业主请求物业服务企业退还已经预收，但尚未提供物业服务期间的物业费的，人民法院应予支持。本条未规定此项内容，系因此内容实际不属于后合同义务，而应属于物业服务合同的违约责任。(2) 原物业服务人代管的专项维修资金。此资金目前由物业服务人代管的情况已十分罕见，无需法律单独规范。

（苏萌 撰写）

第九百五十条 【原物业服务人的后合同义务及费用请求权】物业服务合同终止后，在业主或者业主大会选聘的新物业服务人或者决定自行管理的业主接管之前，原物业服务人应当继续处理物业服务事项，并可以请求业主支付该期间的物业费。

【立法背景】

本条规定系新增内容，未见于之前的法律、法规、司法解释等规范性文件之中，规定的意旨在于解决实践中大量存在的原物业服务合同终止后的“空档期”问题，即物业服务合同终止后，在业主或者业主大会选聘的新物业服务人或者决定自行管理的业主接管之前，此期间的物业服务事项应当由谁处理、如何处理以及对价支付问题。首先，物业服务合同系继续性合同，其基本特色在于提供服务或供给的一方处于随时准备服务或供给的状态。物业服务所包括的内容繁多，包括公共服务，房屋、公用设施、设备的维护与管理，安保巡检；环境清洁、公共卫生等。这些均与业主生活密切相关。故物业服务合同涉及特定多数人的利益，更涉及部分社会公共利益。因此，为避免物业服务进入设施无人维护、管理无人负责、服务无人提供的“真空”状态，由原物业服务人在业主或者业主大会选聘的新物业服务人或者决定自行管理的业主接管之前继续处理物业服务事项，这是物业服务的题中应有之义。其次，目前我国科学、合理的物业管理方式和运作模式还没有真正建立完成。由于各地经济状况发展不平衡，物业服务企业的服务水平亦不尽一致，判断物业服务质量和物业费标准缺少具体依据可循，而物业服务人预先收取物业费却是普遍现象。司法实践中，物业费所引发的纠纷在物业服务合同纠纷中占比居高不下，不可避免的，此期间双方仍会产生关于支付物业费的纠纷。

民法典对此专门予以规制系回应社会矛盾之必需。此外，基于权利义务对等原则和诚实信用原则，原物业服务人继续参照原物业服务合同处理物业事项的，可请求业主支付继续服务期间的物业费。

【条文解读与法律适用】

本条规定系将原物业服务人继续处理物业服务事项的后合同义务及业主支付此期间物业费的义务法定化，以规范物业服务合同终止后各方权利义务关系的不确定状态。

一、适用本条的时间节点

与第949条相同的是，本条规定亦适用于物业服务合同的权利义务终止之后，但二者的不同点在于，本条规定所确定的原物业服务人继续提供物业服务义务有明确的截止时间，即业主或者业主大会选聘的新物业服务人或者决定自行管理的业主接管之时。造成二者不同的原因在于，第949条规定的“交还”义务，所指向的是一个短时行为，即使存在交接过程的延续，亦不会是一个长期行为，原则上交还完成即告履行完成，原物业服务人对此具有较强的控制力；而本条规定的“继续处理物业服务事项”则明显系不定期的继续性行为，是否完成取决于业主委员会等，原物业服务人对此基本不具有控制力。

二、原物业服务人“继续处理物业服务事项”的具体内容

物业服务合同既然系继续性合同，则本条中原物业服务人“继续处理物业服务事项”的具体内容与原物业服务合同自然是一致的，这亦与业主支付物业费相适应。从法学理论出发，单从义务内容看，此种“继续处理物业服务事项”的义务与原物业服务合同物业服务人的主给付义务等同，实际已超出了后合同义务如协助、通知等义务的范畴，即原物业服务人在无法定义务、亦无约定义务的情况下为业主利益管理事务，本应构成无因管理，但在本条规制下，其继续处理物业服务事项的义务则直接成为法定义务。换言之，若原物业服务人拒绝继续处理物业服务事项的，该行为并非违约行为，而是违反本条规定的行为，业主得依据本条规定请求人民法院判决支持其原物业服务人继续处理物业服务事项的诉请。

三、业主支付原物业服务人继续服务期间的物业费的标准

原物业服务人继续处理物业服务事项，其具体内容如前所述，与原物业服务合同相一致，那么，业主支付原物业服务人继续服务期间的物业费的标准应当亦与原物业服务合同一致。类似于民法典合同编中关于租赁期间届满承租人继续使用租赁物的规定，即在房屋租赁法律关系中，租赁期届满后，在未达成新的租赁合同的情况下，出租人或明示或默示允许承租人继续以相同状态租赁有关房屋，若出租人于次月要求承租人支付租金，承租人应比照原租赁合同关于租金的约定予以支付。二者不同之处在于，租赁期届满后，出租人的明示或默示能够延长租赁合同，而物业服务合同终止后，在业主或者业主大会选聘的新物业服务人或者决定自行管理的业主接管之前，当事人之间的权利义务关系并未经业主明示或默示而进入物业服务合同的延长状态，而是进入本条规定的规制范围。因此，业主支付原物业服务人继续服务期间的物业费的标准基于原物业服务合同的双方约定，但效力系本条规定所赋予。

四、业主是否有权排除本条规定的适用

本条规定的立法本意是，确保新旧物业服务人顺畅交接，维护社区和谐的生活环境，业主居住环境质量不因原物业服务合同终止而明显下降。因此，若业主委员会等对保持本社区居住环境质量已有相应安排或与原物业服务人已产生难以调和的纠纷，则可通过明示方式免除原物业服务人在本条规定中所应履行的义务。

（苏萌　撰写）

第二十六章　中介合同

第九百六十五条　【委托人跳单违约】委托人在接受中介人的服务后，利用中介人提供的交易机会或者媒介服务，绕开中介人直接订立合同的，应当向中介人支付报酬。

【立法背景】

中介合同是中介人向委托人提供订立合同的机会或者提供订立合同的媒介服务，委托人支付报酬的合同，系《合同法》所规定的居间合同。基于通俗易懂的考虑，《民法典》将“居间合同”修改为“中介合同”，“居间人”修改为“中介人”。

与《合同法》相比，本条系新增条文，对中介合同中的“跳单”作了规定。所谓“跳单”又称“跳中介”，是在中介人向委托人提供中介服务后，委托人利用中介人提供的服务，而甩开中介人私下与相对人订立合同，或者另行委托其他中介人与相对人订立合同的现象。“跳单”在中介合同中时有发生，尤其体现在二手房买卖中介纠纷中。之所以容易发生“跳单”，是由中介合同的特征决定的。在中介合同中，当事人双方掌握的信息不对称，中介人利用自身的信息优势为委托人创造缔约机会而取得报酬。与此同时，委托人如何利用中介人提供的交易机会或者媒介服务，难以为外人察觉，况且此时委托人尚未支付中介报酬，这就容易产生道德风险。实践中，中介公司为保护自己的合法权益，往往在中介合同中约定禁止跳单的条款。但是，由于缺乏法律规定，当事人在中介合同中约定的禁止跳单条款法律效力如何，以及何种情况构成跳单违约，认识不一。为指导此类案件的处理，最高人民法院于 2011 年 12 月 20 日发布了有关“跳单”认定的指导性案例，对促进中介市场良性竞争、保护委托方合法的选择权、避免因信息不对称导致不公平，发挥了重要作用。《民法典》也正是基于回应实践需求，总结司法实践经验，而增加了本条规定。

【条文解读与法律适用】

一、关于跳单违约的构成要件

（一）委托人接受了中介人的服务

判断是否构成“跳单”，首先要看中介合同是否已生效，并且要看中介人是否已按照合同约定提供了交易机会或者媒介服务。这里需要特别注意的是，中介合同与委托合同、行纪合同有很多相似之处，准确判断委托人与中介人签订的合同是否属于中介合同，至关重要。我们不能仅仅依据合同名称来判断，而应当看合同约定的权利和义务。这是因为，中介合同虽为有名合同，但在实践中当事人采用的合同名称多种多样。比如，对于二手房买卖中介合同，有的称房地产求购确认书，有的称二手房买卖服务合同，有的称委托看房书，有的称看房协议书。不论名称如何，其核心内容都是由中介公司向委托人提供二手房买卖的信息和媒介服务，都属于中介合同，都应当按照《民法典》中关于中介合同的相关规定进行认定和处理。实践中，委托人就同一委托事项，可能仅委托一个中介人，也可能同时委托多个中介人。在有多个中介人的情形下，我们尤其要准确判断委托人是否接受了中介人的服务，以及接受了哪个或哪些中介人的服务。

（二）委托人利用了中介人提供的信息机会或者媒介服务

按照中介合同约定，中介人向委托人提供服务之后，委托人是否利用了中介人提供的这一服务而订立合同，是判断是否构成“跳单”违约的关键。实践中，委托人为了增加交易机会，往往委托多个中介人。比如二手房买卖中，卖方为了提高售价或者尽快出售，可能通过多家中介公司挂牌出售同一房屋，而不是委托某家中介公司独家代理。因此，多家中介公司可以掌握同一房源信息，而买方也可以通过多家中介公司了解到同一房屋信息。这就需要我们准确判断委托方与相对方最终达成交易，究竟是利用了哪家中介公司提供的服务。需要注意的是，不能简单地以提供服务的时间先后来判断，还要结合服务的内容等具体情形。

（三）委托人绕开中介人直接订立合同

委托人绕开中介人直接订立合同，有几种表现形式：一是委托人利用中介人提供的信息机会或者媒介服务，直接与合同相对方订立合同。二是委托人利用中介人提供的信息机会或者媒介服务，通过其他中介人与合同相对方订立合同。比如，委托方通过某一中介公司提供的信息和媒介服务，合同已基本达成。此时，委托人发现其他中介公司的费用更低，继而通过其他中介公司与合同相对方订立合同，则构成跳单违约。三是委托人将中介人提供的信息透露给其他人，如亲朋好友，然后以亲朋好友的名义与合同相对方订立合同，以达到绕开中介人的目的。

二、关于报酬的性质

根据本条规定，委托人构成“跳单”行为的，应当向中介人支付报酬。对于报酬的性质，应认为，它属于委托人应承担的违约责任。理由如下：第一，“跳单”发生在中介合同成立、生效后的履行阶段。第二，附条件的民事法律行为，当事人阻止的是合同效力的成就，而“跳单”并未阻止合同生效，而是委托人利用了中介人提供的信息、机会等条件却不通过中介人而达成买卖交易的行为，违反合同诚实履行的义务。第三，实践中，中介人享有的报酬请求权，往往不仅因为其提供了有用的信息。比如，在二手房买卖合同中，中介人与委托人约定的报酬，需要中介人履行一系列合同义务，包括提供有用的房源信息、带买方看房、协助双方商谈价格、协助办理贷款、协助办理产权过户等。实践中，委托人“跳单”经常发生在看房之后，订立买卖合同之前。此时，中介人仅履行了部分合同义务，如果要求委托人支付约定的全部报酬，则违反权利义务一致的原则。

综上，中介人与委托人签订的中介合同，可以约定禁止“跳单”条款，并且可以约定“跳单”的违约责任；如果当事人没有约定的，按照本条处理，委托人应当向中介人支付报酬。至于支付的数额，可以考虑中介人提供服务的程度，进行具体判断。

三、需要注意的问题

实践中，中介人为保障自己的合法权益，通常在中介合同中载明禁止委托人跳单的条款。对于禁止跳单条款的法律效力问题，司法实践中有不同的认识，有的认为，这是中介人利用自己的优势地位而设立的霸王条款，限制了委托人的选择权，应属无效；有的认为，委托人在签订中介合同时对禁止跳单条款的内容和后果应当明知，应属有效。笔者认为，即使《民法典》增加了本条关于禁止跳单的规定，对中介合同中有关禁止跳单条款的效力，也不能一概而论，而应当依据双方约定的具体内容来认定禁止跳单条款的效力，要看行为人是否具有相应的民事行为能力，意思表示是否真实，是否违反法律、行政法规的强制性规定和公序良俗等。同时，尤其要注意，禁止跳单条款，是中介人为了重复使用而事先拟订且在订立合同时未与委托人协商的条款，其性质属于格式条款。根据《民法典》第497条规定，提供格式条款一方不合理地免除或者减轻其责任、加重对方责任、限制或者排除对方主要权利的，该格式条款无效。另外，禁止跳单条款也可能存在显失公平的情况。比如，多个中介人掌握了同一房源信息，有的中介人在禁止跳单条款中约定：中介人带委托人看房后，委托人不得私下或者通过其他中介人与合同相对人订立合同，否则需要支付相当于中介报酬的违约金。这意味着中介人带领委托人看房后就可以“旱涝保收”，不论该中介人报价是否偏高、服务质量如何、中介报酬是否偏高等，委托人如果打算购买该套房屋，只能选择这家中介进行交易，否则就构成跳单违约，要支付相当于中介报酬的违约金。对此，笔者认为，中介人带着委托人看房，付出的劳动是有限的，而在多家中介公司掌握同一房源信息的情况下，各家中介的报价和服务可能存在较大差异，如果某个中介人以有限的付出限制买方的选择权，双方利益是明显失衡的，在这种情况下，委托人如果认为显失公平，可以申请变更或者撤销该条款。

四、典型案例

2011年12月20日，最高人民法院发布了第一批指导性案例（指导案例1号），系有关房屋买卖居间合同中“跳单”的认定。现将本案的裁判要点、基本案情、裁判结果、裁判理由介绍如下。

（一）裁判要点

房屋买卖居间合同中关于禁止买方利用中介公司提供的房源信息却绕开该中介公司与卖方签订房屋买卖合同的约定合法有效。但是，当卖方将同一房屋通过多个中介公司挂牌出售时，买方通过其他公众可以获知的正当途径获得相同房源信息的，买方有权选择报价低、服务好的中介公司促成房屋买卖合同成立，其行为并没有利用先前与之签约中介公司的房源信息，故不构成违约。

（二）基本案情

原告诉称：被告利用原告提供的上海市虹口区某路某号房屋销售信息，故意跳过中介，私自与卖方直接签订购房合同，违反了《房地产求购确认书》的约定，属于恶意“跳单”行为，请求法院判令被告按约支付原告违约金1.65万元。

被告辩称：涉案房屋原产权人李某某委托多家中介公司出售房屋，原告并非独家掌握该房源信息，也非独家代理销售。其并没有利用原告提供的信息，不存在“跳单”违约行为。

法院经审理查明：2008年下半年，原产权人李某某到多家房屋中介公司挂牌销售涉案房屋。2008年10月22日，上海某房地产经纪有限公司带被告看了该房屋；11月23日，上海某房地产顾问有限公司带被告之妻看了该房屋；11月27日，原告带被告看了该房屋，并于同日与被告签订了《房地产求购确认书》。该《确认书》第2.4条约定，被告在验看过该房地产后六个月内，被告或其委托人、代理人、代表人、承办人等与被告有关联的人，利用原告提供的信息、机会等条件但未通过原告而与第三方达成买卖交易的，被告应按照与出卖方就该房地产买卖达成的实际成交价的1%，向原告支付违约金。当时原告对该房屋报价165万元，而某房地产顾问公司报价145万元，并积极与卖方协商价格。11月30日，在某房地产顾问公司居间下，被告与卖方签订了房屋买卖合同，成交价138万元。后买卖双方办理了过户手续，被告向某房地产顾问公司支付佣金1.38万元。

（三）裁判结果

上海市虹口区人民法院于2009年6月23日作出判决：被告应于判决生效之日起十日内向原告支付违约金1.38万元。宣判后，被告提出上诉。上海市第二中级人民法院于2009年9月4日作出（2009）沪二中民二（民）终字第1508号民事判决：撤销上海市虹口区人民法院（2009）虹民三（民）初字第912号民事判决；被上诉人（一审原告）要求上诉人（一审被告）支付违约金1.65万元的诉讼请求，不予支持。

（四）裁判理由

法院生效裁判认为：原告与被告签订的《房地产求购确认书》属于居间合同性质，其中第2.4条的约定，属于房屋买卖居间合同中常有的禁止“跳单”格式条款，其本意是为防止买方利用中介公司提供的房源信息却“跳”过中介公司购买房屋，从而使中介公司无法得到应得的佣金，该约定并不存在免除一方责任、加重对方责任、排除对方主要权利的情形，应认定有效。根据该条约定，衡量买方是否“跳单”违约的关键，是看买方是否利用了该中介公司提供的房源信息、机会等条件。如果买方并未利用该中介公司提供的信息、机会等条件，而是通过其他公众可以获知的正当途径获得同一房源信息，则买方有权选择报价低、服务好的中介公司促成房屋买卖合同成立，而不构成“跳单”违约。本案中，原产权人通过多家中介公司挂牌出售同一房屋，被告及其家人分别通过不同的中介公司了解到同一房源信息，并通过其他中介公司促成了房屋买卖合同成立。因此，被告并没有利用原告的信息、机会，故不构成违约，对原告的诉讼请求不予支持。

（司艳丽　撰写）

第二十七章　合伙合同

第九百六十七条　【合伙合同的定义】合伙合同是两个以上合伙人为了共同的事业目的，订立的共享利益、共担风险的协议。

【法条链接】

《民法通则》第 30 条、第 31 条；《合伙企业法》第 2 条、第 3 条

【立法背景】

与《合同法》相比，第二十七章“合伙合同”是合同分编的新增内容。民法典首次将合伙合同作为一类典型合同，在合同分编予以明确规定。我国关于合伙的立法，借鉴了其他国家的做法，采取了分别立法的模式，最早要追溯到 1986 年制定的《民法通则》。《民法通则》第二章“公民（自然人）”一章中，专节（第五节）规定了“个人合伙”制度，并且从合伙定义、合伙合同内容、合伙字号与经营范围、合伙的内部关系、合伙的民事责任角度对合伙制度予以规范。而第三章“法人”的第四节“联营”中第 52 条，则对具有合伙性质的非法人经营的合伙型联营进行了规定。此后 1988 年施行的《民法通则意见（试行）》共用 12 个条文对《民法通则》中关于合伙的上述规定进行细化。1997 年通过并于 2006 年修改的《合伙企业法》，确立了组织型合伙的商事主体地位，并对合伙企业的主体的行为或组织规则予以规范，同时也涉及了对合伙合同的规定。2017 年通过的《民法总则》在第 102 条第 2 款，以列举的方式将“合伙企业”归于“非法人组织”的范畴。《民法总则》作为民法典的统领部分，已经把组织型合伙作为主体，纳入非法人组织的框架内。

但对于《民法通则》中的个人合伙及联营则不再规定。从上述立法模式的演变可以看出,《民法通则》及《民法通则意见(试行)》侧重于从组织体与债务关系两方面规范合伙问题,不仅涉及合伙的组织方式和成员变更程序等组织法上的问题,同时亦强调合伙人间的继续性债务合同关系,而自《民法总则》开始,民法典则在民事主体部分对合伙企业的主体资格予以明确的同时,又将合伙合同作为一种合同类型而在合同分编中专章予以规定。从而形成了现在民法典中合伙制度的分离立法模式。

《民法通则》第30条规定:"个人合伙是指两个以上公民按照协议,各自提供资金、实物、技术等,合伙经营、共同劳动。"第31条规定:"合伙人应当对出资数额、盈余分配、债务承担、入伙、退伙、合伙终止等事项,订立书面协议。"《合伙企业法》第2条第1款规定:"本法所称合伙企业,是指自然人、法人和其他组织依照本法在中国境内设立的普通合伙企业和有限合伙企业。"第4条规定:"合伙协议依法由全体合伙人协商一致、以书面形式订立。"上述法律规定也体现出我国立法中遵循的在民商分立的立法模式下民事合伙与商事合伙的分类立法模式。民事合伙比较强调合伙人之间的权利义务关系,即将合伙视为当事人之间的一种合同关系;而商事合伙更加注重合伙人之间的集合性,将合伙视为合伙人之间基于合伙合同而成立的享有某种特定权利和承担相应义务的组织体。本条则不再区分《民法通则》中的个人合伙与《合伙企业法》中的合伙企业的主体类型,将两者共同涉及的合伙合同予以统一定义与规范,旨在调整不同主体基于不同类型合伙产生的契约关系。当然,属于合伙企业的,还应适用《合伙企业法》的相关规定。

【条文解读与法律适用】

一、合伙合同的定义及特征

本条规定了合伙合同的定义。根据本条规定,合伙合同具有如下法律特征:第一,合伙合同以两个以上合伙人为主体,至于是自然人、法人或其他非法人组织,在所不问。同时,根据缔约行为的一般要求,合伙人是自然人的,必须是具有完全民事行为能力的人。此外,根据《合伙企业法》第3条的规定,国有独资公司、国有企业、上市公司以及公益性的事业单位、社会团体不得成为普通合伙人。第二，合伙合同以合伙人之间经营共同事业为目的。而关于共同事业，不限于物质利益，精神利益的追求亦可作为共同事业目的之一。是否具有共同事业目的，既是合伙成立的前提，也是判断一个团体是否为合伙的依据。第三，合伙人应当承诺共享利益、共担风险。合伙合同的成立以各合伙人对合伙事业的承诺为依据。且各合伙人必须共同享有合伙合同的利益，共同承担合伙合同履行带来的风险，若合伙中仅规定由某些人享有利益或由某些人承担损失的，不属于合伙，因其失去了合伙人就共同事业有共同利害关系的必要条件。此外，各合伙人之间还应基于合伙事务形成利害关系，如合伙合同约定，某一合伙人无论合伙事业盈亏，均收取固定的报酬，则该合伙人对合伙无利害关系，不承担风险，其自然不属于合伙合同关系。第四，合伙合同的形式不局限于书面形式。《民法通则意见（试行）》第 50 条规定："当事人之间没有书面合伙协议，又未经工商行政管理部门核准登记，但具备合伙的其他条件，又有两个以上无利害关系人证明有口头合伙协议的，人民法院可以认定为合伙关系。"实践中，合伙合同自以书面形式为主，但在特殊情况下，口头合伙合同的形式也依然存在。对于合作时间较短、内容相对简单或者合伙规模较小的合伙事业，口头合同形式亦可构成合伙合同关系，关键在于合伙人之间是否就共同的事业目的形成了共同的承诺，至于该承诺以书面形式还是口头形式表示，并不当然影响合伙合同的成立，还应根据合伙合同的具体内容依法判定。

二、合伙合同与相关合同的比较

（一）合伙合同与雇佣合同

雇佣合同一般是指受雇人利用雇佣人提供的条件，在雇佣人的指导、监督下，以自身的技能为雇佣人提供劳动，并由雇佣人支付劳动报酬的法律关系。其核心在于劳动力与报酬是为交易对价，一方提供劳务，另一方支付报酬，雇工受雇佣人的指挥或控制，即存在隶属关系。而合伙合同关系，则是合伙人基于共同的事业目的，共同投资共担风险，合伙人之间不存在支付报酬的法律关系，彼此之间也不是隶属关系。

（二）合伙合同与一般合同

第一，合伙合同具有合同的基本特征。合同的当事人地位平等，订立合同遵循自愿、诚实信用等原则。第二，合伙合同当事人的出资并不构成相互间的对价关系，合伙人之间所追求的经济利益是共同的，各合伙人具有共同的利害关系。这是合伙合同与如买卖合同、借款合同等其他各类合同的明显区别之处。在其他双务合同中，双方当事人在合同中各自追求的经济目的相互对应，一方所得正是对方所失，一方向对方给付利益正是为了从对方得到某种利益，其结果是实现彼此的商品交换关系。第三，合伙合同当事人的权利义务是一致的。这是上一特征的必然逻辑延伸，正是由于合伙合同是以经营共同事业为目的，所以各个合伙人的权利义务相互平等，在性质和内容上是一致的。

三、需要注意的问题

共担风险是指合伙作为一个整体与合伙外部的关系而言，属于合伙的基本特征，同时，合伙内部约定合伙事务的执行者对因执行合伙事务产生的风险自行承担责任，是合伙内部经营方式的体现，这种约定仅在合伙内部具有约束力，不能对抗和改变合伙内各合伙人对外部的债务共同承担责任的风险共担原则，合伙内部关于各合伙人经营风险负担的约定不影响合伙关系的成立。

（朱燕　撰写）

第九百六十八条　【合伙人出资义务的履行】合伙人应当按照约定的出资方式、数额和缴付期限，履行出资义务。

【法条链接】

《合伙企业法》第 17 条

【立法背景】

本条沿用了《合伙企业法》第 17 条的规定，但未保留关于非货币财产出资依照法律规定办理财产权转移手续的内容。值得注意的是，在《民法典合同编（草案)》（二审稿）中，本条第 2 款规定了合伙合同中排除适用同时履行抗辩权的规定，即“一个或者数个合伙人不履行出资义务的，其他合伙人不能因此拒绝出资”。但最终，民法典没有保留，这表明在合伙合同中，民法典最终采纳了不排除适用同时履行抗辩权的观点。

关于合伙合同是否能够适用同时履行抗辩权制度，理论中素有争议。第一种观点认为，合伙人没有同时履行抗辩权。其理由是，合伙契约中合伙人的给付，难以他合伙人的给付为基础，其给付目的不在于交换，而旨在共同事业的经营，故具有相当程度的团体性。出资请求权应属于合伙财产，故请求出资为业务执行行为，即使合伙人未履行自己的出资义务而请求他人出资时，受请求人也不能援用同时履行抗辩权而对抗业务执行行为。第二种观点认为，在合伙人为2人时，得援用同时履行抗辩权；如为3人或3人以上时，则不能援用。[①] 第三种观点认为，对于任何合伙关系均适用同时履行抗辩权，而不问合伙人之多少，因为各合伙人之出资义务之间具有对价性。[②] 第四种观点认为，应允许有限制地适用同时履行抗辩权，即当未履行自己出资义务的人请求他合伙人履行出资义务时，应允许提出抗辩，但对于已履行出资义务的合伙人或业务执行人，则不得援用同时履行抗辩权以对抗之。[③] 民法典则尊重合伙合同的合同属性，在合伙合同中，并不排除同时履行抗辩权制度的适用。

【条文解读与法律适用】

一、出资义务的履行

本条规定了合伙人应如何履行出资义务。按约定履行出资义务是指投资人按照合伙协议约定的出资方式、数额与缴付期限向合伙投入资产的行为，是投资设立合伙的前提，也是合伙成立和进行业务活动的物质基础。出资方式上，从《民法通则》第30条、《合伙企业法》第17条的规定可以看出，对合伙的出资形式多样，可以是资金、实物、技术等不同财产类型，不局限于资金投入，以其他合法形式出资的，亦可确认其出资人权益。出资数额是指

---

① 王泽鉴：《民法学说与判例研究》中国政法大学出版社1998年版，第148页。

② ［日］横田秀雄，转引自王利明：《论双务合同中的同时履行抗辩权》，载梁慧星主编：《民商法论丛》（第3卷），法律出版社1995年版，第14页。

③ 苏俊雄：《契约原理及其实用》，中华书局1983年版，第136页。

合伙人用以出资的财产的价值额，如以非货币方式出资的，一般会商定或折算为货币对应的价值额。出资期限，则是合伙人将用于出资的资产缴付于合伙的期限，合伙人可以通过合伙合同明确各类出资的期限，即只要合伙人在合伙合同约定的期限内缴足出资即可，可一次性缴纳，亦可分批分期缴纳。

二、合伙合同中的同时履行抗辩权

合伙合同究竟是否能够适用同时履行抗辩权，还应从合伙人在合伙合同中享有的权利义务其内容和性质分析出发来判断。同时履行抗辩权的法律根据在于双务合同的牵连性。这种牵连性是指双务合同中的当事人权利义务相互依存、互为因果。体现在合同的成立上，即一个合同中的两项义务互为对价、互为条件，其中一项债务不成立或无效时，另一项债务因此也不成立或无效。体现在合同的履行上，就是指一方负担的义务以他方负担的义务为前提。如果一方不履行自己的义务，则对方的权利不能实现，而其义务履行亦失去目的性，只有双方各自履行义务，债的目的才能实现。基于此，双务合同中一方的义务履行要求以对方的义务履行或义务履行之提出为前提。双务合同的牵连性决定了双务合同双方当事人所承担的债务具有对价性、交换性和相互依赖性，体现在法律上就形成了同时履行抗辩权制度。而合伙人在合伙合同中的权利义务不外有三：一是合伙当事人的出资义务和请求对方出资的权利，二是参与合伙事务管理的义务与请求其他合伙当事人参与合伙事务管理的权利，三是根据合同约定取得合伙利润的权利和合理分配合伙利润的义务。从上述第二种、第三种权利义务分析看，不管是合伙事务的管理，还是合伙利润的请求分配权，其权利义务之间，均不存在对价性、交换性和牵连性。合伙事务的管理，均为合伙当事人与合伙这一整体之间的权利义务，而非各合伙人之间产生的对价或交换，其履行义务的目的不在于换取对方对该义务的履行，而旨在经营合伙事业。而合伙利润的分配，亦是由合伙统一向各合伙人进行，合伙人之间并不存在权利义务的对价关系和牵连性，因此，在合伙事务管理及利润分配此类合伙权利义务中，自无同时履行抗辩权适用之空间。但就合伙人所负出资义务而言，虽然各合伙人履行其出资义务不是为了换取另一方的对价，而是为了聚集营业，形成合伙财产，但仅靠单一合伙人出资亦不可能形成合伙财产，进行合伙营业，故合伙人履行出资之义务，必然以其他合伙人履行出资承诺为目的，各合伙人就其他人的出资义务形成相互依存、互为因果、互相牵连的关系。因此，可承认合伙合同的双务合同性质，则同时履行抗辩权的适用则属当然之义。当然，因合伙合同与一般以财产交换为目的的双务合同有明显区别，在适用同时履行抗辩权时，还应充分考虑合伙合同其自身特点，根据合伙合同的具体情况作出判断。此外，如果合伙合同中对于各合伙人的出资顺序有明确约定的，则应遵从合伙合同的约定，此时则无适用同时履行抗辩权之空间。

三、需要注意的问题

基于合伙合同本身属于民事合同的基本属性，合同编通则中关于合同的订立、履行、变更、解除等规定大多可以适用于合伙合同，也应当遵循合同自由、诚实信用等原则，在合伙人违反合伙合同约定，不履行出资义务时，其他合伙人有权依据合伙合同及法律规定向不履行义务的合伙人主张违约责任。

（朱燕　撰写）

第九百六十九条　【合伙财产】合伙人的出资、因合伙事务依法取得的收益和其他财产，属于合伙财产。

合伙合同终止前，合伙人不得请求分割合伙财产。

【法条链接】

《民法通则》第 32 条；《合伙企业法》第 20 条、第 21 条

【立法背景】

本条由《民法通则》第 32 条及《合伙企业法》第 20 条、第 21 条的规定演化而来。《民法通则》第 32 条分两款规定了合伙人的出资和合伙经营积累的财产：第 1 款规定，合伙人的出资由合伙人统一管理和使用，但所有权归属于谁并未规定；第 2 款规定，合伙经营积累的财产归合伙人共有，未说明究竟是按份共有还是共同共有。学界大多数认为，该法对出资财产和经营积累财产分别立法，造成了立法上的不统一。但也有学者认为，这正是《民法

通则》灵活性的体现，即合伙积累财产的性质可由合伙人约定。《合伙企业法》出台之后，不再区分合伙人的出资和合伙经营收益及依法取得的其他财产，统一规定均属于合伙企业的财产。合伙人不能随意分割处分自己的财产，在于合伙人已经受到了合伙合同的限制、法律的规制。合伙成立基于合伙合同，民事主体一旦加入合伙，即为接受该限制。世界上多数国家和地区的法律都规定合伙人原始的财产投入为合伙财产，同时规定，所有以合伙名义取得的收益和依法取得的其他财产也属于合伙财产。如《德国民法典》第 718 条第 1 款规定合伙财产的共有性质：合伙人的出资和因执行业务而为合伙取得的标的，成为合伙人的共同财产。对于合伙财产的性质，理论上素有争议。2018 年 9 月人大常委会公布的《民法典各分编（草案)》（一审稿）第 753 条第 2 款规定："合伙财产由全体合伙人共有。合伙合同终止前，合伙人不得请求分割合伙财产。" 2019 年 1 月公布的《民法典合同编（草案)》（二审稿）中删除了关于合伙财产由全体合伙人共有的规定。最终民法典延续了《民法典合同编（草案)》（二审稿）的精神，未保留关于合伙财产的性质的规定，但仍确认合伙财产不得随意处分的独立性，即合伙合同终止前合伙人不得请求分割合伙财产。

【条文解读与法律适用】

一、合伙财产的特征

本条第 1 款规定了合伙财产的范围，根据本条规定，合伙财产由两部分构成：一是原始财产，即全体合伙人的出资；二是积累财产，即合伙存续期间所有以合伙事务依法取得的收益和其他财产。合伙财产具有以下特征：

1. 合伙财产依合伙合同发生。合伙合同订立的主要内容之一就是在合伙认缴出资额和出资方式上达成一致。合伙合同成立后，各个合伙人按合同商订的认缴资金缴纳，构成合伙的原始财产；合伙合同订立后，对合伙财产性质的认定根据合伙合同的出资方式确立。合伙事业存续、终止时的利润和亏损分配比例也应依合伙合同进行。因此，合伙合同是合伙财产存在的基础和前提。

2. 合伙财产具有完整性和相对独立性。合伙财产首先表现为相对的独立性，这是因为合伙人出资以后，便丧失了对其作为出资部分的财产的所有权或使用权，丧失的财产转归全体合伙人共同享有和使用；合伙的原始财产和积累财产都归属于合伙，而不是合伙人。其次，合伙财产表现为完整性。合伙财产在合伙事业存续期间，作为一个完整的统一体而存在，合伙人一旦将其财产投入合伙事业中，便不能在合伙事业存续期间对其出资主张支配或处分权。对合伙事业的增值收益及其他财产，即合伙事业的增值部分，合伙人也只能依照其财产分配比例分享利润，在合伙事业终止之前，亦无权请求分割处分。总之，合伙财产是作为一个完整的统一体表现的，只能由合伙统一管理和使用。

3. 合伙财产具有一定的变动性，但合伙人的财产份额具有相对稳定性。合伙财产形成后，合伙人的财产份额就决定了其取得盈余和承担亏损的比例，以及合伙终止时分割财产的比例。合伙人共同经营管理的合伙财产，在经营期间财产也会发生增减，所以，合伙财产是动态的。

4. 合伙财产是合伙人承担责任的基础。当然，合伙债务的承担并不以合伙财产为限，因为即便没有合伙财产，各个合伙人也要以自己的个人财产对合伙债务负连带的清偿责任。

二、合伙财产的处分限制

本条第 2 款对合伙财产的处分予以了限制。合伙财产是合伙事业得以经营和存续的基础，也是对外承担债务的担保。为确保合伙财产的完整性及相对独立性，保护全体合伙人和合伙债权人的利益，本条第 2 款明确规定，任何合伙人都不得在合伙合同终止前主张分割合伙的财产。本条为强制性规定，如允许在合伙合同终止前分割合伙财产，则不仅有违合伙目的，最终也会妨碍合伙事业的发展。合伙人在合伙合同终止前请求分割合伙财产的，可能构成违约，应赔偿由此给其他合伙人造成的损失。

此外，在财产性质的划分上，本条未明确合伙财产的性质。一方面，基于合伙出资形式的多样性，特别是允许合伙人以财产的使用权作为出资，此时合伙人对该项出资财产享有共同的使用权，但该财产本身并不构成合伙的共有财产，而对于使用权本身，也不能构成对使用权的共有。另一方面，旨在尊重合伙合同的意思自治原则，在不违反法律强制性规定的前提下，应当肯定合伙人对合伙财产的利用和权利行使方式存在着充分的选择空间，无论是约定按份共有，抑或共同共有，合伙人均可以自由约定合伙收益的分配方式，将合伙事务的执行合伙收益的分配交由合伙人通过合伙合同确立，从而体现合伙合同在合伙中确立合同当事人之间的权利义务关系的重要作用。

三、需要注意的问题

合伙人因个人的债务需要清偿时，应当先以个人独立财产清偿，当该财产不足以清偿时，可以合伙人在合伙中的财产收益清偿债务，债权人也可申请人民法院强制执行合伙人的财产份额。在执行合伙人的财产份额时，须经其他合伙人一致同意，债权人也可以取得该财产份额，成为新的合伙人加入合伙。

（朱燕　撰写）

第九百七十条　【合伙事务的执行】合伙人就合伙事务作出决定的，除合伙合同另有约定外，应当经全体合伙人一致同意。

合伙事务由全体合伙人共同执行。按照合伙合同的约定或者全体合伙人的决定，可以委托一个或者数个合伙人执行合伙事务；其他合伙人不再执行合伙事务，但是有权监督执行情况。

合伙人分别执行合伙事务的，执行事务合伙人可以对其他合伙人执行的事务提出异议；提出异议后，其他合伙人应当暂停该项事务的执行。

【法条链接】

《民法通则》第 34 条；《合伙企业法》第 26 条、第 27 条、第 29 条、第 31 条

【立法背景】

本条是在《民法通则》第 34 条，《合伙企业法》第 26 条、第 27 条、第 29 条、第 31 条规定的基础上演化而来。《民法通则》第 34 条对个人合伙经营活动确立了由合伙人共同决定的原则，而随着社会经济的发展，合伙形式也

不断发展，原来的个人合伙中，合伙事务由全体共同决定共同执行的原则，显然不能满足商事活动更加高效、专业的需要，在此情况下，《合伙企业法》对合伙事务的执行设置了可以委托一个或者数个合伙人对外代表合伙企业，执行合伙事务的制度。在此基础上进一步规定了合伙事务执行人的报告义务、其他合伙人的监督权等。此次民法典合伙合同部分，则选择吸纳《民法通则》和《合伙企业法》中的部分规定形成了现有的合伙事务执行的相关规则。

【条文解读与法律适用】

一、合伙事务共同决定的原则

本条第 1 款是关于合伙事务共同决定的规定。根据本款规定，除非合伙合同另有规定，否则所有合伙事务均应由全体合伙人一致同意。需要注意的是，本条规定与《合伙企业法》第 31 条的规定有所区别，《合伙企业法》规定的是："除合伙协议另有约定外，合伙企业的下列事项应当经全体合伙人一致同意：（一）改变合伙企业的名称；（二）改变合伙企业的经营范围、主要经营场所的地点；（三）处分合伙企业的不动产；（四）转让或者处分合伙企业的知识产权和其他财产权利；（五）以合伙企业名义为他人提供担保；（六）聘任合伙人以外的人担任合伙企业的经营管理人员。"也就是说，除非合伙合同另有约定，则在合伙企业中的上述六类事务，需要合伙人一致同意，除此之外，并未一概要求须经全体合伙人一致同意。即如果是合伙企业，应当适用《合伙企业法》的特别规定。

二、合伙事务的执行和监督

本条第 2 款规定了合伙事务的执行。合伙事务执行，指的是合伙的经营管理及对内对外关系中的事务处理等活动。全体合伙人共同参与管理，共同执行合伙事务，是合伙事务执行的基本形式。在采取这种形式的合伙组织中，每一个合伙人基于合伙的性质和经营合伙的共同事业的目的，当然地享有对合伙事务的直接参与权。在传统的民事合伙中，合伙人通常人数较少，相互信任，其从事经营活动具有法律上的相互代理关系。因此，不需要像法人企业那样设立严格的企业管理机关。合伙人既是合伙的所有者，又是合伙的经营者，每个合伙人都会参与合伙组织的经营管理，都可以作为决策者对合伙事务享有管理权，也可以作为业务执行者执行合伙事务。但随着社会经济的发展，由全体合伙人共同执行合伙事务，一方面可能影响对外经营效率，另一方面一些合伙人亦不愿行使这种权利，于是，就委托其中的一人或者数人执行合伙事务，从而就从共同执行合伙事务这种基本形式中，逐渐发展出了共同委托一部分人去执行这种形式。显而易见，这样一种发展形式，是基于各个合伙人都有执行合伙事务权利这样的前提，而民法典此次将合伙事务的委托执行纳入了合伙合同加以规范，表明今后不仅是在合伙企业中，在普通的个人合伙中也可以依照合伙合同的约定或者全体合伙人的决定，委托一名或者数名合伙人执行合伙事务。而当合伙合同约定或全体合伙人协商一致委托一人或多人执行合伙事务，即意味着不执行事务合伙人将自己执行事务的权利委托于他人，且既然出于合同约定或决议形成，也代表了不执行事务合伙人的真实意思表示。在此情况下，不执行事务合伙人不再直接进行合伙事务的管理和执行，否则一方面引发合伙事务执行的冲突和重复，另一方面也背离了合伙事务委托执行的初衷。当然，由于出现了委托一个或数个合伙人执行合伙事务的形态，意味着全部合伙事务不再由全体合伙人决定并执行，但他们作为合伙事业的投资者和受益者，应有了解合伙财产的运用情况及合伙事业经营情况的基本权利。同时，如果没有必要的监督和制约，也难以扼制某些受委托执行事务的合伙人滥用权利，损害其他合伙人的合法权益。因此，本条第 2 款赋予不执行事务合伙人对合伙事务执行人执行合伙事务的监督权。由此可以看出，在合伙关系中，每一个合伙人既有权利对他人执行合伙事务的情况进行监督，又有义务接受他人对自己执行合伙事务的情况进行监督。

三、合伙事务分别执行时的异议权

本条第 3 款是对合伙人分别执行合伙事务时的异议权的规定。根据本款规定，各执行事务合伙人既是事务执行人，也是他人执行事务的监督人。他们都既有义务勤慎诚勉地执行好自己负责的合伙事务，还应对他人执行事务的情况进行监督，这既是权利亦是义务。如果执行事务合伙人的行为有损于合伙事业的利益、不当或有错误，其他执行事务的合伙人可以提出异议。一旦提出异议，就应暂停该项事务的执行。这是因为，提出异议后，对该项合伙事务下一步的处理，应当通过合伙合同的约定或者全体合伙人的决议来判断，是必要程序，否则，执行合伙事务的监督权将实际落空。这也体现了更加鼓励合伙事务及合伙事业经营独立性的一面。民法典并未明确规定暂停后下一步具体应当如何处理。《合伙企业法》则规定，如发生争议的，由全体合伙人对合伙企业有关事项作出决议，按照合伙合同约定的表决办法办理。合伙合同未约定或者约定不明确的，实行合伙人一人一票并经全体合伙人过半数通过的表决办法。

四、需要注意的问题

合伙合同可以对合伙内部的事务执行进行约定，对全体合伙人发生法律效力，但对于执行事务合伙人的权限范围的限制，对外则不能对抗善意第三人。所谓善意，是指与合伙发生交易的第三人，对合伙内部该合伙人执行事务的权限范围不明知，更未与其存在故意或串通的交易。如果该第三人明知或应该知道该合伙人从事的是越权行为和受限制行为，而故意与之签订合同，则由此产生的后果应由第三人自己承担。

（朱燕　撰写）

第九百七十一条　【合伙人请求报酬】合伙人不得因执行合伙事务而请求支付报酬，但是合伙合同另有约定的除外。

【立法背景】

本条为新增条文。《民法通则》中并未对合伙事务执行人是否享有报酬请求权予以明确规定，《合伙企业法》第67条规定，有限合伙企业由普通合伙人执行合伙事务，执行事务合伙人可以要求在合伙协议中确定执行事务的报酬及报酬提取方式。而对于普通合伙中的合伙事务执行人是否享有报酬请求权则未予明确。此次民法典制定过程中，从初审稿到最终稿，均体现了本条所规定的在合伙合同中一般性排除合伙事务执行人报酬请求权的立法意旨，即一般情况下，合伙事务执行人不享有请求支付报酬的权利，仅在合伙合同另有约定时才有例外。

【条文解读与法律适用】

一、一般性排除报酬请求权的原因

在合伙法律关系特别是民事合伙中，合伙人除了共同出资而产生关联之外，多是基于对对方的一种信任而产生合作关系，每个合伙人都能够参与合伙企业的经营管理及合伙事务执行。实际上参与合伙管理及合伙事务执行不仅是合伙人的一种权利，同时也是其基于合伙法律关系产生的义务。而且，在民事合伙中，各合伙人均对合伙出资，对合伙债务承担无限连带责任，其行为出发点有自身利益的需要，这种利益不是劳务付出的报酬，最主要的是投资所需要的收益回报，加上对合伙事务经营失败承担无限连带责任，自然会激发出合伙事务执行人争取合伙事务利益最大化。在这种情况下，合伙事务执行人执行合伙事务，既是行使其在合伙事业中的权利，又是履行其应当承担的义务，此时，其在执行合伙事务中付出的劳动，本身已不再享有请求报酬的权利。故而本条规定，一般情况下，合伙事务执行人不享有请求支付报酬的权利。

二、合伙事务执行人请求报酬的例外

如前所述，《合伙企业法》对于普通合伙企业中的合伙事务执行人能否请求报酬并未明确规定，但对于有限合伙中的普通合伙人则明确规定了，执行事务合伙人可以要求在合伙协议中确定执行事务的报酬及报酬提取方式。这是由有限合伙企业的合伙人组成特点决定的。在有限合伙企业中，有限合伙人的义务是向合伙企业出资，将出资作为合伙企业财产交给普通合伙人进行经营和管理，有限合伙人自身不参与合伙事务的执行；而有限合伙企业中的普通合伙人的主要义务就是利用自己的能力执行合伙事务，管理合伙企业财产，其本身出资很少或者不出资，在这种情况下，向普通合伙人支付报酬，就成为激励普通合伙人更好地执行合伙事务的有效途径和方法，这样才能为有限合伙人赢得更大利益，进而为合伙企业谋求更大的利益。

对于民事合伙而言，通常家庭成员之间的合伙、临时合伙和单项合伙多以利润分成方式一次性分割收益，对于合伙成员提供的劳务，包括执行合伙事务，不另付报酬。但随着经济发展和合伙形式的不断发展和丰富，对于有

一定经营规模、内部分工比较精细的合伙而言，执行事务合伙人也可就执行事务的劳动付出请求合伙组织支付报酬。当然，对于是否支付报酬、报酬的支付方式及其数额，应由合伙合同予以约定，这也体现了尊重合伙人合意的原则。需要注意的是，向合伙事务执行人支付报酬应当区别于合伙事务执行人因执行合伙事务而开支的费用，如合伙事务执行人个人支出属于工作所需的，应由合伙组织予以报销。

三、需要注意的问题

对于合伙事务执行人根据合伙合同的约定获取报酬的，其与合伙之间的关系应与劳动关系相区别。所谓劳动关系，是指用人单位与劳动者个人之间形成的社会经济关系，它主要体现为两个方面：一是劳动关系的实质是劳动过程中，劳动者以其劳动力为给付内容，归于用人单位支配和使用所产生的关系；二是劳动关系具有鲜明的从属性（即人格、组织及经济上的从属性），劳动者需接受用人单位的管理，遵守用人单位的规章制度，并按其劳动价值的大小获取相应的劳动报酬。其中尤以从属性作为判断劳动关系的最核心的基准条件。而合伙事务执行人在合伙中无论从事何种工作，均是执行合伙事务的一种表现形式，即便其在此过程中额外付出劳动获取报酬，但其付出劳动在本质上仍是其基于合伙人这一身份，为合伙谋取利益，进而为自身谋取利益，具有更多的自主性，欠缺劳动关系之从属性这一核心要件。即使合伙事务执行人按照合伙合同约定，以发放工资形式获取相应报酬，但其实质是合伙人在执行合伙事务时额外付出的劳动而获得的回报，与劳动者的工资并不等同。合伙事务执行人作为合伙人之一，与其他合伙人对合伙事务享有同等的权利，承担同等的责任，其与合伙间不存在劳动法意义上的人身依附性及隶属性的关系，故不应认定存在劳动关系。

（朱燕　撰写）

第九百七十二条　【合伙损益分配原则】合伙的利润分配和亏损分担，按照合伙合同的约定办理；合伙合同没有约定或者约定不明确的，由合伙人协商决定；协商不成的，由合伙人按照实缴出资比例分配、分担；无法确定出资比例的，由合伙人平均分配、分担。

伙组织，相对于公司制度中的公司章程，是明确合伙人权利义务关系的基本依据。但是，合伙合同又区别于公司章程。公司章程作为约束法人的行为规范准则，不仅对内具有一定的法律效力，而且对外也具有公开的效力。但合伙合同却只是规范合伙人内部事务的文件，只对各合伙人产生法律上的拘束力，对外却不能产生法律上的效力。[①] 因此，合伙合同中关于债务分担比例的约定，是合伙人之间的内部约定，既不能对抗善意第三人，也并不能排除合伙人的对外责任。

合伙人的内部追偿权，法理基础来源于其清偿债务连带责任人的主体地位。《民法总则》第 178 条第 2 款规定："连带责任人的责任份额根据各自责任大小确定；难以确定责任大小的，平均承担责任。实际承担责任超过自己责任份额的连带责任人，有权向其他连带责任人追偿。"合伙合同受到合同法规范的调整，应当遵循合同法诚实信用的基本原则，合伙合同约定了各合伙人的责任份额的，部分合伙人对外清偿债务，部分合伙人未按照合同约定承担相应责任的，承担了超过责任部分的合伙人，当然有权依照合同约定向其行使追偿权。

二、需要注意的问题

1. 由于合伙组织形式灵活、责任方式独特，合伙组织的交易相对人在与合伙组织发生经济往来时，不但要对合伙组织进行考察，而且，由于合伙人承担无限连带责任，因此，合伙人的经济状况、偿债能力，尤其应当作为交易相对人重点考察的内容。

2. 关于合伙人追偿权的行使问题。本条未对如何认定"清偿合伙债务超过自己应当承担份额"以及如何落实权利作进一步规定。在司法实践中，一方面应注意追偿权纠纷与合伙协议纠纷案由、联营合同纠纷案由、合伙企业纠纷案由的区别。另一方面，债务清偿后，在合伙人内部产生了新的按份之债。行使追偿权的前提是确定超出自己应当承担的份额，以及确定其他合伙人承担责任的份额。对此应结合本法第 972 条的规定并参照《合伙企业法》的相关规定予以认定。

3. 要正确区分认定合伙债务与合伙人债务。合伙债务是合伙组织经营过

---

① 滕威：《合伙法理论研究》，人民法院出版社 2013 年版，第 131 页。

程中产生的债务；而合伙人债务是指合伙人个人债务，与合伙事务及合伙组织无关。合伙人仅对合伙债务承担无限连带责任。区分二者的关键在于合伙事务如何执行，以及委托执行时，执行合伙事务的合伙人的行为认定。另外，合伙人个人的债权人及合伙债权人同时要求清偿债务的，履行债务的清偿顺序如何确定，英美衡平法确定了“双重优先权”原则，即合伙债权人对合伙组织财产优先受偿，合伙人个人债权人对合伙人个人财产优先受偿。对此，我国法律没有明确规定，需在司法实践中进一步研究。

（马岚　撰写）

第九百七十四条　【合伙人对外转让财产份额】除合伙合同另有约定外，合伙人向合伙人以外的人转让其全部或者部分财产份额的，须经其他合伙人一致同意。

【法条链接】

《合伙企业法》第22条

【立法背景】

一、法条来源

本条是对合伙人外部转让其财产份额的规定，承袭《合伙企业法》第22条第1款“除合伙协议另有约定外，合伙人向合伙人以外的人转让其在合伙企业中的全部或者部分财产份额时，须经其他合伙人一致同意”的规定。同时，剔除有关合伙企业的内容，并在用语及表述上略有改动。本条强调的是合伙的协议性，主要是对基于民事合同关系而成立的民事合伙作出的规定。

二、立法意义

实践中由于各种原因，合伙人可能需要将其投在合伙中的财产变现。为此，合伙人有权将其持有的合伙财产份额转让。但是，合伙合同是各个合伙人之间基于共同的利益，就共同出资、共同经营、共担风险而达成的合意，是全体合伙人意思表示一致的产物，具有不同于一般民事合同的特殊性。合伙合同在性质上属于共同法律行为，一般通过共同的意思表示形成合意，合伙人之间相互牵连，产生一个彼此高度信赖合作的“命运共同体”。因此，这种合伙的人合性决定了合伙人的财产份额向合伙人以外的人转让受到限制。一般来说，须经其他合伙人一致同意。否则，一名合伙人通过出让合伙份额的方式退伙，将导致一名新合伙人的强行入伙，进而动摇合伙的基础关系。当然，合伙合同的协议性也赋予合伙人自主决定权，其可以在合伙合同中事先另作约定。

【条文解读与法律适用】

一、条文理解

合伙人财产份额的转让，是指合伙人向他人转让其在合伙中的全部或者部分财产份额的行为。根据本条规定，合伙人财产份额的转让方式被限定于外部转让，即特指合伙人把其在合伙中的全部或者部分财产份额转让给合伙人以外的第三人的行为。

二、需要注意的问题

1. 合伙人财产份额转让程序的确定，其内在依据是合伙的人合性特征，它使各个合伙人对执行合伙事务依法具有同等的权利。合伙人财产权益的转让，不仅是合伙的重要事务，还涉及合伙人的变更，直接影响合伙关系存续的基础。合伙人财产份额的转让，只有经其他合伙人一致同意，才表明其他合伙人同意与受让人共同维持原合伙合同确定的合伙关系，合伙事务才能继续执行下去。同时，如果全体合伙人一致同意合伙人的份额可以转让，那么合伙财产上的份额只能与成员身份一起出让，不能仅出让财产份额，而保留成员身份下的管理权（即事务执行权）。如果其他合伙人不同意接受受让人，则原合伙关系终止。

因此，“合伙人向合伙人以外的人转让其全部或者部分财产份额时，须经其他合伙人一致同意”，是一项法定的原则。但是，这项原则是在合伙合同中没有约定的情况下才具有法律效力。如果合伙合同另有明确约定，合伙人向合伙人以外的人转让其全部或者部分财产份额时，不用经过其他合伙人一致同意，例如约定只要有三分之二合伙人同意或者一定出资比例同意的情况下就可以转让时，则应执行合伙合同的约定。也就是说，本条采取协议优先的法律原则。

2. 应注意本条与《合伙企业法》第22条第1款规定的合伙财产转让之间的区别：（1）本条规定的是单纯的合伙合同中合伙人的财产份额外部转让，处于合同法领域，涉及的法律关系相对简单。后者规定的是合伙企业中合伙人的财产份额转让，处于商法领域，涉及的法律关系相对复杂。（2）本条规定的合伙财产是合伙人基于合伙合同形成的一般合伙财产。后者规定的合伙财产是合伙人基于合伙企业形成的合伙企业财产。一般合伙财产性质上接近于共同共有或按份共有，其客体通常是由动产、不动产、知识产权等组成的集合财产。而合伙企业财产性质上更接近于公司财产，属于合伙企业的独立财产。（3）本条规定的财产份额依附于合伙合同，产生于一般合伙财产形成之时。后者规定的财产份额依附于合伙企业，产生于合伙企业成立之时。（4）本条规定的客体是合伙人在一般合伙财产中的份额，该份额性质上类似于共有人的共有份额，须以一般合伙财产的现实存在为前提。后者规定的客体是合伙人在合伙企业财产中的份额，不以合伙企业财产的现实存在为前提。即便合伙企业名下并无财产乃至负债累累，也不影响合伙企业财产份额的存在。

3. 理解与适用本条的关键在于协议优先原则。即合伙合同可以另外作出约定，不执行“合伙人向合伙人以外的人转让其全部或者部分财产份额时，须经其他合伙人一致同意”的规定。

（马岚　撰写）

第九百七十五条　【合伙人的债权人行使代位权的禁止】合伙人的债权人不得代位行使合伙人依照本章规定和合伙合同享有的权利，但是合伙人享有的利益分配请求权除外。

【法条链接】

《合伙企业法》第41条

【立法背景】

一、法条来源

本条承袭《合伙企业法》第41条规定的"合伙人发生与合伙企业无关的债务，相关债权人不得以其债权抵销其对合伙企业的债务；也不得代位行使合伙人在合伙企业中的权利"。同时，在此基础上增加了"但是合伙人享有的利益分配请求权除外"的例外规定，并在用语及表述上略有改动。本条在维护稳定的合伙关系、保护合伙人利益的同时，也充分考虑了合伙人的债权人的利益。

二、立法意义

实际生活中，由于合伙人的个人身份与其合伙人身份存在密切联系，往往将合伙人之于合伙合同关系以外的个人财产与合伙财产混淆。主要原因在于，合伙人自身财产有一部分投资或存在于因合伙合同而建立的合伙关系之中，这种投资及其收益折合成合伙人在合伙中的财产份额，又属于该合伙人，使其个人财产与合伙财产有一定的联系。但是，合伙人的个人财产与其投资于合伙关系中的财产在性质上有所不同，合伙人基于个人原因发生的债务与因合伙关系发生的债务是两个不同的债。合伙人作为独立的民事主体发生的民事活动，与其以合伙人身份发生的民事活动属于两个不同的法律关系，不应混同。合伙人发生的与合伙无关的债务，是指合伙人在合伙以外，并非以合伙名义，而是以自己名义，为自己的目的所从事的经营或交易等民事活动，并以自身名义所承担的有关债务。其中包括各类情况，但都与合伙经营及合伙事务无关，应由其自行偿还。

考虑到合伙的人合性和稳定性，合伙人存在于合伙关系中的财产份额，业已形成合伙财产，除合伙人享有的利益分配请求权外，非经司法强制执行，合伙人的债权人不能代位行使合伙人依照法律规定和合伙合同约定享有的权利。如果允许合伙人的债权人行使，势必影响合伙关系的稳定，侵犯其他合伙人的利益。但是，合伙人享有的利益分配请求权所涉财产份额，属于合伙人的个人财产，可以由其自由支配。合伙人的利益分配请求权被债权人代位行使，不会影响合伙业已建立的合伙关系。

【条文解读与法律适用】

一、条文理解

本条文规定的是合伙人的债权人行使代位权的禁止，对合伙人的债权人行使代位权的权利范围作出了相关规定。主要涉及以下两方面内容：第一，合伙人的债权人不得代位行使合伙人依照本章规定和合伙合同约定享有的权利。“依照本章规定享有的权利”，包括除利益分配请求权之外的个别执行人的报酬请求权、内部追偿请求权等财产性权利，以及有关合伙事务管理人的执行权和异议权、全体合伙人的表决权、非执行人的控制权和监督权等非财产性权利。同时，对于合伙人根据合伙合同约定享有的合同权利，相关债权人也不得代位行使。第二，本条作出例外规定，对于合伙人在合伙中享有的利益分配请求权，相关债权人可以主张代位行使。

二、需要注意的问题

1. 合伙人基于其自身原因发生的与合伙无关的债务，相关债权人不得代位行使其因合伙合同关系建立而享有的权利。所谓代位权，是指债务人怠于行使权利，债权人为保全债权，以自己的名义向第三人行使债务人现有债权的权利。债权人的代位权是债权的保全方法之一，目的在于对债权的积极保障，对债权不能获得清偿起预防和补救作用。代位权发生的条件包括：（1）债务人对第三人享有债权，倘若债务人没有对外的债权，就无所谓代位权。同时，债务人对第三人的债权尚需是非专属于债务人本身的权利。例如，合伙人享有的投票权及表决权在一定程度上具有专属性，债权人不得代位行使。（2）债务人怠于行使其债权，债务人应当收取债务，且能够收取，而不收取。（3）债务人怠于行使自己的债权，已危及债权人的债权。（4）债务人已陷于迟延履行。

2. 合伙兼具人合性和财产性的特征，合伙人在合伙中不仅享有财产性质的收益权，还包括其在合伙中的表决权等身份权及法定管理权、监督权等其他权利。合伙人的债权人要求合伙人偿还债务，只能通过与合伙人签订合同或通过诉讼，获得对合伙人在合伙中收益分配的请求权或者分割其在合伙中的财产份额以实现债权，而对合伙人的其他权利如合伙事务执行权、重大事务表决权、监督权等均没有请求权。这主要是因为，合伙在一定程度上是基于人合的因素而组建起来的，具有人合性的特征。各个合伙人之间必须考虑“合”的因素，才能使合伙组织体得以建立，合伙关系得以维持。如果允许相关债权人对利益分配请求权之外的其他权利也享有代位权，由其行使合伙人在合伙中享有的诸项权利，势必影响合伙事务的执行，影响合伙人共同建立的合伙关系，进而不利于建立稳定和谐的社会经济秩序。为此，本条作出禁止性规定，即合伙人的债权人不得代位行使合伙人依照本章规定和合伙合同约定享有的权利，这对于保护合伙人的合法权益十分必要。

3. 合伙人享有的利益分配请求权，所涉及的财产份额可以转化成合伙人的个人财产，并可以由其个人进行支配。一般情况下，不会影响合伙的稳定和经营，也不会影响该合伙人与其他合伙人之间的关系。由此，本条在保护合伙人合法权益的基础上作出例外规定，对合伙人享有的利益分配请求权，准许相关债权人代位行使，在稳定合伙关系的同时，考虑到了合伙人的债权人实现债权的要求。

（马岚　撰写）

第九百七十六条　【合伙期限】合伙人对合伙期限没有约定或者约定不明确，依据本法第五百一十条的规定仍不能确定的，视为不定期合伙。

合伙期限届满，合伙人继续执行合伙事务，其他合伙人没有提出异议的，原合伙合同继续有效，但是合伙期限为不定期。

合伙人可以随时解除不定期合伙合同，但是应当在合理期限之前通知其他合伙人。

【法条链接】

《合伙企业法》第46条

【立法背景】

一、法条来源

本条文是对合伙期限及不定期合伙合同的相关规定，承继《合伙企业法》第 46 条“合伙协议未约定合伙期限的，合伙人在不给合伙企业事务执行造成不利影响的情况下，可以退伙，但应当提前三十日通知其他合伙人”的规定。

二、立法意义

合伙合同区别于一般双务合同，合伙人通过合伙协议对有关经营收益和经营风险进行约定，各个合伙人的权利义务在内容上并不具有相对性，而是向同一方向。[①] 因此，人合性是合伙组织的最重要特征，合伙合同当事人彼此之间需要相互信赖才能为一定的共同行为。而合伙期限则是为该种共同行为的必要条件，只有约定一定的期限，该种共同行为存在才能更加巩固，使得合伙关系更加稳定。同时，合伙期限作为合伙合同的必备要素之一，相当于双方订立合同所约定的合同期限，对于合伙制度的稳定发展有着重要意义。

【条文解读与法律适用】

一、本条较之《合伙企业法》第 46 条的区别和发展

（一）明确不定期合伙协议解除的情形

《合伙企业法》第 46 条中只规定了合伙协议“未约定合伙期限的”才视为不定期合伙合同，进而合伙人才能退伙。本条将适用“不定期合伙”随时退伙的情形增加为三种，分别为：合伙人对合伙期限没有约定，约定不明，以及虽然约定期限但期限届满后各合伙人对继续执行合伙事务没有异议的。相比于前者，本条对于不定期合伙的规定更加明确。

（二）增加了确定不定期合伙的前提性条件

本条规定，合伙协议虽然具有上述三种情形，但还需要满足《民法典》第 551 条的规定，也即当事人对于合伙合同不能够达成补充协议以及不能够

---

① 王利明：《论民法典对合伙协议与合伙组织体的规范》，载《甘肃社会科学》2019 年第 3 期。

按照合同有关条款、合同性质、合同目的或者交易习惯确定相关合伙期限的，合伙合同才能被确定为无固定期限合伙合同。从立法技术而言，这是对《民法典》前述条文规定的呼应。从法理层面上讲，这是对合伙合同契约性的肯定，即合伙合同作为一种有名合同，虽然本身具有特殊性，但仍然需要遵循合同法的基本规则。

（三）进一步完善关于不定期合伙合同的解除期限

《合伙企业法》第46条规定，不定期合伙虽然可以解除，但是需要提前三十天通知。该期限的规定主要基于以下因素：一是便于其他合伙人及时就该合伙企业继续存续事宜作出安排。合伙人退伙后，其他合伙人要就合伙事务执行、是否吸纳新合伙人以及利润分享、债务分担等事宜作出安排。二是便于合伙企业能够就合伙人退伙问题作出安排。[①]《民法典》中规定的合伙合同与《合伙企业法》中针对合伙企业的合伙协议最大的不同，就是合伙合同相比合伙企业的合伙协议而言，其受限制较少，且形式灵活，甚至不存在固定的组织形式以及商号，合伙人退伙无须过多考虑上述因素。因此，对于合伙人行使解除权，没有必要规定三十天的解除期限。此外，合伙人该种解除权为形成权，其行使无须其他合伙人同意，只需要预留合理期限，尽到通知义务即可。

二、需要注意的问题

（一）原合伙期限届满后，对其他合伙人提出异议的认定

本条虽然是对合伙期限届满之后合伙人享有的任意解除合伙合同的赋权，但合伙合同的契约性决定了合同双方当事人均有权保持或者解除合同。也就是说，该种任意解除权是受到其他合伙人限制的。适用中认定其他合伙人提出的异议应关注以下问题：（1）其他合伙人提出异议的方式。提出异议，既可以是口头形式，也可以是书面形式。如果该种异议有明确的意思表示，实践中比较容易确认。值得注意的是，一些合伙人在合伙期限届满之后，由于时间过长或者其他原因，并未明确表示异议，而是通过自身为一定行为。该种情况下，不宜认定其未提出异议，而应该结合其行为的内容、查明的其他

---

① 徐景和、刘淑强：《〈中华人民共和国合伙企业法〉条文释义与适用》，人民法院出版社2006年版，第172页。

事实以及日常交易习惯等因素，综合认定其该种行为是否属于对合伙事宜提出的异议。(2) 其他合伙人提出异议的内容不单独限于合伙期限。合伙合同是双方关于合伙事务履行的一系列约定，在合伙期限届满后，双方的合伙关系已经达到了缔结合伙时的预期。此时，任何一方合伙人均有权对合伙事务中的某项内容表示异议。如果双方就继续履行合伙事务达成了新的合意，双方之间根据新的合意成立其他关系或者维持现有合伙合同关系。如果双方不能达成一致，原合伙合同关系对于各自的约束力减弱，转变为不定期合伙合同，并赋予各方以任意解除权。

(二) 对合理期限的认定

合理期限是享有合同解除权的一方应给予对方当事人的必要性期限，以保证对方当事人合理应对。《民法典》中关于“合理期限”的规定较多。在实践中，应根据合同的不同性质，具体确定合理期限的跨度。对于合伙合同来讲，合理期限也并不是固定的。对于某些持续性较强的合伙合同，比如涉及供电、供水等工程的合伙，一方当事人行使任意解除权时，给予另一方的合理期限应较长，不应局限于《合伙企业法》第46条规定的“三十日”；对于某些“短平快”的合伙合同，其合伙事务仅仅针对某些行为，持续性并不强，则该期限不宜认定过长。

(马岚　撰写)

第九百七十七条　【合伙合同的终止】合伙人死亡、丧失民事行为能力或者终止的，合伙合同终止；但是，合伙合同另有约定或者根据合伙事务的性质不宜终止的除外。

【立法背景】

一、本条来源

合伙既是一种历史悠久的经营方式，也是人类社会发展的产物，合伙也因其组织形式简便、经营灵活、信用度高等优点，始终是社会经济生活中的一支必不可少的力量。[①] 随着实践和合同理论的发展，《民法典》合同编新增加了合伙合同，本条对合伙合同的终止作出了规定。

此前的立法对合伙合同的终止未明确以条文形式加以规定，《民法典》则对此进行了补足。值得注意的是，在草案审议期间，本条的创制出现过较大的变化。2018 年 9 月《民法典各分编（草案）》（一审稿）第 761 条规定："合伙人死亡、终止的，合伙合同的权利义务终止。"2019 年 1 月的《民法典合同编（草案）》（二审稿）第 761 条规定："合伙人死亡、终止的，合伙合同的权利义务终止。"2019 年 12 月发布的《民法典（草案）》（征求意见稿）第 977 条规定："合伙人死亡、丧失民事行为能力或者终止的，合伙合同终止；但是，合伙合同另有约定或者根据合伙事务的性质不宜终止的除外。"合伙的形式多样，加之合伙往往以合伙人之间的信任为基础，具有契约性和人格性的双重特征，如果合伙人死亡、丧失民事行为能力或者终止的，合伙人之间的信任是否还存在是未知数。为维护社会经济秩序，避免不必要的纠纷出现，《民法典》规定以上三种情况发生时合伙合同终止，同时列明了例外情况，即合伙合同另有约定和因合伙事务的性质不宜终止的，合伙合同不因以上三种情况发生而终止。

二、立法意义

合同终止制度主要适用于合同的权利义务关系（合同的履行）不能即时完结的继续性合同，如承揽、租赁、委托、合伙等合同。合伙合同的订立意味着合伙人之间确立了不能即时完结的权利义务关系。基于此，《民法典》对合伙合同的终止作出规定，意义在于在合伙合同的履行期间，当出现合伙人死亡、丧失民事行为能力或者终止的情形时，解决法律对已经履行的那部分合伙合同权利义务关系是否确认和保护的问题，使已成立的合伙合同关系归于消灭，同时确认和保护已经履行的那部分合伙合同内容的效力，保护合伙人的正当利益，进而为合伙事业的发展提供可靠的保障；列明例外情况，一方面是对意思自治原则的尊重，另外一方面是在根据合伙事务的性质不宜终止的情况下，出现以上三种情形时，保护合伙人的正当利益，维护民事关系稳定。

---

① 滕威：《民法典编纂背景下合伙立法的评价及建言》，载《海峡法学》2018 年第 3 期。

【条文解读与法律适用】

本条对合伙合同的终止作出了规定，理解和适用本条，以下几点值得注意：

第一，本条所指的死亡，既包括自然人自然生命终结的死亡，也包括宣告死亡。合伙人死亡致使合伙合同终止，终止时间不以自然人自然生命终结的时间，或人民法院宣告死亡的判决作出之日为准，而应当自其他合伙人得知或应当得知合伙人死亡或被宣告死亡之时为准。原因在于，其他合伙人得知或应当得知合伙人死亡或被宣告死亡的事实之前，仍会基于原来的认识，继续履行合伙合同，如果此时终止合伙合同，使合同效力归于消灭，势必使其他合伙人遭受不合理的损失。

第二，本条所指丧失民事行为能力是指合伙人因事故或疾病，由完全民事行为能力人变为不能完全辨认自己行为的限制民事行为能力人或不能辨认自己行为的无民事行为能力人。合伙人丧失民事行为能力，意味着其丧失了“理智地形成意思的能力”，进而丧失了独立实施法律行为的资格或前提条件。合伙人丧失民事行为能力，则其无法继续履行合伙合同，也会动摇合伙人之间的信任基础，故法律规定终止合伙合同。合伙人因丧失民事行为能力，致合伙合同终止的，终止时间以其他合伙人得知或应当得知合伙人丧失民事行为能力之时为准。

第三，基于意思自治原则，合伙人在订立合伙合同时，可以约定合伙合同的终止事由或为合伙人设定合伙合同的终止权。如果合伙人通过合伙合同设定了终止权，当合伙人行使该权利时，合伙合同终止。合伙人约定的合伙合同的终止权是一种形成权，能够使已成立的合同关系嗣后归于消灭。有终止权的合伙人向其他合伙人发出终止合同的意思表示，是一种单方法律行为，不需要其他合伙人的认可，即可产生使已成立的合伙合同关系嗣后归于消灭的法律后果，合同终止的后果以终止的意思表示到达其他合伙人为界，以前已经履行的合同内容全然有效以后未了结的合同关系即行消灭。

第四，本条列明了合伙人死亡、丧失民事行为能力或者终止时，合伙合同终止的两项例外情形。一是出于对意思自治原则的尊重，如果合伙人通过合伙合同约定当合伙人死亡、丧失民事行为能力或终止时，不终止合伙合同，则合伙不终止；二是为满足维护社会经济有条不紊发展的需要，如果合伙人在订立合伙合同时所约定从事合伙事务是不宜终止的，或合伙人在订立合伙合同时所约定从事合伙事务不是不宜终止的，但合伙人死亡、丧失民事行为能力或者终止时，合伙事务已经进行到了不宜终止的程度，即使合伙人死亡、丧失民事行为能力或者终止的，合伙合同亦不终止。

第五，合伙人被宣告死亡或丧失民事行为能力致合伙合同终止后，合伙合同不因被宣告死亡的合伙人重新出现，经本人或者利害关系人申请，人民法院撤销死亡宣告，或丧失民事行为能力的合伙人恢复民事行为能力而恢复履行。

（高岸　撰写）

第九百七十八条　【合伙合同终止后合伙财产的处理】合伙合同终止后，合伙财产在支付因终止而产生的费用以及清偿合伙债务后有剩余的，依据本法第九百七十二条的规定进行分配。

【法条链接】

《合同法》第 89 条

【立法背景】

一、本条来源

本条规定的内容，相较于之前的法律规定和制度安排，有实质修改。《合伙企业法》第 89 条规定："合伙企业财产在支付清算费用和职工工资、社会保险费用、法定补偿金以及缴纳所欠税款、清偿债务后的剩余财产，依照本法第三十三条第一款的规定进行分配。"在草案审议期间，本条的规定亦有相应的变化。2018 年 9 月的《民法典各分编（草案）》（一审稿）第 762 条规定："合伙合同的权利义务终止后，合伙财产在支付因终止而产生的费用及清偿合伙债务后有剩余的，应当返还合伙人的出资；不足以返还全部合伙人的出资的，按照各合伙人实际出资的比例返还。”2019 年 1 月的《民法典合同编（草案）》（二审稿）第 762 条规定：“合伙合同的权利义务终止后，合伙财产在支付因终止而产生的费用以及清偿合伙债务后有剩余的，依照本法第七百五十六条的规定进行分配。”2019 年 12 月的《民法典（草案）》（征求意见稿）第 978 条规定：“合伙合同终止后，合伙财产在支付因终止而产生的费用以及清偿合伙债务后有剩余的，依据本法第九百七十二条的规定进行分配。”

二、立法意义

本条规定的内容是合伙合同终止，合伙财产支付完各项费用后，剩余财产的分配顺序，但本条强调的重点并非该分配顺序，而是合伙财产先支付还是先分配的问题。

普通合伙由普通合伙人组成，对合伙债务承担无限连带责任，如果在支付因终止而产生的费用和清偿合伙债务之前，分配合伙财产，很可能造成合伙人欠款潜逃，损害债权人利益；有限合伙由有限合伙人和普通合伙人共同组成，虽然有限合伙人对合伙债务仅以其认缴的出资额为限承担有限责任，但有限合伙中的普通合伙人仍对合伙债务承担无限连带责任，如果在支付因终止而产生的费用和清偿合伙债务之前，分配合伙财产，同样有可能造成有限合伙中的普通合伙人欠款潜逃，损害债权人利益，故法律作出了“先支付，后分配”的规定，明确了基于合伙事务而产生的债权优先于合伙人财产分配请求权的原则。

【条文解读与法律适用】

本条对合伙合同终止后合伙财产的处理作出了规定，理解和适用本条，以下几点值得注意：

第一，本条规定适用于合伙合同终止后，合伙财产大于支付因终止而产生的费用和清偿合伙债务总和的情况。

第二，合伙以合伙合同为基础，以经营共同的事业为目的，通常有一定的组织。合伙组织体并不都是以合伙企业的形式表现出来的；在合伙企业中，合伙人不仅要订立合伙协议，而且应按照《合伙企业法》的规定建立相应的合伙组织，并在行政主管机关进行登记；而在大量的偶然性合伙中，合伙组织体只是并非以合伙企业的形式加以表现而已，从合伙自身的团体性以及整个合伙对第三人承担责任的角度来看，其在具备合伙协议属性的同时，也仍具有合伙组织体的属性。[①] 可见，合伙组织可分为两类，一类是合伙企业，另一类是不以合伙企业形式表现出来的合伙组织。法律对合伙合同终止后，合伙企业的“支付”作出了明确的规定，不以合伙企业形式表现出来的合伙组织一般亦参照执行。

根据《合伙企业法》的相关规定，合伙企业解散，应当由清算人进行清算。合伙企业清算是指合伙企业解散后，依照法定程序清理合伙企业债权债务，处理合伙企业剩余财产，待了结合伙企业各种法律关系后，向企业登记机关申请注销登记，使合伙企业资格归于消灭的程序；清算人是指在合伙企业解散过程中依法产生的专门负责合伙企业清算事务的执行人，需要强调的是清算人应当作为整体行使职权，而非每个清算人可以单独行使职权。[②] 清算人的产生办法有三：一是如果合伙人无特别约定，由全体合伙人担任清算人。二是经全体合伙人过半数同意，可以自合伙企业解散事由出现后 15 日内指定一个或者数个合伙人，或者委托第三人担任清算人。三是自合伙企业解散事由出现之日起 15 日内未确定清算人的，合伙人或者其他利害关系人可以申请人民法院指定清算人。清算期间，清算人应当了结合伙企业未了结事务，清理合伙企业财产、债权债务，清缴所欠税款，并在扣除清算费用、职工的工资、社会保险费用、法定补偿金、合伙企业所欠税款、合伙企业的债务后，对剩余的合伙财产进行分配。合伙财产大于上述需支付费用的总和时，上述需支付费用都能得到完全、及时、有效的清偿，故清算人可以自由决定支付上述需支付费用的顺序。

第三，合伙合同终止，确认合伙财产大于支付因终止而产生的费用和清偿合伙债务的总和，并完成“支付”后，有剩余财产时，按照《民法典》第

---

① 王利民：《论合伙协议与合伙组织体的相互关系》，载《当代法学》2013 年第 4 期。

② 北大法宝，http：//www. pkulaw. cn/CLink_ form. aspx？ Gid = 78896&Tiao = 86&km = siy&subkm = 0&db = siy，最后访问时间：2020 年 6 月 6 日。

972条的规定分配剩余财产。如果合伙人在订立合伙合同时，对剩余财产的分配有约定的，按照约定分配；如果没有约定或约定不明确时，由合伙人协商决定；协商不成时，按照实缴出资比例分配；如果无法确定出资比例的，由合伙人平均分配。

合伙合同因合伙人死亡或丧失民事行为能力而终止，合伙合同对剩余财产的分配没有约定或约定不明确，需要协商决定时，死亡或丧失民事行为能力的合伙人无法参与协商，此时由死亡或丧失民事行为能力的合伙人的继承人或法定代理人代为协商。如果丧失民事行为能力的合伙人为不能完全辨认自己行为的限制民事行为能力人，其与其他合伙人的协商结果，需要经其法定代理人同意、追认，方产生效力。

（高岸　撰写）

第三分编 准合同

第二十八章 无因管理

第九百八十条 【受益人的管理利益】管理人管理事务不属于前条规定的情形，但是受益人享有管理利益的，受益人应当在其获得的利益范围内向管理人承担前条第一款规定的义务。

【立法背景】

本条规定的是不真正无因管理。构成不真正无因管理的，受益人应当向管理人偿还因管理事务而支出的必要费用，管理人因管理事务受到损失的，受益人应给予适当补偿。不真正无因管理和真正无因管理的共同之处在于，均无法定和约定义务而管理他人事务；区别在于，不真正无因管理之事务管理结果可能不利于受益人，或者违反受益人明示或者可推定的意思。该管理行为虽然不符合真正无因管理构成要件，但是因管理行为给受益人带来了利益，法律为了平衡当事人之间的权益，所以规定受益人在其受益范围内向管理人支付其付出的必要费用或补偿其所遭受的损失。

【条文解读与法律适用】

一、构成要件

1. 该管理行为不构成真正的无因管理，即不符合《民法典》第979条所规定的要件。因不真正无因管理当事人的请求权仍基于无因管理，所以管理人无法定或约定义务是基本构成要件，管理人仍实施了管理行为。

2. 该管理行为应在客观上有利于受益人，并给受益人带来了利益的增加或者损失的减少，即受益人因管理行为而受益。

3. 管理人管理事务违背了受益人明示或者可推定的意思。

二、法律效果

1. 管理行为具有违法性。因管理行为违反了受益人明示或可推知之意思，属于不当干预他人事务，为保护受益人的权益，如果管理行为给受益人造成损害的，受益人可以向管理人请求侵权损害赔偿责任。不真正无因管理不具有违法阻却的效果，管理人须承担侵权责任。①

2. 管理行为可能给受益人带来利益、避免或减少损失扩大。管理人因管理而支出费用或遭受损失，为平衡管理人和受益人之间利益，法律允许管理人有权基于无因管理向受益人请求支付其所承担的费用或者补偿因此而遭受的损失。

3. 受益人对管理人承担的费用或损失补偿支付责任，应以受益人所受利益为限。若受益人所受利益尚不足以补偿管理人所支出的费用或所遭受的损失，管理人将得不到足额补偿。这种制度规定，既有利于鼓励社会互助行为，又有利于促进管理人尽善良管理人责任，避免过度管理或不负责任之管理，甚至是强行交易行为。

三、需要注意的问题

准确判断受益人的明示或可推定的意思。明示的意思不难判定，但是可推定的意思却不易把握。在无法推知受益人的意思时，一般可从以下几个方面来判断，第一，如果管理人知道受益人是谁，并有本人联系方式的，应联系受益人以了解本人的意思。只有在不知受益人或无法联系上受益人时才可推知本人的意思。第二，如果管理人明知受益人在此前就该管理之事务做出了明确意思时，应按照该意思进行管理，否则构成对受益人可推知意思之违反。第三，在推知受益人意思的时候应按社会一般人的意思进行推断，而不应该以极特殊的受益人意思来推断。第四，在推断受益人意思的时候应考虑管理事务之成本与管理该事务之社会常识。

（戢太雷　撰写）

---

① 王泽鉴：《债法原理》（第一册），中国政法大学出版社2001年版，第327页。

第九百八十一条 【管理人的善良管理义务】管理人管理他人事务，应当采取有利于受益人的方法。中断管理对受益人不利的，无正当理由不得中断。

【立法背景】

本条属于新增条文，规定了管理人管理受益人事务的方法选择问题及管理中断问题。无因管理的事务类型大致有四种：为他人清偿债务或履行清算责任；提供他人必要之需；保持或者改善他人之财产；解救他人生命或身体健康。现实中，事务种类纷繁复杂，管理方法亦多种多样，甚至不同管理人对同一事务会采取完全不同之方法进行管理，受益人也会选择不同方法。民法核心精神就是私法自治，《民法典》采用了有利于受益人的方法之规定，极大体现了尊重民法主体意思自治的精神。

本条的关键是，管理人应根据受益人利益之需要继续管理义务。管理人管理受益人事务，何时可以中断、停止，《民法通则》和相关司法解释均未明确规定。《法国民法典》第1372条第1款规定，管理人应履行继续管理的义务，即自愿管理他人事务时，无论该事务受益人是否知道此种管理，进行管理的人属于缔结默示义务，并应该继续其开始的管理行为，直到该事务所有人能够自己管理或者管理事务宣告完成为止。

【条文解读与法律适用】

一、应准确客观判断管理人所采取的管理方法是否有利于受益人

1. 判断管理人管理事务是否采取了有利于受益人的方法，一般应该首先考虑受益人明示或者可以推知的意思。如果受益人在管理事务开始之前或之后有明示的或者可推知的管理方法的意思，那么管理人就必须按照受益人的意思进行管理。例如，邻居曾表示房屋将拆除重建，管理人明知此意思，仍修葺该房屋，虽然节省了成本但明显违反了受益人之意思，属于不利于受益人之方法。

2. 如果无法判定受益人明示或可推知的意思，判断善良管理人义务，一般应考虑管理人的年龄、工作经历、受教育程度、知识水平及管理事务方面的经验。

3. 如果通过以上两种方法均不能断定管理方法是否有利于受益人，则可以根据管理事务之结果来断定。一般认为，管理事务之后给受益人带来了利益的增加、避免了利益的减少或损失的扩大，可以认为管理事务之方法有利于受益人。因为管理人不担保管理结果，受益人应承担管理事务带来的潜在危险性，这一原则在罗马法中已有体现。例如，乙宅失火，甲持灭火器救火无果，乙宅全毁，甲亦负伤，纵然乙未从甲之管理中获任何利益，仍应赔偿甲因此而遭受的损失。但是，当甲所采取之方法是否有利于受益人无从判断时，从管理之结果有利于受益人来判断管理方法有利于受益人，仍可资借鉴。

4. 可以根据行业标准或者一般社会常识来判断，管理事务之方法是否有利于受益人。当无从判断管理方法是否有利于受益人并发生争议时，可以请专业机构做出鉴定，从专业标准、行业标准判断该方法是否有利于受益人。例如，乙新机动车轮胎轻微漏气，根据常识，修补漏气之处即可，但是甲却为乙更换新胎，造成费用增加，从常识判断甲采取了明显不利于受益人的方法。一般认为，在为免除本人生命、身体或者财产急迫之危险而为管理时，管理人的注意义务应比一般情况下善良管理人义务有所减轻，管理人所采取之方法只有存在重大过失或者过错时才可认定为管理方法不利于受益人。

二、管理人应继续履行管理义务

考察无因管理制度发展历史可以发现，法理上认为无因管理成立即在管理人和受益人之间达成默示的契约，管理人有义务继续进行管理事务，将管理事务履行完毕或者待受益人接受管理事务。管理人不可半途而废，除非中断管理对受益人更加有利。

（戢太雷　撰写）

第九百八十二条　【管理人的通知与接受指示义务】管理人管理他人事务，能够通知受益人的，应当及时通知受益人。管理的事务不需要紧急处理的，应当等待受益人的指示。

【立法背景】

本条属于新增条文，规定了管理人的通知义务及接受受益人指示的义务。无因管理的规范功能本应在于救急，紧急、必要为其基本要求，适用上本应以趋严为宜，否则将有害于私法自治下的个人缔约自由。[①] 为防止不受受益人欢迎的管理甚至强加的管理，为避免以“无因管理”为名行不当干预他人事务之实，为管理人设定通知义务十分必要，这体现了对受益人权利的尊重。本条还规定，非紧急事务得等待受益人指示，彰显了对受益人意愿的尊重，有助于弥补无因管理制度自身存在的缺陷。

为管理人设定通知义务亦是国际通行做法，如《德国民法典》第681条规定：“管理人应将管理事务之承担尽速通知本人，如延迟不发生危险者，应等待本人之决定。”《日本民法典》第699条规定：“管理人须将其已开始管理的事实毫不迟疑地通知本人。本人已知道时不在此限。”

【条文解读与法律适用】

一、管理人履行通知义务以能通知为限

能通知，须满足以下条件：（1）受益人是确知的。（2）受益人身处何方或联系方式是确知的。（3）以管理人与受益人所处环境的通信手段及客观条件是能取得联系的。（4）受益人客观上能接收到管理人的通知、主观上能自由表达内心意思。如果客观上不能通知或者管理人虽尽了适当努力仍无法通知受益人的，即免除管理人的通知义务。对不具备通知条件或管理人已尽通知之努力的事实，应由管理人负举证责任。

二、通知应穷尽一切手段

管理人是否尽力履行了通知义务，应综合考虑管理人是否穷尽其所能适用的一切通信手段，尤其是当时最常用的手段。如管理人仅向受益人发一条信息，未等受益人及时答复即开始管理事务并主张无法通知，或拨打电话无

---

① 黄茂荣：《无因管理与不当得利》，厦门大学出版社2014年版，第20页。

法接通即开始管理事务并主张无法通知，一般难以认定管理人履行了通知义务。

三、通知的目的是告知受益人管理事务的开始，并听候受益人指示

通知的内容包含两层意思，一是告知受益人管理人开始管理其事务，并征询其是否同意。二是受益人如果同意，管理人应向受益人询问其有什么明确指示。在等待受益人指示之前，除紧急情况外，管理人应停止管理事务，否则管理人将承担相应责任。

四、紧急情况下可不经受益人指示继续管理受益人事务

无因管理制度存在的首要意义即在于救急。何为“紧急情况”，一般认为，紧急情况是指受益人生命、身体或财产正遭受迫在眉睫之危险，如不加以管理将遭受不可避免之损失。需要注意的是，紧急情况下只免除了管理人等候受益人指示的义务，管理人的通知义务并未免除，因管理人的通知义务以管理开始时为限、以能通知为限。紧急情况下免除管理人等候指示的义务，也未免除管理人的善良管理义务。

（戢太雷　撰写）

第九百八十三条　【管理人的报告和交付义务】管理结束后，管理人应当向受益人报告管理事务的情况。管理人管理事务取得的财产，应当及时转交给受益人。

【立法背景】

本条是新增条文，规定了管理人的报告义务和转移财产义务。即在管理事务完成之后，管理人应当向受益人报告管理事务的详细情况，向受益人提供详细资料并转交有关财产。包括以下内容：（1）将管理事务进行状况报告给受益人，包括但不限于管理事务所采取的方法和直接后果。（2）管理人因管理事务所收取的金钱、物品及孳息等，应进行计算并报告给受益人。（3）管理人为自己之利益，使用应交付于受益人之金钱，或使用应为受益人利益而使用的金钱的，应自使用之日起向受益人支付利息，如果给受益人造成损害的，应赔偿损失。

关于转移财产义务，除法国规定较为粗略外，日本、德国等均有详细规定。管理人拒绝向受益人交付的，受益人可以依不当得利向管理人请求返还。

鉴于无因管理制度体现的是双重价值理念，在倡导权利本位、私法自治的当今社会，既要弘扬互帮互助的良好社会风尚，也要避免以无因管理为借口干涉他人事务，甚至侵犯他人权利，损人以利己。法律规定管理人管理事务不得违反受益人明示或者可推定的意思，又设定管理人通知义务，体现了充分尊重受益人意思、保障受益人权利的价值理念。

【条文解读与法律适用】

一、管理人向受益人报告应注意的事项

管理人的报告义务是无因管理人的从给付义务，关于管理人的报告义务，应该注意的问题有：

1. 报告的时间应在管理事务结束之后。应注意的是当受益人接受管理自己的事务或者不同意管理人继续管理事务时，管理人对已经开始的管理及相关结果向受益人报告。如果有些事务是阶段性的，每一个阶段环环相扣，前一个阶段的结果将影响下一阶段之决策的，管理人应将阶段性成果向受益人报告。管理事务出现重大情况，根据善良管理人之判断，需要做出决策调整或者对管理结果有重大影响时，管理人亦即刻向受益人报告。否则管理继续进行并给受益人造成重大损失的，管理人应承担重大过失损害赔偿责任。

2. 报告对象是受益人，报告应以管理人客观上能向受益人报告为限。当受益人在管理结束时是明确的、可联系的，管理人应向受益人直接报告。如果管理人在管理事务结束时仍不知受益人为何人，管理人应该如何处理，一般认为管理人应向管理人本人所在居民委员会、村民委员会或管理人所在工作单位或者向所管理事务所在居民委员会、村民委员会做初步报告，这样既有利于发现受益人，也有利于管理成果之保护，当然，涉及受益人隐私的除外。

3. 报告内容应包括管理事务之经过、所取得成果及相关注意事项，这样

有利于受益人妥善接受及维护管理成果。

4. 报告应该采取何种形式，应尊重受益人的意思，也应考虑所管理事务的性质及难易程度以及所管理事务所属领域之交易习惯。管理事务所产生的一切费用及收益，应附加相应凭证。

二、关于管理人向受益人转移管理事务所取得财产应注意的事项

1. 区分动产和不动产。因转移财产分为动产和不动产，一般而言动产以占有为转移所有权，管理人向受益人转移财产之占有即可。而不动产之所有权须履行登记手续，管理人应协助受益人完成登记手续之办理，否则受益人可依不当得利请求管理人履行转移财产义务。

2. 转移财产应该全部转移所有权，包括财产的孳息等，不应有所保留、不得隐瞒任何因管理而生的财产。至于管理人因管理事务所支出之费用，得依双方之协议，如果受益人与管理人同意以部分财产折算管理费用支出，则依之。否则管理人不得扣留部分财产抵扣其所支出之费用。

3. 管理人不履行或者不完全履行转移财产之义务，受益人得依不当得利请求权请求管理人返还不当得利。

（戢太雷　撰写）

第九百八十四条　【受益人追认的法律效果】管理人管理事务经受益人事后追认的，从管理事务开始时起，适用委托合同的有关规定，但是管理人另有意思表示的除外。

【立法背景】

无因管理制度是从准合同发展而来，在民法典体例中亦归属准合同编。罗马法中，无因管理制度法律后果与委托极为相似，无因管理属于拟制委托。《德国民法典》将无因管理称为“无委托的事务管理”。这种法典体例表明，立法者将无因管理界定为无委托的事务管理，与委托合同相对应。

本条属于新增条文。《瑞士债务法》已有关于无因管理因受益人追认之后自始适用委托合同的规定，我国民法典在充分借鉴立法经验，并结合我国司法实践的基础上进行了规定。委托代理制度的立法本意源于世事纷繁复杂，因个人专业知识、时间、精力所限，有时缺乏管理自己事务的足够的理性能力，难以事事躬亲。设置委托代理制度本属于私法自治的实施手段，有助于扩大私法自治的空间。无因管理制度的宗旨是协调鼓励社会互助与禁止非法干预别人事务之间的矛盾。二制度立法旨趣有相似之处。现实中存在互相转化的可能，故，本条就对无因管理向委托代理制度转化做了制度设计。

【条文解读与法律适用】

一、无因管理适用委托合同的条件

本条规定了无因管理适用委托合同的适用情形。（1）经受益人事后追认方可适用委托合同之规定。追认是需要受领的意思表示，依合同法相关原理，一经到达管理人即发生追认的法律效力。（2）一经追认则从管理事务开始时得适用委托合同之规定。追认具有溯及力，得自管理事务开始时适用委托合同之规定。（3）受益人之追认并非必然导致适用委托合同规则，管理人的意思可以排除适用委托合同的规定。

二、无因管理与委托代理合同的比较

要准确区分无因管理与委托代理合同之间的联系与区别。无因管理是无法律上和契约上的原因而为他人管理事务的行为；当管理人和受益人之间存在委托代理关系，则管理人应该依据委托合同的约定而管理他人事务。委托合同中，双方权利义务关系应根据约定及法律规定调整；而无因管理是法定之债产生原因，其权利义务依据法律规定调整。

（一）两者主要联系

无因管理和委托合同都是债发生的原因，二者之间在发展历程中有极大相似之处。一方面，二者互相衔接，一般而言委托关系终结之时可能产生无因管理。例如，甲受乙委托为其处理事务，当委托关系终止时相关事务可能还需要继续处理，这时，双方即产生无因管理法律关系。另一方面，当无因管理开始时，管理人及时通知了受益人，受益人对管理事务予以认可，双方就具体管理事务达成一致，则成立委托代理合同。

（二）两者主要区别

1. 性质不同。委托代理合同是双方意思表示一致的结果，是一种合同关系，是意定之债。而无因管理中，在管理开始时，双方并未达成一致，其权利义务关系由法律规定，属于法定之债。

2. 处理事务的方式方法不同。委托代理人处理委托人事务须根据合同约定进行，而无因管理之管理方法虽然也不得违反受益人意思或者可推定的意思，但主要还是根据管理人本人的判断来进行。当受益人的意思违背了公共利益和公序良俗，管理人可径自采取有利于受益人之方法进行管理。

3. 对当事人行为能力要求不同。因委托代理合同之成立须双方意思表示一致，故合同当事人双方应具备相应民事行为能力。而无因管理在性质上属于事实行为，管理人所从事的助人行为一般人均可实施，故法律上只要求管理人具备意思能力即可。对受益人更无关于行为能力的要求。

4. 管理人的注意义务要求之高低不同。在有偿委托合同中，因受托人的过错给委托人造成损失的，委托人可以要求损害赔偿。在无偿委托合同中，因受托人的故意或重大过失给委托人造成损失的，委托人可以要求赔偿损失。而在无因管理中，管理人应按照善良管理人的标准管理事务，此注意义务和有偿委托合同受托人注意义务类似。

5. 当事人之间是否存在人身信任关系不同。在委托代理合同中受托人是委托人基于对其能力等方面的信任关系而选任的。无因管理中，管理人并未受到受益人委托，管理人和受益人可能素不相识，之间不存在人身信任关系。

三、需要注意的问题

无因管理适用委托代理的法律效果，关于委托合同与无因管理共有的制度有：(1) 管理人或受托人按照受益人或委托人的指示管理事务。(2) 管理人和受托人应当向受益人或者委托人报告管理事务的成果，并有转移相关财产的义务。(3) 委托人和受益人应该支付受托人和管理人为处理该事务所支出的必要费用及利息。

这里应该注意的是，无因管理制度无、而委托合同有的法律制度：(1) 委托合同中，受托人完成管理事务的，委托人应该支付必要报酬，因不可归责于受托人的原因而未完成委托事务的，受托人也应该支付相应报酬。而在无因管理制度里，未规定受益人应当向管理人支付报酬，因为如果做出相似规定，无疑会纵容为获取报酬而刻意管理他人事务，一旦过度管理他人事务，则走向无因管理制度的初衷的反面。（2）损害赔偿责任不同。无因管理的管理人是为受益人利益而为管理，如果构成无因管理，因管理事务而给受益人造成损失的，管理人不承担赔偿责任。在委托合同制度中，受托人因处理受托事务而给委托人造成损失的，应承担相应的赔偿责任。

（戢太雷 撰写）

第二十九章 不当得利

第九百八十五条 【不当得利定义】得利人没有法律根据取得不当利益的，受损失的人可以请求得利人返还取得的利益，但是有下列情形之一的除外：

（一）为履行道德义务进行的给付；

（二）债务到期之前的清偿；

（三）明知无给付义务而进行的债务清偿。

【法条链接】

《民法通则》第 92 条

【立法背景】

不当得利是指没有法律上的原因而获得利益，并使他人遭受损失的法律事实。民法上很少有一个制度像不当得利那样，源远流长，历经 2000 余年的演变，仍然对现行法律的解释适用具有重大影响。[①] 不当得利制度起源于罗马法，一是“依自然公平之理，任何人都不得通过牺牲他人而获得利益”，二是“依据自然法，任何人都不得通过牺牲或侵害他人而获得利益”。不当得利制度经过大陆法系和英美法系长时间的司法实践和判例学说发展而来。不当得利制度最早在我国《大清民律草案》中作了详细规定，此后不断被立法和司法实践所采纳。《民法通则》第 92 条规定：“没有合法根据，取得不当利益，

---

① 王泽鉴：《不当得利》（第二版），北京大学出版社 2015 年版，第 9 页。

造成他人损失的，应当将取得的不当利益返还受损失的人。”《民法通则意见（试行）》第131条规定：“返还的不当利益，应当包括原物和原物所生孳息。利用不当得利所取得的其他利益，扣除劳务管理费用后，应当予以收缴。”

【条文解读与法律适用】

不当得利种类繁多，实践中不当得利往往和其他纠纷交织在一起，甚至发生请求权竞合。

一、不当得利的构成要件

（一）一方获得利益

不当得利以一方获得利益为前提，所获利益可能是积极的利益，包括取得财产、取得占有利益、既有财产的增强或者接受服务等，也可能是消极利益，即受益人本应减少的利益而未减少，如本应支出的费用未支出、本应负担的债务未负担、本应在自己财产上设定的物权而未设定、财产限制的免除或者债务的免除等。

（二）一方获益没有法律根据

获得利益没有法律上的原因，因不当得利种类繁多，应当区分不同类型的不当得利，一般认为包含以下情形：一是当事人之间不存在有效的合同关系，可能是合同被认定为无效、撤销等；二是不具备法律上的原因，如果法律规定了义务，当事人履行该作为义务的，不构成不当得利。

（三）获利和受损之间具有因果关系

因为只有获利和受损之间具有因果关系才能确定当事人，请求返还获利才具有正当性，并有利于限制不适当的返还请求权。同时，因果关系的判断标准，决定了获利方的求偿范围。①

二、不当得利的法律后果

不当得利之债的主要后果是获利人负有返还义务。一旦不当得利成立，受损人即享有不当得利返还请求权，其有权请求获益人返还所获的利益，在

---

① 沈德咏主编：《〈中华人民共和国民法总则〉条文理解与适用》，人民法院出版社2017年版，第828页。

不当得利返还请求法律关系中，权利人是受损人，义务人是获益人。不当得利返还义务的具体内容有：（1）返还对象包括原物和孳息；（2）不当得利返还范围还应考虑受益人是善意还是恶意；（3）特定情况下第三人负有返还义务。

三、不当得利返还义务之排除

获利人的获利不构成不当得利，或者虽然构成不当得利，但是依据法定原因无须负担返还义务。一般认为不构成不当得利的主要有以下几种情况。

1. 债务人清偿时效届满的债务，因为债务超过诉讼时效，虽然存在，但是债权人已经无法通过强制执行程序实现其债权，在性质上属于自然债务。债务人仍为清偿，然后以不当得利请求返还将得不到支持。

2. 债务人提前清偿债务，应认为债务人放弃了期限利益，符合民法私法自治的原则，此时如果允许债务人主张不当得利之返还，则债务期满时债务人仍得为清偿，这样相关利益在债权人和债务人之间往复，其间还浪费司法资源，自无必要返还。

3. 明知无义务而为非债务清偿，即在受益人和受损人之间并无法律上之债务。受损人明明知道自己无清偿义务，而以清偿为目的为给付。所以不得再以不当得利请求返还，否则受损人前后矛盾的行为将违反民法当事人行为诚实信用原则。

4. 为履行道德义务而为给付的不构成不当得利，基于亲属关系、情谊行为而为给付后，不得以不当得利请求返还。因为履行道德义务或基于情谊而为给付，有利于弘扬良好道德风尚，如果可以请求返还则会伤害亲人之间感情、伤害社会风化。情谊行为中施惠人的给付具有一定利己考虑，有时候为了获得好评、取得社会认可，甚至是为了建立更深人际关系。其本质上具有无偿性、互助性，不宜按不当得利请求返还给付。

（戢太雷　撰写）

第九百八十六条　【善意得利人返还义务】 得利人不知道且不应当知道取得的利益没有法律根据，取得的利益已经不存在的，不承担返还该利益的义务。

【立法背景】

本条属于新增条文，规定了善意得利人的返还义务。不当得利制度源于“衡平”思想，旨在矫正因欠缺给付目的的利益变动。一旦构成不当得利，其主要法律效力在于受益人有返还义务。决定返还范围取决于两个因素，一是所获利益是否存在，二是受益人的主观心理状态，即善意或恶意。此处并不考察受损人的主观心理状态，若以受损人主观过错减轻受益人的返还责任，可能导致道德风险。受益人可能认为因受损人过失获利理所当然，而不积极主动返还不当得利，不利于引导人们向善，不利于弘扬善良风俗。

【条文解读与法律适用】

一、应准确判断受益人善意、恶意

1. 不当得利制度上之善意、恶意，是根据受益人是否知道其所得利益没有法律上之根据的心理状态。此处包含两个因素，一是是否知道，二是知道的对象是“所得利益没有法律根据”。

2. 民法上善意、恶意与日常生活中的善、恶有一定关系，但有本质区别。关于善意或恶意，各国有不同立法模式。如《日本民法典》第 704 条规定：“恶意受领人，应返还所受利益并附加利息，如有损害并应赔偿。”《德国民法典》表述为受领人是否知悉其受领欠缺法律上的原因。

3. 判断标准。在现实生活中，并不是所有人都懂法，并能依据法律知识作判断、抉择。如果从狭义上理解，要求受益人明白所得利益有没有法律根据、存在何种法律关系或法院将会如何裁判，是不可能的，且有悖不当得利制度之初衷，纵属法律专业人员，其所做的法律判断未必准确、未必能为司法认可。故此处应该根据社会常识、交易习惯和交易价格来做判断，如果受益人获得利益违背社会常理、明显有悖人之常情，则可以断定得利人知道或应当知道其获利没有法律根据。或根据交易习惯、行业惯例，受益人得利之对价明显低于市场价格的，则可判定受益人不是善意的。

二、准确判断现存利益

1. 现存利益。不当得利法上最具争论的问题之一，系所谓获利返还责任，即受益人所应返还的，是否及于其所获利益。① 王泽鉴教授认为现存利益指受益人被请求返还时，其所受领的利益中仍然存在的部分。在计算时，受益人因基于对所受利益之信赖而产生有因果关系的损害，应扣除，扣除减损后的余额即现存价值。

2. 现存利益的认定时点。因不当得利一经受损人催告返还——一般受损人直接向受益人请求返还利益或向人民法院起诉——受益人即应该知道其所得利益无法律根据，受益人即从善意变为恶意，故不当得利现存利益之时间点，应以受损人请求返还之诉求到达得利人之时为准。若受益人通过其他渠道得知无法律上根据，以其实际知悉时为准。关于此时间点认定，享有不当得利请求权人负举证责任。

3. 现存利益不仅是指所受利益的原形，利用原所受领之物而产生的其他利益也应属于现存利益。因所受利益的使用、消费或给付第三人而避免支出的费用，其节省的费用算现存利益。若有替代物，或得利人对第三人享有代偿权的，可代偿范围属现存利益。

三、善意得利人的返还范围

1. 对于善意得利人，以现存利益为限度，不使其负担超过其受益范围的返还责任。若善意得利人所得利益已不存在则不再返还。

2. 善意得利人免责的限制。在所受领的利益本身毁损、灭失情形下，善意得利人原则上可主张所受利益不存在而免负返还义务。若得利人对毁损灭失的发生存有故意或过失，仍免除其返还义务，有违公平。善意得利人根据自己的意思，将受领物置于危险之中而使所受利益毁损、灭失，应当对自己的财产处分决定负责，不能以其“不知法律上原因”而免责。

3. 善意得利人的损害和必要支出的扣除。在确定善意得利人的现存利益时，应当扣除其在得利过程中所受到的损失和支出。判断善意得利人所受损害是否应该扣除应考察因果关系、信赖原则及得利人主观过错。因果关系指所受损失与所受利益具有因果关系，信赖原则是因得利人信赖其所受利益具

① 王泽鉴：《不当得利》（第二版），北京大学出版社2015年版，第252页。

有法律上的原因而产生。得利人因取得、保有该利益所支出的费用，如运费、关税、饲料费、医疗费等，返还时可扣除。

（戢太雷 撰写）

第九百八十七条 【恶意得利人返还义务】得利人知道或者应当知道取得的利益没有法律根据的，受损失的人可以请求得利人返还其取得的利益并依法赔偿损失。

【立法背景】

本条属于新增条文，规定了恶意得利人的认定标准、返还义务及赔偿责任，恶意得利人是指在获得利益时知道或者应当知道其获得利益没有法律根据，不管所获利益是否存在，恶意得利人都应全部返还，并赔偿因其获利给受损人造成的损失。

【条文解读与法律适用】

一、应准确判断得利人的恶意

准确理解本条的旨意是如何判断得利人的主观心态属于恶意，判断标准可参考前条解读。恶意得利人主要有两种，一是自始恶意，即得利人在获得利益时即知道或应当知道无法律上根据。二是嗣后恶意，即得利人在获利时并不知道其获利无法律根据，之后知道或应当知道无法律根据。得利人嗣后恶意的，应根据恶意得利人返还规则确定其嗣后恶意起的返还义务。

二、恶意得利人的返还范围

各国立法均对恶意得利人持否定性评价，课以较重的返还责任，而不论所受利益是否存在，还应赔偿所造成的损失，体现对恶意受益人的惩罚性。[①]

---

① 王泽鉴：《民法思维请求权基础理论体系》，北京大学出版社2009年版，第289页。我国台湾地区通说认为，为保护被害人，及防止不法管理他人事务者获有不正当的利益，仍应使不法管理人负返还全部利益的义务。

其返还范围一般包括：

（一）受领时的所得利益

恶意得利人应返还所受全部利益，若所受利益已不能返还的，应偿还其价额，而不得主张所受领利益不存在免除返还义务，范围包括原所受利益、使用利益及其代偿物等。

（二）附加利息

所受利益为金钱时，应当按法定利率自受领时起计算附加利息以返还受损人。所受利益为非金钱利益，且有用益损失的，可通过损害赔偿方式进行补偿，不宜以附加利息简单化处理。

（三）损害赔偿

得利人明知无法律上原因而受领利益的，有违诚实信用原则，应课以较重的返还责任，如给受损人造成损失的应赔偿损失。得利人明知无法律上的原因而获得利益造成他人损害的，如构成侵权，受损人同时享有侵权损害赔偿请求权和不当得利返还请求权，应允许受损人做出选择。不当得利之损害赔偿指财产损害，精神损害不在此内。

（四）恶意得利人财产损害的扣除

因恶意得利人在其获益时知道或应当知道无法律上的原因，仍保有所受利益致其财产上损害的，应由恶意得利人自己负责，不得在返还时要求扣除。但因保有所受利益支出的必要费用，受损人应偿还，因为无论何人保有该利益均将发生相关费用，纵使受损人自己保有该利益仍然如此。受益人对所受利益进行改良，使其增值并支出必要费用的，返还现存利益时应在增值范围内扣除。

三、需要注意的问题

给付行为没有法律根据是不当得利的构成要件之一，而由谁来举证证明"没有法律根据"是审判实践中经常遇到的问题。司法实践倾向认为，原则上应由被告承担"没有法律根据"的举证证明责任。[①] 具体而言，被告的举证证明过程应分两步走。第一步要证明存在"法律根据"的相关事实。

---

① 沈德咏主编：《〈中华人民共和国民法总则〉条文理解与适用》，人民法院出版社2017年版，第830页。

第二步则需要证明该相关事实构成“法律根据”，从而阻却不当得利的成立。

（戢太雷 撰写）

第九百八十八条 【第三人返还义务】得利人已经将取得的利益无偿转让给第三人的，受损失的人可以请求第三人在相应范围内承担返还义务。

【立法背景】

本条规定了第三人的返还义务，如果受益人将其取得的利益，无偿转让给第三人，第三人也可能负有返还义务。第三人如果有偿取得该利益，有可能根据《物权法》第106条、《民法通则意见（试行）》第89条、《合同法》第74条及《合同法解释（二）》有关善意取得的规定，取得该利益。当第三人无偿取得该利益时，因其获利为无偿，如果得利人不返还利益、第三人也不返还所得利益，将导致受损人损失，不符合法律不保护恶意的基本原则。所以第三人应负返还义务，以其无偿取得的现存利益为限。

【条文解读与法律适用】

一、判断第三人是否依据善意取得制度取得该动产或不动产

（一）有关规定

关于善意取得制度的法律规定，《物权法》第106条规定：“无处分权人将不动产或动产转让给受让人的，所有权人有权追回；除法律另有规定外，符合下列情形的，受让人取得该不动产或者动产的所有权：（一）受让人受让该不动产或动产时是善意的；（二）以合理的价格转让；（三）转让的不动产或者动产依照法律规定应当登记的已经登记，不需要登记的已经交付给受让人。受让人依照前款规定取得不动产或动产的所有权的，原所有权人有权向无处分权人请求赔偿损失。当事人善意取得其他物权的，参照前两款规定。”

根据规定，第三人可能根据善意取得制度取得动产或不动产，当第三人善意取得动产或者不动产时，受损人将不得向第三人请求返还所受损失。

（二）准确判断第三人是否属于“善意”

根据法律规定和司法实践，判断动产和不动产的善意取得之“善意”应采取不同标准，在动产的善意取得制度中，判断取得人是否属于善意，应考虑其是否有重大过失，即动产的取得人应负有一定的注意义务，如果取得人应当知道处分人属于无权处分而因重大过失不知道并据此受让该动产，应当认定取得人非善意，即无权取得该动产。对不动产取得人而言，只要其不知道登记簿记载有误并基于对登记簿的信任而取得该不动产，应当认定取得人是善意的，不能基于取得人对登记簿真实性未经调查核实而否认其善意。

二、判断第三人是否有返还义务的标准

主要标准是第三人取得该动产或者不动产时是否“无偿”。为维护交易安全，如果第三人在取得该动产或不动产时既不知得利人属无权处分，又支付了合理对价，应保护第三人合法权益。在判断“对价是否合理”时，应根据有关司法解释，考虑该标的物的市场价格，在不低于市场价格的70%时，一般应认为是合理对价，第三人即可善意取得该标的物所有权。当第三人在取得该动产或不动产时明知得利人是无权处分或者是无偿的，应认定第三人取得该动产或不动产是恶意的，此时应保护受损人的合法权益，第三人负返还义务并赔偿损失。

（戢太雷　撰写）